全本全注全译丛书

中华经典名著

关鹏飞◎译注

唐才子传

中华书局

图书在版编目(CIP)数据

唐才子传/关鹏飞译注. —北京:中华书局,2020.7
(2025.3 重印)
(中华经典名著全本全注全译丛书)
ISBN 978-7-101-14598-4

Ⅰ.唐… Ⅱ.关… Ⅲ.诗人-列传-中国-唐代 Ⅳ.K825.6

中国版本图书馆 CIP 数据核字(2020)第 099119 号

书　　名	唐才子传	
译 注 者	关鹏飞	
丛 书 名	中华经典名著全本全注全译丛书	
文字编辑	熊瑞敏	
责任编辑	张卯方	
装帧设计	毛　淳	
责任印制	韩馨雨	
出版发行	中华书局	

(北京市丰台区太平桥西里 38 号　100073)
http://www.zhbc.com.cn
E-mail:zhbc@zhbc.com.cn

印　　刷	北京中科印刷有限公司
版　　次	2020 年 7 月第 1 版
	2025 年 3 月第 7 次印刷
规　　格	开本/880×1230 毫米　1/32
	印张 23⅝　字数 540 千字
印　　数	44001-50000 册
国际书号	ISBN 978-7-101-14598-4
定　　价	58.00 元

目录

前言

　　《唐才子传》十卷，元辛文房撰，是一部专门记载唐代诗人事迹的传记。鲁迅给友人许寿裳的儿子许世瑛开的中国文学学习书目中，列的第二种就是《唐才子传》[①]，可见其地位。清人伍崇曜在《粤雅堂丛书·唐才子传跋》中盛赞此书"评骘精审，似锺嵘《诗品》；标举新颖，似刘义庆《世说》；而叙次古雅，则又与皇甫谧《高士传》等相同"，把《唐才子传》跟《诗品》《世说新语》《高士传》等相提并论，一方面说明其诗学价值之大，另一方面也指出其传记水平之高。这跟《唐才子传》的作者辛文房既是诗评家又是传记文学家有关。

一

　　辛文房，字良史，下面我们根据有关材料，对其生平事迹略作稽考。
　　据辛文房《唐才子传·引》，《唐才子传》完成于"元大德甲辰春"，也即元成宗大德八年（1304）的春天。辛文房在《唐才子传·引》中自称"异方之士，弱冠斐然"，而弱冠是指男子二十岁，故《唐才子传》完成之时，

――――――――――

　　[①] 历来学者多以为鲁迅书单所列第一种为《唐才子传》，其实不然，查鲁迅《《鲁迅全集·集外集拾遗补编》（人民文学出版社 2005 年第 497 页）所载《开给许世瑛的书单》，位列第一的是宋人计有功的《唐诗纪事》，又许寿裳《亡友鲁迅印象记·和我的交谊》（峨嵋出版社 1947 年第 110 页）所录的书单亦同。

辛文房或许刚二十岁，则其生年约在元世祖至元二十二年（1285）左右。当然，一位二十岁的"异方之士"能否有学养完成这样一部传记，让人颇为怀疑。从《唐才子传》一书中多有坎壈不遇之叹来看，这书大抵是辛文房早年不仕时所作。

《全元诗》第二十三册收录贡奎《送良史》一诗，诗题下的小注说："（良史）西域人，尝学于江南，除翰林编修，今省归豫章。"可知辛文房是西域人，从"省归豫章"看，辛文房入中原后安家在江西南昌，并"尝学于江南"，后被授任为翰林编修，因回乡省亲，所以贡奎写诗送他。

关于辛文房"尝学于江南"，在《唐才子传》中也可以找到一些蛛丝马迹。如《唐才子传》卷六《徐凝传》中说："余昔经桐庐古邑，山水苍翠，严先生钓石，居然无恙……揽辔彷徨，不忍去之。"可见辛文房曾游历桐庐，即今浙江杭州一带。又《全元诗》第二十七册收辛文房《苏小小歌》，有"东流水底西飞鱼""莲子种成南北岸"等诗句，疑即辛文房早年"学于江南"游苏小小墓时所见。从《唐才子传》看，辛文房对江南风景和文化印象颇深，如卷五《朱放传》中说："时江浙名士如林，风流儒雅，俱从高义。"又卷八《郑巢传》中也说："两浙湖山寺宇幽胜，多名僧，外学高妙，相与往还酬酢，竟亦不仕而终。"类似在辛文房笔下多次涌现的江南名胜还有不少，大概都跟他"尝学于江南"有关。

辛文房"除翰林编修"后"省归豫章"究竟是在什么时候呢？考贡奎《送良史》诗云："郁郁楚竹实，飞凤以慰饥。鸣声乃铿和，遂息苍梧枝。时哉一朝遇，粲若五采施。矫首沧江云，空晴散何之？岂不比翩翔，悠悠眷子私。惊飙起层波，落日增余悲。去去勿久留，赴此远大期。采风讵辞责，上寄简册垂。缄书谁复悟，为子歌别离。"从"岂不比翩翔"来看，此诗可能写于二人同任翰林编修时。据赵文友《贡氏三家集·贡奎集·前言》，贡奎"大德九年（1305）迁翰林国史院编修官，武宗至大元年（1308）转应奉翰林文字、同知制诰兼国史院编修官"，后丁父忧去职，直到延祐元年（1314）服阕再度出仕。假定贡奎服丧三年，则其丁父忧去职当在至大四年（1311）前后。由此推断，贡奎写《送良史》一诗的时间应在大德九年（1305）之后，至大四年（1311）去职丁父忧之前。考《全元文》卷五四〇收录至大四年（1311）程钜夫所写的《大元河东郡公布都公神道碑铭》，其中提到"谨按国史院编修官辛良史所为行状"，可知至大四年（1311）前后辛文房确是担任国史院编修官。故辛文房任国史院编修官之职，或在元武宗至大年间（1308—1311）。

又《全元诗》第三十一册录张雨《元日雪霁早朝大明宫和辛良史省郎廿二韵》，从诗题可知此时辛文房已转任"省郎"。孙映逵先生《唐才子传校注·前言》根据诗中"岁开环甲纪"一语，推定该年当为甲子岁，也即泰定元年（1324）。实则此篇诗序明言"延祐改元三月（按，《草堂雅集》卷七作"三日"，较确，盖"三月"则离诗题"元日"时间太远），……承需鄙作"，诗中又称"岁开环甲纪，星动指寅杓"，则此年当为甲寅岁，而延祐元年（1314）正是甲寅岁，故此诗当作于延祐元年（1314）。则辛文房任"省郎"当在延祐元年（1314）前后。

《唐才子传》卷十《陈抟传》提及"大节详见之《宋史》云"，可知辛文房应该读过《宋史》。而《宋史》修成在至正五年（1345），则或许其时辛文房尚在世。不过，据学者考证，元初《宋史》初稿即已完成，只是碍于正统争论，没有定稿而已，故至正五年（1345）《宋史》修成定稿之前，元人著作中已多有言及《宋史》者。考虑到辛文房曾担任过国史院编修官，应该有机会见过元初即已修成的《宋史》初稿，故无法确认《陈抟传》提到的"《宋史》"是否是至正五年（1345）的定稿，因而辛文房的卒年下限也难于确考。当然，如前所考，辛文房任国史院编修官约在至大年间（1308—1311），也就是在《唐才子传》写成之后，而《陈抟传》这段话若是他任国史院编修官时所补，则大德八年（1304）《唐才子传》写成后，辛文房又陆续对其做过修改。

综上所述，我们大约可知辛文房是西域人，家在豫章（今江西南昌），可能生于元世祖至元二十二年（1285），早年曾在浙江等江南地区游历学习，元武宗至大年间（1308—1311）曾任国史院编修官，延祐元年（1314）前后任"省郎"，可能到至正五年（1345）尚在世。

辛文房的名字似可一说。其名"文房"是唐代诗人刘长卿的字，其字"良史"是另一位唐代诗人于良史的名。辛文房以两位唐代诗人的名字做自己的名字，或有寓意。《唐才子传》中对袭仿前人名号的现象多有论及，如卷十《王贞白传》中说："梁陶弘景弃官隐居三茅，国事必咨请，称'山中宰相'，号贞白，今王公慕其为人而云尔。"卷五《张碧传》也提到："（张碧）初慕李翰林之高躅，一杯一咏，必见清风，故其名字皆亦逼似，如司马长卿希蔺相如为人也。"辛文房认为，王贞白是仰慕外号"贞白先生"的陶弘景，所以给自己取名王贞白；张碧仰慕李白，跟李白把自己的字取作"太白"一样，他把自己的字取为"太碧"，正像司马相如仰慕蔺相如而取同名，所以辛文房会这么取名字也不奇怪。而且辛文房在《唐才子传·引》中首引曹丕《典论·论文》之文，文中正有"是以古之作者，寄身于翰墨，见意于篇籍，不假良史之辞，不托飞驰之势，而声名自传于后"之句，则辛文房把自己的字取作"良史"，又写了《唐才子传》的这部诗人传记，或亦有诙谐意味。总之，从辛文房字良史来看，作为西域人，却能以"文史"为好，大概是他取这个名字的用意所在。

元人陆友仁《研北杂志》卷下记载，辛文房在当时诗名很高，跟杨载、王执谦齐名。杨载是元诗四大家之一，辛文房与之齐名，可见当时辛文房诗名颇盛。杨载写有《元日早朝次韵辛良史》七律诗，既是"次韵"，则辛文房所写也当是七律。而张雨大概知道辛文房不喜次韵（见卷八《皮日休传》），或许也不善写格律诗，所以诗序中说"林下朽生，不能造馆阁绮语，幸于言句外求之，愧悚而已"，写了一首不次韵的和诗，题作《元日雪霁早朝大明宫和辛良史省郎廿二韵》，诗中有句云"怜君守华省，琢句废春宵"，指出辛文房写诗"琢句"的苦吟情形。辛文房所写的《元日早朝》诗，在当时可能广为流传，可惜今已无法看到。我们今天能看到的辛文房的两首诗，最早见于苏天爵《元文类》，其一为前面提到的《苏小小歌》,其二为《清明日游太傅林亭》:"隔水园林丞相宅,路人犹记种花时。可怜总被风吹尽,不许游人折一枝。"①两首诗一首是七律,一首是七绝。联系其所写《元日早朝》七律诗可知,辛文房被人传诵的诗歌大约是他的格律诗。当然,他的诗歌题材范围是比较广泛的,马祖常《石田文集》卷二有《辛良史〈披沙集〉诗》一首,诗中说:"未可披沙拣,黄金抵自多。悠悠今古意,落落短长歌。秋塞鸣霜铠,春房剪画罗。吟边变余发,萧飒是阴何。"据此可知,辛文房有诗集叫《披沙集》,"披沙"语出锺嵘《诗品》所载陆机诗评语"披沙简金,往往见宝",辛氏以此为诗集名,颇见自得之意。从"悠悠今古意,落落短长歌"一联来看,其诗体制丰富,古体近体、长篇短制均有;从"秋塞鸣霜铠,春房剪画罗"一联,其诗题材风格多样,边塞雄风、闺阁绮情兼备。马祖常更以南朝著名诗人阴铿、何逊来比喻辛文房,陈垣《元西域人华化考》认为"以此相比,深许之矣",认为是对辛文房诗歌成就的肯定。这些可以补充我们对辛文房诗歌风格和诗歌创作的认知。

二

　　《唐才子传》全书共有二百七十八篇传记,连同附带论及的一百二十人,共记述了初唐至五代的大小诗人三百九十八人(实际涉及的人不止此数)。每篇传记大致包括如下部分:传主名字及地域,进士登第年份,生平经历,诗歌创作,与传主或其诗有关的趣闻轶事,诗集或作品流传情况,辛文房对传主、诗歌或某些诗歌现象的评论等。当然,具体的板块和顺序会随着传主情况而有所变化。作品方面,除了记录诗文集外,偶尔也会提到诗人的诗歌选本或诗论著作,如郑谷《国风正诀》、齐己《玄机分别要览》、李洞《诗句图》等,有时也记录其他著作,如储光羲除文集外,也著录了他的《正论》《九经分义疏》等。

---

　　① 据杨镰先生云,此诗是"咏廉希宪南园(北京花园村)之作"(杨镰:《全元诗》,北京:中华书局 2013 年第二十七册第 121 页),甚是。

　　《唐才子传》所引用的材料一部分来自唐五代诗人自传、别传、行状、墓志、诗文别集、总集(如《河岳英灵集》《中兴间气集》等)、笔记(如《唐摭言》《朝野佥载》)等,这些都是比较可靠的资料。值得一提的是,《唐才子传》中的大量材料,是辛文房自己在唐人诗文集中勾勒出来的,这需要对他们的作品、集序等做精微、细致的阅读才能做到。除此之外,辛文房多采用较可靠的正史,如《旧唐书》《新唐书》本传等,也广泛地采择唐五代以后的诗选、诗评、笔记等材料,如《诗话总龟》《唐诗纪事》《沧浪诗话》《北梦琐言》等,对公私目录类的著作也充分利用,如《新唐书·艺文志》《郡斋读书志》《直斋书录解题》等。当然,也有一些地方辛文房对材料理解不够,导致错误,但很多唐代文献资料据此得以保存,如唐人所撰《登科记》就依靠辛文房的引用而得到部分保存。对于《唐才子传》的史料价值及其讹误(本书注释中也酌情据前人研究成果予以订正),学界言之详矣,此处不赘,下面主要介绍《唐才子传》在传记文学及诗学观念方面的特点。

　　《唐才子传》中传主的选择,即其人是否是才子,是以当时的诗名或流传下来的诗歌作品作为衡量标准的。辛文房为什么要定这样一个标准呢?这首先是因为唐代诗人及其诗歌本身就有很重要的影响力。在唐代那样一个诗歌的时代,写诗除了能中进士做官之外,在日常生活中也很有用,比如《唐才子传》中记载,诗人李涉路遇一群强盗打劫,强盗得知他是"李山人"后,只求他题一首诗给他们,不但没谋财害命,反倒送了李涉不少牛肉美酒,另一位诗人王毂想去解救被无赖围殴的朋友,只说了一句我就是写"君臣犹在醉乡中"的那个,"无赖"们听后,居然就"惭谢而退"了。这些都可见在唐代,诗歌对于一个才子多么重要。其次是因为诗歌作品对于传主流传后世的名声极为重要。辛文房在卷七《陈上美传》中说:"于兹传中,族匪闻望,官不隆重,俱以一咏争长岁月者亦多,岂曰小道而忽之。"除了大诗人之外,像陈上美这样的小诗人,往往靠几首名诗流芳后世,可知诗歌在传名方面的作用。最后,辛文房认为,诗歌具有独立的价值。辛文房为诗正名，指出以前认为诗能使人显达或贫穷的说法都是误会，显达或贫穷是命，跟诗无关，他在卷十《郑良士传》中说："旧言：'诗或穷人，或达人。'达者，良士是矣。亦命之所为，诗何能与？过诗则不揣其本也。"把诗跟命（实际上就是诗人的社会地位）分开来，无疑是把诗歌从其人的功业上独立出来，从而更加客观地为诗人立传，故《唐才子传》对很多身份显贵但诗歌水平一般的唐人加以摒弃，如魏徵之类。正因如此，四库馆臣在《提要》中说此书"以论文为主，不以记事为主也"。傅璇琮先生在《唐才子传校笺·前言》中也说该书是"因人而品诗，重点是标其诗格"。辛文房记录才子事迹的最终目的，还是为理解诗歌作品打下基础，跟孟子强调的知人论世是一致的。

作为一部较为出色的传记文学作品，《唐才子传》在为唐代诗人写长短不一的传记时形成自己较为明显的艺术风格。首先是具有较为完备的体系性，辛文房不仅在重要诗人传记后面附带介绍相关诗人，而且将身份较为一致的诗人进行整合，形成方外高格（指出家高僧，卷三《道人灵一传》后有总论）、逃名散人（指隐逸高士，卷一《王绩传》后有总论）、上汉仙侣（指修仙道士，卷十《吕岩传》后有总论）、幽闺绮思（指闺阁才女，卷二《李季兰传》后有总论）等总论，不仅使原本较为零散的诗人群体得到归拢，也使全书的体系大为完备。后世读者想要知道唐代诗人的事迹，则一册《唐才子传》在手即可，大大省去翻检之劳。其次，《唐才子传》以塑造唐代才子形象为主，通过合理想象、细节描写、语言描写等手法，生动地呈现出唐代性格各异、独具魅力的才子形象。比如卷五关于李贺的不得志，辛文房写道："（李贺）尝叹曰：'我年二十不得意，一生愁心，谢如梧叶矣。'"通过李贺的话语来写李贺的满腔愁懑，实际上这段文字源自李贺的诗句"我当二十不得意，一心愁谢如枯兰"（《开愁歌》）。辛文房不仅把诗句转化为通俗易懂的语言描写，而且为了突出其凋零之彻底，把"枯兰"更换为更具凄凉意味的"梧叶"，这种合理的想象与改动，使李贺惆怅满腹的形象跃然纸上。最后，跟两《唐书》诗人传记注重生平仕履不同，《唐才子传》更注重搜罗记述唐代诗人的轶事趣闻，将唐代诗人的八卦新闻一网打尽，给读者们呈现出一个个更为丰富多彩、妙趣横生的唐代诗人剪影。如杜审言断言苏味道见到自己的判词必定会"羞死"，李白骑驴过华阴县，王昌龄、高适、王之涣旗亭画壁等故事，虽然未必是事实，却通过饶有趣味的故事展现出传记人物的精神风貌和人格境界，使唐代诗人的风流洒脱、自由奔放的性格形象深入人心。

作为一部唐代诗人才子的传记专书，辛文房不仅通过传记反映了唐诗雄壮浑厚、感激怨怼、通脱自在、绮艳苦寒等丰富面貌，也通过他的材料选择、文本组织和感慨评论呈现了自己的诗学观念。

辛文房的诗学观念跟元代宗唐复古的风气密切相关，揭傒斯《诗宗正法眼藏》就说："学诗宜以唐人为宗。"而宗唐复古的风气，早在南宋严羽的《沧浪诗话》中就有体现，严羽主要是通过以禅论诗来加以论述的，辛文房在卷八《周繇传》中也以禅论诗，通过禅法的邪正等级来区分诗歌的好坏等级。而在唐代诗歌中，辛文房对于晚唐诗歌批评得很厉害，甚至怀疑晚唐的某些作品像诗但不是真正符合诗道的诗，他在卷十《殷文圭传》中说："唐季，文体浇漓，才调荒秽。稍稍作者，强名曰诗，南郭之竽，苟存于众响，非复盛时之万一也。"晚唐诗歌不仅从文体、才调来看只能勉强称作诗，而且其价值远远不到盛唐诗歌的万分之一！辛文房还在卷八《于濆传》中批评晚唐诗人说："观唐诗至此间，弊亦极矣……嘲云戏月，刻翠粘红，不见补于采风，无少裨于化育，徒务巧于一联，或伐善于只字，悦心快口，何异秋蝉乱鸣也。"把晚唐诗人咏物炼字、无补于事的诗歌比作秋天的知了满树乱叫，诚如莫砺锋师云："语或过当，但确实深中其病。"（莫砺锋《晚唐诗风的微观考察》）而他的诗歌观念主要包括以下三方面的内容。

首先，从诗歌内容和思想上来看，辛文房主张继承《诗经》的风雅精神，关注现实，强调诗歌的教化功能。辛文房批评晚唐诗风的重要原因就在于它们"不见补于采风，无少裨于化育"，《唐才子传》中引用或评论为"堪裨教化""颇于教化""发挥风雅"的地方甚多，有些则直接指出传主对于风雅精神的继承，如卷三《鲍防传》中说他"凡有感发，以讥切世弊，正国音之宗派也"，所谓"国音"，在这里就是指《诗经·国风》等现实主义传统的诗歌。另外，辛文房的好友贡奎《送良史》诗中也以"采风诅辞责，上寄简册垂"来期许辛文房践行《诗经》的风雅精神，辛文房《清明日游太傅林亭》诗通过描写丞相园林中的花宁愿被风吹落也不允许游人采摘一朵，来讽刺、批评丞相，也与风雅精神契合。

正因为重视诗歌的教化功能，辛文房在评析诗歌时比较注重有思想教育意义的警句，如在卷九《唐备传》中引用其诗"天若无雪霜，青松不如草；地若无山川，何人重平道"，评论道："发为浇俗，至今人话间，必举以为警戒，足见之矣。"指出这些警句对于元代人思想教育的重要作用。但辛文房主张讽刺不能太过，如卷九《罗隐传》说："罗隐以褊急性成，动必嘲讪，率成谤作……是皆阙慎微之豫。"认为罗隐动不动就在诗中嘲讪，反而显得不够谨小慎微。

诗人创作诗歌的重要任务既然是教化，那么辛文房对诗人本身的人格、品格要求就很高，如果仅仅"放适自遂"，而没有通过诗歌感染、教化他人，则价值大打折扣。辛文房评价传主注重人格，伍崇曜评价《唐才子传》像《高士传》，也含有这方面的意思。辛文房写了大量隐士（即高士），很多人在仕隐之间自由转换，但高风亮节却如出一辙，如朱放、姚係等。如果传主人格能够警醒一代则大书特书，为之表彰不已，如卷五《韩愈传》中说："公英伟间生，才名冠世，继道德之统，明列圣之心，独济狂澜，词彩灿烂，齐梁绮艳，毫发都捐。有冠冕佩玉之气，宫商金石之音，为一代文宗，使颓纲复振，岂易言也哉？固无辞足以赞述云。"夸赞完韩愈的人格、道德之后，才来评价其诗。至于那些善写诗却人格有缺陷的诗人，辛文房多表示惋惜（如卷五评价孟郊是"当时议者亦见其气度窘促"），甚至批评（如卷五批评王涯后说"庶来者之少戒云"）。

传主人格中有一些具体的值得表彰的地方，辛文房也加以标举，以教化世人。元代儒生地位较低，辛文房又偏爱文史，自然愿意把才子中喜好读书的人大加表彰，以劝世人读书，如卷五《权德舆传》中就说其人之"风流可慕"在于"手不释卷"的阅读所致："(德舆)积思经术，无不贯综，手不释卷，虽动止无外饰，其酝藉风流，自然可慕。"又记录某些能够体现传主人格的清雅爱好，如卷六《李约传》中说："性清洁寡欲，一生不近粉黛，博古探奇……所居轩屏几案，必置古铜怪石、法书名画，皆历代所宝。"李约有洁癖，一生不近女色，只喜欢古玩字画。像这类体现唐代诗人高尚人格的轶事还有很多(如煎茶、修炼等)，读者诸君不妨自己开卷寻阅。

　　诗言志缘情，诗歌中所表达的情感，有时候难免跟辛文房所主张的教化功能有悖，这时，辛文房一方面批评其中过分的部分，另一方面也没有因此废除其诗。如罗虬《比红儿诗》，辛文房认为这些诗作是不符合诗道而只能"录为笑谈"的，但仍不否定其卒章"情极哀切"的价值。如在卷九《赵光远传》中批评狎妓，甚至对意淫女子的李远和李群玉也加以批评，但对于妓女的才华却加以肯定，只要不带着伤风败俗的心态即可，如卷二《李季兰传》中说："中间如李季兰、鱼玄机，皆跃出方外……与名儒比隆……然浮艳委托之心，终不能尽，白璧微瑕，惟在此耳。薛涛流落歌舞，以灵慧获名当时，此亦难矣……至若间以丰丽，杂以纤秾，导淫奔之约，叙久旷之情，不假绿琴，但飞红纸，中间不能免焉。尺有短而寸有长，故未欲椎埋之云尔。"认为李季兰她们的作品有时候能跟"名儒"比肩，诗中虽然确实存在"淫奔"之情，却也无法掩盖其诗的真正魅力。卷六《薛涛传》中也说"岂得匿其人而弃其学哉"，主张不应因为薛涛的歌妓身份而忽视她的诗歌才华。这些在我们现在看来很正常，辛文房在元代已能如此，确实无愧于他那"远陪公议，谁得而诬"的自我要求，是一种进步观念。

　　其次，在诗歌形式和技巧方面，辛文房主张文采和声韵皆佳的"文音论"。辛文房在《唐才子传·引》中说："诗，文而音者也。"文而音，用辛氏自己的话来解释就是"铿锵愧金石,炳焕却丹青""金碧助彩,宫商自协""章句有焦心之人,声律至穿杨之妙"等,既有炳焕文采,又有铿锵、协和的声韵。在具体的诗学批评中,也常见辛文房对传主诗歌文采和声韵的评价,如评刘长卿的诗歌是"诗调雅畅,甚能炼饰",评殷遥的诗歌是"词彩不群",评严维诗是"锻炼铿锵"等,至于单独强调传主文采(如评张众甫诗是"婉媚绮错,巧用文字")或声韵(如评张仲素诗是"尤精乐府,往往和在宫商,古人有未能虑者")的所在皆有,兹不赘述。因为注重诗歌的文采,所以辛文房对于诗中有画的境界非常推崇,如卷五《陈羽传》中说:"写难状之景,了了目前;含不尽之意,皎皎言外。如《自遣》诗云:'稚子新能编笋笠,山妻旧解补荷衣。秋山隔岸清猿叫,湖水当门白鸟飞。'此景何处无之,前后谁能道者? 二十八字,一片画图,非造次之谓也。"也注重诗歌摹写功能,如卷六《姚合传》中说他"最工模写"。因为注重诗歌的声韵,所以对被薛能批评为"千首如一首,卷初如卷终"的刘得仁的诗歌,也从声韵角度加以肯定:"铿锵金玉,难合同流……端能确守格律、揣治声病……王孙公子中,千载求一人不可得也。"当然,过度追求文采和声韵,也会产生弊端,辛文房对此也有认知,他在卷四《韦应物传》中说:"诗律自沈、宋之下,日益靡嫚,镂章刻句,揣合浮切,音韵婉谐,属对藻密,而闲雅平淡之气不存矣。"可见辛文房对刻意雕琢字句、揣摩音韵而导致失去闲雅平淡之气的作品并不待见。

　　辛文房的"文音论"实际上是在不违背诗歌基本功能(如言志、教化等)的基础上,对于诗歌创作水准的一种要求,这种要求使他特别关注诗歌形式的变化,尤其是各类诗体,像影响较大的元和体、长吉体、"卢仝、孟郊之体"等。除此之外,辛文房对一些特殊的诗体也较感兴趣,如沈下贤体之类,其他的还有李峤的单题诗、苏涣的《变律诗》、于武陵的终篇一意诗、无可的"象外句"、于濆的《逸诗》、李昌符的《奴婢诗》、胡曾的《咏史诗》、曹唐的大小《游仙诗》、章碣的律诗变体、罗虬的《比红儿诗》、王涣的《惆怅诗》、谢蟠隐的《杂感诗》等,格式独特,内容丰富,至于葫芦格、辘轳格、进退格等纯体式诗体,辛文房也没少录。诗体虽多,却并非每个人都擅长,辛文房已注意到不同的诗人擅长不同的诗体,他在卷五《杨巨源传》中说:"长篇刻琢,绝句清泠,盖得于此而失于彼者矣。"认识到诗人的局限和特长,所以喜欢标出各个传主较为擅长的诗体,如孟迟、汪遵善绝句,雍裕之善乐府,刘驾与曹邺善古风,邵谒、姚係工古调,李涉善叙事长篇,庄南杰善乐府杂歌,权德舆工古调乐府,韦楚老、聂夷中善古乐府,翁绶善变古乐府,沈光、唐备善古诗,赵牧、牛峤、秦韬玉善歌诗,胡曾善近体律绝,吴融善新律与骚雅等。总体来说,古风、乐府和歌诗所占比重较大,而律诗较少,这也与唐诗的发展相契合。同时辛文房也注意到兼善多种诗体的诗人,除前所述,又如王毂善歌诗和乐府,贯休乐府、古诗、律诗都好,熊皎工古诗和律诗等。这跟辛文房自己的诗歌创作题材丰富也是较为一致的。

最后,从作诗方面来看,辛文房对苦吟较赞同,而且辛文房自身也是"琢句废春宵"地实践着苦吟的作诗方法。尽管辛文房在书中也不止一次地称呼某些诗人是"天才",但他对诗歌能否学习还是持开放态度的,这体现在三个方面:第一,认为诗歌讲究继承,可以学习,这在《唐才子传》中有很多例子,如指出郑巢学习姚合的句法,刘光远、牛峤学习李贺,唐彦谦学习温庭筠和杜甫,崔鲁学杜牧,张碧学李白,张瀛学张碧,李洞、曹松学贾岛,裴说又学习贾岛和李洞等。第二,关注传主的诗歌创作状态,而这些创作状态有的是通过练习来提高诗歌水平,如薛能日课一诗,有的则是通过苦吟的方式组织成篇,如李贺的诗囊和唐求的诗瓢,这些都说明诗歌可以学好。第三,关注诗歌的修改,改诗并非全都是原作不好,有时可能是为了隐去某些不想让人知道的信息,比如许浑改"庭中惟见许飞琼"为"天风吹下步虚声"。但大多数情况下的改诗是越改越好,如任蕃、齐己和王贞白改诗之事,这都说明诗歌可以修改。如此一来,苦吟的作诗方法自然颇得辛文房青睐,如卷四《刘言史传》中说:"皮日休称其赋雕金篆玉,牢奇笼怪,百锻为字,千炼成句,真佳作也。"当然,苦吟所带来的"琢句"如果过头也有问题，辛文房有清醒认识，他在卷五《庄南杰传》中直接批评说："语过镌凿……不出自然。"

以上所勾勒的只是辛文房《唐才子传》中体现出来的传记特色和诗学观念中的荦荦大者，我们为了方便读者对辛文房《唐才子传》有个较为完整的印象，因此不揣简陋，加以归纳，难免挂一漏万，实际上还有很多专题期待着人们进行深入研究。除此之外，辛文房的诗学观念有些也有不同程度的问题，比如关于诗谶的说法，这些需要我们取其精华弃其糟粕，在阅读的时候有所注意。

三

辛文房在撰写《唐才子传》之初，就认识到个人能力之有限，书中不足之处尚多，期待同仁补正，故他在《唐才子传·引》说："异方之士，弱冠斐然，狃于见闻，岂所能尽？敢倡斯盟，尚赖同志，相与广焉。"该书流传经历颇为曲折，从元代至明初国内尚有全本流传（杨士奇《东里集》有该书跋），《永乐大典》"传"字韵中也载其全书，但"传"字韵后来全部佚失，故到清代《唐才子传》全书已不得见，更遑论考订。清人王士禛在《池北偶谈》卷十二中不无遗憾地说："《全唐诗话》《唐诗纪事》二书，例皆以诗系人，文房此书视二书当尤详备，惜今无传矣。"可见连大诗人王士禛都无缘得见《唐才子传》。所幸《永乐大典》其他各韵之内尚杂录其文，四库馆臣据此辑出八卷本《唐才子传》，收进《四库全书》，是为《四库全书》本（简称"四库"本）。幸运的是，近邻日本尚有元刊本《唐才子传》十卷足本，清末杨守敬曾在日本访得，后来遵义黎庶昌以珂罗版影印出来，被称作"目前见到的最好的版本"（孙映逵《唐才子传校注·前言》）。日本南北朝后半顷（约当我国明朝初期）据元刊本翻雕有"五山版"《唐才子传》，现存汲古书院影印内阁文库藏本（简称"五山本"），又有正保四年（1647）上村二郎卫门所刊训点本《唐才子传》（简称"正保本"），享和三年（1803）林衡据五山版以活字重印《唐才子传》，收入《佚存丛书》

中(简称"《佚存》本")。中国学者以《佚存》本《唐才子传》与《四库》本校勘,有清嘉庆十年(1805)陆芝荣三间草堂刊本(简称"三间本")和清道光二十二年(1842)钱熙祚《指海》刊本(简称"《指海》本")。

据傅璇琮先生所言,辛文房《唐才子传》自成书之后,真正对其书进行较深研究的,是日本布目潮沨、中村乔的《唐才子传之研究》,他认为"中国的学者有义务对此做出更大的努力"(傅璇琮《唐才子传校笺·前言》),故而组织专家学者对《唐才子传》进行较大规模的校笺,编成质量更高的《唐才子传校笺》巨著。此一时期,除《唐才子传校笺》外,《唐才子传》的整理本先后还有王大安校订本《唐才子传》(黑龙江人民出版社1986年)、舒宝璋校注本《唐才子传》(中州古籍出版社1987年)、周本淳《唐才子传校正》(江苏古籍出版社1987)、孙映逵《唐才子传校注》(中国社会科学出版社1991年)、张萍《唐才子传选译》(巴蜀书社1994年)、李立朴《唐才子传全译》(贵州人民出版社1995年)、周绍良《唐才子传笺证》(中华书局2010年)等著作以及单篇论文如刘兴超《〈唐才子传校笺〉之〈五窦传校笺〉辨正》等相继问世,可谓辛氏之"同志"者也。以上大作或校或笺,或注或译,为进一步整理、完善和普及《唐才子传》奠定了坚实的文献基础。

在对《唐才子传》进行文献整理和研究之余,立足于诗学层次的相关专题研究也获得蓬勃展开。这些相关专题的研究,有的是单篇论文(如与《唐才子传校笺》前后时间相近的漆绪邦《辛文房〈唐才子传〉的理论价值》、张国光《元代西域诗评家辛文房〈唐才子传〉评介》等文,也包括二十一世纪以来的相关论文,如周兴陆《〈沧浪诗话〉对〈唐才子传〉唐诗观的影响》、张红《〈唐才子传〉的唐诗观念及其美学思想》、赵楠《胡震亨、季振宜和〈全唐诗〉编者用过〈唐才子传〉吗》等),有的则是附益在诗学史著作中(如蔡镇楚《中国诗话史》、袁行霈等《中国诗学通论》、顾易生等《宋金元文学批评史》等著作中关于《唐才子传》的论述),以上诸作充分肯定《唐才子传》的理论水平和见地,指出其在有元一代的唐诗研究和批评中的重要作用，指出其对前代唐诗观的继承、自身的唐诗观念和其对后代著作的影响等，逐渐把《唐才子传》纳入到唐代诗学史研究的框架中去。

本次整理，《唐才子传》原文以傅璇琮先生主编的《唐才子传校笺》为底本，由于《唐才子传校笺》的原文用的是孙映逵先生校注的版本，所以原文也吸收孙映逵《唐才子传校注》的校勘意见，《校笺》原文有些排印错误，一般据孙映逵《校注》本径改，不出注说明，其他较为重要的改动，则酌情出注说明校改依据。对原书篇幅较长的篇目，做了分段处理，以便读者与注译对照阅读。每卷卷首设置题解，介绍本卷诗人传记概况及其重要或特色之处，以便读者把握重点。注释方面，注重字词解释及典故说明，对于书中较重要的史事讹误，则尽量吸收学界考证成果予以订正。对于正文中涉及的诗句，一般也在注释中做较为详尽的译解，以便读者理解。译文方面，以直译为主，力求准确地传达原文的含义。

关于文中诗句的译解，是本书较为用心的部分。《唐才子传》中涉及大量诗句，这些诗句或在传文中具有重要的叙事功能，或者本身就是精警的名篇名句（如卷七《赵嘏传》中摘录的早秋赋诗的诗句"残星数点雁横塞，长笛一声人倚楼"），或者与文中的诗歌评论密切相关（如卷七《马戴传》中就说"戴诗壮丽，居晚唐诸公之上，优游不迫，沉著痛快，两不相伤，佳作也"，即须联系《马戴传》中所引用的《秋思》诗），或者本身即为诗歌评论（如卷七《项斯传》中说："杨敬之祭酒赠诗云：'几度见君诗总好，及观标格过于诗。平生不解藏人善，到处逢人说项斯。'"），对于深入理解《唐才子传》及其诗学观念具有重要的意义，但此前的整理本中，学者对此似不甚措意，对辛文房引用、摘录的大量诗篇、诗句大都存而不译，不无遗憾，对于读者阅读本书也多有不便。然而直接在传记译文中翻译诗歌，又恐影响传记全文的阅读体验，故本书选择在注释中对文中涉及的诗句进行详尽的译解，以便读者在读懂诗的基础上更为深入地理解《唐才子传》。

　　这里简单介绍一下本书是如何在注释中译解这些诗歌文本的，以便读者朋友阅读时能提纲挈领。第一点，也是最重要的一点，就是以忠实原文的意思为主。细心的读者不难发现，注释中关于诗歌的译解有不少括注的内容，这并非无法进行意译，而是害怕意译导致意思乖离，所以哪怕繁琐一点，也以追求准确为本。第二，在忠实原文的基础上尽量做到雅，如卷七《杨发传》中所引用的《宿黄花馆》诗，辛文房评价为"浏亮清新，颇惊凡听"，本书在翻译的过程中也长短句式兼用，以模拟诗人的咏叹调，同时对诗人不便明言的地方加以点明。第三，尤其注意翻译诗句与传文关系密切的地方，使文气贯通，读者了然。第四，注意改诗的翻译与评论，改诗也是《唐才子传》中的重要内容，有时候分属不同的传记，比如郑谷和齐己，"昨夜一枝开"的修改在《郑谷传》，"别扫著僧床"的修改在《齐己传》，由于改诗是另一种方式的评价，所以有人通过改诗来印证诗心并结交，如王贞白和贯休。但一般读者或许对于改诗妙在何处缺乏足够的认识，在翻译的过程中就有针对性地加以阐释，比如卷七《任蕃传》中说："去游天台巾子峰，题寺壁间云：'绝顶新秋生夜凉，鹤翻松露滴衣裳。前峰月照一江水，僧在翠微开竹房。'既去百余里，欲回改作'半江水'，行到题处，他人已改矣。""一江水"和"半江水"的差别在哪里？本书在注释的时候略加评析，以便读者更好地理解。第五，注意诗歌文本中的言外之意，尤其是关涉较大者，如司空图忠唐之意，卷八《司空图传》中说得比较清楚："后闻哀帝遇弑，不食扼腕，呕血数升而卒。"司空图隐居时，仍以唐臣自居，后亦因唐朝灭亡而死，这在后人写的传记中看来很直白，可在当时却不敢直接呈露，因此虚中送给司空图的诗也只是隐晦地加以表达，难怪司空图"得诗大喜，言怀云'十年华岳山前住，只得虚中一首诗'"，本书在翻译的时候也特别予以点出。第六，注意品味、翻译诗中的精髓及妙处，尤其是诗中的难处，这些难处有的是诗情表现之难，如卷九《高蟾传》中题省墙间的诗句"冰柱数条搰白日，天门几扇锁明时"很难理解，辛文房评价是"怨而切"，如果对原诗不了解，就无法体会辛氏的评价,本书在翻译的时候尽量解说明白。另一类难处在于诗中的逻辑关系比较难以厘清,在翻译过程中也尽量一一琢磨,使之了然,如《马异传》中记载的卢仝怪诗"昨日全不同,异自异,是谓大同而小异。今日全自同,异不异,是谓同不往而异不至",辛文房也称这诗"怪之甚",怪是很容易感受的,但怎么怪、怪背后的逻辑何在,却无人揭示,本书则努力加以勾稽。最后,对于《唐才子传》中大量出现的诗学术语,如唐诗"三变"说、葫芦格等,都广泛吸收诗学研究的成果,做出尽可能详细的解释。另外一些对辛文房有影响的诗论,如司空图讨论王驾的文字,虽带有对王驾的鼓励,对辛文房还是有所影响,故也加以详探。

　　本书在撰写的过程中,参考、吸收了历代学者和今人的研究成果,未及一一注出,在此特别说明,并致衷心的感谢。钟彦飞兄曾示及重要资料,我的学生高星雨也在图书馆帮我核对过书籍,谨致谢忱。由于《唐才子传》兼跨文史,内容丰富,其所记载之唐诗羚羊挂角,妙入毫厘,笔者又才疏学浅,精力有限,书中的错讹肯定不少,恳请方家不吝教我焉。

关鹏飞

2019 年 10 月 7 日于南京

2020 年 4 月于疫中修改

卷一

【题解】

卷一分为两部分，即序引和传记。序引交代《唐才子传》的编撰缘由、成书经过、内容价值等，并热切期待能得到后世读者的共鸣。传记主要为初唐诗人立传，所传诗人有王绩、崔信明、王勃、杨炯、卢照邻、骆宾王、杜审言、沈佺期、宋之问、刘希夷、陈子昂、李百药、李峤、张说、王翰、吴筠、张子容、李昂、孙逖、卢鸿、王泠然、刘眘虚、王湾、崔颢、祖咏和储光羲等共二十六人。他们或被誉为初唐四杰，或奠定唐诗格律，或开辟唐诗的风雅之道，在唐诗发展史上占据重要位置，预示着唐诗辉煌的到来。值得注意的是，辛文房还在传记中讨论唐代六位皇帝对唐诗的推动作用，但匆匆带过，装点门面而已，显示出辛氏对唐诗发展的独立思考。与六位皇帝相反，辛氏对跟诗人密切相关的细节却不厌其烦地加以描写，如王勃的"腹稿"、杨炯的"麒麟楦"、卢鸿不对帝王行拜礼的气节、崔颢的浪子回头等，这些诗人有些我们耳熟能详，有些却较为陌生，辛氏的描写有助于我们进一步认识他们。

魏帝著论①，称"文章经国之大业，不朽之盛事，年寿有时而尽，未若文章之无穷"②。诗，文而音者也③。唐兴尚文，衣冠兼化④，无虑不可胜计⑤。擅美于诗，当复千家。岁月荏苒⑥,迁逝沦落,亦且多矣。况乃浮沉畏途,黾勉卑宦⑦,存没相半,不亦难乎!崇事奕叶⑧,苦思积年,心神游穹厚之倪⑨,耳目及晏旷之际⑩,幸成著述,更或凋零,兵火相仍,名逮于此,谈何容易哉!

【注释】

①魏帝:即魏文帝曹丕,字子桓,沛国谯县(今安徽亳州谯城区)人,三国时著名政治家、文学家,其《燕歌行》是现存最早的优秀七言诗,其《典论·论文》是现存最早的文学批评专论。论:即指《典论·论文》。《典论》原有五卷,《论文》为其中一篇,因被《文选》收录得以保存,其他皆佚。《论文》强调文学是"经国之大业,不朽之盛事",提出文体论,提倡"文以气为主",反对"贵远贱近"和"文人相轻",并对当时的文人创作进行评价。

②"文章经国之大业"以下几句:出自《典论·论文》,辛文房所引乃节略,《论文》原文云:"盖文章,经国之大业,不朽之盛事。年寿有时而尽,荣乐止乎其身,二者必至之常期,未若文章之无穷。"

③文而音:指兼具文采与声律之美,即后文所谓"铿锵愧金石,炳焕却丹青""金碧助彩,宫商自协",既有炳焕文采,又有铿锵协和的声韵。同时代与辛文房齐名的杨载,亦有"诗当取材于汉魏,而音节则以唐为宗"(《元史·儒学二·杨载》)的说法。

④衣冠:原指士大夫的穿戴,这里借指士大夫。

⑤无虑:大概,大约。

⑥苒苒(rǎn):形容时间渐渐过去。

⑦黾(mǐn)勉:勤勉,努力。

⑧崇事:致力于。奕叶:犹"奕世",即累世,一代接一代。

⑨穹(qióng)厚:指天地。李翱《侯处士墓志》:"穹穹与厚厚兮,乌愦予而不撼。"穹,天穹。厚,厚土,大地。倪:边际。

⑩晏旷：空旷。晏，天空晴朗无云，《说文》："晏，天清也。"

【译文】

魏文帝曹丕撰写《典论·论文》，称赞"文章是治理国家、使自己永垂不朽的盛大事业，人的寿命会有时限地结束，不像文章可以流传得没有尽头"。诗歌，是讲究文采而又注重声韵的。唐朝兴起，崇尚文章，士大夫都被化育，人数大概多得无法统计。其中在诗歌方面擅长专美的人，应当又有上千家。岁月渐渐流逝，他们的名声和作品随之变化流散，沦没飘落，也是非常多啊。何况他们活着时在艰险可怕的仕途上浮沉起伏，在卑下的官位上勤勉努力，保存下来一半的作品，不也是很难了吗！好几代人努力从事诗歌创作，好多年地辛苦构思，心神游历到天地的尽头，见闻抵达清旷辽远的地方，侥幸撰成作品，也许又会凋散零落，再加上兵乱战火接连不断，他们的声名能传到今天，哪里可说是容易啊！

夫诗，所以动天地，感鬼神，厚人伦，移风俗也①。发乎其情，止乎礼义②，非苟尚辞而已。溯寻其来，国风、雅、颂开其端③，《离骚》《招魂》放厥辞④；苏、李之高妙⑤，足以定律；建安之遒壮⑥，粲尔成家⑦；烂熳于江左⑧，滥觞于齐梁⑨，皆袭祖沿流，坦然明白。铿锵愧金石⑩，炳焕却丹青⑪。理穷必通，因时为变，勿讶于枳橘⑫，非土所宜；谁别于渭泾⑬，投胶自定⑭，盖系乎得失之运也。

【注释】

①"所以动天地"以下几句：语出《毛诗序》："故正得失，动天地，感鬼神，莫近于诗。先王以是经夫妇，成孝敬，厚人伦，美教化，移风俗。"

②"发乎其情"两句：语出《毛诗序》："故变风发乎情，止乎礼义。

发乎情,民之性也;止乎礼义,先王之泽也。"

③国风、雅、颂:指《诗经》中的"国风""大小雅"和"颂"。

④《离骚》:《楚辞》中的代表作,中国古典诗歌中最著名的长篇政治抒情诗之一,与《诗经》的国风部分并称"风骚",被视为中国诗歌的源头。《招魂》:《楚辞》中的名篇,篇中的铺张描写和论述,堪称"耀艳而深华",梁启超认为系"全部《楚辞》中最酣肆最深刻之作"(梁启超《要籍解题及其读法·楚辞》)。放厥辞:指极力铺张辞藻,施展文才。韩愈《祭柳子厚文》:"玉佩琼琚,大放厥辞,富贵无能,磨灭谁纪?"

⑤苏、李:这里指苏武和李陵,为传说中五言诗的早期代表。诗作见《文选》卷二十九。

⑥建安:汉献帝年号(196—220),此指以建安七子(孔融、王粲、刘桢、陈琳、阮瑀、徐幹、应场)为代表的建安风骨。遒(qiú)壮:雄健,此指建安诗风刚健。

⑦粲尔:犹"粲然",明白,明亮。《荀子·非相》:"欲观圣王之迹,则于其粲然者矣。"这里指文采粲然。

⑧烂熳:色彩绚丽,这里指文采华丽。江左:俗称江东,但这里指建都于江东的朝代,即东晋、南朝。

⑨滥觞:原指江河发源的地方水浅,只能浮起酒杯,此指南朝齐梁时期诗风泛滥。

⑩铿锵愧金石:此谓诗歌声律铿锵,胜过钟磬等金石乐器,令其惭愧。古人形容诗文声韵铿锵时常谓有金石之声。《世说新语·文学》:"孙兴公作《天台赋》成,以示范荣期,云:'卿试掷地,要作金石声。'"铿锵,声音响亮而有节奏。金石,指钟磬。

⑪炳焕却丹青:此谓诗歌文采绚烂,胜过图画。炳焕,光洁鲜明。丹青,红色和青色的颜料,借指绘画。

⑫枳(zhǐ)橘:意指客观环境导致的变化。语出《晏子春秋·内篇

杂下六》：“婴闻之，橘生淮南则为橘，生于淮北则为枳，叶徒相似，其实味不同，所以然者何？水土异也。”

⑬渭泾：即渭水和泾水，渭水浊而泾水清，故泾渭分明。

⑭胶：指阿胶，传说可以使浊水变清。庾信《哀江南赋》：“敝箄不能救盐池之咸，阿胶不能止黄河之浊。”沈括《梦溪笔谈》卷三：“东阿亦济水所经，取井水煮胶，谓之阿胶，用以搅浊水则清。”

【译文】

诗歌，能够打动天地，感染鬼神，敦厚人伦，改变社会风气。它从人们内心的情感出发，又合乎礼义规范，不是仅仅推崇文辞而已。追溯寻找诗歌的源头，《诗经》中的“国风”“大小雅”和“三颂”是它的开端，《离骚》《招魂》极力拓展它的文采；苏武和李陵的作品高远神妙，足够来给五言诗奠定格式；建安时期的作品雄健，文采鲜明地成名成家；东晋、齐梁以来诗歌文辞华丽，大放异彩，齐梁时期则开始泛滥盛行，以上这些都是承接前人、沿袭流传，脉络非常清楚。这些作品也都是声韵铿锵胜过钟磬之音，文采鲜艳胜过绘画之色。诗歌的道理穷尽后必定变通，随着时代变化而改变，不必对或为橘或为枳表示惊讶，那是因为土地不再适宜；谁能把水分成泾渭那样的清水和浊水，只要投进阿胶就能自动分出清浊，诗歌的变化大概跟国家兴衰的命运有关吧。

　　唐几三百年①，鼎钟挟雅道，中间大体三变②，故章句有焦心之人③，声律至穿杨之妙④，于法而能备，于言无所假⑤。及其逸度高标⑥，余波遗韵，临高能赋⑦，闲暇微吟，旧格近体、古风乐府之类⑧，芳沃当代，响起陈人⑨，淡寂无枯悴之嫌，繁藻无淫妖之忌，犹金碧助彩⑩，宫商自协⑪，端足以仰绪先尘，俯谢来世。清庙之瑟⑫，薰风之琴⑬，未或简其沉郁⑭；两晋风流，不相下于秋毫也⑮。

【注释】

①唐几三百年：唐自公元618年李渊称帝至907年朱温篡唐，前后二百九十年。实则《唐才子传》所载涵盖唐初至五代，所记载时间在三百五十年左右。

②中间大体三变：三变之说亦见梁肃《补阙李君前集序》（"唐有天下几二百载，而文章三变"）、宋祁《新唐书·文艺传叙》（"唐有天下三百年，文章无虑三变"），然皆以"文章"为主，诗歌附益，故辛氏之说，当本于严羽《沧浪诗话·诗评》中的三分法，即"大历以前、大历元和、晚唐"，辛氏"三变"的具体阐释在本书卷八《周繇传》中，是"自魏晋以降，递至盛唐，大历、元和以下，逮晚年，考其时变，商其格制"。唐诗"三变"说在元代并不少见，如王祎《练伯上诗序》就把唐诗分为三段："唐初袭陈、隋之弊，多宗徐、庾，张子寿、苏廷硕、张道济、刘希夷、王昌龄、沈云卿、宋少连皆溺于久习，颓靡不振。王、杨、卢、骆始若开唐、晋之端，而陈伯玉又力于复古，此又一变也。开元、大历，杜子美出，乃上薄风雅，下掩汉魏，所谓集大成者。而李太白又宗风骚而友建安，与杜相颉颃。复有王摩诘、韦应物、岑参、高达夫、刘长卿、孟浩然、元次山之属，咸以兴寄相高，以及钱、郎、苗、崔诸家，比比而作。既而韩退之、柳宗元起于元和，实方驾李、杜，而元微之、白乐天、杜牧之、刘梦得咸彬彬附和焉。唐世诗道之盛，于是为至，此又一变也。然自大历、元和以降，王建、张籍、贾浪仙、孟东野、李长吉、温飞卿、卢仝、刘叉、李商隐、段成式，虽各自成家，而或沦于怪，或迫于险，或窘于寒苦，或流于靡曼，视开元遂不逮。至其季年，朱庆馀、项子迁、郑守愚、杜彦夫、吴子华辈，悉纤弱鄙陋，而无足观矣，此又一变也。"具体论述与辛文房略有出入，同为"三变"则相同。

③章句：章节与句子，此指诗文或著述。张籍《赠殷山人》："耕耘此辛苦，章句已流传。"焦心：指劳心，此指诗人用心作诗。

④穿杨:善射的人能自远处射穿杨柳叶。典出《战国策·西周策》:
"楚有养由基者,善射,去柳叶者百步而射之,百发百中。"这里比
喻文章技艺的熟练。

⑤假:借。

⑥逸度高标:超逸的风度,精粹的作品。高标,本指高树、高枝,喻指
出类拔萃之作。

⑦临高能赋:指登高时写作的诗歌。《韩诗外传》卷七:"君子登高
必赋。"

⑧近体:指近体诗,通常指唐代形成的律诗和绝句。古风:唐代及其
以后,称古体诗为"古风",以区别于近体诗。乐府:由乐府机构采
集创作的乐歌,亦用以称魏晋至唐代可入乐的诗歌和后人仿效乐
府古题的作品。

⑨陈人:老朽无能的人。《庄子·寓言》:"年先矣,而无经纬本末以
期年耆者,是非先也。人而无以先人,无人道也,人而无人道,是
之谓陈人。"

⑩金碧:指中国画颜料中的泥金、石青和石绿,能使画面更具色彩。
这里指文采。

⑪宫商:五音中的宫音和商音,代指音律、音乐,这里指声韵。

⑫清庙之瑟:《诗经》中有《清庙》一篇,为祭祀周文王的诗章,泛指
帝王祭祀祖先的乐章。

⑬薰风之琴:传说舜弹五弦之琴,咏《南风》之诗,表达解除百姓疾
苦的心愿,后形容君王为国为民辛劳。《孔子家语·辩乐》:"昔者
舜弹五弦之琴,造《南风》之诗,其诗曰:'南风之薰兮,可以解吾
民之愠兮;南风之时兮,可以阜吾民之财兮。'"

⑭简:简慢,轻忽。沉郁:古代诗学概念,指深沉、含蓄的艺术风格或
艺术表现方法。

⑮秋毫:鸟兽在秋天新长的细毛,比喻极微细的事物。

【译文】

唐朝历时将近三百年，钟鸣鼎食，挟带着诗歌的雅正之道，中间大概经历三次变化，诗歌在词句上存在大批苦心雕琢的诗人，在声韵格律上达到百步穿杨的精妙境界，在诗歌法则方面能齐备，在诗歌语言方面能独创。至于其中超逸绝伦的风度，流传不息的气韵，或为登临高处写出的诗歌，或是闲暇时候的轻吟之作，无论古体格律、古风乐府等种类，都能以芬芳滋润当时之人，以声韵振起老朽之人，它们冲淡虚寂却没有枯菱憔悴的嫌疑，繁辞丽藻却没有过度妖冶的顾忌，就像泥金、石青有助于画面炫彩，宫商等音律自然协调，正足够用来接续唐代以前著名诗人的遗绪，而让后世诗人俯首承让。与祭祀先祖的《清庙》、忧心民生的《南风》之诗相比，也不觉得不够深沉含蓄；与西晋、东晋的文采风流相比，也没有丝毫落于下风。

余遐想高情，身服斯道，究其梗概行藏①，散见错出，使览于述作，尚昧音容②，洽彼姓名③，未辨机轴④，尝切病之。顷以端居多暇⑤，害事都捐⑥，游目简编⑦，宅心史集⑧，或求详累帙⑨，因备先传，撰拟成篇，斑斑有据⑩，以悉全时之盛，用成一家之言。各冠以时，定为先后，远陪公议，谁得而诬也？如方外高格⑪，逃名散人⑫，上汉仙侣⑬，幽闺绮思⑭，虽多，微考实，故别总论之。天下英奇，所见略似，人心相去，苦亦不多，至若触事兴怀，随附篇末⑮。异方之士⑯，弱冠斐然⑰，狃于见闻⑱，岂所能尽？敢倡斯盟⑲，尚赖同志，相与广焉。庶乎作九京于长梦⑳，咏一代之清风。后来奋飞㉑，可畏相激㉒，百世之下，犹期赏音也㉓。传成凡二百七十八篇，因而附录不泯者又一百二十家，厘为十卷㉔，名以《唐才子传》云。有元大德甲辰春引㉕。

【注释】

①梗概：大略。行藏：出处行迹。

②昧：昏暗，此指不了解。

③洽：接洽。

④机轴：机指弩牙，轴指车轴，喻关键所在。

⑤顷：近来。端居：平居，闲居。

⑥害事：妨碍之事。捐：弃。

⑦简编：古代书籍写在编连的竹简上，故称"简编"，此泛指书籍。

⑧宅心：指应当使所得之道常居于心中，《尚书·康诰》："汝丕远惟商耉成人，宅心知训。"这里指用心。

⑨帙（zhì）：量词，书一函即为一帙。

⑩斑斑：众多貌，此指资料详尽众多。

⑪方外高格：指出家高僧。本书卷三《道人灵一传》后有总论。

⑫逃名散人：指隐逸高士。本书卷一《王绩传》后有总论。

⑬上汉仙侣：指神仙道士。本书卷十《吕岩传》后有总论。

⑭幽闺绮思：指闺阁才女。本书卷二《李季兰传》后有总论。

⑮"至若触事兴怀"两句：指每篇传记后，除去总论之外的其他琐论，多标以"○"，以示与正文区别。

⑯异方之士：辛文房自指，辛氏乃西域色目人。

⑰弱冠：古代男子二十岁行冠礼，初加冠时称弱冠，泛指男子二十左右的年纪。斐然：发愤的样子。

⑱狃（niǔ）：拘泥。

⑲倡：提倡。盟：原指盟约，这里指约定之事，即汇撰《唐才子传》事。

⑳作：振起。九京：春秋时晋国卿大夫的墓地，后泛指墓地，此指墓中人。长梦：指死亡。

㉑后来奋飞：即指后世奋发有为的才子们或学者们。

㉒可畏：即后生，让人敬畏的后辈，如对《唐才子传》指瑕补正的诸位

学者即是。《论语·子罕》："后生可畏，焉知来者之不如今也？"

㉓赏音：犹知音。

㉔厘：厘定，整理。

㉕大德：元成宗年号（1297—1307）。甲辰：即大德八年（1304）。引：作序。

【译文】

我悠远地想象他们的高尚情怀，自身也信服他们这样的诗道，探究他们大概的行迹，发现他们的传记资料都是零星、交错地出现，让阅览他们作品的人，对他们的音容笑貌还是难于了解，仅仅是把那些姓名对上号，不能分辨其中的关键，我曾深切地认为这是大毛病。近来因为闲居在家，多有空闲，把妨碍的事情都抛弃，在简册书籍上游目翻检，在史传和文集中用心搜求，有的探求详尽多达好几卷册，趁势补全他们的传记，撰写成完整的篇章，资料翔实且都有所根据，用来了解整个唐代诗歌的兴盛，并撰写成一家之言。每篇传记都按时间顺序标记在前，排出先后顺序，并在他们的传记后面添上当时或后人的公正评论，谁能诬蔑他们呢？像世俗之外的高僧，逃避声名的隐士，飞升上天的仙人道友，深闺里含有绮丽之思的才女，虽然人数很多，却没法一一考证出实际情况，因此别有总论来评论他们。天下的英雄奇才，所具有的见解大略相似，人心之间的距离，差别也不是太大，以至于我看到他们的事迹兴起一些感怀，也就顺便附益在他们的传记之后。我是西域色目人，二十岁左右就发愤著书，但是拘泥于个人的见闻有限，怎么可能穷尽了解唐代诗人们的事迹？斗胆在这里起个头，还得依靠各位同道中人，互相增益啊。希望通过这些传记能把九泉之下的诗人们从死亡的睡梦中叫醒，也借以歌咏一个朝代的清雅风韵。后来的人奋发有为，可敬畏的后生互相激励，百代之下，还希望有知音啊。传记总共写成二百七十八篇，因附录在这些传记中而名字不灭的诗人又有一百二十个，整理为十卷，用《唐才子传》作书名。元代大德八年（1304）春天作序。

六帝

　　夫云汉昭回^①，仰弥高于宸极^②；洪钟希扣，发至响于咸池^③。以太宗天纵^④，玄庙聪明^⑤，宪、德、文、僖^⑥，睿姿继挺，俱以万机之暇，特驻吟情，奎璧腾辉^⑦，衮龙浮彩^⑧，宠延臣下，每锡赠酬^⑨。故上有好者，下必有甚焉者矣^⑩。

【注释】

①云汉昭回：指银河光亮，回转在天。语出《诗经·大雅·云汉》。

②仰弥高：越望越高。语出《论语·子罕》："仰之弥高，钻之弥坚。瞻之在前，忽焉在后。"宸极：北极星。古人认为北极星是最尊贵的星，为众星所拱，比喻帝位。《论语·为政》："为政以德，譬如北辰。"

③咸池：有二义，一说指古人想象中的日浴之处；一说指唐尧时代的乐舞，也称《大咸》。这里当以咸池为日浴之地，或亦含有帝王所作诗歌可与唐尧《咸池》乐媲美之意。

④太宗：即唐太宗李世民，李渊次子，唐朝建立后封秦王，任尚书令，发动"玄武门之变"，次年登基，改元贞观，推行"贞观之治"，能文善诗。天纵：上天所赋予，此指天赋之才。

⑤玄庙：指唐玄宗李隆基，唐睿宗第三子，励精图治，统治前期形成"开元盛世"。安史之乱时逃蜀，后抑郁而死，庙号玄宗。《全唐诗》存其诗一卷。

⑥宪：即唐宪宗李纯，本名淳，顺宗长子，在位期间以法度制裁藩镇，消除藩镇跋扈局面，史称"元和中兴"。晚年求长生，服金丹，后为宦官陈弘志等害死。德：即唐德宗李适（kuò），代宗长子，改租庸调为两税法，后泾原兵变，长安被朱泚占领，逃往奉天（今陕西乾

县）。长于诗文，常在浴堂殿与学士讨论诗歌，夜分不寐。《全唐诗》存诗十五首。文：即唐文宗李昂，穆宗第二子。晚唐宦官争权，王守澄等杀死唐敬宗李湛，拥立敬宗弟文宗登位，文宗不甘作傀儡，倚重寒士李训、郑注，试图清除宦官专权。大和九年（835）李训谎奏左金吾厅石榴树上夜降甘露，欲诛杀前来验看的宦官首领仇士良、鱼弘志，不料仇士良发现伏兵，事败，李训等被杀，株连千人，史称"甘露之变"，文宗也被软禁而死。善写五言古诗，《全唐诗》存诗七首。僖：即唐僖宗李儇（xuān），懿宗第五子，在位期间贪乐，激发王仙芝、黄巢唐末大起义。

⑦奎（kuí）璧：指皇帝的手笔。奎，即奎宿，古人认为奎宿主文章。

⑧衮（gǔn）龙：君王朝服上的龙，代指皇帝。

⑨锡：赏赐，赐予。

⑩"故上有好者"两句：语出《孟子·滕文公上》："上有好者，下必有甚焉者矣。"

【译文】

　　那银河光亮回照在天上，越望越高的地方就是众星所拱绕的北极星；大钟很少敲叩，一旦敲叩就在咸池上发出巨大的声响。以唐太宗的天赋才华，唐玄宗的聪明智慧，唐宪宗、唐德宗、唐文宗和唐僖宗，圣睿的姿态相继挺立而出，都在处理国事的空闲时间，特意驻足留意于吟诵诗歌，他们所写的诗歌腾跃着光辉，他们自身也浮现出光彩，宠渥地延请臣子，常常赐给臣子赠送酬答的诗篇。所以《孟子》说上面有爱好的人，下面一定会喜好得更厉害啊。

王绩

　　绩，字无功①，绛州龙门人②，文中子通之弟也③。年十五，游长安，谒杨素④，一坐服其英敏⑤，目为"神仙童子"⑥。隋大业末⑦，举孝廉高第⑧，除秘书正字⑨。不乐在朝，辞疾，复授扬州六合县丞⑩。以嗜酒妨政，时天下亦乱，遂托病风⑪，轻舟夜遁。叹曰："网罗在天，吾将安之？"乃还故乡。至唐武德中⑫，诏征以前朝官待诏门下省⑬。绩弟静谓绩曰⑭："待诏可乐否？"曰："待诏俸薄，况萧瑟，但良酝三升，差可恋耳。"待诏江国公闻之曰⑮："三升良酝，未足以绊王先生。"特判日给一斗。时人呼为"斗酒学士"。贞观初⑯，以疾罢归。河渚间有仲长子光者⑰，亦隐士也，无妻子。绩爱其真，遂相近结庐，日与对酌。君有奴婢数人，多种黍⑱，春秋酿酒，养凫雁、莳药草自给⑲。以《周易》《庄》《老》置床头⑳，无他用心也。自号"东皋子"㉑。虽刺史谒见㉒，皆不答。终于家。性简傲，好饮酒，能尽五斗，自著《五斗先生传》㉓。弹琴为诗著文，高情胜气，独步当时。撰《酒经》一卷、《酒谱》一卷。李淳风见之曰㉔："君酒家南、董也㉕。"及诗赋等传世。

【注释】

①字无功：据王绩《自作墓志文》记载，此字是王绩自取，意谓"有道于己，无功于时"。

②绛州：州名，治所在今山西新绛。龙门：县名，治所在今山西河津。

③文中子通：指王通，王绩之兄，王勃之祖。曾在隋朝为官，大业（605—618）末退居龙门讲学，死后门人谥曰"文中子"。

④谒（yè）：拜见。杨素：字处道，弘农华阴（今属陕西）人，隋朝大臣。

⑤一坐：满座。坐，同"座"。

⑥神仙童子：据陈氏晚晴轩五卷本《王无功文集》卷首吕才《东皋子集序》记载，王绩拜见杨素，杨素待之十分傲慢，王绩引周公善待天下之士回应。贺若弼以东汉时长者李膺与十岁孔融的交往佳

话开解二人,于是杨素礼待王绩。大家由文章谈到时政,王绩应
答如流,常出新意,在座的客人都惊叹地称他为"神仙童子"。

⑦大业:隋炀帝年号(605—618)。

⑧孝廉:隋朝科举名目之一,全称为孝悌廉洁科。高第:旧称科举考
试列入优等。

⑨秘书正字:官名,掌管朝廷藏书的校正事宜。

⑩六(lù)合:县名,治所在今江苏南京六合区。县丞:县的副长官。

⑪风:中医指某些因"风"引发的疾病。据王绩《答冯子华处士书》
可知,王绩患有风痹,类似风湿性关节炎。

⑫武德:唐高祖年号(618—626)。

⑬待诏:等候君命。门下省:唐代中央机关之一,与中书省同掌机要。

⑭静:指王静,王绩第七弟。

⑮待诏:二字衍文。江国公:即陈叔达,字子聪,吴兴长城(今浙江长
兴)人,南朝陈宣帝子。唐武德五年(623)封江国公。

⑯贞观:唐太宗年号(627—649)。

⑰河渚(zhǔ):原指河中小块陆地,这里指王绩在家乡河汾处的河
滩地。仲长子光:复姓仲长,字不曜,洛阳人。

⑱黍(shǔ):谷物名,去皮后称黄米,煮熟后有黏性。

⑲凫(fú):野鸭。莳(shì):栽种。

⑳《周易》《庄》《老》:即《周易》《庄子》《老子》三书,王绩《答冯
子华处士书》称之为"素书",素书即道书,指道家和道教著作。

㉑东皋子:王绩《自作墓志文》:"常耕东皋,号'东皋子'。"东皋,原
指东方田野或高地,多指归隐后耕地,陶渊明《归去来兮辞》:"登
东皋以舒啸,临清流而赋诗。"

㉒刺史:州长官。

㉓《五斗先生传》:盖有慕陶之意,与陶渊明《五柳先生传》可参看。
五斗先生,王绩《五斗先生传》:"常一饮五斗,因以为号。"

㉔李淳风：唐代岐州雍县(今陕西凤翔)人，天文学家。

㉕南、董：指春秋时齐国史官南史和晋国史官董狐，二人皆以直笔著述称扬后世。

【译文】

王绩，字无功，绛州龙门人，是文中子王通的弟弟。十五岁时，在长安游历，拜见杨素，在座的客人都被他的聪慧卓识所折服，把他看作"神仙童子"。隋朝大业末年，王绩以名列前茅的成绩高中孝悌廉洁科，被任命为秘书正字。他不喜在朝为官，就托病辞职，又被任命为扬州六合县丞。因嗜好喝酒而有妨政事，当时天下也骚乱起来，王绩就借风病严重为由，乘坐轻快之船连夜遁逃而去。他叹息道："天下到处都是罗网，我能去哪里呢？"于是就回到家乡。到唐高祖武德年间，朝廷下诏征求前朝官员，王绩便被征召到门下省待诏。王绩的弟弟王静问他："做待诏开心不？"王绩回答说："做待诏俸禄微薄，且萧条冷落，不过有好酒三升，稍微让我留恋罢了。"江国公听说此事，就说："三升好酒，还不足以留下王先生。"就特批每日给王绩好酒一斗。当时人们都称他"斗酒学士"。唐太宗贞观初年，王绩因病罢官归乡。他家河滩地上住着个叫仲长子光的人，也是隐士，没有妻儿。王绩欣赏他的真朴，就在他家附近搭建屋舍，每天都跟他对饮。王绩有几位奴婢，广种黍米，春秋时酿酒，饲养野鸭野雁、种植草药，自给自足。王绩把《周易》《庄子》《老子》放在床头，其他书都不关注。给自己取号叫"东皋子"。即使刺史来拜见，也一概不理。老死于家。王绩性情高傲，喜欢饮酒，能喝五斗，自撰《五斗先生传》。他弹琴、写诗、作文，情调高雅，气格过人，无敌于当时。著有《酒经》一卷、《酒谱》一卷。李淳风见到这两本书说："您真是酒家的好史官啊！"王绩还有诗、赋等作品传世。

论曰：唐兴，迨季叶①，治日少而乱日多，虽草衣带索②，罕得安居。当其时，远钓弋者③，不走山而逃海，斯德而隐者矣。自王君以下，幽人间出^④，皆远腾长往之士，危行言逊^⑤，重拨祸机^⑥，糠覈轩冕^⑦，挂冠引退，往往见之。跃身炎冷之途，标华黄绮之列^⑧。虽或累聘丘园^⑨，勉加冠佩，适足以速深藏于薮泽耳^⑩。然犹有不能逃白刃^⑪，死非命焉。夫迹晦名彰，风高尘绝，岂不以有翰墨之妙，骚雅之奇美哉^⑫！文章为不朽之盛事也^⑬。耻不为尧舜民，学者之所同志，致君于三五^⑭，懦夫尚知勇为。今则舍声利而向山栖，鹿冠乌几^⑮，便于锦绣之服；柴车茅舍，安于丹膜之厦^⑯；藜羹不糁^⑰，甘于五鼎之味^⑱；素琴浊酒，和于醇饴之奉^⑲；樵青山，渔白水，足于佩金鱼而纡紫绶也^⑳。时有不同也，事有不侔也^㉑。向子平曰^㉒："吾故知富不如贫，贵不如贱，第未知死何如生！"此达人之言也。《易》曰："遁之时义大矣哉^㉓！"

【注释】

①迨（dài）：等到。季叶：末世，指唐末。

②草衣带索：编草为衣，以绳索为衣带，这里指生活贫寒的山野隐士。

③钓弋（yì）：原指钓鱼和射鸟，这里比喻灾祸。

④幽人：幽隐山林的人。

⑤危行言逊：正直的行为，谦逊的语言。语出《论语·宪问》："子曰：'邦有道，危言危行；邦无道，危行言孙。'"孙，同"逊"。

⑥拨：排除。

⑦覈（hé）：通"籺"，米麦舂余的粗屑。

⑧黄绮：原指商山四皓中的夏黄公、绮里季，这里代指隐士高人。

⑨丘园：语出《周易·贲》："六五，贲于丘园，束帛戋戋。"王肃注：

“失位无应，隐处丘园。”后指隐居之地。

⑩薮（sǒu）泽：水草茂密的沼泽地带，指隐居之地。

⑪白刃：锋利的刀锋。

⑫骚雅：原指《离骚》《大雅》《小雅》，这里指诗赋作品。

⑬文章为不朽之盛事也：语本曹丕《典论·论文》：“盖文章，经国之大业，不朽之盛事。”

⑭三五：指三皇五帝。

⑮鹿冠：鹿皮做成的隐士帽子。舄（xì）几：语本《诗经·豳风·狼跋》“赤舄几几”，意谓朱鞋光鲜。但与文义不符，孙映逵云：“舄几疑为凫舄之讹。”录以备考。

⑯丹雘（huò）：涂饰所用的红颜料。

⑰藜羹（lí gēng）不糁（sǎn）：语出《墨子·非儒下》：“孔某穷于蔡陈之间，藜羹不糂（同“糁”）十日。”藜羹，用藜藿做羹，比喻粗食。糁，以米和羹。

⑱五鼎之味：指丰盛的饭食。《汉书·主父偃传》：“丈夫生不五鼎食，死则五鼎亨耳。”张晏曰：“五鼎食，牛、羊、豕、鱼、麋也。诸侯五，卿大夫三。”

⑲醇饴：指无杂质的饴糖。醇，原指酒味厚的醇酒，后引申为纯粹无杂，如《汉书·食货志》：“自天子不能具醇驷。”颜师古注：“醇，不杂也。”饴乃奉养老人之食，《淮南子·说林训》：“柳下惠见饴，曰：‘可以养老。’”

⑳佩金鱼而纡紫绶：唐制，三品官以上穿紫服，佩带金鱼形状的印符。纡，系。绶，一种丝质带子，古代常用来拴在印纽上。

㉑侔：相等。

㉒向子平：即向长，字子平。东汉朝歌（今河南淇县）人，隐士。文中所引向长之言出自《后汉书·逸民列传·向长传》。

㉓遁之时义大矣哉：语出《周易·遁》彖辞。

【译文】

评论说：唐朝从兴起到末世，太平的日子少而战乱的日子多，即使生活贫寒的山野隐士，也难以过上安稳生活。在那个时候，远离灾祸的人，不是跑进山里就是逃亡海上，这都是有德而隐居起来的人啊。自王绩以后，不时有幽隐之人出现，都是些远走高飞不愿回来的人，他们行为正直，言语谦逊，重视排除灾祸苗头，把官位爵禄看得微不足道，因而挂冠退隐的人，常常可以见到。纵然身在冷热无常的世道，却标榜夏黄公、绮里季这样的隐士之辈。即使有的人隐居在山丘园林却多次受聘，勉强接受官职，那也刚好足以使他们更快更深地藏到草野中罢了。但还是有人不能逃脱锋利的刀刃，死于非命啊！这样行迹隐晦却声名彰显，高风亮节超越尘俗，难道不是因为他们有绝妙的文笔和奇巧华美的诗赋吗？文章真是不朽的盛事啊！为不做尧舜之民而羞耻，这是读书人共同的志向，努力让君主像三皇五帝那样，这是懦夫都知道要勇于去做的行为。如今却舍弃声誉名利而栖居于山中，鹿冠乌几，觉得比锦绣官服更舒适；驾着简陋的车，住在草屋里，觉得比住在红油漆的大厦里更安稳；一粒米都没有的藜藿汤，觉得比五鼎中的山珍海味更甘美；素琴浊酒，觉得比用无杂质的饴糖奉养更和美；在青山打柴，在清河捕鱼，觉得比佩金鱼符、系紫绶带更让人满足。时代有所不同，事情也就不一样了。向长曾说：“我已知道富裕不如贫穷，高贵不如低贱，只是不知道死去跟活着相比如何！”这是豁达有道者说的话啊。《周易》说：“遁卦所展现出来的适时隐退的意义多么重大啊！”

崔信明

信明，青州人①。少英敏，及长强记②，美文章。高孝基语人曰③：“崔生才冠一时，但恨位不到耳。”隋大业中，为尧城令④。窦建德僭号⑤，信明弟仕贼⑥，劝信明降节，当得美官。不肯从，遂逾城去，隐太行山中^⑦。唐贞观六年，诏即家拜兴势丞^⑧，迁秦川令^⑨，卒。信明恃才蹇亢^⑩，尝自矜其文。时有扬州录事参军荥阳郑世翼^⑪，亦骜倨忤物^⑫，遇信明于江中，谓曰："闻君有'枫落吴江冷'之句^⑬，仍愿见其余。"信明欣然多出旧制。郑览未终，曰："所见不逮所闻！"投卷于水中，引舟而去。今其诗传者数篇而已^⑭。

【注释】

①青州：州名，治所在今山东青州。

②强记：记忆力特强。《韩诗外传》卷三："博闻强记者，守之以浅。"

③高孝基：即高构，字孝基，北海（今属山东）人。善于品鉴人物，曾举荐名臣杜如晦、房玄龄等。《隋书》有传。

④尧城令：尧城县令。尧城，县名，治所在今河南安阳东。

⑤窦建德僭（jiàn）号：指窦建德占据河北诸郡，自称夏王。窦建德，隋末河北起义军领袖，贝州漳南（今河北故城东）人，后兵败被杀。僭号，冒用帝王称号。

⑥信明弟：指崔敬素，时在窦建德处担任鸿胪卿。

⑦太行山：山名，跨越河南、山西、河北等省。

⑧兴势：县名，治所在今陕西洋县。

⑨秦川：其地待考。《三秦记》："长安正南秦岭，岭根水流为秦川，一名樊川。"或为其附近县名。

⑩蹇（jiǎn）亢：指耿直高傲。蹇，同"謇"。

⑪扬州录事参军荥（xíng）阳郑世翼：担任扬州录事参军的荥阳人郑世翼。录事参军，官名，掌总录众官署文簿。荥阳，县名，治所在今河南荥阳。郑世翼，郑州荥阳（今属河南）人，与崔信明同时，后因怨谤流死巂州（今四川西昌），两《唐书》有传，《全唐诗》存

　　诗五首。

⑫骜（ào）倨（jù）忤（wǔ）物：因傲慢触犯众人，与人不合。

⑬枫落吴江冷：意谓枫叶飘落，吴江水冷。杨万里《题山庄小集》："向来'枫落吴江冷'，一句能销万古愁。"

⑭传者数篇：除"枫落吴江冷"残句外，《全唐诗》仅存崔信明《送金竟陵入蜀》一首。

【译文】

　　崔信明，青州人。年少时聪慧有卓识，长大后记忆力超强，文章写得很好。高构对人们说："崔信明才华冠盖一个时代，只可惜官位不相称啊。"隋朝大业年间，崔信明做尧城县令。窦建德自称夏王，崔信明的弟弟在窦建德那里做伪官，劝说他投降变节，应当能得到不错的官职。崔信明不肯听从，于是翻城墙逃走，隐居在太行山中。唐朝贞观六年（632），朝廷下诏到崔信明家里，任命他为兴势县丞，后升任秦川县令，就过世了。崔信明凭借才华，待人耿直高傲，曾经自夸文章好。当时有位扬州录事参军，是荣阳的郑世翼，也待人傲慢而与人不合，他在江上遇到崔信明，对他说："听说您写过'枫落吴江冷'这样的好诗句，我还想看看您的其他作品。"崔信明高兴地拿出很多过去写的诗。郑世翼还没有看完，说："亲眼看到的比不上传闻的！"就把他的诗卷扔进江水中，乘船离去。崔信明传到今天的作品不过几篇而已。

王勃

　　勃，字子安，太原人①，王通之诸孙也②。六岁，善辞章。麟德初③，刘祥道表其材④，对策高第⑤。未及冠⑥，授朝散郎⑦。沛王召署府修撰⑧。时诸王斗鸡⑨，会勃戏为文檄英王鸡⑩，高宗闻之⑪，怒斥出府。勃既废，客剑南⑫，登山旷望⑬，慨然思诸葛之功⑭，赋诗见情。又尝匿死罪官奴⑮，恐事泄,辄杀之⑯。事觉当诛,会赦除名⑰。父福畤坐是左迁交趾令⑱。勃往省觐⑲,途过南昌。时都督阎公新修滕王阁成⑳,九月九日㉑,大会宾客,将令其婿作记,以夸盛事。勃至入谒㉒,帅知其才,因请为之。勃欣然对客操觚㉓,顷刻而就,文不加点㉔,满座大惊。酒酣辞别,帅赠百缣㉕,即举帆去。至炎方㉖,舟入洋海溺死,时年二十九㉗。

【注释】

① 太原人:实为山西河津西北人,与王绩同,太原是王氏郡望。

② 王通:隋末大儒,谥文中子,其次子王福畤就是王勃的父亲。诸孙:本家孙辈,亲孙。

③ 麟德:唐高宗年号(664—665)。

④ 刘祥道:字同寿,唐魏州观城(今河南清丰南)人,官至宰相。

⑤ 对策:古时应荐举、科举的人回答考官有关政治、经义的策问。

⑥ 冠:中国古代男子二十岁加冠,表示成年。

⑦ 朝散郎:官名,唐朝文阶官从七品上叫朝散郎。

⑧ 沛王:即李贤,字明允,唐高宗李治第六子,武则天生。龙朔元年(661),徙封沛王。上元二年(675),立为皇太子。后为武则天所猜忌,被迫自杀。署:委任。修撰:官名。

⑨ 斗鸡:以鸡相斗来定胜负的娱乐形式,曾被视为消遣解闷、夸豪斗富的手段。

⑩ 檄(xí):古代用以征召、晓谕、申讨的官方文书,若遇急事则插上鸟毛或鸡毛,称羽檄。王勃之所以想到写檄文,或与羽檄有关。英王:即李显,唐高宗第七子,武则天生。高宗死后即位,是为唐中宗。武则天临朝称制,废为庐陵王。神龙元年(705)复辟,景龙四年(710)被韦后毒死。据考,李显仪凤二年(677)始徙封英

王,而在李贤封沛王时期,他被封为周王。

⑪高宗:即李治,唐朝第三代皇帝,太宗第九子。贞观十七年(643),
　皇太子李承乾谋杀魏王李泰未遂,事发,承乾被废,魏王泰亦受
　黜,李治被立为皇太子。即位后纳武则天。李治患风眩,难于主政,
　武则天开始参与朝政,进而决定国家大策,并称"二圣"。

⑫剑南:道名,治所在今四川成都,因在剑阁之南,故名。王勃被废
　黜后,曾到四川,其《入蜀纪行诗序》说:"余自长安观景物于蜀,
　遂出褒斜之临道,抵岷峨之绝径。"

⑬旷望:远望。

⑭诸葛:指诸葛亮,字孔明,三国时杰出的政治家,辅佐刘备建立蜀
　汉政权。

⑮匿(nì):隐藏。官奴:也叫"官奴婢",没入官府为奴的人。

⑯辄(zhé):则,就。

⑰赦:中国古代免除或减轻罪犯的罪责或刑罚的制度。除名:除去
　官爵名籍,贬为平民。

⑱福畤(zhì):即王福畤,王勃之父。因王勃之罪,由雍州司户参军
　贬为交趾令。坐:因为。左迁:亦称左转,即降职。交趾:县名,唐
　代安南都护府所辖交州之治所,在今越南河内西北一带。

⑲省觐(xǐng jìn):指探望父亲。

⑳都督:武官名,始称都督某州诸军事,并往往赐以旌节,后逐渐成
　为地方军政长官,权限很大。阎公:唐洪州都督府的都督,名不
　可考。有人认为是阎伯玙,无确证。滕王阁:李世民之弟滕王李
　元婴建于唐代永徽四年(653),位于江西南昌赣江东岸的冈峦之
　上,为江南三大名楼之一。

㉑九月九日:即重阳节。

㉒入谒(yè):敬词,进见。

㉓操觚(gū):犹"操管",指著述之事。觚,古人写字用的木简。

㉔文不加点：指文章一气呵成，不加涂改。点，涂改。

㉕缣（jiān）：细绢，经纬丝的密度较大，其数量一般为绢的二倍，故有"缣者，兼也"之称，是唐代使用较为广泛的丝织品之一。

㉖炎方：泛指南方炎热地区。

㉗二十九：据学者考证，王勃只活了二十七虚岁。

【译文】

王勃，字子安，太原人，王通的亲孙子。六岁就善于写诗文。唐高宗麟德初年，刘祥道上表向朝廷推荐王勃，王勃答完策问，获得优秀。还没到二十岁，王勃就被授任为朝散郎。沛王李贤征召他来府第做修撰官。当时诸王以鸡相斗来定输赢，适逢王勃开玩笑地替沛王写檄文讨伐英王的鸡，唐高宗听说这件事，生气地责备王勃，并把他撵出沛王府。王勃被废黜后，客游剑南道，登山远望，感慨地想起诸葛亮辅佐刘备建立蜀汉的功业，写诗抒发自己也想建功立业的心情。王勃又曾经隐藏犯死罪的官府奴隶，害怕事情泄露，就杀了他。这件事被官府发现后，按律令，王勃应被诛杀，刚好遇到大赦，只是剥夺了他的官爵名籍。王勃的父亲王福畤因为这件事被降职为交趾县令。王勃去交趾探望父亲，路过南昌。当时洪州都督阎公刚刚翻修完滕王阁，九月九日重阳节这天举行盛大宴会招待贵宾，准备让他的女婿写一篇记文，来夸耀这件盛事。王勃来拜见阎公，阎公知道他的才华，就请他来写记文。王勃高兴地在宾客面前提笔写作，一会儿就写完了，一气呵成，没有涂改，在座的人们都大为震惊。王勃酒足饭饱后告辞，阎公赠送他细绢百匹，他便升帆离开。走到南方炎热之地，船驶入海洋，被淹死，死时才二十九岁。

勃属文绮丽①，请者甚多，金帛盈积，心织而衣，笔耕而食②。然不甚精思，先磨墨数升，则酣饮，引被覆面卧，及寤③，援笔成篇，不易一字，人谓之腹稿④。尝言人子不可不知医，时长安曹元有秘方⑤,勃尽得其术。又以虢州多药草⑥,求补参军⑦,倚才陵藉⑧,僚吏疾之。有集三十卷,及《舟中纂序》五卷,今行于世。

【注释】

①属(zhǔ)文:撰著文辞,指写文章。绮丽:指文章风格富丽华美。

②"心织而衣"两句:意谓通过写文章获得报酬,从而解决衣食问题。

③寤(wù):睡醒。

④腹稿:在腹中打草稿,构思。

⑤曹元:字真道,京兆(今陕西西安)人。唐初医家,精通医药,善望气色诊断疾病,并能行外科手术。龙朔元年(661),王勃拜之为师,得其要。秘方:也称"禁方",在我国中医药学中,秘方是指制方人秘传而不公开的药方。

⑥虢(guó)州:州名,治所初在今河南卢氏,贞观八年(634),移治今河南灵宝。

⑦补:官制用语,即递补、委任官职。参军:东汉始置参军事,简称参军,掌参谋军务。唐时成为初任官或贬职官的虚衔。

⑧陵藉:欺凌。

【译文】

王勃写的诗文富丽华美,请他写文章的人非常多,家里堆满了金银布帛,他就靠写作而衣食无忧。然而王勃写文章不需要特别精心构思,他先磨好几升墨水,然后就痛快喝酒,牵起被子盖着脸睡下,等到睡醒,拿起笔就写成篇章,不改动一个字,人们称之为腹稿。王勃曾经说,为人子女不能不知医术,当时长安曹元有不外传的药方,王勃便把他的医术都学来了。又因为虢州盛产草药,请求担任虢州参军,到任后倚靠才华欺负人,同僚官吏们都痛恨他。有文集三十卷,和《舟中纂序》五卷,如今流传在世。

○勃尝遇异人^①，相之曰^②："子神强骨弱，气清体羸^③，脑骨亏陷，目睛不全^④，秀而不实^⑤，终无大贵矣。"故其才长而命短者，岂非相乎？

【注释】

①异人：不同寻常的、有异才的人。

②相（xiàng）：察看面相。

③羸（léi）：瘦弱。

④目睛：指眼球。

⑤秀而不实：语出《论语·子罕》："苗而不秀者有矣夫，秀而不实者有矣夫！"指开花但不结果，喻指人没有成就。秀，开花。

【译文】

○王勃曾遇见奇人，给他看相说："你精神强大但骨骼弱小，气质清朗但身体瘦弱，脑骨亏损下陷，眼珠不够完整，就像只开花却不结果，终究不能大富大贵了。"因此，王勃才华优长却生命短暂的原由，难道不是相貌所决定的吗？

杨炯

炯，华阴人^①。显庆六年^②，举神童^③，授校书郎^④。永隆二年^⑤，皇太子舍奠^⑥，表豪俊^⑦，充崇文馆学士^⑧。后为婺州盈川令^⑨，卒。炯恃才凭傲，每耻朝士矫饰^⑩，呼为"麒麟楦"^⑪。或问之，曰："今假弄麒麟戏者^⑫，必刻画其形覆驴上，宛然异物^⑬；及去其皮，还是驴耳！"闻者甚不平，故为时所忌。初，张说以箴赠盈川之行^⑭，戒其苛刻；至官，果以酷称。炯博学善文，与王勃、卢照邻、骆宾王以文辞齐名，海内称

"四才子",亦曰"四杰",效之者风靡焉⑮。炯尝谓:"吾愧在卢前,耻居王后。"张说曰:"盈川文如悬河⑯,酌之不竭⑰,耻王后,愧卢前,谦也。"有《盈川集》三十卷行于世。

【注释】

①华阴:县名,治所在今陕西华阴,因地处西岳华山之北,山北为阴,故名华阴。

②显庆:唐高宗年号(656—661)。

③神童:唐宋时所设童子科举的别称。

④校书郎:官名,简称校书。东汉始于东观置校书郎中,北魏始置校书郎。唐代秘书省、弘文馆、集贤殿书院、史馆、崇文馆等均设校书郎,分列九品正、从、上、下不等,掌雠校典籍,刊正文章。

⑤永隆:唐高宗年号(680—681)。

⑥舍奠:祭名,即释奠,古代学校举行的一种典礼,指陈设酒食以祭奠先圣先师。

⑦豪俊:才能出众的人。

⑧充:官员任用类别之一。充,即充当,是近于一种特派式的任用。崇文馆学士:唐代崇文馆长官,无常员,掌经籍图书,教授学生。

⑨婺(wù)州:州名,治所在今浙江金华。盈川:县名,治所在今浙江衢州衢江区高家镇盈川村。

⑩朝士:泛指中央官员。矫饰:故意造作掩饰。

⑪楦(xuàn):做鞋、帽用的模型。

⑫假弄:假扮,戏曲用语,如"假弄妇人"等。

⑬宛然:宛若。异物:奇异罕见的东西,这里指麒麟。

⑭张说:字道济,一字说(yuè)之,祖籍河东(今山西永济),后徙洛阳(今属河南)。武则天策贤良方正第一,授太子校书郎。中宗即位后,累迁兵部侍郎、弘文馆学士。睿宗时,同中书门下平章事。

玄宗朝，拜中书令，封燕国公。朝廷大述作多出其手，与许国公苏颋并称"燕许大手笔"。有《张燕公集》。传见本卷后文。箴（zhēn）：古代文体之一类，是以规戒为主题的韵文。

⑮风靡：形容事物很风行，像风吹倒草木。

⑯盈川：这里指杨炯。悬河：形容说话滔滔不绝或文辞流畅奔放。

⑰酌：斟酒，这里引申为召取。

【译文】

杨炯，华阴人。显庆六年（661）高中童子科，担任校书郎。永隆二年（681），皇太子主持祭奠先圣先师的典礼，表彰才能出众的人，杨炯被派用为崇文馆学士。后来担任婺州盈川县令，去世。杨炯倚仗才能凭陵傲慢，常常以矫揉造作的朝中官员为耻，把他们叫作"麒麟楦"。有人问他，杨炯就说："现在假扮麒麟来表演的人，一定要刻画麒麟的形貌盖在驴子身上，使驴子看起来宛若奇异的动物；等到去掉驴子身上的麒麟画皮，还是驴子罢了！"听见的人大抱不平，杨炯因此被当时的人忌恨。当初，张说用箴文赠送他前去盈川任职，告诫他克服严厉刻薄的毛病；等杨炯到任，果然以严酷著称。杨炯学问渊博，善写文章，与王勃、卢照邻、骆宾王在文章方面齐名，天下称他们为"四才子"，也称为"四杰"，仿效他们的人风靡一时啊。杨炯曾说："我惭愧排在卢照邻前，耻于排在王勃后。"张说说："杨炯写文章滔滔不绝，怎么召取都不枯竭，他耻于排在王勃后，惭愧排在卢照邻前，是谦辞啊。"著有《盈川集》三十卷流传在世。

卢照邻

照邻，字昇之，范阳人①。调邓王府典签②，王爱重，谓人曰："此吾之相如也③。"后迁新都尉④，婴病去官⑤。居太白山草阁⑥，得方士玄明膏饵之⑦。会父丧，号恸⑧，因呕，丹辄出，疾愈甚。家贫苦，贵宦时时供衣药⑨。乃去具茨山下⑩，买园数十亩,疏颍水周舍⑪,复预为墓⑫,偃卧其中⑬。自以当高宗之时尚吏⑭,己独儒⑮;武后尚法⑯,己独黄老⑰;后封嵩山⑱,屡聘贤士,己已废,著《五悲文》以自明⑲。手足挛缓⑳,不起行已十年,每春归秋至,云壑烟郊,辄舆出户庭㉑,悠然一望。遂自伤,作《释疾文》,有云:"覆焘虽广㉒,嗟不容乎此生;亭育虽繁㉓,恩已绝乎斯代。"与亲属诀㉔,自沉颍水。有诗文二十卷及《幽忧子》三卷行于世。

【注释】

① 范阳:郡名,治所在今北京西南。

② 邓王:即李元裕,唐高祖李渊第十七子。贞观五年(654)封为邻王,十一年(661)改封邓王,赐实封八百户。元裕好学,善谈名理。典签:官名,本为地方行政衙门中处理文书的小吏,南朝宋、齐时掌握实权,号为签帅,唐代唯亲王府置,员二人,从八品下,掌宣传书教之事。

③ 相如:即司马相如,字长卿,蜀郡成都(今属四川)人。汉景帝时为武骑常侍,因病免。后游于梁,与邹阳、枚乘同为梁孝王刘武宾客。著有《子虚赋》《上林赋》等。

④ 新都:县名,治所在今四川新都。

⑤ 婴:缠绕,此指疾病缠身。

⑥ 太白山:位于陕西眉县城南,是秦岭山脉的最高峰,海拔3767米,为海内名山之一。草阁:草房。

⑦ 方士:古代对所谓有奇方异术、可通神鬼的人,或服药炼丹,求长生不老的人的称呼。玄明膏:一种丹药,据卢照邻《与洛阳名流朝士乞药直书》记载,这类丹药里面包裹着八两丹砂。饵(ěr):吃。

⑧ 号恸(tòng):痛哭哀伤。

⑨贵宦：贵官显宦。

⑩具茨（cí）山：古山名，在今河南禹州北。

⑪颍水：淮水支流，出今河南登封西境，东南流经禹州、临颍、西华、周口、阜阳、颍上等，入于淮。

⑫预：预先。

⑬偃（yǎn）卧：仰面躺倒。

⑭高宗：即唐高宗李治。尚吏：推崇吏治。

⑮儒：儒家，提倡以仁为中心的道德观念，主张德治。

⑯武后：即武则天。尚法：推崇法治。

⑰黄老：黄帝与老子的合称。道家以黄老为始祖，因亦谓道家为黄老，主张无为而治。

⑱封崧山：指武则天封嵩山事。有学者指出此处有误，当是唐高宗封泰山事。

⑲《五悲文》：卢照邻所著，分为《悲才难》《悲穷通》《悲昔游》《悲今日》《悲人生》五篇。

⑳挛（luán）缓：手脚蜷曲不能伸直，松软。

㉑舆（yú）：车轿，这里指坐车轿。

㉒覆焘（dào）：也作"覆帱"，覆盖，原指上天覆盖一切，后比喻恩泽。语出《礼记·中庸》："辟如天地之无不持载，无不覆帱。"

㉓亭育：抚养，培育。语本《老子》第五十一章："故道生之，德畜之，长之育之，亭之毒之。"

㉔诀：分别。

【译文】

卢照邻，字昇之，范阳人。调任邓王府典签，邓王喜爱、重视他，对别人说："卢照邻就是我的司马相如。"后来迁任新都县尉，因疾病缠身而辞掉官职。卢照邻住在太白山上的草房子里，得到方士的玄明膏服用。适逢父亲过世，卢照邻痛哭，因此呕吐，玄明膏中的丹砂就吐出来了，他的疾病因此变得更重。家里贫寒清苦,权贵显官常常供给卢照邻衣服和药物。卢照邻于是来到具茨山下,购买田园几十亩,疏导颍水环绕房屋,又预先修好墓穴,仰面躺倒在墓穴中。他自己认为,当唐高宗崇尚吏治的时候,自己偏学儒家;当武则天崇尚法治的时候,自己偏学道家;后来武则天封嵩山,朝廷多次征聘贤能之士,自己却已经废掉,因此写了《五悲文》来表明自己的心迹。卢照邻手脚松软不能伸直,不能起床已将近十年,每当春去秋来,沟壑云起,郊野烟生,就坐车轿出到家门之外,久久地望上一阵。卢照邻便为自己伤怀,写《释疾文》一篇,其中说:"天地虽然覆盖很广,可叹却无法容纳我这一生;大道虽然抚育繁多,跟我的恩义却已断绝在这一世。"卢照邻与亲戚们永别,投进颍水自尽。他著有诗文二十卷以及《幽忧子》三卷流传在世。

骆宾王

宾王,义乌人①。七岁能赋诗。武后时,数上疏言事②,得罪贬临海丞③,鞅鞅不得志④,弃官去。文明中⑤,徐敬业起兵欲反正⑥,往投之,署为府属⑦。为敬业作檄传天下⑧,暴斥武后罪⑨。后见读之,矍然曰⑩:"谁为之?"或以宾王对,后曰:"有如此才不用,宰相过也。"及败亡命⑪,不知所之。后宋之问贬还⑫,道出钱塘⑬,游灵隐寺⑭,夜月,行吟长廊下,曰:"鹫岭郁岧峣⑮,龙宫隐寂寥⑯。"未得下联。有老僧燃灯坐禅⑰,问曰:"少年不寐⑱,而吟讽甚苦,何耶?"之问曰:"欲题此寺,而思不属⑲。"僧笑曰:"何不道'楼观沧海日,门对浙江潮'⑳?"之问终篇曰:"桂子月中落㉑,天香云外飘㉒。扪萝登塔远㉓,刳木取泉遥㉔。云薄霜初下㉕,冰轻叶未凋。待入天台寺㉖,看余渡石桥㉗。"僧一联,篇中警策也^㉘。迟明访之^㉙,已不见。老僧即骆宾王也,传闻桴海而去矣^㉚。后中宗诏求其文^㉛,得百余篇,及诗等十卷,命郗云卿次序之^㉜,及《百道判集》一卷,今传于世。

【注释】

①义乌:县名,治所在今浙江义乌。

②疏:大臣上奏皇帝的公文,多用于条陈政见。

③临海:县名,治所在今浙江临海。

④鞅鞅(yāng):形容心里不满而郁郁不乐貌。鞅,通"怏"。

⑤文明:唐睿宗年号(684)。此时武则天废黜唐中宗,临朝称制,立年幼的唐睿宗做傀儡,不久又改年号为"光宅"。

⑥徐敬业:即李敬业,曹州离狐(今山东东明东北)人。初唐名将李勣(jì)之孙。武则天废唐中宗,杀太子贤,他也被贬为柳州司马,在扬州与唐之奇、杜求仁、骆宾王等起兵反对武则天临朝,以匡复庐陵王(即被废除的唐中宗)为辞,求得状貌类似太子贤者奉以为主,自称匡复府上将,领扬州大都督。后为武则天所派大将李孝逸击败,逃至海陵(今江苏泰州)界,为部将杀死。反正:反归正道,此指帝王复位。

⑦府属:官名,府掾为曹长官,府属为副长官,掌曹务。《唐六典•诸王府公主邑司卷第二十九》:"汉氏三公、大将军、御史大夫并有掾、属员。"

⑧檄:此谓骆宾王所写的《讨武曌檄》。

⑨暴斥:激烈斥责。

⑩矍(jué)然:惊惧的样子。

⑪亡命:逃命。

⑫宋之问:一名少连,字延清,汾州西河(今山西汾阳)人,一说虢州弘农(今河南灵宝)人。初谄事武则天宠臣张易之,神龙元年

（705），因张易之案被贬为泷州参军，后逃回。宋之问与沈佺期齐

名，时称"沈宋"，为近体律诗定型的代表诗人。传见本卷后文。

⑬钱塘：县名，治所在今浙江杭州。

⑭灵隐寺：著名佛教古刹，在杭州西湖西北灵隐山麓，印度僧人慧理

建于东晋咸和元年（326），《淳祐临安志》记载慧理见飞来峰叹

道："此是中天竺国灵鹫山之小岭，不知何年飞来，佛在世日，多为

仙灵所隐。"故云灵隐。

⑮鹫（jiù）岭：灵鹫山上的小岭，这里指飞来峰。灵鹫山在中印度，

以山中多鹫，且山顶形似鹫鸟，故称，是佛说法的地方。岧峣（tiáo

yáo）：高耸貌。

⑯龙宫：神话中水中龙神的居所，始于佛经，《法华经·提婆达多品

第十二》："尔时，文殊师利坐千叶莲华……从于大海娑竭罗龙宫，

自然涌出。"这里代指灵隐寺的庙宇。一说指飞来峰下的龙泓洞，

似与全诗无涉，恐非。

⑰坐禅：指静坐悟禅理。禅，是梵文 Dhyan（禅那）的略称，意为静虑、

思维。

⑱寐：睡。

⑲不属（zhǔ）：这里指才思接不上。

⑳浙江潮：浙江入海口的潮水，每岁八月十八日为观潮弄潮之候。

㉑桂子：桂花。月中：既指灵隐寺月下的桂花，也指传说中月宫中的

桂花。

㉒天香：既指桂花香，也指寺庙中的燃香。庾信《奉和同泰寺浮屠》

诗："天香下桂殿，仙梵入伊笙。"

㉓扪（mén）萝：循摸藤萝。

㉔刳（kū）：剖开后挖空。

㉕云薄霜初下：一作"霜薄花更发"。

㉖天台寺：一作"天台路"，在浙江天台山上，是我国佛教天台宗的发

源地。

㉗石桥：指天台山楢（yóu）溪石桥，桥身极狭而下临绝涧，是通往天台山的必经之地。

"桂子月中落"一诗，意谓桂花在月夜飘落，桂花香飘到云外。我循摸着藤萝登上远处的塔，泉水则从遥远的地方用剖开挖空的木管引来。薄薄的云层，寒霜刚降下；轻微的冰层，树叶还没凋落。等哪一天要去天台寺，就能看见我渡过石桥。

㉘警策：指一首诗中居于突出地位的诗句，一般是最精彩的具有统领全篇作用的好诗句，也称警句。陆机《文赋》："立片言而居要，乃一篇之警策。"

㉙迟明：到天明。

㉚桴（fú）海：乘小木筏渡海。《论语·公冶长》："子曰：'道不行，乘桴浮于海。'"《旧唐书·李勣传》："敬业奔至扬州，与唐之奇、杜求仁等乘小舸，将入海投高丽。"

㉛中宗：即李显，武则天临朝称制，废为庐陵王。神龙元年（705）复辟，景龙四年（710）被韦后毒死。

㉜郗（xī）云卿：兖州（今山东济宁）人，约生活在唐中宗时。次序：按先后顺序编辑文章。

【译文】

骆宾王，义乌人。七岁就能写诗。武则天时期，多次上疏议论政事，获罪被贬为临海县丞，心中不满，没有实现自己的志向，就抛弃官职离开了。唐睿宗文明年间，徐敬业发动军队想要恢复唐中宗的帝位，骆宾王前往投奔他，被任命为副官。为徐敬业写檄文流传天下，激烈斥责武则天的罪过。武则天看见并阅读檄文，惊惧地问："谁写的文章？"有人回答说是骆宾王，武则天说："有这样的才华而不被朝廷任用，是宰相的过失啊。"等到徐敬业兵败，骆宾王逃命，不知去了哪里。后来宋之问贬谪结束返回帝都，路过钱塘，游览灵隐寺，晚上趁着月色，在长廊下一边漫步一边吟诗,说:"鹫岭郁岧峣,龙宫隐寂寥。"没有想出下面的诗联。有一位老僧点着青灯静坐,参悟禅理,就问道:"年轻人不睡觉,却作诗作得很辛苦,为什么呀?"宋之问说:"我想题写这座灵隐寺,但是才思接不上。"老僧笑着说:"为什么不写'楼观沧海日,门对浙江潮'?"宋之问接着写完这首诗说:"桂子月中落,天香云外飘。扪萝登塔远,刳木取泉遥。云薄霜初下,冰轻叶未凋。待入天台寺,看余渡石桥。"老僧提供的那一联诗句,是整首诗篇中的警句啊。等天亮,宋之问去拜访老僧,已经找不见了。老僧就是骆宾王啊,听说他乘着小木筏渡海离开了。后来唐中宗下诏征求骆宾王的文章,得到一百多篇,还有诗歌等十卷,命令郗云卿给骆宾王的诗文编排顺序,跟他的《百道判集》一卷一起,如今流传在世。

杜审言

审言,字必简,京兆人①,预之远裔②。咸亨元年宋守节榜进士③,为隰城尉④。恃高才,傲世见疾。苏味道为天官侍郎⑤,审言集判⑥,出谓人曰:"味道必死。"人惊问何故。曰:"彼见吾判,当羞死耳。"又曰:"吾文章当得屈、宋作衙官⑦,吾笔当得王羲之北面⑧。"其矜诞类此⑨。坐事贬吉州司户⑩。及武后召还,将用之,问曰:"卿喜否?"审言舞蹈谢⑪。后令赋《欢喜诗》,称旨⑫,授著作郎⑬。为修文馆直学士⑭,卒。初,审言病,宋之问、武平一往省候⑮,曰:"甚为造化小儿相苦⑯,尚何言!然吾在,久压公等,今且死,但恨不见替人也⑰。"少与李峤、崔融、苏味道为"文章四友"⑱。有集一卷,今不存,但传诗四十余篇而已。

【注释】

①京兆：府名，治所在今陕西西安。这是杜审言的郡望，其实为巩县（今河南巩义）人。

②预：指杜预，字元凯，京兆杜陵（今陕西西安东南）人。西晋大臣、军事统帅、著名学者。与王浚等分道出击，一举灭吴，统一全国，博通政治、经济、法律、天文、算学、工程诸学，号为"杜武库"。著有《春秋经传集解》，为后世通行的《左传》注本。远裔（yì）：远代子孙。

③咸亨：唐高宗年号（670—674）。宋守节：咸亨元年（670）庚午科状元。

④隰（xí）城：县名，治所在今山西汾阳。

⑤苏味道：赵州栾城（今属河北）人，少时即以文章知名，与李峤并称"苏李"。武后时为相数年，处世模棱两可，人称"苏模棱"。今存诗十余首。天官侍郎：即吏部侍郎，唐光宅元年（684）改吏部为天官，吏部侍郎改称天官侍郎。

⑥集判：集合来吏部试写判词。判，处理案件的判词。

⑦屈、宋：指屈原和宋玉，战国时期楚国辞赋家。衙（yá）官：唐代军府的属官。此谓自己文章成就超过屈、宋，屈、宋只配给自己做下属。

⑧笔：笔法，书法。王羲之：字逸少，琅邪临沂（今属山东）人，我国历史上最著名的书法家，被尊为"书圣"，也长于诗文。北面：古代君见臣、尊长见卑幼面南而坐，故以南面称尊位，北面指卑位。此谓自己书法能让王羲之甘拜下风。

⑨矜（jīn）诞：骄傲自大。

⑩吉州：州名，治所在今江西吉安。司户：即司户参军的简称，执掌民事案件的审理。

⑪舞蹈：指臣子朝见君王时的礼节。王建《朝天词十首寄上魏博田

侍中》:"相感君臣总泪流,恩深舞蹈不知休。"杜审言已心服武则
天称帝。

⑫称(chèn)旨:符合皇帝的旨意。

⑬著作郎:唐代秘书省所属的著作局所置官名,掌撰写碑志、祝文、
祭文等。

⑭修文馆直学士:官名,唐代置,掌修词赋文学之事,六品以上曰直
学士。

⑮武平一:名甄,以字行,唐武则天侄孙,武载德子,武元衡祖。武后
时隐居嵩山,屡召不应,景龙二年(708),兼修文馆直学士,迁考
功员外郎。著有诗一卷及《景龙文馆记》,俱佚,《全唐诗》存诗一
卷,《全唐文》存文六篇。省(xǐng)候:看望问候。

⑯造化小儿:戏称主宰命运的神明。

⑰替人:接替的人。

⑱李峤(qiáo):字巨山,赵州赞皇(今属河北)人。武后时,同凤阁
鸾台平章事,富才思,有所属缀,人辄传讽。《全唐诗》存诗五卷。
传见本卷后文。崔融:字安成,齐州全节(今山东济南)人,举八
科高第,为文华婉典丽。《全唐诗》存其诗一卷,《全唐文》存其文
五十余篇。

【译文】

杜审言,字必简,京兆人,杜预的远代子孙。咸亨元年(670)宋守节
那一榜的进士,担任隰城县尉。杜审言仰仗才华高妙,傲视世人,也被世
人嫉恨。苏味道任天官侍郎时,杜审言到京都集合,参加吏部试写判词
的考试,出来对别人说:"苏味道一定会死。"别人吃惊地问什么原因。杜
审言说:"他看见我的判词,应当会羞愧而死啊。"杜审言又说:"我的文
章,应当得到屈原和宋玉这样的人来做我的属官,我的书法应会让王羲
之臣服。"他就是这样骄傲自大。因为犯事被贬谪为吉州司户参军。到
武则天征召他返回京城,准备任用他,问他说:"你高兴吗?"杜审言行舞

蹈的臣礼感谢。武则天让他写《欢喜诗》，写得符合武则天的旨意，被任命为著作郎。杜审言做到修文馆直学士，去世。起初，杜审言生病，宋之问、武平一过来看望问候，杜审言说："我被命运之神折磨得特别痛苦，还有什么话说！然而我在世，久久地压着你们，现在要死了，只是遗憾没见到可以接替我的人啊。"杜审言年轻时与李峤、崔融、苏味道一起称为"文章四友"。有文集一卷，如今已不存，只流传下来诗歌四十多首罢了。

沈佺期

佺期，字云卿，相州人①。上元二年郑益榜进士②。工五言。由协律、考功郎受赇③，长流驩州④。后召拜起居郎⑤，兼修文馆直学士。常侍宫中⑥，既侍宴，帝诏学士等为《回波》舞⑦，佺期作弄辞悦帝⑧，诏赐牙、绯⑨。历中书舍人⑩。佺期尝以诗赠张燕公⑪，公曰："沈三兄诗清丽⑫，须让居第一也。"诗名大振。自魏建安迄江左⑬，诗律屡变⑭。至沈约、鲍照、庾信、徐陵⑮，以音韵相婉附⑯，属对精致⑰。及佺期、之问⑱，又加靡丽⑲。回忌声病⑳，约句准篇㉑，著定格律㉒，遂成近体㉓，如锦绣成文㉔，学者宗尚㉕，语曰："苏、李居前㉖，沈、宋比肩㉗。"谓唐诗变体㉘，始自二公，犹始自苏武、李陵也。有集十卷，今传于世。

【注释】

①相州：州名，治所在今河南南阳。据两《唐书》本传，沈佺期实为相州内黄人（今属河南）。

②上元：唐高宗年号（674—676）。郑益：唐上元二年（675）乙亥科状元。

③协律：即协律郎，为太常寺属官，掌协调、校正乐律。考功郎：即考功员外郎，为考功郎中的副职，与考功郎中共掌文武百官功过的考查。受赇(qiú)：罪名，即收受贿赂。

④长流：唐代流刑中的无期流放，居死刑之下，非遇特赦不得返还。驩(huān)州：州名，治所在今越南荣市，为当时流放最远之地。据《旧唐书·地理志四》，距离洛阳陆路一万一千五百九十里，水路一万六千二百二十里。

⑤召拜：任命。起居郎：唐代始置于门下省，与中书省起居舍人同记皇帝言行，合称左右史。

⑥常：通"尝"，曾经。

⑦帝：指唐中宗李显。《回波》舞：按照《回波》曲撰词舞蹈。《回波》盖唐中宗时兴起的新曲，臣子可以一边按曲撰词，一边歌唱舞蹈，从而表达干求、讽谏等含义。

⑧弄辞：即戏词。据孟棨《本事诗》记载，沈佺期所撰歌词云："回波乐时佺期，流向岭外生归。身名已蒙齿录，袍笏未复牙绯。"意谓《回波》乐曲演奏的时候，我沈佺期从岭外流放活着归来。我的身份、姓名都已蒙陛下录用，只是官袍和手板还没回复原来的象牙手板和红色官袍。此时沈佺期是六品官，唐代官制规定，五品以上才能用象牙手板，穿红色官袍，沈佺期这样做是在暗示唐中宗给他升官。但唐中宗只是破格赐给他象牙手板和红色官袍，并没有升他的官职。

⑨牙：此指象牙手板。绯：此指红色官袍。

⑩中书舍人：为中书令和中书侍郎之下的要职，正五品上，职掌承旨撰写诏诰及受皇帝委任出使宣慰、受纳诉讼等。

⑪张燕公：即张说，玄宗时，任中书令，封燕国公。

⑫沈三兄：即沈佺期。唐人好以行第称人，沈佺期家族排行第三，故称。清丽：意谓诗风清奇优美。陆机《文赋》："或藻思绮合，清丽

苄眠。"

⑬建安:东汉献帝年号(196—220)。这里前面加"魏",就其实际而言。迄:到。江左:即江东,指东晋。

⑭诗律:诗歌的格律。

⑮沈约:字休文,吴兴武康(今浙江德清)人。南朝梁著名文学家、史学家,声律学说奠基人之一,提出"四声八病"之说,强调诗歌的音韵格律,促进律诗形成。鲍照:字明远,东海(今山东郯城)人。擅长乐府诗,其诗音节高亢铿锵,对七言歌行体的形成发展贡献甚大,对李白等诗人有深远影响。庾信:字子山,南阳新野(今属河南)人。齐梁著名宫体诗人庾肩吾之子,后扣留北朝,文风转为苍凉沉郁,融南北文风之长。其诗讲究声律、对仗、用典等,集六朝之大成,对唐代文学颇有影响。徐陵:字孝穆,东海郯(今山东郯城)人。其诗辞藻绮丽,轻靡绝艳,为当时宫体诗重要作者之一,与庾信齐名。

⑯音韵:指诗文的音节韵律。婉附:婉转附益。

⑰属对:诗文对仗。精致:精巧细致。

⑱之问:即宋之问。传见本卷后文。

⑲靡丽:语言华丽。

⑳回忌:回避禁忌。声病:指诗赋等不合声律的弊端。

㉑约句:约束诗句。准篇:准定篇章。

㉒格律:此谓创作诗歌所依照的格式和规则,如字数、句数、对偶、平仄、押韵等。

㉓近体:指近体诗,通常指唐代形成的律诗和绝句。

㉔锦绣成文:精致华美的丝织品自然形成纹样,此喻诗文精美。

㉕宗尚:推崇注重。

㉖苏、李:这里指苏武和李陵,为传说中五言诗的早期代表。有学者认为是指苏味道、李峤,《旧唐书·苏味道传》载苏味道"少与乡

人李峤俱以文辞知名，时人谓之'苏、李'"，然诗歌史上的地位无法与沈佺期、宋之问比拟，且后文明言"犹始自苏武、李陵"，则辛文房心中的"苏、李"当指苏武、李陵，而非苏味道、李峤。

㉗比肩：并肩。

㉘变体：指由古体诗变为近体诗。

【译文】

　　沈佺期，字云卿，相州人。上元二年（675）郑益那一榜的进士。擅长写五言诗。因为在担任协律郎、考功员外郎期间收受贿赂，被长期流放到驩州。后来被任命为起居郎，兼任修文馆直学士。沈佺期曾在宫中侍陪唐中宗，已经侍完筵席，唐中宗下诏让学士们为《回波》乐曲撰词跳舞，沈佺期写了戏词逗乐唐中宗，唐中宗就下诏赐给他象牙手板和红色官袍。后又担任中书舍人。沈佺期曾把诗作赠给张说，张说说："沈兄诗文清奇优美，我们须避让，推他占据第一的位置啊。"沈佺期因此诗名远扬。从建安时期到东晋，诗歌格律多次变化。到沈约、鲍照、庾信和徐陵，用音节韵律来婉转附益诗文，对仗精巧细致。到了沈佺期、宋之问，诗歌语言又变得更加华丽。他们回避禁忌不合声律的弊端，约束诗句准定篇章，通过自己的著作确定格律，于是诗歌就演化成为近体诗，像精美的丝织品自然形成纹样，被学诗的人推崇尊重，传言说："苏、李居前，沈、宋比肩。"意谓唐诗从古体变为近体，是从沈、宋二公开始，就像诗歌从苏武、李陵手中变为五言诗一样。沈佺期有文集十卷，如今流传在世。

宋之问

　　之问，字延清，汾州人①。上元二年进士。伟貌辩给②。甫冠③，武后召与杨炯分直习艺馆④。累转尚方监丞⑤。后游龙门⑥，诏从臣赋诗⑦，左史东方虬诗先成⑧，后赐锦袍⑨。之问俄顷献⑩，后览之嗟赏，更夺袍以赐。后求北门学士⑪，以有齿疾不许⑫，遂作《明河篇》，有"明河可望不可亲"之句以见志。诌事张易之⑬，坐贬泷州⑭。后逃归，匿张仲之家⑮。闻仲之谋杀武三思⑯，乃告变，擢鸿胪簿⑰。迁考功郎⑱，复媚太平公主⑲。以知举贿赂狼藉，下迁越州长史⑳。穷历剡溪山水㉑，置酒赋诗，日游宴，宾客杂遝㉒。睿宗立㉓，以无悛悟之心㉔，流钦州㉕，御史劾奏赐死㉖。人言刘希夷之报也㉗。徐坚尝论其文㉘，"如良金美玉，无施不可"㉙。有集行世。

【注释】

①汾州：州名，治所在今山西汾阳。

②伟貌：仪貌伟岸。辩给（jǐ）：口才敏捷。

③甫：刚刚。

④习艺馆：唐代宫廷教育机构，亦称"内文学馆"，为教习宫人学习经、史、书、算及其它众艺的场所。

⑤尚方监：官署名，主持官营手工业的机构，唐光宅元年（684）改少府监为尚方监。唐制以监与少监为正副长官，丞助理监务，属官有主簿、录事等。

⑥后：指武则天。龙门：在河南洛阳南，因龙门山（西山）和香山（东山）隔伊水夹峙如门，故称"龙门"，也称"伊阙"，为洛阳南面之门户，建寺凿窟，今称龙门石窟。

⑦从臣：侍从之臣。

⑧左史：官名，即起居郎。东方虬（qiú）：唐初文学家，曾官左史，陈子昂在《与东方左史虬修竹篇序》中称许其《咏孤桐篇》"骨气端翔，音情顿挫，光英朗练，有金石声"，可惜已佚。

⑨锦袍：以彩色丝锦制成的珍贵长袍，常用来赏赐近臣或外邦使臣等。

⑩俄顷：片刻，不久。

⑪北门学士：唐高宗李治根据武则天的建议，诏令弘文馆直学士刘
祎之等人入宫修撰，并于翰林院草制，参决朝政。由于翰林院在
银台之北，这些人被称为"北门学士"。

⑫齿疾：据孟棨《本事诗•怨愤第四》记载，宋之问因患牙病而口臭。

⑬张易之：唐武后宠臣，定州义丰（今河北安国）人，通晓音乐，与弟
昌宗皆得幸于武则天，宫中号为"五郎"。神龙元年（705），武则
天卧病时，宰相崔玄暐、张柬之等起羽林军迎唐中宗复位，他与张
昌宗同时被杀，宋之问这样勾结张易之的人都被流放。

⑭泷（shuāng）州：州名，治所在今广东罗定。

⑮张仲之：洛阳人。

⑯武三思：武则天侄，并州文水（今属山西）人，唐中宗复位后，进同
中书门下三品，纠集私党，排挤张柬之等大臣，私通韦后与上官
昭容，其次子崇训娶中宗女安乐公主，政事日益败坏，神龙三年
（707）又谋废太子重俊，重俊发羽林兵围其宅第，他与儿子崇训
均被杀。

⑰擢（zhuó）：提拔。鸿胪簿：即鸿胪寺主簿。鸿胪寺，唐代中央主
管民族事务与外事接待活动及凶丧之仪的机关，设主簿一人，从
七品上。

⑱考功郎：即考功员外郎。

⑲媚：巴结。太平公主：唐高宗女，武则天生，初嫁薛绍，后改嫁武则
天侄武攸暨，神龙元年（705）参与诛杀张易之事。韦后鸩杀中宗
后，她又于唐隆元年（710）与李隆基发动政变杀韦后和安乐公主，
玄宗即位，她又图谋用羽林军入宫杀玄宗，事败，赐死于家。

⑳越州：州名，治所在今浙江绍兴。长史：这里指越州刺史的佐官，
从五品上，无实职。

㉑剡（shàn）溪：河流名，在今浙江嵊州以南，是曹娥江的上游。

㉒杂遝（tà）：众多纷杂貌。

㉓睿宗：即唐睿宗李旦，唐高宗、武则天之子，唐玄宗之父。景云元年（710），唐隆政变后复位，先天元年（712）禅位于太子李隆基。

㉔悛（quān）悟：悔改醒悟。

㉕钦州：州名，治所在今广西钦州。

㉖御史：唐有侍御史、殿中御史、监察御史，这里盖指监察御史，职掌为分察百僚，巡按郡县，纠视刑狱，肃整朝仪。劾奏：向皇帝检举、弹劾别人的罪状。

㉗刘希夷：字庭芝，一作延之，汝州（今属河南）人，高宗上元二年（675）进士。诗以歌行见长，代表作"年年岁岁花相似，岁岁年年人不同"两句，广为传诵。相传其舅宋之问非常喜爱这两句，欲据为己有，刘希夷不答应，宋之问竟派人用土囊将其压死，死时不满三十岁。传见本卷后文。

㉘徐坚：据《大唐新语》卷八，评语乃张说所发，辛文房误。

㉙施：施用。

【译文】

宋之问，字延清，汾州人。上元二年（675）考中进士。仪貌伟岸，口才敏捷。才刚成年，武则天就任命他与杨炯各自在习艺馆值班。经过多次转迁，担任尚方监丞。武则天游览龙门，下诏让侍从之臣写诗，起居郎东方虬的诗最先完成，武则天赏赐给他锦袍。宋之问不一会儿也写成献上，武则天读他的诗嗟叹赞赏，又夺去东方虬的锦袍来赐给他。后来宋之问求任北门学士，因为有牙病而口臭，武则天没有许可，于是写作《明河篇》，其中有"明河可望不可亲"的诗句，来表达他的志向。他谄媚地侍奉张易之，因而被贬到泷州。不久逃回洛阳，隐藏在张仲之家。听说张仲之谋划杀害武三思，他就加以告发，被提拔为鸿胪寺主簿。迁任考功员外郎，他又巴结太平公主。因为主持贡举时收受贿赂声名狼藉，被贬为越州长史。他遍游剡溪山水，置备美酒，吟咏诗歌，每天游玩开宴，宾客各种各样。唐睿宗继位，宋之问因为没有悔改醒悟之心，被流放钦州，监察御史向皇帝上书弹劾他，因而被赐死。人们都说，这是他杀害刘希夷的报应啊。徐坚曾评论宋之问的诗文"像优良的黄金和美好的玉石，用到任何地方都是可以的"。有文集传世。

刘希夷

希夷，字庭芝①，颍川人②。上元二年郑益榜进士，时年二十五，射策有文名③。苦篇咏④，特善闺帷之作⑤，词情哀怨，多依古调⑥，体势与时不合⑦，遂不为所重。希夷美姿容，好谈笑。善弹琵琶。饮酒至数斗不醉，落魄不拘常检⑧。尝作《白头吟》一联云："今年花落颜色改⑨，明年花开复谁在？"既而叹曰："此语谶也⑩。石崇谓'白首同所归'⑪，复何以异？"乃除之。又吟曰："年年岁岁花相似，岁岁年年人不同⑫。"复叹曰："死生有命⑬，岂由此虚言乎！"遂并存之。舅宋之问苦爱一联，知其未传于人，恳求之，许而竟不与。之问怒其诳己⑭，使奴以土囊压杀于别舍⑮，时未及三十。人悉怜之。有集十卷，及诗集四卷，今传。

【注释】

①庭芝：原作"廷芝"，《唐诗纪事》卷十三引《大唐新语》作"庭芝"，语本《世说新语·言语》谢玄语："譬如芝兰玉树，欲使其生于阶庭耳。"则以"庭芝"为是，据改。

②颍川：郡名，治所在今河南许昌。此处辛文房疑误，《旧唐书》本传等皆谓刘希夷为汝州（今属河南）人。

③射策：考试方法之一，汉代实行此法，相当于后世的抽签考试，后泛指应试。

④篇咏：指诗篇。

⑤闺帷：闺房的帷幕，借指妇女或与妇女有关的事物。

⑥古调：指古代的曲调。

⑦体势：指诗文的形体结构、气势风格。

⑧落魄：潦倒失意。常检：寻常的操守。

⑨颜色：容貌。

⑩语谶（chèn）：指将来要应验的预言。

⑪石崇：字季伦，小名齐奴，渤海南皮（今属河北）人，官至卫尉，富甲一时，穷奢极欲，与贵戚王恺、羊琇等以奢靡相尚，后与潘岳同为赵王伦所杀。工诗能文，现存诗十首，文七篇，以《王明君辞》《思归引序》及《金谷诗序》较有名。白首同所归：潘岳诗句，原指两人友谊深厚，后成为两人同日被杀的诗谶。《世说新语·仇隙》："孙秀既恨石崇不与绿珠，又憾潘岳昔遇之不以礼。后秀为中书令，岳省内见之，因唤曰：'孙令，忆畴昔周旋不？'秀曰：'中心藏之，何日忘之？'岳于是始知必不免。后收石崇、欧阳坚石，同日收岳。石先送市，亦不相知。潘后至，石谓潘曰：'安仁，卿亦复尔邪？'潘曰：'可谓"白首同所归"。'潘《金谷集诗》云：'投分寄石友，白首同所归。'乃成其谶。"此句乃潘岳对石崇所云，非石崇所说，辛文房误记。

⑫岁岁年年人不同：此句有意避开"明年花开复谁在"句中含有的"白首同所归"的诗谶含义，故云"不同"。

⑬死生有命：语出《论语·颜渊》："死生有命，富贵在天。"

⑭诳（kuáng）：欺骗。

⑮土囊：指盛满泥土的袋子，《刘宾客嘉话录》亦云"以土袋压杀之"。

压杀：压死。别舍：正宅以外的宅邸，别业、别墅。

【译文】

刘希夷，字庭芝，颖川人。上元二年（675）郑益那一榜的进士，当时年纪只有二十五岁，应试中获得善写文章的美名。苦心于创作诗篇，尤其擅长写闺怨诗，诗中情感悲伤多怨，多依守古代的曲调，诗的体制与气势跟当时的风尚不符合，于是不被世人重视。刘希夷容貌秀美，喜欢聊天说笑。善于弹奏琵琶。喝好几斗酒都不会醉，潦倒失意而不拘泥于常规。曾经写《白头吟》中的一联诗句说："今年花落颜色改，明年花开复谁在？"不久叹息说："这是谶语啊。石崇说'白首同所归'，跟我这句诗又有什么不同？"于是就删除这句诗。又吟诵道："年年岁岁花相似，岁岁年年人不同。"又叹息说："人的生死由命运决定，哪里会由这些空话决定呢！"就把这些诗句一并保存。舅舅宋之问特别喜爱其中一联，知道诗句还没传于人口，恳求刘希夷送给他，刘希夷答应了，但最后没有给他。宋之问因为他欺骗自己而发怒，派奴仆用土袋把他压死在别墅，当时他还不到三十岁。人们都很可怜他。有文集十卷，和诗集四卷，传到今天。

〇希夷天赋俊赏①，才情如此，想其事业勋名②，何所不至？孰谓奇蹇之运③，遭逢恶人，寸禄不霑④，长怀顿挫⑤，斯才高而见忌者也。贾生悼长沙之屈⑥，祢衡痛江夏之来⑦，倏焉折首⑧，夫何殒命。以隋侯之珠，弹千仞之雀，所较者轻，所失者重⑨，玉迸松摧⑩，良可惜也，况于骨肉相残者乎！

【注释】

①天赋：自然赋予。俊赏：卓越的鉴赏力。

②事业：功业。勋名：功名。

③奇蹇（qí jiǎn）之运：不好的命运。

④寸禄：微薄的俸禄。霑：同"沾"，分得，承受。

⑤顿挫：挫折，坎坷。

⑥贾生：即贾谊，河南洛阳（今属河南）人，西汉著名的政论家和辞赋家。青年时以文才著名，被汉文帝召为博士，因遭到当政大臣的反对，被贬为长沙王太傅，作有《吊屈原赋》《鹏鸟赋》等，哀悼屈原之贬，亦以自悼。后抑郁而亡，年仅三十三岁。

⑦祢衡：字正平，平原般（今山东临邑）人。性刚傲物，曹操曾召为鼓史，当众辱操。后转送江夏太守黄祖，被杀，时年二十六岁。

⑧折首：原指战死，这里引申为死亡。

⑨"以隋侯之珠"以下几句：语本《庄子·让王》："以随侯之珠，弹千仞之雀，世必笑之。是何也？则其所用者重而所要者轻也！"比喻宋之问杀刘希夷得不偿失。

⑩迸：断裂，此指玉碎。

【译文】

〇刘希夷禀赋有卓越的鉴赏力，才华情思又这样，想想他的功业功名，什么做不到呢？谁曾想他命运不好，遇到坏人，微薄的俸禄都没有沾到，长期感到坎坷，这是才华高超却被嫉妒的人啊。贾谊因无辜远谪长沙而哀悼，祢衡因被送到江夏而痛愤，忽然死亡，竟至丧命。用隋侯的明月珠，去弹射飞到千仞高的鸟雀，所想获得的东西轻微，所失去的东西贵重，使年轻才子像美玉爆裂，青松摧折，确实很可惜啊，何况宋之问杀害刘希夷这样骨肉相残的事呢！

陈子昂

子昂，字伯玉，梓州人①。开耀二年许旦榜进士②。初年十八时，未知书，以富家子，任侠尚气弋博③。后入乡校感悔④，即于州东南金华山观读书⑤，痛自修饬⑥，精穷坟典⑦，耽爱黄老、《易》象⑧。光宅元年⑨，诣阙上书⑩，谏灵驾入京，召见。武后奇其才，遂拜麟台正字⑪，令云："地藉英华⑫，文称暐晔⑬。"累迁拾遗⑭。圣历初⑮，解官归。会父丧，庐冢次⑯。县令段简贪残，闻其富，造诈诬子昂⑰，胁取赂二十万缗⑱，犹薄之，遂送狱。子昂自筮卦⑲，惊曰："天命不祐，吾殆穷乎！"果死狱中，年四十三。

【注释】

①梓州：州名，治所在今四川三台。陈子昂为梓州射洪县（今四川射洪）人。

②开耀：唐高宗年号（681—682）。许旦：一作许且，其人不详。

③任侠：行侠仗义，好打抱不平。尚气：意气用事。弋（yì）博：射猎赌博。

④乡校：古代的地方学校，源于西周，后世因称地方所办学校为乡学或乡校。

⑤金华山观：观名，在今四川射洪市北的金华山上，始建于梁代，有陈子昂读书台，杜甫《冬到金华山观因得故拾遗陈公学堂遗迹》，即指此。

⑥修饬（chì）：整修，约束言行。

⑦坟典：三坟五典的简称，此泛指古代典籍。

⑧黄老：指黄帝与老子，道家以黄老为祖师，因而借指道家。《易》象：一作"易庄"，据卢藏用《陈子昂别传》"子昂晚爱黄老之言，尤耽味《易》象"，以"《易》象"义长，指《周易》卦象。

⑨光宅：唐武后年号（684）。

⑩诣阙上书：事见卢藏用《陈子昂别传》："属唐高宗大帝崩于洛阳宫，灵驾将西归，子昂乃献书阙下。时皇上以太后居摄，览其书而壮之，召见问状。子昂貌寝寡援，然言王霸大略，君臣之际，甚慷

慨焉。上壮其言而未深知也。乃敕曰：'梓州人陈子昂，地籍英灵，
文称伟曜。'拜麟台正字。"陈子昂《谏灵驾入京书》反对不顾百
姓、大兴土木地将唐高宗的灵驾迁回长安。

⑪麟台正字：官名，唐武则天光宅元年（684）由秘书省正字改为此
名，掌校正文字。

⑫藉（jiè）：铺垫。

⑬晽晔（wěi yè）：文辞瑰丽。

⑭拾遗：指右拾遗，官名，唐代门下省所属的谏官，掌规谏，荐举人才。

⑮圣历：周武则天年号（698—700）。

⑯庐冢（zhǒng）：即庐墓，古人于父母死后，服丧期间在墓旁搭盖小
草屋居住，守护坟墓，谓之庐墓。次：旁边。

⑰造诈：伪造欺诈。

⑱缗（mín）：原指串钱的绳子，引申为钱串的单位，一缗为千钱，即
一贯。

⑲筮（shì）卦：用蓍筮方式求得的卦。

【译文】

陈子昂，字伯玉，梓州人。开耀二年（682）许旦那一榜的进士。当
初陈子昂十八岁时，不知道读书，凭借富家子弟的身份，行侠仗义，意气
用事，打猎赌博。后来进入乡校有感并悔悟，就在梓州东南的金华山道
观读书，痛下决心，自我修治，精心遍究古代经典著作，喜欢研究黄老之
术和《周易》卦象。光宅元年（684），前往皇帝所居的殿庭献上奏疏，劝
阻唐高宗灵驾西归长安之事，被朝廷召见。武则天诧异于他的才华，便
任命他为麟台正字，诏令中说："他的家乡铺满精华草木，他的文章也瑰
丽夺目。"累积升迁为右拾遗。圣历初年，解除官职回家。适逢父亲过世，
他在坟墓旁搭盖草庐居住守墓。县令段简贪婪残暴，听说陈子昂富有，
就编瞎话欺诈诬蔑陈子昂，通过威胁获取贿赂二十万缗，还觉得不够多，
便把陈子昂送进监狱。陈子昂自己用蓍草算卦，惊叹道："老天不保佑我，

我恐怕走投无路了啊!"果然死在监狱中,年仅四十三岁。

　　子昂貌柔雅,而性褊躁①,轻财好施,笃朋友之义②。唐兴,文章承徐、庾余风③,天下祖尚,子昂始变雅正。初,为《感遇》诗三十章,王适见而惊曰④:"此子必为海内文宗。"由是知名。凡所著论,世以为法,诗调尤工。尝劝后兴明堂、太学⑤,以调元气⑥。与游英俊,多秉权衡⑦。柳公权评曰⑧:"能极著述,克备比兴⑨,唐兴以来,子昂而已。"有集十卷,今传。

【注释】

①褊(biǎn)躁:急躁。

②笃:笃守,坚守。

③徐、庾余风:指徐陵、庾信为代表的华靡文风。

④王适:唐初文学家,幽州(今北京)人,工诗文,有识人之器,主要活动于武则天时代。

⑤明堂:古时天子宣明政教之所,凡朝会、祭祀、庆赏、选士等均于其中举行。太学:古代设在京师的全国最高学府。

⑥元气:古人认为是宇宙终极本原的原始物质,也引申为人、国家或机构的生命力。

⑦秉:把握。权衡:权柄,权力。

⑧柳公权:字诚悬,京兆华原(今陕西铜川耀州区)人,博贯经术,其书法结体劲媚,自成一家,结构严谨而开拓,用笔挺秀劲健,人称"柳体",与颜真卿齐名,世称"颜筋柳骨"。

⑨比兴:"比兴"本属《诗经》中的"六义",比是比喻,兴为寄托,通过这种手法,使诗歌创作包含社会内容。

【译文】

　　陈子昂容貌温和文雅，性格却急躁，轻视财富，乐于施舍，笃守朋友间的友谊。大唐兴起，文章继承徐陵、庾信遗留下来的风气，天下宗奉崇尚，到陈子昂才转变为典雅纯正。一开始，写《感遇诗》三十首，王适看见了，惊讶地说："这人一定会成为天下的文坛宗主。"陈子昂因此出名。凡是他所撰著论述的，世人都奉为法规，诗的格调尤其工整。曾经劝谏武则天修建明堂和太学，来调和国家元气。与他交往的英豪才俊，多执掌权柄。柳公权评价说："在著述上能登峰造极，富有比兴内涵，大唐兴起以来，只有陈子昂罢了。"有文集十卷，如今流传在世。

　　〇呜呼！古来材大或难为用，象以有齿，卒焚其身。信哉，子昂之谓欤！

【译文】

　　〇唉！从古以来，才华出众者，有的难以施展，大象因为有象牙，最终自身难保。确实啊，这不正是说陈子昂吗？

李百药

　　百药，字重规，定州人①。幼多病，祖母以"百药"名之。七岁能文。袭父德林爵②。会高祖招杜伏威③，百药劝朝京师，中道而悔，怒，饮以石灰酒，因大利几死④，既而宿病皆愈。贞观中⑤，拜中书舍人，迁太子庶子⑥。尝侍帝，同赋《帝京篇》，手诏褒美，曰："卿何身老而才之壮，齿宿而意之新乎⑦！"百药才行，天下推服。好奖荐后进⑧。翰藻沉郁⑨，诗尤所长。有集传世。

【注释】

①定州:州名,治所在今河北定州。李百药为定州安平(今河北安平)人。

②德林:即李德林,字公辅,博陵安平(今河北安平)人,隋朝大臣,文学家。隋文帝即位,德林任内史令,袭封安平县公,曾奉诏撰《齐史》未竟,其子李百药续成之,是为《北齐书》。

③高祖:即唐高祖李渊。杜伏威:齐州章丘(今山东章丘)人,隋末江淮农民起义军首领。唐高祖武德二年(619)降唐,被任为江淮以南安抚大使,封吴王。武德五年(622)留居长安,后辅公祏叛唐,诈称受他命令,遂被毒杀。

④大利:即大痢。痢,痢疾的简称。

⑤贞观:唐太宗年号(627—649)。

⑥太子庶子:即太子右庶子,右庶子领右春坊,正四品下,掌侍从、献纳、启奏等。

⑦齿宿:年高。

⑧后进:后辈。

⑨翰藻:文采,辞藻。

【译文】

李百药,字重规,定州人。年幼多病,祖母就给他取名叫"百药"。七岁就能写文章。继承父亲李德林的爵位。适逢唐高祖招降杜伏威,李百药就劝杜伏威去京师朝见唐高祖,杜伏威走到半路后悔了,大怒,让李百药喝石灰酒,他因此得了严重的痢疾差点死掉,不久旧病都好了。贞观年间,担任中书舍人,升迁为太子右庶子。曾经陪侍唐太宗,撰写同题的《帝京篇》诗,唐太宗亲手写诏书褒奖赞美说:"爱卿为什么身体衰老却才思壮健,年纪老大却诗意清新呢?"李百药的才华和品行,天下人都推许佩服。他喜欢奖掖、推荐后辈。文采辞藻深刻含蓄,诗歌尤其是他的特长。有文集传于世。

李峤

　　峤，字巨山，赵州人①。十五通五经，二十擢进士，累迁为监察御史②。武后时，同凤阁鸾台平章事③。后因罪贬庐州别驾④，卒。峤富才思，有所属缀⑤，人辄传讽。明皇将幸蜀⑥，登花萼楼⑦，使楼前善《水调》者奏歌⑧，歌曰："山川满目泪沾衣，富贵荣华能几时？不见只今汾水上，惟有年年秋雁飞⑨。"帝惨怆，移时顾侍者曰："谁为此？"对曰："故宰相李峤之词也。"帝曰："真才子！"不待曲终而去。峤前与王勃、杨炯接，中与崔融、苏味道齐名，晚诸人没，为文章宿老，学者取法焉。今集五十卷，《杂咏诗》十二卷，单题诗一百二十首⑩，张方为注⑪，传于世。

【注释】

①赵州：州名，治所在今河北赵县。李峤（qiáo）实为赵州赞皇（今河北赞皇）人。

②监察御史：官名，职掌为分察百僚，巡按郡县，纠视刑狱，肃整朝仪。

③同凤阁鸾台平章事：宰相职衔，即同中书门下平章事，武则天光宅元年（684）改中书省为凤阁、门下省为鸾台，遂有此称。同，官员任命类别之一，魏晋以后有仪同三司之制，谓加其仪制同于三司，唐贞观中有同中书门下三品，其后为真宰相者必加此衔。

④庐州：州名，治所在今安徽合肥。别驾：官名，是州刺史的佐官，刺史巡视辖境时，其别乘驿车随行，故称别驾，也称别驾从事。唐代别驾，秩高俸厚，无具体职务，后远州别驾常作为官员的贬降之职。

⑤属（zhǔ）缀：指写作。

⑥明皇：即唐玄宗李隆基，以谥号"至道大圣大明孝皇帝"得名。幸

蜀:指安史之乱时唐玄宗仓皇逃奔四川之事。

⑦花萼楼:又名花萼相辉楼,取《诗经·小雅·常棣》中"常棣之华,
　　鄂不韡韡,凡今之人,莫如兄弟"之意,在唐代长安兴庆宫内,为唐
　　玄宗所建,他常在此与诸兄弟宴饮行乐。

⑧水调:水调歌的省称,即歇指调,燕乐二十八调的七商之一,唐宋
　　时期非常流行的一种曲调。

⑨"山川满目泪霑衣"以下几句:诗意谓满眼的山川让人泪落沾湿
　　衣服,是因为想到荣华富贵能够持续多久呢? 难道看不见如今的
　　汾水上,只有秋雁还在年年南飞。意即汾水上荣华富贵过的人,
　　都已烟消云散。汾水,水名,即今山西汾河。

⑩单题诗:以一字为题,每题咏一物的诗,或即张说夸赞李峤"新诗
　　贯宇宙"的"新诗",如《兔》《凤》《银》等。据学者考证,单题诗
　　即《杂咏诗》,非十二卷,仅二卷,辛文房误。

⑪张方:疑即张庭芳,撰有《故中书令郑国公李峤杂咏百二十首序》,
　　除为李峤《杂咏诗》作注外,亦注庾信《哀江南赋》一卷,今佚。

【译文】

李峤,字巨山,赵州人。十五岁通习五经,二十岁考中进士,累积升
迁为监察御史。武则天时期,官至宰相。后因罪被贬为庐州别驾,去世。
李峤富有才华情思,有所著作,人们就传诵讽咏。唐玄宗将逃往蜀中,登
上花萼楼,让楼前善弹《水调》的人演奏歌曲,歌词唱道:"山川满目泪霑
衣,富贵荣华能几时? 不见只今汾水上,惟有年年秋雁飞。"唐玄宗感到
凄惨悲怆,很久才回头对侍奉的人说:"谁写的歌词?"侍者回答说:"是
过去的宰相李峤的作品啊。"唐玄宗说:"名副其实的才子!"没等歌曲唱
完就离开了。李峤前与王勃、杨炯相接,中间与崔融、苏味道齐名,晚年他
们都过世了,李峤成为文坛耆宿,学文章的人都效法他。现有文集五十卷,
《杂咏诗》十二卷,单题诗一百二十首,张方为之作注释,流传在世。

张说

　　说，字道济，洛阳人。垂拱四年举学综古今科^①，中第三等，考策日封进^②，授太子校书^③。令曰："张说文思清新，艺能优洽^④。金门对策^⑤，已居高科之首；银榜效官^⑥，宜申一命之秩^⑦。"后累迁凤阁舍人^⑧。睿宗时，兵部侍郎、同平章事^⑨。开元十八年^⑩，终左丞相、燕国公^⑪。说敦气节，重然诺^⑫。为文精壮，长于碑志^⑬。朝廷大述作，多出其手。诗法特妙。晚谪岳阳^⑭，诗益凄婉，人谓得江山之助^⑮。今有集三十卷行于世。子均^⑯，开元四年进士，亦以诗鸣。

【注释】

①垂拱：唐武后年号（685—688）。学综古今科：科举考试科目之一，属制科，唐显庆四年（659）设。

②考策日封进：据《大唐新语》卷八记载，张说对策天下第一，但武则天认为近代以来没有甲科，所以屈为第二等，并"仍令写策本于尚书省，颁示朝集及蕃客等，以光大国得贤之美"，或即此事，指把张说的考卷誊写进献到尚书省，用来展示。

③太子校书：官名，北齐始置，隋唐沿置，掌校刊经史，正九品下。

④艺能：技艺才能。

⑤金门：又名金马门，汉代官门名，此代指朝廷。

⑥银榜：用银饰纸书写的公告。效官：授官。

⑦一命：官阶名，周代官阶自一命至九命，一命为最低一级的官，太子校书为正九品下，是最低的等级。秩：官吏的俸禄，也是官吏的职位品级。

⑧凤阁舍人：官名，即中书舍人。

⑨兵部侍郎：官名，兵部尚书佐官。同平章事：职官名，"同中书门下
　平章事"的简称，唐宋时指宰相。

⑩开元：唐玄宗年号（713—741）。

⑪左丞相：官名，即左仆射，唐玄宗开元元年（713）改左右仆射名为
　左右丞相。

⑫然诺：承诺。

⑬碑志：文体名，是碑铭与墓志铭的合称。

⑭晚谪岳阳：张说开元元年（713）曾被贬为岳州刺史，开元十八年
　（730）去世，似不得称"晚"。岳阳，唐时岳州的别称，治所在今湖
　南岳阳。

⑮江山之助：得到名山秀水的助兴，指因自然山水的感发而有佳作。

⑯均：张说长子，开元四年（716）登进士第。父卒，袭封燕国公，除
　户、兵二部侍郎。禄山之乱，伪署中书令。肃宗还京，论罪当死，
　房琯等营救之，免死，流合浦。尝随父贬岳阳，与赵冬曦、尹懋等
　唱和。著有《张均集》，已佚。《全唐诗》存其诗七首，《全唐文》存
　其文一篇。

【译文】

　　张说，字道济，洛阳人。垂拱四年（688）参加学综古今科考试，考中
第三等，考卷当日就被封藏进献，除授太子校书。任命书说："张说文章
思路流利新颖，技艺才能广博卓异。朝廷考试，已经高居考场第一名；银
牓授官，适宜授予最低一级的官位。"后来累积升任中书舍人。唐睿宗时
期，担任兵部侍郎和宰相。开元十八年（730）去世，官至左丞相、燕国公。
张说注重志气和节操，看重承诺。写文章精炼壮健，尤其擅长写作碑文。
朝廷里的重要文章，大多出自他手。诗歌法度非常精妙。晚年被贬谪到
岳阳，诗歌更加哀伤凄婉，人们说是因他得到名山秀水的助兴。现在有
文集三十卷流行在世。他的儿子张均，开元四年（716）考中进士，也以
诗歌著称。

王翰

　　翰，字子羽，并州人^①。景云元年卢逸下进士及第^②。又举直言极谏^③，又举超拔群类科^④。少豪荡，恃才不羁。喜纵酒，枥多名马^⑤，家蓄妓乐。翰发言立意，自比王侯。日聚英杰，纵禽击鼓为欢^⑥。张嘉贞为本州长史^⑦，厚遇之。翰酒间自歌，以舞属嘉贞，神气轩举^⑧。张说尤加礼异。及辅政，召为正字^⑨，擢驾部员外郎^⑩。说罢，翰出为仙州别驾^⑪。以穷乐畋饮^⑫，贬岭表^⑬，道卒。翰工诗，多壮丽之词。文士祖咏、杜华等，尝与游从^⑭。华母崔氏云："吾闻孟母三迁^⑮。吾今欲卜居^⑯，使汝与王翰为邻，足矣。"其才名如此。燕公论其文^⑰，如璃杯玉斝^⑱，虽烂然可珍^⑲，而多玷缺云^⑳。有集今传。

【注释】

①并州：州名，治所在今山西太原。

②景云：唐睿宗年号（710—711）。卢逸：当时的考官，曾做过给事中、荆州长史，其他不详。

③直言极谏：科举考试科目之一，属贤良忠直类科目，属制科。

④超拔群类科：科举考试科目之一，属制科。

⑤枥：马槽。

⑥纵禽：即从禽，追逐禽兽，指打猎。

⑦张嘉贞：以字行，蒲州猗氏（今山西临猗）人。明经出身，武则天时受到侍御史张循宪推荐，入朝为监察御史，累迁中书舍人。后出任秦州都督、并州长史。

⑧轩举：高昂貌。

⑨正字：指秘书省正字，秘书省官员，与校书郎同掌校正书籍。

⑩驾部员外郎：官名，尚书省兵部驾部司副长官，与驾部郎中共掌舆辇、车乘、传驿、厩牧等事。

⑪仙州：州名，治所在今河南叶县。

⑫畋(tián)饮：打猎宴饮。

⑬岭表：五岭以南地区，即岭南，今广东、广西一带。

⑭"翰工诗"以下几句：原无，据正保本、《四库》本补。祖咏，唐代诗人，洛阳(今属河南)人。少有文名，擅长诗歌创作，与王维友善。开元十二年(724)进士及第，仕途甚不得志，后迁居汝水之滨，以渔樵自终。传见本卷后文。杜华，生平不详，天宝二年(743)前后在世。据学者研究，杜华与王翰交游时，当在二三十岁左右。

⑮孟母三迁：据说孟轲之母为择善境，三迁其家以教孟子，事见刘向《列女传·母仪》。

⑯卜居：古人常用占卜的方法选择居地或判定拟选居地的吉凶，后泛指择居。

⑰燕公：指张说，玄宗时受封燕国公，故称。

⑱璚(qióng)：古同"琼"，赤色的玉。斝(jiǎ)：古代温酒器，形如爵，但较大，无流无尾，圆口平底，有鋬(pàn)可执。

⑲烂然：光彩灿烂的样子。

⑳玷(diàn)缺：斑点、缺口，喻指人的缺点、过失。玷，白玉上面的斑点。

【译文】

王翰，字子羽，并州人。景云元年(710)卢逸主持考试时考中进士。后来又考上直言极谏和超拔群类科。年轻时豪放浪荡，凭借着才华不喜拘束。喜欢不加节制地喝酒，马槽里有很多名贵的马匹，家里蓄养着歌妓和乐队。王翰发表言论立定志向，都把自己比作王侯。每日聚集英雄豪杰，以打猎击鼓为乐。张嘉贞担任并州长史时，对待王翰很好。王翰酒席间自己唱歌，让张嘉贞跳舞，神气高昂。张说更加用非同一般的礼节对待他。等到张说辅佐朝政，征召他为秘书省正字，提拔为驾部员外郎。张说被罢免，王翰被贬出京城，成为仙州别驾。因为过度追求打猎宴饮之乐，被贬到岭南，死在路上。王翰擅长写诗，多有豪迈俊伟的诗句。读书为文之人，如祖咏、杜华之辈，曾经与他交游。杜华母亲崔氏说："我听说孟子母亲为孟子多次搬家。我现在如果想搬家的话，能让你跟王翰做邻居，我就满足了。"他的才名就是这样。燕国公张说评论他的诗文，像美玉做成的杯和斝，虽光彩灿烂值得珍视，但杯斝上面也多有斑点和缺口啊。有文集传于今。

○太史公恨古布衣之侠①，湮没无闻，以其义出存亡生死之间，而不伐其德②，千金驷马③，才啻草芥④，信哉名不虚立也。观王翰之气，其若人之俦乎⑤！

【注释】

①太史公：即司马迁，西汉著名史学家、思想家、文学家，字子长，撰有《史记》，记录约三千年的历史，是我国最早的一部通史，开创纪传体史书。后文所引话语，即出自《史记·游侠列传序》。恨：遗憾。

②伐：夸耀。

③驷马：同驾一辆车的四匹马，此处代指贵重的车辆。

④啻：只。

⑤若人：此人，这类人。俦（chóu）：同类。

【译文】

○太史公为古代平民游侠的湮没无闻感到遗憾，因为他们的侠义体现在生死存亡的关键时刻，却不夸耀自己的德行，在承诺面前，贵重的财富和车驾，不过如微贱的小草，确实啊，他们的名声是符合实际的啊。看王翰的豪气，大概是他们这一类人吧！

吴筠

筠，字贞节，华阴人①。通经义，美文辞。举进士，不中，隐居南阳倚帝山为道士②。天宝中③，玄宗遣使诏至京师，与语甚悦，敕待诏翰林④，献《玄纲》三篇⑤。帝问道⑥，对曰："深于道者惟《老子》五千言⑦，其余徒费纸札耳。"复问神仙治炼之术，曰："此野人之事，积岁月求之，非人主所宜留意。"筠每陈设名教世务⑧，帝重之。初，筠爱会稽山水⑨，往来天台、剡中⑩，与李白、孔巢父相遇酬唱⑪，至是因荐于朝，帝即遣使召之。筠性高鲠⑫，其待诏翰林时，恃承恩顾⑬，高力士素奉佛⑭，尝短筠于上前，筠故多著赋文，深诋释氏⑮，颇为通人所讥云。后知天下将乱，苦求还嵩山⑯，诏为立道观⑰。大历间卒⑱。弟子谥为宗元先生。善为诗。有集十卷，权德舆序之⑲。

【注释】

①华阴：县名，治所在今陕西华阴，因在华山之北，故名。

②南阳：县名，治所在今河南南阳。倚帝山：古山名，一名歧棘山，今名五朵山，即《山海经·中山经》"倚帝之山，其上多玉，其下多金"的"倚帝之山"，在今河南镇平、南召二县交界处，其上有五峰并峙，故又名五朵山。

③天宝：唐玄宗年号（742—756）。

④待诏翰林：官名，唐初置翰林院，常召名儒学士入院草制，但未有名号，玄宗初，张说、陆坚、张九龄、徐安贞、张垍等召入禁中翰林院，掌四方表疏批答及应和文章之事，称为"翰林待诏"，另有僧、道、书、画、琴、棋、数术之工皆处翰林院内，亦称"待诏"。

⑤《玄纲》:即《玄纲论》,分上、中、下三篇,上篇《明道德》,中篇《辩教法》,下篇《析凝滞》,见于《正统道藏》。

⑥道:中国古代极为重要的哲学范畴,本义是人走的道路,引申为规律、原理、准则,以及宇宙的本原、本体等意思。

⑦《老子》:又称《道德经》,春秋战国时期道家学派的经典著作之一,相传为春秋末年老聃(dān)所著,现一般认为其成书年代在战国中期,基本上仍保留了老子本人的主要思想。全书两篇,上篇为《道经》,下篇为《德经》,五千余字。

⑧名教:即"以名为教",是一种以正名定分为主的封建礼教,始见于《管子·山至数》:"名教通于天下。"略等同于"儒教""礼教"。
世务:当世有关国计民生的大事。

⑨会稽:郡名,治所在今浙江绍兴,以其地有会稽山而名。

⑩天台:山名,在今浙江天台。剡中:今浙江嵊州、新昌及其附近一带。

⑪李白:字太白,一字长庚,号青莲居士,祖籍陇西成纪,以诗歌著名。时与斐旻剑舞、张旭草书为"三绝",与杜甫并称"李杜",有"诗仙"之称。玄宗曾命赋宫中行乐诗。传见本书卷二。有学者指出,李白并非吴筠所推荐。孔巢父:字弱翁,冀州(今属河北)人,孔子后裔。曾与李白、裴政、张叔明、韩准、陶沔等隐居徂徕山,放歌纵酒,号称"竹溪六逸"。酬唱:以诗文唱和答对。

⑫高鲠(gěng):清高,鲠直。

⑬承:蒙受。恩顾:优遇、顾念。

⑭高力士:高州良德(今广东高州)人,本姓冯,后为宦官高延福养子,改姓高。玄宗时知内侍省事,进封渤海郡公,特受宠信,四方奏事皆由他审阅呈进,小事即自行专决。安史之乱时,随玄宗逃四川。

⑮诋:诋毁。

⑯崧山:即嵩山,山主体在河南登封西北,为五岳之一。

⑰道观(guàn):道教祀神和作法事的建筑。

⑱大历:唐代宗年号(766—779)。

⑲权德舆:字载之,秦州略阳(今甘肃秦安)人。自幼以文章闻名,
元和五年(810),升任宰相。传见本书卷五。

【译文】

　　吴筠,字贞节,华阴人。通晓儒家经典义理,文章辞藻优美。考进士,
没考上,隐居在南阳倚帝山做了道士。天宝年间,唐玄宗派遣使者征召
到京城,与他交谈,非常喜悦,就下诏让他做待诏翰林,他就献上《玄纲》
三篇。唐玄宗问"道",吴筠回答说:"对于'道'有深刻体会的只有《老子》
五千余字,其他的著作都是徒劳地浪费纸张罢了。"又问仙人修身炼丹
的方法,吴筠说:"这是隐士的事情,需要经年累月去追求它,并非一国之
君所该留心的。"吴筠每每陈述儒教和当世要务,唐玄宗特别重视他。当
初,吴筠热爱会稽的秀山丽水,在天台山、剡中等处来往,与李白、孔巢父
相交,互相以诗歌唱和,到这时便向朝廷推荐,唐玄宗就派使者去征召他
们。吴筠性格清高鲠直,在他做待诏翰林时,仰仗自己蒙受皇恩眷顾,高
力士向来侍奉佛教,曾在唐玄宗面前说过吴筠的坏话,吴筠因此写了很
多文章,尽情诋毁佛教,颇被通达之人所讥嘲。后来知道天下要乱,就苦
苦请求回到嵩山,皇帝下诏为他建立道观。大历年间去世。弟子们给他
取谥号叫宗元先生。善于写诗。有文集十卷,权德舆为他的文集作序。

张子容

　　子容,襄阳人①。开元元年常无名榜进士②。仕为乐城
令③。初与孟浩然同隐鹿门山④,为死生交,诗篇唱答颇多。
后值乱离,流寓江表⑤。尝送内兄李录事归故里云⑥:"十年
多难与君同,几处移家逐转蓬。白首相逢征战后,青春已
过乱离中。行人杳杳看西日,归马萧萧向北风。汉水楚云

千万里,天涯此别恨无穷⑦。"后竟弃官归旧业⑧。有诗集。兴趣高远,略去凡近。当时哲匠⑨,咸称道焉。

【注释】

①襄阳:郡名,治所在今湖北襄阳。

②常无名:景云三年(712)壬子科状元(辛文房所记时间有误),河内温(今属河南)人。

③乐城令:当为乐城尉,《全唐诗》卷一一六有张子容《贬乐城尉日作》。乐城,县名,治所在今浙江乐清。

④孟浩然:襄阳人,以字行,名不详。大半的时间都生活在故乡,四十岁北上长安应试,落第后在吴越一带漫游,并一度入张九龄幕府。不久即辞归家乡,直至去世。他是唐代第一个大力写作山水诗的诗人,与王维齐名,号"王孟"。传见本书卷二。鹿门山:原名苏岭山,在湖北襄阳东南。东汉建苏岭山神祠于山上,门前刻二石鹿,人称鹿门庙,故山亦随庙名。孟浩然《夜归鹿门山歌》"鹿门月照开烟树",即指此。

⑤江表:指长江以南地区。

⑥内兄:妻子的哥哥。李录事:不详。录事,官名,有两类,一是掌管文书,勾稽缺失,隋唐五代御史台、诸寺监、东宫詹事府、左右春坊、诸率府、亲王府、都督府、诸府州县等署,位高者从九品上,低者为流外;二是录事参军之省称,隋唐置于州者为诸州长官重要僚佐而非署曹之官属。此处属于哪一类,待考。

⑦"十年多难与君同"以下几句:诗意谓与君同经十年战乱,到处漂泊,有如飞转的蓬草。战后相逢都已白头,青春年华已在乱离中度过。你向着落日越走越远,我骑马在北风中归去。汉水(指陕西)楚云(指湖北)相隔千万里,离别之恨无穷无尽。

⑧旧业:指原有的产业、家业,此谓故乡、故居。

⑨哲匠：明智而多才艺的人。

【译文】

张子容，襄阳人。开元元年（713）常无名那一榜的进士。做官担任乐城县令。起初与孟浩然一起隐居在鹿门山，是可托付生死的好朋友，两人诗歌唱和、酬答很多。后来遇到战乱流离失所，寄居在江南。曾写诗送妻子的哥哥李录事返回故乡，诗中说："十年多难与君同，几处移家逐转蓬。白首相逢征战后，青春已过乱离中。行人杳杳看西日，归马萧萧向北风。汉水楚云千万里，天涯此别恨无穷。"最终抛弃官职回到故乡。有诗集。诗中兴味情致高尚远大，没有平庸浅陋的情感。当时明智而有才艺的人，都称颂他啊。

李昂

昂，开元二年王丘下状元及第①。天宝间仕为礼部侍郎②，知贡举，奖拔寒素甚多③。工诗，有《戚夫人楚舞歌》一篇④，播传人口，真佳作也。

【注释】

①王丘：字仲山，开元初，迁考功员外郎，主持科举考试，取士务取实才，不受请托，年登第者仅百人，复为吏部侍郎，选官公正。

②礼部侍郎：官名，为礼部尚书的副职。此处辛文房笔误，据学者研究，开元二十四年（736）李昂以考功员外郎的身份主持考试，但其间由于李昂不接受请托，所以受到考生的抨击，以后朝廷就改为礼部侍郎主持考试，见《唐会要》卷五十九《礼部侍郎》条。

③寒素：门第卑微，指出身贫寒的人。

④《戚夫人楚舞歌》：诗见《唐诗纪事》卷十七。《全唐诗》卷一二〇作《赋戚夫人楚舞歌》。

【译文】

李昂，开元二年（714）王丘主持考试时高中为状元。天宝年间出任礼部侍郎，主持考试，奖励、提拔很多出身贫寒的士子。善于写诗，有《戚夫人楚舞歌》一首，传播于众人之口，真是好作品啊。

孙逖

逖，博州人①。幼而有文，属思精敏，援笔成篇。开元二年，举手笔俊拔、哲人奇士隐沦屠钓及文藻宏丽等科第一人及第②。玄宗引见③，擢左拾遗、集贤殿修撰④。改考功员外郎⑤，迁中书舍人。与颜真卿、李华、萧颖士皆同时称海内名士⑥。仕终刑部侍郎⑦。善诗，古调今格，悉其所长。集二十卷，今传。

【注释】

①"逖（tì）"两句：《新唐书》本传以孙逖为博州武水（今山东聊城）人，《旧唐书》本传则以为是潞州涉县（今属山西）人。

②手笔俊拔：科举考试科目之一，属制科。哲人奇士隐沦屠钓：科举考试科目之一，属制科。文藻宏丽：科举考试科目之一，属制科。

③引见：皇帝接见下臣、少数民族首领和宾客，由有关大臣引导入见，称引见。

④左拾遗：唐代门下省所属的谏官，掌规谏，荐举人才。集贤殿修撰：即集贤院修撰，掌撰集文章，校理经籍。

⑤考功员外郎：官名，为考功郎中的副职。

⑥与：或疑为"举"之误。据《新唐书》本传："改考功员外郎，取颜真卿、李华、萧颖士、赵骅等，皆海内有名士。"可见孙逖与颜真卿等有师生之谊，此处辛氏或以"与"指他们师生都是名士，则不误。

颜真卿：字清臣，琅玡临沂（今属山东）人，颜师古五世从孙，博学
工辞章，开元中举进士。李华：字遐叔，赵州赞皇（今属河北）人，
开元进士，其文与萧颖士齐名，其诗辞采流丽。萧颖士：字茂挺，
颍州汝阳（今安徽阜阳）人，与李华齐名，同为唐代古文运动的先
驱，作诗多用古体。

⑦刑部侍郎：官名，为刑部尚书的副职，正四品下。

【译文】

　　孙逖，博州人。年幼就有文采，构思精细敏捷，拿起笔就能写成文章。开元二年（714），参加手笔俊拔、哲人奇士隐沦屠钓及文藻宏丽等科考试，以第一名的成绩考中。大臣引导入见唐玄宗，提拔为左拾遗、集贤殿修撰。改任考功员外郎，升为中书舍人。与颜真卿、李华、萧颖士都同时被誉为海内的名士。做官做到刑部侍郎。善于写诗，古体诗和近体诗，都是他所擅长的。文集二十卷，传到今天。

卢鸿

　　鸿，字浩然①，隐居嵩山。博学，善八分书②，工诗，兼画山水树石。开元初，玄宗备礼征再三，不至。诏曰："鸿有泰一之道③，中庸之德④，钩深诣微⑤，确乎自高。诏书屡下，每辄辞托，使朕虚心引领⑥，于今有年。虽得素履幽人之介⑦，而失考父滋恭之谊⑧。礼有大伦，君臣之义，不可废也⑨。有司其赍束帛之具⑩，重宣兹旨，想其翻然易节，副朕意焉⑪。"鸿遂至东都，谒见不拜。宰相问状⑫，答曰："礼者，忠信所薄⑬，臣敢以忠信见。"帝召升内殿⑭，置酒。拜谏议大夫⑮，固辞。复下诏许还山。将行，赐隐居服，官营草堂。鸿到山中，广精舍⑯，从学者五百人。及卒，诏赐万钱营葬。后皮日休为

《七爱诗》[17]，谓"傲大君者必有真隐，卢征君是也"[18]。工诗，今传甚多。

【注释】

①鸿：卢鸿，亦有作卢鸿一者，待考。浩：《四库》本作"颢"。

②八分书：隶书之一种，又称"分隶""八分""分书"。历代书法家有不同解释，或以其二分似隶八分似篆，故称八分；或以似汉隶之波磔左右分开，如八字分背，故称八分。要之，多以为汉隶的别称。

③泰一之道：老子之"道"的别名，有至高、唯一之意，"泰一"即"太一"。

④中庸之德：语出《论语·雍也》："中庸之为德也，其至矣乎。"以"中庸"为最高美德，《礼记·中庸》发挥孔子的思想，以"中庸"为美德处世原则，使自己的言行保持中正，不偏向极端，追求中和。

⑤钩深诣微：探索深奥的意义，抵达微妙的境界。

⑥引领：伸长脖子远望，形容迫切地盼望。

⑦素履：原义指白鞋，比喻质朴无华、清白自守的处世态度。幽人：指隐士。介：骨气。

⑧考父：指正考父，孔子第七代祖先，连续辅佐宋戴公、武公、宣公，皆为上卿，但每一受命，益增其恭，以谦恭著称。

⑨"礼有大伦"以下几句：指君臣之义是人伦大纲，不可废弃。《论语·微子》："子路曰：'不仕无义。长幼之节，不可废也；君臣之义，如之何其废之？欲絜其身，而乱大伦。'"

⑩有司：古代设官分职，事各有专司，故称有司。赍（jī）：携带。束帛：捆为一束的五匹帛，共十端，每端丈八尺，皆两端合卷，总为五匹，用为聘问、馈赠之礼。

⑪副：符合，顺从。

⑫问状：审问罪状。

⑬"礼者"两句:语出《老子》第三十八章:"夫礼者,忠信之薄而乱之首。"意谓礼节使忠实诚信变少,是引起混乱的首恶。卢鸿这样回答,其实是在跟唐玄宗抗争,唐玄宗诏书中以"礼有大伦"的君臣之义来压卢鸿,卢鸿为了活命,当然不能不来见唐玄宗一面,这是一种妥协,但这并不意味着卢鸿屈服,他见面不行跪拜之礼,后来又不接受官职,都是不改隐士风度的地方。

⑭内殿:帝王召见大臣和处理政事的宫殿。

⑮谏议大夫:唐代设左右谏议大夫,分属门下省和中书省,掌谏谕得失,侍从赞相。

⑯精舍:既指道士修炼居住之处,也指卢鸿讲道之地。

⑰皮日休:字逸少,后改袭美,襄阳(今属湖北)人。早年住鹿门山,因自号鹿门子。后参加黄巢起义军,任翰林学士。诗文与陆龟蒙齐名,并称"皮陆"。传见本书卷八。《七爱诗》:见《皮氏文薮》卷十,后文引言出自《七爱诗序》。

⑱征君:即征士,旧时对曾受朝廷征聘而不肯受职的隐士之称。

【译文】

卢鸿,字浩然,隐居在嵩山。学识渊博,善写八分书,擅长诗歌创作,还会画山水树石。开元初年,唐玄宗礼节周备地再三征召他,都不来。下诏说:"卢鸿有太一之道,中庸之德,探索深奥的义理,抵达精微的境界,确实是让自身高妙。诏书多次下达,每次都推辞推托,使我谦逊地盼望着,到如今已有很多年。你虽然有隐士清白自守的骨气,却丢掉了正考父那样越来越谦恭的忠义。礼仪上有基本的伦理道德,君臣之间的道义,是不能废弃的。请有关部门带好聘问的礼物,重新宣布这个旨意,想必卢鸿会迅速改变原来的操守,遵从我的旨意啊。"卢鸿于是到东都洛阳,进谒朝见唐玄宗但不跪拜。宰相来兴师问罪,卢鸿回答说:"礼节使忠实诚信减少变薄,我岂敢不以比礼节更重要的忠实诚信来朝见呢?"唐玄宗招他登上内殿,备好酒食招待。任命他为谏议大夫,卢鸿坚决推辞。又下诏准许他回嵩山。将要离开时，赐给他隐居的服饰，并让当地官府给他营建草堂。卢鸿回到嵩山山中，扩建修炼居住的地方，跟从他学习的多达五百人。等他去世，朝廷又下诏赐予万钱营办葬事。后来皮日休写《七爱诗》，说"能傲然面对一国之君的人必有真正隐居的志向，卢征士就是真正的隐士啊"。擅长写诗，流传到今天的诗篇很多。

王泠然

泠然，山东人①。开元五年裴耀卿下进士②，授将仕郎③，守太子校书郎④。工文赋诗。气质豪爽，当言无所回忌，乃卓荦奇才⑤，济世之器⑥。惜其不大显而终。有集今传。

【注释】

①山东人：出土墓志称王泠然"字仲清，太原人"，则"山东"当指崤山以东之人。

②裴耀卿：字焕之，绛州稷山（今属山西）人。开元初任长安令时，除"和市"积弊，天宝初，进尚书左仆射。

③将仕郎：文散官，从九品下。

④守：官员任用类别之一，官员在初次被任命时往往先命其试署称为守。太子校书郎：官名，掌典校图籍。

⑤卓荦（luò）：卓越出众。

⑥器：器具，比喻人才。

【译文】

王泠然，山东人。开元五年（717）裴耀卿主持考试时考中进士。授予将仕郎，试用为太子校书郎。善写文章诗赋。气质豪放俊爽，该说话的时候没有任何回避，是卓越出众的奇特人才，也是经邦济世的人才。可惜他没有得到大用就过世了。有文集传到今天。

刘眘虚

眘虚①,嵩山人。姿容秀拔。九岁属文,上书召见,拜童子郎②。开元十一年徐徵榜进士③。调洛阳尉,迁夏县令④。性高古,脱略势利⑤,啸傲风尘。后欲卜隐庐阜⑥,不果。交游多山僧道侣。为诗情幽兴远,思雅词奇,忽有所得,便惊众听。当时东南高唱者数十人,声律婉态,无出其右。唯气骨不逮诸公。永明已还⑦,端可杰立江表⑧。善为方外之言⑨。夫何不永,天碎国宝,有志不就,惜哉!集今传世。

【注释】

①眘(shèn):同"慎"。

②童子郎:古代常选秀丽能通经的童子拜为郎,称童子郎。刘眘虚的履历,据学者考证,与刘晏相似,疑辛文房误,可备一说。然并无确凿证据,待考。

③徐徵:开元二十一年(733)癸酉科状元,曾任秘书少监,辛文房误记。

④夏县:县名,治所在今山西夏县。

⑤势利:权势和财利。

⑥庐阜:即庐山。

⑦永明:南朝齐武帝年号(483—493)。

⑧江表:指长江以南地,从中原人看来,地在长江之外,故称江表。

⑨方外:道家用语,原指超越世俗礼教之外的人,后指僧人、道士。

【译文】

刘眘虚,嵩山人。姿态容貌秀丽挺拔。九岁能写文章,向朝廷上书被召见,任命为童子郎。开元十一年徐徵那一榜的进士。调为洛阳县尉,升为夏县县令。性格高雅简古,不注重权势财利,歌咏自得,不受尘世拘束。后来想要卜居隐于庐山，没有成功。交游的多是山僧和一起修炼的道友。作诗情怀幽深兴致高远，构思雅正诗辞奇特，忽然有所创作，就能惊艳众人的耳目。当时东南地区高声吟唱的有名作者几十个，从声调格律、婉约情态来看，没人能超过他。只是气格风骨比不上诸位作者。从永明时期以来，他实在可以杰出地立在江南诗坛上。他还善于发表超越世俗的言语。为什么年纪不大，老天就砸碎他这样的国宝，使他有志向却不能实现，可惜啊！集子如今流传在世。

王湾

湾，开元元年常无名榜进士①。与学士綦毋潜契切②。词翰早著，为天下所称。往来吴楚间，多有著述，如《江南意》一联云③："海日生残夜，江春入旧年④。"诗人以来，罕有此作。张燕公手题于政事堂⑤，每示能文，令为楷式。曾奉使登终南山⑥，有赋⑦，志趣高远，识者不能弃焉。

【注释】

①开元元年：原为"开元十一年"，据《四库》本改。

②綦毋潜：字孝通（一作季通），荆南（今湖北荆州）人，开元进士，官终著作郎，其诗善写方外之情及山林孤寂之境。传见本书卷二。契：即交契，交情。

③《江南意》：见载于《河岳英灵集》卷下，全篇为："南国多新意，东行伺早天。潮平两岸失，风正一帆悬。海日生残夜，江春入旧年。从来观气象，惟向此中偏。"又《国秀集》卷下亦载此诗，题作《次北固山下作》，词句亦有异同，全篇为："客路青山外，行舟绿水前。潮平两岸阔，风正一帆悬。海日生残夜，江春入旧年。乡书何处

达？归雁洛阳边。"

④"海日生残夜"两句：是"残夜生海日，旧年入江春"的倒装，意谓海日在残夜中升起，江春在旧年中到来，既有时光流逝的悲感，亦有新生事物来自旧事物的理趣。

⑤张燕公：即张说。政事堂：官署名，唐代宰相联合办公的地方称政事堂。

⑥终南山：在今陕西西安西南，为秦岭主峰之一，道教名山。

⑦有赋：指王湾登终南山所作《奉使登终南山》，见《全唐诗》卷一一五。

【译文】

王湾，开元元年（713）常无名那一榜的进士。与学士綦毋潜交情深切。诗文早年就著称，被天下人所赞誉。来往江浙两湖之间，写了很多作品，如《江南意》中有一联诗句说："海日生残夜，江春入旧年。"从有诗人以来，这样好的作品都少有。张说亲手题写在政事堂，每每给能文之人展示，把它当作楷模和标准。曾经奉命出使，登上终南山，写了《奉使登终南山》诗，志向情趣高深悠远，有识之士不能弃之不顾啊。

崔颢

颢，汴州人①。开元十一年源少良下及进士第②。天宝中为尚书司勋员外郎③。少年为诗，意浮艳，多陷轻薄，晚节忽变常体，风骨凛然，一窥塞垣④，状极戎旅⑤，奇造往往并驱江、鲍⑥。后游武昌⑦，登黄鹤楼⑧，感慨赋诗⑨。及李白来⑩，曰："眼前有景道不得，崔颢题诗在上头。"无作而去，为哲匠敛手云。然行履稍劣⑪，好蒲博嗜酒⑫，娶妻择美者，稍不惬即弃之，凡易三四。初，李邕闻其才名⑬，虚舍邀之。颢至

献诗,首章曰"十五嫁王昌"⑭。邕叱曰⑮:"小儿无礼!"不
与接而入。颢苦吟咏,当病起清虚,友人戏之曰:"非子病如
此,乃苦吟诗瘦耳。"遂为口实⑯。天宝十三年卒。有诗一卷,
今行。

【注释】

①汴州:州名,治所在今河南开封。

②源少良:据《新唐书·宰相世系表》,曾为司勋员外郎。

③尚书司勋员外郎:尚书省吏部司勋司员外郎省称,掌校定勋绩及
　授予勋官告身等事。

④塞垣:指边关。

⑤戎旅:即兵旅,指军队。

⑥并驱:并驾齐驱,此指诗歌成就差不多。江:指江淹,字文通,济阳
　考城(今河南兰考)人,时称"江郎"。诗风格清丽,多拟古之作。鲍:
　指鲍照,字明远,东海(今山东郯城)人,后为乱兵杀害。以乐府诗
　著名,风格挺峭跌宕、粗犷豪放,七言诗最富独创性,对唐人七古有
　显著影响。

⑦武昌:方镇名,治所在今湖北武昌。

⑧黄鹤楼:位于武汉蛇山西端山巅,相传三国创建,为中国三大名楼
　之一。

⑨感慨赋诗:即崔颢的《黄鹤楼》,被誉为唐人七律第一。

⑩及李白来:下述李白事见《唐诗纪事》卷二十一,当系传说。

⑪行履:指日常行为操守。

⑫蒲(pú)博:古代博戏名,又叫樗蒲、摴蒱,犹后世之掷骰子,泛指
　赌博。

⑬李邕(yōng):字泰和,扬州江都(今江苏扬州)人,著名学者李善
　之子。天宝初为汲郡、北海太守,人称"李北海"。为人正直,不拘

细节,文章书翰皆过人,为宰相李林甫所忌,被杖杀于郡。

⑭王昌:唐诗中常咏及王昌,事迹失考。从有关诗句可知,他是对女子很有吸引力的男子,或即南朝乐府中,莫愁嫁与卢郎后所思恋的情人"东家王",萧衍《河中之水歌》:"河中之水向东流,洛阳女儿名莫愁……十五嫁为卢郎妇……人生富贵何所望,恨不早嫁东家王。"

⑮叱(chì):大声叱骂。

⑯口实:话柄。

【译文】

崔颢,汴州人。开元十一年(723)源少良主持考试时考中进士。天宝年间曾作尚书省司勋员外郎。少年时代作诗,诗意轻浮艳丽,大多落入轻佻,晚年忽然转变常写的浮艳诗体,风力骨气严肃可敬,一见到边关,就极力描写军旅之事,奇特的造诣往往达到江淹和鲍照那样的水平。后来游览武昌,登上黄鹤楼,心有感触慨然写诗。等李白来,说:"眼前有景道不得,崔颢题诗在上头。"没有写诗就离开了,这是为崔颢的作品而收手不写啊。然而日常行为稍显恶劣,喜欢赌博和过度饮酒,娶妻就选择貌美的,稍微不满意就休妻,共换了三四个。当初,李邕听说他的才华和名声,空出客房来邀请他。崔颢到了献上诗歌,第一章就说"十五嫁王昌"。李邕大声叱骂说:"小子真是没有礼貌!"不与他见面就进屋了。崔颢苦心写诗,正当病后起来有些清柔虚弱,朋友打趣他说:"不是你生病会这样,而是苦心写诗变瘦的啊。"于是传为话柄。天宝十三载(754)去世。有诗集一卷,如今流传。

祖咏

咏,洛阳人。开元十二年杜绾榜进士①。有文名,殷璠评其诗"剪刻省静②",用思尤苦,气虽不高,调颇凌俗,足称为才子也"。少与王维为吟侣③，维在济州④，寓官舍，赠祖三诗⑤，有云"结交二十载，不得一日展。贫病子既深，契阔余不浅"⑥。盖亦流落不偶⑦，极可伤也。后移家归汝坟间别业⑧，以渔樵自终⑨。有诗一卷传于世。

【注释】

①杜绾（wǎn）：唐开元十二年（724）甲子科状元，京兆万年（今陕西西安）人，官至京兆府司录参军。

②殷璠（fán）：生卒年不详，曾编《河岳英灵集》，《全唐诗》小传："璠，丹阳人，处士。"省（shěng）静：亦作"省净"，谓文字简洁。

③王维：字摩诘，开元九年（721）进士，安史乱中，为安禄山所获，被迫为伪官，晚年居蓝田辋川别业，是唐代山水田园诗派的代表诗人，又精通音乐，工画山水。传见本书卷二。吟侣：诗友。

④济州：州名，治所在今山东聊城茌（chí）平区。

⑤祖三：即祖咏，排行第三。

⑥"结交二十载"以下几句：诗意谓我们结交二十年，没有一天是心情舒展的。你已经贫病交加越来越深，我们的友情却一点也没有变浅。二十载，原作"三十载"，据《王右丞集笺注·赠祖三咏》改。契阔，相约长久，指友情。《诗经·邶风·击鼓》："死生契阔，与子成说。"

⑦不偶：即不遇，没有遇到施展才华的机会或君主。

⑧汝坟：地名，今河南汝阳、汝州一带。别业：山庄。

⑨渔樵：捕鱼和打柴。

【译文】

祖咏，洛阳人。开元十二年（724）杜绾那一榜的进士。有文章声名，殷璠评价他的诗"剪裁雕刻得文字简洁，所用心思尤其尽力，气格虽不高雅，声调却颇凌驾世俗之上，足够称作才子了"。少年时与王维为诗友，王维在济州,寓居在官舍中,赠祖咏的诗中说"结交二十载,不得一日展。贫病子既深,契阔余不浅"。大概也是潦倒失意而没有遇到施展才华的机会,非常让人悲伤啊。后来搬家回到汝坟间的山庄,靠打鱼砍柴度过余生。有诗集一卷流传在世。

储光羲

光羲,兖州人①。开元十四年严迪榜进士②,有诏中书试文章③。尝为监察御史。值安禄山陷长安④,辄受伪署⑤。贼平后自归⑥,贬死岭南。工诗,格高调逸,趣远情深,削尽常言,挟风雅之道⑦,养浩然之气⑧。览者犹聆《韶》《濩》音⑨,先洗桑濮耳⑩,庶几乎赏音也⑪。有集七十卷,《正论》十五卷,《九经分义疏》二十卷,并传。

【注释】

①兖(yǎn)州:州名,治所在今山东兖州。

②严迪:开元十四年(726)丙寅科状元,《文苑英华》卷五一三录有其《张侯下纲判》一首。

③中书:官署名,中书省或中书门下的简称。

④安禄山:唐叛将,营州柳城(今辽宁朝阳)胡人。本姓康,名轧荦山,其母改嫁突厥人安延偃,因改姓安,更名禄山。懂六蕃语言,骁勇善战,深得玄宗宠信,兼平卢、范阳、河东三节度使,官至尚书左仆射,有众十五万。天宝十四载(755)冬,在范阳(今北京)起兵叛乱,南下攻陷洛阳。次年自称雄武皇帝,国号燕,遣兵攻破潼关,入长安。至德二载(757)春,被其子安庆绪谋杀。

⑤伪署:伪官。

⑥贼平后自归：据辛文房所云，储光羲是在平定贼乱收复长安后归附朝廷。而据学者考证，储光羲是逃出洛阳，时长安未收复。

⑦风雅：指《诗经》中的《国风》和《大雅》《小雅》。后世又以风雅作为诗歌创作标准，要求作品反映现实，善用"美""刺"，具有思想意义和社会意义。

⑧浩然之气：正大刚直的精神。语出《孟子·公孙丑上》："我善养吾浩然之气。"

⑨聆：听。《韶》：传说中虞舜乐舞名。《论语·八佾》："子谓《韶》尽美矣，又尽善也。"《濩》（hù）：又作《大濩》，商汤乐曲名。

⑩桑濮（pú）：源出"桑间濮上"，指淫靡之音。

⑪赏音：犹知音，赏识乐曲。

【译文】

储光羲，兖州人。开元十四年（726）严迪那一榜的进士，又下诏让他到中书省考试文章。曾做过监察御史。适逢安禄山攻陷长安，就被授予伪官。平定贼乱后自动归附朝廷，被贬谪，死在岭南。擅长写诗，气格高古，韵调飘逸，趣味悠远，情志深厚，把平常的语言都删除殆尽，挟带风雅的现实主义创作原则，蓄养自己正大刚直的气度。读者就像聆听《韶》《濩》这些上古音乐，先洗干净听惯淫靡音乐的耳朵，才有可能欣赏这些古乐啊。有文集七十卷，《正论》十五卷，《九经分义疏》二十卷，都流传下来。

卷二

【题解】

卷二所传诗人渐至盛唐，有包融、崔国辅、卢象（附韦述）、綦毋潜、王昌龄（附辛渐）、常建、贺兰进明、崔署、陶翰、王维（附裴迪、崔兴宗）、薛据、刘长卿（附李穆）、李季兰（附刘媛、刘云、鲍君徽、崔仲容、元淳、薛蕴、崔公达、张窈窕、程长文、梁琼、廉氏、姚月华、裴羽仙、刘瑶、常浩、葛鸦儿、崔莺莺、谭意哥、张夫人、张文姬、赵氏、盼盼、薛媛）、阎防、李颀、张谓、孟浩然、丘为、李白、杜甫、郑虔、高适、沈千运和孟云卿等共五十二人。这些诗人中有唐诗的桂冠诗人李白和杜甫，有死于非命的王昌龄、受安史之乱侮辱的王维、在安史之乱中飞黄腾达的高适、终身不遇却让李白佩服不已的孟浩然等，但最能体现辛氏独到之处的，是他在李季兰传后面所附的女诗人群体。由于男权社会对女性的习惯性蔑视，我们说起中国古代女作家，似乎只有李清照，实际上在李清照之前的唐代诗坛上，就有一大批女诗人，辛氏专门为她们立传，把她们看作跟男性才子一样的女性才子，不能不让人佩服他的勇气和胆识，也从一个侧面体现了盛唐诗歌的包容性。

包融

融，延陵人①。开元间仕历大理司直②。与参军殷遥、孟浩然交厚③。工为诗。二子何、佶④，纵声雅道⑤，齐名当时，号"三包"。有诗一卷行世。

【注释】

①延陵：县名，治所在今江苏丹阳。

②开元：唐玄宗年号（713—741）。大理司直：官名，大理寺属官，从六品上，掌出使推按。

③参军：此指仓曹参军，也称仓曹参军事，掌管仓谷事务。殷遥时为忠王府仓曹参军。殷遥：丹阳句容（今属江苏）人，殷璠曾将其诗与储光羲、包融、丁仙芝等十八位丹阳籍诗人之作汇编为《丹阳集》（今佚）。传见本书卷三。孟浩然：襄州襄阳（今属湖北）人，世称"孟襄阳"。诗以自然山水为主要题材，绝大部分为五言短篇，与王维并称"王孟"。传见本卷后文。

④何：即包何，字幼嗣，曾向孟浩然学习作诗。佶：即包佶，字幼正，官至秘书监，封丹阳郡公。传并见本书卷三。

⑤雅道：风雅事物，这里指诗歌创作。

【译文】

包融，延陵人。开元年间做过大理司直。与忠王府仓曹参军殷遥、孟浩然交情深厚。善于写诗。两个儿子包何、包佶，都在风雅之道上驰纵声名，父子在当时齐名，号称"三包"。有诗集一卷流行于世。

〇夫人之于学，苦心难①；既苦心，成业难；成业者获名不朽，兼父子、兄弟间尤难。历观唐人，父子如三包，六窦②，张碧、张瀛③，顾况、非熊④，章孝标、章碣⑤；公孙如杜审言、杜甫⑥，钱起、钱珝⑦，温庭筠、温宪⑧；兄弟如皇甫冉、皇甫曾⑨，李宣古、李宣远⑩，姚係、姚伦等⑪；皆联玉无瑕⑫，清尘远播⑬。芝兰继芳⑭，重难改于父道⑮；骚雅接响⑯，庶不慊于祖风⑰。

四难之间[18]，挥麈之际[19]，亦可以为美谈矣。

【注释】

①苦心：辛苦地用在某些事情上的心思或精力。

②六窦：指窦叔向及其五子窦常、窦牟、窦群、窦庠、窦巩。窦氏兄弟皆工辞章，褚藏言辑兄弟五人诗为《窦氏联珠集》五卷，人各一卷，每卷有小序，可参看。传并见本书卷四。

③张碧：字太碧，贞元时人，诗学李白。传见本书卷五。张瀛：张碧之子，所作《赠琴棋僧歌》，为时人所称。传见本书卷十。

④顾况：字逋翁，苏州（今属江苏）人。以作诗调谑得罪，后隐居茅山，号"华阳真逸"。其诗不避俚俗，喜用口语。传见本书卷三。非熊：即顾非熊，顾况子。参加科举考试三十年，终于及第。但不乐为吏，亦归隐于茅山。工于五七言近体。传附本书卷七。

⑤章孝标：字道正，钱塘（今浙江杭州）人，有诗名。晚唐张为作《诗人主客图》，以章孝标为"瑰奇美丽"派及门诗人。传见本书卷六。章碣：章孝标子，其诗多七律，颇多愤激之词。传见本书卷九。

⑥杜审言：字必简，杜甫祖父。所作多五言律诗，格律谨严，对律体的定型颇有贡献。传见本书卷一。杜甫：字子美，一度任检校工部员外郎，称"杜工部"。后世称"诗圣"，与李白齐名，世称"李杜"。其诗沉郁顿挫，号称"诗史"。传见本卷后文。

⑦钱起：字仲文，吴兴（今浙江湖州）人。"大历十才子"中成就较大的诗人，擅长五言诗。传见本书卷四。钱珝(xǔ)：字瑞文，钱起曾孙。珝工诗，尤善绝句，有《江行无题》一百首。传见本书卷九。

⑧温庭筠：本名岐，字飞卿，太原祁（今山西祁县）人。诗与李商隐齐名，时称"温李"，"花间派"词的先导，对词的发展有很大影响。传见本书卷八。温宪：温庭筠之子，懿宗时与郑谷、许棠等被称为"咸通十哲"。传见本书卷九。此处似宜调到"父子"类。

⑨皇甫冉：字茂政，润州丹阳（今属江苏）人。其诗构思奇特，有江淹、徐陵之风。皇甫曾：字孝常，其诗"体制清紧，华不胜文"，与兄冉诗合编为《二皇甫集》。传并见本书卷三。

⑩李宣古：字垂后，澧阳（今湖南澧县）人。为人性情谑浪，工文能诗，与弟李宣远俱以诗名于世。张为作《诗人主客图》，以李宣古为"高古奥逸"派升堂诗人。传见本书卷七。李宣远：李宣古之弟，《全唐诗》存诗二首。传附本书卷七《李宣古传》。

⑪姚係：宰相姚崇曾孙，《全唐诗》存诗十首。传见本书卷五。姚伦：高仲武《中兴间气集》选录其诗二首，谓其"虽未弘深，去凡已远，属辞比事，不失文流"。传附本书卷五《姚係传》。

⑫联玉：并列的美玉，比喻可以相互媲美的人或物。

⑬清尘：清高的遗风。

⑭芝兰：原指香草，自谢玄将佳子弟比作"芝兰玉树"，便有称美子弟之意。

⑮难改于父道：语本《论语·学而》："三年无改于父之道，可谓孝矣。"指子承父业。

⑯骚雅：指《离骚》和《诗经》大小雅，这里代指诗歌。接响：名声相接。

⑰慊（qiàn）：遗憾。祖风：祖辈的遗风。

⑱四难：指前文所云"苦心"难、"成业"难、"获名不朽"难及"兼父子、兄弟"难。

⑲挥麈（zhǔ）：晋人清谈时，每执麈尾挥动，以为谈助，因以"挥麈"为清谈之意，此处泛指谈论。麈，一种鹿类的动物，其尾可作拂尘，此指麈尾做的拂尘。

【译文】

〇人在学习上，专心致志很难；已经专心致志了，要学有所成很难；已经学有所成的人，要获取不朽的名声，并且父子、兄弟都如此尤其难。逐一地看唐代人，父子如包融和包何、包佶，窦叔向和窦常、窦牟、窦群、窦庠、窦巩,张碧和张瀛,顾况和顾非熊,章孝标和章碣;祖孙如杜审言和杜甫,钱起和钱珝,温庭筠和温宪;兄弟如皇甫冉和皇甫曾,李宣古和李宣远,姚係和姚伦等;都像无瑕美玉互相媲美,他们的清风也传播久远。子弟延续了祖上美好的名声,贵在没有轻易改变父辈的规则;诗歌名声相接,大概可以无愧于祖上的遗风。上文所述"四难"之类的事,在高谈阔论的时候,也可以成为佳话啊。

崔国辅

国辅,山阴人①。开元十四年严迪榜进士②,与储光羲、綦毋潜同时③。举县令④。累迁集贤直学士、礼部郎中⑤。天宝间⑥,坐是王銲近亲⑦,贬竟陵司马⑧。有文及诗,婉娈清楚⑨,深宜讽咏,乐府短章⑩,古人有不能过也。初至竟陵,与处士陆鸿渐游⑪,三岁,交情至厚,谑笑永日,又相与较定茶水之品。临别,谓羽曰:"予有襄阳太守李憕所遗白驴、乌犎牛各一头⑫,及卢黄门所遗文槐书函一枚⑬,此物皆己之所惜者,宜野人乘蓄,故特以相赠。"雅意高情,一时所尚。有酬酢之歌诗⑭,并集传焉。

【注释】

①山阴:县名,治所在今浙江绍兴。

②严迪:开元十四年(726)丙寅科状元,《文苑英华》卷五百十三录有其《张侯下纲判》一首。

③储光羲:兖州(今属山东)人,曾在安禄山陷长安时受伪职,擅长田园诗。传见本书卷一。綦(qí)毋潜:字孝通,荆南(今湖北荆州)人,其诗善写方外之情及山林孤寂之境。传见本卷后文。

④县令:这里指县令举,又叫牧宰举,选拔县令的考试。

⑤集贤直学士:官名,唐玄宗开元十三年(725)置集贤殿书院,以他官充学士、直学士,六品以下为直学士。礼部郎中:尚书省礼部郎中省称,为尚书省礼部礼部司长官,掌司事。地望清贵,号"南宫舍人"。据学者考证,崔国辅所担任的是礼部员外郎。

⑥天宝:唐玄宗年号(742—756)。

⑦王铁(hóng):太原祁县(今属山西)人,以善于搜刮财富供唐玄宗挥霍而得到重用,后因其弟参与谋逆而被赐死。

⑧竟陵司马:竟陵郡司马。竟陵,郡名,治所在今湖北沔阳。司马,官名,府州各一人,协助处理府州公务,后渐渐成为贬官之职。

⑨婉娈:辗转曲折。

⑩乐府:乐府原为音乐机构,负责采集民间诗歌和乐曲,后世也称这类民歌或文人模拟的作品为乐府诗。短章:指篇幅较短的诗文篇章,此当指崔国辅五言四句之乐府诗。《唐诗纪事》卷十五引殷璠评价云:"乐府数章,虽绝句,然古人不能过也。"

⑪陆鸿渐:即陆羽,字鸿渐,中国茶学奠基人,被称为"茶圣",撰有《茶经》。传见本书卷三。

⑫襄阳:郡名,治所在今湖北襄阳。李憕(chéng):并州文水(今属山西)人。天宝十四载(755),由京兆尹改光禄卿、东京留守,率兵抵抗安禄山,城破不屈,为安禄山所杀。犎(fēng):一种野牛,背上肉突起,像驼峰。

⑬卢黄门:指卢怀慎,滑州灵昌(今河南滑县)人,后擢黄门侍郎。开元元年(713)为同平章事,与姚崇对掌枢密,遇事皆推让之,时人谓之"伴食宰相"。文槐书函:盖指有纹路的槐木书籍函套。

⑭歌诗:原指配有乐谱可以歌唱的诗,这里泛指诗歌。

【译文】

崔国辅,山阴人。开元十四年(723)严迪那一榜的进士,跟储光羲和綦毋潜同时。参加选拔县令的考试。累积升迁为集贤殿直学士、礼部郎中。天宝年间，因为是王铁关系较近的亲戚，被贬谪为竟陵郡司马。创作有文章和诗歌，风格曲折婉转清爽明晰，特别适合歌唱朗诵，他所创作的乐府短诗，古代的优秀诗人都有无法超过他的地方。刚到竟陵郡，与隐士陆羽交游，三年过去，友情深厚，整天一起开玩笑，又共同比较确定茶叶和煎茶水质的品级。快分别的时候，崔国辅对陆羽说："我有襄阳太守李憕所赠送的白色驴子、黑色牸牛各一头，以及卢黄门所赠送的有纹路的槐木所制成的书籍函套一件，这些物品都是我所珍惜的，适宜隐士乘坐和收藏，因此特意把它们送给你。"两人的雅致意趣和高尚情谊，一时间被人推崇备至。他们有互相酬唱赠答的歌诗，和集子一起流传。

卢象

象，字纬卿，汶水人①，鸿之侄也②。携家来居江东最久③。仕为校书郎、左拾遗、膳部员外郎④。受安禄山伪官，贬永州司户参军⑤。后为主客员外郎⑥。有诗名，誉充秘阁⑦，雅而不素，有大体，得国士之风。集二十卷，今传。同仕有韦述⑧，为桑泉尉⑨。时诏求逸书⑩，命述等编校于朝元殿⑪。后为翰林学士⑫，有诗名，今亦传焉。

【注释】

①汶水：水名。据考，卢象在诗中自称"归汶上"，或为此处所本，约在今山东泰安、曲阜一带。

②鸿：即卢鸿，一作卢鸿一，字浩然，卢象叔父。博学工诗，善画山水树石，以隐居闻名。传见本书卷一。

③江东：古代指自安徽芜湖以下的长江下游南岸地区。

④校书郎：指秘书省校书郎，掌雠校典籍，刊正文章。左拾遗：官名，唐代门下省所属的谏官，掌规谏，荐举人才。膳部员外郎：官名，为膳部郎中的佐官，属礼部，掌祭器、牲牢、酒醴之事。

⑤永州：州名，治所在今湖南零陵。司户参军：即司户参军事，唐代在州置司户参军，执掌户婚等民事案件的审理。

⑥主客员外郎：官名，为主客郎中的佐官，属礼部，与主客郎中共掌接待外国朝见使臣等。

⑦秘阁：亦称秘馆、秘府，古代宫中藏书之所。

⑧韦述：京兆万年（今陕西西安）人，有史才，任史官二十年。著有《开元谱》《唐职仪》《高宗实录》等，多已亡佚。安史乱中陷贼被俘，授以伪官，乱平后被流放而卒。

⑨桑泉：县名，治所在今山西临猗。据两《唐书》本传，韦述曾为栎阳尉。

⑩逸书：散佚的典籍。

⑪朝元殿：孙映逵云：当作“乾元殿”，唐玄宗曾命人于乾元殿东廊下写四部书，而据《旧唐书》本传，韦述曾“于秘阁详录四部书”。

⑫翰林学士：官名，唐玄宗改翰林供奉为翰林学士，为皇帝亲信，凡拜免将相、号令征伐等，皆由其起草。据学者考证，韦述做过集贤院学士，没做过翰林学士，辛文房疑误。

【译文】

卢象，字纬卿，汶水人，卢鸿的侄子。带领家人搬迁居住在江东的时间最长。做过校书郎、左拾遗、膳部员外郎。接受安禄山的伪官，后被贬为永州司户参军。有诗名，声誉充满整个秘阁，典雅而不质朴，符合大体，有国家杰出人才的风度。集子二十卷，如今流传在世。与卢象同在秘阁中做官的还有韦述，当过桑泉县尉。当时下诏搜求散逸的典籍，命令韦述等在朝元殿编辑、校对。后来做翰林学士，有诗歌名声，作品也流传到今天了。

綦毋潜

　　潜,字孝通,荆南人①。开元十四年严迪榜进士及第。授宜寿尉②,迁右拾遗③,入集贤院待制④,复授校书⑤,终著作郎⑥。与李端同时⑦。诗调屹崒峭蒨⑧,足佳句,善写方外之情⑨,历代未有。荆南分野⑩,数百年来,独秀斯人。后见兵乱,官况日恶,挂冠归隐江东别业⑪。王维有诗送之曰⑫:"明时久不达,弃置与君同。天命无怨色,人生有素风⑬。"一时文士咸赋诗祖饯⑭,甚荣。有集一卷行世。

【注释】

①荆南:方镇名,治所在今湖北荆州。

②宜寿:县名,治所在今陕西周至。

③右拾遗:官名,唐代门下省所属的谏官,掌规谏,荐举人才。

④集贤院:官署名,唐开元十三年(725)改丽正殿修书院为集贤殿书院,简称集贤院,掌修书之事。待制:在宫中值班以备顾问的官员。

⑤校书:即秘书省校书郎。

⑥著作郎:秘书省著作局的长官,贞观以后史馆属中书省,著作郎掌修撰碑志、祝文、祭文,与佐郎分管局事。

⑦李端:字正己,赵州(今河北赵县)人。"大历十才子"之一,以诗才敏捷著称。传见本书卷四。年辈晚于綦毋潜,当非同时之人。

⑧屹崒(yì zú):高峻挺拔貌,形容诗风雄健。峭蒨(qiào qiàn):鲜明貌。

⑨方外之情:谓超然于世俗礼教之外的情志。

⑩分野:古人把天上十二星辰的位置跟地上州、国的位置相对应,称分野,后指划分事物的范围、界限,此处意犹"地界"。

⑪别业：别墅，山庄。

⑫王维：字摩诘，唐代山水田园诗派的代表诗人。传见本卷后文。

⑬"明时久不达"以下几句：引自王维的《送綦毋潜校书弃官还江东》，由诗题可见诗当作于綦毋潜任校书郎时，其时并未兵乱，盖辛文房笔误。诗意谓圣明的时代久久没有实现志向，我闲置不用跟您一样。这都是天命，我们没有怨恨的神情，生来保有朴素的风范。王维此诗把追求隐逸跟不被重用区别开来，既实现隐居的目的，又不得罪朝廷。

⑭祖饯：古代为出行者祭祀路神并用酒食送行之礼节。祖指祭祀路神以保出行平安，饯指以酒食送行。

【译文】

綦毋潜字孝通，荆南人。开元十四年（726）严迪那一榜的进士。授任为宜寿县尉，升为右拾遗，进入集贤院做待制官，又任命为秘书省校书郎，最后官至著作郎。与李端生活在同一时期。诗歌格调雄健，诗风鲜明，多有佳句，善于刻画超脱世俗之外的情志，历代都没有过这样的。荆南这一带，几百年以来，只有綦毋潜出类拔萃。后来看到兵乱，官场状况日渐险恶，就辞官归隐江东一带的山庄。王维写有一首诗送别他说："明时久不达，弃置与君同。天命无怨色，人生有素风。"一时之间能文之士都写诗给他饯行，特别荣耀。有集子一卷流行于世。

王昌龄

昌龄，字少伯，太原人。开元十五年李嶷榜进士①，授汜水尉②；又中宏辞③，迁校书郎。后以不护细行④，贬龙标尉⑤。以刀火之际归乡里⑥，为刺史间丘晓所忌而杀⑦。后张镐按军河南，晓愆期，将戮之，辞以亲老，乞恕，镐曰："王昌龄之亲，欲与谁养乎？"晓大惭沮⑧。昌龄工诗，缜密而思清，时称"诗家夫子王江宁"⑨，盖尝为江宁令⑩。与文士王之涣、辛渐交友至深⑪，皆出模范。其名重如此。有诗集五卷。又述作诗格律、境思、体例⑫，共十四篇，为《诗格》一卷，又《诗中密旨》一卷，及《古乐府解题》一卷，今并传。

【注释】

①李嶷（yí）：开元十五年（727）丁卯科状元，工诗。殷璠《河岳英灵集》选录其诗五首，并评价其诗"鲜净有规矩"。

②氾（sì）水：县名，治所在今河南荥阳氾水镇。据两《唐书》本传，王昌龄先授校书郎，后作氾水尉，与辛文房所记相反。

③宏辞：即博学宏词科，唐始设，属制科，凡及第有出身者及现任低级官员均可应试，中式者即可授官，或由低级官升为高级官。

④细行：生活上的小节。

⑤龙标：县名，治所在今湖南洪江黔城镇。

⑥刀火：指战乱。

⑦刺史：官名，唐代分上、中、下州，州各置刺史一人，总掌考核官吏、劝课农桑、地方教化等一系列行政事务。闾丘晓：闾丘为复姓，曾任亳州刺史，罗织罪名杀害王昌龄。

⑧"后张镐按军河南"以下几句：此事指天宝末年，安禄山起兵，张巡、许远守睢阳（今河南商丘），张巡向张镐告急，张镐倍道进军，令闾丘晓克日赴援，闾丘晓逗巡不进，待张镐赶到时，城已陷落，张巡等殉国，张镐以贻误军期杖杀闾丘晓。张镐，字从周，博州（今山东聊城）人，天宝末官左拾遗，徒步扈从玄宗入蜀。肃宗即位，迁中书侍郎、同平章事，持身清廉，为时所重。按军，屯兵。愆（qiān）期，延误日期。惭沮（jǔ），惭愧，沮丧。

⑨诗家夫子：唐人撰《琉璃堂墨客图》中，有"王昌龄，诗夫子"之称（有学者指出，"诗夫子"当为"诗天子"之误，可备一说），辛文房盖本此。

⑩江宁令：当为江宁丞。江宁，县名，治所在今江苏南京江宁区。

⑪王之涣：字季凌，绛州（今山西新绛）人，其诗多被当时乐工制曲歌唱，常与高適、王昌龄等相唱和。传见本书卷三。辛渐：原卷端目录作"辛霁"，王昌龄写有《芙蓉楼送辛渐》等诗，则作"辛渐"是。

⑫格律：创作诗歌所依照的格式和规则。境思：指王昌龄《诗格》中的三境三思，即物境、情境和意境，生思、感思和取思。体例：即文章和著作的编写形式和格式。

【译文】

王昌龄，字少伯，太原人。开元十五年（727）李嶷那一榜的进士，授任为汜水县尉；又考中博学宏词科，升为秘书省校书郎。后来因为不拘小节，被贬为龙标县尉。在战乱的时候回到乡里，被刺史闾丘晓所妒忌而杀害。后来张镐屯兵河南，闾丘晓没有按时集合，将要杀掉他，他用父母亲年老要人奉养来推脱，请求宽恕，张镐说："王昌龄的父母亲，想要让谁来奉养呢？"闾丘晓非常惭愧沮丧。王昌龄善于写诗，诗风缜密而构思清奇，当时称为"诗家夫子王江宁"，大概是因为他曾做过江宁县令。跟文学之士王之涣、辛渐友情深厚，都成为后世学习的典范。他的名声显赫成这样。有诗集五卷。又阐述作诗的格律、境思、体例，共有十四篇，编为《诗格》一卷，又有《诗中密旨》一卷，和《古乐府解题》一卷，如今都流传在世。

〇自元嘉以还①，四百年之内②，曹、刘、陆、谢③，风骨顿尽。逮储光羲、王昌龄，颇从厥迹。两贤气同而体别也，王稍声峻，奇句俊格，惊耳骇目。奈何晚途不矜小节，谤议腾沸,两窜遐荒④,使知音者喟然长叹⑤,失归全之道⑥,不亦痛哉!

【注释】

①元嘉:南朝宋文帝年号(424—453)。

②四百年:大抵指南朝至盛唐约三四百年的时间。

③曹、刘、陆、谢:语出锺嵘《诗品序》:"昔曹、刘殆文章之圣,陆、谢为体二之才。"曹、刘指曹植、刘桢,陆、谢指陆机、谢灵运,四人之诗皆较重内容。曹植,字子建,曹操第三子,建安时代最杰出的诗人。天资聪敏,几乎被立为太子,曹丕继位后受到压迫,郁郁而终。诗风清新壮健,主要表现政治理想和个人抱负,慷慨不平。刘桢,字公幹,东平(今属山东)人。"建安七子"之一,建安二十二年(217)染疾疫而亡。五言诗风格遒劲,负有重名。陆机,字士衡,吴郡(今江苏苏州)人。吴大司马陆抗子,吴亡后与弟陆云俱入洛,后为河北大都督,兵败被杀。他的诗作重藻绘排偶,且多拟古之作,为太康诗风的代表人物。谢灵运,小名客儿,陈郡阳夏(今河南太康)人。东晋名将谢玄之孙,袭封康乐公,后被杀。他创作了大量山水诗,在中国山水诗的形成发展史上具有重要地位。

④遐荒:边远荒蛮之地。

⑤喟然:叹气的样子。

⑥归全:谓善终。

【译文】

○从元嘉以后,四百年之内,曹植、刘桢、陆机和谢灵运的雄健的风力骨气消磨殆尽。到储光羲、王昌龄,稍微追随他们的足迹。储光羲和王昌龄这两位贤者,气质相同而体貌不同啊,王昌龄声调比较高峻,奇特的诗句和出众的格调,使人耳闻目见后内心震惊。无奈晚年不拘小节,诽谤非议沸腾不已，两次被贬窜到边远蛮荒之地，让懂得欣赏他诗歌的人喟然长叹，没能保持善终，真让人痛心啊！

常建

建，长安人①。开元十五年与王昌龄同榜登科。大历中授盱眙尉②。仕颇不如意，遂放浪琴酒，往来太白、紫阁诸峰③，有肥遁之志④。尝采药仙谷中，遇女子遍体毛绿⑤，自言是秦时宫人，亡入山来食松叶，遂不饥寒。因授建微旨，所养非常。后寓鄂渚⑥，招王昌龄、张偾同隐⑦，获大名当时。集一卷，今传。

【注释】

①长安人：据常建《落第长安》"家园好在尚留秦"诗，常建当非长安人，疑辛文房误。

②大历：唐代宗年号（766—779）。盱眙（xū yí）：县名，治所在今江苏盱眙。

③太白：也称太白山、太乙山，在陕西武功南，为秦岭主峰。紫阁：指紫阁峰，终南山峰名，在今陕西西安鄠邑区东南。

④肥遁：《遁》卦上九爻辞之语。肥，通"蜚"，即"飞"，飞遁意谓高飞远退。

⑤见女子遍体毛绿：毛女见《列仙传》，当是后人因常建写有《仙谷遇毛女意知是秦时宫人》诗而加以附会。

⑥鄂渚：水中陆地名，在今湖北武汉黄鹄山西长江中。

⑦张偾（fèn）：疑即张偾（tuí），王昌龄有《为张偾赠阎使臣》诗，张偾盖与王昌龄同贬龙标者。

【译文】

　　常建，长安人。开元十五年（727）与王昌龄同一榜考中进士。大历年间授任盱眙县尉。做官很不如意，于是放纵自己听琴饮酒，来往于太白、紫阁诸座山峰之间，有高飞远退的志向。曾在仙谷中采摘草药，遇到一位女子，全身长满绿色的毛发，自称是秦朝的宫女，逃亡来到山中，以松树叶为食物，于是不感到饥饿寒冷。因而传授给常建微妙的养生法，滋养的效果非同寻常。后来寓居在鄂渚，招王昌龄、张偾一起归隐，当时获得很大的名声。文集一卷，流传至今。

　　〇古称高才而无贵仕^①，诚哉是言！曩刘桢死于文学^②，鲍照卒于参军^③，今建亦沦于一尉，悲夫！建属思既精，词亦警绝，似初发通庄^④，却寻野径，百里之外，方归大道。旨远兴僻，能论意表，可谓一唱而三叹矣。

【注释】

　　①高才而无贵仕：语出刘峻《辩命论》，意谓才高的人往往做不了高官。
　　②曩（nǎng）：从前。文学：指五官将文学，官名，东汉末年曹操置，既是领兵将官，又兼掌典章故事、侍从顾问。刘桢曾任五官将文学。
　　③鲍照：字明远，东海（今山东郯城）人。出身寒微，入临海王刘子顼幕任刑狱参军。子顼起兵失败，为乱兵所杀。其诗文俱佳，颇负盛名。参军：指刑狱贼曹参军事，掌盗贼刑狱。
　　④通庄：往来的大路。

【译文】

　　〇古人称才华高超却无显贵的仕途，这话说得一点不假啊。以前刘桢死在五官将文学任上，鲍照在刑狱参军任上被杀，如今常建也沦落到做个小县尉，悲哀啊！常建的诗作构思已很精妙，文辞也精警绝伦，看似刚刚从大路上出发，却探寻野外的幽径，一百里开外，才回到大路上来。诗歌旨意深远、兴致幽僻，能够表达出人意料的含义，可以说是一唱三叹啊。

贺兰进明

　　进明，开元十六年虞咸榜进士及第①。仕为御史大夫②。肃宗时出为河南节度使③。时禄山群党未平，尝帅师屯临淮备贼④，竟亦无功。进明好古博雅，经籍满腹，其所著述一百余篇，颇究天人之际⑤，又有古诗、乐府等数十篇，大体符于阮公⑥，皆今所传者云。

【注释】

①虞咸：唐开元十六年（728）戊辰科状元，官至同官（今陕西铜川）令。

②御史大夫：官名，唐代在御史中丞之上置御史大夫一人，专掌监察、执法，而以御史中丞为其副职，名虽崇高，秩正三品。

③肃宗：即唐肃宗李亨，玄宗第三子。宝应元年（762），李辅国、程元振发动事变，拥立太子李豫（代宗），忧惊而死。河南节度使：官名，唐代置，掌河南一带诸州军民政令。有学者指出，贺兰进明当是同时担任御史大夫和河南节度使，辛文房误。

④临淮：郡名，治所在今江苏盱眙。

⑤天人之际：指天和人、自然和社会之间的关系。

⑥阮公：即阮籍，字嗣宗，魏末陈留尉氏（今属河南）人，与嵇康齐名，"竹林七贤"之一。曾为步兵校尉，故世又称阮步兵。魏晋之际，阮籍与当权的司马氏有矛盾，口不臧否人物，有《咏怀诗》八十二首，寄兴遥深。

【译文】

　　贺兰进明，开元十六年（728）虞咸那一榜考中进士。担任为御史大夫。唐肃宗时外出担任河南节度使。当时安禄山群党还没有平定，曾带

领军队屯聚在临淮一带防备叛贼，最终也没有建立功业。贺兰进明喜欢
古代事物，学识渊博高雅，满腹都是经典书籍，他所撰写的一百多篇文
章，在天人关系方面颇多研究，又有古诗、乐府等几十篇，大多符合阮籍
的风格，都是今天所流传的啊。

崔署

　　署①，宋州人②。少孤贫③，不应荐辟④，志况疏爽，择交
于方外。苦读书，高栖少室山中⑤。与薛据友善⑥。工诗，言
词款要⑦，情兴悲凉，送别、登楼，俱堪泪下。集传于今也。

【注释】

①署：一作曙。

②宋州：州名，治所在今河南商丘。

③孤：幼而丧父为孤。

④荐辟：推荐和征召。

⑤少室山：山名，在河南登封北，东西少室山相距七十里，总名嵩山，
　　道教仙山之一。

⑥薛据：河中宝鼎（今山西万荣）人，开元十九年（731）进士，晚隐
　　终南山。为人骨鲠有气魄，文章亦然。传见本卷后文。

⑦款要：谓真切的情意。

【译文】

　　崔署，宋州人。小时候父亲过世，家境贫寒，不应征召和推荐，志趣
况味疏略俊爽，在世俗之外选择朋友。勤奋读书，隐居在少室山上。跟
薛据友情很好。善于写诗，词句情真意切，情思兴致悲哀凄凉，送别诗、
登楼诗，都能让人落下眼泪。集子流传至今。

陶翰

翰，润州人①。开元十八年崔明允下进士及第②，次年中博学宏辞③，与郑昉同时④，官至礼部员外郎⑤。为诗词笔双美⑥，既多兴象⑦，复备风骨，三百年以前方可论其裁制⑧，大为当时所称。今有集相传。

【注释】

①润州：州名，治所在今江苏镇江。

②崔明允：据学者考证，崔明允或为同榜进士，非主考官，辛文房误。

③博学宏辞：即博学宏词科，属制科。

④郑昉：开元十五年（727）中武足安边科，累迁吏部郎中。天宝十五载（756）玄宗幸蜀，昉使剑南，请于江陵税盐麻以资国。

⑤礼部员外郎：官名，为礼部郎中的佐官，掌礼乐、学校等。

⑥为诗词笔：此句疑有误，《河岳英灵集》原文为"诗笔双美者鲜矣"，"诗笔"即诗文，疑"词"为衍文。

⑦兴象：殷璠《河岳英灵集》提出的概念，指情趣无穷、韵味深远的特殊审美意象，能起到新鲜活泼的审美感兴作用。

⑧裁制：剪裁制作，代指作品。

【译文】

陶翰，江苏镇江人。开元十八年（730）崔明允主持考试时考中进士，第二年又考中博学宏词科，与郑昉同时，官做到礼部员外郎。创作的诗文都很优美，其诗不仅多有兴发人心的意象，还具备风力骨气，要到三百年以前的时代才能够正确地评论他的作品，特别被当时人所称赞。现在有集子相传。

王维

　　维,字摩诘[1],太原人。九岁知属辞,工草隶[2],闲音律[3],岐王重之[4]。维将应举,岐王谓曰:"子诗清越者,可录数篇,琵琶新声,能度一曲,同诣九公主第[5]。"维如其言。是日,诸伶拥维独奏[6],主问何名,曰:"《郁轮袍》[7]。"因出诗卷,主曰:"皆我习讽,谓是古作,乃子之佳制乎?"延于上座,曰:"京兆得此生为解头[8],荣哉!"力荐之。开元十九年状元及第[9]。擢右拾遗,迁给事中[10]。

【注释】

①"维"两句:王维名字与维摩诘有关,维摩诘又译为"毗摩罗诘",意为"净名"或"无垢称",指毗耶离城神通广大的大乘居士。《维摩诘经》载,维摩诘乃东方无垢世界金粟如来,于释迦佛在世时化身居士,在家修行,获不思议解脱大乘思想,曾深得古代文人的青睐。

②草隶:相对"楷隶"而言,笔画草率,合草、行、章草和隶书体,用笔简省,有时勾连。

③闲:通"娴",熟练,熟习。

④岐王:即李范,本名隆范,初封郑王,睿宗时封岐王。好学,擅长书法,喜与文士交结。卒后册赠惠文太子。

⑤九公主:指唐睿宗第九女玉真公主,玄宗之妹。太极元年(712)出家为道士,称玉真公主,筑玉真观于京师,曾推荐李白。此处关于王维中状元之说,取自薛用弱《集异记》,未必合于事实。

⑥伶:原指乐官、乐师,这里指乐工。

⑦《郁轮袍》:琵琶曲,传为王维作,事见薛用弱《集异记》。

⑧京兆：府名，治所在今陕西西安。解头：即解元，各州送举子赴京
应举称解，解送单上第一名为解头。

⑨开元十九年：据学者考证，王维于开元九年（721）中进士，辛文
房误。

⑩给事中：官名，门下省要职，在侍中及黄门侍郎之下置四员，正五
品上，职掌读署奏抄，驳正违失，诏敕有不当者，可涂改还奏。

【译文】

王维字摩诘，太原人。九岁就会写文章，善写草隶，对音乐声律很熟
悉，岐王很看重他。王维将要参加科举考试，岐王对他说："你的诗中清
脆激扬的作品，可录写几篇，琵琶新曲，可作一首，我们一起去造访九公
主府第。"王维按岐王说的那样做了准备。这天，众多乐工拥绕着王维独
奏，九公主问乐曲叫什么名字，王维说："叫《郁轮袍》。"于是拿出自己的
诗卷给她看，九公主说："这都是我熟习的作品，以为是古人写的，竟然是
你写的佳作吗？"把王维延请到尊贵的座位，说："京师能得到你这样的
人来作为解头，是京师的荣耀啊！"竭力推荐他。开元十九年（731）以
第一名的成绩考中进士。提拔为右拾遗，升任为给事中。

贼陷两京①，驾出幸②，维扈从不及③，为所擒，服药称瘖
病④。禄山爱其才，逼至洛阳供旧职，拘于普施寺⑤。贼宴凝
碧池⑥，悉召梨园诸工合乐⑦，维痛悼，赋诗曰："万户伤心生
野烟，百官何日再朝天？秋槐花落空宫里，凝碧池头奏管
弦⑧。"时闻行在所⑨，贼平后，授伪官者皆定罪，独维得免，
仕至尚书右丞⑩。

【注释】

①贼陷两京：指安史之乱初，叛军分别于天宝十四载（755）、天宝

十五载（756）攻占洛阳、长安两京。

②驾出幸：指唐玄宗逃离长安入蜀。

③扈（hù）从：随从帝王出巡。

④瘖（yīn）：病症名，系指由多种原因所致的说话无声、发音不出的病症。《旧唐书》本传："维服药取痢，伪称瘖疾。"王维《大唐故临汝郡太守赠秘书监京兆韦公神道碑铭》："伪疾将遁，以猜见囚。勺饮不入者一旬，秽溺不离者十月。"可见王维当时喝药得痢疾，屎尿不离身，又装哑巴，都不能逃脱贼手。

⑤普施寺：当为菩提寺，在洛阳，辛文房误。

⑥凝碧池：在洛阳禁苑中。

⑦梨园：唐玄宗时在内廷设立的音乐、歌舞机构。

⑧"万户伤心生野烟"以下几句：诗意谓为千家万户遭到涂炭而伤心，如今没有炊烟，只有战乱的野烟升起，百官什么时候才能重新朝拜真正的大唐天子？秋天的槐花飘落在空荡荡的皇宫废墟里，贼人却在凝碧池上演奏音乐！此诗在王维诗集中题作《菩提寺禁裴迪来相看说逆贼等凝碧池上作音乐供奉人等举声便一时泪下私成口号诵示裴迪》，可知此诗是王维口占之后，通过裴迪传诵出来。

⑨行在所：即天子巡幸时车驾所在之处，这里指唐肃宗所在的灵武（今属宁夏）。

⑩尚书右丞：官名，监督兵、刑、工三部十二司，唐中期后，与尚书左丞主持尚书省政务，权任甚重。

【译文】

安史叛军攻陷洛阳和长安，唐玄宗逃出长安前往四川，王维没来得及追随，被叛贼擒拿，服下药丸假称生病无法说话。安禄山喜爱他的才华，逼迫他到洛阳担任给事中的旧官位，拘押在普施寺。叛贼在凝碧池举行宴会，把梨园乐工都召集来一起演奏音乐，王维非常悲痛，写诗说："万户伤心生野烟，百官何日再朝天？秋槐花落空宫里，凝碧池头奏管弦。"当时这首诗传到唐肃宗所在的灵武,叛贼平定后,接受安禄山伪官的人都判罪,唯独王维得到豁免,官做到尚书右丞。

维诗入妙品上上,画思亦然。至山水平远①,云势石色,皆天机所到②,非学而能,自为诗云:"当代谬词客,前身应画师③。"后人评维"诗中有画,画中有诗"④,信哉!客有以《按乐图》示维者⑤,曰:"此《霓裳》第三叠最初拍也⑥。"对曲果然。笃志奉佛,蔬食素衣。丧妻不再娶,孤居三十年。别墅在蓝田县南辋川⑦,亭馆相望。尝自写其景物奇胜,日与文士丘为、裴迪、崔兴宗游览赋诗⑧,琴樽自乐。后表宅请以为寺。临终,作书辞亲友,停笔而化。代宗访维文章⑨,弟缙集赋诗等十卷上之⑩,今传于世。

【注释】

①平远:"六远"之一,为山水画透视处理的一种方法,"平远"接近于焦点透视,所见景物冲淡缥缈,因"平远"在生活中最常见,故在中国画创作中也最常用。

②天机:天赋灵机。

③"当代谬词客"两句:诗句见王维《偶然作》之六,诗意谓当代错称我为诗人,我的前身应该是画家。

④后人:指苏轼。苏轼《书摩诘蓝田烟雨图》:"味摩诘之诗,诗中有画;观摩诘之画,画中有诗。"

⑤客有以《按乐图》示维者:此事沈括《梦溪笔谈》卷十七已辨其妄,但由此事可知王维必精通乐理和画思,乃能有此传说。《按乐图》,表现乐器演奏情景的画作。

⑥《霓裳》:即《霓裳羽衣曲》,传为唐开元中西凉节度使杨敬述所

献，初名《婆罗门曲》，经玄宗润色并制歌词，改用此名。叠：指
音乐的重复，在唐大曲中，指重复歌唱的乐曲的一段，又名之为
"遍"。拍：指古代乐曲的一个节奏段落。唐以前，常用"节"，因
歌唱节奏靠乐器"节"来掌握；自西域乐器拍板传入，多用拍板声
为标志，故名"拍"。

⑦蓝田县：位于今陕西西安东南，县出美玉，玉之美者曰珠，其次曰
蓝，故名蓝田。辋（wǎng）川：一作辋谷水，在蓝田县南，源出南山
辋谷，西北流入灞河。

⑧丘为：原作"丘丹"，据《四库》本改。嘉兴（今属浙江）人，天宝进
士，与王维、刘长卿友善。卒年九十六，诗多五言，善写田园风光。
传见本卷后文。裴迪：关中（今陕西）人，天宝年间曾任蜀州刺史。
多作五绝，为王维诗友。崔兴宗：博陵（今河北定州）人，王维内弟。
有别业在蓝田县，与王维、裴迪、卢象交游赋诗，后出仕为官。

⑨代宗：即唐代宗李豫，初名俶，762—779年在位，肃宗长子。在位
期间安史之乱结束，藩镇割据形成。

⑩缙（jìn）：即王缙，字夏卿，王维弟，与王维同以文章著名。广德二
年（764）任宰相，曾奉唐代宗诏编王维集十卷。

【译文】

王维诗歌属于妙品上等中的上等，绘画构思也是这样。至于山水平
远图，流云的动势和石块的色泽，都是天赋灵机才能做到的，不是靠学习
就会的，他自己写诗说："当代谬词客，前身应画师。"后人评价王维"诗
中有画，画中有诗"，确实如此啊。有客人拿《按乐图》给王维看，王维说：
"这画的是《霓裳羽衣曲》第三叠的最初拍啊。"核对舞曲，果然如此。他
虔心信奉佛法，吃蔬菜穿朴素的衣服。妻子过世后不再续弦，独自居住
三十年。别墅在蓝田县南边的辋川，亭台楼馆接连不断。曾亲自为其中
的奇物胜景写诗，每天跟文章之士丘为、裴迪、崔兴宗游玩观赏，写作诗
歌，弹琴喝酒，自娱自乐。后来上书请求把自己的住宅施舍为寺庙。快

去世的时候，写书信辞别亲朋好友，笔刚停下就坐化了。唐代宗访求王维的文章，他的弟弟王缙搜集辞赋诗歌等共十卷进献给唐代宗，如今流传在世。

薛据

据，荆南人①。开元十九年王维榜进士②。天宝六年，又中风雅古调科第一人③。于吏部参选④，据自恃才名，请受万年录事⑤。流外官诉宰执⑥，以为赤县是某等清要⑦，据无媒，改涉县令⑧。后仕历司议郎⑨，终水部郎中⑩。据为人骨鲠，有气魄，文章亦然。尝自伤不得早达，造句往往追凌鲍、谢⑪。初好栖遁⑫，居高炼药⑬，晚岁置别业终南山下老焉⑭。有集今传。

【注释】

①荆南人：据《旧唐书·薛播传》，其弟薛播为河中宝鼎（今山西万荣）人，薛据亦当如此，晚年客居荆州，辛文房误。

②开元十九年王维榜：王维为开元九年（721）状元，辛文房误。至于薛据，是否为开元十九年（731）或开元九年（721）进士，不详。

③风雅古调科：唐代科举制科之一，属儒学类科目。

④吏部：官署名，亦称铨曹或铨部，六部之一，铨有权衡轻重之意，掌官吏的任免、升降、考核。

⑤万年：县名，关内道京兆府属县，治长安之东。录事：即"录事参军"的简称，古代官府中掌管文书、纠查缺失的佐吏，位高者为从九品，低者为流外。

⑥流外官：未入九流的官员，唐代官员分为九品，九品之外的官员为

流外官。流外官通常都在各级官署中充任胥吏之职,其中一部分人经过考课铨选,也可以入流。宰执:指宰相,"宰"即"宰相","执"即"执政"。

⑦赤县:县的等级之一,唐代县分为赤、畿、望、紧、上、中、中下、下八等,凡县治设在京师内者称为赤县。清要:指地位显贵、职司重要而政务不繁的官职。赤县官职对流外官而言,已是"清要"之职。

⑧涉县:县名,治所在今河北涉县。辛文房所述薛据的为官经历不一定属实。

⑨司议郎:太子司议郎的简称,唐贞观十八年(644)置,为太子左春坊官员,掌太子文令的驳正稽违。

⑩水部郎中:尚书省工部水部司长官,员一人,从五品上,掌水道工程舟楫桥梁等政令。

⑪鲍、谢:即南朝著名诗人鲍照、谢灵运。

⑫栖遁:避世隐居。

⑬炼药:道家修炼内容之一,分炼"外丹"与炼"内丹"。炼外丹是指在炉鼎中烧炼某些矿石药物,炼出长生不死的金丹;炼内丹是指把人体比作炉鼎,用"神"去烧炼体内的精气,使精气神凝聚,结成"内丹"。

⑭老:终老。

【译文】

薛据,荆南人。开元十九年(731)王维那一榜的进士。天宝六载(747),又以第一名的成绩考中风雅古调科。在吏部参加选官,薛据倚仗自己的才名,请求选任为万年县录事参军。流外官向宰相诉苦,认为万年县这样的赤县是我们流外官清贵且重要的职位,薛据没有起作用的介绍人,就改为涉县县令。后来做过太子司议郎,最终做到水部郎中。薛据为人忠耿正直,有气势魄力,写文章也是这样。曾感伤自己没能早日实现志向,写诗造句常常能达到鲍照和谢灵运那样的水平。起初他喜欢避世隐居,住在高处修炼丹药,晚年在终南山下置办山庄,并终老在那里。有集子传到今天。

刘长卿

长卿,字文房,河间人①。少居嵩山读书②,后移家来鄱阳最久③。开元二十一年徐徵榜及第③。至德中历监察御史④,以检校祠部员外郎出为转运使判官⑤,知淮西、岳鄂转运留后⑥。观察使吴仲孺诬奏⑦,非罪系姑苏狱⑧,久之,贬潘州南巴尉⑨,会有为辩之者⑩,量移睦州司马⑪,终随州刺史⑫。长卿清才冠世,颇凌浮俗,性刚多忤权门,故两逢迁斥,人悉冤之。诗调雅畅,甚能炼饰,其自赋伤而不怨,足以发挥风雅,权德舆称为"五言长城"⑬。长卿尝谓:"今人称前有沈、宋、王、杜,后有钱、郎、刘、李⑭。李嘉祐、郎士元何得与余并驱!"每题诗,不言姓,但书"长卿",以天下无不知其名者云。灞陵、碧涧有别业⑮。今集诗赋文等传世。淮南李穆⑯,有清才,公之婿也。

【注释】

①河间:县名,治所在今河北河间。

②嵩山:"五岳"之一,在河南登封北。

③鄱阳:县名,治所在今江西鄱阳。

③徐徵:或曾任秘书少监,生平不详。据学者考证,刘长卿登第于天宝年间,辛文房误。

④至德:唐肃宗年号(756—758)。监察御史:官名,掌分察百僚、巡按州县、纠视刑狱、整肃朝仪。

⑤检校：官员任用类别之一，唐代检校的含义有二，一指代理某官，一指地方使节带台省官衔，用来表示其地位，此系第二种。祠部员外郎：官名，尚书省礼部祠部司副长官，佐祠部郎中掌天下僧道、医药、祠寺之政令。转运使：官名，起于唐代，初称水陆发运使，职责都是主管财赋的转运。判官：官名，长官佐吏，协理政事，或备差遣。

⑥淮西：方镇名，全称淮南西道，至德元载（756）置淮南西道节度使，治所在今河南许昌，后治所屡有变更。岳鄂：即鄂岳，方镇名，乾元二年（759）置鄂、岳、沔三州都团练守捉使，大历八年（773）以后为鄂岳观察使，治所在今湖北武汉。转运留后：即代理转运使，唐五代时称代行节度使职务者为留后。

⑦观察使：官名，唐初于各道置巡察使，巡察地方，后成为未设节度使地区的行政长官，如宣歙、江西、福建、鄂岳、湖南、黔中均只设观察使，地位略低于节度使。吴仲孺：生平不详，郭子仪女婿。

⑧姑苏：今江苏苏州的别称，以有姑苏山而名。

⑨潘州：州名，治所在今广东高州。南巴：县名，治所在今广东电白。

⑩会有为辩之者：指苗丕，时任监察御史，负责推勘吴仲孺诬告刘长卿受贿案，并秉公处理。后刘长卿有《按覆后归睦州赠苗侍御》诗表达感谢。

⑪量移：唐制，官吏获罪被贬谪到远方，遇赦改置在近地，称为"量移"。睦州：州名，治所在今浙江建德。司马：官名，唐代中期后边远州司马与别驾常作官员贬降之职。

⑫随州：一作隋州，治所在今湖北随州。刺史：官名，唐高祖武德元年（618）改郡为州，设刺史为地方官，以代太守。

⑬权德舆：字载之，秦州略阳（今甘肃秦安）人，元和五年（810）升任宰相。好读书，精通经术，工诗善文，著述颇丰。传见本书卷五。五言长城：据权德舆《秦征君校书与刘随州唱和诗序》，此言乃刘

长卿自己所说，权德舆加以引用，辛文房误。然权德舆既加以引用，则虽非他所首倡，盖亦赞同刘长卿之论。

⑭"前有沈、宋、王、杜"两句：语出《云溪友议》卷上《四背篇》，盖小说家言，未必可信。沈、宋、王、杜分别指沈佺期、宋之问、王维、杜甫，沈、宋传见本书卷一，王、杜传见本卷。钱：指钱起，传见本书卷四。郎：指郎士元，字君胄，中山（今河北定州）人。"大历十才子"之一，与钱起齐名，诗多应酬赠别之作。传见本书卷三。刘：即刘长卿。李：即李嘉祐，字从一，赵州（今河北赵县）人。善为诗，往往涉于齐梁，名著当时。传见本书卷三。

⑮灞（bà）陵：即霸陵，为汉文帝陵，在今陕西西安东。碧涧：大概在峡州（今湖北宜昌），刘长卿有《初到碧涧招明契上人》等诗，确切地点待考。

⑯淮南：方镇名，治所在今江苏扬州。李穆：刘长卿婿，建中初在随州与长卿唱酬。

【译文】

刘长卿，字文房，河间人。少年住在嵩山读书，后来搬家到鄱阳住的时间最久。开元二十一年（733）徐徵那一榜的进士。至德年间做过监察御史，以检校祠部员外郎的官衔外出作转运使判官，分别担任淮西和鄂岳的代理转运使。鄂岳观察使吴仲孺诬告弹劾刘长卿，他无罪被抓到苏州监狱中，关押了很久，后被贬为潘州南巴县的县尉，适逢有人为刘长卿辩护，遇到赦免改为近一点的睦州司马，最终官至随州刺史。刘长卿的清秀才华冠绝一代，颇凌驾超越在浮世尘俗之上，性格刚强，多次忤逆权势之门，所以两次遇到贬斥，人们都为他鸣冤。诗歌韵调雅正畅达，很会炼字修辞，他为自己写的诗感伤而不怨恨，足够用来发扬富有现实教化意义的风雅精神，权德舆称之为"五言长城"。刘长卿曾说："现在人们号称前有沈、宋、王、杜，后有钱、郎、刘、李。李嘉祐和郎士元如何能够跟我并驾齐驱？"每次题写诗歌，不说姓，只写"长卿"，因为天下没有人不知道他的姓名啊。在灞陵和碧涧有山庄。现有包括诗歌、辞赋、散文等在内的集子流传在世。淮南李穆,有清秀的才华,是刘长卿的女婿。

李季兰

　　季兰,名冶①,以字行,峡中人②,女道士也。美姿容,神情萧散。专心翰墨,善弹琴,尤工格律。当时才子颇夸纤丽,殊少荒艳之态。始年六岁时,作《蔷薇诗》云③:"经时不架却,心绪乱纵横④。"其父见曰:"此女聪黠非常⑤,恐为失行妇人⑥。"后以交游文士,微泄风声⑦,皆出乎轻薄之口。

【注释】

①冶:一作裕。

②峡中:巫峡附近,大约指今重庆巫山县。

③蔷薇:花名,蔷薇科,落叶灌木,茎近于藤蔓状,有刺。

④"经时不架却"两句:诗意谓长时间不给蔷薇搭个花架,蔷薇就会横竖乱长,像纷乱的心绪一样。妙在"架却"谐音"嫁却",以蔷薇之不搭花架,比喻女子之不嫁人,都会心绪纷乱,写花写人,妙入无痕。

⑤聪黠(xiá):聪明狡猾。

⑥失行:不当的行为。

⑦风声:指名声。

【译文】

　　李季兰名冶,字更通行,峡中人,是女道士。姿色容貌美丽,神态情状潇洒闲散。专心笔墨文章,擅长弹琴,非常善于写格律诗。当时的才子多夸赞她的诗精细华丽,很少有荒淫浓艳的情态。当初年纪才六岁时,就写《蔷薇诗》说:"经时不架却,心绪乱纵横。"她的父亲看见了说:"这个女儿聪慧狡黠非同寻常，恐怕会成为行为不当的女人。"后来因为结交文章之士，微微泄露了名声，都是出自轻薄之人的嘴巴。

　　夫士有百行①，女唯四德②。季兰则不然，形气既雄，诗意亦荡。自鲍昭以下③，罕有其伦。时往来剡中④，与山人陆羽、上人皎然意甚相得⑤。皎然尝有诗云："天女来相试，将花欲染衣。禅心竟不起，还捧旧花归⑥。"其谑浪至此⑦。又尝会诸贤于乌程开元寺⑧，知河间刘长卿有阴重之疾⑨，诮曰⑩："山气日夕佳⑪。"刘应声曰⑫："众鸟欣有托⑬。"举坐大笑，论者两美之。天宝间，玄宗闻其诗才，诏赴阙，留宫中月余，优赐甚厚，遣归故山。评者谓"上比班姬则不足⑭，下比韩英则有余⑮，不以迟暮⑯，亦一俊妪"⑰。有集，今传于世。

【注释】

①百行：多方面的品行。

②四德：指封建礼教认定妇女应当具备的四种德行，即妇德、妇言、妇容、妇功。

③鲍昭：指鲍照，本文所比皆女性，此处疑指鲍照之妹鲍令晖，亦以诗名，锺嵘《诗品》评其诗"崭绝清巧，拟古尤胜"。

④剡（shàn）中：指今浙江嵊州、新昌及其附近一带。

⑤陆羽：字鸿渐，性诙谐，与女诗人李季兰、僧皎然友好。以嗜茶著名，撰有《茶经》三卷，能诗。传见本书卷三。上人：对僧人的敬称。皎然：字清昼，本姓谢，吴兴（今浙江湖州）人，谢灵运十世孙。长于五言诗，著《诗式》论诗，颇为后世所重。传见本书卷四。

⑥"天女来相试"以下几句：典出《维摩诘经·观众生品》："时维摩诘室有一天女，见诸大人闻所说法，便现其身，即以天华散诸菩

萨、大弟子上。华至诸菩萨即皆堕落,至大弟子便著不堕……天曰:'……观诸菩萨华不著者,已断一切分别想故……结习未尽,华著身耳;结习尽者,华不著也。"皎然全诗便从此典化出,其诗意谓天女来试探我,拿着花想要沾染到我的衣上,我的禅心不为所动,天女只好捧着旧花回去。既然以天女比喻李季兰,则李季兰自然亦为有道之人,何必把旧花再拿回去?盖皎然意谓李季兰所试探的并非皎然一个,故拿着旧花回去还将试探别人,这样一来,不明就里的轻薄之人就会以为李季兰放浪。

⑦谑浪:戏谑放荡。

⑧乌程:县名,治所在今浙江湖州。开元寺:《唐会要》卷四十八:"天授元年十月二十九日,两京及天下诸州,各置大云寺一所,至开元二十六年六月一日,并改为开元寺。"可知当时各地皆有开元寺。

⑨阴重之疾:病名,即今之疝(shàn)气,通常指腹股沟部的疝,一般由小肠坠入阴囊内引起,症状是腹股沟凸起或阴囊肿大,时有剧痛。

⑩诮(qiào):讥讽。

⑪山气日夕佳:出自陶渊明《饮酒》其五,其中"山气"谐音"疝气"。

⑫应声:随声。

⑬众鸟欣有托:出自陶渊明《读山海经》其一,"鸟"喻男性生殖器。

⑭评者:指高仲武,唐诗选家,编有《中兴间气集》,下引评语即出自此书。班姬:指班婕妤,侍奉汉成帝,严守礼法,被视作宫廷中遵守妇德的典型。

⑮韩英:指韩兰英(一作韩蔺英),吴郡(今江苏苏州)人。宋孝武帝时献《中兴赋》被赏入官,宋明帝时用为官中职僚,齐武帝以为博士,教六宫书学。以其年老多识,时人呼为"韩公"。

⑯迟暮:比喻晚年。语出《楚辞·离骚》:"惟草木之零落兮,恐美人之迟暮。"

⑰媪（ǎo）：《中兴间气集》作"妪"，妇女的通称。

【译文】

　　男子有多种多样的品行，女子却只有妇德、妇言、妇容、妇功四个方面的品德。李季兰就不这样，她的形体气质既然雄豪，诗意也就放荡。从鲍照的妹妹往后，很少有能跟她比拟的人。当时常来往于剡中一带，与隐士陆羽、僧人皎然情意相投，很合得来。皎然曾有诗说："天女来相试，将花欲染衣。禅心竟不起，还捧旧花归。"他们戏谑放浪成这样。又曾经在乌程开元寺召集诸位贤士，知道河间人刘长卿有疝气，讥讽说："山气日夕佳。"刘长卿随声说："众鸟欣有托。"座中人都大笑，评论的人觉得他们两个都说得很巧妙。天宝年间，唐玄宗听说她的诗歌才华，下诏让她来到朝中，留她在宫中住了一个多月，优待赏赐很多，放她回到原来住的地方。评价的人说她"往上跟班婕妤相比则还难以达到，往下跟韩兰英比则绰绰有余，不是年纪大了的话，也是一位俊俏的妇人"。有文集，如今流传在世。

　　论曰：《诗》云①："《关雎》乐得淑女②，以配君子，忧在进贤，不淫其色，哀窈窕③，思贤才，而无伤善之心焉④。"故古诗之道，各存六义⑤，然终归于正，不离乎雅。是有昔贤妇人，散情文墨⑥，班班简牍⑦。概而论之，后来班姬伤秋扇以暂恩⑧，谢娥咏絮雪而同素⑨；大家《七诫》⑩，执者修省；蔡琰《胡笳》⑪，闻而心折。率以明白之操⑫，徽美之诚⑬，欲见于悠远，寓文以宣情，含毫而见志⑭，岂泛滥之故？使人击节霑洒⑮，弹指追念⑯，良有谓焉⑰。噫！笔墨固非女子之事，亦在用之如何耳。苟天之可逃⑱，礼不必备，则词为自献之具⑲，诗有妒情之作，衣服酒食，无闲净之容，铅华膏泽⑳，多鲜饰之态，故不相宜矣。是播恶于众㉑，何《关雎》之义哉！

【注释】

① 《诗》：指《诗经》，后文所引内容出自《毛诗序》。

② 《关雎》：《诗经·国风·周南》首篇，也是全书首篇。

③ 哀：怜爱。窈窕（yǎo tiǎo）：美好的样子，此指美女。

④ 伤善：原作"伤苦"，据《四库》本、《毛诗序》改。

⑤ 六义：语出《毛诗序》："故诗有六义焉：一曰风，二曰赋，三曰比，
四曰兴，五曰雅，六曰颂。"一般认为，风、雅、颂是诗体，赋、比、兴
是表现方法。郑樵《通志·总序》说："风土之音曰风，朝廷之音
曰雅，宗庙之音曰颂。"即风是各地民歌，雅是西周王畿一带的乐
歌，分大、小雅，颂是宗庙祭祀所用的乐歌或舞曲，分周颂、鲁颂、
商颂。朱熹《诗集传》认为，"赋者，敷陈其事而直言之者也"；"比
者，以彼物比此物也"；"兴者，先言他物以引起所咏之词也"。即
赋就是直接的铺叙陈述，比是譬喻，兴则是从别的事物写起，引到
所要写的对象。

⑥ 散情：遣散郁闷心情。

⑦ 班班：明显貌。简牍：古时无纸，书于木片曰牍，书于竹版为简，内
容包括书籍、信函、文稿等，此指书籍。

⑧ 班姬伤秋扇：指班婕妤《怨歌行》："新裂齐纨素，鲜洁如霜雪。裁
为合欢扇，团团似明月。出入君怀袖，动摇微风发。常恐秋节至，
凉飙夺炎热。弃捐箧笥（qiè sì）中，恩情中道绝。"诗意谓新裁剪
的齐地丝绢，光鲜洁白得像霜雪。裁制为绘有合欢图案的团扇，
圆圆的就像光亮的满月。在您的怀袖中拿进拿出，摇动就能发出
微风。常害怕秋天到来，凉风夺走炎热。团扇被丢弃在箱子里，
彼此的恩情中途断绝。这里以团扇自比，妙在以天气冷热暗喻君
王的热宠和冷落，同时通过"霜雪"暗示热中冷，既使"常恐"之
意贯穿始终，又展现出班婕妤虽知而无力改变的无奈。暂恩：恩
情短暂。

⑨谢娥咏絮雪:指谢道韫用柳絮咏雪,《世说新语·言语》记载,大雪之日谢安在家中召集子弟讲论文义,不久雪下得更大,谢安就问:"白雪纷纷何所似?"他的侄子谢朗就说:"撒盐空中差可拟。"谢道韫则说:"未若柳絮因风起。"谢安听后哈哈大笑。谢道韫看似把雪花的飘落与柳絮的上升混淆了,实际上不仅刻画出柳絮跟雪花一样的洁白,而且体现出她对洁白的呵护,因为无论是雪花还是柳絮,落地之后便会污染,故其"同风起"才是真的渴求不受污染的洁白,所谓"同素"者在此。娥,美女。

⑩大家(gū)《七诫》:指曹大家所作《女诫》七篇。曹大家即班昭,班固妹,续成《汉书》,嫁给曹世叔,早寡,后任皇后和妃嫔教师,称为曹大家。《女诫》包括卑弱、夫妇、敬慎、妇行、专心、曲从、和叔妹等篇,是中国古代女子教育的标本,影响很大,文载《后汉书·列女传》。

⑪蔡琰(yǎn)《胡笳》:指相传为蔡文姬所作的《胡笳十八拍》。蔡琰,字文姬,陈留圉(今河南杞县)人,蔡邕之女。博学有才辩,妙于音律,著有《悲愤诗》两首。《胡笳十八拍》共分十八章,一章为一拍,故名。主要写她为乱军掳入南匈奴,后被赎归汉,与亲子分别的悲惨生活和矛盾心情。

⑫率:大体上。

⑬徽美:善良美好。

⑭含毫:以口润笔,比喻沉思、构思为文。

⑮击节:击打节拍,表示赞赏。霑(zhān)洒:洒落,落泪。

⑯弹指:表示情绪激越。

⑰有谓:有缘故。

⑱天之可逃:语出《左传·宣公四年》:"君,天也,天可逃乎。"这里疑指天伦礼法。

⑲自献:指男女不行婚礼而自行结合。《礼记·坊记》:"故男女无媒

　　不交，无币不相见，恐男女之无别也。以此坊民，民犹有自献其身。"

　　⑳铅华：妇女用来美容的脂粉。膏泽：润发用的油脂。

　　㉑播恶于众：向民众传播恶行。语出《孟子·离娄上》："是以惟仁
　　者宜在高位；不仁而在高位，是播其恶于众也。"

【译文】

　　评论说：《毛诗序》说："《关雎》诗意是乐于得到淑女，来匹配君子，所忧虑的在于推荐贤能之士，而不是迷恋她的姿色，怜爱美好的女子，追求贤能的人才，而没有伤害善人的心思。"因此古诗的原则，分别存有六义，但是最终回归到平正，不远离典雅。故自古贤能的妇人，通过文字笔墨遣散郁闷心情，简牍上都呈现得明明白白。概括地来说，后来班婕妤写《怨歌行》，为秋天被抛弃的团扇那样短暂的恩情而悲伤；谢道韫通过柳絮飘飞来歌咏雪花，表达出跟雪花相同的高洁；班昭写《女诫》七篇，拿着它的人就会修身自省；蔡文姬的《胡笳十八拍》，听到的人就会心碎。大体上都因明亮洁白的情操，善良美好的诚意，想要流传得悠久长远，寄托在诗文中来表达情感，构思作文来展现志向，哪里是浮泛轻薄之作呢？这些作品之所以令人打着节拍落泪，弹着手指追念，确实是有缘故的啊。唉！笔墨文章固然不是女子分内的事情，也要看怎么使用它们呀。如果不循天理，不守礼法，那么文辞可以作为不经过婚礼而自行结合的工具，诗歌也可以作为表达妒忌之情的作品，日常衣食没有娴静纯洁的姿容，涂脂抹粉大多呈现出妖艳打扮的姿态，这样的女子就不适合写诗了。这是在民众中传播罪恶，哪里是《关雎》表达的含义啊！

　　历观唐以雅道奖士类，而闺阁英秀，亦能熏染，锦心绣口①，蕙情兰性②，足可尚矣。中间如李季兰、鱼玄机③，皆跃出方外，修清净之教，陶写幽怀，留连光景，逍遥闲暇之功，无非云水之念④，与名儒比隆⑤，珠往琼复⑥。然浮艳委托之心，终不能尽，白璧微瑕，惟在此耳。薛涛流落歌舞⑦，以灵

慧获名当时,此亦难矣。三者既不可略⑧,如刘媛、刘云、鲍君徽、崔仲容、道士元淳、薛缊、崔公达、张窈窕、程长文、梁琼、廉氏、姚月华、裴羽仙、刘瑶、常浩、葛鸦儿、崔莺莺、谭意哥、户部侍郎吉中孚妻张夫人、鲍参军妻文姬、杜羔妻赵氏、张建封妾盼盼、南楚材妻薛媛等⑨,皆能华藻,才色双美者也。

【注释】

①锦心绣口:比喻满腹文章,才思横溢。

②蕙情兰性:像兰蕙一样美好的性情。

③鱼玄机:字幼微,一字蕙兰,长安(今陕西西安)人。本为李亿妾,后出家于长安咸宜观为女道士,因杀侍婢被处死。善诗,与温庭筠等相酬答。传见本书卷八。

④云水:旧时谓行脚僧或游方道士为云水,谓其行踪无定,如行云流水然。《丰干禅师录》:"一身如云水,悠悠任去来。"

⑤名儒比隆:指李季兰与皎然、刘长卿,鱼玄机与温庭筠等比较高低。

⑥珠往琼复:喻指诗词酬唱往还,琼珠比喻精美的诗篇。

⑦薛涛:字洪度,长安(今陕西西安)人。幼年随父入蜀,父卒后因家贫而为乐妓。武元衡镇蜀,奏为校书,未授,时称女校书。与元稹、白居易等著名诗人均有唱和。晚年居浣花溪,创制深红小笺写诗,称"薛涛笺"。传见本书卷六。

⑧三者:指李季兰、鱼玄机和薛涛。

⑨刘媛:唐代女诗人,《全唐诗》卷八〇一录其诗三首,《长门怨》之一:"雨滴梧桐秋夜长,愁心和雨到昭阳。泪痕不学君恩断,拭却千行更万行。"刘云:唐代女诗人,《全唐诗》卷八〇一录其诗三首。鲍君徽:鲍征君之女,字文姬,与宋若莘五姊妹齐名。德宗尝召入

宫,与侍臣唱和。《全唐诗》卷七录其诗四首。崔仲容:唐代女诗人,
《全唐诗》卷八〇一录其诗三首。道士元淳:唐代女诗人,洛中(今
河南洛阳)人。《全唐诗》卷八〇五录其诗两首,其中《寄洛中诸
姊》较有名。薛缊:一作薛韫,薛彦辅孙女。《全唐诗》卷七九九
录其诗三首,其《古意》诗:"昨夜巫山中,失却阳台女。朝来香阁
里,独伴楚王语。"崔公达:一作崔公远,唐代女诗人,《全唐诗》卷
八〇一录其《独夜词》一首。张窈窕:唐代女诗人,曾避乱居成都,
《全唐诗》卷八〇二录其诗六首。程长文:唐代女诗人,鄱阳(今属
江西)人。工诗能书,为强暴所诬,系狱,献诗雪冤。《全唐诗》卷
七九九录其诗三首。梁琼:唐代女诗人,《全唐诗》卷八〇一录其
诗四首。廉氏:唐代女诗人,《全唐诗》卷八〇一录其诗三首。姚
月华:唐代女诗人,《艳异续编》卷四有《姚月华小传》,《全唐诗》
卷八〇〇录其诗六首。裴羽仙:唐代女诗人,《全唐诗》卷八〇一
录其《哭夫二首》。仙,原作"先",据正保本改。刘瑶:唐代女诗
人,《全唐诗》卷八〇一录其诗三首。常浩:唐妓女,《全唐诗》卷
八〇二录其诗二首。葛鸦儿:唐代女诗人,《全唐诗》卷八〇一录
其诗三首。崔莺莺:唐代元稹的传奇小说《莺莺传》中人物。《全
唐诗》卷八〇〇其诗三首。谭意哥:宋人秦醇传奇小说《谭意哥传》
中人物。户部侍郎吉中孚妻张夫人:楚州山阳(今江苏淮安)人,
户部侍郎吉中孚("大历十才子"之一)之妻,《全唐诗》卷七九九
录其诗五首。鲍参军妻文姬:即张文姬,鲍参军妻,《全唐诗》卷
七九九录其诗四首。杜羔妻赵氏:杜羔屡试不第,其妻刘氏善于
诗,作诗寄给丈夫:"良人的的有奇才,何事年年被放回。如今妾
面羞君面,君若来时近夜来。"《全唐诗》卷七九九录其诗四首。
张建封妾盼盼:当为张封建之子张愔妾,善歌舞,有风态。白居易
过徐州时,张愔令其出佐酒,白居易作诗相赠。张愔卒后,独居徐
州张氏旧第燕子楼,历十余年而不嫁。《全唐诗》卷八〇二录其诗

四首，或谓非其诗。南楚材妻薛媛：唐代女画家，南楚材妻，善诗文书画，楚材出游陈颍，太守慕其仪范，拟将女嫁之，薛媛得知后，对镜写真，并作诗寄之，诗云："欲下丹青笔，先拈宝镜寒。已惊颜索寞，渐觉鬓凋残。泪眼描将易，愁肠写出难。恐君浑忘却，时展画图看。"楚材见诗画感惭，遂归偕老。《全唐诗》卷七九九录其诗一首。

【译文】

纵观唐朝用风雅之道奖励士族，而闺房中的英豪秀出之女，也能熏陶感染，锦心绣口，蕙质兰心，是值得推尚的。其中像李季兰、鱼玄机，都跳到世俗之外，修习清静无为的道教，陶冶抒写幽深的怀抱，留连风光景物，在潇洒空闲上下功夫，无非是想做个游云玩水的女道士，跟著名的学者比高低，以精美的诗篇跟他们来回唱和。然而浮华艳丽委身托付于人的心思，终究不能消除干净，白璧微瑕，只是在这一点上罢了。薛涛流落在歌舞之地，凭借灵敏聪慧在当时获得名声，这也是很难的啊。李季兰、鱼玄机和薛涛三人既然不可忽略，其他如刘媛、刘云、鲍君徽、崔仲容、道士元淳、薛缊、崔公达、张窈窕、程长文、梁琼、廉氏、姚月华、裴羽仙、刘瑶、常浩、葛鸦儿、崔莺莺、谭意哥、户部侍郎吉中孚妻张夫人、鲍参军妻文姬、杜羔妻赵氏、张建封妾盼盼、南楚材妻薛媛等，也都能写华美诗文，是才华与容貌兼美的女诗人啊。

或望幸离宫①，伤宠后掖②；或以从军万里，断绝音耗③；或祗役连年④，迢遥风水⑤；或为宕子妻⑥，或为商人妇。花雨春夜，月露秋天，玄鸟将谢⑦，宾鸿来届⑧；捣锦石之流黄⑨，织回文于细绮⑩；魂梦飞远，关山到难。当此时也，濡毫命素⑪，写怨书怀，一语一联，俱堪堕泪。至若间以丰丽，杂以纤秾⑫，导淫奔之约⑬，叙久旷之情⑭，不假绿琴⑮，但飞红纸⑯，中间不能免焉。尺有短而寸有长，故未欲椎埋之云尔⑰。

【注释】

①幸：指得到封建帝王的宠爱，或指封建帝王到达某地。离宫：古代以离宫六星为天子别居，故以离宫借指帝王临时休息居住的官室。

②后掖：即后官。

③音耗：音讯。

④祗（zhī）役：敬奉差遣。

⑤迢遥：遥远貌。

⑥宕（dàng）子：离乡出游的人。

⑦玄鸟：指燕子。

⑧宾鸿：鸿雁为候鸟，秋至春去，有如宾客，故称宾鸿。

⑨锦石：有纹理的石头。流黄：黄色的绢。

⑩回文：指回文旋图诗。前秦时，苏蕙织锦为回文旋图诗向远方的丈夫窦滔倾诉相思之情，见《晋书·列女传·窦滔妻苏氏传》。缃绮：颜色浅黄的丝绸。

⑪濡毫：沾湿毛笔。命素：命人拿来素绢。

⑫纤秾：纤细秾丽。

⑬淫奔：指女子不按照礼法与男人私自结合。

⑭久旷：指已达婚龄的男女长时间没有结婚或久已丧偶。

⑮绿琴：即绿绮琴，相传是汉司马相如的琴，司马相如有琴挑卓文君私奔的故事。

⑯红纸：即红笺，一种精美的小幅红纸，多做名片、请柬或供题诗词用。《开元天宝遗事》载长安平康坊为妓女所居，侠少多以"红笺名纸，游谒其中，时人谓此坊为风流渊薮"。

⑰椎埋：谓杀人埋尸，这里比喻埋没，意谓埋没这些女诗人，跟杀了她们埋起来一样残忍，是辛文房对女诗人的同情。

【译文】

有的盼望帝王能够临幸离宫，而为他宠幸后宫伤心；有的因为丈夫从军在万里之外,音讯全无;有的丈夫连年为国家在外差遣,远远地隔着风波;有的是游子的妻子,有的是在外经商的商人的妻子。落花如雨的春夜,露湿月色的秋天,燕子将要离开之际,鸿雁又要到来之时;在有纹理的石头上捣着黄色的绢,在黄色丝绸上织着回文诗;梦里魂魄飞到远方,遥远的关山难以到达。每当这些时候,打湿毛笔,摊开素绢,写下幽怨,抒发怀抱,一句话,一联诗,都能让人落泪。至于其中夹杂着丰满艳丽、纤细秾丽的内容,诱导出男女私自结合的约会,传达长久独守空房的幽情,不需借助绿绮琴,只需要传递红笺纸就能传情,这也是不能完全避免的啊。尺有所短而寸有所长,因此也不想把她们埋没啊。

阎防

防,河中人①。开元二十二年李琚榜及第②。颜真卿甚敬爱之③,欲荐于朝,不屈。为人好古博雅,诗语真素,魂清魄爽,放旷山水,高情独诣。于终南山丰德寺结茆茨读书④,百丈溪是其隐处⑤,题诗云:"浪迹弃人世,还山自幽独。始傍巢由踪,吾其获心曲⑥。"又云:"养闲度人事,达命知止足。不学鲁国儒,俟时劳伐辐⑦。"后信命不务进取,以此自终。有诗集行世。

【注释】

①河中:府名,治所在今山西永济。

②李琚:唐开元二十二年(734)甲戌科状元,顿丘(今河南浚县)人。

③颜真卿:字清臣,琅玡临沂(今属山东)人。博学工辞章,与阎防同年考中进士,为平原太守,世称"颜平原"。安禄山作乱,真卿与从兄杲卿起兵,被推为十七郡盟主,后封鲁郡公,世称"颜鲁公"。

建中三年（782）李希烈反，真卿前往劝谕，希烈数迫之，真卿持节
　　不屈，被缢杀。

④丰德寺：位于西安城南沣峪口东山坡上，是中国佛教南山律宗创
　　始人道宣驻锡之寺。茆茨（cí）：茅草盖的屋顶，也指茅屋。茆，同
　　"茅"。

⑤百丈溪：据文意，当在终南山，具体不详。

⑥"浪迹弃人世"以下几句：诗意谓抛弃人世到处漂泊，回到山中自己
　　独自隐居。刚开始沿着巢父、许由的踪迹，现在我恐怕已获得他们
　　的心绪了吧？表示自己从学巢父他们隐居，到进一步从内心深处喜
　　欢上隐居。这与律宗的教义有相同处，通过传持戒律来获得定慧。

⑦"养闲度人事"以下几句：诗意谓在闲静中养生以度过人事，顺从
　　天命知足常乐。不去学鲁国的儒士，等待时机让做车辐的人劳累
　　而已。盖孔子驾车周游列国，故云"劳伐辐"。鲁国儒，指孔子。
　　伐辐，砍伐树木做车轮上的辐条，语出《诗经·魏风·伐檀》。

【译文】

　　阎防，河中人。开元二十二年（734）李琚那一榜的进士。颜真卿特
别尊敬喜爱他，想要推荐给朝廷，他没有屈节同意。为人喜好古朴，学识
渊博雅正，诗歌语言纯真朴素，魂魄清澈爽朗，在山水之间放纵旷达，高雅
情致，独有会心。在终南山的丰德寺搭建茅草屋读书，百丈溪是他隐居的
地方，题诗说："浪迹弃人世，还山且幽独。始傍巢由踪，吾其获心曲。"又
写诗说："养闲度人事，达命知止足。不学鲁国儒，俟时劳伐辐。"后来信仰
天命不把积极进取作为要务，就这样过完一生。有诗集流行在世。

李颀

　　颀，东川人①。开元二十三年贾季邻榜进士及第②。调
新乡县尉③。性疏简，厌薄世务④，慕神仙，服饵丹砂，期轻

举之道⑤，结好尘喧之外⑥。一时名辈，莫不重之。工诗，发调既清⑦，修辞亦秀，杂歌咸善⑧，玄理最长⑨，多为放浪之语，足可震荡心神。惜其伟材，只到黄绶⑩。故其论道家⑪，往往高于众作。有集今传。

【注释】

①东川：当指登封（今属河南）东北十余里五渡河上游之东溪，顾（qí）实为颍阳（今河南登封）人。

②贾季邻：开元二十三年（735）乙亥科状元，生平不详。

③新乡：县名，治所在今河南新乡。

④厌薄：厌恶，鄙薄。

⑤轻举：轻身飞升。

⑥尘喧：尘世之烦扰。

⑦发调：表现的情调。

⑧杂歌：指李颀《杂兴》类诗歌。

⑨玄理：深奥精微的义理，多指道家。

⑩黄绶：黄色印绶。《汉书·百官公卿表上》："比二百石以上，皆铜印黄绶。"后世以黄绶喻指官卑秩下，常指丞尉。

⑪故其论道家：原无"道"字，《唐诗纪事》卷二十引作"故其论道家"，程千帆先生《李颀〈杂兴〉诗说》认为后者为长，今从其说，据《四库》本补。

【译文】

李颀，东川人。开元二十三年（735）贾季邻那一榜的进士。调任新乡县县尉。性格疏略简古，厌恶世俗事务，仰慕神仙之术，服食丹药，期待学到轻身飞升的道术，喜欢结交尘世之外的好友。一时间的名流，没有不看重他的。擅长写诗，诗中展现的情调既清新，所用的修辞也秀美，《杂兴》类的诗歌都写得很好，最擅长表达精微的义理，多有无拘无束的语言,足以使人心神震荡。可惜他这么好的才华,只做到县尉。因此他讨论道家的学说,常常比其他许多著作都高明。有集子流传至今。

张谔

谔,永嘉人①。初隐少室下②,闭门修肄③,志甚勤苦,不及声利④。后应举,官到刑部员外郎⑤。明《易》象⑥,善草隶⑦,兼画山水,诗格高古。与李颀友善⑧,事王维为兄⑨,皆为诗酒丹青之契⑩。维赠诗云:"屏风误点惑孙郎⑪,团扇草书惊内史⑫。"李颀赠曰:"小王破体闲支策⑬,落月梨花照空壁。诗堪记室妒风流⑭,画与将军作勍敌⑮。"天宝中谢官⑯,归故山偃仰⑰,不复来人间矣。有诗传世。

【注释】

①永嘉:郡名,治所在今浙江温州。

②少室:即少室山。

③修肄(yì):研习。

④声利:名声和功利,犹"名利"。

⑤刑部员外郎:官名,尚书省刑部刑部司员外郎省称,为刑部郎中的副职,掌刑法及按覆刑狱等事。

⑥《易》象:指《周易》八卦的卦象。

⑦草隶:一种书体,即隶书的草写体。

⑧李颀:唐代诗人,善古诗,尤擅长七古。传见本卷前文。

⑨王维:字摩诘,唐代山水田园诗的代表人物,诗风恬淡宁静,清新明丽。传见本卷前文。

⑩契:指交契,友谊深厚。

⑪屏风误点惑孙郎：用曹不兴之典，赞张谞画艺高超。张彦远《历代名画记》卷四：“曹不兴，吴兴人也。孙权使画屏风，误落笔点素，因就成蝇状，权疑其真，以手弹之。”孙郎，即孙权，字仲谋，三国中吴国的建立者。

⑫团扇草书惊内史：用王羲之事，赞张谞书艺高超。据《晋书·王羲之传》，王羲之曾为卖扇老妇写扇，被重金买走。内史，指王羲之，曾任会稽内史，故称。

⑬小王：指王献之，字子敬，王羲之第七子，与其父并称“二王”，张怀瓘《书断》云：“（献之）幼学于父，次习于张（芝），后改变制度，别创其法，率尔私心，冥合天矩……至于行草兴合，若孤峰四绝，迥出天外，其峭峻不可量也。”后文破体即指王献之改变王羲之的法度，创立行草。支策：谓击乐器打拍子，形容用心劳神。语出《庄子·齐物论》：“昭文之鼓琴也，师旷之枝策也，惠子之据梧也，三子之知，几乎，皆其盛者也，故载之末年。”

⑭记室：指锺嵘，字仲伟，著有《诗品》三卷，曾做过衡阳王萧元简、晋安王萧纲记室，故称。

⑮将军：指李思训，字建，唐宗室，开元间进右武卫大将军，世称“大李将军”，为后世画青绿山水者开创者，明董其昌称他为山水画“北宗”之祖。其子李昭道亦擅山水，创画海图，称“小李将军”。劲（qíng）敌：有力的对手。

　　“小王破体闲支策”一诗，意谓张谞的行草就像王献之那样别出心裁而不必劳心苦神，写出来的书法就像西沉之月投射在空墙壁上的梨花花影。张谞写的诗能让锺嵘炉忌他的风采神韵，他的绘画作品好到可以成为李思训的劲敌。

⑯谢官：辞官。

⑰偃仰：仰卧休息。语出《诗经·小雅·北山》：“或栖迟偃仰，或王事鞅掌。”

【译文】

张谭，永嘉人。刚开始隐居在少室山下，关门研习，用心特别勤奋刻苦，不去想功利名声。后来参加科举，官做到刑部员外郎。明白《周易》八卦的卦象，善写草隶，也会画山水画，诗歌格调高雅简古。与李颀是好朋友，奉王维为兄长，都是一起写诗喝酒绘画的朋友。王维写诗赠送给他说："屏风误点惑孙郎，团扇草书惊内史。"李颀赠诗给他说："小王破体闲支策，落月梨花照空壁。诗堪记室炉风流，画与将军作勍敌。"天宝年间辞官，回到故山仰卧闲居，不再来尘世间了。有诗歌作品流传在世。

孟浩然

浩然，襄阳人①。少好节义，诗工五言。隐鹿门山②，即汉庞公栖隐处也③。四十游京师，诸名士间尝集秘省联句④，浩然曰："微云淡河汉，疏雨滴梧桐⑤。"众钦服。张九龄、王维极称道之⑥。维待诏金銮⑦，一旦，私邀入商较风雅，俄报玄宗临幸，浩然错愕伏匿床下⑧，维不敢隐，因奏闻。帝喜曰："朕素闻其人而未见也。"诏出，再拜。帝问曰："卿将诗来耶？"对曰："偶不赍⑨。"即命吟近作，诵至"不才明主弃，多病故人疏"之句⑩，帝慨然曰："卿不求仕，朕何尝弃卿，奈何诬我？"因命放还南山。后张九龄署为从事⑪。开元末，王昌龄游襄阳⑫，时新病起，相见甚欢，浪情宴谑，食鲜疾而终⑬。

【注释】

①襄阳：郡名，治所在今湖北襄阳。

②鹿门山：原名苏岭山，在湖北襄阳东南。东汉建武年间建苏岭山

神祠于山上，门前刻二石鹿，人称鹿门庙，故山亦随庙名。

③汉庞公：指汉末的庞德公，庞统之叔，东汉末襄阳（今属湖北）人。时人称许为"庞公"，有知人之鉴，称诸葛亮为"卧龙"，司马徽为"水镜"，庞统为"凤雏"。

④秘省：秘书省简称。联句：饮宴及友朋应酬所用的作诗方法，由两人或多人共作一诗，相联成篇，相传始于汉武帝《柏梁台诗》。

⑤"微云淡河汉"两句：谓微云点缀，让银河看起来更加浅淡，稀疏的雨点，滴落在梧桐叶上。河汉，银河。

⑥张九龄：字子寿，韶州曲江（今属广东）人。唐开元朝贤相，喜提携后进。其五言古诗，兴寄深婉，得风骚之旨。

⑦待诏：唐玄宗时，在翰林院供职的各种艺能之士称为待诏，即随时听候皇帝的召唤。金銮（luán）：唐金銮殿之省称。大明宫紫宸殿西为还周殿，还周殿西北为金銮殿，与翰林学士院相接，皇帝召见学士常在金銮殿。据学者考证，后文所述之事盖系后人附会。

⑧错愕（è）：仓促惊愕。愕，原作"聘"，据《四库》本改。伏匿：隐蔽匿藏。

⑨赍（jī）：带。

⑩"不才明主弃"两句：引自孟浩然《岁暮归南山》，意谓由于我没有才华所以被圣明的君主弃而不用，因为我老是生病所以跟亲友也疏远了。

⑪从事：州刺史之佐吏。

⑫王昌龄：字少伯，其诗擅长七绝，多写边塞生活，《从军行》《出塞》诸诗，最为著名。传见本卷前文。

⑬勤疾：当为"疾动"之误，王士源《孟浩然集序》："食鲜疾动，终于冶城南园。"

【译文】

孟浩然，襄阳人。少年喜好节操义行，诗歌方面善写五言诗。隐居在鹿门山，就是东汉末庞德公所栖息隐居的地方。四十岁游历京都，诸多名士曾集聚在秘书省联句，孟浩然联句说："微云淡河汉，疏雨滴梧桐。"众人都钦佩折服。张九龄、王维极力称赞他。王维在金銮殿值班，一天，私自邀请孟浩然进来商讨诗歌，不久闻报说唐玄宗到来，孟浩然惊愕地躲藏到床底下，王维不敢隐瞒，便上奏给唐玄宗听。唐玄宗高兴地说："我早就听说过他却还没见到过呢。"下诏请孟浩然出来，孟浩然拜了两拜。唐玄宗问道："你带诗歌来了吗？"孟浩然回答说："恰巧没带。"就命令他吟诵近期的作品，朗诵到"不才明主弃，多病故人疏"两句，唐玄宗感慨地说："你不追求仕宦，我何曾弃你不用，为什么要诬陷我？"于是命令放他回到终南山。后来张九龄任命他为州府从事。开元末年，王昌龄来襄阳游玩，当时孟浩然生病才好，两人见面非常开心，尽情开宴谈笑，吃了新鲜的鱼而引发旧疾，便过世了。

　　○古称祢衡不遇[1]，赵壹无禄[2]，观浩然磬折谦退[3]，才名日高，竟沦明代，终身白衣，良可悲夫！其诗文采丰茸[4]，经纬绵密[5]，半遵雅调，全削凡近。所著三卷，今传。王维画浩然像于郢州[6]，为浩然亭。咸通中[7]，郑诚谓贤者名不可斥[8]，更名曰"孟亭"，今存焉。

【注释】

[1] 祢衡：字正平，平原般（今山东临邑）人。少有才辩，性格刚毅，因侮辱曹操被曹送给刘表，刘表又转送黄祖，终因冒犯黄祖被杀。汉末辞赋名家，代表作《鹦鹉赋》。

[2] 赵壹：字元叔，汉阳西县（今甘肃天水）人。恃才傲物，公府争相征召不就，终于家。代表作有《刺世疾邪赋》等。

[3] 磬折：喻指躬身致敬，或屈己事人。《礼记·曲礼下》："立则磬折垂佩。"孔颖达疏："臣则身宜偻折如磬之背，故云磬折也。"

④丰茸：茂密貌。

⑤绵密：细密周到。

⑥郢州：州名，治所在今湖北钟祥。

⑦咸通：唐懿宗年号（860—874）。

⑧郑诚（xián）：字申虞，福州闽县（今福建福州）人。曾任郢州刺史，善文辞。时同乡中林滋善赋，詹雄善诗，诚善文，称"闽中三绝"。

斥：直呼姓名不敬，如在斥责，故云斥。

【译文】

〇古人称说祢衡怀才不遇，赵壹没有俸禄，看孟浩然躬身敬重谦虚退让，才名一天比一天高，最终在圣明朝代沉沦不遇，一辈子都是普通百姓，确实让人悲伤啊。他的诗歌文采繁茂，结构严谨细密，大半都遵守雅正格调，全部削去平庸浅陋。所写作品三卷，传到今天。王维在郢州画了孟浩然的头像，建造浩然亭。咸通年间，郑诚说贤能之士不可直呼其名，就把"浩然亭"改为"孟亭"，现在还保存在那里。

丘为

为，嘉兴人①。初累举不第，归山读书数年。天宝初，刘单榜进士②。王维甚称许之，尝与唱和。初事继母孝，有灵芝生堂下。累官太子右庶子③，时年八十余，母犹无恙，给俸禄之半。及居忧④，观察使韩滉以为致仕官给禄⑤，所以惠养老臣，不可在丧为异，唯罢春秋羊酒。初还，县令谒之，为候门磬折，令坐方拜，里胥立庭下⑥，既出，乃敢坐。经县署⑦，降马而过，举动有礼。卒年九十六。有集行世。

【注释】

①嘉兴：县名，治所在今浙江嘉兴。

②刘单：唐天宝二年（743）癸未科状元，岐山（今属陕西）人。后任
礼部司勋郎中，颇受宰相杨炎赏识。

③太子右庶子：官名，东宫官属，唐代置右庶子二人，正四品下，掌侍
从、献纳、启奏。

④及居忧：原无此句，据《新唐书·艺文志》补。

⑤韩滉：字太冲，曾任浙江东西道观察使。致仕官：古代告老退休的
官称致仕官。

⑥里胥：乡村小吏。

⑦县署：旧指县级行政单位执行公务的处所。

【译文】

　　丘为，嘉兴人。起初多次应举都没考上，回到山中读书多年。天宝
初年，刘单那一榜的进士。王维非常称赞认可他，曾与他诗歌唱和。一
开始侍奉继母孝顺，有灵芝生长在厅堂阶下。累积做官做到太子右庶子，
当时年纪八十多岁，继母还很健康，朝廷供给他退休前俸禄的一半。等
到继母过世守丧，观察使韩滉认为给退休官员的俸禄，是为了好好赡养
年老的臣子，不能因为继母过世就不给了，只是罢去了春秋两季供给的
羊和酒。刚退休回家的时候，县令来拜谒他，他躬身恭敬地站在门边等
候，县令坐下才拜谢，乡里小吏站立在庭院中，已经出去，他才敢坐下。
路过县政府，就下马走过去，举止动作很有礼节。死时九十六岁。有集
子流行在世。

李白

　　白，字太白，山东人①。母梦长庚星而诞②，因以命之。
十岁通五经，自梦笔头生花，后天才赡逸。喜纵横③，击剑为
任侠④，轻财好施。更客任城⑤，与孔巢父、韩准、裴政、张叔
明、陶沔居徂徕山中⑥，日沉饮⑦，号"竹溪六逸"。

【注释】

①山东:泛指崤山及函谷关以东即关东地区,非具体地名。据学者研究,李白当为陇西成纪(今甘肃秦安)人,出生地则各说皆有,迄今尚无定论。

②长庚星:即太白金星,早晨出现时叫启明,晚上出现时叫长庚。

③纵横:指纵横之术,重谋策,能言善辩。

④任侠:行侠。

⑤任城:县名,治所在今山东济宁。

⑥孔巢父:字弱翁,冀州(今属河北)人,孔子后裔。兴元元年(784)兼御史大夫,充宣慰使,前往河中劝说李怀光归顺,被怀光部下杀害。韩准:生平不详。裴政:曾为行军司马,余皆不详。张叔明:生平不详。陶沔:生平不详。徂徕山:一称尤徕山,又作尤来山、尤崃山,在山东泰安东南,大、小汶河之分水岭。

⑦沉饮:犹痛饮、狂饮。

【译文】

李白,字太白,山东人。他的母亲梦见太白金星而生下他,就用"太白"给他取名字。十岁就博通五经,自己梦见笔头上开出花朵,后来天生才华富丽飘逸。喜欢纵横术,以剑击刺来行侠仗义,轻视财物喜爱施舍。又在任城客居,与孔巢父、韩准、裴政、张叔明、陶沔隐居在徂徕山中,每天纵酒痛饮,号称"竹溪六逸"。

天宝初,自蜀至长安,道未振,以所业投贺知章①,读至《蜀道难》②,叹曰:"子谪仙人也③。"乃解金龟换酒④,终日相乐,遂荐于玄宗。召见金銮殿,论时事,因奏颂一篇,帝喜,赐食,亲为调羹,诏供奉翰林⑤。尝大醉上前,草诏,使高力士脱靴⑥,力士耻之,摘其《清平调》中飞燕事⑦,以激怒贵妃,帝每欲与官,妃辄沮之⑧。白益傲放,与贺知章、李适之、汝阳王琎、崔宗之、苏晋、张旭、焦遂为"饮酒八仙人"⑨。恳求还山,赐黄金,诏放归。

【注释】

①贺知章:字季真,一字维摩,自号四明狂客,越州永兴(今浙江萧山)人。工文辞,性放旷,善谈笑。晚年尤加纵诞,每醉后属词,咸为可观。与李白、张旭等相友善,为"酒中八仙"之一。传见本书卷三。

②《蜀道难》:李白名作,原为乐府《瑟调曲》名。

③谪仙人:贬在凡间的仙人。

④金龟:金印龟纽的省称,指金印的纽为龟形,唐朝为三品以上的官员所佩带,以防召令有诈。

⑤供奉翰林:官名为翰林供奉,唐玄宗时因中书省事务繁剧,乃改翰林待诏置翰林供奉,协助集贤院学士分掌制诰书敕。

⑥高力士:宦官,高州良德(今广东高州)人。玄宗时知内侍省事,进封渤海郡公,特受宠信。

⑦《清平调》中飞燕事:指"借问汉宫谁得似,可怜飞燕倚新妆",把杨贵妃比作赵飞燕。飞燕,汉成帝皇后赵飞燕,善歌舞,以体轻,故称"飞燕"。成帝时入宫,为婕好,后立为皇后。平帝即位,被废为庶人,自杀。

⑧辄(zhé):总是,就。沮:阻止。

⑨李适之:始名昌,唐太宗废太子李承乾之孙。官至左相,因与李林甫不和,被贬为宜春太守,后自杀而死。性简率,嗜酒。汝阳王琎:李琎,初名嗣恭,又名淳,唐睿宗李旦之孙,唐玄宗李隆基之侄。雅好音乐而且姿容妍美,性嗜酒,自称"酿王""曲部尚书"。崔宗之:名成辅,以字行,宰相崔日用的儿子,袭封齐国公,官至右司郎

中,性嗜酒。苏晋:雍州蓝田(今属陕西)人,能诗,善属文,性嗜酒。
张旭:字伯高,苏州吴(今江苏苏州)人。曾为常熟尉、金吾长史,
世称"张长史"。工书法,以草书最著名。相传常大醉后呼喊狂走,
然后落笔,时称"张颠"。焦遂:口吃,醒若不能言,醉后应答如流。
饮酒八仙人:说本杜甫《饮中八仙歌》。

【译文】

　　天宝初年,从四川来到长安,大道没有振起,把写的作品投递给贺知
章,读到《蜀道难》,贺知章赞叹说:"你真是天上贬谪到人间的仙人啊。"
于是解掉龟纽金印来换酒,整天一起欢乐,便把他荐举给唐玄宗。李白
在金銮殿被玄宗召见,讨论当时的时政,趁机上奏一篇颂文,唐玄宗很高
兴,赐他吃饭,亲自为他调和羹汤,下诏让他担任翰林供奉。李白曾在唐
玄宗前烂醉如泥,起草诏书,让高力士为他脱鞋,高力士深为此事感到耻
辱,挑出他《清平调》歌辞中以赵飞燕比喻杨贵妃的诗句,来刺激惹怒杨
贵妃,唐玄宗每次想让李白做官,杨贵妃就加以阻止。李白更加傲慢放
荡,与贺知章、李适之、汝阳王琎、崔宗之、苏晋、张旭、焦遂一起被称为
"饮酒八仙人"。恳切请求回到山中,皇帝就赐给他黄金,下诏放他归去。

　　白浮游四方,欲登华山①,乘醉跨驴,经县治②,宰不知,
怒引至庭下曰:"汝何人,敢无礼③?"白供状不书姓名④,曰:
"曾令龙巾拭吐⑤,御手调羹,贵妃捧砚,力士脱靴。天子门
前,尚容走马;花阴县里⑥,不得骑驴?"宰惊愧,拜谢曰:"不
知翰林至此。"白长笑而去。尝乘舟与崔宗之自采石至金
陵⑦,著宫锦袍坐⑧,傍若无人。

【注释】

　　①华山:古称西岳,"五岳"之一,在陕西华阴市城南,秦岭支脉,壁

立千仞,峥嵘雄奇,有"华山天下雄"之誉。

②县治:旧时指县政府的所在地。

③无礼:经过县衙署时,按礼应下驴步行,李白骑驴经过,故为无礼。

④供状:指书面的供词。

⑤龙巾:君王所用之巾。

⑥花阴县:也作华阴县,因县城在华山之阴(山北),故名华阴,治所在今陕西华阴。

⑦采石:亦称采石矶、牛渚矶,在今安徽马鞍山市西南翠螺山麓。金陵:今江苏南京的别称。

⑧宫锦袍:用宫锦制成的袍子。

【译文】

李白飘荡游览四方,想登上华山,乘着醉意跨骑毛驴,经过华阴县县政府,县令不知道是李白,愤怒地拉他来到县庭下说:"你是谁?胆敢这样没有礼貌?"李白为此写了书面供词,但不写姓名,只说:"曾用皇上的巾帕揩拭呕吐物,皇上亲手为我调和羹汤,杨贵妃为我端过砚台,高力士为我脱过鞋子。天子的宫殿门前,尚且容许我快马奔跑;华阴县里,竟不让我骑驴?"县令又惊讶又惭愧,行拜礼道歉说:"不知道是翰林学士来到这里。"李白长声笑着就离开了。曾乘船与崔宗之从采石矶去往南京,穿着宫锦织成的华美衣袍坐着,潇洒自如,好像旁边没有人。

禄山反,明皇在蜀,永王璘节度东南①,白时卧庐山②,辟为僚佐③。璘起兵反,白逃还彭泽④。璘败,累系浔阳狱⑤。初,白游并州⑥,见郭子仪⑦,奇之,曾救其死罪;至是,郭子仪请官以赎,诏长流夜郎⑧。

【注释】

①永王璘:即李璘,唐玄宗十六子,封永王。安禄山叛乱,唐玄宗命

璘为山南东路、岭南、黔中、江南西路四道节度采访使、江陵郡大
都督,保卫东南。肃宗恐其争帝位,命其入蜀见上皇,璘不从命,
不久兵败而死。

②庐山:又称匡山,在江西九江南,鄱阳湖畔。相传周朝有匡氏七兄
弟上山修道,草庐为舍,故名,有"匡庐奇秀甲天下"之称。

③僚佐:官佐属吏。

④彭泽:县名,治所在今江西彭泽。

⑤浔阳:郡名,治所在今江西九江。

⑥并州:州名,唐开元年间改为太原府,治所在今山西太原。

⑦郭子仪:唐代名将,华州郑(今陕西渭南华州区)人。在河北击败
史思明,功居第一,后进封汾阳郡王,世称郭汾阳,也称郭令公。
据学者考证,李白救郭子仪事纯属伪托。

⑧夜郎:古国名,西南夷分支,主要在今贵州西部及北部,并包括云南
东北,四川南部及广西北部部分地区,居民有夷、濮、羌等,统称夜郎。

【译文】

安禄山造反,唐玄宗在四川,命令永王李璘调度保卫东南,李白当时
高卧庐山,被征辟担任佐吏。李璘起兵谋反,李白逃回到彭泽,李璘兵败
后,被牵累囚禁在浔阳郡监狱中。当初,李白游历并州时,见到郭子仪,
认为他与众不同,曾经救过他的死罪;到这时,郭子仪请用自己的官位来
替李白赎罪,皇帝下诏将李白长期流放夜郎。

　　白晚节好黄老,度牛渚矶①,乘酒捉月,沉水中。初,悦
谢家青山②,今墓在焉。有文集二十卷,行世。或云:白,凉
武昭王暠九世孙也③。

【注释】

①度:通"渡",过江河。牛渚矶:即采石矶。

②谢家青山：即谢公山，今安徽当涂东南三十里青山，因有谢朓旧
宅，故又称"谢家青山"。李白"一生俯首谢宣城"，故有此意。
③凉武昭王暠（hào）：即李暠，字玄盛，陇西狄道（今甘肃临洮南）人，
十六国时西凉建立者。

【译文】

李白晚年喜好黄老之术，从采石矶渡江，乘着酒劲捕捉月亮，沉落到
水中。一开始李白喜欢谢公山，如今李白墓也在那里。有集子二十卷流
行在世。有的人说：李白，是凉武昭王李暠的第九代子孙。

杜甫

甫，字子美，京兆人①。审言生闲②，闲生甫③。甫少贫，
不自振④，客吴越、齐赵间⑤。李邕奇其材⑥，先往见之。举
进士，不中第，困长安。天宝三载⑦，玄宗朝献太清宫⑧，飨庙
及郊⑨，甫奏赋三篇⑩，帝奇之，使待诏集贤院⑪，命宰相试文
章。擢河西尉⑫，不拜，改右卫率府胄曹参军⑬。数上赋颂，
高自称道⑭，且言："先臣恕、预以来⑮，承儒守官十一世，迨
审言以文章显。臣赖绪业⑯，自七岁属辞，且四十年，然衣
不盖体，常寄食于人，窃恐转死沟壑⑰，伏惟天子哀怜之。
若令执先臣故事，拔泥涂久辱，则臣之述作⑱，虽不足鼓吹六
经⑲，先鸣数子⑳，至沉郁顿挫㉑，随时敏给，扬雄、枚皋㉒，可
企及也。有臣如此，陛下其忍弃之？"

【注释】

①京兆：府名，治所在今陕西西安。京兆杜陵，是杜甫的郡望。杜甫
祖籍襄阳（今属湖北），后迁到河南巩县（今河南巩义）。

②审言：即杜审言，字必简。青年时即与崔融、李峤、苏味道并称"文章四友"，颇以文章自负。其诗多应制、酬和及写景之作，五言律诗居多。传见本书卷一。

③闲：即杜闲，曾为兖州司马和奉天县令。

④自振：自给。杜甫年轻时期"裘马颇清狂"，并非贫困，此处辛文房沿袭《新唐书》本传的错误。

⑤吴越：今江苏、浙江一带。齐赵：今山东、河北一带。

⑥李邕：字泰和，扬州江都（今江苏扬州）人，著名学者李善之子。天宝初为汲郡、北海太守，人称"李北海"。文章书翰皆过人，为宰相李林甫所忌，诬为"奸脏"，遭陷杖杀于郡。杜甫闻李邕负谤死，作《八哀诗》伤之。

⑦天宝三载：据学者考证，杜甫献三大礼赋当在天宝十载（751）。

⑧朝献：皇帝在郊祀、明堂等大礼前二日亲到太清宫行奏告之礼，谓之朝献，朝献之称始于唐玄宗。太清宫：道教庙观名，在长安大宁坊西南隅，天宝元年（742）建立，次年改名太清宫。

⑨庙：帝王为祭祀其祖先而建立的庙。郊：都邑南面之郊，古时帝王每年在南郊祭天。据《旧唐书·玄宗纪》，当时在南郊合祭天地。

⑩奏赋三篇：即献《三大礼赋》，分别为《朝献太清宫赋》《朝享太庙赋》和《有事于南郊赋》。

⑪待诏：据杜甫《进封西岳赋表》，当为"待制"，在宫中值班以备顾问的官员。集贤院：官署名，唐开元十三年（725）改丽正殿修书院为集贤殿书院，简称集贤院。

⑫河西：县名，治所在今陕西合阳。

⑬右卫率府胄曹参军：据杜甫《官定后戏赠》题下原注，当为右卫率府兵曹参军。右卫率府即太子右卫率府，与左卫率府一起节制东宫护卫及太子仪卫禁军。兵曹参军，官名，掌右卫率府兵曹簿籍，从八品下。

⑭称道：称述，称赞。此下引文大略出自天宝三载（744）杜甫《进雕赋表》，多有删改。

⑮先臣：臣在君前称指自己的先人。恕：指杜恕，杜预的父亲，字务伯。为人倜傥任意，不求世誉，在朝八年，议论亢直，后被免官。著有《体论》《兴性论》等。预：指杜预，字元凯，以灭吴功，封当阳县侯。多谋略，当时号称"杜武库"。平吴后耽思经术，著有《春秋经传集解》，为后世通行《左传》注本。

⑯绪业：遗业。

⑰沟壑：山沟，借指野死之处或困厄之境。

⑱述作：泛指著作之事。

⑲鼓吹：宣传提倡。六经：六部儒家经典，其说始见于《庄子·天运》篇，即《诗》《书》《礼》《乐》《易》《春秋》。

⑳先鸣：在百家争鸣之前，意谓超过。数子：指诸子中的少数优秀者，可见诸子百家中有些流派，杜甫是不放在眼里的。

㉑沉郁顿挫：文章深沉蕴积，词句抑扬顿挫，后世成为杜甫诗歌风格的专有名词。杜甫《进雕赋表》作于天宝三载（744），此时不到四十岁，当时所谓"沉郁"一语还没有忧愤深广的含义，经过杜甫晚年的发展，使之更有现实价值。

㉒扬雄：字子云，西汉蜀郡成都（今属四川）人。早期即以辞赋闻名，每以司马相如为式，效《子虚》《上林》而作《羽猎》《甘泉》诸赋，后世有"扬马"之誉。枚皋：字少孺，淮阴（今属江苏）人，枚乘子。善辞赋，才思敏捷，扬雄说："军旅之际，戎马之间，飞书驰檄，则用枚皋。"有赋一百二十篇，今多不传。

【译文】

　　杜甫，字子美，京兆人。杜审言生杜闲，杜闲生杜甫。杜甫年少贫寒不能自给自足，客居在吴越、齐赵之间。李邕惊叹他的才华，先跑到他那里拜访他。参加科举考试，没有考中，困守在长安。天宝三载（744），唐玄宗朝拜祭祀太清宫,祭祀太庙和南郊,杜甫奏上三篇赋,唐玄宗觉得他不同凡响,派他在集贤院值班,命令宰相考察他的文章。提拔为河西县县尉,不接受,改为右卫率府胄曹参军。多次上奏赋文和颂文,在文中高度称赞自己的家世,并且说:"我的先祖杜恕、杜预以来,继承儒业保守官职十一代,到杜审言因为文章而显耀。我依靠先祖留下来的遗业,从七岁就开始写文章,至今快四十年了,但是衣服没办法遮盖身体,常常在别人那里寄宿、蹭饭,私下担心我会辗转死在沟壑之中,恳请陛下哀悯怜惜我。如果让我操执先祖的旧事,把我从泥途久辱之地提拔出来,那我的著作,虽不足以宣传六经,超过诸子百家中的一些优秀学者,至于情感深沉浓郁,音节抑扬顿挫,随时敏捷地写作,像扬雄和枚皋,还是可以企望达到的啊。有臣子这样,陛下怎么忍心抛弃我呢?"

　　会禄山乱,天子入蜀,甫避走三川①。肃宗立,自鄜州羸服欲奔行在②,为贼所得。至德二年,亡走凤翔上谒③,拜左拾遗④。与房琯为布衣交⑤,琯时败兵,又以琴客董庭兰之故罢相⑥,甫上疏言:"罪细,不宜免大臣。"帝怒,诏三司杂问⑦。宰相张镐曰⑧:"甫若抵罪⑨,绝言者路⑩。"帝解⑪,不复问。时所在寇夺,甫家寓鄜,弥年艰窭⑫,孺弱至饿死⑬,因许甫自往省视⑭。

【注释】

①三川:县名,治所在今陕西洛川。

②鄜(fū)州:州名,治所在今陕西富县。羸(léi)服:古时贫贱者的服饰。行在:指唐肃宗所在的灵武(今属宁夏)。

③凤翔:方镇名,治所在今陕西凤翔。

④左拾遗:唐代门下省所属的谏官,掌规谏,荐举人才。两《唐书》

本传皆作"右拾遗"，辛文房误。

⑤房琯（guǎn）：字次律，河南（今河南洛阳）人。其父房融，武则天时为宰相。安史乱中，被唐玄宗授文部尚书、同中书门下平章事，又与韦见素、崔涣等奉使灵武册立唐肃宗。至德元载（756）十月，房琯请命率大军收复长安，兵败咸阳陈陶斜，罢相，贬为邠州刺史。

⑥董庭兰：也作董廷兰，琴师，陇西（今属甘肃）人，以琴艺为房琯赏识。肃宗时房琯为相，董恃其势纳贿，琯因之被劾罢相。诗人李颀、高适等皆与交游，称其为董大。李颀作有《听董大弹胡笳声兼寄语弄房给事》，高适称"莫愁前路无知己，天下谁人不识君"（《别董大》）。

⑦三司：唐朝于大狱，则以刑部、御史台、大理寺会审，称三司。杂问：即会审。杂，共同，《孙子兵法•作战篇》："车杂而乘之，卒善而养之。"

⑧张镐：字从周，博州（今山东聊城）人。天宝末官左拾遗，徒步扈从玄宗入蜀。肃宗即位，迁中书侍郎、同平章事，持身清廉，为时所重。

⑨抵罪：抵偿其应负的罪责。

⑩言者：谏官的便称。

⑪解：消除，这里指怒气清除。

⑫弥年：经年，连年。艰窭（jù）：贫困。

⑬孺弱：年幼的孩子。杜甫《自京赴奉先县咏怀五百字》有"幼子饥已卒"之句。

⑭省视：探望。

【译文】

适逢安禄山叛乱，唐玄宗逃到四川，杜甫躲避到三川县。唐肃宗登基，杜甫从鄜州穿着贫贱者的衣服想伪装奔赴唐肃宗所在的灵武，被叛贼抓获。至德二载（757），逃往凤翔拜见唐肃宗，拜任为左拾遗。杜甫与

　　房琯是贫贱之交，当时房琯兵败陈陶斜，又因为弹琴门客董庭兰私收贿赂的缘故被罢免宰相，杜甫上疏进言说："罪责细微，不应该罢免宰相。"唐肃宗勃然大怒，下诏让刑部、御史台、大理寺共同审问。宰相张镐说："杜甫如果受到惩罚，就断绝了谏官进谏的路子。"唐肃宗才消除怒气，不再审讯。当时寇贼所到之处就掠夺，杜甫家人寄居在鄜州，连年贫困，幼子甚至活活饿死，因此皇帝允许杜甫前往鄜州探亲。

　　从还京师，出为华州司功参军①。关辅饥②，辄弃官去。客秦州③，负薪拾橡栗自给④。流落剑南⑤，营草堂成都西郭浣花溪⑥。召补京兆功曹参军⑦，不至。会严武节度剑南西川⑧，往依焉。武再帅剑南⑨，表为参谋、检校工部员外郎⑩。武以世旧，待甫甚善，亲诣其家。甫见之，或时不巾⑪，而性褊躁傲诞，常醉登武床⑫，瞪视曰："严挺之乃有此儿⑬！"武中衔之⑭。一日，欲杀甫，集吏于门。武将出，冠钩于帘者三，左右走报其母，力救得止。

【注释】

①华州：州名，治所在今陕西渭南华州区，以南有少华山，东连太华山，故名。司功参军：官名，在州则称司功参军事，事务繁多，掌管园祭祀、官吏考课、礼乐、学校、选举、表疏、医筮、丧葬、道佛等事。

②关辅：即关中与三辅的合称，相当于今陕西关中地区。

③秦州：州名，治所在今甘肃秦安。

④橡栗：栎树的果实。

⑤剑南：方镇名，治所在今四川成都，因在四川剑阁（剑门关）之南，故名。

⑥浣花溪：锦江支流，在今四川成都西部。

⑦功曹参军：官名，在府称功曹参军，事务繁多，执掌跟司功参军一样，见上。

⑧严武：字季鹰，华阴（今属陕西）人。安史之乱时赴唐肃宗行在，累迁给事中。长安收复后，拜京兆少尹、兼御史中丞，后迁剑南东川节度使。广德二年（764）再次入蜀为成都尹、剑南东西川节度使。与杜甫交深，有诗歌唱和。杜甫称赞严武"诗清立意新"（《奉和严中丞西城晚眺十韵》）。节度剑南西川：当为"节度剑南东川"，严武上元二年（761）出任剑南东川节度使。

⑨再帅剑南：指严武广德二年（764）再次入蜀为成都尹、剑南东西川节度使。

⑩参谋：职官名，唐代节度使各路统帅所属幕僚之一，主要职责是出谋划策，参议咨询。检校：官员任用类别之一，指地方幕僚本身没有品阶，检校官衔就用来表示其地位。工部员外郎：官名，为工部郎中的副职，与郎中共同掌管城池土木等工程。

⑪巾：又称巾子，古代用于裹头或装饰的布帛。这里用作动词，指戴头巾。

⑫常：同"尝"。床：也写作"牀"，古代的坐卧之具，与今天的床不同，较矮小，供人坐。

⑬严挺之：名浚，以字行。开元中为考功员外郎，铨选公允。张九龄为相，用为尚书左丞，知吏部选。后因得罪李林甫，被陷害，出为洺州刺史、绛郡太守，郁郁而终，卒于洛阳，年七十余。

⑭衔：衔恨。

【译文】

后随皇帝回到京师，外出作华州司功参军。关中地区闹饥荒，就抛弃官位离开。后客寓秦州，杜甫亲自背柴火、捡拾栎树果实供养家人。后流落到剑南，在成都西郊的浣花溪边营建草堂。朝廷征召他补任京兆府功曹参军，也不去。适逢严武担任剑南西川节度使，就去那里依靠他。

严武第二次作剑南东西川节度使的时候，上表推荐他作节度使参谋、检校工部员外郎。严武因为是世交，对待杜甫特别好，亲自到他家拜访。杜甫会见严武，有时连巾帽都不戴，性格急躁、傲慢放诞，曾醉后登上严武的坐具，瞪眼看着他说："严挺之居然有这样的儿子！"严武因而对他怀恨在心。一天，严武想要杀掉杜甫，在门口召集官吏。严武正准备出门时，帽子被门帘多次钩住，左右仆人跑去报告他母亲，他母亲竭力挽救才罢了。

　　崔旰等乱①，甫往来梓、夔间②。大历中③，出瞿塘④，溯沅、湘以登衡山⑤，因客耒阳⑥，游岳祠⑦。大水暴至，涉旬不得食⑧，县令具舟迎之，乃得还，为设牛炙白酒⑨，大醉，一昔卒，年五十九。

【注释】

①崔旰（hàn）：即崔宁，本贝州安平（今属河北）人，客居剑南。宝应初蜀乱，严武荐宁为利州刺史，复转汉州刺史，累有军功。郭英乂为剑南节度使，与宁有隙，奸宁妾媵，率兵伐宁，宁反击，英乂败，为韩澄所杀，剑南大乱。后贿宰相杜鸿渐，授成都尹，赐名宁，后任西川节度使。大历末入朝，卢杞奏宁有反状，被缢杀。

②梓：即梓州，因梓潼水为名，治所在今四川三台。夔（kuí）：即夔州，治所在今重庆奉节东。

③大历：唐代宗年号（766—779）。

④瞿塘：即瞿塘峡，在今重庆奉节东，长江三峡之一。

⑤溯：逆流而上。沅（yuán）：沅江，发源于贵州，流入湖南。湘：湘江，发源于广西，流入湖南。衡山：南岳衡山，又称岣嵝山或虎山，在湖南中部，有"五岳独秀"之称。

⑥耒阳：县名，在湘江支流耒水北岸而得名，治所在今湖南耒阳。

⑦岳祠：即南岳山神庙。

⑧涉旬：经过十天。

⑨牛炙：烤牛肉。

【译文】

崔旰等扰乱四川，杜甫来往于梓州、夔州之间。大历年间乘船出瞿塘峡，沿着沅江、湘江逆流而上，登上南岳衡山，便客居在耒阳，游览南岳山神庙，结果洪水突然到来，一连十天没有吃饭，县令备船来迎接他，才得以回来，为他准备了烤牛肉和白酒，杜甫大醉，一夜就过世了，享年五十九。

甫放旷不自检①，好论天下大事，高而不切也。与李白齐名，时号"李杜"。数尝寇乱，挺节无所污。为歌诗，伤时挠弱②，情不忘君，人皆怜之。坟在岳阳③。有集六十卷，及润州刺史樊晃纂《小集》④，今传⑤。

【注释】

①检：约束。

②挠弱：衰败、衰落。挠，通"桡"。

③坟在岳阳：杜甫墓地，说法众多，待考。

④润州：州名，治所在今江苏镇江。刺史：州的行政长官。樊晃：句容（今属江苏）人。大历时，任润州刺史，集杜甫诗为《杜甫小集》六卷，并为之作序，与诗人刘长卿、皇甫冉友善。殷璠曾收其诗入《丹阳集》，芮挺章《国秀集》亦收有其诗。

⑤今传：据考，杜甫文集至北宋已不全，仅传二十卷，辛文房误。

【译文】

杜甫放荡疏旷不喜欢约束自己，喜欢谈论天下大事，高谈阔论但不切实际。与李白齐名,当时称作"李杜"。多次经历寇贼叛乱,坚持节操没有污损。创作诗歌,感伤当时帝国衰弱,深情不忘君恩,人们都很哀怜他。坟墓在岳阳。有集子六十卷,和润州刺史樊晃编纂的《杜甫小集》,如今流传在世。

○能言者未必能行,能行者未必能言。观李、杜二公,踦跞版荡之际①,语语王霸②,褒贬得失,忠孝之心,惊动千古,骚雅之妙③,双振当时,兼众善于无今,集大成于往作,历世之下,想见风尘④。惜乎长辔未骋⑤,奇才并屈,竹帛少色,徒列空言⑥,呜呼哀哉!昔谓杜之典重,李之飘逸,神圣之际,二公造焉。观于海者难为水⑦,游李、杜之门者难为诗,斯言信哉!

【注释】

①踦跞:即"崎岖",道路险阻不平,比喻处境艰难。版荡:即《板》《荡》,《诗·大雅》篇名,讥刺周厉王无道,败坏国家,比喻乱世。

②王霸:即王道与霸道,关于王道与霸道的讨论史称"王霸之辨",王道即行"仁政",霸道依恃的是武力。

③骚雅:原指《离骚》和《诗经》大小雅,这里借指李杜诗歌。

④风尘:高风清尘,犹"风范""风度"。

⑤长辔(pèi):长缰绳能自如驰骋,喻卓越的才能。未骋:喻没有充分施展才能。

⑥空言:不起作用的话,《史记·太史公自序》引孔子语"我欲载之空言,不如见之于行事之深切著明也"。

⑦观于海者难为水:语出《孟子·尽心上》:"孔子登东山而小鲁,登泰山而小天下。故观于海者难为水,游于圣人之门者难为言。"即

看过大海的人,别的水就很难吸引他,比喻见过大世面的人眼界开阔。

【译文】

○能说的人未必能行动,能行动的人未必会说。看李白和杜甫二公,在乱世之中处境坎坷,每句话都关乎王道霸道,褒扬或贬低时政的对错,忠君仁孝之心意,感动千秋万代,歌诗吟咏之绝妙,双双振起在当时,兼有古今作家的众多长处,集中了历代作品的各种成就,历代之后,仍想象得到他们的崇高风范。可惜满腹才华没有机会施展,奇特的才能也都屈缩不申,使竹帛上的诗歌和历史减少光彩,徒劳地陈列为不起作用的语言,哎呀,悲哀啊!过去说杜甫的典雅庄重,李白的飘然超逸,出神入化的境界,他们都达到了啊。看过大海的人就很难再被别的水吸引,游览过李杜诗歌世界的人就很难再被别的诗吸引,这句话真是不假啊。

郑虔

虔,郑州人①,高士也。苏许公为宰相②,申以忘年之契,荐为著作郎③。尝以当世事著书八十余篇,有告虔私撰国史者④,虔苍黄焚之⑤,坐谪十年。玄宗爱其才,开元二十五年为更置广文馆⑥,虔为博士,广文博士自虔始。杜甫为交,有赠诗曰:"才名四十年,坐客寒无毡。惟有苏司业,时时与酒钱⑦。"其穷饥辗轲⑧,淡如也。好琴酒篇咏,善图山水。能书,苦无纸,于慈恩寺贮柿叶数屋⑨,遂日就书殆遍。尝自写其诗并画表献之,玄宗大署其尾曰"郑虔三绝"⑩。与李、杜为密友,多称"郑广文"。禄山反,伪授水部员外郎⑪,托以疾,不夺⑫。贼平,张通、王维并囚系⑬,三人皆善画,崔圆使绘斋壁⑭,因为祈解,得贬台州司户⑮,卒。有集行世。

【注释】

① 郑州:州名,治所在河南荥阳。

② 苏许公:即苏颋,字廷硕,京兆武功(今陕西武功西)人,袭父爵许
　国公,玄宗时为相。善为文,与燕国公张说并称"燕许大手笔"。

③ 著作郎:官名,唐时著作郎为秘书省著作局的长官,自贞观后史馆
　属中书,著作郎不再撰史,掌修撰碑志、祝文、祭文,与佐郎分管局
　事。据学者考证,苏颋与郑虔是忘年交,但并无推荐为著作郎事。

④ 国史:指本国或本朝的历史。

⑤ 苍黄:匆忙,慌张。

⑥ 广文馆:在长安务本坊之西,唐天宝九载(750)设,置博士一人,
　掌教国子监中习进士课业的生徒,郑虔为广文馆博士。文中说开
　元二十五年(737)设,误。

⑦ "才名四十年"以下几句:引自杜甫《戏简郑广文兼呈苏司业》,诗
　意谓郑虔获得才名四十年,客人来访还是贫寒得座位上都没有坐
　垫。只有国子司业苏源明,常常给他一些喝酒钱。毡,用动物毛
　压成的像厚呢子或粗毯子似的东西,这里指坐垫。苏司业,即苏
　源明,曾任国子司业,官终秘书少监,与杜甫、郑虔交情深厚。广
　德二年(764),他和郑虔相继去世,杜甫作有《哭台州郑司户苏少
　监》等诗。

⑧ 轗(kǎn)轲:即"坎坷",高低不平,喻境遇困顿。

⑨ 慈恩寺:初名无漏寺,贞观二十二年(648)太子李治(即唐高宗)
　为纪念生母文德皇后,进行扩建,称"慈恩寺"。

⑩ 郑虔三绝:指诗歌、书法、绘画三绝。

⑪ 水部员外郎:官名,为水部郎中的副职。据学者考证,安禄山授予
　的当为水部郎中。

⑫ 夺:夺走改变素志。语出《论语·子罕》:"三军可夺帅也,匹夫不
　可夺志也。"

⑬张通：唐代画家，工山水杂画，见《历代名画记》卷十。

⑭崔圆：字有裕，贝州武城（今河北武城）人。至德二载（757）迁中书令，封赵国公。

⑮台州：州名，治所在今浙江临海。司户：全称为司户参军事，掌户中帐籍等事。

【译文】

郑虔，郑州人，是志趣高尚的人。苏颋当宰相时，多次表示跟他是忘年好友，推荐他担任著作郎。曾把当代事迹写成八十多篇书稿，有人告发他私自撰写本朝历史，郑虔匆匆忙忙把书稿烧掉，因此被贬谪十年。唐玄宗爱惜他的才华，开元二十五年（737）为他开办广文馆，让他担任博士，设立广文馆博士就是从郑虔开始的。杜甫是他的好友，写有赠给他的诗说："才名四十年，坐客寒无毡。惟有苏司业，时时与酒钱。"如此贫穷饥寒坎坷不顺，他却淡然处之。喜欢弹琴饮酒作诗吟咏，擅长画山水画。会写书法，苦于无钱买纸，就在慈恩寺贮藏几大房间的柿子树叶，于是每天都来，几乎把树叶写完。曾经亲自录写他的诗歌并作画上表进献给唐玄宗，唐玄宗在纸尾大写四个字"郑虔三绝"。与李白、杜甫为亲密的朋友，朋友多称他为"郑广文"。安禄山造反，让他做水部员外郎的伪官，郑虔推托有病，没有丢弃平日的志节。叛贼平定后，和张通、王维一起被囚禁，三人都擅长绘画，崔圆就让他们在自己书斋墙壁上作画，因此为他们祈求开解，郑虔因此得以被贬谪为台州司户，并在那里过世。有集子流行在世。

高适

适，字达夫，一字仲武①，沧州人②。少性拓落，不拘小节，耻预常科③，隐迹博徒④，才名便远。后举有道⑤，授封丘尉⑥，未几，哥舒翰表掌书记⑦，后擢谏议大夫⑧。负气敢言，权近侧目。李辅国忌其才⑨，蜀乱，出为蜀、彭二州刺史⑩，迁西川节度使⑪。还为左散骑常侍⑫，永泰初卒⑬。適尚气节，语王霸衮衮不厌⑭。遭时多难，以功名自许。年五十，始学为诗，即工，以气质自高，多胸臆间语。每一篇已，好事者辄传播吟玩。尝过汴州⑮，与李白、杜甫会，酒酣登吹台⑯，慷慨悲歌，临风怀古，人莫测也，中间倡和颇多。今有诗文等二十卷，及所选至德迄大历述作者二十六人诗为《中兴间气集》二卷⑰，并传。

【注释】

①一字仲武：此处有误，高仲武乃《中兴间气集》的作者，非高適。

②沧州：州名，治所在今河北沧州。

③常科：定期举行的科举考试，又称"常选"。

④博徒：赌徒。

⑤有道：科举考试科目之一，属制科，天宝八载（749）高適考中此科。

⑥封丘：县名，治所在今河南封丘。

⑦哥舒翰：突厥族哥舒部人，初为陇右节度使王忠嗣衙将，后代王忠嗣为陇右节度使，击败吐蕃，兼河西节度使，封西平郡王。安禄山叛乱，起为兵马副元帅，统军守潼关，因杨国忠猜忌，被逼出战，战败被囚，安庆绪兵败撤退时被杀。掌书记：官名，节度、观察等使所属均有掌书记，位在副使、判官之下，掌表奏书檄。

⑧谏议大夫：左谏议大夫属门下省，掌谏谕得失，侍从赞相。

⑨李辅国：本名静忠，为太子李亨宦者。安禄山叛乱，献计李亨至灵武即位，是为肃宗，更名辅国，从此专权。上元三年（762）肃宗将死，与宦官程元振等软禁张皇后，拥立太子豫，是为代宗。后代宗罢其职，派人将其刺死。

⑩蜀:蜀州,治所在今四川崇州。彭州:州名,治所在今四川彭州。

⑪西川:方镇名,至德二载(757)分剑南节度使西部地置,简称西川,治所在今四川成都。

⑫左散骑常侍:官名,属门下省,掌规讽过失,侍从顾问。

⑬永泰:唐代宗年号(765—766)。

⑭衮衮(gǔn):大水奔流不绝,比喻说话滔滔不绝。不厌:不满足。

⑮汴州:州名,治所在今河南开封。

⑯吹台:在今河南开封禹王台公园内,相传春秋时师旷在此奏乐,西汉梁王增筑为吹台。

⑰《中兴间气集》:诗歌总集,唐高仲武编选,二卷。选录自钱起至张南史共二十六人,诗一百三十四首,每人之下各附评语。宋元时期有高适编此书之传说,辛文房误从其说。

【译文】

高适字达夫,一字仲武,沧州人。年少时性格落拓不羁,不拘小节,以参加定期举行的科举考试为羞耻,把自己隐藏在赌徒中,才气名声就已传得很远。后考中有道科,授任封丘县县尉,不久,哥舒翰上表请他作掌书记,后来提拔为谏议大夫。恃其意气敢于发言,权贵近臣不敢直视。李辅国妒忌他的才华,刚好蜀中动乱,派他出去担任蜀州、彭州两州的刺史,升为剑南西川节度使。还朝担任左散骑常侍,永泰初年去世。高适崇尚气节,谈起王霸之道滔滔不绝没有满足的时候。遭逢时代多有战乱,以建立功业、树立名声为自我期许。年到五十岁时,才学写诗,就很工整,他的诗歌因为他的气度、品质而自然高妙,诗中多是直抒胸臆的语言。每一篇诗歌写完,喜欢热闹的人就传播开来,吟咏赏玩。曾经路过汴州,与李白、杜甫相会,畅饮之后登上吹台,意气慷慨,放声悲歌,对着风沙,怀念古人,别人不知道他们怎么了,中间互相唱和的作品很多。现在有诗文等二十卷,和所编选的收录从至德到大历年间二十六个诗人诗作的《中兴间气集》二卷,都流传下来了。

沈千运

千运，吴兴人①。工旧体诗，气格高古，当时士流皆敬慕之，号为"沈四山人"。天宝中，数应举不第，时年齿已迈②，遨游襄、邓间③，干谒名公④。来濮上⑤，感怀赋诗曰："圣朝优贤良，草泽无遗族。人生各有命，在余胡不淑。一生但区区，五十无寸禄。衰落当捐弃，贫贱招谤讟⑥。"其时多艰，自知屯蹇⑦，遂浩然有归欤之志⑧，赋诗云："栖隐无别事，所愿离风尘。不来城邑游，礼乐拘束人。"又曰："如何巢与由，天子不得臣⑨。"遂释志还山中别业。尝曰："衡门之下，可以栖迟⑩。有薄田园，儿稼女织，偃仰今古，自足此生，谁能作小吏走风尘下乎！"高适赋《还山吟》赠行曰："还山吟，天高日暮寒山深。送君还山识君心，人生老大须恣意。看君解作一生事，山间偃仰无不至。石泉淙淙若风雨，桂花松子常满地。卖药囊中应有钱，还山服药又长年。白云劝尽杯中物，明月相随何处眠。眠时忆同醒时意，梦魂可以相周旋⑪。"肃宗议备礼征致，会卒而罢。有集传世。

【注释】

①吴兴：郡名，治所在今浙江湖州。

②年齿：指年龄。

③襄、邓：即襄州、邓州一带，唐时襄州（今湖北襄阳）、邓州（今属河南）均属襄州大都督府管辖。

④名公：有名望的贵族或达官。

⑤濮（pú）上：濮水之滨，在今河南濮阳一带。

⑥"圣朝优贤良"以下几句:引自沈千运《濮中言怀》,诗意谓圣明朝
　　代优待贤良人才,草野之间没有遗漏不用的人才。每个人生来都
　　有自己的命运,我的命运为什么不好。一生到处奔波,五十岁了
　　还没有微薄的俸禄。衰老流落自当被弃而不用,贫寒低贱却到处
　　奔走容易引来谤毁和非议。此类诗歌和诗人,深得辛文房同情,
　　盖辛氏撰写此书时亦未达。区区,劳苦奔波。谤讟(dú),毁谤,
　　非议。

⑦屯(zhūn)蹇(jiǎn):《周易》屯卦与蹇卦的合称,屯卦含艰难之义,
　　蹇卦寓难进之旨,二字相连犹言"险阻",此喻处境不顺利。

⑧归欤之志:语本《论语·公冶长》:"子在陈,曰:'归与归与,吾党
　　之小子狂简,斐然成章,不知所以裁之。'"意即像孔子那样道不
　　行,则归隐。

⑨"赋诗云"以下六句诗:均引自沈千运《山中作》,前四句诗意谓栖
　　息隐居不为别的,只希望脱离奔波的风尘。不来到城市县邑游走
　　干谒,因为繁文缛节的礼仪让人太拘束。后两句诗意谓为什么巢
　　父和许由,连天子都不能让他们臣服呢?言外之意,即该诗中间
　　省略的"寂寞了闲事,而后知天真",有比臣服后的富贵更重要的
　　追求,就是自然而真实的人生。巢与由,即巢父和许由,两位隐士。

⑩"衡门之下"两句:语出《诗经·陈风·衡门》。衡门,横木为门,
　　喻贫者所居。栖迟,安身。

⑪"还山吟"以下几句:引自高适《赋得还山吟送沈四山人》,诗意谓
　　吟唱回到山中,高天日落,寒山幽深。送您回山明白您的心意,人
　　的一生年老了要活得无拘无束。看您已经懂得如何度过这一生,
　　在山间闲居游息无所不至。石上清泉淙淙流淌如风雨声,桂花和
　　松子常常落得堆积满地。刚刚卖完药口袋里应当还有钱,回到山
　　中服用草药又能延年益寿。眼前的白云劝您喝完杯中酒,明月跟
　　着您不知道在哪里酣眠。回想睡着时做的梦跟醒来时的想法是

一样的，您可以跟梦里的自己打交道，成为至交。此诗妙谛用一句话概括，就是活成自己想要且别人羡慕的样子。

【译文】

沈千运，吴兴人。善写古体诗，气韵格调高尚简古，当时的读书人都敬佩仰慕他，称他为"沈四山人"。天宝年间，多次参加科举考试都没考中，当时年纪已老迈，在襄州、邓州一带漫游玩乐，拜访求见有名望的权贵。来到濮水之滨，有感于怀，题诗写道："圣朝优贤良，草泽无遗族。人生各有命，在余胡不淑。一生但区区，五十无寸禄。衰落当捐弃，贫贱招谤讟。"那时的社会多有艰难，他知道自己仕途险阻，便义无反顾地动了归隐的志向，写诗说："栖隐无别事，所愿离风尘。不来城邑游，礼乐拘束人。"又说："如何巢与由，天子不得臣。"就放弃做官的志向回到山中庄园。曾经说："简陋的居室中，也可以安身。有一些贫瘠的田地菜园，儿子耕种女儿织布，仰卧闲居忘怀古今，自然足以度过这一辈子，谁愿去当小官在风沙尘土中奔波啊！"高适写《赋得还山吟送沈四山人》来送行说："还山吟，天高日暮寒山深。送君还山识君心，人生老大须恣意。看君解作一生事，山间偃仰无不至。石泉淙淙若风雨，桂花松子常满地。卖药囊中应有钱，还山服药又长年。白云劝尽杯中物，明月相随何处眠。眠时忆同醒时意，梦魂可以相周旋。"唐肃宗讨论置办礼物征召他来朝廷，碰巧他过世了，就停了。有集子流传在世。

孟云卿

云卿，关西人①。天宝间不第，气颇难平，志亦高尚，怀嘉遁之节②。与薛据相友善③，尝流寓荆州④，杜工部多有与云卿赠答之作⑤，甚爱重之。工诗，其体祖述沈千运⑥，渔猎陈拾遗⑦，词气伤怨，虽然模效才得升堂，犹未入室⑧，当时古调无出其右，一时之英也。如"虎豹不相食，哀哉人食人”，又“朝亦常苦饥，暮亦常苦饥。飘飘万里余，贫贱多是非。少年莫远游，远游多不归”，皆为当代推服。韦应物过广陵⑨，遇孟九⑩，赠诗云：“高文激颓波，四海靡不传。西施且一笑，众女安得妍⑪。”其才名于此可见矣。仕终校书郎。集今传。

【注释】

①关西：泛指函谷关或潼关以西的地区。据学者考证，孟云卿为河南人。

②嘉遁：《遁》卦九五爻辞，意为嘉美及时的退避。

③薛据：唐代诗人，传见本卷前文。

④荆州：州名，治所在今湖北荆州。

⑤杜工部：即杜甫，曾任工部员外郎，故称。传见本卷前文。

⑥祖述：师法。语出《礼记·中庸》：“仲尼祖述尧舜，宪章文武。”

⑦渔猎：本谓捕鱼猎兽，喻泛览博涉。陈拾遗：即陈子昂，曾任右拾遗，故称。传见本书卷一。

⑧“虽然模效才得升堂”两句：语本《论语·先进》：“子曰：‘由也升堂矣，未入于室也。’”后常以升堂入室比喻学问或技艺已造诣精深或深得师传。

⑨韦应物：京兆长安（今属陕西）人，历官滁州、江州、苏州等地刺史，故称“韦苏州”或“韦江州”。其诗以山水景物、田园生活为主，但也有反映安史乱后百姓生活疾苦的篇章。传见本书卷四。广陵：郡名，治所在今江苏扬州。

⑩孟九：即孟云卿，排行第九。

⑪“高文激颓波”以下几句：引自韦应物《广陵遇孟九云卿》，诗意谓高超的诗文激扬衰败的风习，四海之内没有不传诵的。你的诗文就像西施，姑且微微一笑，众多的凡女就失去光彩。颓波，向

下奔流的水波,喻衰败的风气。

【译文】

孟云卿,关西人。天宝年间没有考中进士,意气很难平复,志趣也很高尚,怀有隐退的气节。与薛据是好朋友,曾流落寓居荆州,杜甫多有与孟云卿赠答唱和的作品,非常喜爱敬重他。善于写诗,其诗体师法沈千运,涉猎陈子昂,诗辞气韵过于哀怨,虽然模仿效法只达到较高的水平,还没有抵达精微的境界,但当时古体诗没有写得比他更好的,也是那个时代的英杰啊。诗句如"虎豹不相食,哀哉人食人",又比如"朝亦常苦饥,暮亦常苦饥。飘飘万里余,贫贱多是非。少年莫远游,远游多不归",都被当时人所推崇敬服。韦应物《广陵遇孟九云卿》中说:"高文激颓波,四海靡不传。西施且一笑,众女安得妍。"他的才华名声在这首诗中可以看见啊。官最终做到校书郎。集子流传至今。

○云卿禀通济之才,沦吞噬之俗①,栖栖南北②,苦无所遇,何生之不辰也③。身处江湖,心存魏阙④,犹杞国之人忧天坠⑤,相率而逃者。匹夫之志⑥,亦可念矣。

【注释】

①吞噬(shì):并吞,消灭,此指人与人互相倾轧。

②栖栖:忙碌不安貌。

③生之不辰:即生不逢时。《诗经·大雅·桑柔》:"我生不辰,逢天僤怒。"

④"身处江湖"两句:语本《庄子·让王》:"身在江海之上,心居乎魏阙之下。"魏阙,本指魏国的宫门,后泛指朝廷。阙,古代宫门外两边高耸的楼观。

⑤杞国:古国名,在今河南杞县。忧天坠:即杞人忧天,典出《列子·天瑞》。

⑥匹夫：平常人。

【译文】

○孟云卿禀有通邦济世的才能，沦落在兼并贪婪的世俗中，忙碌地奔走南北，痛苦地没有遇到合适的机会，多么生不逢时啊。此身流落在江湖民间，心里想的却是朝廷国家，就像杞国的人担心天会掉下来，一个接一个逃走。这普通人的情志，也值得感念啊。

卷三

【题解】

卷三所传诗人由盛唐入中唐,有岑参、王之涣、贺知章、包何、包佶、张彪、李嘉祐、贾至、鲍防(附谢良弼)、殷遥、张继、元结、郎士元、道人灵一(附惟审、护国、文益、可止、清江、法照、广宣、无本、修睦、无闷、太易、景云、法振、栖白、隐峦、处默、卿云、栖一、淡交、良乂、若虚、云表、昙域、子兰、僧鸾、怀楚、惠标、可朋、怀浦、慕幽、善生、亚齐、尚颜、栖蟾、理莹、归仁、玄宝、惠侃、法宣、文秀、僧泚、清尚、智暹、沧浩、不特)、皇甫冉、皇甫曾、独孤及、刘方平、秦系、张众甫(附赵微明、于邈、蒋涣、元季川)、严维、于良史、灵彻上人、陆羽、顾况、张南史、戎昱(附包子虚)、古之奇、苏涣、朱湾、张志和等共八十二人。本卷既写到与高适、王昌龄争胜的王之涣这样有名的诗人,也为很多我们不熟悉、却留下佳作的才子们立传,其中最引人注目的是对有诗才的僧人的描写。我们知道,在目录学著作中,僧道是往往附在子部末尾的,辛氏却将诗僧放在卷三较为显眼的位置,体现出他对僧人写诗的欣赏与钦佩,这或许也与他推崇并信服"以禅论诗"有关。当然,最让人称道的还是他对叛唐才子苏涣的记载,不因为他是乱臣贼子而忽略他的才华,尽管辛氏的理由是借此警示那些盗贼,但从"杜甫有与赠答之诗"来看,为他作传首先还是因为他的诗歌才名。在评论当中,辛氏偶尔也会提出一些诗学命题供读者诸君参讨,比如在

《独孤及传》中，他就提出确立诗题的标准是卓绝清新、言简意足，反对元和以后的诗歌题目，这些都从侧面显示他对唐诗特质的思考。

岑参

参，南阳人①，文本之后②。天宝三年赵岳榜第二人及第③。累官左补阙、起居郎④，出为嘉州刺史⑤。杜鸿渐表置安西幕府⑥，拜职方郎中⑦，兼侍御史⑧，辞罢。别业在杜陵山中⑨，后终于蜀。参累佐戎幕⑩，往来鞍马烽尘间十余载，极征行离别之情，城障塞堡⑪，无不经行。博览史籍，尤工缀文，属词清尚，用心良苦。诗调尤高，唐兴罕见此作。放情山水，故常怀逸念，奇造幽致，所得往往超拔孤秀，度越常情，与高适风骨颇同，读之令人慷慨怀感。每篇绝笔，人辄传咏。至德中⑫，裴休、杜甫等尝荐其识度清远⑬，议论雅正，佳名早立，时辈所仰，可以备献替之官⑭。未及大用而谢世，岂不伤哉！有集十卷行于世。杜确为之序云⑮。

【注释】

①南阳：郡名，治所在今河南南阳。

②文本：即岑文本，字景仁，有文才，贞观中擢中书舍人，官至中书令，后从伐辽东，死于途中。

③赵岳：唐天宝三载（744）甲申科状元。据学者考证，岑参考中进士当在天宝五载（746），辛文房误。

④左补阙：据杜确《岑嘉州集序》，当为右补阙，中书省所属的谏官，掌规谏，举荐人才等。起居郎：据岑参《佐郡思旧游》诗序，当为起居舍人，属中书省，掌管起居注，记录皇帝的言行时事，而起居

郎属门下省。

⑤嘉州：州名，治所在今四川乐山。

⑥杜鸿渐：字之巽，濮州濮阳（今属河南）人。广德二年（764），以兵
部侍郎同中书门下平章事。永泰二年（766），以宰相兼成都尹兼
充山南西道、剑南副元帅、剑南西川节度使，以平蜀乱。岑参之为
杜鸿渐幕府，即在此时，后文云"安西幕府"，误。幕府：军旅无固
定之处，以帐幕为其府署，称幕府，招幕僚。

⑦职方郎中：官名，尚书省兵部职方司长官，掌地图、城隍、镇戍、防
人道路之远近及四夷归化之事。

⑧侍御史：中央御史台台院官员，职掌纠举百官犯法及推鞫刑狱
等事。

⑨杜陵：汉宣帝刘询筑陵墓于东原之上，改杜县为杜陵，在今陕西西
安东南。

⑩戎幕：即幕府。

⑪城障：即城堠，在要塞处筑城，里面可驻守士兵。塞堡：边塞堡垒。

⑫至德：肃宗年号（756—758）。

⑬裴休：据《郡斋读书志》，当为裴荐。裴休，字公美，为唐宣宗大中
年间宰相，比岑参年辈晚。

⑭献替："献可替否"的省语，指谏君完善补过。

⑮杜确：京兆（今陕西西安）人，贞元十八年（802）卒于河中节度使
任上，赠礼部尚书。杜确于岑参卒后三十年，作《岑嘉州集序》，倡
导讽谏比兴诗观。

【译文】

岑参，南阳人，岑文本的后代。天宝三载（744）赵岳那一榜以第二
名考中进士。累积做到左补阙、起居郎，出朝廷做嘉州刺史。杜鸿渐上
表让他担任幕府僚佐，拜任职方郎中，兼任侍御史，辞职罢免。他的山庄
在长安杜陵的山中，后来死在四川。岑参多次担任幕府僚佐，来往于马

鞍战火沙尘之间十多年，极尽地表现了出征行军者与家人离别的情感，城堠堡垒，没有没到过的。广博地浏览历史书籍，尤其善于写文章，文辞清隽高尚，费尽心思。诗歌格调特别高亢，唐朝建立以来都很少看见这样的作品。在山水间纵情怀抱，因此常怀隐逸的念头，营造出奇特幽深的情致，所写的诗句常常高出流俗，挺拔突出，超越通常的情理，与高适风力骨气颇为相同，读他的作品让人慷慨感怀。每篇诗歌放笔写完，人们就传诵吟咏。至德年间，裴休、杜甫等曾经举荐他，说他见识气度清要长远，建议讨论典雅中正，好的名声早就确立，同辈人都很仰慕，可以备用为谏诤进言的官员。没来得及担当大任就过世了，岂不令人悲伤啊！有集子十卷流行在世。杜确为他的集子作序。

王之涣

之涣，蓟门人①。少有侠气，所从游皆五陵少年②，击剑悲歌，从禽纵酒③。中折节工文，十年名誉日振。耻困场屋④，遂交谒名公。为诗情致雅畅，得齐梁之风。每有作，乐工辄取以被声律。与王昌龄、高适、畅当忘形尔汝⑤，尝共诣旗亭⑥，有梨园名部继至⑦，昌龄等曰："我辈擅诗名，未定甲乙，可观诸伶讴诗，以多者为优。"一伶唱昌龄二绝句，一唱适一绝句。之涣曰："乐人所唱皆下里之词⑧。"须臾，一佳妓唱曰："黄沙远上白云间，一片孤城万仞山。羌笛何须怨杨柳，春风不度玉门关⑨。"复唱二绝，皆之涣词。三子大笑⑩，曰："田舍奴⑪，吾岂妄哉！"诸伶竟不谕其故⑫，拜曰："肉眼不识神仙。"三子从之，酣醉终日，其狂放如此云。有诗传于今。

【注释】

①蓟(jì)门：即唐代"取古蓟门关以名州"的蓟州,治所在今天津蓟州区。据靳能《唐故文安郡文安县尉太原王府君墓志铭并序》记载,王之涣乃绛州(今山西新绛)人,太原是其郡望。

②五陵少年：长安北有汉代五个皇帝的陵墓(长陵、安陵、阳陵、茂陵、平陵),为汉代豪侠少年聚集之地,后因指豪侠少年或纨绔子弟。

③从禽：追逐野兽,即打猎。

④场屋：也称科场,指考试举子的试场。

⑤畅当：河东(今山西永济)人,能诗,与同时诗人卢纶、韦应物等皆有唱和,其诗"平淡多佳句"。传见本书卷四。忘形尔汝：指情谊深厚,不拘礼仪。"忘形"谓朋友相处不拘形迹,"尔汝"指彼此不拘礼节的直接称呼。

⑥旗亭：酒楼。

⑦梨园：唐玄宗时教练宫廷歌舞艺人的地方,后也泛指戏班或演戏之所。名部：犹名曲。

⑧下里：民间,村俚,即《下里巴人》之曲。

⑨"黄沙远上白云间"以下几句：即王之涣的《凉州词》,诗意谓远处的黄色沙漠跟白云相连(形容天地间什么也没有),只有一座孤城和城边的万仞高山。羌笛声声,何必吹着哀怨的《折杨柳》曲,在这玉门关外,春风都来不了,何况也根本没有杨柳可折呢? 言外之意,在这样的地方连哀怨都是徒劳的。黄沙,一作黄河,以黄沙意长。

⑩三子大笑：据《集异记》所载旗亭画壁故事,此后当为王之涣所言,此处如在"三子大笑"后加上"之涣曰"而不是仅有"曰",则文义更显豁。

⑪田舍奴：犹言"乡巴佬"。

⑫谕：明白,领会。

【译文】

王之涣，蓟门人。年少时有游侠气度，所跟从交游的都是纨绔子弟，用剑击刺，放声悲歌，狩猎禽兽，纵情饮酒。中年改变志向努力写文章，十年来名声荣誉一天比一天振起。耻于受困考场，于是交往谒见有名望的权贵。写诗感情兴致雅正畅达，有齐梁诗的遗风。每次写有新作品，乐工就拿来谱上音律歌唱。与王昌龄、高适、畅当情谊深厚，不拘形迹，能直接称呼你我而不必用敬辞，曾一同到酒楼，有戏班唱名曲的歌声相继传来，王昌龄他们说："我辈中人擅有诗歌的名声，却没有确定高低，可以观看这些乐工演唱诗歌，谁的诗歌被唱得多谁就获胜。"一个乐工演唱了王昌龄的两首绝句，一位演唱了高适的一首绝句。王之涣就说："乐工所唱的都是卑下俚俗的诗歌。"不久，一个长相不俗的歌妓唱道："黄沙远上白云间，一片孤城万仞山。羌笛何须怨杨柳，春风不度玉门关。"又唱了两首绝句，都是王之涣的作品。三人大声欢笑，王之涣说："前面果然是乡巴佬，我哪里是妄言啊！"这些乐工都不知道他们大笑的原因，明白后都拜跪说："我们肉眼凡胎没看出诸位是神仙！"三人认同他们的话，酣畅醉饮一整天，王之涣的狂傲豪放便是这样。有诗歌流传至今。

贺知章

知章，字季真，会稽人①。少以文词知名，性旷夷②，善谈论笑谑。证圣初③，擢进士、超拔群类科④。陆象先在中书⑤，引为太常博士⑥。象先与知章最亲善，常曰："季真清谈风韵，吾一日不见，则鄙吝生矣。"当时贤达皆倾慕之。为太子宾客⑦，开元十三年迁礼部侍郎⑧，兼集贤院学士⑨。晚年尤加纵诞⑩，无复礼度，自号"四明狂客"⑪，又称"秘书外监"⑫，遨游里巷⑬。又善草隶，每醉辄属辞，笔不停辍，咸有可观,每纸不过数十字,好事者共传宝之。天宝三年,因病梦游帝居⑭,及寤,表请为道士,求还乡里,即舍住宅为千秋观⑮,上许之,诏赐镜湖剡溪一曲⑯,以给渔樵。帝赋诗,及太子、百官祖饯⑰。寿八十六。集今传。

【注释】

①会稽:古郡名,治所在今浙江绍兴。

②旷夷:旷达坦荡。

③证圣:周武则天年号(695)。

④超拔群类科:科举考试科目之一,属制科。

⑤陆象先:字崇贤,苏州吴县(今江苏苏州)人,累官至同中书门下平章事,为贺知章姑姑的儿子。中书:官署名,唐中书省的简称。

⑥太常博士:官名,太常属官,掌辨五礼仪式,拟议谥号等。虽为太常寺属官,但在礼院议论典礼皆得自专,无须禀告长官,位望甚高,号称清选。

⑦太子宾客:官名,为太子官属,掌侍从、规谏、调护等。

⑧礼部侍郎:官名,礼部尚书的副职,协同礼部尚书掌管礼仪、祭祀、贡举、宴飨之政令。据学者考证,贺知章先任礼部侍郎,十多年后方为太子宾客。

⑨集贤院学士:官名,又叫集贤殿学士,掌修书之事。

⑩纵诞:放纵任诞。

⑪四明狂客:李白《对酒忆贺监》其一:"四明有狂客,风流贺季真。"四明乃贺知章故乡会稽四明山。

⑫秘书外监:贺知章曾任秘书监,自称"秘书外监",意谓狂放不受约束。

⑬里巷:街巷。

⑭帝居:天帝所居。

⑮千秋观:在今浙江绍兴东北。

⑯镜湖:又称长湖、鉴湖,古代著名人工湖,故址在今浙江绍兴会稽山
　北麓,东汉时会稽太守马臻主持修建,以水平如镜,故名。剡(shàn)
　溪:水名,在今浙江嵊州,源出天台诸山,下流为曹娥江。一曲:
　一段。

⑰祖饯:为出行者祭祀路神并用酒食送行,祖指祭祀路神以保平安,
　饯指以酒食送行。

【译文】

　　贺知章,字季真,会稽人。年少就因文辞而闻名,性格旷达坦荡,善于聊天议论,谈笑戏谑。证圣初年,考中进士及超拔群类科。陆象先在中书省,引荐贺知章担任太常博士。陆象先跟贺知章最为亲密友善,曾经说:"季真清谈的风流气韵,我一天看不见,就生出鄙吝之心了啊。"当时贤能通达之人都倾仰爱慕他。担任太子宾客,开元十三年(725)迁任礼部侍郎,兼集贤院学士。晚年更加放纵任诞,不再讲礼仪节度,自号为"四明狂客",又称为"秘书外监",漫游在大街小巷。又善写草隶,每次喝醉就写诗文,动笔就不停止,都有可观之处,每张纸上不过写几十个字,喜欢热闹的人就共同传阅珍藏。天宝三载(744),因为病中做梦,梦到游览天帝居住的地方,等醒来,就上表请求做道士,恳求回到家乡,把住宅施舍作为千秋观,唐玄宗允许了,下诏赐给他镜湖的剡溪那一段,以供给他打鱼砍柴的隐居生活用度。唐玄宗写诗,并有太子、百官一起为他饯行。活到八十六岁。有集子如今流传。

包何

　　何,字幼嗣,润州延陵人①,包融之子也②。与弟佶俱以

诗鸣③,时称"二包"。天宝七年杨誉榜及第④。曾师事孟浩然⑤,授格法,与李嘉祐相友善⑥。大历中⑦,仕终起居舍人⑧。诗传者可数,盖流离世故,率多素辞,大播芳名,亦当时望族也⑨。

【注释】

①润州:州名,治所在今江苏镇江。延陵:县名,治所在今江苏丹阳延陵镇。

②包融:与贺知章、张旭、张若虚并称"吴中四士"。殷璠《丹阳集》评其诗曰"情幽语奇,颇多剪刻"。传见本书卷二。

③佶:即包佶,传见本卷下篇。

④杨誉:天宝七载(748)戊子科状元,存《纸鸢赋》一首。

⑤孟浩然:襄州襄阳(今属湖北)人,与王维并称"王孟"。诗以自然山水为主,五言居多,不事雕饰,清旷冲澹。传见本书卷二。

⑥李嘉祐:字从一,赵州(今河北赵县)人,包何同榜进士。善为诗,绮靡婉丽,有齐梁风。传见本卷后文。

⑦大历:唐代宗年号(766—779)。

⑧起居舍人:官名,属中书省,掌修起居注等。

⑨望族:有名望的高门士族,这里指有诗歌名望。

【译文】

包何,字幼嗣,润州延陵人,是包融的儿子。与包佶都因诗歌出名,当时称他们为"二包"。天宝七载(748)杨誉那一榜考中进士。曾经师法孟浩然,得到他传授的诗歌格律和法度,与李嘉祐是好朋友。大历年间,官最终做到起居舍人。诗歌流传到现在的屈指可数,大概是因世事变故而失散了,他的诗歌大多是朴素的文辞,美好的诗名到处传播,在当时也是诗歌创作中有名望的大家啊。

包佶

　　佶，字幼正，天宝六年杨护榜进士[1]，累迁秘书监[2]。刘晏治财[3]，奏为汴东两税使[4]。及晏罢，以佶为诸道盐铁等使[5]。未几，迁刑部侍郎、太常少卿[6]，拜谏议大夫、御史中丞[7]。居官谨确[8]，所在有声。佶天才赡逸，气宇清深，神和大雅[9]，诗家老斫也[10]。与刘长卿、窦叔向诸公皆莫逆之爱[11]，晚岁沾风痹之疾[12]。辞宠乐高，不及荣利，卒封丹阳郡公[13]。有诗集行于世。

【注释】

①杨护：唐天宝六载（747）丁亥科状元，虢州弘农（今河南灵宝）人，历任水部郎中、殿中侍御史等。

②秘书监：官名，秘书省长官，掌典禁中图书，考核异同，及省中事务等。

③刘晏：字士安，曹州南华（今山东东明）人，任度支盐铁转运租庸使等职，疏浚运河，用分段转运法，岁运江淮粮食数十万石以济关中，整顿盐税，行常平法，是唐代著名的理财家。

④汴东两税使：即汴东水陆运两税盐铁使的简称，使职名，建中三年（782）置，与汴西两税使总天下山泽之利。据学者考证，刘晏卒于建中元年（780）七月，则包佶任汴东两税使，当非刘晏所奏任，可知辛文房误，但包佶确为刘晏引为盐铁转运使判官。

⑤诸道盐铁等使：官名，即盐铁转运使，唐代后期重要理财官员，盐铁均因官卖而成重要税源，故设专官以领其事。

⑥刑部侍郎：官名，刑部的副长官，辅佐尚书掌天下刑名及徒隶、关禁之政令。太常少卿：官名，为太常副贰，协助太常卿管理礼乐宗

庙祭祀事务,分领诸署。

⑦谏议大夫:官名,唐代谏议大夫分为左右,左谏议大夫属门下省,右谏议大夫属中书省,皆掌谏谕得失,侍从赞相。御史中丞:官名,为御史大夫佐官,开元以后,常作为观察、节度等使的兼官。据学者考证,此处辛文房所述有误,太常少卿、谏议大夫和御史中丞皆宪衔(指在官员正职之外所加的虚衔)。

⑧谨确:谨慎笃实。

⑨大雅:原指《诗经》中的《大雅》诗篇,这里指其诗颇有讽刺等现实意义。

⑩老斫(zhuó):即老斫轮,精于其艺、经验丰富的老手,亦称"斫轮老手"。《庄子·天道》:"轮扁曰:'臣也以臣之事观之。斫轮,徐则甘而不固,疾则苦而不入;不徐不疾,得之于手而应之于心。口不能言,有数存焉于其间。臣不能以喻臣之子,臣之子亦不能受之于臣,是以行年七十而老斫轮。'"

⑪刘长卿:字文房,河间(今属河北)人,官终随州刺史,人称"刘随州"。其诗调雅畅,长于五言,号为"五言长城"。传见本书卷二。窦叔向:字遗直,平陵(今陕西咸阳)人,五言诗名冠流辈。传见本书卷四。莫逆:指彼此心意相通,无所违逆。

⑫风痹(bì):痹证之一,又名"行痹",肢节疼痛,游走不定,即今风湿性关节炎。

⑬丹阳:县名,汉时为郡名,治所在今江苏丹阳。郡公:爵名,晋始置,唐世因之,亦称开国郡公。

【译文】

包佶,字幼正,天宝六载(747)杨护那一榜的进士,累积升迁到秘书监。刘晏治理财政,上奏让他担任汴东两税使。等刘晏被罢免,用包佶担任各道的盐铁等使。不久,升迁为刑部侍郎、太常少卿,拜任谏议大夫和御史中丞。做官的时候谨慎笃实,所到之处皆有政声。包佶天赋才华丰赡飘逸，气度器宇清朗深厚，诗歌风神与大雅相符，是诗人中的老手啊。与刘长卿、窦叔向诸公都是无所逆心的知交，晚年沾染风痹。辞去荣宠，以高尚为乐，不涉及荣名功利，死后被封为丹阳郡公。有诗歌集子流行于世。

张彪

彪，颍上人①。初赴举，无所遇，适遭丧乱，奉老母避地隐居嵩阳②，供养至谨。与孟云卿为中表③，俱工古调诗。云卿有赠云④："善道居贫贱，洁服蒙尘埃。行行无定心，坎壈难归来⑤。"性高简，善草书。志在轻举⑥，咏《神仙》云："五谷非长年，四气乃灵药。列子何必待，吾心满寥廓⑦。"时与杜甫往还，尝寄张十二山人诗云⑧："静者心多妙，先生艺绝伦。草书何太古，诗兴不无神。曹植休前辈，张芝更后身。数篇吟可老，一字买堪贫⑨。"观工部之作⑩，可知其人矣。

【注释】

①颍上：县名，治所在今安徽颍上。

②嵩阳：县名，治所在今河南登封，因在嵩山之南，故称。

③孟云卿：行九，家贫，居嵩阳，工五言古诗，"名声满天下"。传见本书卷二。中表：亲属称谓，指同舅父、姨母、姑母儿女之间亲戚关系，父亲姊妹（姑母）的儿女称"表""外"，母亲兄弟姊妹的儿女称"中""内"。

④云卿有赠：当乙转为"有赠云卿"，下文所引为张彪《北游还酬孟云卿》中诗句。

⑤"善道居贫贱"以下几句：诗意谓正道之人生活贫贱，高洁之服蒙

上尘埃。不停地奔走没有安定之心，窘困之中回来很艰难。这种艰难，既指因不顺而带来的行路等类处境之难，也指心境之难。坎壈(lǎn)，不平，不顺利。

⑥轻举：指求仙时的轻身飞升。

⑦"五谷非长年"以下几句：诗意谓吃五谷不能让人长命不死，吸食天地日月四气才是灵丹妙药。不必像列子那样御风而行有所依靠，我的心中满是寥廓天地。人跟自然合二为一，关注内心的得道，而非表面的飞仙，如下文杜诗"静者心多妙"所云。四气，有多种说法，一般认为指天、地、日、月之气，道家有服气之说，可成神仙。

⑧寄张十二山人诗：即杜甫《寄张十二山人彪三十韵》。

⑨"静者心多妙"以下几句：诗意谓静心者心里多有妙会，张先生才艺超出同辈。草书写得直追太古时期，诗歌兴味无不具有神韵。不要说曹植是他的前辈，又说他是张芝的转世后身（言外之意，他的诗歌、书法能跟曹植、张芝平起平坐）。几篇诗歌能吟诵到老，想要用钱来买他的诗，一个字就可以让人重回贫困。曹植，字子建，曹操第三子，锺嵘《诗品》称其为"建安之杰"。张芝，字伯英，敦煌酒泉（今属甘肃）人，师法崔瑗、杜操，创"今草"，时称"草圣"。

⑩工部：指杜甫，曾检校工部员外郎，故称。

【译文】

张彪，颍上人。起初去参加科举考试，没有遇到欣赏他的人，又刚好碰到死亡战乱，就侍奉年迈的母亲避开战乱之地隐居到嵩阳，供奉赡养特别恭谨。跟孟云卿是中表兄弟，都擅长写古体诗。作有赠给孟云卿的诗说："善道居贫贱，洁服蒙尘埃。行行无定心，坎壈难归来。"性格高雅简古，善写草书。志向在于成仙飞升，他咏《神仙》诗说："五谷非长年，四气乃灵药。列子何必待，吾心满寥廓。"时时跟杜甫来往，杜甫曾寄给他诗说："静者心多妙，先生艺绝伦。草书何太古，诗兴不无神。曹植休前辈,张芝更后身。数篇吟可老,一字买堪贫。"看杜甫的诗作,就可以了解张彪这个人了。

李嘉祐

嘉祐,字从一,赵州人①。天宝七年杨誉榜进士,为秘书正字②。以罪谪南荒③,未几何有诏量移为鄱阳宰④,又为江阴令⑤,后迁台、袁二州刺史⑥。善为诗,绮丽婉靡,与钱、郎别为一体⑦,往往涉于齐梁时风⑧,人拟为吴均、何逊之敌⑨。自振藻天朝,大收芳誉,中兴风流也⑩。有集今传。

【注释】

①赵州:州名,治所在今河北赵县。

②秘书正字:秘书省正字,与校书同掌校正典籍。

③南荒:南方荒凉之地。据学者考证,李嘉祐贬谪到鄱阳,后量移江阴,辛文房误。

④量移:官吏获罪贬到远方,遇赦改置在近地,叫"量移"。鄱(pó)阳:县名,治所在今江西鄱阳。

⑤江阴:县名,治所在今江苏江阴。

⑥台:即台州,治所在今浙江台州。袁:即袁州,治所在今江西宜春,因境内有袁山而得名。

⑦钱:即钱起,字仲文,吴兴(今浙江湖州)人。与卢纶、韩翃、刘长卿、郎士元、皇甫冉、李嘉祐、李益、李端、司空曙并称"大历十才子"。擅长五言诗,诗颇精炼,善于雕琢。传见本书卷四。郎:即郎士元,字君胄,中山(今河北定州)人。与钱起并称"钱郎",其诗闲雅清淡。传见本卷后文。

⑧齐梁时风:指六朝齐梁时绮靡的文风。

⑨吴均：字叔庠，吴兴故彰（今浙江安吉）人。诗多描绘山水景物，风格清新挺拔，号为吴均体。何逊：字仲言，东海郯（今山东郯城）人。曾任尚书水部郎，世称"何水部"。其诗风格宛转清新。

⑩中兴：在衰微的过程中复兴，多指国家中兴。唐高仲武选编唐肃宗、代宗两朝诗，编为《中兴间气集》，此处"中兴"盖指此一时期。

【译文】

李嘉祐，字从一，赵州人。天宝七载（748）杨誉那一榜的进士，担任秘书省正字。因为犯罪被贬谪到南方荒远之地，不久后有诏书减轻罪罚，让他担任鄱阳县县令，又担任江阴县县令，后来升迁为台州、袁州刺史。善于写诗，富丽华美，婉转柔靡，与钱起、郎士元一起别创一种诗体，常常显出齐梁时期的诗风，人们把他们拟为吴均、何逊的劲敌。自从在大唐显露文采，大大收获了美好的声誉，是大唐中兴时期的杰出诗人。有集子流传至今。

贾至

至，字幼幾①，洛阳人，曾之子也②。曾开元间与苏晋同掌制诰③。至，天宝十年明经擢第④，累官起居舍人，知制诰⑤。从幸西川⑥，当撰传位肃宗册文⑦，既进稿，玄宗曰："先天诰命⑧，乃父所为，今兹大册，尔又为之。两朝盛典出卿家父子，可谓继美矣⑨。"大历初，迁京兆尹⑩，以散骑常侍卒⑪。初尝以事谪守巴陵⑫，与李白相遇，日酣杯酒，追忆京华旧游，多见酬唱，白赠诗有云："圣主恩深汉文帝，怜君不遣到长沙⑬。"至特工诗，俊逸之气，不减鲍照、庾信⑭，调亦清畅，且多素辞，盖厌于漂流沦落者也。有集三十余卷，今传。

【注释】

① 幼幾:据考,也有文献称其字幼邻。

② 曾:即贾曾,河南洛阳(今属河南)人,授中书舍人,以其父名贾言忠,与"中书"谐音,坚辞不就,改谏议大夫、知制诰,与苏晋同掌制诰,均善文辞,时号"苏贾"。

③ 苏晋:雍州蓝田(今属陕西)人,先天年中为中书舍人,与贾曾同掌制诰。制诰:皇帝的诏令。

④ 天宝十年:据学者研究,贾至当是天宝元年(742)明经擢第,辛文房误。明经:科举考试常设科目,先考帖经、墨义,然后经问大义十条,答时务策三道,录取额多于进士。

⑤ 知制诰:官名,掌起草诏令,原为中书舍人之职事,后以他官为之称为某某官知制诰,如翰林学士知制诰,则称"内制",以他官为知制诰则称"外制"。

⑥ 西川:方镇名,剑南西川节度使的简称,治所在今四川成都。

⑦ 册文:诰命文体,这里是立册,即立册太子登基的诏命。

⑧ 先天:唐玄宗年号(712—713)。

⑨ 继美:承继前人的美德。

⑩ 京兆尹:官名,京畿地方行政长官。唐开元初改雍州为京兆府,以亲王领雍州牧,改雍州长史为京兆尹,增置少尹,以理府事。

⑪ 散骑常侍:官名,在皇帝左右,掌侍从规谏,以备顾问应对。唐分置左右散骑常侍,分隶门下省和中书省,并从三品。

⑫ 巴陵:郡名,唐代一度也称巴州、岳州,治所在今湖南岳阳。

⑬ "圣主恩深汉文帝"两句:选自李白《巴陵赠贾舍人》,诗句意谓唐肃宗这样的圣明之主对您的恩情深过汉文帝对贾谊,他可怜您只把您贬谪到岳阳而不像您的祖先贾谊那样,一直被贬谪到长沙。这当然是反讽,但也说明李白对贾至的同情和对他才华的肯定。汉文帝,即刘恒,高祖刘邦庶子,吕后死,大臣周勃、陈平等诛除诸

吕，拥立为帝，推崇黄老思想，轻徭薄赋，省去苛刑，与其子景帝统治时期合称"文景之治"。

⑭鲍昭：即鲍照，字明远，东海（今山东郯城）人。久居建康（今江苏南京），为临海王前军参军，被乱兵杀害。诗挺峭跌宕，七言最富独创，对唐人七古有积极影响。庾信：字子山，南阳新野（今属河南）人。梁元帝时出使西魏，梁亡，留于北朝。善用各种诗歌体裁，集合南北文学之大成。

【译文】

贾至，字幼幾，洛阳人，是贾曾的儿子。贾曾开元年间与苏晋共同负责撰写皇帝的诏令。贾至，天宝十载（751）考中明经科，累积做到起居舍人，掌管撰写皇帝的诏令。随从唐玄宗逃到西川，要撰写传位给唐肃宗的立册诏令，已呈进草稿，唐玄宗说："先天年间我登基的诏令，是你父亲写的，今天这样的立册大文，又是你来撰写。两朝登基盛典的诏令都出自你家父子，可以说你能继承你父亲的美德啊。"大历初年，升任京兆尹，以散骑常侍的官衔去世。一开始曾因事被贬谪到巴陵，与李白相遇，每日酣饮杯中酒，追忆长安曾经游玩之地，有很多体现在两人来往酬唱的诗歌中，李白赠给贾至的诗中有这样说的："圣主恩深汉文帝，怜君不遣到长沙。"贾至特别善于写诗，清俊飘逸的气势，跟鲍照、庾信相比也不弱，格调也清新畅朗，而且很多是朴素的隐逸文辞，大概也是厌倦于漂泊流浪、沉沦陷落的人啊。有集子三十多卷，流传至今。

鲍防

防，字子慎，天宝十二年杨儇榜进士①，襄阳人也②。善辞章，笃志于学。累官至太原尹、河东节度使③，人乐其治，不减龚、黄④，诏图形别殿⑤。又历福建、江西观察使⑥。丁乱，从幸奉天⑦，除礼部侍郎⑧，封东海公⑨，又迁御史大夫⑩。贞元元年⑪，策贤良方正⑫，得穆质、柳公绰等⑬，皆位至台鼎⑭，世美其知人。时比岁旱⑮，质对："汉故事，免三公，烹弘羊⑯。"权近独孤恓欲下按治⑰，防曰："使上闻所未闻，不亦善乎？"置质高第，帝见策嘉之。授工部尚书⑱，卒。防工于诗，兴思优足，风调严整，凡有感发，以讥切世弊，正国音之宗派也⑲。与谢良弼为诗友⑳，时亦称"鲍谢"云。有集今传。

【注释】

① 杨儇（xuān）：天宝十二载（753）癸巳科状元。

② 襄阳：郡名，治所在今湖北襄阳。

③ 太原尹：官名，为三都府尹之一，三都长官均称为牧，由亲王遥领，不视事，政务由副职三都府尹执掌，员额各一人，秩从三品。河东节度使：唐"十节度、经略使"之一，与朔方共御突厥，治所在今山西太原。

④ 龚、黄：即西汉名臣龚遂、黄霸。龚遂字少卿，山阳南平阳（今山东邹城）人，宣帝时以七十多岁高龄出任渤海太守，开仓借粮，救济百姓，奖励农桑，使民归田，狱讼减少。后世把他和黄霸作为"循吏"代表，称"龚黄"。黄霸，字次公，淮阳阳夏（今河南太康）人，少学律令，为政重农，任颍川太守时政绩天下第一。传并见《汉书·循吏传》。

⑤ 别殿：便殿，有别于正殿。

⑥ 福建：方镇名，原属江南东道，上元元年（760）置福建观察使，治所在今福建福州。江西：即江南西道，治所在今江西南昌。观察使：官名，为道的行政长官，掌一道的州县官考绩及民政，初设于无节度使的地区，后与节度使职互兼。

⑦ 奉天：县名，治所在今陕西乾县。建中四年（783）泾原兵变，唐德宗被迫逃亡于此。

⑧礼部侍郎：官名，尚书省礼部副长官，协同礼部尚书掌管礼仪、祭祀、贡举、宴飨之政令。

⑨东海：郡名，治所在今江苏连云港。

⑩御史大夫：官名，中央监察机构御史台的长官，总掌监察司法之责。据学者考证，鲍防担任御史大夫，在太原尹后，辛文房误。

⑪贞元：唐德宗年号（785—805）。

⑫贤良方正：全名为“贤良方正能直言极谏”科，唐宋时为科举科目之一，属制科。贤良指有德行才能，方正指人品性正直无邪。

⑬穆质：穆宁的儿子，应制策入第，历任补阙、给事中、太子左庶子等。柳公绰：字宽，华原（今陕西铜川耀州区）人。宪宗好武功，且数出游猎，公绰上奏劝诫，拜御史中丞。讨吴元济时，自请将兵，每战皆克，官终兵部尚书。

⑭台鼎：古代用三台星和三足鼎比喻三公，故称三公宰相亦为台鼎，喻其职位显要。

⑮比岁：连年。比，接近，挨着。

⑯“汉故事”以下几句：谓汉代旧例，遇到连年干旱的天灾，曾采取罢免三公甚至烹杀桑弘羊的办法应对。此谓值此天灾，应责罚辅政大臣。三公，西汉时以丞相（大司徒）、太尉（大司马）、御史大夫（大司空）合称三公，为军政最高长官。汉代多有因天灾免三公之事。弘羊，即桑弘羊，汉武帝时大臣。出身商人家庭，实行盐铁官营和酒类专卖，设立平准、均输机构，控制商品流通，平抑物价，与民争利，民怨沸腾。有一次，关中大旱，数月不雨，御史大夫卜式提出来说：“请烹弘羊，天乃可雨。”

⑰独孤愐（miǎn）：洛阳人，独孤及从弟，德宗建中年间，为司勋员外郎。按治：古代法律用语，审查处理。

⑱工部尚书：官名，为尚书省工部长官，掌百工、屯田、山泽之政令，正三品。

⑲国音：一国诗歌的音乐节律，代表国家正声，此指以《诗经·国风》
　　为代表的诗歌。

⑳谢良弼：原脱"弼"字，据《唐诗纪事》卷四十七补。谢良弼与谢
　　良辅兄弟，皆与鲍防酬唱，谢良弼代宗大历间在越州与鲍防等
　　三十多人迭唱联和，编成《大历年浙东联唱集》，谢良辅大历初与
　　鲍防等人同作《忆长安十二咏》《状江南十二咏》等，疑"鲍谢"
　　之"谢"或兼指谢氏兄弟而言。

【译文】

　　鲍防，字子慎，天宝十二载（753）杨儇那一榜的进士，襄阳人。善
于写诗辞文章，专心致志地学习。累积做到太原尹、河东节度使，人们乐
于他的治理，跟汉代循吏龚遂、黄霸相比也不逊色，朝廷下诏把他的形貌
画下来陈列在便殿里。又历任福建、江西等地观察使。适逢叛乱，随从
唐德宗逃往奉天，除授礼部侍郎，封爵为东海公，又升任御史大夫。贞元
元年（785），主持策考贤良方正科，获得穆质、柳公绰等人，后来都做到
重要的官职，世人赞美他能够慧眼识英才。当时接连几年大旱，穆质考
试的策文回答说："根据汉代的旧例，要免去三公，烹杀桑弘羊那样的大
臣。"亲近帝王的权臣独孤愐想要拿下穆质审查处理，鲍防说："让皇上
听到以前没有听到的东西，不也是好事吗？"把穆质放置在优等，唐德宗
看见策文嘉奖了穆质。除授工部尚书，去世。鲍防善于写诗，起兴构思
优渥丰足，风韵格调严谨齐整，凡是有所感触发挥，都来讥刺切中世道弊
端，正是《国风》这样正统诗歌的嫡传流派啊，与谢良弼是诗友，当时也
称他们为"鲍谢"。有集子流传至今。

殷遥

　　遥，丹阳人①。天宝间常仕为忠王府仓曹参军②。与王
维结交③，同慕禅寂，志趣高疏，多云岫之想④，而苦家贫，死

不能葬,一女才十岁,日哀号于亲,爱怜之者赗赠⑤,埋骨石楼山中⑥。工诗,词彩不群,而多警句,杜甫尝称许之。有诗传于今。

【注释】

①丹阳:县名,治所在今江苏丹阳。

②常:通"尝",曾经。忠王:即唐肃宗李亨,曾封忠王。仓曹参军:官名,也称仓曹参军事,掌管仓谷事务。

③王维:字摩诘,太原祁(今山西祁县)人。后期追慕隐逸恬静,又皈依佛教,有《哭殷遥》等诗。传见本书卷二。

④云岫(xiù):原指云雾缭绕的峰峦,后指隐逸的地方。陶渊明《归去来辞》:"云无心以出岫。"

⑤赗(fèng):用财物帮助人办丧事。

⑥石楼山:一名楼观山,在今陕西周至东南,峰峦层叠,形势如楼。

【译文】

殷遥,丹阳人。天宝年间曾经做过忠王府的仓曹参军。与王维结为知交,同样倾慕坐禅入寂,志向和情趣高尚疏远,多有隐逸云峰的想法,而苦于家里贫寒,死了都没钱下葬,一个女儿才十岁,每日在亲友间哀伤哭号,疼爱怜悯她的人就捐赠钱财帮忙办理丧事,把殷遥埋葬在石楼山中。殷遥善于写诗,文辞出彩卓尔不群,且多有言简意赅、动人心魄的警句,杜甫曾赞许过他。有诗歌流传到今天。

张继

继,字懿孙,襄州人①。天宝十二年礼部侍郎杨浚下及第②。与皇甫冉有髫年之故③,契逾昆玉④。早振词名。初来长安,颇矜气节,有《感怀》诗云:"调与时人背,心将静者论。终年帝城里,不识五侯门⑤。"尝佐镇戎军幕府⑥,又为盐铁判官⑦。大历间,入内侍⑧,仕终检校祠部郎中⑨。继博览有识,好谈论,知治体⑩,亦尝领郡,辄有政声。诗情爽激,多金玉音⑪,盖其累代词伯⑫,积袭弓裘⑬。其于为文,不雕自饰,丰姿清迥,有道者风。集一卷,今传。

【注释】

①襄州:州名,治所在今湖北襄阳。

②杨浚:一作阳浚,天宝中任中书舍人,后以礼部侍郎四掌贡举,迁尚书左丞。

③皇甫冉:字茂政,润州丹阳(今属江苏)人,其诗构思奇特。传见本卷后文。髫(tiáo)年:指幼年。髫,儿童下垂的头发。

④昆玉:对别人兄弟的美称。

⑤"调与时人背"以下几句:诗意谓我的格调与当时人相背,心态却跟安静的隐士相提并论,整年都在帝都长安里,却不认识权贵的门第。五侯门,汉代多有五人同时封侯之事,后因以借指权贵门第。唐时盛行干谒之风,张继能不为所动,确实有隐者之风,亦一股清流也。

⑥镇戎军:宋代有镇戎军,唐代待考。有学者指出,此或为辛文房推测之词。

⑦盐铁判官:官名,盐铁转运使属官,佐其掌盐铁政务及税收。

⑧内侍:官名,唐代为主管宫廷事务的内侍省主管官员。张继有没有内侍,学者疑之。

⑨检校:官员任用类别之一,此谓代理某官。祠部郎中:官名,与员外郎共掌祠祀、享祭、天文、漏刻、僧尼簿籍等。据学者考证,张继

所任乃祠部员外郎。

⑩治体：治国的纲要。

⑪金玉音：比喻优美的作品。

⑫词伯：对擅长文词者的敬称。

⑬弓裘：指父子相传，《礼记·学记》："良冶之子，必学为裘；良弓之子，必学为箕。"也可泛指祖传的事业。

【译文】

张继，字懿孙，襄州人。天宝十二载（753）在礼部侍郎杨浚主持的进士考试中考中进士。与皇甫冉有童年相识的旧情，友谊超过兄弟。早年就文名远扬。刚来到长安时，很矜持志气和节操，写有《感怀》诗说："调与时人背，心将静者论。终年帝城里，不识五侯门。"曾担任镇戎军幕府僚佐，又做过盐铁判官。大历年间，进入内侍省，官最终做到检校祠部郎中。张继博览有学识，喜好谈论，知道治国道理，曾做过州郡长官，颇有政治声誉。诗歌情感豪爽激扬，多有优美作品，大概是因为祖上好几代都是文章高手，积累承袭了他们的文章事业。张继在写文章的时候，不刻意雕琢而自然修饰完备，风度清旷悠远，富有得道之人的风采。集子一卷，流传至今。

元结

结，字次山，武昌人①，鲁山令元紫芝族弟也②。少不羁，弱冠始折节读书③，天宝十三年进士，礼部侍郎杨浚见其文曰："一第恩子耳④。"遂擢高品，后举制科。会天下乱，沉浮人间，苏源明荐于肃宗⑤，授右金吾兵曹⑥。累迁御史⑦，参山南来瑱府⑧，除容管经略使⑨。始隐商於山中⑩，称"元子"，逃难入猗玗洞⑪，称"猗玗子"，或称"浪士"，渔者或称"聱叟"⑫，酒徒"漫叟"，及为官，呼"漫郎"。皆以命所著。性梗僻，深憎薄俗，有忧道闵世之心。《中兴颂》一文⑬，灿烂金石，清夺湘流。作诗著辞，尚聱牙⑭，天下皆知敬仰。复嗜酒，有句云："有时逢恶客⑮。"自注："非酒徒即恶客也。"有《文编》十卷，及所集当时人诗为《箧中集》一卷，并传。

【注释】

①武昌人：元结实幼年居住于河南鲁山（今属河南），中年住在武昌樊口（今湖北鄂州鄂城区）。

②鲁山：县名，治所在今河南鲁山。元紫芝：即元德秀，字紫芝，鲁山县令，世称"元鲁山"。族弟：同高祖兄弟的弟辈。

③弱冠：古代男子二十岁行冠礼，尚未壮年，故称弱冠。据颜真卿《唐故容州都督兼御史中丞本管经略使元君表墓碑铭》，元结十七岁跟随元德秀学习，辛文房误。

④一第：第一等，即上等。恩（hùn）子：侮辱您。元结《文编序》记载杨浚之语云："以上第污元子耳！有司得元子是赖！"意谓元结厉害，上等都不过是侮辱他，但又不能不录取，因为有关部门需要依靠元子的才华。

⑤苏源明：字弱夫，初名预，避代宗讳改，京兆武功（今属陕西）人。至德间，荐元结于肃宗，工文辞。韩愈《送孟东野序》："唐之有天下，陈子昂、苏源明、元结、李白、杜甫、李观，皆以其所能鸣。"

⑥右金吾兵曹：即右金吾卫（禁卫军指挥机构，唐十六卫之一）兵曹参军的简称。

⑦御史：指监察御史。

⑧参山南来瑱府：为山南东道节度使来瑱幕府参谋。来瑱，安西副都护来曜之子，安禄山反，起为颍川太守，屡挫叛军，后代鲁炅为

⑨容管经略使：官名，容州管内经略使的简称，唐代广西一带边防州郡军事长官，治所在今广西容县。

⑩商於山：即商山，在今陕西商洛市商州区东南，周秦为商於地，故称商於山。

⑪猗玗（yī yú）洞：又称飞云洞，在湖北黄石市郊狮子山东面陡壁之间，分上、中、下三窟。

⑫聱（áo）叟：说话不顺耳的老人。

⑬《中兴颂》：又称《大唐中兴颂》，元结撰，颜真卿书为擘窠大字，大历六年（771）刻于湖南祁阳浯溪崖壁。

⑭聱牙：文句不顺口，指艰涩难读。韩愈《进学解》："周《诰》殷《盘》，佶屈聱牙。"

⑮恶客：据下文即指不喝酒的客人。把喝酒跟不喝酒用来作为客人人品的标准，是元结骨鲠幽僻性格的一种体现。

【译文】

元结，字次山，武昌人，是鲁山县令元德秀的族弟。年少时放荡不羁，快二十岁才改变志向用心读书，天宝十三载（754）考中进士，礼部侍郎杨浚看见他的文章说："以他的水平，就算给他上等也是在侮辱他啊。"便录在上等，后来又考中制科。适逢天下战乱，沉沦漂泊在民间，苏源明把他举荐给唐肃宗，授任右金吾兵曹参军。累积升任监察御史，去山南东道节度使来填幕府做参谋，除授容管经略使。刚开始隐居在商於山中，称为"元子"，逃避战乱躲进猗玗洞，称为"猗玗子"，有的人称他为"浪士"，打鱼的人称他为"聱叟"，喝酒之徒称他为"漫叟"，等到做官，称呼为"漫郎"。这些称呼都被元结拿来为自己的著作命名。元结性格骨鲠幽僻，痛恨浇薄的风俗，有忧虑世道怜悯世人的心。《大唐中兴颂》一文，比金玉还要灿烂辉煌，比湘江的水流还要清澈激扬。创作诗歌、著述文辞，崇尚艰涩，天下人都知道敬重仰慕。他又爱好喝酒，有诗句说"有时逢恶客",自己注释说:"不喝酒的人就是恶客。"著有《文编》十卷,和他所搜集的当时诗人的诗作编为《箧中集》一卷,都流传下来了。

郎士元

士元,字君胄,中山人也①。天宝十五载卢庚榜进士②,宝应初③,选京畿县官④,诏试政事中书⑤,补渭南尉⑥,历左拾遗⑦,出为郢州刺史⑧。与员外郎钱起齐名⑨,时朝廷自丞相以下,出牧奉使⑩,无两君诗文祖饯,人以为愧,其珍重如此。二公体调,大抵欲同,就中郎君稍更闲雅,逼近康乐⑪,珠联玉映,不觉成编,掩映时流⑫,名不虚矣。有别业在半日吴村⑬,王季友、钱起等皆见题咏⑭,每夸胜绝。诗集今传于世。

【注释】

①中山:古中山国,唐时为定州安喜县地,在今河北定州。

②卢庚:天宝十五载(756)丙申科状元。或疑即卢庚,有《梓潼神鼎赋》传世,与韦应物友善。

③宝应:唐代宗年号(762—763)。

④京畿(jī)县:京城及周边的县。京指京城,畿指京城附近的地方。

⑤政事:行政事务。中书:指中书省。

⑥渭南:县名,在今陕西渭南临渭区。

⑦左拾遗:官名,门下省所属谏官,掌规谏,荐举人才。

⑧郢(yǐng)州:州名,治所在今湖北钟祥。

⑨员外郎:指司勋员外郎。钱起:字仲文,吴兴(今浙江湖州)人,曾任司勋员外郎、考功郎中、翰林学士等职。工诗,诗格新奇,理致

清赡。传见本书卷四。

⑩出牧：出任州官。奉使：奉帝王之命出使。

⑪康乐：即谢灵运，谢玄之孙，袭封康乐公，故称谢康乐。诗多写山水名胜，善于刻画景物，开文学史上的山水诗派。

⑫掩映：盖过，压倒。

⑬别业：山庄。半日吴村：在今陕西渭南，旁边高山遮挡，日光只能照其一半，故云半日。

⑭王季友：河南（今河南洛阳）人，与杜甫、岑参、钱起、郎士元、戎昱等交游，诗多写隐居贫寒生活。题咏：题诗歌咏。钱起有《题郎士元半日吴村别业兼呈李长官》诗。

【译文】

郎士元，字君胄，是中山人。天宝十五载（756）卢庚那一榜的进士，宝应初年选调京畿各县的县官，下诏在中书省考察他们的行政能力，补任为渭南县县尉，做过左拾遗，出京做郢州刺史。与司勋员外郎钱起齐名，当时朝廷从丞相以下的所有官员，出外为州郡长官或奉命出使，如果没有他们两个的诗歌和文章来送行，就会觉得羞愧，他们被重视到这种程度。两人的诗体格调，大体上差不多，其中郎士元的作品稍微更娴静优雅一些，跟谢灵运非常接近，两人如珍珠美玉串联辉映，不知不觉就写成一编，压倒当时的同辈诗人，名不虚传啊。有山庄在半日吴村，王季友、钱起等人都有诗歌题写歌咏他的山庄，每每夸赞那里景色秀绝。诗歌集子如今流传在世。

道人灵一

一公①，剡中人②。童子出家，瓶钵之外③，余无有。天性超颖，追踪谢客④，隐麻源第三谷中⑤，结茆读书⑥。后白业精进⑦，居若耶溪云门寺⑧，从学者四方而至矣。尤工诗，气质淳和,格律清畅。两浙名山^⑨,暨衡、庐诸甲刹^⑩,悉所经行。与皇甫昆季、严少府、朱山人、彻上人等为诗友^⑪,酬赠甚多。刻意声调,苦心不倦,骋誉丛林^⑫,后顺寂于岑山^⑬。集今传世。

【注释】

①一公:对灵一的尊称。据独孤及《唐故扬州庆云寺律师一公塔铭》,灵一俗姓吴,广陵(今江苏扬州)人。

②剡中:地名,在今浙江嵊州、新昌及其附近一带。

③瓶钵(bō):僧人随身的食器,瓶盛水,钵盛饭。

④谢客:指谢灵运,小字客儿,故称。

⑤麻源第三谷:即华子冈,在今江西南城县西。《文选》卷二十六有谢灵运《入华子冈是麻源第三谷》一诗,李善注:"故老相传,华子期者,禄里先生弟子,翔集此顶,故华子为称也。"据学者考证,追踪谢客乃灵一道人《送陈允初卜居麻园》诗中所云,即"欲向麻源隐,能寻谢客踪",可见想要隐居麻源的是陈允初,而非灵一道人。辛文房盖误读此诗。

⑥茆:同"茅"。

⑦白业:清白的善业,指佛教修行,相对"黑业"(秽污之业)而言。精进:佛教名词,音译"毗梨耶",指按佛教教义,在修善断恶、去染转净的修行过程中不懈努力。

⑧若耶溪:水名,即今浙江绍兴东南平水江。云门寺:东晋义熙三年(407)建,在今浙江绍兴南云门山。

⑨两浙:指浙东浙西,今浙江省和江苏省南部。

⑩衡、庐:衡山和庐山。甲刹:上等寺院。

⑪皇甫昆季:即皇甫冉和皇甫曾兄弟。皇甫冉字茂政,其诗构思奇特。皇甫曾字孝常,其诗"体制清洁,华不胜文"。兄弟齐名,诗合

编为《二皇甫集》。传并见本卷后文。严少府：指严维，字正文，工诗，曾任河南尉。少府为县尉之别称，故称严少府。传见本卷后文。朱山人：即朱放，字长通，隐居越州剡溪（今浙江嵊州），故称山人。工诗，与戴叔伦、刘长卿、顾况、严维、秦系、灵一、皎然、皇甫曾、李季兰等交往唱酬，多为送别寄赠之作。传见本书卷五。彻上人：即灵彻上人，诗多警句，能备众体。传见本卷后文。但据学者考证，灵一道人去世时，灵彻才十四岁，此处所记恐不确。

⑫丛林：佛教名词，指佛教僧众聚居的寺院，因众僧和合共住一处，如树木之丛集为林，故名。

⑬顺寂：指僧人逝世。岑山：山名，在今浙江龙游西南。据独孤及《唐故扬州庆云寺律师一公塔铭》，灵一道人宝应元年（762）卒于杭州龙兴寺，辛文房误。

【译文】

一公，剡中人。孩童时节就已出家，水瓶和饭钵之外，其他的别无一物。天生性格超迈聪颖，追寻谢灵运的踪迹，隐居在麻源第三谷中，盖着茅屋读书。后来善业精勤上进，居住在若耶溪云门寺，跟随他学习的人从四面八方跑来。尤其善于写诗，气度性情淳朴中和，诗歌格调韵律清通流畅。浙江浙东的名山，和衡山、庐山上的诸多上等寺庙，都是他所经过游历的地方。跟皇甫兄弟、严维、朱放和灵彻上人等为写诗的好友，互相酬唱赠送的诗歌很多。在诗歌的声韵格调上用尽心意，竭力去做也不感到疲倦，在僧人中间声名远播，后来在岑山去世。集子流传至今。

论曰：自齐梁以来，方外工文者，如支遁、道遒、惠休、宝月之俦①，驰骤文苑，沉淫藻思，奇章伟什，绮错星陈，不为寡矣。厥后丧乱，兵革相寻，缁素亦已狼藉②，罕有复入其流者。至唐累朝，雅道大振，古风再作，率皆崇衷像教③，驻念津梁④，龙象相望⑤，金碧交映⑥，虽寂寥之山河，实威仪之渊薮⑦,宠光优渥,无逾此时。

【注释】

①支遁:东晋高僧,诗人,字道林,本姓关,从师改姓世称"支公"或"林公",陈留(今河南开封)人,二十五岁出家,为佛教般若学即色宗创始人,善五言诗,以清丽玄远著称。道猷:即释道猷,南朝刘宋僧人,能诗。惠休:即汤惠休,字茂远,南朝刘宋诗人。早年为僧,称"惠休上人",善写诗,宋孝武帝刘骏命其还俗,官至扬州从事史。宝月:南朝萧齐诗僧,解音律。齐武帝萧赜即位,作《估客乐》诗,使乐府令被之管弦,终无成,召宝月,旬日之中谐和。道猷、惠休、宝月并列锺嵘《诗品》下品。俦(chóu):辈,同类。

②缁(zī)素:指僧俗,僧人衣缁,俗众服素,故称。狼藉:形容困厄,窘迫。

③崇衷:虔诚信奉。像教:即像法,释迦牟尼逝世,佛法分正法、像法、末法三期,"像法"指与"正法"相似的佛法。又通过佛像崇拜进行教化,故称像教,皆泛指佛教。

④驻念:倾尽心思。津梁:渡口和桥梁,引申为到达西方极乐世界的方法、手段,即佛法。

⑤龙象:佛教认为,水行龙力最大,陆行象力最大,故称诸阿罗汉中修行勇猛大力者为龙象,后因以代指高僧。

⑥金碧:原指中国画颜料中的泥金、石青和石绿,凡用这三种颜料作主色的山水画叫"金碧山水",这里指金碧辉煌的寺庙。

⑦威仪:僧尼行为准则,此亦代指僧众。威即仪表,仪即规则,指规范行为的戒条,或指戒律之表现于行为者,亦称"律行"。渊薮(sǒu):渊,鱼所处,薮,兽所处,喻人或物类聚集的处所。

【译文】

评论说:从齐梁时代以来,世俗之外善于创作的人,像支遁、道猷、惠休、宝月之类，驰骋在文苑中，沉浸于辞藻情思，奇特的文章，雄伟的篇什，像精美的绮罗错杂，又像满天的繁星陈列，不能算少啊。其后遭遇死亡战乱，战争相继而起，无论僧俗，生活都已经非常困窘，很少再有像支遁他们那样的僧人了。到了大唐，几朝下来，雅正之道大为振兴，传统的佛教遗风又一次兴起，他们大都虔诚地信奉佛教，用尽心思地寻找普度众生的方法，高僧大德比比皆是，佛教寺庙金碧辉煌，虽是看起来寂寥的高山大河，实际上却是佛教僧众聚集的地方，恩宠荣光优裕丰厚，没有超过这个时候的。

　　故有颠顿文场之人①，憔悴江海之客，往往裂冠裳②，拨矰缴③，杳然高迈，云集萧斋④，一食自甘⑤，方袍便足⑥，灵台澄皎⑦，无事相干，三余有简牍之期⑧，六时分吟讽之隙⑨。青峰瞰门⑩，绿水周舍，长廊步屧⑪，幽径寻真，景变序迁，荡入冥思⑫。凡此数者，皆达人雅士，夙所钦怀，虽则心侔迹殊⑬，所趣无间⑭。会稽传孙、许之玄谈⑮，庐阜接谢、陶于白社⑯，宜其日锻月炼，志弥厉而道弥精。佳句纵横，不废禅定⑰，岩穴相迤⑱，更唱迭酬，苦于三峡猿⑲，清同九皋鹤⑳，不其伟欤！与夫迷津畏途，埋玉世虑㉑，蓄愤于心，发在篇咏者，未可同年而论矣㉒。

【注释】
①颠顿：颠沛困顿。
②冠裳：冠帽和衣裳，泛指俗家服饰。
③矰（zēng）缴：系有丝绳用以射鸟的短箭，这里喻指俗世的名利，也指追求名利的私心。
④萧斋：据《太平广记》卷二〇七《萧子云》条载，梁武帝造寺，请萧

子云用飞白体大书一"萧"字,后唐代李约将这"萧"字买回洛阳,专门建一亭来玩赏,称为"萧斋",后因以指寺庙或书房。

⑤一食:指佛教徒日食一次的苦行。

⑥方袍:指僧衣。

⑦灵台:指心,《庄子·庚桑楚》:"备物以将形,藏不虞以生心,敬中以达彼,若是而万恶至者,皆天也,而非人也,不足以滑成,不可内于灵台。"

⑧三余:指冬季、夜间、雨天,均为闲余之时,故称。《三国志·魏书·王肃传》裴松之注引《魏略》载董遇之言"冬者岁之余,夜者日之余,阴雨者时之余也",后泛指空余的时间。简牍:竹片为简、木片为牍,合称简牍,指书籍。

⑨六时:佛教分一昼夜为六时,昼为晨朝、日中、日没,夜为初夜、中夜、后夜,《阿弥陀经》:"昼夜六时,天雨曼陀罗华。"

⑩瞰(kàn):俯视。

⑪屧(xiè):木板拖鞋。

⑫冥思:苦思,用心思考。

⑬侔:相等,等同。

⑭无间:没有差别。

⑮会稽:山名,在今浙江绍兴北部。孙、许:即孙绰和许询。孙绰字兴公,太原中都(今山西平遥)人。早年居会稽十有余年,作《遂初赋》《游天台山赋》。许询字玄度,高阳(今属河北)人。其父迁会稽内史,因家于山阴。长慕神仙冲举之事,与孙绰并为东晋玄言诗代表作家。玄谈:以《庄子》《老子》《周易》为依据而辨析名理的虚玄之谈,摈弃世务不接实际,或称清谈、清言。

⑯庐阜:庐山。谢、陶:即谢灵运和陶渊明。谢灵运小字客儿,世称谢客,袭封康乐公,又称谢康乐,其诗多写山水。陶渊明字元亮,一说名潜,字渊明,谥号"靖节先生",浔阳柴桑(今江西九江)人,

其诗多写田园风光和村居生活。白社:亦称白莲华社、莲社,净土宗的念佛组织,由东晋慧远在庐山东林寺邀集僧俗共十八人所立(参见宋陈圣俞《庐山记》),谢灵运、陶渊明皆与之有关系。据《莲社高贤传·不入社诸贤传》记载,陶渊明和谢灵运皆没加入白社,谢灵运是想入而不给入,陶渊明则自己不想入,因皆在白社之外,故辛文房以"接"(迎接)言之。

⑰禅定:"禅"和"定"的合称,"禅"是梵文 Dhyana "禅那"之略,意谓心注一境、正审思虑,"定"为梵文 Samadhi "三昧",指止息杂虑、专心一境。《顿悟入道要门论》卷上:"问:云何为禅,云何为定? 答:妄念不生为禅,坐见本性为定。"这里指修行佛学。

⑱岩穴:山洞,此指隐居之所。

⑲三峡猿:指三峡两岸的猿声。《水经注·江水》:"巴东三峡巫峡长,猿鸣三声泪沾裳。"猿声凄苦。

⑳九皋鹤:语本《诗经·小雅·鹤鸣》:"鹤鸣于九皋,声闻于野"。九皋指深远的沼泽,鹤在遥远的湿地中鸣叫,原野上都能听到,引申为隐士隐居,声名却流传于世。

㉑埋玉:指杰出之人去世。《世说新语·伤逝》:"庾文康亡,何扬州临葬,云:'埋玉树著土中,使人情何能已已。'"

㉒同年而论:犹"同日而语",即相提并论。

【译文】

因此有些颠沛困顿在科举考场上的人,流浪在民间的行色憔悴的游客,常常撕裂俗家衣服,挣脱名缰利锁,渺然地高蹈远去,从四面八方云集到寺庙中来,每天吃一顿饭也自觉甘美,穿着僧装就很满足,心灵清澈皎洁,没有杂事来干扰,佛法修行外的空闲时间往往用来读书,昼夜六时的修行中分出一些间隙给吟咏讽诵。青色山峰俯视着门扉,绿色流水环绕着屋舍,在悠长的走廊里穿着木板拖鞋漫步,去幽僻的小径中寻觅初心,风景转变,四季变迁,这些都飘荡进苦思冥想的诗心中去。举凡以上所说的这几类，都是通达风雅之士，早就钦仰和渴怀的，即使心意相同形迹不一样，所感兴趣的也没有差别。会稽流传着孙绰和许询的玄妙清谈，庐山迎接过谢灵运和陶渊明来白莲社，难怪他们每天锻词炼句，志向更加坚定而道行也更加精粹。纵使摹写好的诗句，也不会耽误佛学修行，住所也都很近，互相轮番唱和，他们的作品比三峡的猿声还要凄苦，比遥远的沼泽传来的鹤声还要清脆，不也是很伟大的事吗？他们与那些在艰难世路上迷惘，因俗世烦恼而殒殁，在心中积蓄愤慨，从而抒发在诗篇歌咏中的诗人，是不能相提并论的啊。

　　然道或浅深，价有轻重，未能悉采。其乔松于灌莽①，野鹤于鸡群者，有灵一、灵彻、皎然、清塞、无可、虚中、齐己、贯休八人②，皆东南产秀，共出一时，已为录实③。其或虽以多而寡称，或著少而增价者，如惟审、护国、文益、可止、清江、法照、广宣、无本、修睦、无闷、太易、景云、法振、栖白、隐峦、处默、卿云、栖一、淡交、良乂、若虚、云表、昙域、子兰、僧鸾、怀楚、惠标、可朋、怀浦、慕幽、善生、亚齐、尚颜、栖蟾、理莹、归仁、玄宝、惠侃、法宣、文秀、僧泚、清尚、智暹、沧浩、不特第四十五人④，名既隐僻，事且微冥⑤，今不复喋喋云尔⑥。

【注释】

①灌莽：芜杂丛生的草丛。

②灵彻：即灵彻上人，诗多警句，能备众体。传见本卷后文。皎然：字清昼，吴兴（今浙江湖州）人。自言谢灵运、谢朓之后，出家为僧，士大夫子弟多从学诗。擅为五言，多写山水、抒发禅理，所作《诗式》是重要的论诗专著。传见本书卷四。清塞：即周贺，东洛（今

河南洛阳）人。早年为僧，法名清塞，后杭州刺史姚合爱其诗，令还俗。擅长近体诗，格调清雅，与贾岛、无可齐名。传见本书卷六。无可：范阳（今河北涿州）人，俗姓贾，为贾岛从弟。诗多五言，律调谨严，属兴清越，比物以意，被称为"象外句"。传见本书卷六。虚中：袁州宜春（今属江西）人，少脱俗从佛，好读书吟咏，与齐己、栖蟾为友，多有唱和。传见本书卷八。齐己：俗姓胡，名得生，长沙（今属湖南）人。作诗时有佳句，栖衡岳东林，号"衡岳沙门"，与郑谷、曹松为诗友。其诗清润简淡，尤以写景有名。郑谷将其"昨夜数枝开"改为"昨夜一枝开"，齐己呼为"一字师"。传见本书卷九。贯休：俗姓姜，字德隐、德远，婺州兰溪（今属浙江）人。善画罗汉，工篆隶草书，时人谓之"姜体"。能诗，多警句，脍炙人口。蜀主王建赠他"禅月大师"称号。传见本书卷十。

③录实：据实采录。

④惟审：唐诗僧，灵一有《归岑山过惟审上人别业》诗，当与其同时。《全唐诗》卷八五○录其诗三首。护国：刘禹锡评江左诗僧，谓"灵一导其源，护国袭之"（《澈上人文集纪》），当与灵一同时而稍后。约大历中卒，张谓有《哭护国上人》诗伤悼。《全唐诗》卷八一一录其诗十二首。文益：禅宗"五家"之一法眼宗创始人，俗姓鲁，余杭（今属浙江）人。因住南京清凉院传法，又称"清凉文益"。在参谒罗汉桂琛"若论佛法，一切现成"之言下大悟，开"法眼宗"，卒后谥"大法眼禅师"。有《金陵清凉院文益禅师语录》一卷。《全唐诗》卷八二五录其诗一首。可止：俗姓马，范阳大房山高丘（今北京西南）人。天成三年（928），后唐明宗令可止住持洛阳长寿寺，署号文智大师。擅近体律诗，所作《赠樊川长老》诗流传人口。著《顿渐教义抄》一卷。《全唐诗》卷八二五录其诗九首。清江：会稽（今浙江绍兴）人，善写诗，与皎然（字清昼）齐名，时称"会稽二清"。刘禹锡《澈上人文集纪》："世之言诗僧多出江

左，灵一导其源，护国袭之；清江扬其波，法振沿之。"长于五七言律诗，清新悠然，多有佳句。《全唐诗》卷八一二录其诗一卷。法照：净土宗僧人，自谓曾见文殊、普贤等，勉其专修念佛法门，与僧众共修念阿弥陀佛，以求往生净土。曾作诗送清江、无著。《全唐诗》卷八一〇录其诗三首。广宣：俗姓廖，交州（今越南河内）人，与韦皋、薛涛有诗歌交往。唐宪宗、穆宗时在安国寺红楼院做供奉，与刘禹锡、白居易、韩愈、李益、元稹等交往，有诗篇唱和。《全唐诗》卷八二二录其诗十七首。无本：即贾岛，字阆仙，范阳（今河北涿州）人。贫寒为僧，法名无本，后韩愈劝导还俗，曾任长江主簿，人称"贾长江"。作诗以"苦吟"著称，诗风荒凉凄苦，清淡朴素，以铸字炼句取胜，与孟郊齐名，有"郊寒岛瘦"之称。传见本书卷五。又或疑唐末别有一无本，非贾岛。修睦：俗姓赵，与齐己、贯休、虚中、李咸用相交游。《全唐诗》卷八四九、八八八共录其诗二十七首。无闷：诗僧，生平无考，《全唐诗》卷八五〇录其诗二首。太易：也作大易，诗僧，与司空曙、杜甫有诗往来。《全唐诗》卷八一〇录其诗二首。景云：诗僧，善草书，或谓与岑参同时，似不确，《全唐诗》卷八〇八录其诗三首。法振：也作法贞或法震，以诗闻名当时。刘禹锡《澈上人文集纪》论江南诗僧，称"清江扬其波，法振沿之"。善作五七言近体诗，气象超逸，清新自然，与诗人王昌龄、皇甫冉、韩翃、李益等为友。《全唐诗》卷八一一录其诗十六首。栖白：越中（今浙江一带）人，曾为内供奉，早年与姚合、贾岛交往，诗名甚盛，善作五七言近体。《全唐诗》卷八二三录其诗十六首。隐峦：诗僧，曾居庐山，后入蜀。《全唐诗》卷八二五录其诗五首。处默：年少出家，在金华安国寺与贯休邻院，常隔篱论诗互吟，与罗隐、修睦、栖隐为诗友。诗以《圣果寺》最著名，王夫之誉为"僧诗第一首"（《唐诗评选》卷三）。《全唐诗》卷八四九录其诗八首。卿云：诗僧，岭南（今广东）人。居长安，与沈彬同时。《全唐诗》卷八二五录其诗四首。栖一：武昌（今属湖北）人，与贯休为知己，爱诗成癖，工于七律。《全唐诗》卷八四九录其诗二首。淡交：诗僧，乾符六年（879）为苏州昭隐寺僧藏廙（yì）作真赞。《全唐诗》卷八二三录其诗三首。良乂（yì）：诗僧，与卢邺同时。张为曾将其诗收入《诗人主客图》，列为清奇雅正主下及门。《全唐诗》卷八二三录其诗一首。若虚：诗僧，隐于庐山，数年持经，不出石室，南唐国主累次征召，终不降就。《全唐诗》卷八二五录其诗三首。云表：诗僧，僖宗时于豫章（今江西南昌）讲《法华慈恩大疏》，斡运深趣，法席盛集。与齐己善，齐己有《喜表公往楚王城》诗。《全唐诗》卷八二五录其诗一首。昙域：诗僧、书法家，扬州（今属江苏）人。贯休弟子，号慧光大师，赐紫袈裟。贯休卒后，广泛搜集贯休遗文歌诗，编为《禅月集》，作《禅月集序》《禅月集后序》。与齐己友善。《全唐诗》卷八四九录其诗三首。子兰：诗僧，曾以文章为内供奉，与诗人张乔有交往。其诗体裁多样，多写景咏物、忆家怀人。《全唐诗》卷八二四录其诗一卷。僧鸾：诗僧，俗姓鲜于，名凤，曾入京为文章供奉，与诗人张乔、李洞有酬赠。后反俗，约于昭宗时在黄州遇害。慕李白歌行，鄙贾岛之寒涩。《全唐诗》卷八二三录其诗二首，皆长篇歌行。怀楚：诗僧，嗣安州白兆山志圆，住白兆山竺乾院，贯休曾作诗相寄，《全唐诗》卷八二三录其诗二首。一本作怀素，俗姓钱，字藏真。嗜酒，善草书，得草圣三昧，以蕉叶供挥洒，所弃之笔埋于山下曰"笔冢"。每酒酣兴发，无不书之，时呼醉僧，李白、钱起等皆有诗赞美。《全唐诗》卷八〇八录其诗二首。惠标：也作慧标，南朝陈僧人。天嘉初，陈宝应反，作诗相赠。《先秦汉魏晋南北朝诗》录其诗八首，辛文房误收。可朋：眉州丹稜（今属四川）人。善写诗，好饮酒，家贫不能偿酒债，作诗为酬，自号"醉髡（kūn）"。早年与卢延让、方干为诗友。诗语言浅近而寓理深刻，长于写景，作有《题洞庭湖》《耘田鼓》等诗千余首。《全唐诗》卷八四九、八八八录其诗五首。怀浦：诗僧，曾旅居楚地寺院。《全唐诗》卷八五〇录其诗二首。慕幽：诗僧，能行书，并工诗。齐己有《送幽禅师》诗。《全唐诗》卷八五〇录其诗六首。善生：贞元时僧，与喻军事、卢逸人、玉禅师、智光等游。《全唐诗》卷八二三录其诗四首。亚齐：诗僧，与翁承赞交游。《全唐诗》未收其诗，盖已佚。尚颜：俗姓薛，字茂圣，享年近百岁。长于五言诗，与方干、陈陶、郑谷、吴融、李洞、司空图、陆龟蒙等均有交往。《全唐诗》卷八四八录其诗三十四首。栖蟾：亦作西蟾，俗姓胡，一说姓顾，与齐己、虚中交游。诗多五律，风格闲谈，常在写景、纪游中透出佛家意趣。《全唐诗》卷八四八录其诗十二首。理莹：住洛阳奉国寺，与李白、李顾、寇坦有过往。《全唐诗》卷八〇八录其诗一首。归仁：诗僧，居洛阳灵泉寺，为曹洞宗疏山匡仁禅师法嗣。罗隐卒，有诗哭之。《全唐诗》卷八二五录其诗六首。玄宝：诗僧。《全唐诗》卷八五〇录其诗一首。惠侃：也作慧侃，俗姓汤，晋陵曲阿（今江苏丹阳）人。住蒋州大归善寺，年八十二，入隋卒。辛文房误采。《全唐诗》卷八〇八录其诗二首，亦误。法宣：也作慧宣、僧宣，唐初常州弘业寺僧。今存诗五首又二句，《全唐诗》卷八〇八分归慧宣、法宣名下。文秀：诗僧，唐昭宗时居长安，为文章供奉，与郑谷、齐己等为友。《全唐诗》卷八二三录其诗一首。僧泚（cǐ）：诗僧，大历时人。《全唐诗》卷八一〇录其诗二首。清尚：诗僧，与齐己、李洞为友，尚苦吟，曾受朝廷赐紫。《全唐诗》卷八四九录其诗一首。智暹（xiān）：诗僧。《宋史·艺文志》著录《智暹诗》一卷，已佚。沧浩：诗僧，曾住庐山西林寺（一作东林寺）。《全唐诗》卷八五〇录其诗一首。不特：生平不详。鲍溶《秋夜对月寄僧特》之"僧特"，不知是否为不特。

⑤微冥：暗昧。

⑥喋喋（dié）：话多啰唆。

【译文】

　　然而得道有深有浅，声价有轻有重，不能全都选择进《唐才子传》中来。那些像高大的松树挺立在草丛里、悠闲的野鹤站立在鸡群中的诗僧，则有灵一道人、灵彻上人、皎然、清塞、无可、虚中、齐己、贯休八个，都是东南一带所诞生的优秀之人，一时之间共同出现，已经被据实采录为个人传记。至于有些虽然写诗很多但缺少名声，有些虽然写得很少但声价很高的诗僧，像惟审、护国、文益、可止、清江、法照、广宣、无本、修睦、无闷、太易、景云、法振、栖白、隐峦、处默、卿云、栖一、淡交、良乂、若虚、云表、昙域、子兰、僧鸾、怀楚、惠标、可朋、怀浦、慕幽、善生、亚齐、尚颜、栖蟾、理莹、归仁、玄宝、惠侃、法宣、文秀、僧泚、清尚、智暹、沧浩、不特等四十五人，他们的声名已经隐没冷僻，他们的事迹也暗昧不明，现在就不再喋喋不休了。

皇甫冉

　　冉，字茂政，安定人①，避地来寓丹阳②，耕山钓湖，放适闲淡，或云秘书少监彬之侄也③。十岁能属文，张九龄一见④，叹以清才。天宝十五年卢庚榜进士⑤，调无锡尉⑥，营别墅阳羡山中⑦。大历初，王缙为河南节度⑧，辟掌书记⑨。后入为左金吾卫兵曹参军⑩，仕终拾遗、左补阙⑪。公自擢桂礼闱⑫，便称高格，往以世道艰虞⑬，遂心江外⑭，故多飘薄之叹⑮。每文章一到朝廷，而作者变色，当年才子，悉愿缔交⑯，推为宗伯⑰。至其造语玄微，端可平揖沈、谢⑱，雄视潘、张⑲。惜乎长辔未骋，芳兰早凋，良可痛哉！有诗集三卷，独孤及为序⑳，今传。

【注释】

① 安定：郡名，治所在今甘肃泾川。

② 避地：谓迁地以避祸患。丹阳：县名，治所在今江苏丹阳。据辛文房所述，乃皇甫冉避地来丹阳，实则其曾高皇甫敬德已迁居丹阳（见《嘉定镇江志》卷一〇八)，辛文房盖误读独孤及《唐故左补阙安定皇甫公集序》"往以世道艰虞，避地江外"之语。

③ 秘书少监：官名，为秘书省副长官，佐秘书监掌图书典籍。彬：即皇甫彬，开元四年（716）为安西大都护，性仁孝，好学。

④ 张九龄：一名博物，字子寿，韶州曲江（今广东韶关）人，为开元后期名相。诗歌成就较高，擅长五古，《感遇》为代表作。

⑤ 卢庚：天宝十五载（756）丙申科状元。或疑即卢庚，有《梓潼神鼎赋》传世，与韦应物友善。

⑥ 无锡：县名，治所在今江苏无锡。

⑦ 阳羡：县名，治所在今江苏宜兴。

⑧ 王缙：字夏卿，王维弟。广德二年（764）拜黄门侍郎、同中书门下平章事，持节都统河南、淮西、山南东道诸节度行营事，兼东都留守，岁末拜河南副元帅、兼河东节度使。

⑨ 掌书记：官名，节度、观察等使所属均有掌书记，掌表奏书檄等事。

⑩ 左金吾卫：唐代禁卫军指挥机构，十六卫之一，与右金吾卫同掌官中、京城巡警。兵曹参军：官名，掌管军防的烽火、驿马传送、门禁、田猎、仪仗等事。

⑪ 拾遗：即左拾遗，官名，门下省所属的谏官，掌规谏，荐举人才。左补阙：官名，属门下省，掌供奉讽谏，大事廷议，小事上封事。独孤及《唐故左补阙安定皇甫公集序》题称"左补阙"，文中又云"右补阙"，未知孰是。右补阙属中书省，职掌与左补阙相同。

⑫ 擢桂：犹"折桂"，指科举及第。礼闱（wéi）：闱指考场、试院，礼闱即礼部主持的省试。

⑬艰虞：艰难忧患。

⑭遂心：合心意。江外：犹言江南，从中原人的角度看来，江南地在长江以外，故称江外。

⑮飘薄：犹飘泊。

⑯缔（dì）交：结成朋友。

⑰宗伯：此指文章学问受人尊崇的大师。

⑱平揖：双方地位相等，各拱手而不拜。沈：指沈约，字休文，吴兴武康（今浙江德清武康镇）人，与王融、谢朓等在齐竟陵王萧子良门下，号称"竟陵八友"。其《宋书·谢灵运传论》是一篇著名的文学批评论文，提倡声律，为声律派代表人物。谢：即谢灵运。

⑲雄视：骄傲地看，指压倒。潘：指潘岳，字安仁，西晋荥阳中牟（今属河南）人。"美姿仪"，依附贾谧，后被杀。辞藻绝丽，尤善为哀诔之文，诗以《悼亡诗》为代表。张：指张协，字景阳，安平（今属河北）人。擅长五言诗，偏重词藻，造语新颖，生动细致。与其兄张载、弟张亢齐名，世称"三张"。

⑳独孤及为序：即独孤及《唐故左补阙安定皇甫公集序》。独孤及，字至之，河南洛阳（今属河南）人。唐代古文运动先驱之一，与李华、萧颖士等同以古文著称。为文彰明善恶，长于议论。喜荐拔后进。传见本卷后文。

【译文】

皇甫冉，字茂政，安定人，为躲避灾患迁到丹阳县，在山上耕种，在湖中钓鱼，放纵安逸，闲散淡泊，有人说他是秘书少监皇甫彬的侄子。十岁就能写文章，张九龄一见他，就因他的清颖才华而惊叹。天宝十五载（756）卢庚那一榜的进士，调任无锡县县尉，在阳羡的山中营建山庄。大历初年，王缙担任河南节度使，征辟他来做掌书记。后来入朝担任左金吾卫兵曹参军，最终官做到拾遗、左补阙。皇甫冉自从考场高中之后，就被称誉为品格高尚，过去因世道艰难忧患，在江南一带游历，因此诗中多有漂泊在外的感叹。每次文章一传到朝廷，便让写作的人改变脸色，当时有才华的人都愿意跟他结交，推许他是文坛大师。至于他文中撰造语言的玄妙精微，正可以跟沈约、谢灵运媲美，而压倒潘岳、张协。可惜他的才华没有得到充分施展，便如芳香的兰花过早凋零，确实是让人悲痛啊！有诗歌集子三卷，独孤及为他写序，流传至今。

皇甫曾

　　曾，字孝常，冉之弟也，天宝十二年杨儇榜进士①。善诗，出王维之门，与兄名望相亚，当时以比张氏景阳、孟阳②。协居上品，载处下流③，侍御、补阙文词亦然④。体制清紧⑤，华不胜文⑥，为士林所尚⑦。仕历侍御史⑧，后坐事贬舒州司马⑨，量移阳翟令⑩。有诗一卷，传于世。

【注释】

①杨儇（xuān）：天宝十二载（753）癸巳科状元。

②张氏景阳、孟阳：指西晋张协、载兄弟，协字景阳，载字孟阳，与弟张亢俱以文学著称，世称“三张”。

③“协居上品”两句：此为锺嵘《诗品》的归类，张协居上品，张载居下品。此处是以张载、张协兄弟水平高低来类比皇甫冉皇甫曾的水平高低。

④侍御：指皇甫曾，曾担任侍御史。补阙：指皇甫冉，曾担任左补阙。

⑤清紧：疑为“清絜”之讹，《四库》本作“清洁”，洁同“絜”，《中兴间气集》卷下亦作“体制清絜”，与下文“华不胜文”亦相印证。

⑥华不胜文：指诗文风格清丽，文采不过分华丽秾艳。

⑦士林：文人学士。

⑧侍御史：指殿中侍御史（或监察御史），中央御史台殿院官员，职掌整肃朝仪，检察仪仗等。

⑨舒州：州名，治所在今安徽潜山。

⑩阳翟：县名，治所在今河南禹州。

【译文】

皇甫曾，字孝常，是皇甫冉的弟弟，天宝十二载（753）杨儇那一榜的进士。善于写诗，出自王维门下，与皇甫冉名誉声望相当，当时人们把他们比作张协和张载。张协在《诗品》中位居上品，张载在《诗品》中位居下品，皇甫曾和皇甫冉的文辞成就也是这样。诗歌体制清丽紧致，有文采而不过于华丽，被文人学士所推尚。做过侍御史，后来因事获罪被贬为舒州司马，量移为阳翟县县令。有诗集一卷，流传在世。

独孤及

及，字至之，河南人①。丱角时②，诵《孝经》③，父试之曰："尔志何语④？"曰："立身行道，扬名于后世⑤。"天宝末，以道举高第⑥，代宗召为左拾遗⑦，迁礼部员外郎⑧，历濠、舒、常三州刺史⑨。及性孝友，喜鉴拔，为文必彰明善恶，长于议论。工诗，格调高古，风尘迥绝⑩，得大名当时。有集传世。

【注释】

①河南人：实为河南洛阳人。

②丱（guàn）角：亦称"丱髻"，即总角，儿童头发束成两角，代指儿童。

③《孝经》：古代儒家宣扬孝道和孝治思想的著作，儒家十三经之一，唐有玄宗注本。

④志：记。

⑤"立身行道"两句：语出《孝经·开宗明义章》："立身行道，扬名
　　于后世，以显父母，孝之终也。"

⑥道举高第：实乃考中洞晓玄经科，为制科考试科目之一。

⑦代宗：即李豫，初名俶，肃宗长子，在位期间，安史之乱结束，藩镇
　　割据继起。

⑧礼部员外郎：为礼部郎中的佐官，掌礼乐、学校、衣冠、贡举等。

⑨濠：濠州，因临近濠水而得名，治所在今安徽凤阳。舒：即舒州。常：
　　常州，治所在今江苏常熟。

⑩风尘：高风清尘，此喻诗风清奇。迥绝：超群卓绝。

【译文】

　　独孤及，字至之，河南人。儿童时期背诵《孝经》，父亲考他说："你记
住了书中的什么话？"独孤及回答说："为人处世要推行道德，使名声传
扬到后代。"天宝末年，高中洞晓玄经科，唐代宗征召他担任左拾遗，迁
任礼部员外郎，做过濠州、舒州和常州这三个州的刺史。独孤及天性孝
顺友爱，喜欢品鉴提拔人才，写文章一定要明辨善恶，擅长发表议论。善
于写诗，格律声调高淳简古，风度清奇，超然脱俗，在当时就获得盛大的
名声。有集子流传在世。

　　○尝读《选》中沈、谢诸公诗①，有题《新安江水至清浅
深见底贻京邑游好》及《石门新营所住四面高山回溪石濑
茂林修竹》及《田南树园激流植援》《斋中读书》《南楼中
望所迟客》《晚登三山还望京邑》等数端②，皆奇崛精当，冠
绝古今，无曾发其韫奥者③。逮盛唐沈、宋、独孤及、李嘉祐、
韦应物等诸才子集中④，往往各有数题，片言不苟⑤，皆不减
其风度，此则无传之妙。逮元和以下⑥，佳题尚罕，况于诗
乎！立题乃诗家切要，贵在卓绝清新，言简而意足，句之所

到,题必尽之,中无失节,外无余语。此可与智者商榷云⑦,因举而论之。

【注释】

①《选》:即《文选》,梁昭明太子萧统招聚文学之士,编成此书,为我国现存最早一部文学总集,后来研究和注释《文选》形成了专门的《文选》学。原书三十卷,李善注本析为六十卷。下注卷次依李善注本。沈、谢:指沈约和谢灵运。

②《新安江水至清浅深见底贻京邑游好》:沈约诗,见《文选》卷二十七。《石门新营所住四面高山回溪石濑茂林修竹》:谢灵运诗,一作《石门新营所住四面高山回溪石濑修竹茂林》,见《文选》卷三十。《田南树园激流植援》《斋中读书》《南楼中望所迟客》:皆谢灵运诗,见《文选》卷三十。《晚登三山还望京邑》:谢朓诗,见《文选》卷二十七。

③韫(yùn)奥:包含的奥秘。

④盛唐:这里不是区分初盛中晚的盛唐,而是指诗歌繁盛的唐代。沈、宋:指沈佺期和宋之问。传见本书卷一。李嘉祐:传见本卷前文。韦应物:长安(今陕西西安)人,其诗大多形象优美,高雅闲淡,传见本书卷四。

⑤不苟:不马虎。

⑥元和:唐宪宗年号(806—820)。

⑦商榷(què):商讨,斟酌。

【译文】

○我曾读《文选》中沈约、谢灵运等诸位诗人的诗作,有这样一些诗题如《新安江水至清浅深见底贻京邑游好》《石门新营所住四面高山回溪石濑茂林修竹》《田南树园激流植援》《斋中读书》《南楼中望所迟客》《晚登三山还望京邑》等数种,都是峭拔突出,精准确当,冠绝古今,没有人曾揭发其中蕴含的奥秘。等到诗歌繁盛的唐代，沈佺期、宋之问、独孤及、李嘉祐和韦应物等诸位才子的集子中，常常各自有一些诗题，言辞简短而不马虎，都没有减损沈约、谢灵运他们传下来的风韵气度，这就是无法传承的妙处。到了元和以后，好的诗题尚且罕见，何况好的诗歌呢！确立诗题是诗人最迫切要紧的事，最可贵的地方在于超出寻常，清晰新颖，言辞简单却语意充足，诗句所写到的，诗题一定要概括尽，中间没有丢失环节，外面没有多余的废话。这些可跟聪明的人商量斟酌啊，于是就提出来加以讨论。

刘方平

　　方平，河南人。白皙美容仪。二十工词赋，与元鲁山交善①。隐居颍阳大谷②，尚高不仕，皇甫冉、李颀等相与赠答③，有云："篱边颍阳道，竹外少姨峰④。"神意淡泊。善画山水，墨妙无前。汧国公李勉延至斋中⑤，甚敬爱之，欲荐于朝，不忍屈，辞还旧隐。工诗，多悠远之思，陶写性灵，默会风雅，故能脱略世故，超然物外，区区斗筲⑥，何足以系刘先生哉！有集今传。

【注释】

①元鲁山：即元德秀，字紫芝，曾任鲁山县令，世称"元鲁山"。

②颍阳：县名，治所在河南登封，因在颍水之北，故名。大谷：在今河南洛阳东南接登封县界之大谷口。

③皇甫冉：传见本卷前文。后文所引诗句出自皇甫冉《寄刘方平大谷田家》诗。李颀：少时家居河南颍阳，后辞官隐居在河南嵩山、少室山一带，以五七言歌行见长。传见本书卷二。

④少姨峰：华山的一座山峰，钱起《赋得归云送李山人归华山》有云"欲依毛女岫，初卷少姨峰"，可知。

⑤汧（qiān）国公李勉：字玄卿，一字贞简，郑惠王元懿曾孙。代宗时进工部尚书，封汧国公。

⑥区区：微少。斗筲（shāo）：量器，斗容十升，筲容一斗二升，这里是形容微小的利禄。筲，一种盛饭用的竹筐。

【译文】

刘方平，河南人。皮肤白皙，容貌俊美。二十岁就善于写诗赋，与元德秀交好。隐居在颍阳大谷，崇尚高节不做官，皇甫冉、李颀等跟他互相赠诗酬答，有诗句说："篱边颍阳道，竹外少姨峰。"神情意韵平淡寡欲。擅长画山水画，用墨绝妙，前无古人。汧国公李勉把他延请到斋房中，非常敬重喜爱他，想要把他推荐给朝廷，他不忍屈从，辞别李勉回到以前隐居的地方。善于写诗，多有悠远的情思，陶冶抒写自己的性情心灵，自然符合风雅之道，所以能够超脱忽略世情，超然在世俗之外，微小的利禄，怎么足以拴住刘先生呢？有集子流传至今。

秦系

系，字公绪，会稽人。天宝末①，避乱剡溪，自称"东海钓客"。北都留守薛兼训奏为仓曹参军②，不就。客泉州③，南安九日山中有大松百余章④，俗传东晋时所植，系结庐其上，穴石为研⑤，注《老子》⑥，弥年不出⑦。时姜公辅以直言罢为泉州别驾⑧，见系辄穷日不能去，筑室与相近，遂忘流落之苦。公辅卒，妻子在远，系为营葬山下，每好义如此。张建封闻系不可致⑨，请就加校书郎⑩。与刘长卿、韦应物善⑪，多以诗相赠答。权德舆曰⑫："长卿自以为五言长城，系用偏师攻之^⑬,虽老益壮。"年八十余卒。南安人思之,号其山为"高士峰",今有丽句亭在焉^⑭。集一卷,今传。

【注释】

①天宝末:据学者考证,当为上元元年(674)前后。

②北都留守:官名,唐朝陪都太原的实际长官。薛兼训:据学者考证,当为薛嵩,绛州龙门(今山西河津)人,薛仁贵孙,从安、史叛乱,后以相、卫、洺、邢四州降,为四州节度使,颇有治绩。薛嵩做过叛军,秦系不赴任,或因此。仓曹参军:官名,掌管仓谷事务。

③泉州:州名,治所在今福建泉州。

④南安:县名,治所在今福建南安。九日山:在福建南安丰州镇西面。山名有二说:一为晋代南迁者每年九月九日在此登高望远,故称"九日";另一说谓曾有一道人,从戴云山走九日至此,故名。东峰名"姜相",纪念姜公辅也;西峰称"高士",纪念秦系也。章:量词,棵。《史记·货殖列传》:"山居千章之材。"

⑤研:砚台。

⑥《老子》:又称《道德经》,春秋战国时期道家学派的经典著作之一。

⑦弥年:多年。

⑧姜公辅:爱州日南(今越南义安省荣市)人,德宗建中四年(783)从至奉天,擢为谏议大夫、同中书门下平章事,翌年因谏简葬唐安公主而激怒德宗,降为太子左庶子,后黜为泉州别驾。别驾:官名,刺史的佐史,刺史巡行时,别驾乘驿车随行,故名。中唐以后,职任已轻,边远州府的别驾多为贬谪之职。

⑨张建封:字本立,兖州(今属山东)人,李希烈叛乱时,因坚守寿州有功,于贞元四年(788)拜御史大夫、徐泗濠节度使,后加检校尚书右仆射,能诗善文,韩愈、许孟容等都曾在其幕府,与孟郊也有交往。

⑩校书郎：官名，掌校勘典籍，订正讹误。

⑪刘长卿：字文房，河间（今属河北）人，官终随州刺史。擅长五言
　律诗，自称"五言长城"。传见本书卷二。

⑫权德舆：字载之，天水略阳（今甘肃秦安）人，元和五年（810）拜
　相。能诗善文，精通经术，长于五古。传见本书卷五。权德舆的
　评价，意在表明刘长卿和秦系诗歌不相上下，是劲敌。

⑬偏师：主力军队以外的部队。

⑭丽句亭：为纪念秦系而建的亭子。秦系《山中奉寄钱起员外兼简
　苗发员外》有"高吟丽句惊巢鹤"之句，或得名于此。

【译文】

　　秦系，字公绪，会稽人。天宝末年，到剡溪躲避战乱，自称为"东海钓
客"。北都留守薛兼训上奏任他为仓曹参军，不就任。客居泉州，南安县
九日山中有巨大的松树一百多棵，民间传说是东晋时候所种植的，秦系
在山上盖了草屋，在石头上挖了个洞作为砚台，注释《老子》，很多年都不
外出。当时姜公辅因为直言进谏被罢相，贬谪为泉州别驾，见到秦系就
整天都舍不得离开，在与秦系接近的地方盖房子居住，于是忘记了流落
在泉州的痛苦。姜公辅去世后，他的妻子和子女都在远方，秦系将他安
葬在山下，秦系常常喜好行义就像这样。张封建听说秦系不能招致，请
求就地给他加上校书郎的官职。跟刘长卿、韦应物交好，常用诗歌互相
赠答。权德舆说："刘长卿自以为自己的诗歌是'五言长城'，秦系用侧翼
军队攻打他，虽然年老但越发壮健。"年纪八十多去世。南安人民想念他，
把他住过的山称呼为"高士峰"，现在还有丽句亭在那里。集子一卷，流
传至今。

张众甫

　　众甫，京口人①。隐居不务进取，与皇甫御史友善②，精

庐接近③，后各游四方，曾寄处士诗云④："伏腊同鸡黍，柴门闭雪天⑤。"时宦亦有征辟者⑥，守死善道，卒不就⑦。众甫诗婉媚绮错，巧用文字，工于兴喻，文流中佳士也。

【注释】

①京口：城名，即今江苏镇江。

②皇甫御史：即皇甫曾，曾经做过侍御史，故称。传见本卷前文。

③精庐：精雅的讲读之舍，犹"精舍"。

④处士：隐士，指张众甫。

⑤"伏腊同鸡黍"两句：出自皇甫曾《寄张众甫》，意谓一年四季吃着同样的饭菜，天下雪的时候把柴木做的门关起来。伏腊，夏天的伏日与冬天的腊日，泛指一年的生计。鸡黍，杀的鸡，做好的黄米饭，泛指饭菜。

⑥时宦：当时任职的官员。

⑦卒不就：最终没有出仕。据权德舆《监察御史清河张府君墓志铭》，张众甫后来出仕，辛文房误。

【译文】

张众甫，京口人。隐居，不以躁进取官为急务，与皇甫曾御史交好，两人读书的庐舍也接近，后来各自游览四方，皇甫曾寄给张众甫的诗中说："伏腊同鸡黍，柴门闭雪天。"当时的官员也有征辟张众甫的，他死守隐居的善道，最终没有就任。张众甫的诗歌婉转柔媚，绮句错杂，所用文辞精巧，擅长起兴比喻，是文人群体中的佼佼者啊。

〇同在一时者，有赵微明、于逖、蒋涣、元季川①，俱山颠水涯，苦学贞士②，名同兰茝之芳③，志非银黄之术④。吟咏性灵，陶陈衷素，皆有佳篇，不能湮落。惜其行藏之大概⑤，不见于记录，故缺其考详焉。

【注释】

①赵微明：天水（今属甘肃）人，与张众甫、于逖等友善，苦学，淡于官爵。工五古，近于元结，亦工书法。于逖（tì）：久居大梁（今河南开封），终生未仕，与李白、李颀、独孤及、萧颖士等交游。其诗语言质朴，长于五言古体。蒋涣：常州义兴（今江苏宜兴）人，安史乱起，受伪职，代宗时任尚书左丞，官终礼部尚书。善诗，以五律为主。此人宦达，辛文房所云或指另一同名之人。元季川：一云名融，元结从弟，从元结学。工诗，多写隐逸生活，质朴淡泊。

②贞士：坚贞之士。

③兰茝（chǎi）：兰草和白芷。

④银黄：原指金银铸成的印章，代称高官显爵。

⑤行藏：行迹。

【译文】

〇同一时期的人，还有赵微明、于逖、蒋涣、元季川，都是生活在山顶水边，勤苦学习的忠贞之士，声名跟兰草、白芷一样芳香，志向都不是谋求做官之术。吟诗歌咏性情心灵，陶冶陈述心中的高洁，都有很好的诗篇传诵，不会湮没陨落的。可惜他们生平事迹的大概，不见于记载，因此就缺乏对他们的详细传记了。

严维

维，字正文，越州人①。初隐居桐庐②，慕子陵之高风③。至德二年，江淮选补使、侍郎崔涣下以词藻宏丽进士及第④，以家贫亲老，不能远离，授诸暨尉⑤，时已四十余。后历秘书郎⑥，严中丞节度河南⑦，辟佐幕府，迁余姚令⑧，仕终右补阙⑨。维少无宦情⑩，怀家山之乐⑪，以业素从升斗之禄⑫，聊代耕耳。诗情雅重,挹魏晋之风^⑬,锻炼铿锵,庶少遗恨,一时名辈^⑭,孰匪金兰^⑮。诗集一卷,今传。

【注释】

①越州:州名,治所在今浙江绍兴。

②桐庐:县名,治所在今浙江桐庐。

③子陵:即严光,字子陵,会稽余姚(今属浙江)人,东汉初著名隐士。少同汉光武帝游学,及帝即位,光隐遁不见,后除为谏议大夫,不屈,乃耕于富春山,年八十,终于家。

④江淮:地区名,即今长江、淮河下游地区。选补使:朝廷派充主持南选的官员。唐时铨选一般都在长安或洛阳,但岭南、黔中等地路途遥远、土风不同,由中央派选补使去主持铨选,称为"南选"。侍郎:指黄门侍郎,即门下侍郎,唐代门下省的副长官,职位重要,以同中书门下三品或同中书门下平章事任宰相者,多以此职为本官。崔涣:博陵安平(今属河北)人,玄宗西狩,迎谒于道,即日拜门下侍郎同平章事。肃宗立,为江淮宣谕选补使,收采遗逸,不以亲故自嫌。词藻宏丽:科举考试科目之一,属制科。

⑤诸暨(jì):县名,治所在今浙江诸暨。

⑥秘书郎:官名,从六品上,主掌图书的分类编目及收藏等事。

⑦严中丞:指严郢,字叔敖,曾以御史中丞为河南尹。辛文房以为"节度河南",误。

⑧余姚:县名,治所在今浙江余姚。

⑨右补阙:中书省所属的谏官,掌规谏,举荐人才等。

⑩宦情:做官的欲望。

⑪家山:家乡。

⑫业素:即"素业",清高的事业,旧指儒业。升斗之禄:形容微薄的薪俸。

⑬挹（yì）：舀取，这里指学习吸收魏晋诗风。

⑭一时名辈：严维与岑参、刘长卿、皇甫冉、李嘉祐、秦系等皆有交游。

⑮金兰：喻指朋友间互相投合，友谊深厚。语本《周易·系辞上》："二人同心，其利断金；同心之言，其臭如兰。"

【译文】

严维，字正文，越州人。一开始隐居在桐庐县，仰慕严光的高尚风度。至德二载（757）江淮选补使、黄门侍郎崔涣主持南选，严维考中词藻宏丽科，因为家里贫寒双亲老迈，不能离得太远，授任诸暨县尉，当时已经四十多岁了。后来做过秘书郎，御史中丞严郢担任河南节度使，征辟他来做幕府僚佐，升迁为余姚县令，最终做到右补阙。严维年少就不热衷于做官，怀念家乡的欢乐，用儒业来追求微薄的俸禄，不过是姑且替代耕种罢了。诗歌情感雅正稳重，吸收魏晋风流，锻词炼句铿锵有力，几乎少有遗憾，那一时代的著名诗人，哪一个跟他不是情谊契合的好友。有诗歌集子一卷，流传至今。

于良史

良史，至德中仕为侍御史①。诗体清雅，工于形似，又多警句。盖其珪璋特达②，早步清朝③，兴致不群，词苑增价。虽平生似昧，而篇什多传。

【注释】

①至德中：据学者考证，当为大历末。侍御史：据学者考证，当为监察御史，中央御史台察院官员，正八品上，品秩最卑而事务最繁。

②珪璋特达：喻高尚的品德或杰出的人才，《礼记·聘义》："圭璋特达，德也。"孔颖达疏："行聘之时，唯执圭璋特得通达，不加余币。言人之有德亦无事不通，不须假他物而成。言圭璋之特达同人之

有德，故云德也。"圭璋即珪璋。

③早步：此处有误，于良史仕宦卑微，见其《自吟》诗。

【译文】

于良史，至德年间做官担任侍御史。诗歌体制清俊雅正，擅长形象描写，又多有精警的语言。大概因他品德高尚，很早就步入清明的朝廷做官，兴趣情致不同于众人，在文坛上增加了声价。虽然他的生平事迹不太清晰，但诗歌篇什流传颇多。

灵彻上人

灵彻，姓汤氏，字澄源①，会稽人。自童子辞父兄入净②，戒行果洁③。方便读书④，便觉勤苦⑤，授诗法于严维⑥，遂籍籍有声⑦。及维卒，乃抵吴兴⑧，与皎然居何山游讲⑨，因以书荐于包侍郎佶⑩。佶得之大喜，又以书致于李侍郎纾⑪，时二公以文章风韵为世宗。贞元中⑫，西游京师，名振辇下⑬。缁流疾之⑭，遂造飞语激动中贵⑮，因诬奏得罪，徙汀州⑯。会赦归东越⑰，时吴、楚间诸侯⑱，各宾礼招延之⑲。元和十一年，终于宣州开元寺⑳，年七十有一，门人迁归，建塔于山阴天柱峰下㉑。

【注释】

①澄源：据刘禹锡《澈上人文集纪》，当为"源澄"。

②净：即净教，这里指佛教，因佛法能使众心清净无垢而化为佛果。

③戒行：指随顺戒体，在身、语、意三方面遵守戒律的行为。

④方便：梵文意译，或译"善权""变谋"等，指佛家通过灵活的方式领悟佛理。或疑"便"字为衍文。

⑤便觉勤苦：此句有学者以为不通顺，实则佛法讲究脱离苦海，故在读书之前，灵彻不觉苦为何物，以读书为方便法门后才领悟勤苦，虽领悟的是勤苦，也是领悟。

⑥严维：传见本卷前文。

⑦籍籍：名气盛大貌。

⑧吴兴：郡名，治所在今浙江湖州。

⑨皎然：字清昼，本姓谢，吴兴（今浙江湖州）人，谢灵运十世孙，久居吴兴杼山妙喜寺。传见本书卷四。何山：即今浙江湖州南之金盖山。

⑩包侍郎佶：即包佶，字幼正，润州延陵（今江苏丹阳）人。建中二年（781）改充江淮水陆运使，并带太常少卿及御史中丞衔，贞元初入为刑部侍郎。传见本卷前文。据皎然《赠包中丞书》可知，包佶当时为御史中丞，而非刑部侍郎，辛文房称为"侍郎"，误。

⑪李侍郎纾：即李纾，字仲舒，自虢州刺史征拜礼部侍郎，建中四年（783）择为同州刺史，拜兵部侍郎，后任吏部侍郎。

⑫贞元：唐德宗年号（785—805）。

⑬辇（niǎn）下：辇毂之下，指皇帝的身边，此谓京城。辇，秦汉以后专指帝王后妃所乘的车。

⑭缁（zī）流：指僧人。"缁"为黑色，因隋唐后僧人之衣多为黑色，故称。

⑮中贵：即中贵人，有权势的宦官。

⑯汀州：州名，治所在今福建长汀。

⑰东越：地名，古越国所在的浙江一带。

⑱吴、楚：春秋战国时吴国、楚国所在的江苏、两湖一带。诸侯：指各地长官。

⑲宾礼：指以宾客之礼相待。

⑳宣州：州名，治所在今安徽宣城。

㉑塔：塔的梵文原名是窣堵波，是坟冢的意思，以后又译作浮屠、浮
　图等，存放高僧骨灰（Sarira 舍利）、遗物或经典等用的建筑。山
　阴：县名，治所在今浙江绍兴。天柱峰：指绍兴宛委山主峰，从谷
　底平地拔起，直冲霄汉，恰似天柱壁立，因此称为天柱峰。

【译文】

　　灵彻，本姓汤，字澄源，会稽人。从孩提时代就辞别父亲兄长进入寺
庙，守戒的行为干净利落。以读书为方便法门，就悟出要勤奋刻苦，严维
传授给他作诗的方法，于是名声盛大起来。等到严维去世，就抵达吴兴，
跟皎然住在何山游学讲论，皎然因此用书信把他推荐给包佶侍郎。包佶
得到书信非常高兴，又写书信把他介绍给李纾侍郎，当时包佶和李纾两
人都因诗文作品富有风调韵律而被世人所宗尚。贞元年间，往西游览京
都，名动京城。其他僧人痛恨他，就捏造流言蜚语刺激耸动有权势的宦
官，因此被他们诬告而得罪，迁徙到汀州。遇到大赦回到东越，当时吴、
楚一带的地方长官，各自都用宾客之礼招待延请他。元和十一年（816），
圆寂于宣州的开元寺，享年七十一岁，他的弟子把他迁回浙江，在山阴天
柱峰下给他建立浮屠塔。

　　上人诗多警句，如《芙蓉寺》云："经来白马寺，僧到赤
乌年①。"《谪汀州》云："青蝇为吊客②，黄耳寄家书③。"性
巧逸，居沃洲寺④，尝取桐叶剪刻制器为莲花漏⑤，置盆水
之上，穿细孔漏水，半之则沉，每昼夜十二沉，为行道之节。
初居嵩阳兰若⑥，后来住匡庐东林寺⑦，如天目、四明、栖霞
及衡、湘诸名山⑧，行锡几遍⑨。尝与灵一上人约老天台⑩，
未得遂志。虽结念云壑，而才名拘牵，馨息经微⑪，吟讽无
已，所谓拔乎其萃⑫，游方之外者也。有集十卷，及录大历至
元和中名人《酬唱集》十卷⑬，今传。

【注释】

① "如《芙蓉寺》云"以下几句：引自《芙蓉园新寺》诗，意谓芙蓉园新寺中的佛经，是从白马寺那里传过来的，僧人则是孙权赤乌年间支谦传下来的那一派。白马寺，佛教传入中国后兴建的第一座寺院，在河南洛阳东，东汉明帝永平十一年（68）建，天竺僧用白马驮经归洛阳，故以白马命名。赤乌，三国吴大帝孙权年号（238—251），时月支僧人支谦来吴，深受孙权器重，译出《大明度无极经》等八十八部。

② 青蝇为吊客：感伤生前寂寞、死后萧条，《三国志·虞翻传》裴松之注引《虞翻别传》："自恨疏节，骨体不媚，犯上获罪，当长没海隅，生无可与语，死以青蝇为吊客，使天下一人知己者，足以不恨。"

③ 黄耳寄家书：指传递书信。任昉《述异记》载西晋陆机曾用名叫黄耳的家犬往来洛阳、吴中传递家信。

④ 沃洲寺：在今浙江新昌沃洲山上。

⑤ 莲花漏：古代计时器，为漏壶的一种。据《太平广记》卷四九七《莲花漏》条，莲花漏乃东晋惠远于庐山所创。

⑥ 嵩阳兰若：即嵩阳寺，北魏太和八年（484）建，在今河南登封，唐改为嵩阳观。

⑦ 匡庐：即庐山。东林寺：在今江西九江庐山西北麓，净土宗（莲宗）发源地。

⑧ 天目：即天目山，在浙江杭州临安区北境，分东西两峰。相传峰顶各有一池宛若相望，故名天目，古名浮玉山。四明：即四明山，在浙江宁波西南。相传群峰中有方石四面如窗，中通日月星辰之光，故名。栖霞：即栖霞山，在江苏南京。南朝刘宋时山中建有栖霞精舍，栖霞山由此得名。衡、湘：指衡山、湘江一带。

⑨ 行锡：僧人出行时常以锡杖自随，因称僧人行走为行锡。

⑩ 尝与灵一上人约老天台：据考，灵一上人去世时灵彻才十四岁，辛

文房误。天台，山名，在今浙江天台县境。

⑪馨息经微：意谓钟磬之声停息，诵经之声微弱。馨，同"磬"，即钟磬，佛教法器。

⑫拔乎其萃：即出类拔萃。

⑬《酬唱集》：《新唐书·艺文志四》著录"僧灵彻《酬唱集》十卷"。

【译文】

灵彻上人写诗多有精警诗句，例如《芙蓉寺》写道："经来白马寺，僧到赤乌年。"《谪汀州》写道："青蝇为吊客，黄耳寄家书。"性情精巧灵逸，住在沃洲寺，曾经摘取桐树叶剪刻制作成莲花漏，放置在一盆水上，穿一细孔漏水，漏进一半莲花漏就沉下去，每个白天和夜晚沉下去十二次，用来作为修行佛法的时间节点。起初居住在嵩阳寺，后来住在庐山东林寺，其他如天目山、四明山、栖霞山和衡山、湘江一带的名山，几乎都走了个遍。曾跟灵一上人相约终老于天台山，但没有实现这个心愿。虽然心中念着山中云壑，但被才华和名声所拘束牵累，修行佛法的钟磬之音停息，诵读佛经之声微弱，倒是吟诗讽咏个不停，正是所谓出类拔萃、游荡在世俗之外的诗人啊。有集子十卷，和选录大历到元和期间著名诗人互相酬唱作品的《酬唱集》十卷，流传至今。

陆羽

羽，字鸿渐①，不知所生。初，竟陵禅师智积得婴儿于水滨②，育为弟子。及长，耻从削发，以《易》自筮③，得《蹇》之《渐》曰④："鸿渐于陆，其羽可用为仪⑤。"始为姓名。有学，愧一事不尽其妙。性诙谐，少年匿优人中⑥，撰谈笑万言⑦。天宝间，署羽伶师⑧，后遁去，古人谓"洁其行而秽其迹"者也。

【注释】

①字鸿渐：此据《陆文学自传》，也有人说他名鸿渐，字羽。

②竟陵：县名，治所在今湖北天门。禅师：和尚的尊称。智积：据赵
璘《因话录》，陆姓，收留陆羽，故陆羽姓陆，与辛文房所记不同。

③《易》：《周易》的简称。筮：用蓍草卜吉凶。

④得《蹇》之《渐》：意即占筮的结果是由《蹇》卦变为《渐》卦。《蹇》，
《周易》卦名，䷦，艮下坎上，为山上有水之象，义在见险而能止。
《渐》，《周易》卦名，䷴，艮下巽上，为山上有木之象，义在渐进。

⑤"鸿渐于陆"两句：《渐》卦上九爻辞，上九即《蹇》卦变为《渐》卦
的一爻，故以这一爻的爻辞来预测吉凶，意为鸿雁飞行渐进于小
山顶，它的羽毛可以用来修饰仪容。陆指较平的山顶。仪，仪饰。

⑥优人：以乐舞、戏谑为业的艺人。

⑦谈笑：本或作"谑谈""诙谐"，盖本非书名，皆指其所撰的主题在
于逗人发笑。

⑧伶师：当指伶工乐师一类的戏班演职人员。

【译文】

陆羽字鸿渐，不知出生在哪里。起初，竟陵有位智积禅师，在水边捡
到一个婴儿，养育为弟子。等他长大，认为削发当和尚可耻，就用《周易》
来给自己算卦，得到由《蹇》卦变为《渐》卦的卦象，爻辞说："鸿雁飞行
渐进于小山顶，它的羽毛可作为高洁的仪饰。"才以此取了姓名。有学问，
只要有一件事没有尽得其中的奥妙就感到羞愧。性格幽默，年少时藏身
在以戏谑为业的人中，撰写笑话上万言。天宝年间，县邑官员委任他为
伶师，后来逃走，是古人所说的"高洁其品行而污秽其行迹"的人啊。

上元初①，结庐苕溪上②，闭门读书。名僧高士，谈宴终
日。貌寝③，口吃而辩④，闻人善，若在己，与人期，虽阻虎狼
不避也。自称"桑苎翁"⑤，又号"东岗子"。工古调歌诗，兴

极闲雅。著书甚多。扁舟往来山寺⑥,唯纱巾藤鞋,短褐犊鼻⑦,击林木,弄流水;或行旷野中,诵古诗,裴回至月黑⑧,兴尽恸哭而返⑨,当时以比接舆也⑩。与皎然上人为忘言之交⑪,有诏拜太子文学⑫。

【注释】

①上元:唐肃宗年号(760—761)。

②苕(tiáo)溪:今浙江由安吉注入太湖之苕溪,以其两岸多生芦苇,故名苕溪。苕,指芦苇的花穗。

③貌寝:相貌丑陋。

④口吃:结巴。

⑤桑苎(zhù):种植桑树与苎麻,泛指农桑之事。

⑥来:原无,据《四库》本、《陆文学自传》补。

⑦犊鼻:似短裤的围裙。

⑧裴回:同"徘徊"。

⑨恸哭:悲伤地大哭。

⑩接舆:春秋时楚国隐士,因迎孔子之车而歌,故名,皇甫谧《高士传》谓其姓陆,名通,字接舆,与陆羽同姓。

⑪皎然:著名诗僧。传见本书卷四。忘言:心中领会其意,不须用言语来说明。一本作"忘年"。

⑫太子文学:为皇太子的文学侍从官,掌分知经籍,侍从文章。

【译文】

上元初年,在苕溪上盖草屋,关起柴门苦读书籍。著名的僧人和高尚的隐士,整天跟他清谈宴笑。相貌丑陋,说话结巴却很善辩,听说别人有优点,就像自己有优点一样,跟别人相约,即使被老虎豺狼阻拦也不避让。自己称自己为"桑苎翁",又起别号为"东岗子"。善于写古体诗和歌行体诗,诗兴极其闲淡雅致。创作的书很多。乘着一叶扁舟往来于山

中寺庙间，只戴着纱巾，穿着藤编成的鞋，上身穿着短粗布衣服，下面穿
着短裤子，敲击着林中树木，玩弄着流水；有时在空旷的原野中行走，朗
诵古诗，徘徊到月落天黑，兴致耗尽才痛哭着回去，当时人们把他比作狂
人接舆。与皎然上人是不必说话便心意相通的朋友，曾有诏令征拜他为
太子文学。

　　羽嗜茶，造妙理，著《茶经》三卷①，言茶之原、之法、之
具②，时号"茶仙"，天下益知饮茶矣。鬻茶家以瓷陶羽形③，
祀为神，买十茶器，得一鸿渐④。初，御史大夫李季卿宣慰江
南⑤，喜茶，知羽，召之。羽野服挈具而入⑥，李曰："陆君善
茶，天下所知。扬子中泠水⑦，又殊绝。今二妙千载一遇，山
人不可轻失也。"茶毕，命奴子与钱，羽愧之，更著《毁茶论》⑧。

【注释】

①《茶经》：我国第一部关于茶的专门著作，内容分十门，曰一之源、
　　二之具、三之造、四之器、五之煮、六之饮、七之事、八之出、九之
　　略、十之图，虽嫌简略，但较系统。

②茶之原：即茶之源，茶叶的起源，指出茶叶起源于中国。

③鬻（yù）：卖。

④鸿渐：指陆羽瓷像。

⑤御史大夫：御史台长官，正三品，专门负责监察及掌理国家刑宪典
　　章之政令，纠弹各级不法官员，并总判台事。李季卿：李适之之子，
　　官至吏部侍郎兼御史大夫。曾主持选举，以进贤为务，为士人称
　　道。宣慰：慰问，安抚。

⑥挈（qiè）：携带。

⑦扬子：扬子江。中泠水：泉名，省称"中泠"，亦称"南零"，在今江

苏镇江西北金山西,陆羽评之为国内第七,稍后刘伯刍评为第一,
从此有"天下第一泉"之称。

⑧《毁茶论》:相传陆羽所写,内容是毁弃茶事之论。

【译文】

陆羽喜欢喝茶,到达微妙的境界,著有《茶经》三卷,探讨茶叶的起
源、制作茶叶的方法和喝茶的器具,当时称他为"茶仙",天下人越发知道
如何喝茶了。卖茶的商家用陶瓷塑成陆羽的形貌,把他当作神祭祀,买
十个茶叶器具,就能获得一个陆羽瓷像。起初,御史大夫李季卿宣抚慰
问江南,喜欢喝茶,听说过陆羽,召请他来。陆羽穿着野人服装带着茶具
进来,李季卿说:"陆君善于品茶,天下人都知道。扬子江的中泠水,又是
特别妙绝。今天千年才能遇到一次的妙人妙水都到齐了,陆山人不能轻
易错过啊。"喝完茶,派奴仆给钱,陆羽为此而羞愧,改写《毁茶论》。

与皇甫补阙善①,时鲍尚书防在越②,羽往依焉,冉送以
序曰③:"君子究孔、释之名理④,穷歌诗之丽则⑤。远墅孤岛,
通舟必行;鱼梁钓矶,随意而往。夫越地称山水之乡,辕门
当节钺之重⑥。鲍侯知子爱子者,将解衣推食⑦,岂徒尝镜水
之鱼⑧,宿耶溪之月而已⑨。"集并《茶经》今传。

【注释】

①皇甫补阙:即皇甫冉,曾任右补阙,故称。传见本卷前文。

②鲍尚书防:即鲍防,当时担任尚书员外郎,故云。代宗广德元年
 (763),鲍防为浙东观察使薛兼训从事、检校殿中侍御史、尚书员
 外郎。时为浙东诗歌盟主,江东文士多依之,与谢良辅、严维等同
 赋《忆长安十二咏》《状江南十二咏》,与刘长卿、秦系等五十多人
 联唱,结为《大历年浙东联唱集》。传见本卷前文。

③冉送以序：即皇甫冉《送陆鸿渐赴越》诗序。

④孔、释：即孔子和释迦牟尼，即儒、释两家。

⑤丽则：文词华丽而又典雅规范。语出扬雄《法言·吾子》："诗人之赋丽以则，辞人之赋丽以淫。"

⑥辕门：指将帅的营门。节钺（yuè）：符节和斧钺，古人用作权力的象征，唐代乃节度使的别称，这里指跟节度使相当、地位略低的观察使薛兼训。

⑦解衣推食：把衣服脱下来别人穿，把食物让给别人吃，形容非常关心他人。

⑧镜水：即鉴湖、镜湖，在今浙江绍兴南。

⑨耶溪：即若耶溪，在今浙江绍兴南。

【译文】

与右补阙皇甫冉交好，当时尚书员外郎鲍防也在越地，陆羽去那里依靠他，皇甫冉写《送陆鸿渐赴越》诗序说："您探究孔子、释迦牟尼的道理，穷尽诗歌的华丽典则。遥远的山庄和孤岛，船能开过去就一定前去；捉鱼的堤坝和钓鱼的石矶，顺着自己的心意来往。越地向来被称作山水之乡，军营的大门也是位高权重之所。鲍侯是了解你爱护你的人，将会非常关心你，岂会让你只是品尝一下镜湖中的鲜鱼，而住在若耶溪上的月光下呢。"集子和《茶经》都流传至今。

顾况

况，字逋翁，苏州人。至德二年①，天子幸蜀②，江东侍郎李希言下进士③。善为歌诗，性诙谐，不修检操，工画山水。初为韩晋公江南判官④，德宗时，柳浑辅政⑤，荐为秘书郎⑥。况素善于李泌⑦，遂师事之，得其服气之法⑧，能终日不食。及泌相，自谓当得达官，久之，迁著作郎⑨。及泌卒，作《海鸥咏》嘲诮权贵，大为所嫉，被宪劾贬饶州司户⑩，作诗曰："万里飞来为客鸟，曾蒙丹凤借枝柯。一朝凤去梧桐死，满目鸥鸢奈尔何⑪！"遂全家去，隐茅山⑫，炼金拜斗⑬，身轻如羽。况暮年一子即亡，追悼哀切，吟曰："老人丧爱子，日暮泣成血。老人年七十，不作多时别⑭。"其年又生一子，名非熊⑮，三岁始言，在冥漠中闻父吟苦⑯，不忍，乃来复生。非熊后及第，自长安归庆，已不知况所在。或云，得长生诀仙去矣。今有集二十卷传世，皇甫湜为之序⑰。

【注释】

①至德：唐肃宗年号（756—758）。

②天子幸蜀：指安史之乱后，唐玄宗奔逃四川。

③江东：一名江左，今芜湖、南京间长江河段以东地区。李希言当时担任苏州刺史，苏州正在江东。侍郎：指礼部侍郎。李希言：郑王李元懿孙，至德二载（757），自礼部侍郎兼苏州刺史充节度采访使。

④韩晋公：即韩滉，字太冲，京兆长安（今陕西西安）人，曾封晋国公，故称。代宗大历末年拜苏州刺史、浙江东西都团练观察使，寻加检校礼部尚书、兼御史大夫、润州刺史、镇海军节度使。江南判官：即指韩滉任职苏州、润州刺史时，顾况曾任其手下判官。判官，唐节度、观察、防御使之下皆置，佐理军政事，也泛指地方行政及军事长官的幕僚。

⑤柳浑：初名载，字元舆，后改名浑，字惟深，又字夷旷，汝州梁县（今河南汝州）人，贞元三年（787）以兵部侍郎拜相。辅政：辅佐皇帝处理政务。

⑥秘书郎：从六品上，主掌图书的分类编目及收藏等事。

⑦李泌：字长源，京兆（今陕西西安）人。玄宗时为皇太子供奉官，

后官至宰相，封邺侯，好神仙道术。

⑧服气之法：又称"食气"，将自然界某种清气，如日气、月气等吞服，以求强身健体，却病延年。

⑨著作郎：主管秘书省著作局，从五品上，掌修撰碑志祝文祭文等。

⑩宪劾：即台宪劾治，台宪为御史台官别称。饶州：州名，治所在今江西鄱阳。司户：全称为司户参军事，为唐代地方诸州佐治之官，掌计账、户籍等事。

⑪"万里飞来为客鸟"以下几句：顾况此诗以"客鸟"自喻，以李泌为"丹凤"，以"鸱鸢"喻小人，诗意谓我是万里飞到朝廷来的客鸟海鸥，曾蒙恩凤凰借我树枝栖息，一旦凤鸟去世，朝廷里都是鸱鸢（chī yuān）一样的小人，奈何他们不得啊。言下之意，还是赶紧离开。鸱鸢，即鸱鸟，指鹞鹰。

⑫茅山：古名句曲山，又名三茅山，即今江苏西南部。

⑬拜斗：道家礼拜北斗星，也称礼斗、朝斗，据说可延寿。

⑭"老人丧爱子"以下几句：诗意谓老年人失去疼爱的儿子很悲痛，但一想到自己已七十高龄，不久当死，很快可以相见，又颇感欣慰。此欣慰乃以乐写悲。

⑮非熊：即顾非熊，顾况之子。会昌五年（845）应进士举，唐武宗久闻诗名，亲自阅卷，追令及第。后不乐为吏，弃官归隐茅山。工五七言近体。

⑯冥漠：指死亡。闻父吟苦：即前文顾况所吟之诗，其情实痛楚。

⑰皇甫湜（shí）：字持正，睦州新安（今浙江建德）人。从韩愈学古文，流于僻奥。皇甫湜为顾况集子所写序即《唐故著作左郎顾况集序》。

【译文】

顾况，字逋翁，苏州人。至德二载（757），唐玄宗逃往四川，在礼部侍郎李希言主持的考试中考中进士。善于创作歌行体，性格幽默，不刻意修饰操守，工于山水画。起初，韩滉在江南作刺史时，顾况做过他的判官，唐德宗时，柳浑辅佐皇帝理政，推荐顾况为秘书郎。顾况向来跟李泌关系好，便像对待老师那样侍奉他，获得他传授的服气的方法，可以整天不吃饭。等到李泌做宰相，顾况自以为会获得高官，过了很久，才升迁为著作郎。等到李泌去世，写了一首《海鸥咏》嘲讽权贵之人，很被他们所忌恨，就被御史台弹劾整治，贬为饶州司户参军，写诗说："万里飞来为客鸟，曾蒙丹凤借枝柯。一朝凤去梧桐死，满目鸱鸢奈尔何！"于是全家离开，隐居在茅山，炼金丹，拜北斗，身体轻得像羽毛。顾况晚年有一个儿子去世，他追思悼念哀婉痛切，吟诗说："老人丧爱子，日暮泣成血。老人年七十，不作多时别。"那一年又生下一个儿子，取名非熊，三岁才说，在死亡中听到父亲吟诗悲苦，于心不忍，于是又来转世托生。顾非熊后来考中进士，从长安回家庆祝，也不知道顾况去了哪里。有人说，顾况获得长生的秘诀成仙离开了。现在有集子二十卷流传在世，皇甫湜为他的集子写了序。

张南史

　　南史，字季直，幽州人①。工奕棋②，神算无敌③，游心太极④，尝幅巾藜杖⑤，出入王侯之宅十年，高谈阔视，慷慨奇士也。中自感激，始苦节学文⑥，无希世苟合之意⑦，数年间，稍入诗境，调体超闲，情致兼美，如并、燕老将⑧，气韵沉雄，时少及之者。肃宗时，庙堂奖拔⑨，仕为左卫仓曹参军⑩，后避乱寓居扬州扬子⑪，难平再召，未及赴而卒。有诗一卷，今传。

【注释】

　　①幽州：州名，治所在今北京西南。

　　②奕：通"弈"。

　　③神算：神准的推算。

④太极：指天地未分以前的混沌状态，是天地的本体，这里指由围棋中的黑白棋子对弈入手，演化为太极图中的黑白鱼相生相克，从而领悟大道。

⑤幅巾：幅为布绢宽度，以一幅宽的巾裹头，故名幅巾，是隐士儒雅风流之举。藜杖：用荆藜的老茎制的手杖。

⑥苦节：坚守节操。

⑦希世：迎合世俗。

⑧并、燕：即并州和燕州，约在今山西、河北一带。

⑨庙堂：指朝廷。

⑩左卫：左卫府，为十六卫之一，掌官禁宿卫。仓曹参军：仓曹参军事，掌管仓谷事务。

⑪扬子：县名，治所在今江苏邗江南扬子桥附近。

【译文】

张南史，字季直，幽州人。善于下棋，神准的推算无人能敌，由此领悟了太极之道，曾经以幅巾裹头，挂着荆藜做成的拐杖，进出贵族的宅邸十年，高声谈论，放眼四顾，是性情慷慨的奇特之士啊。中年自己受到感动激发，开始守节学习文章，没有苟且迎合世俗的意愿，几年之内，渐渐进入诗歌境界，格调体制超脱闲淡，情感兴致两全其美，像并州和燕州的老将领，气势韵调沉稳雄厚，当时的诗人少有能赶上他的。唐肃宗时期，朝廷奖赏选拔，出来做到左卫仓曹参军，后来躲避战乱寓居在扬州扬子县，战乱平定后再次征召他，没来得及到任就去世了。有诗集一卷，流传至今。

戎昱

昱，荆南人①。美风度，能谈。少举进士不上，乃放游名都②，虽贫士而轩昂③，气不消沮④。爱湖湘山水⑤，来客。时李夔廉察桂林⑥，寓官舍，月夜闻邻居行吟之音清丽，迟明访之⑦，乃昱也，即延为幕宾，待之甚厚。崔中丞亦在湖南⑧，爱之，有女国色，欲以妻昱，而不喜其姓，戒能改则订议，昱闻之，以诗谢云："千金未必能移姓⑨，一诺从来许杀身。"自谓李大夫恩私至深⑩，无任感激。初事颜平原⑪，尝佐其征南幕⑫，亦累荐之。卫伯玉镇荆南⑬，辟为从事⑭，历虔州刺史⑮。至德中，以罪谪为辰州刺史⑯。后客剑南⑰，寄家陇西数载⑱。

【注释】

①荆南：方镇名，治所在今湖北荆州。

②名都：著名的城市。

③轩昂：精神饱满。

④消沮：消极沮丧。

⑤湖湘：指湖南洞庭湖、湘江一带。

⑥李夔：应作李昌夔，大历八年（773）任桂州刺史。廉察：考察，因刺史有监察之职，故称。此实指任刺史事。

⑦迟明：到天明。

⑧崔中丞：即崔瓘，博陵（今河北定州）人。大历四年（769）迁湖南观察使，并兼御史中丞，五年（770）四月遇害。据学者考证，崔瓘于戎昱有恩，但此处所叙，不可信。

⑨千金未必能移姓：引自戎昱《上湖南崔中丞》，原作"千金未必能移性"，后世为附会传闻，改为"姓"。此诗末句云"莫道书生无感激，寸心还是报恩人"，可知崔瓘有恩于戎昱。

⑩李大夫：指李昌夔。此谓李昌夔于自己恩深，不忍背之，即所谓"一诺从来许杀身"也。

⑪颜平原：即颜真卿，字清臣，擢制科，迁侍御史，为杨国忠所恶，出

　为平原太守，世称颜平原。

⑫征南幕：指颜真卿担任浙西节度使时。

⑬卫伯玉：唐代将领，广德元年（763）拜荆南节度使。

⑭从事：官名，为地方军政长官的佐吏。

⑮虔州：州名，以虔化水得名，治所在今江西赣州西南。

⑯辰州：州名，以辰溪为名，治所在今湖南沅陵。

⑰剑南：方镇名，以在剑阁之南而得名，治所在今四川成都。

⑱陇西：古代指陇山以西地方，后泛指今甘肃一带。据学者考证，戎
　昱未曾寓家陇西，辛文房误。

【译文】

　戎昱，荆南人。风姿气度俊美，善于谈论。年少考进士没考上，于是畅游著名的城市，虽然是贫寒之士却精神饱满，气势毫不消极沮丧。喜爱洞庭湖、湘江一带的山水，来到这里客居。当时李夔任桂林刺史，住在官员住宿的地方，明月之夜听到邻居边走边吟诵的诗歌音调清朗俊丽，等天亮去拜访他，就是戎昱，立即延请他来做幕中宾客，给他待遇很丰厚。御史中丞崔瓘也在湖南，喜爱戎昱，有个女儿特别漂亮，想要把她嫁给戎昱，但是不喜欢他的姓，告诫他如果能够改掉戎姓，就订下婚约，戎昱听说这件事，用诗歌辞谢说：“千金未必能移姓，一诺从来许杀身。”自己说李夔对他的私人恩惠特别深，非常感激。当初侍奉颜真卿，曾在他做浙西节度使的时候做他的僚佐，颜真卿也多次荐举戎昱。卫伯玉镇守荆南时，征辟他担任佐吏，后来做过虔州刺史。至德年间，因为犯罪贬谪为辰州刺史。后来客居剑南，全家又在陇西那边寄居好几年。

　宪宗时①，边烽累急②，大臣议和亲③，上曰：“比闻一诗人姓名稍僻者为谁④？”宰相对以冷朝阳、包子虚⑤，皆非。帝举其诗，对曰：“戎昱也。”上曰：“尝记其《咏史》云：‘汉家青史上，拙计是和亲。社稷依明主，安危托妇人。岂能将

玉貌,便拟净沙尘。地下千年骨,谁为辅佐臣⑥?'"因笑曰:
"魏绛何其懦也⑦,此人如在,可与武陵桃花源⑧,足称其清
咏。"士林荣之。昱诗在盛唐格气稍劣,中间有绝似晚作⑨,
然风流绮丽,不亏政化,当时赏音,喧传翰苑⑩,固不诬矣⑪。
有集今传。

【注释】

①宪宗:即唐宪宗李纯,本名淳,顺宗长子,805—820年在位。在位
　期间,颇有作为,消除藩镇跋扈局面,史称"元和中兴"。

②边烽:边境地区的烽火台。

③和亲:亦称"和亲政策",中原地区的封建王朝与边疆少数民族政
　权之间,为达到政治目的进行的联姻。

④比闻:近闻。

⑤冷朝阳:润州江宁(今江苏南京)人,为潞州节度使薛嵩从事,为送
　别歌妓红线赋诗,颇被人称道。传见本书卷四。包子虚:生平不详。

⑥"汉家青史上"以下几句:诗意谓西汉王朝历史上,和亲的策略很
　拙劣。国家社稷依靠圣明君主,国家安危却托付给一个女子。怎
　么可能拿女子的美貌,就把边境匈奴入寇扬起的沙尘扫净呢?那
　死在战斗中的尸骨已经千年,他们告诉我们,辅佐社稷的忠臣是
　谁? 言外之意,只有勇敢地战斗,才能保住家园,而非和亲。

⑦魏绛:即魏庄子,春秋时晋国大夫,主张与戎族和好,为晋悼公采纳。
　事见《左传·襄公四年》。

⑧武陵桃花源:在今湖南常德,陶渊明《桃花源记》载之。

⑨晚作:指晚唐作品。

⑩翰苑:文翰之苑,即文坛。

⑪诬(wū):夸张,吹嘘。

【译文】

　　唐宪宗的时候,边境战事多次危急,大臣讨论和亲,唐宪宗说:"近来听说一个诗人,他的姓名比较冷僻,是谁来着?"宰相回答说冷朝阳、包子虚,都不是。唐宪宗举出他的诗歌,回答说:"是戎昱吧!"唐宪宗说:"我曾记得他的《咏史》诗说:'汉家青史上,拙计是和亲。社稷依明主,安危托妇人。岂能将玉貌,便拟净沙尘。地下千年骨,谁为辅佐臣?'"又笑着说:"魏绛是多么懦弱啊,戎昱这个人如果还活着,可把武陵桃花源赏给他,那才配得上他清雅的诗歌。"文人学士把这事看作戎昱的荣耀。戎昱的诗歌在盛唐诗人中格调气势稍微差一些,诗歌中间还有特别像晚唐作品的,但是他的诗歌文采风流辞藻绮丽,无损于政治教化,当时欣赏他的知音,在文苑中为他喧声盛传,并没有夸大其词啊。有集子流传至今。

古之奇

　　之奇,宝应二年礼部侍郎洪源下及第①,与耿沣同时②。尝为安西幕府书记③,与李司马端有金兰之好④。工古调,足幽闲淡泊之思,婉而成章,得名艺圃⑤,不泛然矣。诗集传于世。

【注释】

①宝应:唐代宗年号(762—763)。礼部侍郎:官名,协同礼部尚书掌管礼仪、祭祀、贡举、宴飨之政令。洪源:当为萧昕,本书卷四《耿沣传》称"宝应二年洪源榜进士",则洪源乃这一年科举状元,萧昕是此年主考官。

②耿沣(wéi):字洪源,河东(今山西永济)人,官至左拾遗。其诗长于五律,"大历十才子"之一。传见本书卷四。

③安西：即安西都护府，治所初在今新疆吐鲁番东高昌故城，后移今
　新疆库车，贞元六年（790）以地入吐蕃，废。据学者考证，安西都
　护府当时不通，辛文房盖误以其他幕府为安西幕府。书记：节度
　使属官有掌书记，省称书记，掌撰述文牍奏记。

④李司马端：即李端，曾任杭州司马，故称。传见本书卷四。金兰之
　好：指朋友间互相投合，友谊深厚。

⑤艺圃：文艺园圃，即艺苑、文坛。

【译文】

　　古之奇，宝应二年（763）礼部侍郎洪源主持考试时考中进士，与耿
沣在同一时代。曾经担任安西都户府中的掌书记，与李端司马有深厚的
友谊。擅长古体诗，富有幽静闲远平淡寡欲的情思，诗体婉转而有条理，
在文坛上获得名声，不是泛泛的诗人啊。诗歌集子流传在世。

苏涣

　　涣，广德二年杨栖梧榜进士①。本不平者，往来剽盗，善
用白弩②，巴賨商人苦之③，称曰"白跖"④。后自知非，折节
从学，遂成名。累迁侍御史⑤，湖南崔中丞瓘辟为从事⑥，瓘
遇害，继走交、广⑦，扇动哥舒晃跋扈⑧，如蛟龙见血⑨，本质
彰矣⑩。居无何⑪，伏诛⑫。初尝为《变律诗》十九首⑬，上广
州节度李勉⑭，其文意长于讽刺，亦有陈拾遗一鳞半甲⑮，故
加待之。或曰："此子羽翼嬖臣⑯，侵败王略⑰，今尚其文，可
欤？"勉曰："汉策载蒯通说辞⑱，皇史录祖君檄草⑲，此大容
细者。善恶必书，《春秋》至训⑳，明言不废，孔子格谈㉑。涣
其庶乎？岂但存雕虫小技㉒，亦以深惩贼子也。"时以为名
言。杜甫有与赠答之诗㉓，今悉传。

【注释】

①广德:唐代宗年号(763—764)。杨栖梧:广德二年(764)甲辰科状元。

②白弩:一种强弩。

③巴賨(cóng):巴地的賨民,賨是巴人之分支,勇悍。

④白跖(zhí):即放白弩的盗跖,此指苏涣。跖,相传为春秋末的一位大盗,后用为恶人代称。

⑤侍御史:中央御史台台院官员,职掌纠举百官犯法及推鞫刑狱等。

⑥湖南崔中丞瓘:即崔瓘,大历四年(769)迁湖南观察使,并兼御史中丞,五年(770)四月部将叛乱,遇害。从事:官名,为州刺史的佐吏。

⑦交:即交州,安南都护府所辖十二州之一,治所在今越南河内。广:广州,治所在今广东广州。

⑧哥舒晃:唐叛将,循州刺史。大历八年(773)杀岭南节度使吕崇贲,据岭南反。代宗诏江西观察使路嗣恭讨,十年(775),嗣恭擢流人孟瑶、敬晃为将,克广州,斩晃及其党万余人。跋扈(hù):骄横暴戾。

⑨蛟龙:特指雷焕、张华所得的神剑,后用以借指宝剑。

⑩本质:本来的性质,此谓苏涣的强盗本性。

⑪无何:没有多久。

⑫伏诛:服罪处死。

⑬变律诗:变律,其实就是意在讽刺、语尚质朴、文字不求藻饰、音律不求和谐的古体诗,盖因“变风”“变雅”的传统,故名其讽刺诗为“变律”。十九首:盖学古诗十九首之体。

⑭李勉:字玄卿,陇西成纪(今甘肃秦安)人。曾任广州刺史、岭南节度观察使,遣部将李观等平番禺冯崇道、桂州朱济时之叛。好吟诗,后官至宰相,卒赠太傅。

⑮陈拾遗：即陈子昂，字伯玉，梓州射洪（今四川射洪）人，曾任右拾遗。其诗继承《诗经》《楚辞》的传统，善用比兴手法。传见本书卷一。

⑯羽翼：鸟类翅膀，此喻辅佐。嬖（bì）臣：受君主帝王宠爱的大臣。

⑰王略：指帝业、国土。

⑱蒯（kuǎi）通：本名蒯彻，避武帝刘彻讳改通，汉初齐辩士，曾力劝韩信反叛刘邦，后韩信以谋反罪被诛，临死叹息"悔不用蒯通之言，死于女子之手"，刘邦欲烹蒯通，蒯通以"狗各吠非其主"为辩，被赦免。《汉书》卷四十五有传，载其游说韩信之辞，《汉书·艺文志》有《蒯子》五篇，今佚。

⑲祖君：即祖君彦，范阳道（今河北涿水）人。工文辞，隋末任东平郡书佐。后为反唐将领李密所得，甚受礼遇，军书羽檄，皆出其手。李密败，君彦为王世充所虏，被杀。檄草：檄文草稿。今《旧唐书·李密传》所载"作书以移郡县"之文，即出自祖君彦之手，李勉所说，或即指此文。

⑳《春秋》：又称《春秋经》，传为春秋末孔丘据鲁国国史删削成书，旨在"善善恶恶"，是现存最早的编年体史书。记事上起鲁隐公元年（前722），下迄鲁哀公十四年（前481）。行文之间，往往寓有褒贬之意，后世称为"春秋笔法"。

㉑"明言不废"两句：典出《论语·卫灵公》："君子不以言举人，不以人废言。"

㉒雕虫小技：语本《法言·吾子》："或问：'吾子少而好赋？'曰：'然，童子雕虫篆刻。'"后因以喻指辞章小技。这里指苏涣的诗歌才能。

㉓杜甫：传见本书卷二。赠答之诗：指杜甫《苏大侍御访江浦赋八韵记异》。

【译文】

苏涣，广德二年（764）杨栖梧那一榜的进士。本来是打抱不平的人，往来剽掠打劫，擅长使用白色的强弩，巴地的賨族商人很为他苦恼，称他是"白跖"。后来自己明白不对，改变志向从事学习，于是获得名声。累积升迁为侍御史，湖南观察使兼御史中丞崔瓘征辟他为佐吏，崔瓘被部将杀害，他相继逃往交州和广州，煽动哥舒晃专横不听朝命，就像宝剑见到血，他原来的本性暴露无遗啊。没过多久，伏罪被杀。一开始曾写过《变律诗》十九首，献给广州节度使李勉，他的文意擅长讽刺，与陈子昂有零星相似之处，因此倍加优待他。有人说："这个人给奸佞之臣做帮手，侵略皇上的疆土，如今推崇他的诗文，可以吗？"李勉说："《汉书》中记载了蒯通游说韩信背叛刘邦的言辞，我大唐史书也记录了祖君彦为大唐叛将李密写的檄文，这都是以宽大包容细小的例子。善良和丑恶都必须书写，是《春秋》的无上教诲，正确的言论不因其人而废除，是孔子的至要之论。苏涣差不多就是这种情况吧？哪里是只保存他这些诗文小技巧，也是用他来深刻地惩戒乱臣贼子啊。"当时人们认为李勉说的是至理名言。杜甫有跟苏涣赠答的诗歌作品，如今都流传在世。

朱湾

湾，字巨川，大历时隐君也①，号"沧洲子"②。率履贞素③，潜辉不曜④，逍遥云山琴酒之间，放浪形骸绳检之外⑤，郡国交征⑥，不应。工诗，格体幽远，兴用弘深，写意因词，穷理尽性，尤精咏物，必含比兴，多敏捷之奇。

【注释】

①隐君：隐士。

②沧洲：本指滨水的地方，古时隐逸之士往往垂钓于此，遂代指隐士的居处或幽僻之地。

③率履：遵循。贞素：清白的节操。

④潜辉不曜：潜藏光辉而不闪耀。

⑤形骸：人的形体。绳检：木匠以墨绳求直线，喻礼法约束。

⑥郡国：郡直辖于朝廷，国则分封于诸王侯，这里泛指地方政府。

【译文】

朱湾，字巨川，大历年间的隐士，号为"沧洲子"。一直遵循洁白的操守，潜藏德辉不显耀，在白云青山、古琴美酒之间逍遥快活，放纵浪荡在礼法之外，州郡长官纷纷征辟，他都不赴任。善于写诗，格调体制幽深邈远，兴寄用意弘阔深刻，依托文辞抒写心意，穷尽道理写尽性情，咏物诗尤其精妙，必定含有比兴寄托，多有敏捷写成的奇作。

及李勉镇永平①，嘉其风操，厚币邀来②，署为府中从事，日相谈宴，分逾骨肉。久之，尝谒湖州崔使君③，不得志，临发以书别之曰："湾闻蓬莱山藏杳冥间行可到④，贵人门无媒通不可到；骊龙珠潜滉漭之渊或可识⑤，贵人颜无因而前不可识⑥。自假道路⑦，问津主人⑧，一身孤云⑨，两度圆月⑩，载请执事⑪，三趋戟门⑫。信知庭之与堂，不啻千里⑬。况寄食漂母⑭，夜眠鱼舟，门如龙而难登⑮，食如玉而难得⑯。食如玉之粟，登如龙之门，实无机心⑰，翻成机事⑱，汉阴丈人闻之⑲，岂不大笑？属溪上风便，囊中金贫，望甘棠而叹⑳，自引分而退㉑。湾白㉒。"遂归会稽山阴别墅，其耿介类如此也。有集四卷，今传世。

【注释】

①李勉镇永平：大历八年（773），以工部尚书李勉兼御史大夫、滑州刺史，充永平军节度、滑亳观察等使，至兴元元年（784）才被召入京。

②厚币：丰厚的礼物。

③湖州崔使君：指崔姓湖州刺史，或疑即崔论。

④蓬莱山：古代传说东海中的神山。杳冥：此谓遥远渺茫之地。

⑤骊龙珠：珍贵的宝珠，《庄子·列御寇》：“河上有家贫恃纬萧而食者，其子没于渊，得千金之珠。其父谓其子曰：‘取石来锻之！夫千金之珠，必在九重之渊而骊龙颔下，子能得珠者，必遭其睡也。使骊龙而寤，子尚奚微之有哉！’”潢汙（wǎng）：水深广貌。

⑥因：凭借，依据，此谓介绍引见之人。

⑦假道路：即借道。

⑧问津：打听渡口，喻探问或尝试。主人：指当地长官，即崔姓湖州刺史。

⑨一身孤云：孑然一身像孤云一样无依无靠。

⑩两度圆月：两次月亮变圆，指过去两个月。

⑪载请：两次问候。载，同“再”。执事：古时指侍从左右供使令的人，后来书信中用以称对方，意思是不敢直陈，请执事者转达，表示尊敬。

⑫戟门：唐代官署之门插戟，数目依官阶各有等差，称戟门。

⑬不啻：不止。

⑭寄食漂母：指韩信曾受漂母接济之事，喻指自己寄食于人的处境。《史记·淮阴侯列传》：“信钓于城下，诸母漂。有一母见信饥，饭信，竟漂数十日。信喜，谓漂母曰：‘吾必有以重报母。’母怒曰：‘大丈夫不能自食，吾哀王孙而进食，岂望报乎？’”漂母，漂洗衣物的老妇。

⑮门如龙：即如龙门。

⑯食如玉：如玉食，玉食指美食珍馐。

⑰机心：机智巧诈的心计。

⑱翻成：反而成为。机事：机巧之事。

⑲ 汉阴丈人：《庄子·天地》载，子贡见一汉阴老丈抱瓮浇地，问老丈为何不用"一日浸百畦"的机械，老丈"忿然作色而笑曰：'吾闻之吾师，有机械者必有机事，有机事者必有机心。机心存于胸中，则纯白不备；纯白不备，则神生不定；神生不定者，道之所不载也。吾非不知，羞而不为也。'"前文机心、机事皆本于此。

⑳ 甘棠：相传周代召公奭贤，他巡行南方，为免扰民，就在甘棠树下休息断案，人们怀念他，爱这株树不忍砍伐，事见《诗经·召南·甘棠》，后以"甘棠"形容有德官员。

㉑ 引分：引咎自责。

㉒ 白：说，书信常用语。

【译文】

等到李勉镇守永平军，赞赏他的风度操守，用厚重的礼节邀请他来，任命为府中的佐吏，每天一起谈天宴笑，情分超过了骨肉兄弟。很久以后，朱湾曾拜谒湖州刺史崔某，没有达到目标，临到出发离开的时候用书信辞别他说："朱湾听说蓬莱仙山隐藏在渺茫之地，船行也可以抵达，但您这样的贵人之门没有介绍人通报却不能到达；骊龙珠潜藏在深广的渊底，或许也能见识一下，但您这样的贵人之面缺少有关系的人引见就不能见到。自从我借道湖州，试探地拜访您，像孤云一样无依无靠，已经过了两个月了，多次请求见您，好几次来到您的门口。确实明白了您的庭院和高堂，远得不止千里。况且我靠着施惠的好心人给口饭吃，晚上睡在打鱼的船上，您的府门像龙门一样难以攀登，您的饭菜像美玉那样难以获得。吃如玉的美食，登上龙门，委实没有机巧的心思，反而成为需要机巧才能办成的事情，汉阴丈人听说这事，岂不要大声嘲笑？刚好溪水上清风便利，我的囊中也没有什么钱了，望着岸边的甘棠树叹息，自己引咎自责退去吧。朱湾说。"便回到会稽山阴的山庄里，他的耿直刚介都是像这样子啊。有集子四卷，如今流传在世。

张志和

志和，字子同，婺州人①，初名龟龄，诏改之②。十六擢明经③，尝以策干肃宗④，特见赏重，命待诏翰林⑤。以亲丧辞去，不复仕。居江湖，性迈不束，自称"烟波钓徒"。撰《玄真子》二卷⑥，又为号焉。兄鹤龄恐其遁世，为筑室越州东郭，茅茨数椽⑦，花竹掩映，尝豹席棕屏⑧，沿溪垂钓，每不投饵，志不在鱼也。观察使陈少游频往问候⑨，帝尝赐奴、婢各一人，志和配为夫妇，号渔童、樵青。与陆羽尝为颜平原食客⑩，平原初来刺湖州，志和造谒，颜请以舟敝，欲为更之，曰："愿为浮家泛宅，往来苕、霅间足矣⑪。"善画山水，酒酣或击鼓吹笛，舐笔辄就，曲尽天真。自撰《渔歌》，便复画之，兴趣高远，人不能及。宪宗闻之⑫，诏写真求访⑬，并其歌诗，不能致。后传一旦忽乘云鹤而去。李德裕称以为"渔父贤而名隐⑭，鸱夷智而功高⑮，未若玄真隐而名彰，方而无事，不穷而达，其严光之比欤"⑯。

【注释】

①婺（wù）州：州名，治所在今浙江金华。

②诏改：颜真卿《浪迹先生玄真子张志和碑铭》："本名龟龄……授左金吾卫录事参军，仍改名志和，字子同。"

③明经：科举考试的常设科目，意为通明经术，录取额多于进士。

④肃宗：唐肃宗李亨，唐玄宗之子，756—762在位。

⑤待诏翰林：唐初置翰林院，常召名儒学士于其中，称为"翰林待诏"。

⑥《玄真子》二卷：当为十二卷，别称《玄真子外篇》，道学著作，现存

三卷,约成书于唐德宗时期。

⑦椽(chuán):房屋间数的代称。

⑧豹席:用豹皮制成之席。棕屩(juē):即棕鞋。

⑨观察使:官名,为道的行政长官,掌一道的州县官考绩及民政,初设于无节度使的地区,后与节度使职互兼。陈少游:博州博平(今山东高唐)人,大历五年(770)改越州刺史兼御史大夫、浙东观察使。

⑩颜平原:即颜真卿,曾任平原太守,故称。曾担任浙西节度使。食客:古代寄食于豪门贵家中并为之服务的门客。

⑪苕、霅(zhà):即西、东苕溪,皆在浙江湖州一带。

⑫宪宗:唐宪宗李纯,在位期间消除藩镇跋扈局面,史称"元和中兴"。

⑬写真:中国肖像画的传统名称,又称"画真",绘写人像形神肖似。

⑭李德裕:字文饶,赵郡(今河北赵县)人,宪宗时宰相李吉甫之子。至武宗继位,召为门下侍郎、同中书门下平章事,与牛僧孺集团针锋相对,是"牛李党争"的李派首领。后因牛党排挤,远贬崖州(今海南海口琼山区)司户死,能诗善文。后文引语出自李德裕《玄真子渔歌记》,其中"方而无事,不穷而达"原作"显而无事,不穷不达",辛文房略有改动。渔父:出《楚辞·渔父》,与屈原有过对话,而其名不传。

⑮鸱夷:指范蠡,字少伯,称鸱夷子皮,春秋楚国宛三户(今河南南阳)人。助越王勾践灭吴,后散财济贫,隐逸而终。

⑯严光:字子陵,东汉初著名隐士。

【译文】

张志和,字子同,婺州人,起初名为龟龄,后下诏改名。十六岁考中明经科,曾经用策文干谒唐肃宗,特别被唐肃宗赏识器重,任命为翰林待诏。因为亲人过世辞别离开,不再做官。隐居江湖,性情超迈不喜拘束,自己称呼自己为"烟波钓徒"。撰写《玄真子》二卷,又把书名拿来作自己的名号。他的哥哥张鹤龄担心他逃避人世，为他在越州东边的村郭盖了房，茅屋几间，花草竹木互相掩映，他曾坐在豹子皮制成的席子上，穿着棕叶做成的鞋子，沿着溪流垂钓，每次都不投放鱼饵，因为志向不在钓到鱼上。浙东观察使陈少游多次来往问候，皇帝曾赏赐他男奴女婢各一个，张志和把他们配为夫妻，取号为渔童、樵青。和陆羽一起都曾是湖州刺史颜真卿的食客，颜真卿刚来担任湖州刺史，张志和前来造访拜谒，颜真卿因为他的船破败而请求，想为他换条新船，张志和说："我想把船当作浮来漂去的家宅，能在苕溪和霅溪之间来来往往就够啦。"擅长画山水画，酒喝到酣畅时，有时敲着鼓吹着笛，才把笔打湿就画好了，委曲而详尽地画出山水的自然真趣。自己撰写《渔歌》，又把它画下来，兴致志趣高超悠远，人们都比不上。唐宪宗听说他，下诏给他画肖像，并派人探访寻求他和他写作的歌行体诗歌，却不能请到。后来传说他有一天忽然乘着云中仙鹤离开了。李德裕称赞他，认为"《楚辞》中的渔父贤能却没有传下名字，范蠡机智而功劳很高，都不如张志和隐居却声名彰显，方正却没有惹出事情，不穷困却通达，也许是严光之类的人吧？"

卷四

【题解】

卷四所传诗人以"大历十才子"为主,有卢纶、吉中孚、韩翃、耿沣、钱起(附钱徽)、司空曙、苗发、崔峒、夏侯审、李端(附柳中庸、张芬)、窦叔向、康洽、李益、冷朝阳、章八元、畅当(附郑常)、王季友、张谓、于鹄、王建、韦应物、皎然上人、武元衡、窦常、窦牟、窦群、窦庠、窦巩、刘言史、刘商等三十四人。这些诗人中有窦氏父子五人组成的诗人家族,显示出唐代家风对诗歌的推动作用;也有特别能吃老婆醋的大诗人李益和喜欢跟歌姬展弄风情的大诗人韦应物,虽然这些趣事未必可信,但在这些事件的叙述中却可以看出辛氏包容诗人小缺点的倾向,甚至也显示出包括辛氏在内的古典诗论家略带小八卦的好奇心。那么对于辛氏传记中的一些小差错,我们又为何不能宽容地对待呢?何况辛氏还借着诗人传记来弘扬正气,比如在《钱起传》中,辛氏大力赞扬唐代聚会时的分韵赋诗行为,认为这不仅有利于展示诗人的才华,也有助于主宾之间增进感情,而不必察言观色、劳心劳力,更不至于喝酒过度、淫乱过分。辛氏所言,在饭局繁多的今天,不无现实意义。

卢纶

纶字允言,河中人①。避天宝乱,来客鄱阳②。大历初③,

数举进士不入第，元载素赏重^④，取其文进之，补阌乡尉^⑤，累迁检校户部郎中^⑥，监察御史^⑦，称疾去^⑧。浑瑊镇河中^⑨，就家礼起为元帅判官^⑩。初，舅韦渠牟得幸德宗^⑪，因表其才，召见禁中^⑫，帝有所作，辄赓和^⑬，至是，帝忽问渠牟："卢纶、李益何在^⑭？"对曰："纶从浑瑊在河中。"诏令驿召之^⑮，会卒。

【注释】

① 河中：府名，治所在今山西永济。

② 鄱阳：县名，治所在今江西鄱阳。

③ 大历：唐代宗年号（766—779）。

④ 元载：本姓景，字公辅，凤翔岐山（今属陕西）人，经李辅国引荐，拜同中书门下平章事，与代宗策划杀宦官鱼朝恩，骄矜贿赂，后为代宗所杀。

⑤ 阌（wén）乡：县名，治所在今河南灵宝西北。

⑥ 户部郎中：官名，尚书省户部户部司长官，掌天下户口、赋役之政令。

⑦ 监察御史：官名，属御史台察院，职掌分察百僚，巡按郡县，纠视刑狱，肃整朝仪。

⑧ 称疾：托言有病。

⑨ 浑瑊（jiān）：唐朝将领，曾从李光弼、郭子仪征讨安禄山、史思明叛军及抵御吐蕃。建中四年（783）朱泚叛唐，护德宗坚守奉天（今陕西乾县），后平朱泚，与李晟协同收复京师，加侍中并兼河中尹、河中绛慈隰节度使，充河中同陕虢节度及管内诸军行营兵马副元帅，封咸宁郡王。

⑩ 判官：官名，节度使佐吏，佐理政事。

⑪ 韦渠牟：京兆杜陵（今陕西西安）人，李白曾授以古乐府，官终太常卿。

⑫禁中：也称省中，即官禁之内。

⑬赓和：用别人诗歌原韵或题意作和诗。

⑭李益：字君虞，陕西姑臧（今甘肃武威县）人。曾为幽州节度使、邠
宁节度使幕僚，后唐宪宗闻其诗名，召为秘书少监，官终礼部尚书。
边塞诗脍炙人口，广为传唱，以七言绝句见长。传见本卷后文。

⑮驿：古代官府设置的供传送文书和接待过往官员、使臣的机构。

【译文】

卢纶字允言，河中人。躲避天宝时期的安史之乱，来到鄱阳县客居。
大历初年，多次考进士都没有考中，元载平时很欣赏看重他，拿他的诗文
进献给朝廷，补任阌乡县县尉，累积升迁为检校户部郎中，监察御史，推
托生病辞官离去。浑瑊镇守河中，到他家礼聘，起用他为元帅府判官。
当初，他的舅舅韦渠牟深受唐德宗喜爱，就表奏他的才华，被召到宫殿内
拜见，唐德宗一有诗歌创作，卢纶就写和诗，等到卢纶担任浑瑊元帅府判
官的时候，唐德宗忽然问韦渠牟："卢纶和李益在哪里？"回答说："卢纶
跟随浑瑊在河中做官。"下诏派驿使召见他，适逢他去世了。

○纶与吉中孚、韩翃、耿湋、钱起、司空曙、苗发、崔峒、
夏侯审、李端①，联藻文林②，银黄相望③，且同臭味④，契分俱
深，时号"大历十才子"。唐之文体，至此一变矣。纶所作
特胜，不减盛时，如三河少年⑤，风流自赏。文宗雅爱其诗⑥，
问宰相："纶没后，文章几何？亦有子否？"李德裕对⑦："纶
四子皆擢进士，仕在台阁⑧。"帝遣中使悉索其巾笥⑨，得诗
五百首进之。有别业在终南山中。集十卷，今传。

【注释】

①吉中孚：楚州（今江苏清江）人，曾为道士，后还俗，历任谏议大夫、

户部侍郎等，"大历十才子"之一。韩翃（hóng）：字君平，南阳（今属河南）人，官至中书舍人，"大历十才子"之一。耿沣（wéi）：字洪源，河东（今山西永济）人，官至左拾遗，其诗长于五律，"大历十才子"之一。钱起：字仲文，吴兴（今浙江湖州）人，曾任考功郎中、翰林学士，"大历十才子"之一。司空曙：字文明，广平（今河北邯郸永年区）人，官终虞部郎中，"大历十才子"之一。苗发：潞州壶关（今属山西）人，官至秘书丞、兵部员外郎，"大历十才子"之一。崔峒（tóng）：博陵（今河北安平）人，官终右补阙，"大历十才子"之一。夏侯审：似为江东（今江苏南部一带）人，官至祠部郎中，"大历十才子"之一。李端：字正己，赵州（今河北赵县）人，师诗僧皎然，官至杭州司马，后隐居衡山，"大历十才子"之一。传均见本卷后文。

②联藻：文林。

③银黄：原指金银铸成的印章，代称高官显爵。

④臭（xiù）味：气味。

⑤三河少年：指引领风气的都市少年，三河指河东、河内、河南三郡，约在洛阳一带。

⑥文宗：即唐文宗李昂，穆宗第二子。晚唐宦官争权，王守澄等杀死唐敬宗李悟拥立敬宗弟文宗登位。文宗不甘作傀儡，倚重寒士李训、郑注，试图清除宦官专权。大和九年（835）李训谎奏左金吾厅石榴树上夜降甘露，欲诛杀前来验看的宦官首领仇士良、鱼弘志，不料仇士良发现伏兵，事败，李训等被杀，株连千人，史称"甘露之变"，后文宗被软禁而死。

⑦李德裕：字文饶，赵郡（今河北赵县）人，主张削弱藩镇，排斥牛僧孺党人，后遭牛党打击，贬崖州（今海南海口琼山区）司户而死。

⑧台阁：尚书省的别称，泛指中央机关。

⑨巾笥（sì）：用巾盖着的箱箧。

【译文】

○卢纶跟吉中孚、韩翃、耿沛、钱起、司空曙、苗发、崔峒、夏侯审、李端，前后相连，并驾文坛，都做到比较显贵的官爵，而且气味相投，交谊情分都很深，当时称他们为"大历十才子"。唐代的文章体制，到这里就有了一次大转变啊。卢纶所写的作品特别出彩，跟盛唐诗人相比也不逊色，就像都市里的少年，因其超群的风度和才华而自我欣赏。唐文宗特别喜爱他的诗歌，询问宰相："卢纶去世后，诗文留下来多少？有儿子吗？"李德裕回答说："卢纶四个儿子都考中进士了，在中央机关做官。"唐文宗派遣宦官把卢纶家里的书筐搜了个遍，获得五百首诗歌进献上来。卢纶在终南山中有山庄。集子十卷，流传至今。

吉中孚

中孚，楚州人①，居番阳最久②。初为道士，山阿寂寥③，后还俗。李端赠诗云："旧山连药卖，孤鹤带云归④。"卢纶送诗云："旧篆藏云穴，新诗满帝乡⑤。"来长安，谒宰相，有荐于天子，日与王侯高会⑥，名动京师。无几何，第进士，授万年尉⑦，除校书郎⑧，又登宏辞科⑨，为翰林学士⑩，历谏议大夫⑪，户部侍郎、判度支事⑫。贞元初卒⑬。初，拜官后，以亲垂白在堂⑭，归养至孝，终丧复仕。中孚神骨清虚，吟咏高雅，若神仙中人也。集一卷，今传。

【注释】

①楚州：州名，治所在今江苏淮安。

②番阳：县名，也作鄱阳，治所在今江西鄱阳。

③阿（ē）：泛指山。

④"李端赠诗云"以下几句:李端所赠诗题为《闻吉道士还俗因而有赠》,诗意谓卖药的时候把以前隐居的山也卖了(意谓不再回去隐居),只有孤鹤带着云霞归山,言外之意即吉中孚没有跟孤鹤一起回山,他出山做官去了。

⑤"卢纶送诗云"以下几句:卢纶所送诗题为《送吉中孚校书归楚州旧山》,诗意谓以前的道教秘文珍藏在云气缭绕的山洞,新写的诗歌已经传遍都城。此诗应放在吉中孚任校书郎后。箓(lù),道教的秘文秘录。

⑥高会:盛大的聚会。

⑦万年:县名,治所在今陕西西安西北。

⑧校书郎:官名,掌雠校典籍,刊正文章。

⑨宏辞科:据学者考证,辛文房误,当为书判拔萃科,唐代选拔人才的方法之一,以书法和文章的优劣选拔人才。

⑩翰林学士:官名,唐玄宗以文学之士别掌诏敕,号翰林供奉,开元二十六年(738)改称翰林学士,德宗以后,翰林学士成为皇帝最亲近的顾问兼秘书官,有"内相"之称。

⑪谏议大夫:官名,唐代分左右,左谏议大夫属于门下省,右谏议大夫属于中书省,皆掌谏谕得失,侍从赞相。

⑫户部侍郎:官名,与户部尚书共掌土地、人民、钱谷之政、贡赋之差。判:官员任用类别之一。所谓"判",大抵与主决文书有关,"判某事",当即主判某官经行的文书簿籍。度支事:财政官署,掌管天下租赋物产,岁计所出而支调之,故名。

⑬贞元:唐德宗年号(785—805)。

⑭垂白:白发下垂,形容年老。

【译文】

吉中孚,楚州人,住在鄱阳的时间最长。起初作道士,感山中寂寞萧条,后来还俗。李端赠送给他的诗说:"旧山连药卖,孤鹤带云归。"卢纶送给他的诗说："旧篆藏云穴，新诗满帝乡。"来到长安，拜谒宰相，被举荐给皇帝，每天都与王侯贵族举行盛大的宴会，声名耸动京城。没过多久，考中进士，授任万年县县尉，出任校书郎，又考中宏辞科，担任翰林学士，做过谏议大夫，户部侍郎，掌判财政之事。贞元初年去世。一开始，刚做官后，因为父母亲年老在家，就回去供养双亲，非常孝顺，等守丧期满后才又回来做官。吉中孚神韵风骨清朗虚灵，吟诗歌咏高贵典雅，就像神仙中的一员啊。集子一卷，流传至今。

韩翃

翃，字君平，南阳人①。天宝十三载杨纮榜进士②。侯希逸素重其才③，至是表佐淄青幕府④。罢，闲居十年。及李勉在宣武⑤，复辟之。德宗时，制诰阙人⑥，中书两进除目⑦，御笔不点⑧，再请之，批曰："与韩翃。"时有同姓名者为江淮刺史⑨，宰相请孰与，上复批曰："春城无处不飞花韩翃也⑩。"俄以驾部郎中知制诰⑪。终中书舍人⑫。翃工诗，兴致繁富，如芙蓉出水，一篇一咏，朝士珍之。比讽深于文房⑬，筋节成于茂政⑭，当时盛称焉。有诗集五卷，行于世。

【注释】

①南阳：县名，治所在今河南南阳。

②杨纮（hóng）：一作杨肱，天宝十三载（754）甲午科状元。

③侯希逸：营州（今辽宁朝阳）人，天宝末拒安禄山授命，数与叛军战，因孤悬无援，率军浮海入青州（今属山东），为平卢、淄青节度使，大历末封淮阳郡王。

④淄青：方镇名，治所在今山东青州。幕府：将帅的府署，军旅以帐

幕为其府署,故称幕府。

⑤李勉:字玄卿,陇西成纪(今甘肃秦安)人,大历十一年(776)加
汴州刺史、汴宋节度使。宣武:即宣武军,唐代河南道藩镇,又称
"汴宋军",治所在汴州(今河南开封)。

⑥制诰:文体名,总称帝王所发文告及命令,此代指写作制诰的官员。

⑦中书:中书省或中书门下省的简称,掌国家机密、出纳帝命、会记
时事等。除目:即任命名单。

⑧御笔:皇帝的笔迹。

⑨江淮:地区名,泛指长江与淮河之间的地区。

⑩春城无处不飞花:出自韩翃名作《寒食》,意谓春天到了,长安城里
到处都是飞花,显示出暮春时节的生命力。

⑪驾部郎中:官名,兵部驾部司长官,掌舆辇等事。知制诰:职掌起草
诏令,原为中书舍人之职事,后以他官为之,称为某某官知制诰。

⑫中书舍人:官名,中书省重要官员,掌进奏参议表章,负责诏令的
起草等。

⑬文房:指刘长卿,字文房。善于写景,以五言诗为时人所称。传见
本书卷二。

⑭茂政:指皇甫冉,字茂政。其诗构思奇特,意出情外。传见本书
卷三。

【译文】

韩翃,字君平,南阳人。天宝十三载(754)杨纮那一榜的进士。侯
希逸向来重视他的才华,到这时上表举荐他担任淄青节度使府的佐史。
罢免后,在家闲散地住了十年。等到李勉镇守宣武军,又征辟他为佐史。
唐德宗时期,皇帝的诏令缺乏人写,中书省官员两次献上任用名单,唐
德宗都不用笔点出他满意的人选,第二次请求唐德宗,才在旁边批语说:
"给韩翃。"当时有另一个叫韩翃的人,在江淮地区作刺史,宰相请示给哪
个韩翃,唐德宗又批语说:"给那个写'春城无处不飞花'的韩翃啊。"不

久就以驾部郎中的官位掌管诏令。最后做到中书舍人。韩翃善于写诗，兴趣情致繁复富丽，就像荷花冒出水面，一篇诗作，一句歌咏，朝廷之人都珍视不已。比兴讽谏比刘长卿还要深刻，文脉转接获益于皇甫冉，当时就被人们盛赞啊。有诗歌集子五卷，流行在世。

耿沣

沣，河东人也①。宝应二年洪源榜进士②。与古之奇为莫逆之交③。初为大理司法④，充括图书使来江淮⑤，穷山水之胜，仕终左拾遗⑥。诗才俊爽，意思不群，似沣等辈，不可多得。诗集二卷，今传。

【注释】

①河东：郡名，治所在今山西永济。

②洪源：此处意谓本年状元乃洪源，《全唐诗》谓洪源是耿沣的字，未知孰是。

③古之奇：宝应二年（763）登进士第，曾为朱泚制作伪诰命，后王师收复京城，被诛。传见本书卷三。莫逆：指彼此心意相通，无所违逆，一般形容交谊深厚。

④大理：指大理寺，官署名，掌审核刑狱案件。司法：唐代县里有司法一官，掌刑法，唐制，在县为司法，在州为司法参军，在府为法曹参军。大理寺下无司法之职，此处辛文房误。

⑤括图书使：使职名，搜访图籍。据学者考证，耿沣先担任左拾遗，后充括图书使。

⑥左拾遗：唐代门下省所属的谏官，掌规谏，荐举人才。

【译文】

耿沣，河东人。宝应二年（763）洪源那一榜的进士。跟古之奇是感情深厚的朋友。起初担任大理寺司法，后来充任括图书使，来到江淮地区，穷尽山水的胜景，官做到左拾遗。诗歌才华俊俏爽利，诗意情思卓尔不群，像耿沣这样的诗人，不可多得。诗歌集子二卷，流传至今。

钱起

起，字仲文，吴兴人①，天宝十年李巨卿榜及第②。少聪敏，承乡曲之誉③。初从计吏至京口客舍④，月夜闲步，闻户外有行吟声，哦曰："曲终人不见，江上数峰青。"凡再三往来，起遽从之，无所见矣，尝怪之。及就试粉闱⑤，诗题乃《湘灵鼓瑟》⑥，起辍就，即以鬼谣十字为落句⑦，主文李昕深嘉美⑧，击节吟味久之，曰："是必有神助之耳。"遂擢置高第。释褐授校书郎⑨，尝采箭竹⑩，奉使入蜀，除考功郎中⑪。大历中为太清宫使、翰林学士⑫。起诗体制新奇，理致清赡，芟宋、齐之浮游⑬，削梁、陈之嫚靡⑭，迥然独立也。王右丞许以高格⑮，与郎士元齐名⑯，士林语曰："前有沈、宋⑰，后有钱、郎。"集十卷，今传。子徽能诗⑱，外甥怀素善书⑲，一门之中，艺名森出，可尚矣。

【注释】

①吴兴：郡名，治所在今浙江湖州。
②李巨卿：唐天宝十载（751）辛卯科状元。
③乡曲：家乡，故里。
④计吏：考察官吏的官员，这里指钱起赶赴考场所跟随的官员。京口：即今江苏镇江，向为军事重镇。
⑤粉闱：尚书省别称粉省，闱指试院，意谓尚书省举行省试的考场。

⑥湘灵鼓瑟：语出《楚辞·远游》："使湘灵鼓瑟兮,令海若舞冯夷。"湘灵指湘水之神。

⑦落句：即"结句""尾句",亦即律诗之尾联。

⑧主文：也称掌文,主持阅卷工作,决定应试者之取舍和等第,因其以文章论才取士,评定高下,故名。李暐(wěi)：据学者考证,李暐天宝九载(750)以中书舍人权知礼部侍郎,主持贡举,与钱起天宝十载(751)考中进士不合,待考。

⑨释褐：脱下粗布衣,指做官。

⑩箭竹：常绿灌木状竹。

⑪考功郎中：尚书省吏部考功司长官,总掌百官功过善恶之考法及其行状,并详加簿录。

⑫太清宫使：官名,唐玄宗天宝元年(742)改在京玄元宫为太清宫,次年,以崇玄馆大学士都检校之,后置太清宫使,一般由宰相兼任,钱起官位还没到这么重要。翰林学士：钱起亦未曾做过翰林学士,辛文房误。

⑬芟(shān)：除草,引申为删除,清除。

⑭嫚(màn)靡：即"靡曼",纤弱柔美。

⑮王右丞：即王维,字摩诘,官终尚书右丞,世称"王右丞"。传见本书卷二。

⑯郎士元：字君胄,中山(今河北定州)人,官至郢州刺史,其诗多应酬之作,擅长五律。传见本书卷三。

⑰沈、宋：指沈佺期和宋之问。传见本书卷一。

⑱徽：指钱徽,钱起子,字蔚章,以祠部员外郎为翰林学士,后转司封郎中,知制诰,迁中书舍人,被宪宗称为长者。文宗即位,召为尚书左丞,卒赠尚书右仆射。辛文房误以钱起曾任翰林学士,盖因钱徽任翰林学士而误。

⑲怀素：字藏真,俗姓钱,善草书。

【译文】

钱起字仲文,吴兴人,天宝十载(751)李巨卿那一榜考中进士。年少聪明敏捷,受到家乡人的赞誉。起初跟随考核官员到达京口旅馆时,明月之夜闲庭信步,听到户外有边走边诵诗的声音,吟哦道:"曲终人不见,江上数峰青。"总共来回好几次,钱起立马循声追随,却没有看见任何东西,曾感到奇怪。等到在考场上考试,诗歌题目是《湘灵鼓瑟》,钱起停笔快要写完时,就用那晚月下鬼魂吟哦的十个字作为结尾,主持诗文评选的李昕特别嘉赏称美,打着节拍吟诵品味这首诗很久,说:"这首诗肯定有神灵帮他呀。"于是就把钱起选拔放在优等。刚做官就被授任为校书郎,曾采购箭竹,奉命出使蜀地,出任考功郎中。大历年间担任太清宫使、翰林学士。钱起诗歌体制新颖奇特,文理兴致清新丰富,消除了宋、齐两朝诗歌的浮夸不实,削去了梁、陈两朝诗歌的羸弱柔靡,有明显的独立风格。王维赞许他的作品有高超的格调,跟郎士元齐名,文士们说:"前有沈佺期和宋之问,后有钱起和郎士元。"集子十卷,流传至今。他的儿子钱徽也能写诗,外甥怀素擅长书法,一个家门之中,以才艺闻名的人才辈出,值得推尚啊。

○凡唐人燕集祖送①,必探题分韵赋诗②,于众中推一人擅场者③。刘相巡察江淮④,诗人满座,而起擅场。郭暧尚主盛会⑤,李端擅场⑥。缅怀盛时,往往文会,群贤毕至,觥筹乱飞⑦,遇江山之佳丽,继欢好于畴昔,良辰美景,赏心乐事⑧,于此能并矣。况宾无绝缨之嫌⑨,主无投辖之困⑩,歌阑舞作,微闻香泽⑪,冗长之礼,豁略去之⑫,王公不觉其大⑬,韦布不觉其小⑭,忘形尔汝,促席谈谐⑮,吟咏继来,挥毫惊座。乐哉!古人有秉烛夜游,所谓非浅,同宴一室,无及于乱,岂不盛也!至若残杯冷炙,一献百拜⑯,察喜怒于眉睫之间者，可以休矣。

【注释】

①燕集祖送：指为送别而举办的宴会。祖，祭道送行的仪式。

②探题：文人以抽签的形式分题赋诗。分韵：友朋相聚，先规定若干字为韵，各人分拈韵字，依韵写诗。

③擅场：压倒全场。

④刘相：即刘晏，字士安，曹州南华（今山东东明）人。代宗广德元年（763）拜相，后罢相，以御史大夫，领东都、河南、江淮转运、租庸、盐铁、常平使，唐代著名理财家。

⑤郭暧：华州郑县（今陕西渭南华州区）人，郭子仪第六子，驸马都尉，娶昇平公主。尚主盛会：据李肇《国史补》，郭暧娶公主为妻时，文士盛集，即席赋诗，昇平公主在帷幕后观看。

⑥李端：字正己，唐代诗人。传见本卷后文。

⑦觥筹（gōng chóu）：酒杯和酒令筹。

⑧"良辰美景"两句：语出谢灵运《拟魏太子邺中集诗八首》自序。

⑨绝缨（yīng）：结冠的带子断裂，形容酣饮纵情。刘向《说苑》卷六《复恩》："楚庄王赐群臣酒。日暮酒酣，灯烛灭，乃有人引美人之衣者，美人援绝其冠缨，告王曰：'今者烛灭，有引妾衣者，妾援得其冠缨，持之，趣火来上，视绝缨者。'王曰：'赐人酒，使醉失礼，奈何欲显妇人之节而辱士乎！'乃命左右曰：'今日与寡人饮，不绝冠缨者不欢。'群臣百有余人皆绝去其冠缨而上火，卒尽欢而罢。"

⑩投辖（xiá）：辖是大车轴头上穿着的小铁棍，可以管住轮子使不脱落，去辖则车不能行，比喻主人留客的殷勤。《汉书·陈遵传》："遵耆酒，每大饮，宾客满堂，辄关门，取客车辖投井中，虽有急，终不得去。"

⑪香泽：润发的香油，指舞女的香气。

⑫豁略：犹免除。

⑬王公：泛指权贵。

⑭韦布：韦带布衣，贫贱者所服，代指贫贱者。

⑮促席：接席，座位靠近。

⑯一献百拜：献一次酒，客气一百次，形容繁文缛节。

【译文】

〇但凡唐代人宴席聚会祖饯送别，必定要分题分韵写诗，在众人中推举一人作为压倒全场的人。刘晏巡查江淮地区，满座都是诗人，而钱起压倒全场。在郭暧迎娶昇平公主的盛大宴会上，李端压倒全场。追念朝代繁盛的时候，常常以文会友，各种贤能之人都来参加，酒杯和酒筹到处挥动，遇到佳秀美丽的江山风景，跟以前的老友继续保持欢乐美好，良辰美景，赏心乐事，在这些盛会上可以兼得啊。何况即席赋诗能让宾客不会有趁醉揩油的嫌疑，主人不必为留住客人而费尽心思，歌声将尽舞蹈兴起，能够微微闻到一些香气，冗长的礼节全都免除去掉，权贵之士不觉得自己伟大，贫贱之人不觉得自己渺小，忘记形迹彼此称呼亲昵，拉近座位聊天谈笑，接着到来的就是写诗，大笔一挥，技惊四座。欢乐啊！古人有拿着蜡烛在夜间及时游乐的说法，所蕴含的意谓并不浅陋，同在一间房里宴会，却不会到达淫乱的程度，难道还不是写诗的盛德吗？至于喝着残留的杯酒，吃着变冷的烤肉，敬献一次酒，回敬一百个拜礼，从对方的眉毛眼睫之间观察他是欢喜还是愤怒，这种宴会还是不要了吧。

司空曙

曙，字文明①，广平人也②。磊落有奇才。韦皋节度剑南③，辟致幕府，授洛阳主簿④，未几迁长林县丞⑤，累官左拾遗，终水部郎中⑥。与李约员外至交⑦。性耿介，不干权要。

家无甔石⑧，晏如也⑨。尝病中不给，遣其爱姬，亦自流寓长沙。迁谪江右⑩，多结契双林⑪，暗伤流景。《寄睐上人》诗云⑫："欲就东林寄一身，尚怜儿女未成人。柴门客去残阳在，药圃虫喧秋雨频。近水方同梅市隐⑬，曝衣多笑阮家贫⑭。深山兰若何时到⑮，羡与闲云作四邻⑯。"闲园即事，高兴可知。属调幽闲，终篇调畅，如新花笑日，不容熏染。锵锵美誉，不亦宜哉！有诗集二卷，今传。

【注释】

①文明：一作文初。

②广平：郡名，治所在今河北邯郸永年区。

③韦皋：字城武，京兆万年（今陕西西安）人，曾任剑南西川节度使，治蜀二十余年，结好南诏，大败吐蕃军，封南康郡王。剑南：方镇名，以地在剑阁之南得名，治所在今四川成都。

④主簿：官名，郡县所置官，其职责为典领文书等，与参军同为要职。

⑤长林：县名，治所在今湖北荆门北。县丞：为县的副长官，掌县政。据学者考证，司空曙为贬官长林。

⑥水部郎中：官名，尚书省工部水部司长官，掌管水道、工程、舟楫、桥梁等政令。此乃司空曙在韦皋幕府所带之检校官衔，非实职，辛文房误。

⑦李约员外：字存博，号萧斋，德宗时宰相李勉之子，元和中为兵部员外郎，后弃官隐居。此员外乃指李约较高官职，非谓司空曙与李约来往时，李约已为兵部员外郎。

⑧甔（dān）：通"担"，百斤为担，又称石，一担之量，比喻微少。

⑨晏如：安然。

⑩江右：江西一带，古人在地理上以东为左，以西为右，故江西又名江右，此处当指司空曙被贬长林县之事。

⑪双林：即娑罗双树，借指僧人之地。

⑫暕上人：高僧，生平不详。

⑬近水方同梅市隐：自谓像梅福一样是隐士。《汉书·梅福传》："梅福字子真，九江寿春人也……为郡文学，补南昌尉……王莽颛政，福一朝弃妻子，去九江，至今传以为仙。其后，人有见福于会稽者，变名姓，为吴市门卒云。"此时司空曙虽为长林县丞，亦半隐居，故有此比。

⑭曝衣多笑阮家贫：此用阮咸晒衣之典，自嘲家贫。《世说新语·任诞》："阮仲容步兵居道南，诸阮居道北。北阮皆富，南阮贫。七月七日，北阮盛晒衣，皆纱罗锦绮。仲容以竿挂大布犊鼻裈于中庭。"阮仲容即阮咸。曝，晒。

⑮兰若：全译"阿兰若"，意译"寂静处"，后来因佛教徒多在寺庙修习，故用以指佛寺。

⑯"欲就东林寄一身"以下几句：诗意谓我想要在暕上人东边的林子里寄托肉身出家，但又哀怜儿女尚未长大。柴门送别客人离去，只有残阳尚在；种药的园圃里虫声喧闹，正逢秋雨连天。住地近水，好比隐士梅福；曝晒衣物，就像阮咸那样贫穷可笑。深山里面的寺庙何时能到呢？实在羡慕您能跟白云做邻居啊。

【译文】

司空曙，字文明，广平人。性格磊落，有与众不同的才华。韦皋任剑南节度使，征辟他来幕府做佐吏，授任洛阳主簿，不久迁任长林县县丞，累积官至左拾遗，最终做到水部郎中。跟兵部员外郎李约是好友。性格耿直刚介，不干谒权贵。家里没有一担米，却能安然如故。曾经病中无法供养家人，便遣送他喜爱的歌姬离开，自己也流落寓居在长沙。贬谪到江西一带时，多跟和尚来往结交，暗自伤感于流逝的时光。创作《寄暕上人》诗，说道："欲就东林寄一身，尚怜儿女未成人。柴门客去残阳在，药圃虫喧秋雨频。近水方同梅市隐，曝衣多笑阮家贫。深山兰若何时到，美与闲云作四邻。"闲散的园圃中面对眼前的景物写诗,高发的诗兴可以知道。写作的格调幽深闲远,诗歌全篇和谐流畅,像刚开的花朵笑对着太阳,容不得烟尘熏陶污染。拥有掷地有声的美好名誉,不也是很合适的吗?有诗歌集子二卷,流传至今。

苗发

发,潞州人也①,晋卿长子⑤。初为乐平令③,授兵部员外④,迁驾部员外郎⑤,仕终都官郎中⑥。虽名齿才子⑦,少见诗篇。当时名士,咸与赠答云。

【注释】

①潞州:州名,治所在今山西长治。

②晋卿:即苗晋卿,字元辅,肃宗时官至左相,两京收复后,封韩国公,改官侍中,工文善诗。

③乐平:县名,治所在今山西昔阳。

④兵部员外:官员,尚书省兵部兵部司员外郎省称,掌判选举及杂清之事。

⑤驾部员外郎:官名,尚书省兵部驾部司副长官,与驾部郎中共掌舆辇、车乘、传驿、厩牧等事。

⑥都官郎中:官名,尚书省刑部都官司长官,掌配役隶,簿录俘囚,以给衣粮药疗等。据学者考证,其任乐平令当在都官郎中后,其最后官历当为兵部员外郎。

⑦齿:并列,列名。

【译文】

苗发,潞州人,苗晋卿的长子。刚开始担任乐平县县令,授任兵部员外郎,迁任驾部员外郎,最终做到都官郎中。虽然名字列在"大历十才子"

之中,他的诗歌作品却很少见到。当时的有名文士,都跟他有过赠答的作品。

崔峒

峒,博陵人①。工文,有价。初辟潞府功曹②,后历左拾遗,终右补阙③。词彩炳然④,意思方雅,时人称其句为披沙拣金,往往见宝。诗集一卷,今行于世。

【注释】

①博陵:郡名,唐代为定州之别称,治所在今河北定州。

②潞府:即潞州。功曹:官职名,在府者全称为功曹参军事,职掌官吏考课、俸禄、祭祀、学校、丧葬等事。据学者考证,崔峒任潞府功曹在补阙后,辛文房误。

③右补阙:官名,掌供奉讽谏,大事廷议,小则上封事。

④炳然:明显的样子。

【译文】

崔峒,博陵人。善于写作诗文,有声价。刚开始担任潞府功曹,后来做过左拾遗,最终做到右补阙。辞藻文采显豁,诗意情思方正典雅,当时人称他的诗句是在披览沙子中挑选金子,常常会看到宝贝。诗歌集子一卷,如今流传在世。

夏侯审

审,建中元年礼部侍郎令狐峘下试军谋越众科第一①,释褐校书郎,又为参军②,仕终侍御史③。初于华山下多买田园为别墅，水木幽闷④，云烟浩渺，晚岁退居其下，讽吟颇多。今稍零落，时见一二，皆锦制也⑤。

【注释】

①建中：唐德宗年号（780—783）。礼部侍郎：官名，尚书省礼部副长官，协同礼部尚书掌管礼仪、祭祀、贡举、宴飨之政令。令狐峘（huán）：令狐德棻玄孙，大历十四年（779）拜礼部侍郎，建中元年（780）知贡举。军谋越众科：唐代制举主要科目之一，为选拔军事人才而特设。

②参军：即州府的录事参军，参谋军务。

③侍御史：中央执掌监察的官员，唐代有台院侍御史、殿中侍御史、监察御史，负责弹劾不法官吏和参与一些司法事务。据学者考证，夏侯审后来升任祠部郎中。

④幽闷（bì）：犹幽深。

⑤锦制：用精美的锦绢制成，比喻诗文精美。

【译文】

夏侯审，建中元年（780）在礼部侍郎令狐峘主持的军谋越众科考试中考取第一名，以担任校书郎的官职走上官场，又担任某州府参军，最终做到侍御史。起初在华山山下买了很多田园作为山庄，溪水林木幽深静谧，云雾烟岚浩荡缥缈，晚年隐退后住在山下，讽诵吟诗很多。如今作品渐渐飘零残落，只能不时看见一两篇他的诗歌，但都是佳作啊。

李端

端，赵州人①，嘉祐之侄也②。少时居庐山，依皎然读书③，意况清虚④，酷慕禅侣⑤。大历五年李抟榜进士及第⑥，授秘书省校书郎⑦。以清羸多病，辞官，居终南山草堂寺⑧。未几，起为杭州司马⑨,牒诉敲扑⑩,心甚厌之,买田园在虎丘下⑪。为耽深癖⑫,泉石少幽,移家来隐衡山⑬,自号"衡岳幽人"⑭。弹琴读《易》,登高望远,神意泊然。初无宦情,怀箕颍之志⑮,尝曰:"余少尚神仙,且未能去,友人畅当以禅门见导⑯,余心知必是,未得其门。"诗更高雅,于才子中名响铮铮⑰。与处士京兆柳中庸、大理评事张芬友善唱酬⑱。

【注释】

① 赵州:州名,治所在今河北赵县。

② 嘉祐:即李嘉祐,字从一,大历中迁袁州刺史。善为诗,堪称中兴高流。传见本书卷二。

③ 皎然:字清昼,本姓谢,吴兴(今浙江湖州)人,谢灵运十世孙。长于五言诗,所著《诗式》,颇为后世所重。传见本卷后文。

④ 意况:情趣,性情。

⑤ 禅侣:指禅僧。

⑥ 李抟(tuán):大历五年(770)庚戌科状元,生平不详。

⑦ 秘书省:古代朝廷中管理图书秘籍的机构。

⑧ 草堂寺:寺院名,位于秦岭圭峰山北麓,十六国时建,鸠摩罗什曾于此译经,死后葬于此地,现有鸠摩罗什舍利塔。

⑨ 司马:与别驾、长史并为州上佐,职掌纪纲众务,通判列曹,远州司马多用以安置贬谪官员,或用作迁转官阶。

⑩ 牒诉:诉讼的文书。敲扑:刑具,短的叫敲,长的叫扑。

⑪ 虎丘:山名,在今江苏苏州姑苏区。

⑫ 耽深:即耽幽,沉迷于幽深之景。

⑬ 衡山:南岳衡山,又称岣嵝山或虎山,横亘在湖南中部,峰峦挺拔,流泉飞瀑,四季苍翠,景色秀丽,有"五岳独秀"之称。

⑭衡岳幽人:李端《山中寄苗员外》有"衡岳幽人藉草时"句,辛文
　　房盖因此而发。

⑮箕颍:箕山、颍水的合称,箕山、颍水相传为尧时许由隐居之地,后
　　因谓隐士居住之地为箕颍,亦指隐士。

⑯畅当:河东(今山西永济)人,大历进士,贞元初为太常博士,官至
　　果州刺史。善诗,平淡多佳句。传见本卷后文。禅门:指禅宗的
　　法门。

⑰铮铮:原指金属、玉器等相互撞击声,这里用来形容名声盛大。

⑱处士:古时称有才德而隐居不做官的人,后泛指没做过官的读书
　　人。京兆:府名,治所在今陕西西安。柳中庸:名淡,以字行,河东
　　(今山西永济)人。曾授洪州户曹参军,不赴。和李端为诗友,今
　　存诗仅十三首。大理评事:官名,掌出使推按。张芬:字茂宗,大
　　历间任大理评事,与李端有诗歌酬唱,工草书,力能举七尺碑。

【译文】

　　李端,赵州人,李嘉祐的侄子。年少时居住在庐山,追随皎然读书,
性情清空虚灵,特别美慕僧人。大历五年(770)李扬那一榜的进士,授
任秘书省校书郎。因为清瘦羸弱多有疾病,辞去官职,隐居在终南山的
草堂寺中。没多久,起用为杭州司马,每天面对诉状和刑具,让李端心里
感到特别讨厌,就在虎丘山下购买田园。因为沉迷幽深之境成癖,虎丘
一带的泉水山石缺乏幽静,就搬家来隐居在衡山,自称"衡岳幽人"。弹
奏古琴,阅读《周易》,登上高山,眺望远方,神思意绪淡泊无碍。一开始
就没有做官的情怀,怀抱着许由那样隐居箕山、颍水的志向,曾经说:"我
小时候崇尚道家的神仙之说,暂且没能离去,好朋友畅当用禅宗的法门
来开导我,我心里知道那肯定是对的,只是还没找到真正的门径进去。"
诗歌因此更加高妙雅正,在"大历十才子"中名声非常响亮。跟没做官
的长安人柳中庸、大理评事苏州人张芬是酬唱赠答的好友。

　　初来长安,诗名大振。时令公子郭暧尚昇平公主^①,贤明有才,延纳俊士,端等皆在馆中。暧尝进官,大宴酒酣,主属端赋诗,顷刻而就,曰:"青春都尉最风流^②,二十功成便拜侯。金距斗鸡过上苑^③,玉鞭骑马出长楸^④。熏香荀令偏怜小^⑤,傅粉何郎不解愁^⑥。日暮吹箫杨柳陌^⑦,路人遥指凤凰楼^⑧。"主甚喜,一座赏叹。钱起曰:"此必端宿制,请以起姓为韵。"端立献一章曰:"方塘似镜草芊芊^⑨,初月如钩未上弦。新开金埒看调马^⑩,旧赐铜山许铸钱^⑪。杨柳入楼吹玉笛,芙蓉出水妒花钿^⑫。今朝都尉如相顾,愿脱长裾逐少年^⑬。"作者惊伏,主厚赐金帛,终身以荣,其工捷类此。集三卷,今传于世。

【注释】

① 令:美好,善。郭暧:华州郑县(今陕西渭南华州区)人,郭子仪第六子,驸马都尉,娶昇平公主。昇平公主:唐代宗女,又称齐国昭懿公主,永泰元年(765)下嫁郭子仪子郭暧。

② 青春:春季,比喻年少。都尉:指驸马都尉郭暧。

③ 金距:春秋时郈氏为在斗鸡中取胜,给鸡装上金属爪子,称金距。事见《左传·昭公二十五年》。上苑:汉武帝有苑名上林苑,后指供帝王游玩、打猎的园林。

④ 骑马出长楸:语本曹植《名都篇》:"名都多妖女,京洛出少年。宝剑直千金,被服丽且鲜。斗鸡东郊道,走马长楸间。"长楸指两边种有楸树的大道,后意谓放荡闲游。

⑤ 熏香荀令:指荀彧。据载,荀彧衣有浓香,《襄阳耆旧记》卷五:"荀令君至人家,坐处三日香。"荀彧曾任尚书令,故称荀令。这里喻指郭暧之父郭子仪,曾任中书令,人称郭令公。

⑥傅粉何郎：指何晏，字平叔，娶曹操女儿金乡公主为妻，肤白，人疑其涂粉。《世说新语·容止》："何平叔美姿仪，面至白，魏明帝疑其傅粉。正夏月，与热汤饼。既啖，大汗出，以朱衣自拭，色转皎然。"此喻指郭暧。

⑦吹箫：此借萧史、弄玉吹箫事喻指夫妇好合。旧题刘向《列仙传·萧史》："萧史者，秦穆公时人也，善吹箫，能致孔雀、白鹤于庭。穆公有女字弄玉，好之，公遂以女妻焉。日教弄玉作凤鸣，居数年，吹似凤声，凤凰来止其屋。公为作凤台，夫妇止其上，不下数年。一日，皆偕随凤凰飞去。故秦人为作凤女祠于雍宫中，时有箫声而已。"陌：道路。

⑧凤凰楼：即《列仙传》所云指凤凰台，这里指郭暧与昇平公主宴会众宾之高楼。

　　"青春都尉最风流"一诗，意谓年少的驸马都尉郭暧最风雅杰出，二十岁就功成名就拜将封侯。携着带金爪子的斗鸡路过禁苑，挥鞭骑马跑出两边长着楸木的大道。他父亲郭子仪就像尚书令荀彧，偏生怜爱最小的儿子郭暧，郭暧就像驸马都尉何晏，皮肤白皙，没有忧愁。傍晚时候，吹起的箫声传到杨柳路上，路上的行人遥遥地指着郭暧和公主宴客的楼台，这楼台就像萧史和弄玉成仙的凤凰楼。

⑨芊芊：草木茂盛绵远貌。

⑩金埒（liè）看调马：此用王济故事。《世说新语·汰侈》："王武子被责，移第北邙下。于时人多地贵，济好马射，买地作埒，编钱匝地竟埒。时人号为'金埒'。"王武子即王济，字武子，晋司徒王浑之子，娶晋武帝女为妻，二十岁即任中书郎，性豪奢，锦衣玉食。金埒指用串起来的钱铺成的界墙。后多用此典咏富豪贵官的生活奢侈。

⑪铜山许铸钱：此用邓通故事。《史记·佞幸列传》："于是赐邓通蜀

严道铜山，得自铸钱。"后以喻巨富。

⑫花钿（diàn）：古代女子面妆，以金箔、银箔剪成花样贴在面上，不同于发髻上所饰之钿。

⑬长裾：长可拖地的衣裙下摆，常见于女性服装。

"方塘似镜草芊芊"一诗，意谓宴会之地的水池如镜面，岸边长满繁茂的花草，新月如钩，还不像张开的弓弦。在新开辟的富贵的骑射场看人调试骏马，很早以前就像允许用铜山私自铸钱的邓通一样财富无双。杨柳吹入楼台，只为楼中玉笛演奏得动听；芙蓉露出水面，只因嫉妒舞女的妆容。今天驸马都尉郭暧如果能够多看一眼，歌姬舞女就愿意脱去裙摆跟随郭暧这样的少年英杰。这里的歌姬舞女，或亦暗喻李端等诗人，意谓如果郭暧重视他们，他们会跟随郭暧，为朝廷效力，这里既表达出自己的诉求，又代钱起等人发出心声，也等于是效忠郭暧和公主的宣言，难怪钱起不再发难，而公主也加厚赏。

【译文】

刚来长安时，诗歌的名声就大为振起。当时郭子仪的儿子郭暧娶昇平公主为妻，他贤能聪明，富有才华，延请接纳英俊才士，李端等都是他的宾客。郭暧有一次加官进爵，摆盛大的宴会，酒至酣畅，公主吩咐李端写诗，不一会儿就写好了，诗歌写道："青春都尉最风流，二十功成便拜侯。金距斗鸡过上苑，玉鞭骑马出长楸。熏香荀令偏怜小，傅粉何郎不解愁。日暮吹箫杨柳陌，路人遥指凤凰楼。"公主特别高兴，在座的宾客都欣赏赞叹。钱起说："这首诗一定是李端早就写好的，请您用我钱起的姓氏为韵再写一首。"李端立即献上一首诗说："方塘似镜草芊芊，初月如钩未上弦。新开金埒看调马，旧赐铜山许铸钱。杨柳入楼吹玉笛，芙蓉出水妒花钿。今朝都尉如相顾，愿脱长裾逐少年。"同场写诗的人都惊讶叹服，公主赏赐他大量金银绢帛，他一生都因此感到荣耀，李端写诗的精工敏捷大体就像这样。集子三卷，现在流传在世。

窦叔向

　　叔向，字遗直①，扶风平陵人也②。有卓绝之行，登第于大历初，远振佳名，为文物冠冕③。诗法谨严，又非常格。一流才子，多仰飙尘④。少与常衮同灯火⑤，及衮相，引擢左拾遗、内供奉⑥，及坐贬，亦出为溧水令⑦，卒赠工部尚书⑧。五子⑨：常、牟、群、庠、巩，俱能诗，咄咄有跨灶之兴⑩，当时羡之。《艺文志》载《叔向集》七卷⑪，今存诗甚寡，盖零落之矣。

【注释】

　　①"叔向"两句：春秋时晋国有贤人叔向，孔子称其为"古之遗直"（《左传·昭公十四年》），当为窦叔向名字所本。

　　②扶风：郡名，治所在今陕西凤翔。平陵：县名，因汉昭帝平陵所在而得名，在今陕西咸阳西北。

　　③文物：此指文人、文士。骆宾王《夕次旧吴》："文物俄迁谢，英灵有盛衰。"冠冕：帽子，此处代指文人领袖。

　　④多仰飙（biāo）尘：指众人敬仰窦叔向，以为望尘莫及。

　　⑤常衮（gǔn）：京兆（今陕西西安）人，大历十二年（777）授同中书门下平章事，崇文馆、弘文馆大学士。文章俊拔，长于应用文，代宗时与杨炎同掌制诰，时称"常杨"。同灯火：指同学。

　　⑥内供奉：官名，唐侍奉皇帝左右之官，通称供奉或供奉官，在宫内侍奉者，称内供奉。

　　⑦溧水：县名，治所在今江苏南京溧水区。

　　⑧工部尚书：官名，为尚书省工部长官，掌百工、屯田、山泽之政令。

　　⑨五子：传并见本卷后文。

　　⑩咄咄：叹词，表示感叹或惊诧。跨灶之兴：比喻儿子有胜过父亲

的势头。语出苏轼《答陈季常书》："长子迈作吏，颇有父风，二子作诗骚殊胜，咄咄皆有跨灶之兴。"因为灶上有釜（即锅），釜上面的字为父，跨灶即为跨父，即子胜过于父。兴，原作"誉"，从原底本及苏轼原文改。

⑪《艺文志》：原作"文志"，据《四库》本、《新唐书·艺文志》补。

【译文】

窦叔向，字遗直，扶风平陵人。有卓越超绝的品行，在大历初年考中进士，美好的名声传到很远的地方，是当时文士中的首领。诗歌法度谨慎严整，又并非普通的诗歌格式。当时一流的才子，都敬仰窦叔向，觉得望尘莫及。窦叔向年少时曾与常衮在同一灯火下学习，等到常衮做宰相，引荐提拔他为左拾遗、内供奉，等常衮被贬谪，他也连带被贬，出朝廷担任溧水县令，死后获赠工部尚书。窦叔向有五个儿子：窦常、窦牟、窦群、窦庠和窦巩，都能写诗，竟然大有超过父亲的趋势，当时人都美慕他。《新唐书·艺文志》记载《叔向集》有七卷，如今所保存下来的诗歌特别少，大概是飘零散落了吧。

康洽

洽，酒泉人①，黄须美丈夫也。盛时携琴剑来长安，谒当道，气度豪爽。工乐府诗篇，宫女梨园，皆写于声律。玄宗亦知名，尝叹美之。所出入皆王侯贵主之宅，从游与宴，虽骏马苍头②，如其己有，观服玩之光③，令人归欲烧物，怜才乃能如是也。后遭天宝乱离，飘蓬江表④，至大历间，年已七十余，龙钟衰老⑤，谈及开元繁盛⑥，流涕无从，往来两京，故侯馆谷⑦，空咸阳一布衣耳⑧。于时文士愿与论交。李端逢之，赠诗云："声名常压鲍参军⑨，班位不过扬执戟⑩。"又云："同时献赋人皆尽,共壁题诗君独在^⑪。"后卒杜陵山中^⑫。文章不得见矣。

【注释】

①酒泉:郡名,治所在今甘肃酒泉。

②苍头:奴仆。

③服玩:穿戴使用和玩赏的东西。

④江表:指长江以南地区。

⑤龙钟:衰老疲惫貌。

⑥开元:唐玄宗年号(713—741)。李格非《书洛阳名园记后》:"方唐正观、开元之间,公卿贵戚开馆列第于东都者,号千有余邸。"可见当时繁盛之一斑。

⑦馆谷:泛指食宿款待。《左传·僖公二十八年》:"晋师三日馆谷。"杜预注:"馆,舍也,食楚军谷三日。"

⑧咸阳一布衣:语出《史记·春申君列传》:"若不归,则咸阳一布衣耳。"意谓楚国太子在秦都咸阳(今陕西咸阳东北)做人质,就像平民一样。此谓旧日王侯待康洽只如同平民。又李端《赠康洽》:"迩来七十遂无机,空是咸阳一布衣。后辈轻肥贱衰朽,五侯门馆许相依。"

⑨鲍参军:指鲍照,曾任刑狱参军,故称。

⑩班位:官员上朝时列班的位次。扬执戟(jǐ):指扬雄曾任郎官,汉时郎官皆于殿门执戟宿卫,故称扬雄为扬执戟,后指官位不高。盖李端为康洽有才华而不得重用惋惜。

⑪"同时献赋人皆尽"两句:意谓当时一起献赋的人都已仙去,在同一块墙壁上题诗的只有您还健在。献赋,向君王献赋以谋求赏识。

⑫杜陵:今在陕西西安长安区东伍村北,西汉宣帝刘洵的陵墓。

【译文】

康洽，酒泉人，是黄色胡须的俊美男子。壮年的时候带着古琴和宝剑来到长安，拜谒当时掌管政令的权贵，气度豪放爽朗。善于写乐府诗，宫中女婢和梨园子弟，都把他的诗歌谱成乐曲。唐玄宗也知道他的名字，曾经感叹赞美过他。所进出的地方都是王侯和尊贵的公主的宅邸，跟随他们游乐宴会，即使是权贵的骏马奴仆，都像是康洽自己的，观看他穿戴和玩赏的物件光彩夺目，让人回家想要把自己的都烧掉，当时的王侯公主们爱怜人才竟然能够像他这样啊。后来遭遇天宝战乱流离失所，像飘飞的蓬草一般流落江南，到大历年间，康洽年纪已经七十多岁，老态龙钟，谈到开元时期的繁荣昌盛，不知道怎么就痛哭流涕，在长安和洛阳两个京都之间往来，以前的王侯们也还给他食宿招待，不过只是把他当成普通平民罢了。当时的文人才士都愿意与康洽交往。李端遇到他，赠送诗歌说："声名常压鲍参军，班位不过扬执戟。"又写诗说："同时献赋人皆尽，共壁题诗君独在。"后来在杜陵的山中去世。他写的诗文篇章已经看不见了。

李益

李益，字君虞，陇西姑臧人①。大历四年齐映榜进士②，调郑县尉③。同辈行稍进达，益久不升，郁郁去游燕赵间④，幽州节度刘济辟为从事⑤，未几，又佐邠宁幕府⑥。风流有辞藻，与宗人贺相埒⑦，每一篇就，乐工赂求之，被于雅乐，供奉天子，如《征人》《早行》篇，天下皆施绘画。二十，三受策秩，从军十年⑧，运筹决胜⑨，尤其所长，往往鞍马间为文，横槊赋诗⑩，故多抑扬激厉悲离之作，高适、岑参之流也⑪。宪宗雅闻其名⑫，召为秘书少监、集贤殿学士⑬。自负其才，凌轹士众^⑭，有不能堪，谏官因暴其诗"不上望京楼"等句^⑮，以涉怨望^⑯，诏降职。俄复旧，除侍御史^⑰，迁礼部尚书致仕^⑱，大和初卒^⑲。益少有僻疾，多猜忌，防闲妻妾^⑳，过为苛酷，有散灰扃户之谈^㉑，时称为"妒痴尚书李十郎"。有同姓名者，为太子庶子^㉒，皆在朝，人恐莫辨，谓君虞为"文章李益"，庶子为"门户李益"云。有集，今传。

【注释】

① 陇西姑臧：城名，在今甘肃武威。

② 齐映：瀛州高阳（今属河北）人，贞元二年（786）以本官同平章事。

③ 郑县：县名，治所在今陕西渭南华州区。

④ 燕赵：战国时燕国和赵国，此指当时的河北地区，多藩镇割据势力。

⑤ 幽州：州名，治所在今北京西南。节度：即节度使，官名，总揽一道或数州军、民、财政，职权极大，世称藩镇。刘济：幽州昌平（今北京昌平西南）人，贞元元年（785）继父刘怦为幽州节度观察使，在镇二十余年，朝献相继，最为恭顺。从事：节度使佐吏。

⑥ 邠（bīn）宁：方镇名，治所在今陕西彬州。据学者考证，李益当先入邠宁幕府，辛文房误。

⑦ 宗人：同族、同宗之人。贺：即李贺，字长吉，唐代诗人，善于以丰富的想象力和奇特瑰丽的语言，创造出新奇瑰丽的诗境。传见本书卷五。相埒（liè）：相等。这里指李益的诗名跟李贺相等，并非指同时获名，李益是李贺的长辈，相差三十多岁，元人特重李贺诗，故以之比李益。

⑧ "二十"以下几句：此处或有脱落，李益《从军诗并序》："出身二十年，三受末秩；从事十八载，五在兵间。"辛文房盖本于此。

⑨ 运筹决胜：语本《史记·高祖本纪》："夫运筹策帷帐之中，决胜于千里之外。"运筹，谋划制定策略。

⑩横槊（shuò）赋诗：行军中在马上横戈吟诗。槊，古代的一种兵器，即长矛。

⑪高适、岑参：唐代边塞诗派代表人物，高适传见本书卷二，岑参传见本书卷三。

⑫雅：平素，素来。

⑬秘书少监：官名，为秘书省副长官，佐秘书监掌图书典籍。集贤殿学士：官名，掌修撰图书典籍及侍从皇帝讲读。

⑭凌轹（lì）：压倒。轹，欺压。

⑮暴：暴露，揭露。不上望京楼：出自李益《献刘济》："草绿古燕州，莺声引独游。雁归天北畔，春尽海西头。向日花偏落，驰年水自流。感恩知有地，不上望京楼。"诗意谓幽燕之地春回草绿，黄莺之声引发我独自游览。大雁重新回到北边天，春意到西海尽头就没有了。向阳的春花偏在我来的时候飘落，奔驰的年华像流水一样远去。我知道该向谁表达感激之情（指刘济，此时李益在刘济幕府做佐吏），不再登上眺望京城的楼台了。言外之意，李益对朝廷比较失望，故有此牢骚。

⑯怨望：怨恨。

⑰侍御史：中央执掌监察的官员，唐代有台院侍御史、殿中侍御史、监察御史，负责弹劾不法官吏和参与一些司法事务。据学者考证，李益早年即为侍御史，辛文房误。

⑱礼部尚书：官名，尚书省礼部长官，掌礼仪、祭祀、宴飨、贡举等事。致仕：退休。

⑲大和：也作太和，唐文宗年号（827—835）。

⑳防闲：防，挡水的堤坝；闲，关兽的栅栏，引申为防范。

㉑散灰扃（jiōng）户：在地上撒灰，将门户锁上，用以讥讽防止妻妾不轨的变态心理和行为。

㉒太子庶子：东宫属官，为太子的亲近侍从官，掌献纳规谏。

【译文】

李益,字君虞,陇西姑臧人。大历四年(769)齐映那一榜的进士,调任郑县县尉。同辈中人渐渐升迁显达,李益长久没有升职,郁郁不乐,抛开官位去河北一带游历,幽州节度使刘济征辟他担任佐吏,不久,又去邠宁节度使府属担任佐吏。才华横溢辞藻风流,跟同族的李贺名声相等,每一首诗歌写成,乐工就花钱求来,谱成雅正的乐曲,用来演奏给君王欣赏,像《征人》《早行》这些诗,天下人都用来画成图画。考中进士二十年来,多次担任小官,参军十多年,谋划策略决战取胜,尤其是他所擅长的,常常在鞍马战斗间写诗文,横着长矛吟诵诗歌,因此作品多是些抑扬顿挫、激昂慷慨、悲伤乱离之作,是高适、岑参这些边塞诗人的一派啊。唐宪宗久闻他的大名,下诏让他担任秘书少监、集贤殿学士。李益为自己的才华自负,欺压文士众人,有让人不能忍受的地方,谏官因此揭露他作品中"不上望京楼"等诗句,因为关涉到怨恨君王,下诏让他降职。不久又恢复旧职,担任侍御史,升迁为礼部尚书退休,大和初年去世。李益年少的时候有幽僻的疾病,喜欢猜忌,对自己的妻子侍妾防范得过于严苛酷烈,流传有在地上撒灰、关锁门户的做法,当时人们称他为"妒痴尚书李十郎"。有姓名相同的人担任太子庶子,与李益都在朝廷任职,人们害怕无法辨认,就称李益为"文章李益",称那个担任太子庶子的为"门户李益"。有集子,现今还在流传。

冷朝阳

朝阳,金陵人①。大历四年齐映榜进士及第。不待调官,言归省觐②。自状元以下,一时名士大夫,及诗人李嘉祐、李端、韩翃、钱起等③,大会赋诗攀饯④。以一布衣,才名如此,人皆羡之。朝阳工诗,在大历诸才子,法度稍弱,字韵清越不减也。有集传世。

【注释】

①金陵：地名，即今江苏南京。

②省觐（xǐng jìn）：探望父母或其他尊长。

③诗人李嘉祐、李端、韩翃、钱起：传并见本卷前文。

④攀饯：挽留饯行。

【译文】

冷朝阳，金陵人。大历四年（769）齐映那一榜的进士。没等到调任官职，就回去探望亲人。从状元以下，当时的著名文士和大夫，以及诗人李嘉祐、李端、韩翃和钱起等，举行盛大的宴会，写诗挽留饯行。凭着一介平民，才华和名声能这样，人们都很美慕他。冷朝阳善于写诗，在大历众多才子中，诗法气度稍微弱一些，但用字用韵的清脆激越却不逊色。有集子流传在世。

章八元

八元，睦州桐庐人①。少喜为诗，尝于邮亭偶题数语②，盖激楚之音也③，宗匠严维到驿④，见而异之，问八元曰："尔能从我授格乎⑤？"曰："素所愿也。"少顷遂发，八元已辞亲矣，维大器之，亲为指谕⑥，数岁间，诗赋精绝。大历六年王溆榜第三人进士⑦。居京既久，床头金尽，归江南，访韦苏州⑧，待赠甚厚。复来都应制科⑨，贞元中调句容主簿⑩，况薄辞归⑪。时有清江上人⑫，善诗，与八元为兄弟之好。初，长安慈恩寺浮图⑬，前后名流诗版甚多⑭，八元亦题，有云："却怪鸟飞平地上，自惊人语半天中⑮。"后元微之、白乐天至塔下遍览⑯，因悉除去，惟存八元版在，吟咏久之，曰："名下无虚士也。"其警策称是⑰。有诗集传于世，一卷。

【注释】

① 睦州:州名,治所在今浙江建德。桐庐:县名,治所在今浙江桐庐。

② 邮亭:即驿馆,递送文书或为往来官员提供马匹、宿舍的机构。

③ 激楚:楚地乐曲名,节奏急促,声调激越,故称激楚,后形容声调高亢凄清。

④ 宗匠:在学术或艺术上有重大成就而为众人所敬仰的人。严维:字正文,越州山阴(今浙江绍兴)人,官终秘书省校书郎,与刘长卿为诗友。传见本书卷三。

⑤ 授格:传授诗格。

⑥ 指谕:指导教谕。

⑦ 王溆(xù):大历六年(771)辛亥科状元。

⑧ 韦苏州:指韦应物,京兆长安(今陕西西安)人,曾历苏州刺史,世称"韦苏州",诗以描写田园最著名。传见本卷后文。据学者考证,韦应物此时尚寓居洛阳同德精舍,辛文房误。

⑨ 制科:亦称制举,唐代科举的一种,由皇帝下诏临时举行,名目众多。

⑩ 贞元:唐德宗年号(785—805)。句容:县名,治所在今江苏句容。主簿:官名,掌文书簿籍等事,这里指县主簿。

⑪ 况:通"贶",赏赐,指俸禄。

⑫ 清江上人:诗僧。上人,对僧人的尊称。

⑬ 慈恩寺浮图:即慈恩寺塔,又名雁塔、大雁塔,永徽三年(652)唐高宗为纪念其母文德皇后所建。上官婉儿、宋之问都有关于此塔的诗,后来著名者如杜甫的《同诸公登慈恩寺塔》,岑参的《与高适薛据登慈恩寺浮图》,章八元的《题慈恩寺塔》等,新进士及第,亦在此塔题名留念。

⑭ 诗版:题诗的牌版。

⑮ "却怪鸟飞平地上"两句:选自章八元《题慈恩寺塔》,意谓由于慈恩寺塔太高,看起来飞鸟就像在平地上飞行,因此感到奇怪;人们

说话传下来，像在半天空传下来一样，为此感到惊讶。

⑯元微之：即元稹，字微之，河南（今河南洛阳）人。和白居易共同提倡"新乐府"，世以"元白"并称。后与宦官相善，官至宰相。白乐天：即白居易，字乐天，晚年号香山居士、醉吟先生，官至刑部尚书。倡导新乐府运动，主张"文章合为时而著，歌诗合为事而作"，又擅长长篇叙事诗。传并见本书卷六。

⑰警策：指文句精妙。

【译文】

章八元，睦州桐庐人。他年少时喜欢写诗，曾经在驿馆偶尔题写几句诗语，大概是高亢凄清的音调吧，著名诗人严维来到驿馆，见到诗句为之惊异，询问章八元说："你能跟随我学习诗歌格式规则吗？"章八元说："这是我一直以来的愿望啊。"没过多久严维就出发，章八元已经辞别亲人来跟随了，严维非常器重他，亲自为他指导，几年之间，他的诗歌赋文就写得精彩绝伦。大历六年（771）王溆那一榜以第三名的成绩考中进士。在长安居住已久，身上的钱都已经花完，回到江南，寻访韦应物，韦应物厚待他，赠送给他很多财物。又来到长安参加制科考试，贞元时期调任句容主簿，因俸禄微薄，便辞官回乡。当时有位清江上人，擅长写诗，跟章八元有兄弟般的好情谊。起初，长安城里的慈恩寺塔，前前后后的文化名人在上面题诗的牌版特别多，章八元也题了诗，其中有诗句说："却怪鸟飞平地上，自惊人语半天中。"后来元稹、白居易到慈恩寺塔下看了个遍，便把诗版全都清除出去，只保留了章八元的诗歌牌版，吟诵歌咏了很久，说："诗名之下没有欺世盗名的人啊。"他的诗歌文句精妙，称得上这样的赞美。有诗歌集子流传在世，一卷。

畅当

当，河东人①。大历七年张式榜及第②。当少谙武事③，生乱离间,盘马弯弓④,抟沙写阵⑤,人曾伏之。时山东有寇⑥,以子弟被召参军⑦。贞元初,为太常博士⑧,仕终果州刺史⑨。与李司马、司空郎中有胶漆之契⑩。多往来嵩、华间⑪,结念方外⑫,颇参禅道⑬,故多松桂之兴⑭,深存不死之志。词名藉甚⑮,表表凌云⑯。有诗二卷,传于世。同时有郑常⑰,亦鸣诗,集一卷,今行。

【注释】

①河东:郡名,治所在今山西永济。

②张式:大历七年(772)壬子科状元,南阳(今河南邓州)人,后为虢州刺史。其子张元夫、张佶夫、张征夫次第登科,为世人共称。

③谙(ān):熟悉,精通。武事:指与军队或战争相关的事情。

④盘马:跨马盘旋。

⑤抟(tuán)沙写阵:聚拢沙子划写战阵。

⑥时山东有寇:指建中四年(783)淮西节度使李希烈反叛之事。山东疑当为"东山"。

⑦子弟:指官家弟子,当时畅当的父亲为河中尹,故畅当也需参军。

⑧太常博士:官名,太常属官,掌祭祀礼乐之事。

⑨果州:州名,治所在今四川南充。

⑩李司马:指李端,曾为杭州司马。传见本卷前文。司空郎中:指司空曙,曾为虞部郎中。传见本卷前文。胶漆:谓友情牢固。

⑪嵩、华:指嵩山、华山。

⑫结念:倾心、专注。

⑬禅道:禅宗道法。

⑭松桂之兴:松树桂树皆四季常青,用来比喻隐居以修身养性,超脱死生。卢纶《送畅当还旧山》:"山中松桂花尽发,头白属君如等闲。"

⑮藉甚：同"籍甚"，盛大。

⑯表表：卓异，不同寻常。凌云：形容笔力矫健。

⑰郑常：河南荥阳（今属河南）人，曾任凤翔（今属陕西）司户参军，以诗鸣，诗风婉靡。

【译文】

畅当，河东人。大历七年（772）张式那一榜的进士。畅当年少时熟悉军事，生长在战乱流离之间，骑马盘旋，弯弓射箭，抟聚沙子，谋划阵列，人们曾被他折服。当时山东一带有叛军作乱，他因为是官家子弟而被征召参加军队。贞元初年，担任太常博士，最终做到果州刺史。跟杭州司马李端、虞部郎中司空曙有牢固的友谊。常常来往于嵩山、华山之间，专心于世俗之外，很喜欢参悟禅宗道法，因此多有像松树桂树不凋零的幽兴，深怀长生不死的念想。诗文名声盛大，卓绝突出，有矫健凌云的笔力。有诗歌集子二卷，流传在世。与他同时的还有郑常，也以诗歌闻名，集子一卷，流行至今。

○尝观建安初①，陈琳、阮瑀数子②，从戎管书记之任，所得经奇，英气逼人也。承平则文墨议论③，警急则櫜鞬矢石④，金羁角逐⑤，珠符相照⑥，草檄于盾鼻⑦，勒铭于山头⑧，此磊磊落落⑨，通方之士⑩，皆古书生也。容有郁志窗下，抱膝呻吟，而曰"时不我与，人不我知"邪？大道无窒⑪，徒自为老夫耳⑫。唐间如此特达甚多，光烈垂远，慨然不能不以之兴怀也。

【注释】

①建安：汉献帝年号（196—220）。

②陈琳：字孔璋，广陵（今江苏扬州）人，"建安七子"之一。曾为袁绍作讨曹操檄文，操爱其才而不咎，与阮瑀并为司空军谋祭酒，

当时军国书檄，多出其二人之手，以章表书记见称。阮瑀：字元瑜，陈留尉氏（今属河南）人，"建安七子"之一。善作书檄，与陈琳齐名。

③承平：太平。

④警急：军情紧急。櫜鞬（tuó jiān）：箭囊和弓袋，放置箭和弓的器物。

⑤金羁：用金属制的马络头。

⑥珠符：指珠钤（即兵书）和兵符。

⑦盾鼻：盾牌的把手。

⑧勒铭：镌刻铭文。

⑨磊磊落落：志向高远，胸怀坦荡。

⑩通方：通晓为政之道。

⑪窒：阻塞。

⑫老夫：老年人的自称。

【译文】

○我曾观察建安初年，陈琳、阮瑀这些人，从军掌管写作书檄的重任，所写就的诗篇奇特非凡，英豪的气势咄咄逼人。太平的时候就舞文弄墨发表议论，军情紧急的时候就挂着弓箭袋穿梭在射出的箭和投出的垒石之间，骑着战马追逐争胜，兵书和兵符相互映照，在盾牌的把手上草拟檄文，在山头上镌刻功勋铭文，这样志向高远、胸怀坦荡的通晓军政之人，都是古代的读书人啊。哪里容得下在窗下郁郁不得志，抱着膝盖无病呻吟，却说"没有给我时机，人们不了解我"的人呢？大道没有阻碍，是你自己白白地称自己为老朽罢了。大唐年间像这样特出显达的人很多，他们的光辉业绩流传久远，我感慨着不能不因此而有所触动啊。

王季友

季友，河南人。暗诵书万卷，论必引经。家贫卖屦①，好事者多携酒就之。其妻柳氏,疾季友穷丑②,遣去③。来客酆城④,洪州刺史李公⑤,一见倾敬,即引佐幕府。工诗,性磊浪不羁,爱奇务险,远出常性之外。白首短褐⑥,崎岖士林,伤哉贫也!尝有诗云:"山中谁余密?白发日相亲。雀鼠昼夜无,知我厨廪贫⑦。"又:"自耕自刈食为天,如鹿如麋饮野泉。亦知世上公卿贵,且养丘中草木年⑧。"观其笃志山水,可谓远性风疏,逸情云上矣。有集,传于世。

【注释】

①屐(jī):木底鞋。

②疾:恨。

③遣:打发。

④酆(fēng)城:县名,治所在今江西丰城。

⑤洪州:州名,治所在今江西南昌。李公:指李勉,字玄卿,曾任江西观察使。

⑥短褐:粗布短衣,贫者之服。

⑦"山中谁余密"以下几句:引诗题为《山中赠十四秘书兄》,诗意谓山中谁跟我关系密切呢,只有白发越来越亲切。一天到晚连麻雀和老鼠都没有,因为它们知道我穷得厨房和仓库里都没有吃的可偷,真是又老又穷。厨廪(lǐn),庖厨与仓廪。

⑧"自耕自刈(yì)食为天"以下几句:引诗题为《酬李十六岐》,诗意谓自己耕种自己收割食物就是我的天,像麋鹿那样喝着野泉水,我也知道世上的公卿显贵,姑且像山丘中的草木那样滋养我的年华吧。刈,收割。

【译文】

王季友,河南人。自己私下背诵书籍上万卷,发表意见一定会引用经典。家里贫困,靠卖鞋子为生,喜好热闹的人常常带着酒去拜访他。

他的妻子柳氏，痛恨王季友又贫穷又丑陋，就被打发离开了。王季友到丰城客居，洪州刺史李勉，一见到他就很倾仰尊敬，立即引荐他担任府属佐吏。善于写诗，性格磊落放浪不爱约束，喜欢奇景追求险句，远远地超出常人的性情之外。他一直到老都还穿着短小的粗布衣衫，在文士间坎坷奔波，贫穷得令人悲伤啊！曾作诗歌说："山中谁余密？白发日相亲。雀鼠昼夜无，知我厨廪贫。"又有诗歌说："自耕自刈食为天，如鹿如麋饮野泉。亦知世上公卿贵，且养丘中草木年。"看他对山水如此专注，可以说是悠远的性情如清风疏淡，悠闲的心情直达云端了。有集子，流传在世。

张谓

谓，字正言，河内人也①。少读书嵩山，清才拔萃，泛览流观，不屈于权势。自矜奇骨，必谈笑封侯。二十四受辟，从戎营朔十载②，亭障间稍立功勋③，以将军得罪④，流滞蓟门⑤。有以非辜雪之者⑥，累官为礼部侍郎⑦。无几何，出为潭州刺史⑧。性嗜酒简淡，乐意湖山。工诗，格度严密，语致精深，多击节之音⑨。今有集传于世。

【注释】

①河内：县名，治所在今河南沁阳。

②营朔：指朔北的营州，治所在今辽宁朝阳。

③亭障：古时指边塞的防御堡垒。

④将军：指幽州节度使赵含章，因贪污被流放，赐死于路。

⑤蓟门：又名蓟丘，在今北京海淀一带。按，自"自矜奇骨"以下至此一段所述，据学者考证，并非张谓经历，乃其诗《同孙构免官后登蓟楼》所叙，是孙构的经历，辛文房误解。"同"并非同孙构一

　　起免官,而是同和孙构《免官后登蓟楼》这首诗。

⑥非辜:无罪。

⑦礼部侍郎:官名,尚书省礼部副长官,协同礼部尚书掌管礼仪、祭祀、贡举、宴飨之政令。

⑧潭州:州名,治所在今湖南长沙。据学者考证,张谓先为潭州刺史,后为礼部侍郎,辛文房误。

⑨击节:指令人赞赏,忍不住打节拍。

【译文】

　　张谓,字正言,河内人。年少时在嵩山读书,清俊才华出类拔萃,广泛阅读,无所不看,不屈服在权贵势力之下。自许骨骼奇特,一定能在谈笑之间拜将封侯。二十四岁接受征辟,到朔北营州从军十年,在边塞堡垒之间渐渐立下功业勋绩,因为他的上司将军得罪,他也被流放滞留在蓟门。有人拿无罪为他雪冤,累积做官到礼部侍郎。没过多久,出任潭州刺史。性格爱好喝酒,简朴淡泊,喜欢湖光山色。善于写诗,格律法度严谨缜密,语句兴致精妙深刻,诗中多有令人击节赞赏的音调。现在有集子流传在世。

于鹄

　　鹄,初买山于汉阳高隐①,三十犹未成名。大历中,尝应荐历诸府从事②,出塞入塞,驰逐风沙。有诗甚工,长短间作,时出度外,纵横放逸,而不陷于疏远,且多警策云。集一卷,今传。

【注释】

①汉阳:县名,治所在今湖北武汉。

②从事:节度使佐吏。

【译文】

　　于鹄,一开始在汉阳购买山庄高栖隐居,三十岁还没成就名声。大历期间,曾应荐举,做过各个府属的佐吏,出入边塞,在风沙中奔驰追逐。有些诗歌写得很工整,长诗短诗交替创作,偶尔超出法度之外,纵横奔放旷荡飘逸,却不犯空疏不切的毛病,而且多有警句。集子一卷,流传于今。

王建

　　建,字仲初,颍川人①。大历十年丁泽榜第二人及第②。释褐授渭南尉③,调昭应县丞④,诸司历荐,迁太府寺丞、秘书丞、侍御史⑤。大和中,出为陕州司马⑥。从军塞上,弓剑不离身。数年后归,卜居咸阳原上⑦。初游韩吏部门墙⑧,为忘年之友,与张籍契厚⑨,唱答尤多。工为乐府歌行,格幽思远。二公之体,同变时流。

【注释】

①颍川:县名,治所在今河南许昌。

②丁泽:大历十年(775)乙卯科状元。据学者考证,大历十年,王建最多十岁,不可能参加科考,且王建一生似乎没考过进士。

③渭南:县名,治所在今陕西渭南。

④昭应:县名,治所在今陕西西安临潼区。

⑤太府寺丞:官名,其地位仅次于少卿,掌财货、廪藏、贸易等。秘书丞:官名,主管秘书省的日常事务。

⑥陕州:州名,治所在今河南三门峡市陕州区。司马:州的佐官,常用来安置贬谪官员。

⑦卜居:用占卜的方法选择居地或判定拟选居地的吉凶,后泛指择地居住。咸阳原:亦名洪渎原,在今陕西咸阳市区北部,是渭河、

　泾河的分水岭。

⑧韩吏部：指韩愈，字退之，河南河阳（今河南孟州）人，曾作吏部侍
　郎，故称韩吏部。一生大力提倡儒学，以继承儒家道统自任，唐代
　古文运动的倡导者，"唐宋八大家"之首。传见本书卷五。

⑨张籍：字文昌，吴郡（今江苏苏州）人。曾任水部员外郎、国子司
　业等职，故世称"张司业"或"张水部"。乐府诗多反映现实，与王
　建齐名，世称"张王乐府"。传见本书卷五。

【译文】

　　王建，字仲初，颍川人。大历十年（775）丁泽那一榜的进士，高中第
二名。刚做官就担任渭南县县尉，调任昭应县县丞，有关部门多次推荐，
迁升太府寺丞、秘书丞和侍御史。大和年间，出任陕州司马。去边塞参
加军队，弓箭宝剑一直带在身上。多年以后回来，通过占卜选择在咸阳
原上居住。一开始游学在吏部侍郎韩愈的门下，跟他是忘年之交，与张
籍友谊深厚，互相唱和酬答的作品尤其多。善写乐府歌行，格调幽深，思
致悠远。王建和张籍二公的诗体，一同改变了当时流行的风气。

　　建性耽酒，放浪无拘。《宫词》特妙前古①。建初与枢
密使王守澄有宗人之分②，守澄以弟呼之，谈间故多知禁
掖事③，作《宫词》百篇，后因过燕饮，以相讥谑，守澄深衔
之④，忽曰："吾弟所作《宫词》，内庭深邃⑤，何由知之？明
当奏上。"建作诗以谢，末句云："不是姓同亲说向，九重争
得外人知⑥？"守澄恐累己，事遂寝⑦。

【注释】

①《宫词》：即王建《宫词》一百首，以描写帝王宫中琐事和宫女的
　抑郁愁怨为内容的诗歌，以七言绝句为主，历代多有仿作。

②枢密使：官名，简称枢密，唐代宗永泰中始置，以宦官担任，掌承受

表奏，后宦官多以此职干预朝政，预谋废立。王守澄：宦官，与内常
侍陈弘志毒杀宪宗，迎立穆宗，长庆中知枢密事，后遭鸩杀。据《云
溪友议》卷下记载，王建得罪王守澄，在于以汉末桓、灵二帝宠信
宦官，引发党争，最终灭亡之事，来讽喻当时宦官把持朝政，废立帝
王，败坏国家的现实，可谓深中宦官之痛，亦可见出王建之批判性。

③禁掖：宫中的旁殿，泛指宫禁。

④衔：怀恨在心。

⑤内庭：指皇宫大内。

⑥"不是姓同亲说向"两句：意谓不是我的同姓王守澄亲自对我所
说，我离宫廷九重之外怎么可能知道呢？这实际上并非真的道
歉，仍是在批评王守澄不守规矩，随意泄露宫廷秘事，王建尚且得
以听闻，则王守澄在他人面前可想而知，此为皇权削弱的一种呈
现。姓同，即同姓。九重，指宫禁，《楚辞·九辩》："岂不郁陶而
思君兮，君之门以九重。"

⑦寝：休息，引申为停息。

【译文】

　　王建天性嗜好饮酒，豪放浪荡没有拘束。他写的《宫词》尤其精妙，
前无古人。王建起初跟枢密使王守澄有同宗的名分，王守澄称他为弟，
谈笑间知道很多宫廷秘事，因而创作《宫词》一百首，后来因为聚会喝酒，
对王守澄有所讽刺戏谑，王守澄心中深深怀恨，突然说："老弟你创作《宫
词》，宫廷幽深邃远，你通过什么途径得知这些秘闻的呢？明天我将向皇
帝上奏。"王建写诗道歉，最后一句说："不是姓同亲说向，九重争得外人
知？"王守澄害怕连累自己，上奏之事就停了下来。

　　建才赡，有作皆工。盖尝跋涉畏途，甘分穷苦①。其《自
伤》诗云："衰门海内几多人，满眼公卿总不亲。四授官资元
七品，再经婚娶尚单身。图书亦为频移尽，兄弟还因数散贫。

独自在家常似客，黄昏哭向野田春^②。"又于征戍迁谪、行旅离别、幽居官况之作^③，俱能感动神思，道人所不能道也。集十卷，今传于世。

【注释】

①甘分穷苦：甘以穷苦为本分，即以穷苦为人生本色，而乐在其中。

②"衰门海内几多人"以下几句：诗意谓出身寒门，人丁单薄，天下没有多少帮衬之人，虽满眼都是公卿但总不亲近。四次授官官资才不过七品，两次经历婚姻仍然孑然一身。图书因为多次搬家而散落殆尽，兄弟也因为多次离散而贫苦无依。自己孤独地住在家里常常像客人，黄昏时候面对着春天的田野哭泣。衰门，即寒族。官资，任官的资历，唐制凡参加流内官铨选者必须具有一定的资格，称为官资。

③征戍：远行守卫边境。迁谪：指官员被贬官远地。行旅：远行。幽居：隐居。官况：居官的景况。

【译文】

王建才华横溢，凡有创作都很工整。大概因为曾经在艰险的路途上跋涉过，所以把穷困苦难当作自己的本分而乐在其中。他的《自伤》诗说："衰门海内几多人，满眼公卿总不亲。四授官资元七品，再经婚娶尚单身。图书亦为频移尽，兄弟还因数散贫。独自在家常似客，黄昏哭向野田春。"在从军远征、贬官远地、远行离别、隐居出仕时写的作品中，都能感发触动读者的心神情思，说出别人说不出的诗意。集子十卷，如今流传在世。

韦应物

应物，京兆人也^①。尚侠，初以三卫郎事玄宗^②，及崩，始悔，折节读书。为性高洁，鲜食寡欲^③，所居必焚香扫地而坐,冥心象外④。天宝时,扈从游幸⑤。永泰中⑥,任洛阳丞,迁京兆府功曹⑦。大历十四年,自鄠县令制除栎阳令⑧,以疾辞归,寓善福寺精舍。建中二年,由前资除比部员外郎⑨。出为滁州刺史⑩,居顷之,改江州刺史⑪,追赴阙⑫,改左司郎中⑬。或媢其进⑭,媒蘖之⑮,贞元初,又出为苏州刺史。大和中,以太仆少卿兼御史中丞⑯,为诸道盐铁转运、江淮留后⑰。罢居永定⑱,斋心屏除人事⑲。

【注释】

①京兆人:实为京兆万年(今陕西西安临潼区)人。

②三卫郎:皇帝之卫士,皆由高官门荫之子弟担任。

③鲜食:吃得很少。

④冥心:潜心,摒弃杂念,宁心静气。据学者考证,此为韦应物后期生活,非早期任侠时期所有。

⑤扈(hù)从:随从帝王出巡。游幸:指君主后妃等到某处游玩。

⑥永泰:唐代宗年号(765—766)。

⑦京兆府:府名,治所在今陕西西安。

⑧鄠(hù)县:县名,治所在今陕西西安鄠邑区。除:任命。栎阳:县名,治所在今陕西西安临潼区。

⑨前资:唐代官资的一种,指以前曾充任过某种职事官,因考满或其他原因停官而待选者,下次铨选时仍按前一任官资授职。比部员外郎:官名,为尚书省刑部比部司之副长官,佐比部郎中掌管勾会内外赋敛、经费俸禄等。

⑩滁州:州名,治所在今安徽滁州。

⑪江州:州名,治所在今江西九江。

⑫追:征召。赴阙:来到朝廷。阙,宫门两侧的高台,借指宫廷、京城。

⑬左司郎中：官名，为尚书左丞副职，协掌尚书都省事务，兼管吏、户、礼部诸司政务。

⑭媢（mào）：嫉妒。

⑮媒孽：构陷诬害以酿成别人的罪过。

⑯太仆少卿：官名，协助太仆卿管理车舆厩牧，审计籍账，通判本寺事务。御史中丞：官名，为御史台副长官，掌监察司法。

⑰诸道盐铁转运：全称为诸道盐铁转运使，为唐代后期中央主管漕运及专卖事务的最高财政长官，与度支使（也称判度支）、户部使（也称判户部）合称三司。留后：官名，唐五代时称代行节度使职务者为留后。按，据学者考证，太仆少卿以后之官位，非韦应物，盖韦应物其时已近百岁，时代不符，或为另一同姓名者所担任。

⑱永定：指永定寺，在今江苏苏州西南。此当为韦应物苏州刺史任后所居。

⑲斋心：清心无欲。屏除：排除。

【译文】

韦应物，京兆府人。崇尚侠义，一开始以三卫郎的身份侍奉唐玄宗，等到唐玄宗去世，才悔过，改变志向认真读书。为人性格高洁，吃得少，欲望小，所居住的地方一定要焚香打扫干净才坐下，潜心游历于物象之外。天宝年间，曾跟随唐玄宗出游。永泰年间，担任洛阳县丞，升任为京兆府功曹。大历十四年（780），从鄠县县令任上被下诏除授栎阳县令，因为生病辞职回家，寓居在善福寺的僧房里。建中二年（781），靠着前面做官的资历除授比部员外郎。出任滁州刺史，任职没多久，改任江州刺史，征召来到朝廷，改任为左司郎中。有人妒忌他的升迁，构陷他，贞元初年，又出任为苏州刺史。大和年间，以太仆少卿兼御史中丞的宪衔，担任诸道盐铁转运使、江淮地区的代理节度使。罢官后居住在永定寺，清心寡欲，除去纷扰的尘事。

初，公豪纵不羁，晚岁逢杨开府①，赠诗言事曰："少事武皇帝②,无赖恃恩私。身作里中横③,家藏亡命儿④。朝持樗蒲局⑤,暮窃东邻姬。司隶不敢捕⑥,立在白玉墀⑦。骊山风雪夜⑧,长杨羽猎时⑨。一字都不识,饮酒肆顽痴。武皇升仙去,憔悴被人欺。读书时已晚,把笔学题诗。两府始收迹⑩,南宫谬见推⑪。非才果不容,出守抚惸嫠⑫。忽逢杨开府,论旧涕俱垂。坐客何由识,唯有故人知⑬。"足见古人真率之妙也。

【注释】

①杨开府:杨姓朋友,姓名不详。开府是"开府仪同三司"简称,唐代定为从一品文散官,是散官中的最高封阶。

②武皇帝:此指唐玄宗,唐人好以汉武帝比之。

③里中:乡中。

④亡命儿:逃亡的犯人。

⑤樗蒲(chū pú):古代博戏,类似后世的掷色子。

⑥司隶:即司隶校尉的简称,掌捕盗贼。

⑦白玉墀(chí):白玉阶,宫廷的阶梯。

⑧骊山:在陕西西安临潼区南,因山形似骊马而得名,有华清宫、长生殿、华清池等古迹。

⑨长杨:古宫名,旧址在今陕西周至东南。羽猎:指帝王出猎。

⑩两府:此处疑指韦应物最初任职的河南府和京兆府。收迹:收敛形迹。

⑪南宫:尚书省的别称,因尚书省象天上星宿之南宫,故称,这里指担任尚书省比部员外郎。

⑫惸嫠(qióng lí):无兄弟无丈夫的人,引申为孤苦伶仃的人,此处代指百姓。

⑬"少事武皇帝"以下几句：引诗题为《逢杨开府》，诗意谓我年少侍奉唐玄宗，倚靠着皇恩私宠不讲理。自己在乡中横行霸道，家里还窝藏着亡命之徒。早上拿着色子参加赌局，晚上私会东边邻居家里的姬妾。抓捕犯人的司隶校尉不敢抓我，因为我站在宫廷的台阶上侍奉君王。陪伴着唐玄宗在骊山度过风雪之夜，陪伴着唐玄宗在长杨宫白天打猎。大字不识一个，喝起酒来放纵自己做蠢事。唐玄宗去世离开人间，我被人欺负得憔悴不堪。改变志向读书已经有些晚了，握着笔学习如何写诗。在河南府、京兆府任职时才开始收敛形迹，后来尚书省却谬赏我，推举我担任比部员外郎。我的才华不够果然难以容身，便出任地方太守去抚恤无依无靠的百姓。忽然遇到杨开府，说起往事泪如雨下。座中客人怎么知道其中缘故，只有杨开府这样的老友才明白。

【译文】

起初，韦应物豪侠放纵不受约束，晚年遇到杨开府，赠送诗歌给他，在诗中回忆往事说："少事武皇帝，无赖恃恩私。身作里中横，家藏亡命儿。朝持樗蒲局，暮窃东邻姬。司隶不敢捕，立在白玉墀。骊山风雪夜，长杨羽猎时。一字都不识，饮酒肆顽痴。武皇升仙去，憔悴被人欺。读书事已晚，把笔学题诗。两府始收迹，南宫谬见推。非才果不容，出守抚惸嫠。忽逢杨开府，论旧涕俱垂。坐客何由识，唯有故人知。"足以看出古代诗人天真坦率的妙处啊。

〇论云：诗律自沈、宋之下①，日益靡嫚②，镂章刻句③，揣合浮切④，音韵婉谐，属对藻密，而闲雅平淡之气不存矣。独应物驰骤建安以还，各有风韵，自成一家之体，清新雅丽，虽诗人之盛，亦罕其伦，甚为时论所右⑤。而风情不能自已⑥，如赠米嘉荣、杜韦娘等作⑦，皆杯酒之间，见少年故态，无足怪矣。有集十卷，今传于世。

【注释】

①沈、宋：指沈佺期和宋之问。传并见本书卷一。

②靡嫚：即"靡曼"，华美柔弱。

③镂（sōu）：镂刻，此谓作过分雕琢词句。

④浮切："浮声切响"之缩语，浮声即平声，切响即仄声，指平仄声韵。

⑤右：古时以右为尊，指崇尚。

⑥风情：流露出来的男女相爱的感情。

⑦米嘉荣：唐代米国（今塔吉克斯坦境内）人，善歌能曲，为供奉官，刘禹锡有《与歌者米嘉荣》，韦应物集中无。杜韦娘：杜韦娘为唐代著名歌妓，后教坊遂以其名制为曲调。韦应物集中亦无赠杜韦娘者。

【译文】

○评论说：诗歌格律从沈佺期、宋之问之后，日渐华美柔靡，过分雕琢字句，揣摩符合平仄韵律，音调声韵婉转和谐，对仗联句辞藻精密，但闲静雅正平和淡泊的气度就消失了。只有韦应物追踪建安以来的诗歌风骨，作品各有风度气韵，诗体自成一家，清爽新奇，雅正秀丽，即使在诗人盛多的唐代，也少有能跟他匹敌的，很被当时的人们所推崇。然而男女风情不能自控，像赠送给米嘉荣、杜韦娘等人的作品，都是在举杯喝酒期间，展现出来的年少轻狂的老样子，不值得奇怪啊。有集子十卷，如今流传在世。

皎然上人

皎然，字清昼①，吴兴人②。俗姓谢，宋灵运之十世孙也③。初入道，肄业杼山④，与灵彻、陆羽同居妙喜寺⑤。羽于寺旁创亭⑥，以癸丑岁癸卯朔癸亥日落成⑦，湖州刺史颜真卿名以"三癸"⑧，皎然赋诗⑨，时称"三绝"。真卿尝于郡斋集文士撰《韵海镜源》⑩，预其论著，至是声价藉甚。贞元中，集贤御书院取高僧集上人文十卷藏之⑪，刺史于頔为之序⑫。李端在匡岳⑬，依止称门生⑭。一时名公，俱相友善，题云"昼上人"是也。时韦应物以古淡矫俗，公尝拟其格，得数解为贽⑮，韦心疑之，明日，又录旧制以见，始被领略⑯，曰："人各有长，盖自天分。子而为我，失故步矣，但以所诣自名可也。"公心服之。

【注释】

①"皎然"两句：据学者考证，皎然，法名昼，字清昼，一字皎然。

②吴兴：郡名，治所在今浙江湖州。

③宋：指南朝刘宋。灵运：指谢灵运，小名客儿，晋时袭封康乐公，故称谢康乐，开创中国山水诗派。

④肄（yì）业：修习课业。杼（zhù）山：即今浙江湖州西南的宝积山。

⑤灵彻：即灵彻上人，诗僧。传见本书卷三。陆羽：字鸿渐，与颜真卿、皇甫曾、权德舆、皎然、李季兰等交好，著有《茶经》。传见本书卷三。妙喜寺：在湖州杼山，颜真卿有《湖州乌程县杼山妙喜寺碑铭》。

⑥羽于寺旁创亭：据颜真卿《湖州乌程县杼山妙喜寺碑铭》，三癸亭乃颜真卿所建，由陆羽命名。

⑦癸丑岁：古代以干支纪年月日，癸丑岁指大历八年（773）。癸卯朔：指朔日为癸卯日的月份，此指十月。旧历每月第一日称为朔日，因以朔日的干支指称该月。癸亥日：即二十一日。故三癸亭建成时间为大历八年（773）农历十月二十一日。

⑧颜真卿：字清臣，大历七年（772）任湖州刺史。

⑨皎然赋诗：皎然有《奉和颜使君真卿与陆处士羽登妙喜寺三癸亭》诗。

⑩郡斋：郡守的府第。《韵海镜源》：书名，三百六十卷，天宝末始撰，大历九年（774）撰成。该书于陆法言《切韵》之外增出一万四千七百六十一字，以经史子集中两字以上成句者，广事编纂，故名"韵海"；以其镜照源本，无所不见，故名"镜源"。全书已佚，今仅存黄奭辑本一卷。

⑪集贤御书院：集贤殿书院别称，集贤院为唐代皇帝读书处，故有御书院之称。

⑫于頔（dí）：字允元，德宗时任湖州刺史，宪宗时入朝任宰相。

⑬李端：字正己，传见本卷前文。匡岳：即庐山，传说周时匡俗在此求仙，故也称匡山、匡庐。

⑭依止：梵文 Asraya 的意译，指依附于智德等处而不动摇。门生：门下弟子。

⑮数解：多首。贽：拜访别人时所携的礼物。

⑯领略：接受，欣赏。

【译文】

皎然字清昼，吴兴人。俗姓谢，刘宋谢灵运第十代子孙。刚进入佛教时，在杼山学习修行，与灵彻上人、陆羽一起居住在妙喜寺。陆羽在妙喜寺旁边创建了一座亭子，因为是农历癸丑岁癸卯月癸亥日建成，湖州刺史颜真卿就用"三癸"来给亭子命名，皎然为它写诗，当时被称作"三绝"。颜真卿曾经在郡守府第召集文人们修撰《韵海镜源》，皎然参预了这本书的编撰，到这时候名声和身价变得更加盛大。贞元年间，集贤殿书院收取高僧的文集，收藏了皎然的诗文集十卷，刺史于頔为他的集子写序。李端在庐山时，皈依他，在他面前自称弟子。一时间有名之士，都来跟他交朋友，题中称作"昼上人"的就是指他啊。当时韦应物用古朴平淡的诗风来矫正流俗，皎然曾模仿他的诗格，写出几首作为初次拜见韦应物的礼物，韦应物心里为之疑惑，第二天，皎然又誊录自己以前写的诗歌求见，才得到韦应物的欣赏，说："每个人都各有长处，大概源自天赋。您却学我，迷失了自身的特点，只要用您所达到的造诣自成名家就可以了。"皎然从心里佩服他。

　　往时住西林寺①，定余多暇②，因撰序作诗体式③，兼评古今人诗，为《昼公诗式》五卷④，及撰《诗评》三卷，皆议论精当，取舍从公，整顿狂澜⑤，出色骚雅⑥。公性放逸，不缚于常律。初，房太尉琯早岁隐终南峻壁之下⑦，往往闻湫中龙吟⑧，声清而静，涤人邪想。时有僧潜戛三金以写之⑨，惟铜酷似，房公往来，他日至山寺，闻林岭间有声，因命僧出其器，叹曰："此真龙吟也。"大历间，有秦僧传至桐江⑩，皎然戛铜碗效之，以警深寂⑪，缁人有献讥者⑫，公曰："此达僧之事，可以嬉禅⑬。尔曹胡凝滞于物，而以琐行自拘耶⑭？"时人高之。公外学超然⑮，诗兴闲适，居第一流、第二流不过也。诗集十卷。

【注释】

①西林寺：在今江西九江庐山西北麓东林寺西，与东林寺相对。

②定：佛教的重要修行方法之一，指止息杂虑，心专注于一境，正受所观之法，保持不昏沉、不散乱的精神状态。

③撰序：撰写，撰述。

④《昼公诗式》：即皎然《诗式》，是一部论诗专著，立"四不""二要"以及"高""逸"等十九字为标准，辩体品格，强调高远，追慕玄妙，开以禅理论诗先例，对司空图、严羽的诗论有一定影响。

⑤狂澜：汹涌的波涛，此喻诗歌潮流。

⑥骚雅：《离骚》和《诗经》中《大雅》《小雅》的并称，指它们所奠定的富于文采而又情致雅正的风格传统。

⑦房太尉琯：即房琯，字次律，安史乱中，被唐玄宗授文部尚书，同中书门下平章事。宝应二年（763）拜刑部尚书，赴任途中病卒，赠太尉。

⑧湫（qiū）：水潭。

⑨僧潜：名叫潜的僧人。戛（jiá）：敲击。三金：三种金属。此事见皎然《戛铜碗为龙吟歌》序。

⑩桐江：指钱塘江干流自建德梅城镇至桐庐县城一段，此谓桐江流域一带。

⑪深寂：远离一切相状，叫做深；远离一切分别念，叫做寂，这里形容刻意追求深寂而入魔障的状态。

⑫缁人：指僧人。

⑬嬉禅：以禅为嬉戏。

⑭琐行：犹"细行"，指小事小节。

⑮外学：佛教学者对佛经以外的学问的通称。

【译文】

皎然以前住在西林寺，修行定慧之余多有闲暇，因此撰述写诗的体制和格式，并评论古今诗人的诗作，写成《昼公诗式》五卷，还有他撰写的《诗评》三卷，都议论精确恰当，取舍遵从公道，批评矫正不健康的诗歌潮流，把体现《离骚》雅诗特色的作品突出出来。皎然性格放荡飘逸，不束缚于常规。起初，太尉房琯早年隐居在终南山的岩壁之下，常常听闻水潭中有龙吟叫，声音清澈而宁静，能消除人的邪念。当时有一位叫潜的僧人，敲击三种金属来模拟这种声音，只有铜模仿出来的特别像，房琯来往山中，有一天来到僧潜所在的山寺，听到丛林山岭之间有龙的吟叫声，便让僧人拿出他的乐器，感叹着说："这是真正的龙吟啊。"大历年间，有秦地的僧人把这方法传到桐江，皎然敲击铜碗来模拟龙吟声，用以警醒刻意追求深寂之境而入魔障的僧人，僧人中有人讥讽他，皎然说："这是通达僧人的事情，能够以禅为戏。你们何必凝心滞碍在物象上，用小节把自己拘束起来呢？"当时人们都认为这是高见。皎然佛学以外的学问也很高超，诗歌兴致闲淡适意，高居第一流、第二流也没有问题啊。有诗歌集子十卷。

武元衡

元衡，字伯苍，河南人。建中四年薛展榜进士①。元和三年②，以门下侍郎平章事出为剑南节度使③，后秉政④。明年早朝⑤，遇盗从暗中射杀之⑥。元衡工诗，虽时见雕镌⑦，不动机构⑧，要非高斫之所深忌⑨。每好事者传之，被于丝竹⑩。尝夏夜作诗曰："夜久喧暂息，池台唯月明。无因驻清景，日出事还生⑪。"翌日遇害⑫，诗盖其谶也⑬。议者谓工诗而宦达者唯高适⑭，达宦而诗工者唯元衡。今有《临淮集》十卷传于世。

【注释】

①薛展：建中四年（783）癸亥科状元，曾任祠部员外郎。

②元和三年：当为元和二年（807）。

③门下侍郎：官名，门下省的副长官，初名黄门侍郎，由于参议朝政，故职位重要。平章事：职官名，"同中书门下平章事"的简称，实即宰相。剑南节度使：唐代"十节度、经略使"之一，主要西抗吐蕃、南抚蛮獠。

④秉政：执掌国家政权，此指任宰相。

⑤明年：第二年。

⑥遇盗从暗中射杀之：元和十年（815），朝廷围剿淮蔡吴元济，淄青节镇李师道派刺客刺杀武元衡，后吴元济仍被平叛。

⑦雕镌：雕刻，此指诗风雕琢。

⑧机构：谓诗文因刻意求工而露出明显的雕琢痕迹。

⑨高斫：高妙的斫轮手。斫轮出自《庄子·天道》，指斫木制造车轮，

喻经验丰富、水平高超的人,这里指诗艺高超的诗人。深忌:十分忌讳。

⑩丝竹:乐器。

⑪"夜久喧暂息"以下几句:诗意谓夜深喧闹暂时停息,池边亭台只剩明月相照。没有办法留住这清幽的景色,等到太阳出来尘事还会产生。本意谓清静短暂,尘喧不尽,后人附会"出事"为"出事故",故有诗谶之说。无因,无法。清景,清幽景色。

⑫翌日:第二天。

⑬谶(chèn):古代指将来要应验的预兆、预言。

⑭高适:字达夫,早年仕途失意,后客游河西,任河西节度使哥舒翰幕中书记,历任淮南、西川节度使,终散骑常侍,封渤海县侯,以边塞诗著名,与岑参并称"高岑"。传见本书卷二。

【译文】

武元衡,字伯苍,河南人。建中四年(783)薛展那一榜的进士。元和三年(808),以门下侍郎兼宰相的身份出任剑南节度使,后回朝廷执政。第二年一天早晨上朝的路上,遇到刺客在暗地里将他射杀。武元衡擅长写诗,虽然不时显出雕琢的痕迹,但不动心机地构思撰写,从主要方面来看,还不是诗中高手所最忌讳的缺点。常有好热闹的人传诵他的诗篇,把它们谱成乐曲。曾在夏天的夜晚创作诗歌说:"夜久喧暂息,池台惟月明。无因驻清景,日出事还生。"第二天遇害被杀,这首诗大概就是预兆吧。评论的人说擅长写诗且仕途畅达的诗人只有高适,仕途畅达且诗歌写得好的官员只有武元衡。如今有《临淮集》十卷流传在世。

窦常

常,字中行,叔向之子也①,京兆人。大历十四年王储榜及第②。初历从事③,累官水部员外郎④,连除阆、夔、江、抚四州刺史⑤,后入为国子祭酒而终⑥。

【注释】

①叔向:即窦叔向,传见本卷前文。

②王储:大历十四年(779)己未科状元,后官詹事,曾西游献兵书,卢仝有诗送别。

③从事:官名,地方州县佐吏的通称。

④水部员外郎:官名,为尚书省工部水部司副长官,掌津济、船舻、渠梁、堤堰、沟洫、渔捕、运漕、碾硙之事。

⑤阆:据《旧唐书·窦群传》所附《窦常传》,当为朗州,治所在今湖南常德。夔:即夔州,治所在今重庆奉节。江:即江州,治所在今江西九江。抚:即抚州,治所在今江西抚州。

⑥国子祭酒:学官名,国家最高学府国子监的主管官。

【译文】

　　窦常字中行,窦叔向的儿子,京兆人。大历十四年(779)王储那一榜的进士。起初担任节度使佐吏,累积做到水部员外郎,接连担任阆州、夔州、江州和抚州四州刺史,后来入朝担任国子祭酒而卒。

　　○常兄弟五人①,联芳比藻,词价霭然②,法度风流,相距不远。且俱陈力王事③,膺宠清流④,岂怀玉迷津区区之比哉⑤!后人集所著诗通一百首为五卷,名《窦氏联珠集》,谓若五星然⑥。常集十八卷,及撰韩翃至皎然三十人诗合三百五十篇为《南薰集》⑦,各系以赞,为三卷⑧,今并传焉。

【注释】

①常兄弟五人:即窦常、窦牟、窦群、窦庠、窦巩兄弟五人。

②霭然：云烟弥漫貌，形容文名盛传。

③陈力：施展才力，效力。王事：天子之事，国事。

④膺宠：受宠。清流：指德行高洁不与权贵同流合污的士大夫。

⑤怀玉迷津：怀才却迷失方向，指才华不被世用。区区：小，少，指微不足道的人。

⑥五星：指金星、木星、水星、火星和土星，五星与五行相合，历来为占星家所重，五星之运行变化，是辨识吉凶休咎之重要依据。

⑦韩翃、皎然：传见本卷前文。南薰：语本虞舜《南风歌》"南风之薰兮"。

⑧为三卷：原无，据正保本补。

【译文】

○窦常兄弟五个，才华相联文藻比肩，诗歌声价盛大如云，诗法气度风韵品流，相差不远。而且都为国事效力，被品德高尚的士大夫们所宠爱，哪里能用怀才不遇迷失方向的小人物来比较啊！后人搜集他们所写的诗歌总共一百首，分为五卷，取名《窦氏联珠集》，说他们就像金木水火土五星一样。窦常集子十八卷，和他编撰的从韩翃到皎然等三十位诗人三百五十首诗歌组成的《南薰集》，各个诗人下面都系有赞语，编为三卷，如今一起流传下来了。

窦牟

牟，字贻周，贞元二年张正甫榜进士①。初，学问于江东，家居孝谨，善事继母，奇文异行，闻于京师。舅给事中袁高②，当时专重名，甄拔甚多，而牟未尝干谒，竟捷文场。始佐六府五公③，八迁至检校虞部。元和五年，拜尚书虞部郎中④，转洛阳令、都官郎中⑤，出为泽州刺史⑥，仕终国子司业⑦。牟晚从昭义卢从史⑧，从史浸骄⑨，牟度不可谏，即移疾归居东都别业。长庆二年卒⑩，昌黎韩先生为之墓志云⑪。

【注释】

① 张正甫：贞元二年（786）丙寅科状元，字践方，南阳（今属河南）人，曾任工部尚书。

② 给事中：官名，为门下省重要官员，掌诏令章奏驳正稽失。袁高：字公颐，沧州东光（今属河北）人。唐代宗时征召入朝，历任给事中、御史中丞。贞元元年（785），奸相卢杞谪居吉州，唐德宗欲起为饶州刺史，命袁高起草诏书，他据理力谏止，名声大振。

③ 六府：指一次河阳府，两次昭义府，三次东都府，是为六府。五公：六府中，昭义节度使李元淳本为河阳节度使，故为五公。

④ 虞部郎中：官名，尚书省工部虞部司长官，掌京城街道、苑囿、山泽草木及百官外国客人的时蔬薪炭供给、畋猎等事。

⑤ 都官郎中：官名，为尚书省刑部都官司长官，掌理监狱事务。

⑥ 泽州：州名，治所在今山西晋城。

⑦ 国子司业：官名，为国子监副长官，佐国子祭酒掌全国教育事务。

⑧ 昭义：方镇名，即昭义军，又名泽潞，治所在潞州（今山西长治）。卢从史：初为泽潞节度使李长荣部将、兵马使，贞元二十年（804）任节度使，后阴与成德王承宗通谋，抗拒朝廷，不久为吐突承璀所擒，被贬骧州司马，赐死。

⑨ 浸骄：渐渐骄横。

⑩ 长庆：唐穆宗年号（821—824）。

⑪ 昌黎韩先生：即韩愈，昌黎为其郡望，故称。韩愈写有《国子司业窦公墓志铭》。

【译文】

窦牟字贻周，贞元二年（786）张正甫那一榜的进士。起初，在江东求学问道，居家孝顺恭谨，对待继母非常好，奇特的文采卓异的品行，闻名于京城。他的舅舅给事中袁高，当时享有盛名，甄选提拔的人才很多，但窦牟未曾干谒过，最终在考场传来捷报。一开始在六地府属五位主官手下作佐吏，经过八次升迁才到检校虞部郎中。元和五年（810），正式担任尚书省虞部郎中，转任洛阳县令、都官郎中，出任泽州刺史，最终做到国子司业。窦牟晚年跟从昭义军节度使卢从史，卢从史渐渐骄横，窦牟认为他不听劝谏，当即托病回家，居住在东都洛阳的山庄里。长庆二年（822）去世，昌黎韩愈先生为他撰写墓志铭。

窦群

　　群，字丹列，初隐毗陵①，称处士②，性至孝，定省无少怠③。及母卒，哀踊不已④，啮一指置棺中，结庐墓次。终丧，苏州刺史韦夏卿荐之⑤，举孝廉⑥，德宗擢为左拾遗。宪宗立，转吏部郎中⑦，出为唐州刺史⑧，节度使于頔奇之⑨，表以自副⑩。武元衡辅政⑪，荐为御史中丞，群引吕温、羊士谔为御史⑫，宰相李吉甫不可⑬，群等怨，遂捃摭吉甫阴事告之⑭。帝面覆多诳⑮，大怒，欲杀群等，吉甫又为力救得解，出为黔南观察使⑯，迁容管经略使⑰，卒官所。家无余财，惟图书万轴耳⑱。

【注释】

　　①毗陵：郡名，治所在今江苏常州。

　　②处士：隐士。

　　③定省（xǐng）：指昏定晨省，即早晚向父母或长辈请安问候的礼节。

　　④哀踊：指因悲哀而顿足痛哭，为古代丧礼仪节。《礼记·檀弓上》：

"礼,为可传也,为可继也;故哭踊有节。"

⑤韦夏卿:字云客,京兆万年(今陕西西安)人,贞元十二年(796)任苏州刺史。

⑥举孝廉:察举选官制度之一,始于汉代,孝指孝子,廉指廉洁之士,举指推荐。

⑦吏部郎中:官名,唐代尚书省吏部吏部司长官,职掌文官品级、朝会班列、官员禄赐、发给告身等。

⑧唐州:州名,治所在今河南沁阳。

⑨于頔(dí):字允元,贞元十四年(798)拜山南东道节度使。吴少诚叛乱时,他率兵赴唐州,收复吴房、朗山,在濯神沟大败吴军。

⑩自副:即充任山南东道节度副使。

⑪武元衡:字伯苍,元和二年(807)任门下侍郎、同中书门下平章事,元和八年(813)复为宰相,元和十年(815)被平卢节度使李师道遣刺客刺死。传见本卷前文。

⑫吕温:字和叔,一字化光,河中(今山西永济)人。参加王叔文集团,贞元二十年(804)转侍御史,后迁户部员外郎。元和三年(808)因诬陷宰相李吉甫被贬为均州刺史。传见本书卷五。羊士谔:字谏卿,元和元年(806)入京为监察御史,迁侍御史。元和三年(808)因与窦群、吕温诬陷李吉甫,贬资州刺史,未及到任,再贬巴州刺史。传见本书卷五。

⑬李吉甫:字宏宽,赵郡(今河北赵县)人。元和二年(807)拜中书侍郎同中书门下平章事,后病,医师陈登夜宿其家,窦群劾其交通术士,查无事实,群等被贬,吉甫出为淮南节度使,元和六年(811)复任宰相。

⑭捃摭(jùn zhí):摘取,采集。

⑮面覆:当面审核。诳:欺骗。

⑯黔南:即黔州,治所在今重庆彭水。观察使:官名,唐代肃宗以后

始有此名，为道的行政长官。

⑰容管经略使：官名，容州管内经略使的简称，治所在今广西容县。

⑱轴：古代书卷中的杆，借指书籍。

【译文】

窦群字丹列，起初隐居毗陵，自称隐士，天性极为孝顺，晨省昏定没有一丝懈怠。母亲过世后，顿足痛哭不已，咬去一根手指放在棺材中，在坟墓边盖草屋守墓。守丧结束，苏州刺史韦夏卿推荐他，荐举为孝顺廉洁之士，唐德宗提拔他担任左拾遗。唐宪宗登基，转任吏部郎中，出任唐州刺史，节度使于頔认为他不同常人，上表请他担任自己的副使。武元衡辅佐国政，推荐他担任御史中丞，窦群引荐吕温、羊士谔担任御史，宰相李吉甫不同意，窦群等人埋怨，便搜集李吉甫的隐秘之事告发他。唐宪宗当面审核，发现大多都是谎话，大为震怒，要杀掉窦群等人，李吉甫又全力解救他们，才得以免去死罪，贬出担任黔南观察使，升迁为容管经略使，死于做官的地方。家里没有留下财产，只有上万卷的图书而已。

窦庠

庠，字胄卿，尝应辟三佐大府①，调奉先令②，迁东都留守判官③，拜户部员外郎④。贞元中⑤，出为婺、登二州刺史⑥。平生工文甚苦，著述亦多，今并传之。

【注释】

①三佐大府：指窦庠任鄂岳节度推官、浙西节度副使和宣歙节度副使。

②奉先：县名，治所在今陕西蒲城。又据褚藏言《窦庠传》，当为"奉天"，治所在今陕西乾县。

③东都留守：官名，唐代以洛阳为东都，皇帝不在东都时则置留守。判官：官名，留守之属官，总判府事。

④户部员外郎：官名，尚书省户部户部司副长官，与户部郎中共掌户

　　口、土田、赋役等事。据学者考证，此为检校户部员外郎，非拜任。

⑤贞元：唐德宗年号（785—805）。

⑥婺、登：即婺州（今浙江金华）和登州（今山东蓬莱），据学者考证，

　　任职婺州在宝历三年（827），任职登州在元和十四年（819）左右，

　　辛文房云"贞元"时期，误。

【译文】

　　窦庠字胄卿，曾应举征辟，三次辅佐大的州府，调任奉先县令，迁任东都留守判官，拜任户部员外郎。贞元年间，出任婺州、登州两州刺史。平生善于写诗文，写得很刻苦，著述作品也多，如今都流传下来了。

窦巩

　　巩，字友封，状貌瑰伟，少博览无不通。性宏放，好谈古今，所居多长者车辙①。时诸兄已达，巩尚来场屋间②，颇抑初志。作《放鱼》诗云："黄金赎得免刀痕，闻道禽鱼亦感恩。好去长江千万里，不须辛苦上龙门③。"人知其述怀也。元和二年王源中榜进士④，佐淄青幕府⑤，累迁秘书少监⑥，拜御史中丞，仕终武昌观察副使。巩平居与人言不出口，时号为"嗫嚅翁"云⑦。

【注释】

①长者车辙：亦作"长者车""长者辙"，《史记·陈丞相世家》载陈平

　　少时贫穷却有长者乘车去访问他，后因以指其人受到长者器重。

②场屋：也称科场，特指科举时代考试举子的试场。

③"作《放鱼》诗云"以下几句：诗意谓用黄金买来鱼并放掉，让它

们免去被刀割的命运，听说禽鱼也知道感恩。长江有千万里江水，好好去吧，不要再辛苦地去跳龙门。辛文房大概认为此诗表明窦巩科场受挫后，萌生退意，不想再参加科考。不过，《放鱼》诗作于窦巩晚年随元稹至武昌任副使时，辛文房用于此处，恐系望文生义。

④王源中：元和二年（807）丁亥科状元，字正蒙，宪宗时以直谏知名，卒赠尚书右仆射。

⑤淄青：方镇名，即平卢淄青，治所在青州（今属山东），大历、元和间曾移治郓州（今山东东平）。窦巩为掌书记、副使等。

⑥秘书少监：官名，为秘书省副长官，佐秘书监掌图书典籍。

⑦嗫嚅：欲言而又止貌。

【译文】

窦巩字友封，形状相貌瑰丽高大，年少时广泛阅读没有不通晓的。性格宏达豪放，喜欢谈古论今，所居住的地方多有德高望重的人来拜访。当时他的各位兄长已经显达，窦巩还要往来考场之间，当初的用世之心颇受打击。写作《放鱼》诗说：“黄金赎得免刀痕，闻道禽鱼亦感恩。好去长江千万里，不须辛苦上龙门。”人们知道他是在表达自己的情怀啊。元和二年（807）王源中那一榜的进士，在平卢淄青幕府做佐吏，累积升迁为秘书少监，拜任御史中丞，最终做到武昌观察副使。窦巩平日生活跟人说话声音传不出口，当时人称呼他为“嗫嚅翁”。

刘言史

言史，赵州人也①。少尚气节，不举进士。工诗，美丽恢赡，世少其伦，与李贺、孟郊同时为友②。冀镇节度使王武俊颇好词艺③，言史造之，特加敬异。武俊尝猎，有双鸭起蒲稗间④，一矢联之⑤，遂于马上草《射鸭歌》以献。因表荐请官,诏授枣强令⑥,辞疾不就,当时重之。故相国陇西公李夷简为汉南节度⑦,与言史少同游习,因遣以襄阳繻器千事赂武俊请之⑧,由是为汉南幕宾,日与谈宴,歌诗唱答,大播清才。问言史所欲为,曰:"司功掾甚闲⑨,或可承阙⑩。"遂署。虽居官曹,敬待埒诸从事⑪,岁余奏升秩⑫,诏下之日,不恙而终。公初以言史相薄,不欲贵,以惜其寿,至是恸哭之曰⑬:"果然微禄杀吾爱客也!"厚葬于襄城。皮日休称其赋雕金篆玉⑭,牢奇笼怪,百锻为字,千炼成句,真佳作也。有歌诗六卷,今传。

【注释】

①赵州:州名,治所在今河北赵县。据学者考证,他实为赵地邯郸人,唐时属洺州(今河北邯郸永年区),而赵州则在更北边,辛文房误。

②李贺:传见本书卷五。孟郊:字东野,湖州武康(今浙江德清)人。屡试不第,四十六岁才中进士。其诗多写寒士生活,时有不平之鸣,以"苦吟"著称。传见本书卷五。

③冀镇:方镇名,即恒冀,为收抚安、史降将而设的河北三镇之一,治所在恒州(今河北正定)。元和十五年(820)因避穆宗李恒名讳,改恒州为镇州,方镇名亦改称镇冀。王武俊:字元英,本契丹人,建中三年(782)任恒州刺史、恒冀都团练观察使。

④蒲稗:蒲草和稗草。

⑤一矢:一箭。

⑥枣强:县名,治所在今河北枣强。

⑦李夷简:字易之,郑惠王元懿四世孙,封陇西公。元和六年(811)任襄州大都督府长史、山南东道节度使,元和十三年(818)召为御史大夫,拜门下侍郎、同平章事。汉南节度:即山南东道节度使,

治所在今湖北襄阳。

⑧襄阳：郡名，治所在今湖北襄阳，盛产漆器。髹（xiū）器：漆器。事：量词，事物的件数。赂武俊：王武俊已于贞元十七年（801）去世，此盖误传。

⑨司功：唐代州佐吏六官曹之一，掌薄书、考课、礼乐、学校等事。掾（yuàn）：属员。

⑩承阙：受缺，即缺员时补任。

⑪埒（liè）：等同。

⑫升秩：即升级，为官员升迁的方式之一。

⑬恸（tòng）哭：即痛哭。

⑭皮日休：字逸少，后改袭美，襄阳（今属湖北）人。咸通进士，曾任太常博士。后参加黄巢起义军，与陆龟蒙齐名，并称"皮陆"。传见本书卷八。赋：这里指所赋之诗，以下评语俱见皮日休《刘枣强碑》。篆：篆刻。

【译文】

刘言史，赵州人。年少时崇尚气度节操，不参加进士考试。擅长写诗，诗风俊美流丽，恢弘丰富，当世少有能够跟他比的，与李贺、孟郊同一时期，互为好友。冀镇节度使王武俊很喜好诗艺，刘言史去拜访他，王武俊对他特别的尊敬。有一次王武俊打猎，有一对野鸭从蒲草稗草之间飞起来，王武俊一箭射中一对，刘言史就在马背上草拟《射鸭歌》献给他。王武俊因此上表推荐他做官，朝廷下诏授任枣强县令，推托生病不去就任，当时人因此而看重他。以前的宰相、陇西公李夷简担任山南东道节度使，他跟刘言史从小一起游学，所以拿出襄阳有名的漆器上千件送给王武俊，请求他允许让刘言史过来，就这样刘言史成为山南东道节度使府的幕中贵宾，两人每天都宴会聊天，写作歌诗互相酬唱赠答，大大传播了其清丽的诗才之名。李夷简问刘言史想做什么官，回答说："司功属员比较悠闲，也许能够在缺人时把我补上。"于是就委任他为司功。虽然在官曹里作小官，李夷简仍像对待从事那样尊敬地对待他，一年后上奏给他升官，诏令下达的那一天，他没有病痛就去世了。李夷简起初因为刘言史面相福薄，不想让他显贵，以此来保全他的寿命，到这时为他痛哭说："果然因微薄的俸禄害死了我敬爱的贵客啊！"用丰厚的葬礼将他埋葬在襄州城。皮日休称赞他的诗歌像雕琢黄金篆刻玉石一样光亮精美，牢笼各种奇物怪事，字字句句都是千锤百炼而成，真的是好诗啊。有歌行体作品六卷，流传至今。

刘商

　　商，字子夏，徐州彭城人①。擢进士第，贞元中，累官比部员外郎，改虞部员外郎②，数年，迁检校兵部郎中③，后出为汴州观察判官④，辞疾挂印⑤，归旧业⑥。商性好酒，苦家贫。尝对花临月，悠然独酌，亢音长谣⑦，放适自遂⑧，赋诗曰："春草秋风老此身，一瓢长醉任家贫。醒来还爱浮萍草，漂寄官河不属人⑨。"乐府歌诗，高雅殊绝。拟蔡琰胡笳曲⑩，脍炙当时⑪。仍工画山水树石，初师吴郡张璪⑫，后自造真，张贬衡州司马⑬，有惆怅之诗⑭。好神仙，炼金骨⑮，后隐义兴胡父渚⑯，结侣幽人，世传冲虚而去⑰，可谓"江海冥灭，山林长往"者矣⑱。有集十卷，今传，武元衡序之云⑲。

【注释】

①彭城：县名，治所在今江苏徐州，亦为唐时徐州州治所在。

②虞部员外郎：官名，尚书省工部虞部司副长官，掌山泽苑囿、场冶薪炭等事。

③兵部郎中：官名，尚书省兵部兵部司长官，掌管武官的阶品和差遣。

④汴州：州名，治所在今河南开封。观察判官：为观察使属官，与本
府诸幕职官分治案事、佐理府政。

⑤挂印：指离任。

⑥旧业：旧有的产业，指老家田园。据学者考证，刘商弃官后去了
扬州。

⑦亢音：放开喉咙，高声歌唱。

⑧自遂：按自己意愿行事。

⑨"赋诗曰"以下几句：引诗题为《醉后》，诗意谓春草生，秋风起，在
春秋变化中我的肉身老去，只需要一瓢酒就能长久地沉醉，不去
管家里贫穷。酒醒之后喜爱浮萍草，寄身在河水中漂泊，不属于
任何人。这里以浮萍草比喻自己，虽漂泊无依，但也正是无依，才
不必受制于人，而自由自在。官河，即古邗沟，在今江苏扬州东南。

⑩蔡琰（yǎn）：字文姬，陈留圉（今河南杞县）人，蔡邕之女。汉末
大乱，居匈奴生二子，后被曹操赎回，再嫁董祀。胡笳曲：即《胡
笳十八拍》，传为东汉蔡琰所作骚体诗，共分十八章，一章一拍，故
名。主要写她为乱军所掳，流入南匈奴，后被赎归汉，与亲子分别
的悲惨生活和矛盾心情。

⑪脍炙：同"脍炙"，切细的肉为脍，烤肉曰炙，脍炙是人们共同喜爱
的美食，比喻诗文优美，流传人口。

⑫张璪（zǎo）：字文通，吴郡（今江苏苏州）人。以画松著名，与王维
齐名。

⑬衡州：州名，治所在今湖南衡阳。

⑭惆怅之诗：据《历代名画记》卷十，其诗为："苔石苍苍临涧水，溪
风袅袅动松枝。世间惟有张通会，流向衡阳那得知。"

⑮金骨：道教谓服药以炼骨。

⑯义兴：县名，治所在今江苏宜兴。胡父渚：一作湖㳇渚，陆希声《君
阳遁叟山居记》："地当君山之阳，东溪之上，古谓之湖㳇渚。"在

　　　今江苏宜兴东南。

⑰冲虚：冲上虚空，此谓成仙升天而去。

⑱"江海冥灭"两句：语出《后汉书·逸民列传赞》："江海冥灭，山
　　林长往，远性风疏，逸情云上。"意谓在江海、山林中或生或死的
　　隐士。

⑲武元衡：字伯苍，唐宪宗时宰相。传见本卷前文。

【译文】

　　刘商，字子夏，徐州彭城人。考中进士，贞元年间，累积做到比部员
外郎，改任虞部员外郎，几年后迁任检校兵部郎中，后来出任汴州观察使
判官，推托有病弃官而去，回到旧有的田园。刘商天性喜欢喝酒，苦于家
里穷买不起。曾经对着花朵和月亮，悠闲地独自喝酒，放开歌喉长久地
唱着歌谣，放荡恬适，自由自在，写诗说："春草秋风老此身，一瓢长醉任
家贫。醒来还爱浮萍草，漂寄官河不属人。"他的乐府歌行，高妙雅正精
妙绝伦。模拟蔡琰的《胡笳十八拍》，当时脍炙人口。且善于画山水树石，
起初师法吴郡张璪，后来自己抵达绘画的真源，张璪被贬为衡州司马，刘
商为他写有惆怅失落的诗歌。喜好神仙之术，修炼金骨，后来隐居在宜
兴胡父渚，跟隐士结伴，世人传言他成仙飞升而去，可算得上是"在江海、
山林之间寄托生死"的隐士啊。有集子十卷，流传至今，武元衡为他的集
子撰写了序言。

卷五

【题解】

　　卷五所传诗人多有尚奇的诗学倾向,有卢仝、马异、刘叉、李贺、李涉、朱昼、贾岛、庄南杰、张碧、朱放、羊士谔、姚係(附姚伦)、麴信陵、张登、令狐楚、杨巨源、马逢、王涯、韩愈(附张署)、柳宗元、陈羽、刘禹锡、孟郊(附陆长源)、戴叔伦、张仲素、吕温、张籍、雍裕之、权德舆、长孙佐辅、杨衡等三十四人。这些诗人中有很多我们熟悉的双子星,如韩愈和柳宗元称为"韩柳",韩愈和孟郊称为"韩孟",有"郊寒岛瘦"之称的孟郊和贾岛等。由于韩愈在元代地位甚高,所以辛氏在论述韩愈的时候反倒以背书为主,没有太多新意,而在写柳宗元的篇章中则笔端含情,令人感慨。柳宗元被贬谪为永州司马,给朝中的权贵写信,没有人真正帮助他,但柳宗元并没有因此自甘堕落,反而越发坚守高尚品格,在家有老母的刘禹锡被贬谪到更偏远的州郡时,主动申请跟刘禹锡调换,这是何等的节操!心有大爱,不幸短命,却获得了百姓长久的祭祀和追慕,柳宗元虽然缺乏生命的长度,却活出了生命的高度,辛氏盛赞他的诗歌"非余子所及",岂徒诗歌之谓哉!读辛氏此书,又岂能视作区区诗传而已。

卢仝

　　仝,范阳人①,初隐少室山②,号玉川子。家甚贫,惟图书堆积。后卜居洛城，破屋数间而已。一奴，长须，不裹头；一婢，赤脚，老无齿。终日苦哦，邻僧送米。朝廷知其清介之节③，凡两备礼征为谏议大夫④，不起。时韩愈为河南令⑤，爱其操，敬待之，尝为恶少所恐，诉于愈，方为申理，仝复虑盗憎主人，愿罢之，愈益服其度量。元和间⑥，月蚀⑦，仝赋诗⑧，意讥切当时逆党⑨，愈极称工，余人稍恨之。时王涯秉政⑩，胥怨于人⑪。及祸起⑫，仝偶与诸客会食涯书馆中，因留宿，吏卒掩捕，仝曰："我卢山人也，于众无怨，何罪之有？"吏曰："既云山人，来宰相宅，容非罪乎？"苍忙不能自理，竟同甘露之祸。仝老无发，奄人于脑后加钉⑬。先是生子名"添丁"⑭，人以为谶云⑮。仝性高古介僻，所见不凡近。唐诗体无遗，而仝之所作特异，自成一家，语尚奇谲，读者难解，识者易知。后来仿效比拟，遂为一格宗师⑯。有集一卷，今传。

【注释】

①范阳：郡名，治所在今北京西南，此为卢仝（tóng）郡望，其实为河南济源人。

②少室山：山名，在今河南登封西北，为嵩山之西部。

③清介：清廉耿介。

④谏议大夫：官名，简称谏议，掌侍从规谏讽谕。据学者考证，卢仝未曾被朝廷征召过，辛文房误。

⑤韩愈：字退之，河南河阳（今河南孟州）人，元和六年（811）任河南令。传见本卷后文。河南令：官名，唐制为赤县令（唐代以县治与京都三府府治同城的县为赤县，京兆府所属有长安、万年二县，河南府所属有河南、洛阳二县，太原府所属有太原、晋阳二县，共为六县）之一，秩正五品上，高于一般县令。以下事迹，多据韩愈

《寄卢仝》诗。

⑥元和：唐宪宗年号（806—820）。

⑦月蚀：元和五年（810）十一月十四日月蚀。

⑧仝赋诗：即卢仝《月蚀诗》，载《全唐诗》卷三八七。

⑨逆党：指宦官吐突承璀，字仁贞，闽（今福建福州）人。元和四年（809），王承宗反叛，宪宗以吐突承璀为河中、河南、浙西、宣歙等道行营招讨处置使，谏官李廊、白居易等皆上疏，论自古无中官位至大帅者，宪宗乃改为招讨宣慰使。后果无功，与王承宗讲和。唐穆宗时被杀。

⑩王涯：字广津，太原（今属山西）人。历任翰林学士、中书侍郎、同中书门下平章事、度支盐铁转运使等职，"甘露之变"时被宦官仇士良灭族。传见本卷后文。

⑪胥：都。

⑫祸：指甘露之变。大和九年（835），宰相李训、节度使郑注谋诛宦官，先在左金吾大厅设置伏兵，诈称后院石榴树上有甘露，诱使宦官仇士良等前往观看，事败，李训、郑注等皆被杀，株连死者千余人，史称"甘露之变"。据学者考证，卢仝于甘露之变中遇害乃后人附会。

⑬奄人：即"阉人"，指宦官。加钉：以便提着脑袋。

⑭添丁：愿意指增添了丁男，这里把"丁""钉"混同。

⑮谶（chèn）：指将来要应验的预兆或预言。

⑯一格：一种格式，即严羽《沧浪诗话·诗体》中的"卢仝体"。

【译文】

卢仝，范阳人，起初隐居在少室山，号称玉川子。家里特别穷，只有图书盈积堆满。后来移居洛阳城，只有几间残破的屋子罢了。有一个奴仆，胡须很长，不用布裹头发；一个婢女，光着脚，衰老到牙齿都掉光。整天辛苦吟诗，邻近的僧人送米接济他。朝廷知道他的清廉耿介的节操，先后两次备足礼品征召他来担任谏议大夫,他不去就任。当时韩愈担任河南县令,喜爱他的操守,对他很恭敬,卢仝曾被品行恶劣的年轻人所恐吓,向韩愈投诉,韩愈正为他申述办理,卢仝又担忧恶劣之人迁怒到韩愈身上,希望把此事作罢,韩愈更加佩服他的大气度量。元和年间,发生月蚀,卢仝写诗,诗意讥讽当时的叛逆党徒,韩愈极力称赞诗写得好,其他的人却渐渐怨恨他。当时王涯执掌朝政,人们全都怨恨他。等到甘露之变的灾祸发生,卢仝偶然跟其他宾客在王涯的书房里聚会用餐,因此晚上留在那里住宿,官吏兵卒乘其不备来逮捕,卢仝说:"我是卢隐士啊,跟众人没有怨恨,有什么罪呢?"官吏说:"既然说是隐士,却来到宰相的府邸,难道没有罪吗?"仓促匆忙中没有办法为自己辩解,最终跟王涯一同遭遇甘露之变被杀。卢仝衰老没有头发,宦官就在他脑袋后面钉了根钉子。当初他生了个儿子,取名叫"添丁",人们认为这就是谶语啊。卢仝性格高尚古朴,耿介孤僻,所具有的见解都不平庸浅近。唐代诗歌体式没有遗漏的,而卢仝创作的诗歌却特别奇异,自成一家,诗歌语言崇尚奇特诡谲,一般读者难以理解,有见识的人却容易了解。后来人们模仿效法拟作这类诗歌,卢仝便成为一种诗体的宗师了。有集子一卷,流传至今。

○古诗云:"枯鱼过河泣,何时悔复及。作书与鲂鲋,相戒慎出入[1]。"斯所以防前之覆辙也。仝志怀霜雪,操拟松柏,深造括囊之高[2],夫何户庭之失[3]。噫,一蹈非地,旋踵逮殃[4],玉石俱烂,可不痛哉!

【注释】

[1]"古诗云"以下几句:出自汉乐府民歌《枯鱼过河泣》,诗意谓一条干枯的鱼被载去卖的时候路过河流,哭泣不停,后悔不该出河,但后悔也晚了。就写一封书信给河里的鲂(fáng)鱼和鲋(xù)鱼,

告诫他们出入河水一定要谨慎。辛文房引用此诗，意在说明士人出处要谨慎，否则必将遭殃。鲂，一种淡水鱼，形体像鳊鱼，但更宽。鲡，鲢鱼。

②括囊：捆束口袋，比喻出言谨慎。《周易·坤》："六四，括囊，无咎无誉。"

③户庭：《周易·节》："初九，不出户庭，无咎。"户庭指家门。

④旋踵：转身，形容时间短。踵，脚后跟。

【译文】

○古诗说："枯鱼过河泣，何时悔复及。作书与鲂鲡，相戒慎出入。"这就是说要防止走上前车倾覆的道路啊。卢仝志向情怀洁白如霜雪，操守可以比拟忠贞常青的松树和柏树，造诣精深达到了出言谨慎的高超境界，怎会犯下离开家门的错误呢。哎，一旦踏上是非之地，转身就遭遇灾祸，高贵的美玉和石头一起被焚毁，怎能不让人心痛呀！

马异

异，睦州人也①。兴元元年礼部侍郎鲍防下进士第二人②。少与皇甫湜同砚席③，赋性高疏，词调怪涩，虽风骨棱棱④，不免枯瘠。卢仝闻之，颇合己志，愿与结交，遂立同异之论⑤，以诗赠答，有云："昨日仝不同，异自异，是谓大同而小异。今日仝自同，异不异，是谓仝不往而异不至⑥。"斯亦怪之甚也。后不知所终。集今传世。

【注释】

①睦州：州名，治所在今浙江建德。

②兴元：唐德宗年号（784）。礼部侍郎：官名，为礼部尚书的副职，掌管礼仪、祭祀、贡举、宴飨之政令。鲍防：字子慎，大历初为浙东

节度使薛兼训从事，为越州诗坛盟主，与严维等联唱，编为《大历年浙东联唱集》。德宗朝历京畿、福建、江西观察使、礼部侍郎、京兆尹等职，以工部尚书致仕，与谢良辅合称"鲍谢"。

③皇甫湜：字持正，睦州新安（今浙江淳安）人。唐宪宗元和元年（806）进士，师从韩愈学古文，刻意求奇，流于险奥。皇甫湜中举年岁与马异相差二十余年，同砚席之说恐不确。同砚席：指同学。砚席，砚台与坐席。

④棱棱：威严壮伟貌。

⑤同异：各取卢仝、马异之名，仝即同。

⑥"昨日仝不同"以下几句：引自卢仝《与马异结交诗》，诗意谓昨天我们没有结交前，我卢仝就是与众不同的人，而你马异也是异人，这就是所谓的大同（指我们都跟别人不同，这一点上我们相同）小异（指我们之间的差别很小）；今天我们结交后，我卢仝跟以前那个卢仝相同，你马异也没有跟以前的马异有差异（指我们本来志趣相同，不会因为交友而损失原来的自己），这就是所谓的共同点没有失去而不同点又没有产生（也暗含着卢仝没有亲自去往马异那里而马异也没有来到卢仝这里的意思）。他们交友而不丧失彼此的原貌，他们的原貌又自然地志同道合，当然是交友的最高境界。

【译文】

马异，睦州人。兴元元年（784）在礼部侍郎鲍防主持的考试中，以第二名的成绩考中进士。年少时与皇甫湜是同学，天赋秉性高远疏阔，诗歌语言和韵调奇怪艰涩，虽然诗歌风力骨气威严盛壮，却难免使诗意干枯贫瘠。卢仝听说了马异，认为他跟自己的志趣很相投，希望跟他结交为朋友，便立下同异的议论，用诗歌赠送酬答，有诗句说："昨日仝不同，异自异，是谓大同而小异。今日仝自同，异不异，是谓仝不往而异不至。"这些诗句也是奇怪至极了啊。后来不知去了哪里。集子如今流传在世。

刘叉

叉,河朔间人①,一节士也②。少尚义行侠,傍观切齿,因被酒杀人亡命,会赦乃出。更改志从学,能博览,工为歌诗,酷好卢仝、孟郊之体③,造语幽蹇④,议论多出于正。《冰柱》《雪车》二篇⑤,含蓄风刺,出二公之右矣。时樊宗师文亦尚怪⑥,见而独拜之。恃故时所负,自顾俯仰不能与世合,常破履穿结⑦,筑环堵而居休焉⑧。闻韩吏部接天下贫士⑨,步而归之,出入门馆无间⑩。时韩碑铭独唱⑪,润笔之货盈缶⑫,因持案上金数斤而去,曰:"此谀墓中人所得耳⑬,不若与刘君为寿⑭。"不能止。其旷达至此。初,玉川子履道守正⑮,反关著述,《春秋》之学⑯,尤所精心,时人不得见其书,惟叉惬愿,曾授之以奥旨,后无所传。叉刚直,能面白人短长⑰,其服义则又弥缝若亲属然⑱。后以争语不能下客,去游齐鲁,不知所终。诗二十七篇,今传。

【注释】

①河朔:泛指黄河以北地区。

②节士:有节操志行的人。

③卢仝:传见本卷前文。孟郊:字东野,湖州武康(今浙江德清)人。终生穷困潦倒,用字造句力避平庸浅率,追求瘦硬,与贾岛齐名,有"郊寒岛瘦"之称。传见本卷后文。

④幽蹇(jiǎn):僻冷奇险。

⑤《冰柱》:即咏雪天檐间的冰溜子,虽咏冰溜,实则暗喻自身怀才不遇,诗用麻韵,奇险幽僻。《雪车》:指用车运雪收藏,等夏天再用,此诗批判天子为个人私欲,不顾百姓死活,批评尖锐,如"官

家不知民馁寒,尽驱牛车盈道载屑玉",虽句式、用韵皆有奇特之处,然其意则雅正。两诗俱见《全唐诗》卷三九五。

⑥樊宗师:字绍述,河中(今山西永济)人。其文章力求出新,晦涩难懂,称为"涩体"。

⑦穿结:有破洞和打补丁的衣服。

⑧环堵:房屋四围各一丈土墙,形容房屋矮小。堵,长高各一丈的土墙为堵。居休:居住,栖息。

⑨韩吏部:即韩愈,字退之,官至吏部侍郎,故称。传见本卷后文。

⑩无间:不见外,形容关系密切。

⑪碑铭:本指碑文中有韵的铭文部分,后泛指碑文。

⑫润笔:旧时指付给作者的报酬。钱泳《履园丛话》卷三《考索》:"润笔之说,昉于晋、宋,而尤盛于唐之元和、长庆间。如韩昌黎为文必索润笔,故刘禹锡《祭退之文》云:'一字之价,辇如金山。'"缶:古代盛水或盛酒用的一种肚大口小的瓦器,又作量名,十六斗为一缶。这里指装钱的器皿。

⑬谀墓:为人作墓志铭,多溢美之词,从而获得优厚报酬。

⑭为寿:献礼祝寿。

⑮玉川子:即卢仝,号玉川子。

⑯《春秋》之学:指跟《春秋》有关的学术造诣,卢仝著有《春秋摘微》四卷。

⑰面白:当面说。短长:优点和缺点。

⑱服义:服膺正义。弥缝:缝合,补救。

【译文】

刘叉,河朔间人,是一位有节操的士人。年少时崇尚行侠仗义,曾在旁边看到令人咬牙切齿的不平之事,便趁着酒劲杀掉坏人逃命,适逢大赦才出来。于是更改原来的志向追求学问,能够广泛地阅读,善于写歌行体诗,特别喜好卢仝、孟郊的诗歌体式,造句用语幽僻险涩,诗中所发的议论大多来自正确的道理。《冰柱》《雪车》两首诗,用意含蓄,蕴含讽刺,超出卢仝、孟郊二公的作品之上了。当时樊宗师的文章也推崇奇怪,见到他却只拜服他。仗着以前的抱负,自认为自己不能跟俗世俯仰合拍,经常脚上拖着破鞋子,穿着打补丁的破衣服,建起一丈高的墙围成的矮小房子,居住、栖息在里面。听说吏部侍郎韩愈款接天下的贫寒之士,自己步行去归附他,经常进出韩愈家的房门馆舍,一点也不见外。当时韩愈写的碑文独步天下,用来当作稿酬的财货堆满器具,刘叉便拿着桌案上的几斤黄金离开,说:"这是奉承墓中的死人获得的报酬啊,不如送给我作为寿礼。"韩愈也不能阻止他。刘叉旷荡豁达到这种地步。当初,玉川子卢仝履行道义坚守正理,反关着门著书立说,关于《春秋》的学问,尤其是他所精心研究的,当时的人看不到他的著作,只有刘叉符合他的预期,曾经把精奥的旨意传授给刘叉,后来就没有传给其他人了。刘叉刚烈正直,能够当面说人的优点和缺点,等对方服膺道义时,又能把关系缝补得像亲属一样。后来因为跟客人争论不能使对方服气,就去往齐鲁大地游历,不知最后去了哪里。诗歌二十七首,流传至今。

李贺

贺,字长吉,郑王之孙也①。七岁能辞章,名动京邑。韩愈、皇甫湜览其作,奇之而未信,曰:"若是古人,吾曹或不知②,是今人,岂有不识之理?"遂相过其家,使赋诗,贺总角荷衣而出③,欣然承命④,旁若无人,援笔题曰《高轩过》⑤,二公大惊,以所乘马命联镳而还⑥,亲为束发⑦。贺父名晋肃⑧,不得举进士,公为著《讳辩》一篇,后官至太常寺奉礼郎⑨。

【注释】

①郑王:指大郑王李亮,唐太祖李虎第八子,唐高祖李渊从父,隋朝

海州刺史,武德初封郑王。

②吾曹:犹我辈,我们。

③总角:未成年者在头两侧束发如角,称总角,借指童年。荷衣:这
里"荷"作动词,意同"带月荷锄归"之"荷",背着衣服,形容李贺
年幼弱小,见客的正式衣服撑不起来的样子。

④承命:即奉命。

⑤《高轩过》:李贺所作诗。据学者考证,此事虚妄不实。

⑥联镳(biāo):谓并骑而行,表示尊敬。镳,马嚼子两端露出嘴外的
部分,这里代指乘骑。

⑦束发:古代男孩十五岁成童时束发为髻。

⑧晋肃:即李晋肃,李贺之父,曾任边塞从事,陕县县令。因"晋肃"
古时读音跟"进士"接近,考生为避免与李贺竞争,以避讳的名义
要求李贺不得参加进士考试。经过韩愈《讳辩》澄清后,李贺参
加了进士考试,但似乎没考上。

⑨太常寺奉礼郎:官名,掌朝会祭祀百官序位及祭器、礼乐等事。

【译文】

　　李贺,字长吉,郑王李亮的子孙。七岁就能写文章,名声轰动京城。
韩愈、皇甫湜看见他的作品,为他的作品感到惊奇而不敢相信,说:"如
果是古代的诗人,我们或许不知道,如果是今天的诗人,哪有不认识的道
理?"于是一起去他家拜访,让他写诗,李贺头上扎着两个发角、撑着宽
大的衣服出来,高兴地领命,好像旁边没有人,拿起笔就写下题为《高轩
过》的诗歌,韩愈和皇甫湜大为震惊,用他们所乘坐的马并排带着李贺
回去,亲自为他束起头发编成发髻。李贺的父亲名叫李晋肃,李贺因要
避讳不能考进士,韩愈为他撰写《讳辩》一文,后来李贺官做到太常寺奉
礼郎。

　　贺为人纤瘦,通眉①,长指爪,能疾书。旦日出,骑弱马,

从平头小奴子②，背古锦囊，遇有所得，书置囊里，凡诗不先命题，及暮归，太夫人使婢探囊中③，见书多，即怒曰："是儿要呕出心乃已耳！"上灯，与食，即从婢取书，研墨叠纸足成之。非大醉吊丧④，率如此⑤。

【注释】

①通眉：两眉相接。

②平头：指不带冠巾。

③太夫人：古代对贵家母亲的尊称。

④吊丧：古代丧礼，"吊"指哀悼死者，吊丧即到丧家吊唁死者，安慰死者家属。

⑤率：一概，都。

【译文】

李贺这个人纤细瘦弱，两边眉毛相接，指甲很长，能快速地写字。每天早上出门，骑着羸弱的马，旁边跟着一个不带冠巾的小奴仆，背着一个锦囊，一旦得了一句诗，就写好放进锦囊里，所有的诗都不先命好诗题，等到傍晚回来，母亲让奴婢从锦囊中摸取，见到写得很多，就发火说："我这个儿子要把心呕出来才会停止写诗啊！"点上灯，吃完饭，就从奴婢那里取来写满诗句的纸，研磨墨汁，裁剪纸张，把诗句补足成完整的诗。如果不是大醉或者去吊丧，每天都是这样。

贺诗稍尚奇诡，组织花草，片片成文，所得皆惊迈，绝去翰墨畦径①，时无能效者。乐府诸诗，云韶众工②，谐于律吕③。尝叹曰："我年二十不得意，一生愁心，谢如梧叶矣。"忽疾笃④，恍惚昼见人绯衣驾赤虬腾下⑤，持一板书，若大古雷文⑥，曰："上帝新作白玉楼成，立召君作记也。"贺叩头辞谓母老病,其人曰:"天上比人间差乐,不苦也。"居顷,窗中勃勃烟气,闻车声甚速,遂绝。死时才二十七,莫不怜之。

【注释】

①畦(qí)径:田间小路,这里喻指文艺方面的常规。

②云韶:黄帝《云门》乐和虞舜《大韶》乐的并称,后泛指宫廷音乐。

③律吕:六律和六吕的合称,泛指音律。

④疾笃:病重。

⑤绯:红色。赤虬(qiú):赤色虬龙,神话中仙人的坐骑。

⑥大古雷文:据李商隐《李贺小传》,为"太古篆"。大,通"太"。

【译文】

李贺的诗歌偏于崇尚奇怪诡谲,用花花草草来组织词句,一个片段一个片段地联缀成文,所创作出来的作品都超迈惊人,决不合乎笔墨文章的常规,当时没有人能效仿他。他的乐府等诗篇,宫廷里的众多乐工都把它们谱成乐曲加以演奏。李贺曾叹息说:"我年纪二十岁还没有实现志向,一生的忧愁之心,像梧桐树叶一样凋谢了啊。"忽然病重,恍恍惚惚中,大白天里看见穿着红衣驾着红色虬龙的仙人腾空而下,手里拿着一封木板书信,写着上古时候的篆文,说:"天上的神帝新建的白玉楼落成,立即召您去写篇记文啊。"李贺叩头,推辞说母亲衰老生病,那个仙人说:"天上比人间更欢乐,没有痛苦啊。"过了一会儿,窗户中升起浓盛的烟云之气,听到车轮声走得非常快,李贺便断气了。死的时候才二十七岁,没有人不可怜他。

李藩缀集其歌诗①,因托贺表兄访所遗失,并加点窜②,付以成本③,弥年绝迹,及诘之,曰:"每恨其傲忽④,其文已焚之矣。"今存十之四五。杜牧为序者五卷⑤,今传。

【注释】

①李藩：字叔翰，元和四年（809）拜门下侍郎，同平章事。缀集：连缀汇集。

②点窜：修改字句。点指删去，窜指改换。

③成本：搜集成的本子。

④傲忽：傲慢。

⑤杜牧：字牧之，京兆万年（今陕西西安）人，官终中书舍人。以诗成就最高，人称"小杜"，尤长七律和绝句。传见本书卷六。

【译文】

李藩联缀搜集他的歌诗，趁机拜托李贺的表兄寻访所遗漏丢失的作品，并加以修改，还把自己搜集完成的初稿托付给他，好几年都没有音讯，等到问他时，他说："我每每怨恨他傲慢，他的诗文我已经焚烧掉了。"如今保存下来的才十之四五。杜牧作序的李贺集子共有五卷，流传至今。

〇老子曰①："其进锐者其退速。"信然。贺天才俊拔，弱冠而有极名，天夺之速，岂吝也耶？若少假行年②，涵养盛德，观其才，不在古人下矣。今兹惜哉！

【注释】

①老子：当为"孟子"之误，引文出自《孟子·尽心上》，意谓前进得迅速的，后退得也快。

②行年：经历过的年岁，此指寿命。

【译文】

〇孟子说："前进迅速的，退却得也快。"确实是这样。李贺天纵之才杰出超群，刚二十岁就有极大的诗名，老天很快把他夺走，难道是吝惜才华？如果稍微再借给他一些岁月，滋润养育盛大品德，看他的才华，成就当不在古人之下啊。如今只有惋惜了啊。

李涉

涉，洛阳人，渤之仲兄也①，自号清溪子。早岁客梁园②，数逢乱兵，避地南来，乐佳山水，卜隐匡庐香炉峰下石洞间③。尝养一白鹿，甚驯狎，因名所居白鹿洞，与弟渤、崔膺昆季茅舍相接④。后徙居终南，偶从陈许辟命⑤，从事行军，未几，以罪谪夷陵宰⑥，十年蹭蹬峡中⑦，病疟成痼⑧，自伤羁逐，头颅又复如许⑨。后遇赦得还，赋诗云："荷蓑不是人间事，归去长江有钓舟⑩。"遂放船重来，访吴、楚旧游，登天台石桥⑪，望海得风水之便，挂席浮潇、湘、岳阳⑫，逢张祜话故⑬，因盘桓归洛下⑭，营草堂，隐少室⑮。身自耕耘，妾能织纴⑯，稚子供渔樵，拓落生计⑰，伶俜酒乡⑱，罕交人事。大和中⑲，宰相累荐，征起为太学博士⑳，致仕卒㉑。妻亦入道。

【注释】

①渤：即李渤，字濬之，号白鹿先生。少与兄涉偕隐庐山白鹿洞，元和九年（814）征为著作郎，官终太子宾客。居官期间论谏不已，有直名。

②梁园：在今河南开封东南，汉梁孝王增筑，以为游观之所。

③匡庐：即庐山。香炉峰：在庐山西北部。

④弟渤：原作"兄渤"，据《四库》本、《新唐书·李渤传》改。崔膺：博陵（今河北定州）人，曾为徐泗濠节度使张建封门客，与李涉交善，性狂率，工诗文。昆季：指兄弟。

⑤陈许：方镇名，治所在今河南许昌。

⑥夷陵：县名，治所在今湖北宜昌。李涉被贬，系因其投机导致，元和六年（811）宦官刘希光和吐突承璀犯事，李涉窥知唐宪宗对吐

突承璀宠意未衰,想上书解救,反被告与宦官勾结,遂被贬。

⑦蹭蹬:比喻失意潦倒。峡:指峡州,治所在夷陵县。

⑧痼:长期不易治愈的病。

⑨头颅又复如许:李涉《岳阳别张祜》有句云"十年蹭蹬为逐臣,鬓毛白尽巴江春",盖指头上发白。

⑩"荷蓑不是人间事"两句:引诗原题《硖石遇赦》,诗意谓背着蓑衣不是人间之事,可以回到长江上的钓船隐居。荷蓑,背着蓑衣。

⑪天台石桥:在今浙江天台北,《读史方舆纪要》卷九十二记载石桥山"在县北五十里,石桥架两岩间"。

⑫挂席:同"挂帆席"。潇、湘:即湘江。岳阳:唐代为岳州,治所在今湖南岳阳。

⑬张祜:字承吉,为令狐楚器重,终不得官,处士终身。传见本书卷六。

⑭盘桓:逗留。

⑮少室:指少室山。

⑯织纴(rèn):织布帛。

⑰拓落:失落。

⑱伶俜:孤零。

⑲大和:也作太和,唐文宗年号(827—835)。

⑳太学博士:学官名,掌教授五经。

㉑致仕卒:原作"卒致仕",据《四库》本改。

【译文】

　　李涉,洛阳人,李渤的二哥,自号为清溪子。早年客游开封一带,多次遭遇战乱兵祸,躲避战场到南方来,喜欢这里的好山好水,选择隐居在庐山香炉峰下面的石洞里。曾经养过一头白鹿,特别温驯亲密,所以就把自己所居住的山洞命名为白鹿洞,跟弟弟李渤、崔膺兄弟住在一起。后来移居到终南山,偶然应允了陈许节度使的征辟之命,去参军做府属从事,没过多久,因为犯罪被贬谪为夷陵县县令,十年间在峡州不得意,身患的疟疾还变成痼疾，自己伤叹自己羁旅贬逐，头上的头发都白成这样。后来遇到大赦回去，写诗说："荷蒉不是人间事，归去长江有钓舟。"于是放船重新南来，寻访江浙、两湖旧游之地，登上天台山的石桥，眺望大海，得到风向水流的便利，挂起船帆飘荡到湘江、岳阳一带，遇到张祜，一起谈论过去的事情，因此逗留很久才回到洛阳，营建草堂，隐居在少室山。亲身耕耘，妾能织布，孩子们打鱼砍柴，但是他的谋生之计并不顺利，沉浸在酒醉的梦乡中孤苦无依，很少接触尘世。大和年间，宰相多次推荐，征召起用他担任太学博士，退休后就过世了。他的妻子也是入道之人。

　　涉工为诗，词意卓荦①，不群世俗。长篇叙事，如行云流水，无可牵制，才名一时钦动。初，尝过九江皖口②，遇夜客方跧伏③，问何人，曰："李山人。"豪首曰："若是，勿用剽夺。久闻诗名，愿题一篇足矣。"涉欣然书曰："暮雨潇潇江上村，绿林豪客夜知闻。他时不用藏名姓，世上如今半是君④。"大喜，因以牛酒厚遗，再拜送之。

【注释】

①卓荦：卓越出众。

②九江皖口：为皖河入长江之口，在今安徽安庆西。

③跧（quán）伏：蜷伏，指栖身于某处。

④"暮雨潇潇江上村"以下几句：引诗题为《井栏砂宿遇夜客》，诗意谓夜雨潇潇地洒落在江边的村落，绿林好汉夜里也知道我的名字。以后你们做强盗不必把姓名藏起来，这个世上现在大多数都是你们这样的强盗了。意在批评世风日下。绿林豪客，即绿林好汉。

【译文】

李涉善于写诗,诗歌词语和立意都很卓绝,不跟世俗同群。长篇叙事诗,如行云流水,没有东西可以限制,诗才名声一时之间令人钦敬耸动。起初,李涉曾经路过九江和皖河交叉口,遇到夜里的强盗正好在埋伏,问他是什么人,他说:“是李隐士。”盗贼的首领说:“如果这样,不要剽掠抢夺他们了。听闻您的诗歌大名已经很久了,希望得到您的一首题诗就足够了。”李涉高兴地写道:“暮雨潇潇江上村,绿林豪客夜知闻。他时不用藏名姓,世上如今半是君。”盗贼高兴坏了,便把牛肉美酒等厚重物品送给他,拜了两拜送他离开。

○夫以跖、跻之辈①,犹曰怜才,而至宝横道②,君子不顾,忍哉?诗集一卷,今传。

【注释】

①跖、跻(qiāo):即古代的大盗盗跖和庄跻。

②至宝横道:珍宝放在大道上,此喻人才。

【译文】

○像盗跖、庄跻这样的强盗之辈,还知道怜惜人才,而至贵的珍宝横在道边,君子却不看一眼,忍心吗?诗歌集子一卷,流传至今。

朱昼

昼,广陵人①。贞元间慕孟郊之名②,为诗格范相似③,曾不远千里而访之,不厌勤苦,体尚奇涩。与李涉友善④,相酬唱。昼《古镜诗》云⑤:“我有古时镜,初自坏陵得⑥。蛟龙犹泥蟠⑦,魑魅幸月蚀⑧。磨久见菱蕊⑨,青于蓝水色⑩。赠君将照心,无使心受惑⑪。”凡如此警策者稍多⑫,今传于世。

【注释】

①广陵：郡名，治所在今江苏扬州。

②贞元：唐德宗年号（785—805）。

③格范：风格范式。

④李涉：传见本卷前文。

⑤《古镜诗》：原题作《赠友人古镜》。

⑥坏陵：崩坏的帝陵。

⑦蛟龙：指镜面上的蛟龙纹。泥蟠：屈居泥中，这里指古镜沾有泥土。

⑧魑魅：古代传说中居于山泽的鬼怪，亦为镜面上的魑魅纹。月蚀：指如月的镜面被侵蚀。

⑨菱蕊：即菱花，指镜面上的菱花纹。

⑩蓝：蓼科一年生草本植物，叶汁可制蓝靛，用于染布。

⑪"我有古时镜"以下几句：诗意谓我有一枚古时候的铜镜，起初是从崩坏的帝陵得到的。蛟龙纹还掩埋在泥土中，魑魅纹则幸运地躲藏在被侵蚀的镜面里。磨了很久终于看见镜面上的菱花纹，磨去铜锈的铜镜一片靛青如新，比蓝草染蓝的水还要蓝。我把这磨好的铜镜送给您，是想让您照见自己的心，让您的心不要受外物蛊惑。

⑫者：原无，据《四库》本补。

【译文】

朱昼，广陵人。贞元年间仰慕孟郊的名声，作诗的风格范式都差不多，曾经不远千里跑去拜访他，也不觉得辛勤劳苦，诗歌体式推崇奇怪险涩。跟李涉是好朋友，相互酬答唱和。朱昼的《古镜诗》说："我有古时镜，初自坏陵得。蛟龙犹泥蟠，魑魅幸月蚀。磨久见菱蕊，青于蓝水色。赠君将照心，无使心受惑。"大凡这样精警动人的作品比较多，如今流传在世。

贾岛

岛,字阆仙①,范阳人也②。初,连败文场③,囊箧空甚④,遂为浮屠⑤,名无本。来东都⑥,旋往京⑦,居青龙寺⑧。时禁僧午后不得出⑨,为诗自伤。元和中,元、白变尚轻浅⑩,岛独按格入僻,以矫浮艳。当冥搜之际,前有王公贵人皆不觉,游心万仞,虑入无穷,自称"碣石山人"⑪。尝叹曰:"知余素心者⑫,惟终南紫阁、白阁诸峰隐者耳⑬。"嵩丘有草庐⑭,欲归未得,逗留长安。虽行坐寝食,苦吟不辍。

【注释】

①阆仙:一作浪仙。

②范阳:郡名,治所在今北京。贾岛实为范阳郡幽都县人,在今北京西南。

③文场:科举考场。

④囊箧:口袋箱子。

⑤浮屠:佛教语,此指和尚。

⑥东都:指洛阳。

⑦京:指长安。

⑧青龙寺:寺名,在唐代长安延兴门内新昌坊西南隅,贾岛有《题青龙寺》诗。

⑨禁僧午后不得出:指洛阳令禁止僧人午后外出事,此事放在青龙寺后,欠妥。

⑩元、白:指元稹、白居易,诗风浅切轻靡。传并见本书卷六。

⑪碣石:山名,在河北昌黎北。

⑫素心:本心。

⑬终南：指终南山。紫阁：山峰名，在今陕西西安鄠邑区东南，旭日照射，灿然而紫，其形若楼阁，故名。白阁：山峰名，亦在陕西西安鄠邑区东南，积雪不化，故称。

⑭嵩丘：指嵩山。

【译文】

　　贾岛，字阆仙，范阳人。起初，参加科举考试接连失败，口袋和箱子里都空空如也，便去做和尚，法号无本。来到东都洛阳，很快又前往长安，居住在青龙寺。当时禁止和尚午后出门，贾岛写诗为自己而感伤。元和年间，元稹、白居易改变诗风，推崇轻靡浅切，贾岛独自按照自己的诗歌格式走入幽僻一路，来矫正浮泛浓艳的诗风。当他冥思苦想作诗的时候，面前有王公贵族之人都不会察觉，心灵游荡在万仞的高空，思虑潜入无穷的境地，自称为"碣石山人"。曾叹息着说："知我本心的，只有终南山紫阁峰、白阁峰里面的隐士罢了。"嵩山那边建有茅草屋，想要回去又回不去，逗留在长安城里。即使行走坐卧，睡觉吃饭，也都苦心吟咏不停。

　　尝跨蹇驴张盖①，横截天衢②，时秋风正厉，黄叶可扫，遂吟曰："落叶满长安。"方思属联③，杳不可得，忽以"秋风吹渭水"为对④，喜不自胜，因唐突大京兆刘栖楚⑤，被系一夕，旦释之。后复乘闲策蹇访李馀幽居⑥，得句云："鸟宿池中树，僧推月下门。"又欲作"僧敲"，炼之未定，吟哦引手作推敲之势，傍观亦讶。时韩退之尹京兆，车骑方出，不觉冲至第三节，左右拥到马前，岛具实对，未定推敲，神游象外，不知回避。韩驻久之曰："敲字佳。"遂并辔归⑦，共论诗道，结为布衣交，遂授以文法，去浮屠，举进士。愈赠诗云："孟郊死葬北邙山，日月风云顿觉闲。天恐文章浑断绝，再生贾岛在人间⑧。"自此名著。

【注释】

①蹇驴:跛脚的驴。

②天衢(qú):指京都大道。

③属联:对对联。

④渭水:即渭河,黄河主要支流之一。

⑤唐突:冒犯。大京兆:大京兆尹省称,即京兆府尹(京都的地方行政长官),与少尹相对而言,故称。刘栖楚:元和中历官镇州小吏、邓州司仓参军,长庆初李逢吉擢为右拾遗,中伤裴度、李绅,与张又新等号"八关十六子",宝历元年(825)十一月拜京兆尹。刘栖楚为贾岛好友,此事盖传闻。

⑥李馀:成都人,工于乐府诗,贾岛在赠诗中称其"词体近风骚"(《喜李馀自蜀至》)。

⑦并辔(pèi):并排骑马。

⑧"孟郊死葬北邙山"以下几句:引诗题为《赠贾岛》,诗意谓苦吟的孟郊去世后埋葬在北邙山,由于不再搜索万象为诗,所以孟郊死后日月风云都顿时觉得自己悠闲了。然而老天担心诗文就此完全断绝,所以又让贾岛生活在人间来写诗。言外之意,把贾岛比作孟郊转世。北邙山,在河南洛阳东北,汉魏以来,墓地多在此。浑,完全。

【译文】

　　曾骑着跛脚的驴,张着苦盖,横堵在京城的大道上,当时秋风正凌厉,枯黄的落叶飘落很多,都可以扫成堆了,便写诗道:"落叶满长安。"正在思考怎么对这一句,杳渺茫茫,找不到合适的诗句,忽然用"秋风吹渭水"来作对句,高兴得不得了,因此冒犯了京兆尹刘栖楚,被关在牢里一夜,早上才放他出来。后来又趁着空闲,骑着跛脚驴去走访李馀隐居的地方,写成诗句说:"鸟宿池中树,僧推月下门。"又想把"僧推"改为"僧敲",锻词炼句很久都没有确定,边吟诗边伸手比划着推、敲的动作,旁边观看的人都很惊讶。当时韩愈任京兆尹，车队马骑刚出门，贾岛不知不觉冲进第三节队伍，左右卫兵把他抓到韩愈面前，贾岛把实情告诉韩愈，说是因为没有确定是用"推"还是用"敲"，心神游历在万象之外，所以没有回避京兆尹的车队。韩愈停下来，想了很久说："'敲'字比较好。"于是两人并排骑马回去，一同讨论诗歌的道理，结为不分贵贱的平民朋友，韩愈因此传授给他写文章的方法，他便不当和尚，去参加进士考试。韩愈送给他的诗说："孟郊死葬北邙山，日月风云顿觉闲。天恐文章浑断绝，再生贾岛在人间。"从此以后诗名显著。

　　时新及第，寓居法乾无可精舍①，姚合、王建、张籍、雍陶皆琴樽之好②。一日，宣宗微行至寺③，闻钟楼上有吟声，遂登，于岛案上取卷览之，岛不识，因作色攘臂④，睨而夺取之曰⑤："郎君鲜醲自足⑥，何会此耶？"帝下楼去。既而觉之，大恐，伏阙待罪⑦，上讶之。他日，有中旨⑧，令与一清官谪去者，乃授遂州长江主簿⑨，后稍迁普州司仓⑩。临死之日，家无一钱，惟病驴、古琴而已，当时谁不爱其才而惜其命薄。

【注释】

①法乾：即法乾寺。无可：贾岛的从弟，僧人。精舍：和尚的住处。

②姚合：陕州峡石（今河南三门峡市陕州区）人，官至秘书少监，世称"姚武功"。善五言律诗，喜雕琢，颇类贾岛，故并称"姚贾"。传见本书卷六。王建：字仲初，晚年为陕州司马，从军塞上。擅乐府诗，与张籍齐名，作《官词》一百首。传见本书卷四。张籍：字文昌，祖籍吴郡（今江苏苏州）人。历官太常寺太祝、水部员外郎，官终国子司业，世称"张水部"或"张司业"。乐府和王建齐名，号称"张王乐府"。传见本卷后文。雍陶：字国钧，成都（今属四川）人，曾

任监察御史。工诗善赋,贾岛称其"不唯诗著籍,兼又赋知名。议
论于题称,《春秋》对问精"(《送雍陶及第归成都宁亲》)。传见
本书卷七。

③宣宗:即唐宣宗李忱,初名怡,宪宗第十三子,即位后罢李德裕党,
恢复佛寺,任用裴休,晚年好神仙,服药致死。微行:帝王或大官
吏隐蔽自己的身份改装出行。

④作色:脸上现出怒色。攘臂:捋起袖子,伸出胳膊,表示发怒。

⑤睨(nì):斜着眼睛看。

⑥郎君:对年轻人的尊称,犹"公子"。鲜酽:即鲜浓,鲜艳浓重。

⑦伏阙:拜伏于宫阙下。

⑧中旨:凡颁降御笔或圣旨,不经中枢机构而直接交付有关官府执
　　行,称中旨。

⑨遂州:州名,治所在今四川遂宁。长江:县名,治所在今四川蓬溪。
　　主簿:官名,主管文书、簿籍等事。

⑩普州:州名,治所在今四川安岳。司仓:官名,主管仓库。

【译文】

当时刚考中进士,寓居在法乾寺从弟无可的住处,姚合、王建、张籍
和雍陶都是一起听琴喝酒的好友。一天,唐宣宗微服出访来到寺中,听
到钟楼上有吟咏诗歌的声音,就登上去,在贾岛的案桌上拿起他的诗卷
看他写的诗,贾岛不认识唐宣宗,因此脸上变色,捋起衣袖,斜眼看着他,
把他手中的诗卷抢回来说:"公子穿得鲜艳酽丽不缺什么,哪里会懂诗歌
呢?"唐宣宗就走下钟楼离去。不久贾岛明白过来是唐宣宗,心里特别
害怕,伏在宫阙下等待判罪,唐宣宗感到惊讶。有一天,有一封皇帝的命
令传达下来,命令有关部门给贾岛一个清要的官位并把他贬谪出京,便
任命他为遂州的长江县主簿,后来渐渐升迁为普州司仓。临终的时候,
家里没有一分钱,只有一头生病的驴子、一张古琴罢了,当时谁不喜爱他
的才华而惋惜他的薄命呢!

岛貌清意雅,谈玄抱佛,所交悉尘外之人,况味萧条①,
生计岨峿②。自题曰:"二句三年得,一吟双泪流。知音如不
赏,归卧故山秋③。"每至除夕,必取一岁所作置几上④,焚香
再拜,酹酒祝曰⑤:"此吾终年苦心也。"痛饮长谣而罢。今
集十卷,并《诗格》一卷⑥,传于世。

【注释】

①况味:境况和情味。

②岨峿(jǔ wǔ):同"龃龉",不融洽,不顺利。

③"自题曰"以下几句:引诗题为《题诗后》,题在"独行潭底影,数
息树边身"诗后。诗意谓这两句诗三年才写成,一旦吟诵起来就
会两眼流泪。懂诗歌的人如果不欣赏,我只好回去卧在故山的秋
色里了。此为贾岛苦吟的夫子自道。

④几(jī):几案。

⑤酹(lèi)酒:以酒洒地表示祭祀。

⑥《诗格》:指《诗格密旨》。

【译文】

贾岛外貌清俊意绪雅正,谈论玄理怀抱佛法,所交往的都是世俗之
外的高人,境况情味寂寞冷落,谋生之计坎坷不顺。自己题诗说:"二句
三年得,一吟双泪流。知音如不赏,归卧故山秋。"每到除夕,一定要拿出
一年所写的诗歌放在几案上,点上香,拜两拜,把酒洒在地上祭祀说:"这
就是我这一整年用尽心思写出的作品啊。"然后尽情地喝酒、长久地吟咏
一番才作罢。如今集子十卷,和《诗格》一卷,流传在世。

庄南杰

南杰,与贾岛同时①,曾从受学。工乐府杂歌,诗体似长

吉②,气虽壮遒,语过镌凿,盖其天资本劣,未免按抑③,不出自然,亦一好奇尚僻之士耳。集二卷,今行。

【注释】

①贾岛:传见本卷前篇。

②长吉:即李贺,传见本卷前文。

③按抑:按捺,抑制。

【译文】

庄南杰,与贾岛同一时代,曾跟随他学习。善于写乐府诗和杂体歌诗,诗歌体式跟李贺很像,气势虽然豪壮遒劲,但诗歌语言过于雕刻穿凿,大概是因为他的天分本来就低一些,写作时无法避免按捺抑制,不是出自自然流淌,也算是一个喜好奇特崇尚幽僻的才士啊。集子两卷,流行到现在。

张碧

碧,字太碧,贞元间举进士,累不第,便觉三山跬步,云汉咫尺①。初慕李翰林之高躅②,一杯一咏,必见清风③,故其名字皆亦逼似④,如司马长卿希蔺相如为人也⑤。天才卓绝,气韵不凡,委兴山水,投闲吟酌,言多野意,俱状难摹之景焉。有《歌行集》二卷传世。子瀛⑥。

【注释】

①"便觉三山跬(kuǐ)步"两句:形容没考上后,向往纵情享受自然风光的隐逸生活。语出苏轼《答陈季常书》:"自失官后,便觉三山跬步,云汉咫尺,此未易遽言也。"三山指神话中蓬莱、方丈、瀛洲三座仙山。跬指跨出一只脚,犹今之半步,左右两足均跨一次

称步,形容距离很短。云汉指银河,咫指八寸,形容很近。

②李翰林:指李白,曾做过翰林待诏,故称。传见本书卷二。高躅
(zhú):高尚的行迹。

③清风:因为张碧诗中惯用清风,清又跟碧关系密切,故特别强调。

④名字皆亦逼似:言张碧与李白名字相似。张碧字太碧,李白字太白。

⑤司马长卿希蔺相如:司马相如仰慕蔺相如,故亦名相如。司马相
如,蜀郡成都(今属四川)人,幼名犬子,字长卿,后仰慕蔺相如,
改名相如,西汉著名辞赋家。蔺相如,战国时赵国名相,曾完璧
归赵,避让廉颇,廉颇感悟,将相团结,加强赵国实力。事见《史
记·廉颇蔺相如列传》。

⑥瀛:即张瀛,仕于南汉,官至曹郎,存《赠琴棋僧歌》一首。传见本
书卷十。

【译文】

张碧字太碧,贞元年间考进士,多次都没考中,就感觉遥远的三座仙
岛离自己只有一步远,高高在上的银河也似乎就在头顶。当初仰慕翰林
待诏李白的高尚遗风,他的一杯酒,一首诗,必定含有清碧的风度,因此
他的名和字也都跟"李白,字太白"特别相似,就像司马相如希仰蔺相如
的为人而把自己的名改为"相如"啊。天赋才华卓越超群,气度韵律不
同凡响,在青山碧水间寄托兴致,投身闲暇边吟诗边酌的酒,诗歌语言充满
野趣,都把难写的风景写活了啊。有《歌行集》两卷流传在世。儿子叫
张瀛。

朱放

放,字长通,南阳人也①。初,居临汉水②,遭岁歉③,南
来卜隐剡溪、镜湖间④,排青紫之念⑤,结庐云卧,钓水樵山。
尝著白接䍦鹿裘笋屦⑥,盘桓酒家⑦。时江浙名士如林⑧,风

流儒雅，俱从高义⑨，如皇甫兄弟⑩，皎、彻上人⑪，皆山人良友也。大历中⑫，嗣曹王皋镇江西⑬，辟为节度参谋⑭，有《别同志》曰："潺湲寒溪上，自此成离别。回首望归人，移舟逢暮雪。频行识草树，渐老伤年发。唯有白云心，为向东山月⑮。"未几，不乐鞅掌⑯，扁舟告还。贞元二年，诏举韬晦奇才⑰，诏下聘礼，拜左拾遗⑱，不就，表谢之。忘怀得失，以此自终⑲。放工诗，风度清越，神情萧散，非寻常之比。集二卷，今行于世。

【注释】

①南阳：当为"襄阳"之误。襄阳，郡名，治所在今湖北襄阳。

②汉水：水名，源于陕西南部，向东南方向流，在武汉汇入长江。

③岁歉：年收成不好。

④剡溪：即曹娥江之上游，在今浙江嵊州。镜湖：又称长湖、鉴湖，位于今浙江绍兴。

⑤青紫：汉代丞相、太尉金印紫绶，御史大夫银印青绶，后借指高官显位。

⑥白接䍦（lí）：即"白接篱"，始于晋时的一种巾帽，多白色，常为酒客所戴。《世说新语·任诞》："山季伦（按即山涛）为荆州，时出酣畅，人为之歌曰：'……复能乘骏马，倒著白接篱……'"鹿裘：以鹿皮制作的粗陋裘衣，常为隐士所穿。笋屦（jù）：用箬叶做成的草鞋。

⑦盘桓：逗留，徘徊。

⑧江浙：今江苏浙江一带。

⑨高义：高尚的道义。

⑩皇甫兄弟：指皇甫冉、皇甫曾。传并见本书卷三。

⑪皎、彻上人：指皎然、灵彻上人。传并见本书卷三。

⑫大历中：据学者考证，当为"建中中"，建中是唐德宗年号（780—783）。

⑬嗣曹王皋：即李皋，字子兰，天宝十一载（752）嗣封曹王。建中三年（782），任江南西道节度使，会李希烈叛，率军讨伐，立有战功。后还发明"车船"。

⑭节度参谋：幕职名，掌参划谋议。

⑮"《别同志》曰"以下几句：诗题原作《剡溪行却寄新别者》，诗意谓寒冷的剡溪上流水依旧潺湲，从此以后我们就要离别了。回头望见送我的人们渐渐回去，我傍晚移船的时候遭遇下雪。多次往来所以都认识了岸边的花草树木，渐渐衰老为年龄和白发而感伤。只有闲卧白云之心，还朝向着东山渐升的明月。暗喻澄澈宁静的隐逸之心不变。

⑯鞅（yāng）掌：指官事烦劳忙碌。

⑰韬晦奇才：即韬晦奇才科，制科考试科目之一。

⑱左拾遗：官名，门下省所属谏官，掌规谏，荐举人才。

⑲"忘怀得失"两句：语出陶渊明《五柳先生传》。

【译文】

朱放，字长通，南阳人。起初，靠近汉水居住，遭遇年成不好，到南方择居归隐在剡溪、镜湖一带，放弃做高官的念头，结成草庐高卧在白云深处，在水里钓鱼，在山上打柴。曾经戴着白巾帽，披着鹿皮做的裘衣，穿着笋壳做成的草鞋，在卖酒的地方逗留。当时江浙一带名士如林，都是才华风流气质儒雅，也都信奉高尚的道义，像皇甫冉、皇甫曾兄弟，皎然、灵彻上人等，都是朱山人的好朋友啊。大历年间，嗣曹王李皋镇守江西，征辟他担任节度参谋，创作一首《别同志》说："潺湲寒溪上，自此成离别。回首望归人，移舟逢暮雪。顿行识草树，渐老伤年发。唯有白云心，为向东山月。"没多久，因为不喜欢官场忙碌，驾着一叶扁舟告辞回来。贞元二年（786），朝廷下诏举行韬晦奇才科考试，诏令备好征聘的礼物，拜任他为左拾遗，不就任，上表辞谢。忘掉人间的得失，就这样隐居着过完一生。朱放善于写诗，风韵气度清激激越，神情萧然散淡，不是平常可以相比的。集子二卷，如今流行在世。

羊士谔

士谔，贞元元年礼部侍郎鲍防下进士[①]。顺宗时[②]，累至宣歙巡官[③]，王叔文所恶[④]，贬汀州宁化尉[⑤]。元和初，宰相李吉甫知奖[⑥]，擢为监察御史[⑦]，掌制诰[⑧]。后以与窦群、吕温等诬论宰执[⑨]，出为资州刺史[⑩]。士谔工诗，造妙梁《选》[⑪]，作皆典重。早岁尝游女几山[⑫]，有卜隐之志，勋名相迫[⑬]，不遂初心。有诗集行于世。

【注释】

①鲍防：字子慎，襄州（今湖北襄阳）人。建中四年（783）升为礼部侍郎，封东海郡公。曾三次知贡举，时人称其善选人才。传见本书卷三。

②顺宗：即唐顺宗李诵，德宗长子。贞元二十一年（805）正月即位，任用王伾、王叔文等进行改革，八月改元永贞，史称"永贞革新"。同年被宦官逼迫退位，宪宗立，次年病卒。

③宣歙（shè）：方镇名，治所在今安徽宣州。巡官：官名，观察使属官，掌巡察事务。

④王叔文：越州山阴（今浙江绍兴）人。德宗时以棋待诏，侍读东宫，顺宗立，与王伾、柳宗元、刘禹锡等相结，力图除弊革新，史称"永贞革新"。后宪宗即位，贬渝州司户参军，次年被杀。羊士谔毁王叔文结党，故为其所恶。

⑤汀州：州名，治所在今福建长汀。宁化：县名，治所在今福建宁化。

⑥李吉甫：字弘宪，赵郡（今河北赵县）人。元和二年（807）任中书侍郎、同平章事，因窦群、羊士谔等人诬奏交通术士陈登，虽经澄清，自请外任，出为淮南节度使。六年（811）再任宰相，致力平叛、削藩。知奖：赏识赞许。

⑦监察御史：官名，隶御史台察院，掌分察百僚、巡按州县、纠视刑狱、整肃朝仪等。

⑧制诰：皇帝的诏令。

⑨窦群：字丹列，元和三年（808）迁御史中丞，以构陷宰相李吉甫，出为湖南观察使，未至改黔中观察使。传见本书卷四。吕温：字和叔，一字化光，河中（今山西永济）人。为王叔文器重，贞元二十年（783）以侍御史出使吐蕃，王叔文遭贬，吕温出使吐蕃得免。御史中丞窦群荐为知杂侍御史，宰相李吉甫以为不可，后与窦群、羊士谔诬陷李吉甫。元和三年（808）被贬为均州刺史，改道州刺史，后转衡州刺史，卒年四十。传见本卷后文。宰执：即宰相，此指李吉甫。

⑩资州：州名，治所在今四川简阳。

⑪梁《选》：指梁昭明太子萧统组织编纂的《文选》，是我国现存最早一部诗文总集，选录自周秦迄梁一百三十位知名作家与少数佚名作家的作品，凡七百余篇，对唐代文学影响巨大。

⑫女几山：山名，在今河南宜阳。

⑬勋名：功名。

【译文】

羊士谔，贞元元年（785）礼部侍郎鲍防主持考试时考中进士。唐顺宗时，累积做到宣歙观察使巡官，王叔文憎恶他，被贬谪为汀州宁化县县尉。元和初年，宰相李吉甫赏识赞许他，提拔为监察御史，掌管写作皇帝的诏令。后来因为跟窦群、吕温等人诬告论奏宰相李吉甫，出任资州刺史。羊士谔善于写诗,其妙处直追《文选》,作品都是典雅稳重的。早年曾游览女几山,产生卜居归隐这里的志向,功名相逐,无法实现原来的初心。有诗歌集子流行在世。

姚係

係,河中人①。贞元元年进士,与韦应物同时②。有诗名,工古调,善弹琴,好游名山,希踪谢、郭③,终身不言禄,禄亦不及之也④。与林栖谷隐之士往还酬酢⑤,兴趣超然。弟伦⑥,诗亦清丽,有集,并传。

【注释】

①河中:府名,治所在今山西永济。

②韦应物:早年以三卫郎侍玄宗,后折节读书,曾任苏州刺史,世称"韦苏州",工诗,尤长五言,多为山水田园之作。传见本书卷四。

③希踪:希望追随,此谓希望跟谢、郭一样游历山水。谢:指谢灵运,晋名将谢玄孙,袭封康乐公,后以谋反罪流放、被杀。性喜游览,为山水诗派开创者。郭:指郭文,字文举,东晋诗人。性爱山水,终身不娶,游历名山。

④"终身不言禄"两句:语本《左传·僖公二十四年》:"介之推不言禄,禄亦弗及。"

⑤酬酢(zuò):原指互相敬酒,引申为应酬答谢。

⑥伦:指姚伦,姚崇曾孙,官至扬州仓曹参军。高仲武《中兴间气集》谓其诗"虽未弘深,去凡已远,属辞比事,不失文流"。

【译文】

姚係,河中人。贞元元年(785)进士,跟韦应物同一时代。有诗歌名声,善于写古体诗,擅长弹琴,喜欢游览名山,希望追踪谢灵运和郭文的足迹，一辈子不谈俸禄，俸禄也没到他身上来。与栖息山林隐居幽谷的高士来往交流，应答酬唱，诗兴情趣超脱高邈。弟弟姚伦，写的诗歌也很清新流丽，有集子，都流传下来了。

麹信陵

信陵，贞元元年郑全济榜及第①。仕为舒州望江县令②，卒。工诗，有集一卷，今传。

【注释】

①郑全济：贞元元年（785）乙丑科状元。

②舒州：州名，治所在今安徽潜山。望江：县名，治所在今安徽望江。

【译文】

麹信陵，贞元元年（785）郑全济那一榜的进士。出仕担任舒州望江县的县令，过世。善于写诗，有集子一卷，流传至今。

张登

登，初隐居，性刚洁，幅巾短褐①，交友名公。后就辟，历卫府参谋②，迁廷尉平③。久之，拜监察御史。贞元中，改河南士曹掾④，迁殿中侍御史、漳州刺史⑤，退居告老⑥。尝晚春乘轻车出南薰门⑦，抵暮诣宜春门入⑧，关吏捧牌请书官位，登醉题曰："闲游灵沼送春回，关吏何须苦见猜。八十老翁无品秩，三曾身到凤池来⑨。"其猖迫如此⑩。数年，坐公累被劾，吏议捃摭不堪⑪，感疾而卒。有集六卷，权德舆为序云⑫。

【注释】

① 幅巾：幅本为布绢宽度，以一幅宽的巾裹头，故名幅巾，是隐士儒
雅风流之举。短褐：粗布短衣。

② 卫府：唐代十六卫府，分统禁卫兵。参谋：军事职官名称。

③ 廷尉平：官名，即大理评事，大理寺属官，掌推按刑狱。

④ 士曹：全称为士曹参军事，职掌津梁、舟车、宅舍、工艺等。掾：
属员。

⑤ 殿中侍御史：官名，属殿院，掌纠察殿廷各种仪节并分知京城内外
的左右巡。漳州：州名，治所在今福建漳浦。

⑥ 退居：引退。

⑦ 南薰门：北宋东京城（今河南开封）外城南中门。据学者考证，此
事系宋人张士逊事，见《诗话总龟》卷十七，辛文房误采。

⑧ 宜春门：据学者考证，当为"宜秋门"之误，为东京西南门。

⑨ "闲游灵沼送春回"以下几句：诗意谓我在宫苑池沼闲游送春归
去，守关的官吏何必辛苦地猜忌我。我这八十岁的老翁已退休没
有官位，不过却曾多次到中书省任过职。灵沼，西周文王灵囿中
的池沼，后指宫苑池沼。见猜，猜忌。品秩，官员的品级和俸秩。
凤池，凤凰池的简称，指中书省。

⑩ 狷迫：犹狷狭。

⑪ 吏议：被弹劾的官员，停职交由刑法机关审查，称"吏议"。捃摭
（jùn zhí）：摘取，采集。

⑫ 权德舆：字载之，贞元八年（792）召为太常博士，贞元十八（802）
年任礼部侍郎，曾三掌礼部贡举，元和五年（810）拜相。工诗善
文，时人尊为宗匠。传见本卷后文。

【译文】

张登，起初隐居，性格刚直高洁，用幅巾裹头，穿着粗布短衣，跟名流
们交友。后来接受征辟，做过卫府参谋，升迁为大理评事。很久以后，拜

任监察御史。贞元年间，改任河南府士曹属员，迁任殿中侍御史、漳州刺史，后引退告老还乡。曾在暮春时节乘坐轻便的马车出南薰门，到傍晚抵达宜春门进城，守关的官吏捧出木牌请他书写姓名登记官位，张登趁着酒醉题诗说："闲游灵沼送春回，关吏何须苦见猜。八十老翁无品秩，三曾身到凤池来。"他的猖狂就像这个样子。几年后，因为公事之累被弹劾，被审查牵扯得不堪忍受，患病而死。有集子六卷，权德舆为他的集子撰写了序言。

令狐楚

楚，字愨士，敦煌人也①。五岁能文章，贞元七年尹枢榜进士及第②。时李说、严绶、郑儋继领太原③，高其才行，引在幕府，由掌书记至判官④。德宗喜文，每省太原奏疏，必能辨楚所为，数称美之。宪宗时，累擢知制诰⑤，皇甫镈荐为翰林学士⑥，迁中书舍人⑦，拜中书侍郎、同平章事⑧。楚工诗，当时与白居易、元稹、刘禹锡唱和甚多⑨。有《漆奁集》一百三十卷⑩，行于世，自称曰"白云孺子"⑪。

【注释】

①敦煌：郡名，治所在今甘肃敦煌，此为其郡望，实居山西太原。

②尹枢：贞元七年（791）辛未科状元，及第时年七十余。

③李说：字严甫，历任御史中丞、太原少尹、汾州刺史，贞元十一年（795），河东节度使李自良卒，任为留后，旋授河东节度使、检校礼部尚书，贞元十六年（800）卒。严绶：代宗大历中登进士第，贞元十二年（796），召为尚书刑部员外郎，未几迁检校司封郎中，充河东行军司马。贞元十七年（801），授银青光禄大夫、检校工部尚书，兼太原尹、御史大夫、北都留守，充河东节度支度营田观察

处置等使。郑儋（dān）：大历四年（769）登进士第，选为太原参
军事。贞元十六年（780）十月，自河东行军司马，任检校工部尚
书、太原尹、河东节度使。次年八月，死于任上。三人镇守太原的
顺序当为李说、郑儋和严绶。

④掌书记：官名，掌表奏书檄，凡文辞之事皆出于掌书记之手。判官：
官名，节度使的佐吏，协理政事，或备差遣。

⑤知制诰：官名，掌起草皇帝的诏诰之事。

⑥皇甫镈（bó）：贞元进士，善治钱谷，长于聚敛。元和十三年（818）
通过贿赂权宦吐突承璀拜相，与李逢吉等罢裴度，黜崔群，引方士
柳泌妄称能致长生药，以讨宪宗欢心，后卒于贬所。翰林学士：官
名，唐玄宗改翰林供奉为翰林学士，专掌内制，为皇帝亲信。

⑦中书舍人：官名，为中书令和中书侍郎之下的要职，职掌承旨撰写
诏诰及受皇帝委任出使宣慰、受纳诉讼等。

⑧中书侍郎：官名，中书省副长官，参议国家大政，常出任宰相职。
同平章事：同中书门下平章事的简称，即为事实上的宰相。

⑨白居易：字乐天，官至刑部尚书，"新乐府"运动的倡导者，诗风浅
近。传见本书卷六。元稹：字微之，河南（今河南洛阳）人，因勾
结宦官，于长庆二年（822）和裴度同时拜相。和白居易友善并齐
名，世称"元白"。传见本书卷六。刘禹锡：字梦得，洛阳（今属河
南）人。贞元七年（791）进士，参加王叔文集团，贬朗州司马，后
任太子宾客，世称"刘宾客"。晚年与白居易为诗友，唱和甚多，并
称"刘白"。传见本卷后文。

⑩《漆奁（lián）集》：今已散佚。

⑪白云孺子：或说郑儋为白云翁，令狐楚献媚，故自称"白云孺子"；
或说用狄仁杰登太行山望白云思念远方亲人之意，待考。

【译文】

令狐楚，字殼士，敦煌人。五岁就能写文章，贞元七年（791）尹枢那

一榜的进士。当时李说、严绶和郑儋相继镇守太原,赞赏他的才华和品行,引荐在幕府,从掌书记升到判官。唐德宗喜欢他的文章,每次省览太原府送来的奏章和文书,一定能辨认出哪个是令狐楚所写,多次称叹赞美他。唐宪宗的时候,经累次提拔,出任知制诰,皇甫镈推荐他担任翰林学士,迁任中书舍人,拜任中书侍郎、同平章事。令狐楚善于写诗,当时跟白居易、元稹和刘禹锡互相唱和的作品特别多。有《漆奁集》一百三十卷,流行在世,自己称呼自己为"白云孺子"。

杨巨源

巨源,字景山,蒲中人①。贞元五年刘太真下第二人及第②。初为张弘靖从事③,拜虞部员外郎④,后迁太常博士、国子祭酒⑤。大和中⑥,为河中少尹⑦,入拜礼部郎中⑧。巨源才雄学富,用意声律,细抱得无穷之源⑨,缓隽有愈永之味。长篇刻琢,绝句清泠⑩,盖得于此而失于彼者矣。有诗一卷,行于世。

【注释】

①蒲中:指蒲州,治所在今山西永济。

②刘太真:字仲适,宣州(今安徽宣城)人。贞元四年(788)、五年(789)以礼部侍郎的身份两掌贡举,擢杨巨源、裴度等登第。

③张弘靖:字元理,蒲州猗氏(今山西临猗)人。祖嘉贞、父延赏俱为宰相。任河中节度使时,杨巨源以监察御史为其从事,元和九年(814)拜相。从事:官名,地方州县佐吏的通称,此为节度使的佐吏。

④虞部员外郎:官名,尚书省工部虞部司副长官,掌山泽苑囿、场冶薪炭等事。

⑤太常博士:官名,太常属官,掌通古今、定礼制。据学者考证,杨巨

源任太常博士当在虞部员外郎前，辛文房误。国子祭酒：官名，国
子监长官，掌全国教育事务。按，杨巨源官职当为国子司业，为国
子监副长官，佐国子祭酒掌全国教育事务。

⑥大和：也作太和，唐文宗年号（827—835）。实当为"长庆"，唐穆
宗年号（821—824）。

⑦河中少尹：河中府的副长官，协助府尹掌理行政事务。

⑧礼部郎中：官名，尚书省礼部礼部司长官，掌礼乐、学校、符印等
政令。

⑨挹（yì）：舀。

⑩清泠：清新流丽。

【译文】

杨巨源，字景山，蒲中人。贞元五年（789）刘太真主持考试时以第
二名的成绩考中进士。起初担任张弘靖的从事，拜任虞部员外郎，后来迁
任太常博士、国子祭酒。大和年间，担任河中府少尹，入朝拜任礼部郎中。
杨巨源才华沉雄学识丰富，用心在声韵格律上，细细舀取有无穷无尽的灵
感之源，诗风舒缓隽永富有深长的韵味。长篇诗歌刻意雕琢，绝句则清新
流丽，大概是顾此失彼的结果吧。有诗歌集子一卷，流行在世。

马逢

逢，关中人①。贞元五年卢顼榜进士②。佐镇戎幕府③，
尝从军出塞。得诗名，篇篇警策。有集今传。

【注释】

①关中：今陕西关中地区，乃其郡望，实居东川，治所在今四川三台。

②卢顼（xū）：贞元五年（789）己巳科状元，昭义留后王虔休辟为掌
书记，后迁泽州刺史。

③镇戎：盖指方镇和军队。

【译文】

马逢，关中人。贞元五年（789）卢顼那一榜的进士，多次在方镇、军队幕府里担任佐吏，曾经参军远出边塞。颇有诗歌名气，每一篇都很精警。有集子流传至今。

王涯

涯，字广津，贞元八年贾棱榜及第①。博学工文，尤多雅思。梁肃异其才②，荐于陆贽③，又举宏词④。宪宗时，知制诰、翰林学士⑤，俄拜中书侍郎、平章事。长庆中⑥，节度剑南⑦，召为御史大夫⑧，迁户部尚书⑨，监盐铁使⑩，进仆射⑪。涯榷盐苛急⑫，百姓怨之。及甘露祸起⑬，就诛，悉诟骂，投以瓦砾，须臾成堆。性啬，不蓄妓妾，家财累巨万⑭，尝布衣蔬食。酷好前古名书名画，充积左右，有不可得，必百计倾陷以取之。及家破，往来人得卷轴，皆剔取奁盒金玉牙锦⑮，余弃道途，车马践踏，悉损污矣。惜哉！善为诗，风韵遒然⑯，殊超意表⑰。集十卷，今传。

【注释】

①贾棱：贞元八年（792）壬申科状元，宰相贾耽族叔，官至大理评事。

②梁肃：字敬之，一字宽中，安定（今甘肃泾川）人。曾官翰林学士等职，好提拔后进，尝荐举韩愈等人。其文得独孤及传授，对韩愈、李翱等人颇有影响。

③陆贽：字敬舆，苏州嘉兴（今属浙江）人。建中四年（783），德宗避朱泚之乱于奉天，所颁诏书均出其手，贞元八年（792）拜相。据

学者考证，梁肃推荐王涯时，王涯尚未中进士，辛文房误。

④宏词：即宏词科，制科考试科目之一。

⑤翰林学士：据学者考证，唐德宗时王涯已担任翰林学士，后被贬，至唐宪宗时再次担任翰林学士。

⑥长庆：唐穆宗年号（821—824）。

⑦节度剑南：即任剑南东川节度使，治所在今四川三台。

⑧御史大夫：官名，御史台长官，专掌监察、执法。

⑨户部尚书：官名，为尚书省户部长官，掌管土地、人民、钱谷之政、贡赋之差。

⑩盐铁使：唐代主要理财官员之一，主要管理食盐专卖事务，兼掌银、铁、铜等的开采、冶炼。

⑪仆射：官名，唐代因唐太宗曾任尚书令，臣下不敢再任此职，便以左右仆射为尚书省长官，与侍中、中书令并为宰相。此指右仆射。

⑫榷（què）盐：对盐实行专卖和管制的措施。据两《唐书》本传，民众恨王涯，主要是因为榷茶之政，而非榷盐。

⑬甘露祸：指甘露之变，大和九年（835），郑注、李训等谋诛宦官事泄，反为宦官仇士良所杀。《旧唐书》本传载，王涯被诬入狱，被逼"手书反状，自诬与训同谋"，全家被杀，"资货悉为军卒所分"。

⑭巨万：形容数目巨大。

⑮奁盒：装盛书画的盒子。金玉：盖指金玉做成的书画卷轴的配件。牙锦：象牙书签、作画的锦缎之类。

⑯道然：超逸不凡。

⑰意表：意料之外。

【译文】

王涯，字广津，贞元八年（792）贾棱那一榜的进士。学识渊博，善写诗文，特别是常有雅正情思。梁肃惊叹他的才华，推荐给陆贽，又考中宏词科。唐宪宗的时候，担任知制诰、翰林学士，不久拜任中书侍郎、平章事。长庆年间，担任剑南东川节度使，征召入朝担任御史大夫，迁任户部尚书，并负责盐铁使的工作，晋升为右仆射。王涯推行盐法严苛急促，老百姓都埋怨他。等到甘露之祸发生，王涯被杀时，百姓都来辱骂他，用瓦石砸他，不一会儿就堆成堆了。王涯性格吝啬，不蓄养歌妓侍妾，家中财富积累巨万，还穿着粗布衣服吃着粗茶淡饭。特别喜好前代的著名书画作品，左右都堆满了，有无法得到的，一定想方设法不惜倾轧诬陷他人来获得。等到家破人亡，进出的人拿到名画卷轴，都只从上面剔取精致的书画盒、金玉配件、象牙书签和供书画用的锦缎，书画作品抛弃在路上，被车马践踏，全都损坏弄脏了。可惜啊！擅长写诗，风度气韵超逸不凡，远远超出人们的意料。集子十卷，流传至今。

〇否泰递复①，盈虚消息②，乃理之常。夫物盛者，衰之渐也；散者，积之极也。有能终满而不覆者乎！况图、书入变化之际，神物所深忌者焉③。前修耽玩成癖④，往往杀身，犹非剽剥而至也⑤。王涯掊克聚敛⑥，以邀穹爵⑦，逼孤凌弱，以积珍奇，知己之利，忘人之害，至于天夺其魄⑧，鬼瞰其家⑨，一旦飘零，殊可长叹。孟子曰："死矣盆城括⑩。"《传》曰⑪："货悖而入者，亦悖而出⑫。"不亦宜哉。庶来者之少戒云。

【注释】

①否（pǐ）泰：本为《周易》中卦名，否指"天地不交"，含义不好，"泰"指"天地交"，通畅平安，后用来指世道盛衰和人事通塞。递复：递相交复，指不断变化。

②盈虚：原指月亮盈亏，后用来指盛衰、成败、贵贱、穷富、吉凶等。消息：消谓消亡，息谓增长，意指事物的荣枯盛衰。

③神物：神灵、怪异之物。

④前修：前贤。

⑤剽剥：剽夺掠取。

⑥掊克：即掊刻，搜括。

⑦穹爵：指崇高的爵位。

⑧天夺其魄：上天夺去了他的魂魄，言人将死。《左传·宣公十五年》："不及十年，原叔必有大咎，天夺之魄矣！"

⑨鬼瞰其家：意谓高贵之家，鬼神恶盈，乘机降祸。扬雄《解嘲》："高明之家，鬼瞰其室。"

⑩死矣盆城括：语出《孟子·尽心下》。盆城括，即盆成括，人名，姓盆成，名括。曾在齐国做官，孟子预见他将被杀，后果然。弟子问孟子原因，孟子回答说："其为人也小有才，未闻君子之大道也，则足以杀其躯而已矣。"

⑪《传》：泛指解释经书的古书，引文出自《礼记·大学》。

⑫"货悖而入者"两句：意谓不合常理地得来的财货，也会不合常理地失去。

【译文】

○否极泰来，不断变化，月盈月亏，此消彼长，这是天道的常理。事物达到鼎盛，衰败就会渐渐发生；事物分散，也是积聚到极致的结果啊。世上有能够始终盈满而不倾覆的人啊！何况绘画、书法作品展现天道变化之机，是神灵也大为忌讳的东西啊。以前的贤能之士沉迷于玩赏绘画和书法，成为癖好，常常惹来杀身之祸，还不像王涯那样是剽夺剥取得来的呢！王涯搜刮聚敛百姓财富，来邀宠获取高官，逼迫孤寡欺凌弱小，来积累珍宝异物，只知道对自己有好处，却忘掉对别人有危害，以至于老天夺走他的魂魄，鬼神虎视眈眈地盯着他的家，一旦飘摇零落，实在是应该长叹一声。孟子说："盆成括必定会死啊。"《大学》中说："财货不合常理地进来的，也会不合常理地出去。"不是很对吗？希望后来的人能够于此获得一些教训啊。

韩愈

愈,字退之,南阳人①。早孤依嫂②,读书日记数千言,通百家③。贞元八年擢第,凡三诣光范上书④,始得调。董晋表署宣武节度推官⑤,汴军乱,去依张建封⑥,辟府推官。迁监察御史,上疏论宫市⑦,德宗怒,贬阳山令⑧,有善政,改江陵法曹参军⑨。元和中,为国子博士、河南令⑩。愈以才高难容,累下迁,乃作《进学解》以自喻⑪,执政奇其才⑫,转考功、知制诰⑬,进中书舍人。裴度宣慰淮西⑭,奏为行军司马⑮。贼平,迁刑部侍郎⑯。宪宗遣使迎佛骨入禁中⑰,因上表极谏⑱。帝大怒,欲杀,裴度、崔群力救⑲,乃贬潮州刺史⑳。任后上表㉑,陈词哀切,诏量移袁州刺史㉒。诏拜国子祭酒,转兵部侍郎、京兆尹兼御史大夫㉓。长庆四年卒。

【注释】

①南阳:郡名,治所在今河南南阳。此为郡望,实居河阳(今河南孟州)。

②依嫂:依靠长兄韩会及其夫人郑氏。

③百家:指先秦诸子,百取整数而言。

④三诣:指韩愈为求官,曾三次上书宰相,依次为《上宰相书》《后十九日复上书》《后二十九日复上书》。辛文房后文云"始得调",误,宰相并没有理韩愈。光范:指光范门,即当时长安大明宫西内苑东门,是进入宰相办公的中书省署的必经之地。

⑤董晋:字混成,河中虞乡(今山西永济)人。德宗贞元五年(789)拜相,贞元十二年(796),汴州节度使李万荣病重,其子李迺叛乱,董晋调任宣武军节度使,任上谦恭待下,为政简俭,逐步平息乱兵,死后汴州重又大乱。宣武:方镇名,治所在今河南开封。节

度推官：官名，节度使属官，执掌勘问邢狱。

⑥张建封：字本立，邓州南阳（今属河南）人。贞元四年（788）授徐泗濠节度使，在任时礼贤文士，秦系、于良史、韩愈、许孟容等皆为其幕僚，时相唱和。

⑦官市：唐德宗时由宦官主持采办宫廷用品，称官市。据学者考证，韩愈被贬为阳山令，因其上疏论关中旱讥，非因官市。

⑧阳山：县名，治所在今广东阳山。

⑨江陵：府名，治所在今湖北荆州。法曹参军：官名，掌检核律令，审议、判决案件等。

⑩国子博士：学官名，国子学主要教官，教三品以上及国公子孙、从二品以上曾孙为学生者。河南：县名，治所在今河南洛阳。

⑪《进学解》：作于元和八年（813）韩愈由职方员外郎贬为国子博士后，讽喻执政者不识贤愚，抒发怀才不遇的愤懑。

⑫执政：原作“执事”，据孙映逵《校注》本、正保本改，执掌政柄者。

⑬考功：官名，即考功郎中，尚书省吏部考功司长官，总掌百官功过善恶之考法及其行状，并详加簿录。

⑭裴度：字中立，河东闻喜（今属山西）人。元和十二年（817）以宰相兼彰义军节度使、淮西宣慰处置使，率李愬等进军蔡州（今河南汝南），擒吴元济，河北藩镇先后臣服，因功封晋国公，人称裴晋公。晚年退居洛阳，与白居易、刘禹锡酬唱甚密，诗人文士多出其门。淮西：全称淮南西道，治所在今河南汝南，长期为李希烈、吴少诚、吴少阳、吴元济等割据。

⑮行军司马：节度使主要僚属，掌本镇军符号令、军籍、兵械、粮廪、赐予等事，权任甚重，常继任节度使，有“储帅”之称。

⑯刑部侍郎：官名，尚书省刑部副长官，掌律令、定刑名、案复大理及诸州应奏之事。

⑰佛骨：指佛指骨舍利。

⑱表：指《谏迎佛骨表》。

⑲崔群：字敦诗，贝州武城（今属河北）人。唐宪宗元和十二年（817）拜为中书侍郎、同中书门下平章事，敢于直谏，时人赞为贤相。与韩愈、柳宗元等交游，柳宗元称其"文为时雄"（《送杨凝郎中使还汴宋诗后序》）。

⑳潮州：州名，治所在今广东潮阳。

㉑表：指《潮州刺史谢上表》。

㉒量移：官吏获罪被贬谪到远方，遇赦，则改置在近地，称为"量移"。袁州：州名，治所在今江西宜春。

㉓兵部侍郎：官名，尚书省兵部副长官，掌天下武将选授及地图、甲仗等。

【译文】

韩愈，字退之，南阳人。早年丧父依靠兄嫂，读书每天记诵几千字，通览诸子百家。贞元八年（792）考中进士，先后三次到光范门给宰相上书，才得到调任。董晋上表署任为宣武军节度推官，后来汴军叛乱，便离开汴州投靠张建封，辟任为府中推官。迁任监察御史，上疏讨论宫市，唐德宗大怒，贬为阳山县县令，在县令任上有良好的政绩，改任江陵府法曹参军。元和年间，担任国子博士、河南县县令。韩愈因为才华高超难被容纳，多次被贬谪，就写作《进学解》来表明自身，执政的人珍视他的才能，转任考功郎中、知制诰，晋升为中书舍人。裴度担任淮西宣慰使，上奏让他担任行军司马。叛贼讨平后，迁任刑部侍郎。唐宪宗派遣中使去迎接佛指骨舍利到宫中敬奉，因而献上《谏迎佛骨表》极力劝阻。唐宪宗大为震怒，要杀他，裴度、崔群极力营救，才被贬为潮州刺史。到任后上《潮州刺史谢上表》，悲哀痛切地表达自己的心情，下诏量移袁州刺史，召入京师拜任国子监祭酒，转任兵部侍郎，京兆尹，兼任御史大夫。长庆四年（824）去世。

〇公英伟间生①，才名冠世，继道德之统②，明列圣之心③,独济狂澜,词彩灿烂,齐梁绮艳④,毫发都捐⑤。有冠冕佩玉之气⑥,宫商金石之音⑦,为一代文宗,使颓纲复振⑧,岂易言也哉?固无辞足以赞述云。至若歌诗累百篇,而驱驾气势,若掀雷走电,撑决于天地之垠⑨,词锋学浪⑩,先有定价也。时功曹张署亦工诗⑪,与公同为御史⑫,又同迁谪,唱答见于集中。有诗赋杂文等四十卷,今行于世。

【注释】

①间生:隔世而生。

②道德之统:即道统,儒家传道系统,韩愈受佛教法统论启发,正式提出所谓"尧、舜、禹、汤、文、武、周公、孔、孟"的道统相继论,并以继承孟子自居。

③列圣:即指尧、舜、禹、汤、文、武、周公、孔、孟等圣人。

④齐梁:指齐梁时期的绮靡文风。

⑤毫发:一根毫毛,一根头发,犹"丝毫"。

⑥冠冕佩玉之气:指端正衣冠、佩戴玉器的君子气度。

⑦宫商金石:符合宫商音律,又像钟磬发出的声音铿锵有力。

⑧颓纲:衰败的纲纪。

⑨撑决:即撑抉,撑开,抉开。垠:边际。

⑩词锋:比喻文章议论犀利如锋芒。学浪:比喻学识如波涛汹涌。

⑪功曹:官名,即功曹参军事,掌管吏考课、差遣、贡举、学校及祭祀、表疏、书启、医药、陈设之事。张署:河间(今属河北)人,历武功尉、监察御史,贞元十九年(803)以谏官市贬临武令,二十年(804)量移江陵功曹参军,与韩愈过从,唱酬甚密。

⑫御史:指监察御史,隶御史台察院,掌分察百僚、巡按州县、纠视刑狱、整肃朝仪等。

【译文】

　　○韩公英豪雄伟不世出,才华名声冠绝一世,继承从尧舜到孔孟的道德统系,探明各位圣人的本心,靠一己之力挽救将倒的狂澜,诗文辞采光辉灿烂,齐梁以来的绮丽浮艳风气,一丝一毫都荡涤干净。作品有端正冠冕、佩戴玉器的君子气度,又有符合音律的如钟磬之音一般铿锵有力的韵律节奏,作为一代文坛宗主,让衰败的纲纪再次振兴,哪是容易评论的啊? 本来就没有言语足够用来赞美叙述他的。至于他的歌诗累积上百篇,驱使驾驭的气势,就像掀开乌云的雷声和奔跑的闪电,在天地的边缘撑开抉裂,他的文笔如刀锋般犀利,学识如波涛般奔涌,早就有论定的声价了啊。当时功曹参军张署也善于写诗,与韩公同时担任监察御史,又一同被贬谪迁移,他们酬唱赠答的作品在集子中可以看到。有诗赋、杂文等作品四十卷,如今流行在世。

柳宗元

　　宗元,字子厚,河东人①。贞元九年苑论榜第进士②,又试博学宏辞③,授校书郎④,调蓝田县尉⑤,累迁监察御史里行⑥。与王叔文、韦执谊善⑦,二人引之谋事,擢礼部员外郎⑧,欲大用。值叔文败,贬邵州刺史⑨,半道有诏,贬永州司马⑩。遍贻朝士书言情⑪,众忌其才,无为用心者。元和十年,徙柳州刺史⑫。时刘禹锡同谪,得播州⑬,宗元以播非人所居,且禹锡母老,具奏以柳州让禹锡,而自往播,会大臣亦有为请者⑭,遂改连州⑮。宗元在柳多惠政⑯,及卒,百姓追慕,立祠享祀⑰,血食至今⑱。

【注释】

　　①河东:郡名,治所在今山西永济,为柳宗元郡望。

②苑论：贞元九年（793）癸酉科状元，字言扬，马邑（今山西朔州）人。

③博学宏辞：制科考试科目之一。

④校书郎：当为集贤殿正字，掌刊辑经籍。

⑤蓝田：县名，治所在今陕西蓝田。

⑥监察御史里行：官名，隶御史台察院，跟监察御史相比，俸禄稍减，职事略同。

⑦王叔文："永贞革新"的核心人物之一。韦执谊：京兆（今陕西西安）人，唐顺宗即位，为尚书左丞、同中书门下平章事，唐宪宗时贬为崖州司户，卒于贬所。

⑧礼部员外郎：官名，为尚书省礼部礼部司副长官，掌礼乐、学校、衣冠、符节、表疏等。

⑨邵州：州名，治所在今湖南邵阳。

⑩永州：州名，治所在今湖南零陵。司马：官名，协助处理府州公务，边远州司马常作为官员的贬降之职。

⑪贻（yí）：赠送。

⑫柳州：州名，治所在今广西柳州。

⑬播州：州名，治所在今贵州遵义。

⑭大臣：指裴度。

⑮连州：州名，治所在今广东连州。

⑯惠政：仁惠之政。

⑰立：原作"至"，据孙映逵《校注》本、正保本改。享祀：祭祀。

⑱血食：祭祀须杀牲取血，因谓宗庙、社稷之神主享受牺牲为血食。

【译文】

柳宗元，字子厚，河东人。贞元九年（793）苑论那一榜的进士，又考中博学宏词科，授任校书郎，调任蓝田县县尉，累积迁升为监察御史里行。跟王叔文、韦执谊关系很好，二人引荐他一起谋划永贞革新，提拔他担任礼部员外郎，想要加以重用。恰好遇到王叔文倒台，柳宗元也被贬谪为邵州刺史,半路上又下诏令,贬为永州司马。柳宗元给朝廷士人遍送书信让他们念念旧情,众人妒忌他的才华,没有真的为他用心说情。元和十年(815)迁任为柳州刺史,当时刘禹锡跟他一起被贬谪,被贬到播州,柳宗元认为播州不是人居住的地方,况且刘禹锡母亲已经年老,备好奏疏要把柳州让给刘禹锡,而自己前往播州,碰巧有大臣也为刘禹锡说情,就改为让刘禹锡担任连州刺史。柳宗元在柳州多有仁惠之政,等到去世,百姓怀念追慕,建立祠堂祭祀他,到今天仍然杀牲取血来祭祀。

　　公天才绝伦,文章卓伟,一时辈行,咸推仰之。工诗,语意深切,发纤秾于简古,寄至味于淡泊,非余子所及也[①]。司空图论之曰[②]:"梅止于酸,盐止于咸,饮食不可无,而其美常在酸咸之外,可以一唱而三叹也。"子厚诗在陶渊明下,韦应物上,退之豪放奇险则过之,而温厉靖深不及也[③]。今诗赋杂文等三十卷传于世。

【注释】

①"发纤秾(nóng)于简古"以下几句:采自苏轼《书黄子美诗后》一文。纤秾,纤秀浓郁。

②司空图:字表圣,河中虞乡(今山西永济)人。历官中书舍人等职,后归隐中条山王官谷,后梁开平二年(908)闻唐哀帝被杀,不食而卒。其诗论强调"韵外之致""味外之旨"。传见本书卷八。辛文房下引司空图对柳宗元的评语,来自苏轼《书黄子美诗后》,其论则本于司空图《与李生论诗书》。

③"子厚诗在陶渊明下"以下几句:采自苏轼《评韩柳诗》。陶渊明,字元亮,一说名潜字渊明,浔阳柴桑(今江西九江)人。其诗韵味隽永,风格平淡,开创田园诗体,对唐以后诗歌甚有影响。退之,

即韩愈。温厉,据苏轼《评韩柳诗》,当为"温丽"。

【译文】

　　柳公天赋才华精彩绝伦,诗文卓绝雄伟,一时间的同辈之人,都推崇仰慕他。擅长写诗,诗歌语言和意思都深刻贴切,在简练古朴的语句中散发着纤秀浓郁的色泽,在恬静淡泊的诗意中寄托着最深的韵味,不是其他诗人所能赶上的啊。司空图评论他的诗歌说:"梅只有酸,盐只有咸,饮食离不开梅盐,饮食的美味却常常在酸咸味道之外,诗歌韵味也像这样,可以一唱三叹而余韵不绝啊。"柳宗元的诗歌成就在陶渊明诗歌之下,在韦应物诗歌之上,韩愈诗歌中的豪放奇险超过柳宗元的诗歌,但在温润明丽而隽永深刻方面却比不上柳宗元的诗歌啊。如今诗赋、杂文等共有三十卷,流传在世。

陈羽

　　羽,江东人①。贞元八年礼部侍郎陆贽下第二人登科②,与韩愈、王涯等共为龙虎榜③,后仕历东宫卫佐④。羽工吟,与灵一上人交游唱答⑤。写难状之景,了了目前;含不尽之意,皎皎言外。如《自遣》诗云:"稚子新能编笋笠,山妻旧解补荷衣。秋山隔岸清猿叫,湖水当门白鸟飞⑥。"此景何处无之,前后谁能道者?二十八字,一片画图,非造次之谓也⑦。警句甚多。有集传于世。

【注释】

　　①江东:一名江左,今芜湖、南京间长江河段以东地区。

　　②礼部侍郎:据学者考证,当为兵部侍郎,掌天下武将选授及地图、甲仗等。

③龙虎榜：科举时代称一时知名之士同登一榜为"龙虎榜"。《新唐书·欧阳詹传》："举进士，与韩愈、李观、李绛、崔群、王涯、冯宿、庾承宣联第，皆天下选，时称'龙虎榜'。"

④东宫卫佐：东宫诸率府录事参军事之类的职务。

⑤灵一上人：俗姓吴，人称一公，又称远公，广陵（今江苏扬州）人。居若耶溪云门寺，又移居余杭宜丰寺。禅诵之余，工于作诗。传见本书卷三。

⑥"稚子新能编笋笠"以下几句：此诗似为七律残句，待考。诗意谓孩子刚学会用笋壳编蓑衣，妻子则早就明白怎么缝补我那荷叶做的衣服（指隐士衣服）。隔着河岸的秋山里猿猴清叫，正对着门的湖水上白鸟翱翔。这是一幅由近及远的山水家居图。

⑦造次：轻率随便之事。

【译文】

陈羽，江东人。贞元八年（792）在礼部侍郎陆贽主持的考试中以第二名的成绩考中进士，跟韩愈、王涯等名士同在龙虎榜中，后来做官做到东宫卫佐。陈羽工于吟诗，跟灵一上人结友游览，酬唱赠答。描写难以形容的景象，分明就在眼前；蕴含着难以穷尽的意味，明明白白见于言外。比如《自遣》诗句说："稚子新能编笋笠，山妻旧解补荷衣。秋山隔岸清猿叫，湖水当门白鸟飞。"这样的景象哪里没有，但在他前后哪个人形象地写出来过？二十八个字，就描绘出一段图画，不是随随便便能写出来的啊。陈羽精警的诗句很多。有集子流传在世。

刘禹锡

禹锡，字梦得，中山人①。贞元九年进士，又中博学宏词科，工文章。时王叔文得幸，禹锡与之交，尝称其有宰相器②。朝廷大议③，多引禹锡及柳宗元与议禁中。判度支、盐铁案④，凭藉其势，多中伤人，御史窦群劾云⑤："挟邪乱政。"即日罢。宪宗立，叔文败，斥朗州司马⑥。州接夜郎⑦，俗信巫鬼，每祠，歌《竹枝》⑧，鼓吹俄延⑨，其声伧伫⑩。禹锡谓屈原居沅湘间⑪，作《九歌》，使楚人以迎送神，乃倚声作《竹枝辞》十篇⑫，武陵人悉歌之⑬。始，坐叔文贬者，虽赦不原。宰相哀其才且困⑭，将澡用之⑮，乃悉诏补远州刺史，谏官奏罢之。

【注释】

①中山：古中山国，在今河北唐县东北，为刘禹锡郡望，其真实籍贯当为河南洛阳。

②器：才干。

③大议：朝廷的重大决策。

④判度支、盐铁案：指掌管度支、盐铁事务。度支，中唐以后，为筹措军费，常特派大臣专判度支，称度支使，掌管天下租赋物产，岁计所出而支调之，故名。盐铁，中唐以后，设盐铁转运使，掌盐铁专卖之事，是重要的财政官员。

⑤御史：指侍御史，隶御史台台院，掌纠举百僚，推鞫狱讼，职权甚重。窦群：字丹列，贞元二十年（804）迁侍御史，与王叔文等不和，出为唐州刺史。传见本书卷四。

⑥朗州：州名，治所在今湖南常德。

⑦夜郎：古国名，主要在今贵州西部、北部，云南东北部及四川南部与贵州交接地区，居民有夷、濮、羌、僰等，统称夜郎。

⑧《竹枝》：一种乐曲，源出巴歌，古时巴人于欢会时以竹枝击鼓，且歌且舞，故名。

⑨鼓吹：原指乐器合奏的鼓吹乐，这里指演奏。俄延：拖沓缓慢。

⑩伧伫（cāng níng）：形容边地语言音调与中原不同，发声粗重。

⑪屈原:名平,字原,战国楚人。与楚王同姓,初得怀王信任,修明法度,改革政治,联齐抗秦,后遭谗毁,放逐汉北。顷襄王时长期流放沅、湘,当地信巫好祀,其祀必作乐歌,鼓舞以乐诸神,屈原见其词鄙陋,因作《九歌》。

⑫《竹枝辞》十篇:据学者考证,刘禹锡在朗州作《竹枝词》两首,在夔(kuí)州(今重庆奉节)作《竹枝词》九首。

⑬武陵:县名,治所在今湖南常德武陵区,时为朗州州治。

⑭宰相:据学者考证,此宰相当为李吉甫。

⑮澡:洗脱。

【译文】

刘禹锡,字梦得,中山人。贞元九年(793)考中进士,又考中博学宏词科,善于写文章。当时王叔文甚得皇帝宠信,刘禹锡跟他交游,王叔文曾称赞他有宰相的才能。朝廷里重要的事情,往往召引刘禹锡和柳宗元到皇宫中讨论商议。刘禹锡主管度支、盐铁的方案、政策,凭借着王叔文的势力,经常攻击别人,侍御史窦群弹劾他说:"裹挟奸邪紊乱朝政。"窦群当天就被罢免了。唐宪宗登基,王叔文失势,刘禹锡被贬斥为朗州司马。朗州接近夜郎,当地风俗迷信巫师鬼神,每次祭祀,都要唱《竹枝词》,演奏得很拖沓,歌声粗鄙重浊。刘禹锡说屈原当年被流放在沅水、湘水之间,就在民歌基础上创作《九歌》,让楚人来迎接欢送神灵,于是就依照当地人的曲调创作《竹枝辞》十篇,朗州人都来传唱它们。起初,因为王叔文而被贬谪的官员,即使遇到朝廷大赦也不原谅。宰相哀怜他们的才华和困境,想要洗脱他们的罪名任用他们,请求皇帝下诏让他们都补任偏远州郡的刺史,谏官上奏阻止了这个建议。

时久落魄,郁郁不自抑,其吐辞多讽托远意,感权臣而憾不释。久之,召还,欲任南省郎①,而作《玄都观看花君子》诗②,语讥忿,当路不喜③,又谪守播州④。中丞裴度言⑤:

"播,猿狖所宅⑥,且其母年八十余,与子死决,恐伤陛下孝治,请稍内迁。"乃易连州⑦,又徙夔州⑧,后由和州刺史入为主客郎中⑨。至京后,游玄都咏诗⑩,且言:"始谪十年还辇下,道士种桃,其盛若霞。又十四年而来,无复一存,唯兔葵、燕麦动摇春风耳⑪。"权近闻者,益薄其行。裴度荐为翰林学士⑫,俄分司东都⑬,迁太子宾客⑭。会昌时⑮,加检校礼部尚书⑯,卒。

【注释】

①南省:尚书省的别称,唐中书、门下、尚书三省均在大内之南,而尚书省更在中书、门下二省之南,故称南省。

②《玄都观看花君子》:原诗题为《元和十年自朗州承召至京戏赠看花诸君子》,其诗云:"紫陌红尘拂面来,无人不道看花回。玄都观里桃千树,尽是刘郎去后栽。"诗意谓路上行人很多,尘土拂面,都说是看桃花回来。那千棵桃树种在玄都观里,都是我被贬谪离京之后所栽种的。本是感慨自己返京,变化很大,但很容易让人联想到朝廷里的官员如新栽的桃树一样都是新进的权贵。玄都观,道观名,位于唐长安城崇业坊。

③当路:即当权派。

④播州:州名,治所在今贵州遵义。

⑤中丞:官名,即御史中丞,为御史大夫的副职,掌理御史弹奏之事,审理刑案,国家举行大礼时乘车辂为先导。

⑥猿狖(yòu):泛指猿猴。

⑦连州:州名,治所在今广东连州。

⑧夔(kuí)州:州名,治所在今重庆奉节。

⑨和州:州名,治所在今安徽和县。主客郎中:官名,为尚书省礼部

主客司长官,掌二王后代子孙和诸藩朝见等事。

⑩咏诗:指《再游玄都观绝句》:"百亩庭中半是苔,桃花净尽菜花开。种桃道士归何处? 前度刘郎今又来。"诗意谓百亩庭院中大半是荒芜的青苔,桃树不知所踪,只有菜花还在盛开。那位种植桃树的道士如今去了哪里呢? 上次来过的刘郎今天又来了。种桃的道士杳无踪影,我刘禹锡却再度回来,有经历政治风雨、不为所惧的豪情,也有不能不再次返京的无奈。

⑪"始谪十年还辇下"以下几句:出自《再游玄都观绝句》诗小引。辇(niǎn)下,"辇毂下"的省称,帝辇之下,代指京城。兔葵,亦作菟葵,野生草本植物。燕麦,即野麦,生于荒野,燕雀所食,故名。

⑫翰林学士:据学者考证,当为集贤殿学士,掌修撰图书典籍及侍从皇帝讲读经典史籍。

⑬分司:唐代于东都洛阳仿京师官府另置职官机构,在此任官者称分司。除分司御史有监察职责外,余皆闲职,一般用以安置老疾退罢大臣。

⑭太子宾客:官名,为太子官属,掌侍从、规谏、调护等。

⑮会昌:唐武宗年号(841—846)。

⑯礼部尚书:官名,为尚书省礼部长官,掌礼仪、祭祀、宴飨、贡举等事。

【译文】

当时刘禹锡长久地落魄在外,心中的郁闷之情难以抑制,他写出来的作品中多有讽刺和寄托的深意,想要以此来感动当权的大臣,但相互间的怨恨没有消除。很久之后,才被召回京师,准备任用为尚书省郎中,却创作了《玄都观看花君子》诗,诗歌语言含有讥讽怨懑,当权者不高兴,又把他贬谪到更远的播州做太守。御史中丞裴度上奏说:"播州,是猿猴所居住的远方,并且刘禹锡的母亲年纪八十多岁,跟刘禹锡分开就是死别,恐怕会有损陛下以孝治国的名声,恳请陛下稍微往内迁移一些。"才换成近一些的连州，又迁任夔州刺史，后来从和州刺史任上入朝担任主客郎中。到京师后，游览玄都观，又写一首诗，并且说："刚开始被贬谪十年才回到京师，玄都观里的道士栽种桃树，它们盛开的时候像云霞一样。又过了十四年再来，一棵桃树都没有了，只有菟葵和野麦还在春风中迎风摇动罢了。"权贵近臣听说后，更加鄙薄他的行为。裴度推荐他担任翰林学士，不久后去东都洛阳分设机构任职，迁任为太子宾客，会昌年间，加检校礼部尚书，去世。

　　公恃才而放，心不能平，行年益晏，偃蹇寡合^①，乃以文章自适。善诗，精绝，与白居易酬唱颇多^②，尝推为"诗豪"，曰："刘君诗，在处有神物护持^③。"有集四十卷，今传。

【注释】

①偃蹇：孤傲。

②白居易：字乐天，唐代著名诗人。传见本书卷六。

③在处：到处。神物：神灵。护持：爱护加持。

【译文】

　　刘公倚仗才华放荡不羁，心中愤愤不平，年纪越大，越孤傲，没有多少合得来的人，就拿诗文来自得其乐。他善于写诗，精彩绝伦，跟白居易酬唱的作品很多，白居易曾推许他为"诗豪"，说："刘君的诗歌，到处都有神灵爱护加持。"刘禹锡有集子四十卷，流传至今。

孟郊

　　郊，字东野，洛阳人^①。初隐嵩少^②，称处士^③。性介，不谐合。韩愈一见为忘形交^④，与唱和于诗酒间。贞元十二年李程榜进士⑤，时年五十矣⑥，调溧阳尉⑦。县有投金濑、平陵城⑧，林薄蓊翳⑨，下有积水，郊间往坐水傍，命酒挥琴，裴回赋诗终日⑩，而曹务多废⑪，县令白府，以假尉代之⑫，分其半俸。辞官家居。李翱分司洛中⑬，日与谈宴，荐于兴元节度使郑馀庆⑭，遂奏为参谋⑮，试大理平事⑯，卒。馀庆给钱数万营葬，仍赡其妻子者累年⑰，张籍谥为"贞曜先生"⑱，门人远赴心丧⑲。郊拙于生事⑳，一贫彻骨，裘褐悬结㉑，未尝俯眉为可怜之色，然好义者更遗之。

【注释】

①洛阳人：当为湖州武康（今浙江德清）人。

②嵩少：嵩山的别名，嵩山西为少室峰，故称嵩少。

③处士：称有才德而隐居不做官的人，后世泛指没做过官的读书人。

④忘形交：旧时交朋友不拘形迹（礼貌）、身份，叫作忘形交。

⑤李程：字表臣，贞元十二年（796）以《日五色赋》名震科场，状元及第，同年又以第一人登博学宏词科，后官至宰相。

⑥年五十：据学者考证，孟郊四十六岁考中进士，五十岁任溧阳县尉，辛文房误。

⑦溧（lì）阳：县名，治所在今江苏南京溧阳区。

⑧投金濑（lài）：在今江苏溧阳溧水上，《吴越春秋·阖闾内传第四》载伍子胥伐楚师还，"过溧阳濑水之上，乃长太息曰：'吾尝饥于此，乞食于一女子。女子饲我，遂投水而亡。'将欲报以百金，而不知其家，乃投金水中而去"。后人称其地为"投金濑"。平陵城：古城名，战国时楚有金陵邑，在今江苏南京溧阳区西北。

⑨林薄：草木丛生的地方。蓊翳（wěng yì）：形容草木茂密。

⑩裴回：即徘徊。

⑪曹务：官署分科掌管的事务。

⑫假尉：代理县尉。

⑬李翱：字习之，陇西成纪（今甘肃秦安）人，官至山南东道节度使。从韩愈学古文，是古文运动的重要参加者。元和元年（806）为国子博士、史馆修撰，分司东都。

⑭兴元：府名，即山南西道节度，治所在今陕西汉中。郑馀庆：字居业，郑州荥阳（今属河南）人。贞元十四年（798）拜中书侍郎、平章事，元和九年（814）出为兴元尹、山南西道节度使。

⑮参谋：官名，节度使属官，掌参议谋划军事。

⑯大理平事：官名，即大理评事，大理寺属官，掌推按刑狱。

⑰妻子：妻子儿女。据韩愈《贞曜先生墓志铭》，孟郊无子。

⑱张籍：字文昌，乐府诗与王建齐名，世称"张王乐府"，与孟郊相识颇早。传见本书卷六。

⑲心丧：古时老师死后，弟子不穿丧服，只在心里悼念，叫心丧。《礼记·檀弓上》："事师无犯无隐，左右就养无方，服勤至死，心丧三年。"

⑳生事：生计。

㉑裘褐：粗衣。悬结：即挂结，打着各种补丁。

【译文】

孟郊，字东野，洛阳人。起初隐居在嵩山，自称处士。性格刚介，不够随和。韩愈一遇见他，二人就成为不顾形迹的好友，在写诗喝酒之间互相唱和。贞元十二年（796）李程那一榜的进士，当时年纪已五十岁了，调任溧阳县尉。县域中有投金濑、平陵城，草木葱茏茂密，下面还有积水，孟郊隔天就来坐在水边，喝酒弹琴，徘徊不去，整天在那里写诗，可是分管的事务就大多耽误，县令上报州府，让代理县尉来代替他，把他俸禄的一半分给代理县尉。孟郊就辞去官职住在家里。李翱在洛阳当官，每天跟他聊天宴会，把他推荐给兴元尹、山南西道节度使郑馀庆，郑馀庆上奏让他担任参谋，试任大理评事，去世。郑馀庆送给他的家人好几万钱帮忙办葬礼，还赡养他的妻子儿女很多年，张籍给他取谥号，称作"贞曜先生"，他的弟子从远处赶来服心丧。孟郊在谋生方面很笨拙，一穷就穷到骨子里，粗布衣服上打满补丁，却未曾低眉做出可怜的脸色，但那些喜好道义的人更相接济他。

　　工诗，大有理致，韩吏部极称之①，多伤不遇，年迈家空，思苦奇涩，读之每令人不欢②，如"借车载家具，家具少于车"③。如《谢炭》云"吹霞弄日光不定，暖得曲身成直身"④，如"愁人独有夜烛见，一纸乡书泪滴穿"⑤，如《下第》云"弃置复弃置，情如刀剑伤"之类⑥，皆哀怨清切，穷入冥搜。其初登第，吟曰："昔日龌龊不足嗟，今朝旷荡恩无涯。春风得意马蹄疾，一日看尽长安花⑦。"当时议者亦见其气度窘促⑧，卒漂沦薄宦⑨，诗谶信有之矣！天实为之，谓之何哉⑩！李观论其诗曰"高处在古无上，平处下顾二谢"云⑪。时陆长源工诗⑫，相与来往，篇什稍多⑬，亦佳作也。有《咸池集》十卷，行于世。

【注释】

①韩吏部：即韩愈，曾任吏部侍郎，故称。

②令人不欢：说明孟郊诗有感染力，尽管不是好的感染力，一如电视剧中有的坏角色，看得让人切齿，恰是其演得成功处。

③"借车载家具"两句：引诗题为《借车》，诗意谓借辆马车来装运家里的器具，发现家里的器具比这辆车还少。家具装不满一车，可谓一贫如洗。

④"吹霞弄日光不定"两句：诗题一作《答友人赠炭》，诗意谓在友人

送来的木炭火炉边，一会儿吹吹渐红如霞的木炭，一会儿拨弄拨弄炭灰让木炭如太阳般耀眼，温暖的木炭火光不定，把我冻得蜷曲的身体暖成挺直的身板了。

⑤"愁人独有夜烛见"两句：引诗题为《闻夜啼赠刘正元》，诗意谓孤独的忧愁之人只有夜晚的烛光照着他，照着他不停流泪，把面前的一纸家信都湿透了。乡书，指家信。

⑥"弃置复弃置"两句：诗题一作《落第》，诗意谓一次又一次落第，那心情像被刀剑一次又一次残忍地割伤。弃置，抛弃，搁置。

⑦"昔日龌龊不足嗟"以下几句：引诗题为《登科后》，诗意谓过去没考上不得志不必嗟叹，今天考上心情开朗感谢皇恩浩荡无边。连春风吹在身上都得意洋洋，马蹄也比以前轻快，快到一天就能把整个长安的花朵看完。本意是拿"一日看尽长安花"来形容"马蹄疾"，没想到后人断章取义，只看"尽"字，故以为孟郊后来仕途不顺，是因为考中进士这天已花完运气，视之为诗谶，实乃歪曲诗意。

⑧窘促：窘迫局促。

⑨薄宦：指官职卑微，仕途不甚得意。

⑩"天实为之"两句：语出《诗经·邶风·北门》："已焉哉，天实为之，谓之何哉！"

⑪李观：字元宾，陇西（今属甘肃）人。贞元八年（792）与韩愈、李绛、王涯、等同登进士第，时称"龙虎榜"。又连中宏辞科，授太子校书郎，年仅二十九卒，长于古文。下引论孟郊之言见《上梁补阙荐孟郊崔宏礼书》。二谢：南朝刘宋诗人谢灵运与萧齐诗人谢朓之合称，二人诗皆以描写山水见长，清新流丽，对山水诗派的形成有较大影响。

⑫陆长源：字泳之，贞元十二年（796）授宣武军行军司马，十五年（799）知留后事，死于汴州兵变，工诗文。与孟郊唱酬甚密。

⑬篇什：篇章。

【译文】

孟郊善于写诗，极有条理和兴致，吏部侍郎韩愈极力称赞他的诗歌，诗中多是伤怀不遇，年纪老大，家业空荡，构思勤苦，奇特晦涩，总是让人读了不畅快，如"借车载家具，家具少于车"，又如《谢炭》诗说"吹霞弄日光不定，暖得曲身成直身"，又比如"愁人独有夜烛见，一纸乡书泪滴穿"，再比如《下第》诗说"弃置复弃置，情如刀剑伤"之类，都哀伤悲怨，清亮凄切，是穷尽人力苦思冥想出来的。他刚考中进士，就写诗说："昔日龌龊不足嗟，今朝旷荡恩无涯。春风得意马蹄疾，一日看尽长安花。"当时议论的人也看出他的气量器度比较狭小，最终漂泊沉沦在微小的官职上，看来诗谶确实是存在的啊！老天着实要这样，还能说什么呢！李观评论他的诗歌说"高妙的地方在古代也是天下无双的，平平的地方也能拿来俯视谢灵运和谢朓"。当时陆长源善于写诗，与孟郊互相往来酬唱，篇章渐渐变多，也都是好作品啊。孟郊著有《咸池集》十卷，流行在世。

戴叔伦

叔伦，字幼公，润州金坛人①。师事萧颖士为门生②。赋性温雅，善举止，能清谈，无贤不肖，相接尽心。工诗。贞元十六年陈权榜进士③，尝在租庸幕下数年④，夕惕匪怠⑤。吏部尚书刘公与祠部员外郎张继书⑥，博访选材⑦，日揖宾客，叔伦投刺⑧，一见称心，遂就荐。累迁抚州刺史⑨。政拟龚、黄⑩，民乐其治，圜扉寂然⑪，鞠为茂草⑫，诏书褒美，封谯郡男⑬，加金紫⑭。后迁容管经略使⑮，威名益振，治亦清明，仁恕多方，所至称最。德宗赋《中和节诗》⑯，遣使者宠赐，世以为荣。还，上表请为道士，未几卒。叔伦初以淮、汴寇乱⑰，鱼肉江上⑱，携亲族避地来鄱阳⑲，肆业勤苦⑳，志乐清虚，闭门却扫，与处士张众甫、朱放素厚㉑，范、张之期㉒，曾不虚月㉓。诗兴悠远，每作惊人。有《述稿》十卷，今传于世。

【注释】

①润州：州名，治所在今江苏镇江。金坛：县名，治所在今江苏常州金坛区。

②萧颖士：字茂挺，颍州汝阴（今安徽阜阳）人。开元二十三年（735）举进士第，对策第一，授金坛尉，官终扬州功曹参军。与李华齐名，世称"萧李"，唐代古文运动先驱，广收门徒，人称"萧夫子"。

③陈权：贞元十六年（800）庚辰科状元。

④租庸：古代交纳谷帛及交纳绢帛代役的税制。丁男、中男授田一顷，每年输粟二石，谓之租。凡丁，每年无偿服役二十日，若不服役，每日交绢三尺，谓之庸。这里指掌管租庸的机构。

⑤夕惕（tì）：谓至夜晚仍怀怵惕，不敢怠慢。

⑥吏部尚书：官名，尚书省吏部长官，掌文选、勋封、考课之政令。刘公：即刘晏，字士安，唐代名臣。代宗时任吏部尚书、同平章事，以长于理财闻名。祠部员外郎：官名，尚书礼部祠部司副长官，掌管祭祀、占卜、天文等。张继：字懿孙，襄州（今湖北襄阳）人。天宝进士，曾官洪州盐铁判官、检校祠部员外郎。书：即书信。书信内容，据高仲武《中兴间气集》所载为"揖对宾客，如叔伦者，一见称心"，希望张继推荐人才的时候，以戴叔伦为标准，辛文房误读，遂理解为戴叔伦来应征，不妥。

⑦博访选材：原作"访选才"，据孙映逵《校注》本、正保本改。

⑧投刺：递名帖求见。刺即名刺、名帖。

⑨抚州：州名，治所在今江西临川。

⑩龚、黄：即汉代循吏龚遂、黄霸。龚遂曾为渤海太守，黄霸曾为颍川

太守,二人皆是善于理郡、政绩突出的良吏,事详《汉书·循吏传》。

⑪ 圜扉:监狱门,代指监狱。

⑫ 鞠(jū)为茂草:长满了草。语出《诗经·小雅·小弁》。鞠,鞠育,这里指生长。

⑬ 谯郡男:当为谯县男,爵名。谯,县名,治所在今安徽亳州谯城区。

⑭ 金紫:指金鱼袋与紫衣,是对官员的一种褒赏。

⑮ 容管经略使:官名,容州官内经略使的简称,治所在今广西容县。

⑯ 中和节:贞元五年(789)设置,唐德宗因以前上巳日(三月上旬的巳日)常与寒食节同时,乃准李泌请,以二月初一为中和节,时文武百僚进农书,献农种,民间以青囊盛百谷瓜果种相送,号为献生子,村社作中和酒,祭句芒神(主管草木、庄稼之神),祈年谷。

⑰ 淮、汴寇乱:指安史之乱。

⑱ 鱼肉江上:指永王李璘在江东叛乱。鱼肉,喻指任人宰割、屠戮,这里指戴叔伦等被残害者。

⑲ 鄱阳:县名,治所在今江西鄱阳。

⑳ 肄业:修习课业。

㉑ 张众甫:字子初,早年隐居,广德元年(763)入刘晏转运幕,约大历初任寿安县尉,罢任侨居润州丹阳(今属江苏)。工诗,婉媚绮错,工于兴喻。传见本书卷三。朱放:字长通,大历中曾入江西节度使幕府任参谋。工诗,多写隐居生活,与戴叔伦、刘长卿、皎然、李季兰等有往来唱和。传见本卷前文。

㉒ 范张之期:像范式和张劭那样的聚会。《太平御览》卷四〇七引谢承《后汉书》曰:“范式字巨卿,山阳金乡人。少游太学,与汝南张劭为友,劭字元伯。二人并告归乡里,式谓元伯曰:‘后二年当还,将过拜尊亲,见孺子焉。’乃共克期。至日,巨卿果到。升堂拜母,饮尽欢而别。”宫天挺据此作元杂剧《死生交范张鸡黍》。此指亲密朋友间的约会。

㉓曾不虚月：没有空过一个月，指每月都欢聚。

【译文】

戴叔伦，字幼公，润州金坛人。拜萧颖士为师，入其门下学习。禀性温文儒雅，举止大方得体，能够清谈，无论是贤士还是不良之人，交接起来都倾心相待。善于写诗。贞元十六年（800）陈权那一榜的进士，曾在租庸使幕府下就职多年，从早到晚都戒惧反省不敢懈怠。吏部尚书刘晏给祠部员外郎张继写信，信中让他广博地寻访选拔人才，每天要揖对宾客，戴叔伦投名帖，一见到就称心如意，便接受张继的推荐。戴叔伦后来累升迁为抚州刺史。他的政绩被比作龚遂和黄霸，百姓喜欢他的治理，监狱里空寂没有囚犯，长满了茂盛的杂草，皇帝下诏书褒奖赞美，封他为谯县男爵，加赐金鱼袋和紫衣。后来升任容管经略使，威严的名声越发传扬，治理也很清明，用多种方法推行仁恕之道，所到任的地方百姓都称颂为最好。唐德宗写《中和节诗》，派遣使者赐给他以示恩宠，世人都认为这是巨大的荣耀。还朝，上表奏请去做道士，不久去世。戴叔伦起初因为安史叛军扰乱淮水、汴水地区，永王李璘又在江东鱼肉百姓，就携带亲友族人躲避战乱来到鄱阳县，他在此刻苦读书，情志乐在清净虚寂，关门洒扫庭院，跟隐士张众甫、朱放一直友谊深厚，像范式和张劭那样的聚会约定，从没有一个月不践行的。戴叔伦诗歌兴致悠长深远，每有作品就震惊众人。他著有《述稿》十卷，如今流传在世。

张仲素

仲素，字绘之，贞元十四年李随榜进士①，与李翱、吕温同年②。以中朝无援不调③，潜耀久之④。复中博学宏辞，始任武康军从事⑤。贞元二十年迁司勋员外郎⑥，除翰林学士。时宪宗求卢纶诗文遗草⑦，敕仲素编集进之。后拜中书舍人。仲素能属文,法度严确。魏文帝有云⑧:"文以意为主,以气为辅,以词为卫。"此言得之矣。其每词未达而意先备也。善诗,多警句。尤精乐府,往往和在宫商⑨,古人有未能虑者。集一卷及《赋枢》三卷,今传。

【注释】

①李随:贞元十四年(798)戊寅科状元,姑臧(今甘肃武威)人,穆宗长庆中,官至秘书少监、秘书监。

②李翱:字习之,从韩愈学古文,唐代散文家、思想家。吕温:字和叔,传见本卷后文。

③中朝:即朝中。

④潜耀:隐藏光辉,形容不显达。

⑤武康军:据白居易《燕子楼诗序》,当为"武宁军",方镇名,治所在今江苏徐州。

⑥贞元二十年:据学者考证,任职司勋员外郎在元和十年(815),辛文房误。司勋员外郎:官名,尚书省吏部司勋司副长官,掌官吏勋级。

⑦卢纶:字允言,传见本书卷四。遗草:遗存手稿。

⑧魏文帝:辛文房承魏庆之《诗人玉屑·命意》之误,实当为杜牧,以下所引本于杜牧《答庄充书》:"凡为文以意为主,气为辅,以辞彩章句为之兵卫。"魏文帝曹丕《典论·论文》则主张"文以气为主"。意指作品的立意,气指作家的禀性气质。

⑨宫商:五音中的宫音和商音,泛指音乐。

【译文】

张仲素,字绘之,贞元十四年(798)李随那一榜的进士,跟李翱、吕温同榜。因为朝中无人援手而没有调任官职,沉潜埋没很久。又考中博学宏辞科,才开始担任武康军节度使府的佐吏。贞元二十年(804)升迁为司勋员外郎，除授翰林学士。当时唐宪宗正搜求卢纶死后遗留的诗歌、文章手稿，下令让张仲素编辑汇集进献卢纶的集子。后来拜任中书舍人。张仲素能写文章，法度严密。魏文帝曾说过："文章要以命意为主，以秉性气质为辅，以辞藻为拱卫。"这句话很得张仲素文章的要义啊。张仲素的文章往往还未遣词而文意先已完备了。善于写诗，多有精警诗句。尤其精于乐府诗，常跟音乐和谐无间，有的地方是古代诗人都没有想到的。张仲素著有集子一卷和《赋枢》三卷，流传至今。

吕温

　　温，字和叔①，河中人②。初从陆质治《春秋》③，梁肃为文章④。贞元十四年李随榜及第⑤，中宏辞⑥。与王叔文厚善，骤迁左拾遗，除侍御史。使吐蕃⑦，留不得遣弥年⑧。温在绝域⑨，常自悲惋⑩。元和元年还，进户部员外郎⑪。与窦群、羊士谔相爱⑫，群为中丞⑬，荐温为御史⑭，宰相李吉甫持久不报，会吉甫病，夜召术士，群等因奏之，事见群传⑮。上怒，贬筠州⑯，再贬道州刺史⑰，诏徙衡州⑱，卒官所。温藻翰精赡，一时流辈咸推尚。性险躁⑲，谲怪而好利⑳。今有集十卷，行于世。

【注释】

①和叔：一字化光。

②河中：府名，治所在今山西永济。

③陆质：字伯冲，吴郡（今江苏苏州）人。原名淳，避宪宗讳改。参与永贞革新，召为给事中、太子侍读，病卒，门人私谥"文通先生"。长于经学，师事赵匡，匡师从啖助，尽得二家《春秋》之学，务究大

义，多有异议，开宋儒怀疑经传之先河，有《春秋纂例》《春秋微旨》《春秋辨疑》等著作。

④梁肃：字敬之，唐代古文运动先驱。

⑤李随：贞元十四年（798）戊寅科状元。

⑥宏辞：即博学宏词科。

⑦吐蕃：唐朝时藏族所建政权，七至九世纪在今青藏高原建立。

⑧留不得遣：当时唐德宗驾崩，唐顺宗继位，吕温被留在吐蕃一年多。

⑨绝域：极为遥远的异域，此指青藏高原。

⑩悲惋：悲痛惋惜。

⑪户部员外郎：官名，尚书省户部户部司副长官，与户部郎中共掌户口、土田、赋役等事。

⑫羊士谔：传见本卷前文。

⑬中丞：指御史中丞。

⑭御史：官名，此为知杂侍御史，以年资最老的侍御史充任，主管御史进名、改迁以及台内一切事务，号称台端，亦谓之杂端。

⑮群传：指《窦群传》，见本书卷四。

⑯筠州：当为均州，治所在今湖北丹江口。

⑰道州：州名，治所在今湖南道县。

⑱衡州：州名，治所在今湖南衡阳。

⑲险躁：阴险暴躁。

⑳谲怪：诡诈。

【译文】

吕温，字和叔，河中人。起初跟随陆质研习《春秋》之学，跟随梁肃学习写文章。贞元十四年（798）李随那一榜的进士，又考中博学宏词科。跟王叔文关系很好，越级提拔为左拾遗，除授侍御史。出使吐蕃，留在那里一年多不能遣归。吕温在遥远的异域，常常为自己悲伤惋惜。元和元年（806）还朝，升任户部员外郎。跟窦群、羊士谔互相爱赏，窦群为御史中丞,荐举吕温为知杂侍御史,宰相李吉甫扣住荐举书长时间批复,适逢李吉甫生病,夜里召集方术之士,窦群等趁机把这事上奏给皇帝,事情经过参见本书《窦群传》。唐宪宗震怒,把吕温贬谪到均州,再贬为道州刺史,下诏迁任衡州刺史,后来死在任职的地方。吕温辞藻精巧赡足,受到一时同辈的推服崇尚。他为人阴险急躁,谲诈不实,贪财好利。现在有集子十卷,流行在世。

张籍

　　籍,字文昌,和州乌江人也[①]。贞元十五年封孟绅榜及第[②],授秘书郎[③],历太祝[④],除水部员外郎[⑤]。初至长安[⑥],谒韩愈,一会如平生欢[⑦],才名相许,论心结契[⑧],愈力荐为国子博士。然性狷直,多所责讽于愈[⑨],愈亦不忌之。时朝野名士皆与游,如王建、贾岛、于鹄、孟郊诸公集中[⑩],多所赠答,情爱深厚。皆别家千里,游宦四方,瘦马羸童,青衫乌帽[⑪],故每邂逅于风尘[⑫],必多殷勤之思[⑬],衔杯命素[⑭],又况于同志者乎?声调相似,况味颇同。公于乐府古风,与王司马自成机轴[⑮],绝世独立。自李、杜之后[⑯],风雅道丧[⑰],至元和中,暨元、白歌诗[⑱],为海内宗匠[⑲],谓之"元和体"[⑳],病格稍振,无愧洪河砥柱也[㉑]。乐天赠诗曰:"张公何为者?业文三十春。尤工乐府词,举代少其伦[㉒]。"仕终国子司业[㉓]。有集七卷,传于世。

【注释】

　　①乌江:县名,治所在今安徽和县乌江镇。张籍曾住在和州乌江,出

生地当为吴郡(今江苏苏州)。

②封孟绅:贞元十五年(799)己卯科状元,曾任太常卿。

③秘书郎:官名,掌四部图籍,凡课写功程皆判之。据学者考证,张籍先为太祝,后历国子助教、秘书郎、水部员外郎等职,辛文房误载。

④太祝:官名,太常寺属官,掌出纳神主及跪读祝文等。

⑤水部员外郎:官名,为尚书省工部水部司副长官,掌管天下河流、灌溉、水运等。

⑥长安:韩愈与张籍实初见于汴州(今河南开封)。

⑦平生欢:素来相好。

⑧结契:结交投契。

⑨责讽:见张籍《上韩昌黎书》,如责怪韩愈不该老写"驳杂无实之说"之类。

⑩王建:传见本书卷四。贾岛:传见本卷前文。于鹄:传见本书卷四。孟郊:传见本卷前文。

⑪青衫:古代职位低的官员所穿青色长衫,唐制,文官八品九品服青。乌帽:即乌纱帽,唐代人闲居常戴。

⑫邂逅:相逢。

⑬殷勤:情意恳切。

⑭衔杯命素:喝酒写诗。命素,展纸写作。素,白绢,指纸。

⑮王司马:即王建,曾任陕州司马,故称。王建与张籍均长于乐府诗,并称"张王乐府"。机轴:源见"自出机杼",比喻诗文构思、格局和风格等。

⑯李、杜:李白和杜甫。传并见本书卷二。

⑰风雅道丧:即风雅之道沦丧。

⑱暨:同。元、白:元稹和白居易,"元和体"的代表性诗人,传并见本书卷六。

⑲宗匠:才艺为众所推崇的人。

⑳元和体：指元和时期的诗风，各家含义不同，在辛文房看来，似不仅指称元白诗歌，也包括张王乐府和韩孟诗派等。

㉑砥柱：山名，在今河南三门峡市东北黄河中，因山矗立水中如柱，故名，多喻指中坚力量或人物。

㉒"乐天赠诗"曰：引诗题为《读张籍古乐府》，诗意谓张籍是做什么的人呢？是从事文学创作三十年的诗人。尤其擅长写乐府诗，整个时代都很少有人能跟他相提并论。乐天，即白居易。

㉓国子司业：官名，国子监副长官，佐国子祭酒掌教育行政及考试国子诸学生徒之事。

【译文】

张籍，字文昌，和州乌江人。贞元十五年（799）封孟绅那一榜的进士，授任秘书郎，历任太祝，除授水部员外郎。张籍初到长安，拜谒韩愈，两人一见如故，互相赞许才华和名声，谈心结交，韩愈竭力推荐他担任国子博士。然而张籍性格狷狭耿直，常常责备、讽谏韩愈，韩愈也不因此而讨厌他。当时无论朝堂还是民间的有名文士都跟他交游，像王建、贾岛、于鹄、孟郊这些人的集子中，多有跟张籍赠送酬答的作品，彼此情谊非常深厚。他们都离开老家来到千里之外，在四方漂泊做官，骑着瘦马带着羸弱的童仆，穿着青衫戴着便帽，因此每次在尘世中相逢，必然产生很多恳切的情思，喝着酒在纸上写诗，何况他们还是志向相同的好友呢？他们的诗歌声韵格调比较相似，境况韵味也很相同。张籍在古乐府创作上，跟陕州司马王建一样，都是自出机杼，横绝一世，独成一家。自从李白、杜甫去世以后，风雅之道沦丧，到元和年间，张籍和元稹、白居易以乐府诗歌，成为天下人的宗师，他们的诗歌被称作"元和体"，已生弊病的诗歌格调才渐渐振兴起来，他们不愧为滔滔黄河水中的中流砥柱。白居易赠送给张籍的诗中说："张公何为者？业文三十春。尤工乐府词，举代少其伦。"官职最终做到国子司业。有集子七卷，流传在世。

雍裕之

裕之，蜀人①。有诗名。贞元后数举进士不第，飘零四方。为乐府②，极有情致。集一卷，今传。

【注释】

①蜀：或云成都人。

②乐府：即乐府诗。

【译文】

雍裕之，蜀人。有诗歌名声。贞元以后多次考进士都没考中，漂泊四方。创作乐府诗，特别有雅情逸致。著有集子一卷，流传至今。

权德舆

德舆，字载之，秦州人①。未冠，以文章称诸儒间。韩洄黜陟河南②，辟置幕府，复从江西观察使李兼府为判官③。德宗闻其材，召为太常博士，改左补阙④，中间累上书直言，迁起居舍人，贞元十五年知制诰⑤，进中书舍人。宪宗初，历兵部侍郎、太子宾客，以陈说谋略多中，元和五年自太常卿拜礼部尚书、同中书门下平章事⑥。德舆善辩论，开陈古今，觉悟人主。为辅相⑦，尚宽⑧，不甚察察⑨，封扶风郡公⑩。德舆能赋诗，工古调乐府，极多情致。积思经术，无不贯综，手不释卷，虽动止无外饰⑪，其酝藉风流，自然可慕。贞元、元和间，为荐绅羽仪⑫。有文集，今传，杨嗣复为序⑬。

【注释】

①秦州:州名,治所在今甘肃天水。

②韩洄:字幼深,德宗继位,担任淮南黜陟使。河南:当为淮南。

③观察使:官名,掌一道州县官的考绩及民政,初设于无节度使的地区,后与节度使职互兼。李兼:贞元元年(785)至六年(790)为江西观察使兼洪州刺史。判官:官名,为观察使的佐吏,协理政事,或备差遣。

④左补阙:官名,属门下省,掌供奉讽谏,大事廷议,小事上封事。

⑤贞元十五年:当为贞元十年(794)。

⑥太常卿:官名,太常寺长官,掌礼乐、郊庙、祭祀等事。

⑦辅相:辅佐帝王的宰相。

⑧尚宽:即以儒家仁厚为治。

⑨察察:斤斤计较。

⑩扶风:郡名,治所在今陕西凤翔。郡公:爵名,晋始有郡公之封,唐世因之。

⑪外饰:粉饰外表,即虚饰。

⑫荐绅:士大夫别称。羽仪:借指表率。

⑬杨嗣复:字继之,一字庆门,深于礼学,为权德舆贡举门生,后为同中书门下平章事,其诗多题咏。

【译文】

权德舆,字载之,秦州人。还没成年,就因文章写得好被诸位儒士所称道。韩洄担任淮南黜陟使时,征辟他在幕府中任职,又随从江西观察使李兼在他的使府下担任判官。唐德宗听说他的才能,下诏让他担任太常博士,改任左补阙,在职期间多次上奏书向皇帝直言进谏,迁任起居舍人,贞元十五年(799)担任知制诰,升任中书舍人。唐宪宗初期,担任过兵部侍郎、太子宾客,因为陈述表达的谋略多次有效,元和五年(810)从太常卿职位上拜任为礼部尚书、同中书门下平章事。权德舆善于辩论,能陈述古今治乱之理，来使皇帝能够领会体悟。担任宰相时期，崇尚仁厚之政，不斤斤计较，封为扶风郡公。权德舆能写诗，精于古风乐府，极富有情思兴致。多年深思儒学，没有不融会贯通的，手上总是拿着书，虽然行为举止没有刻意修饰，他的潇洒温文儒雅的风度，自然而然更加让人倾慕。贞元、元和年间，是当时士大夫的典范。权德舆著有文集，流传至今，杨嗣复为他的文集撰写了序言。

长孙佐辅

佐辅，朔方人①。举进士下第，放怀不羁。弟公辅，贞元间为吉州刺史②，遂往依焉。后卒不宦，隐居以求志。然风流酝藉，一代名儒。诗格词情，繁缛不杂，卓然有英迈之气。每见其拟古乐府数篇③，极怨慕伤感之心，如水中月，如镜中相，言可尽而理无穷也④。集今传。

【注释】

①朔方：郡名，治所在今陕西靖边。

②吉州：州名，治所在今江西吉安。

③拟古乐府：模拟古题乐府诗。

④"如水中月"以下几句：语本严羽《沧浪诗话·诗辨》："如空中之音，相中之色，水中之月，镜中之象，言有尽而意无穷。"

【译文】

长孙佐辅，朔方人。考进士没考中，放开怀抱自由不羁。弟弟长孙公辅，贞元年间担任吉州刺史，便前往依靠弟弟。后来最终没有做官，隐居起来追求自己本来的心志。然而风度儒雅气质潇洒，是一代名儒。诗歌的格调和文辞中的情感，繁复多样却并不驳杂，卓尔不群，有英豪超迈的气势。每次见到他那几篇拟古乐府诗，极尽哀怨倾慕伤怀感动的心情，就像水中的月影,就像镜中的影像,语言能够读完道理却没有穷尽。集子如今流传。

杨衡

衡,字中师,霅人①。天宝间避地西来,与符载、李群、李渤同隐庐山②,结草堂于五老峰下③,号"山中四友"④,日以琴酒寓意,云月遣怀。衡诗工,苦于声韵奇拔,非常格敢窥其涯涘⑤。尝吟罢,自赏其作,抵掌大笑⑥,长谣曰:"一一鹤声飞上天⑦!"谓其响彻如此,人亦叹伏。试大理评事⑧。往来多山僧道士,为方外之期。诗一卷,今传于世。

【注释】

①霅(zhá):辛文房承《唐诗纪事》之误,把霅溪人汤衡跟杨衡混为一谈,杨衡实为凤翔府陈仓县(今陕西宝鸡)人。

②符载:字厚之,蜀武都(今四川绵竹)人。早年与杨衡等隐居于四川青城山,建中元年(780)与杨衡等居庐山,号称"山中四友",官终监察御史。李群:据《唐摭言》卷二,他是合淝(今安徽合肥)人,曾任郎中。李渤:李涉之兄,参见本卷前文《李涉传》。

③五老峰:山峰名,在今江西九江南庐山东,悬崖突出,如五人相逐罗列之状,故称。

④山中四友:辛文房认为是杨衡、符载、李群和李渤,据学者考证,当为杨衡、符载、李演和王简言。李演,字元象,余不详。王简言,生平不详。

⑤涯涘:界限,边际。

⑥抵掌:击掌。

⑦鹤声：鹤的叫声非常响脆，故有风声鹤唳的成语，后来又以之形容笙箫之声如鸾鹤声，这里形容自己写的诗歌韵调响脆。此句意谓一声一声的鹤鸣，能够直达天壤，响彻云霄。

⑧大理评事：盖亦为汤衡所担任。

【译文】

杨衡，字仲师，吴人。天宝年间躲避战乱往西奔走，跟符载、李群、李渤一同隐居在庐山，在五老峰下面盖结茅草房，号称"山中四友"，每天都用弹琴喝酒寄托意趣，用咏云写月来遣散情怀。杨衡工于写诗，尽心力使诗歌声调韵律奇特峻拔，寻常诗人难以窥探他的边际。曾经吟完诗，自己欣赏自己的作品，拍手大笑，悠长地唱道："一一鹤声飞上天！"通过诗句说自己的诗歌能响彻云霄就像鹤声这样，人们也感叹佩服。试用为大理评事。来往交游的多是山中的和尚和道士，跟世俗之外的高人相约、欢聚。杨衡有诗歌一卷，如今流传在世。

卷六

【题解】

卷六所传诗人虽以元白开头，目光却集中在晚唐诗人身上，有白居易、元稹、李绅（附郁浑）、鲍溶、张又新、殷尧藩、清塞、无可、熊孺登、李约、沈亚之、徐凝、裴夷直、薛涛、姚合、李廓、章孝标、施肩吾、袁不约、韩湘、韩琮、韦楚老、张祜（附崔涯）、刘得仁、朱庆馀、杜牧（附严恽）等二十九人。这些诗人有诗名远传日韩的白居易，有自制力超强、一生不近女色的洁癖患者李约，有一生布衣却能以处士身份笑傲宰相的张祜，也有一些才华甚高却品行有缺的诗人，比如担任宰相却举止"斐薄"的元稹、每次考试都是第一名却"狂斐""倾邪"的张又新。当然，最让人印象深刻的还是女诗人薛涛，她虽然是当时低贱的乐妓，却能在诗歌创作上让人赏叹，比如辛氏就感叹说："不意裙裾之下，出此异物，岂得匪其人而弃其学哉！"尽管辛氏语中略带偏见，却更能见出薛涛是以诗情征服了辛氏。可想而知，若非诗歌，薛涛如何能咸鱼翻身、完成自我救赎？诗之时义大矣哉！辛氏不仅在故纸堆中尚友古人，也在实际考察中感受古人的生存环境，在《徐凝传》中就说他去过诗人生活的地方，因此使他能更好地体味古人的诗句和情操。难能可贵的是，他不仅看出环境对诗人的"江山之助"，还指出诗人对胜地兴起的助推作用，这为我们今天的旅游开发提供了新的视角。

白居易

　　居易,字乐天,太原下邽人①。弱冠名未振,观光上国②,谒顾况③。况,吴人,恃才少所推可,因谑之曰:"长安百物皆贵,居大不易!"及览诗卷,至"离离原上草,一岁一枯荣。野火烧不尽,春风吹又生"④,乃叹曰:"有句如此,居天下亦不难,老夫前言戏之尔。"贞元十六年,中书舍人高郢下进士、拔萃皆中⑤,补校书郎⑥。元和元年,作乐府及诗百余篇⑦,规讽时事,流闻禁中⑧,上悦之,召拜翰林学士⑨,历左拾遗⑩。时盗杀宰相⑪,京师汹汹⑫,居易首上疏,请亟捕贼,权臣有嫌其出位⑬,怒。俄有言居易母堕井死,而赋《新井篇》⑭,言既浮华,行不可用,贬江州司马⑮。初以勋庸暴露不宜⑯,实无他肠,怫怒奸党⑰,遂失志,亦能顺所遇,托浮屠死生说⑱,忘形骸者⑲。久之,转中书舍人,知制诰⑳。河朔乱㉑,兵出无功,又言事,不见听,乞外,除为杭州刺史。文宗立㉒,召迁刑部侍郎㉓。会昌初㉔,致仕,卒。

【注释】

　　①太原:郡名,治所在今山西太原,乃白居易的郡望。下邽(guī):县名,治所在今陕西渭南北下邽镇东南,乃白居易祖居之地。据学者考证,白居易生于新郑(今属河南)。

　　②观光上国:观览国都的盛德光辉和政教风情。《周易·观》:"观国之光,利用宾于王。"孟浩然《送袁太祝尉豫章》:"何幸遇休明,观光来上京。"观光,这里有求仕的意思。上国,即上京,指京城。

　　③顾况:苏州海盐(今属浙江,古时属吴地)人。曾任润州刺史、校书郎、著作郎等,贞元间弃官隐居茅山,自号"华阳真逸"。善画山水,

其诗多谴责时政，同情人民，善用口语，多佛典禅语。传见本书卷三。顾况接见白居易之事，盖不可信。

④"离离原上草"以下几句：引诗题为《赋得古原草送别》，诗意谓古原上的草极其繁茂，它们一年之间历尽生死荣枯，野地上的火焰烧不完它们，等到春风一吹再次生长。这里既是赞扬野草的生命力，也是在把野草比作离别的忧愁无法割舍，也是通过野草的死而复生来对照人生的短暂，内涵丰富，深受人们喜爱。离离，分披繁茂的样子。

⑤中书舍人：为中书令和中书侍郎之下的要职，掌承旨撰写诏诰及受皇帝委任出使宣慰、受纳诉讼等。高郢：字公楚，宝应初举进士，后为李怀光幕僚。兴元元年（784）怀光叛乱，不从，后怀光败死，入为刑部郎中、中书舍人，进礼部侍郎，掌贡举三年，拒绝请托，选拔才能，一变朋党援引之风。贞元十九年（803）擢中书侍郎、同平章事。元和年间官终兵部侍郎。拔萃：唐制，选官有一定年限，期限未满，可试判三条，合格入官者谓之"拔萃"。白居易考拔萃，在贞元十九年（803），主考官为礼部侍郎权德舆。

⑥校书郎：官名，掌校勘书籍，订正讹误。

⑦"元和元年"两句：白居易作新乐府在为翰林学士、左拾遗后，辛文房承《旧唐书》本传之误。

⑧禁中：指宫中。

⑨翰林学士：官名，唐玄宗改翰林供奉为翰林学士，专掌内命，为皇帝亲信。

⑩左拾遗：门下省所属谏官，掌规谏、荐举人才。

⑪盗杀宰相：指武元衡被刺杀一事。

⑫汹汹：动荡不安的样子。

⑬嫌其出位：时白居易担任左赞善大夫（为东宫官，掌侍从规谏太子），非谏官，故云其出位。

⑭母堕井：据陈振孙《白文公年谱》记高彦休之语，白居易母亲患有心疾，此事待考。

⑮江州：州名，治所在今江西九江。司马：官名，协助处理府州公务，中唐后期边远州司马常作为官员的贬降之职。

⑯勋庸：功勋。王功曰勋，民功曰庸。

⑰怫（fú）怒：郁闷愤怒。

⑱浮屠：指佛教。死生说：佛教认为"诸行无常"，执迷者坠入生死轮回，只有断除我执的涅槃才能跳出生死，从而领悟"寂灭乃人生之至乐"的境界，无生无死，涅槃成佛。

⑲形骸：躯体，形体。

⑳知制诰：官名，职掌起草诏令。

㉑河朔乱：唐平定安史之乱后，黄河以北的成德、魏博、卢龙三藩镇，虽名义上归顺朝廷，实际上并不服从。唐德宗时叛乱，唐宪宗时由于平定淮西，再度臣服，到唐穆宗则又叛乱。河朔，即河北地区。乱，叛乱。

㉒文宗：即李昂，穆宗李恒次子，敬宗弟。初名涵，封江王。宝历二年十二月（827年1月），为宦官王守澄等拥立为帝，任用李训、郑注等人力图革新政治，用仇士良为左神策中尉，毒死王守澄，发动甘露之变，事败，训、注等被杀，他也被仇士良等软禁致死。善写五言古诗，诗调古朴清峻。

㉓刑部侍郎：官名，刑部的副长官，掌律令、定刑名、案复大理及诸州应奏之事。

㉔会昌：唐武宗年号（841—846）。白居易卒于846年。

【译文】

白居易，字乐天，太原下邽人。二十岁还没什么声名，到京师观览盛德光辉，拜谒顾况。顾况是吴地人，凭借着才华很少推服、认可别人，便趁机开他玩笑说："长安什么东西都很贵，住在这里特别不容易！"等到看他的诗歌卷轴，读到"离离原上草，一岁一枯荣。野火烧不尽，春风吹又生"，才叹息说："有这样的诗句，住遍天下也不难，我前面说的话是跟你开玩笑罢了。"贞元十六年（800），在中书舍人高郢主持考试时考中进士，后来拔萃科也考中，补任校书郎。元和元年（806），创作新乐府诗和其他诗歌一百多篇，规劝讽谏当时的政事，名声传到宫中，唐宪宗很喜欢他，召拜他为翰林学士，历任左拾遗。当时刺客刺杀宰相武元衡，京师慌乱不安，白居易第一个献上疏奏，请陛下立即抓捕刺客，当权的大臣有人嫌弃他越位进言，大怒。不久有人说白居易的母亲掉进井里死去，但他却写《新井篇》，诗歌语言浮艳、华而不实，品行又这样，不能重用，贬谪为江州司马。起初因为写诗暴露勋贵功臣的过失，不合时宜，实际上白居易并没有其他心肠，郁闷地惹怒奸诈党人，便无法实现志向，也能顺从自己的遭遇，寄托在佛教关于生死的学说中，忘记自己的肉体。久而久之，转任中书舍人，知制诰。河北三镇叛乱，朝廷出征无功而返，白居易又上书论事，不被听从，就乞求外任，被任命为杭州刺史。唐文宗登基，召到朝廷担任刑部侍郎。会昌初年，退休，去世。

　　居易累以忠鲠遭摈①，乃放纵诗酒。既复用，又皆幼君，仕情顿尔索寞②。卜居履道里③，与香山僧如满等结净社④，疏沼种树，构石楼，凿八节滩⑤，为游赏之乐，茶铛酒杓不相离⑥。尝科头箕踞⑦，谈禅咏古，晏如也⑧。自号"醉吟先生"，作传。酷好佛，亦经月不荤，称"香山居士"。与胡杲、吉旼、郑据、刘真、卢贞、张浑、如满、李元爽燕集⑨，皆年高不仕，日相招致，时人慕之，绘《九老图》。

【注释】

①摈（bìn）：摒斥。

②顿尔：突然。索寞：颓丧消沉，寂寞萧索。

③履道里：在今河南洛阳旧城西南之隋唐皇城东南。

④香山：在今河南洛阳龙门山之东。如满：唐代禅僧，师事马祖道一
　　得法。净社：晋代高僧慧远，与僧俗十八贤结社念佛，谢灵运为凿
　　池种白莲，修净业，故称白莲社，又称净社，后指僧人或尊佛文士。

⑤八节滩：在河南洛阳龙门山下。据白居易《开龙门八节石滩诗二
　　首》序文，开凿八节滩为便民舟行，非仅为游赏之乐。

⑥茶铛（chēng）：煎茶所用的釜锅。酒杓：盛酒的器具。

⑦科头箕踞："科头"指不戴帽子，"箕踞"指两腿分开坐在地上，形
　　容无拘无束的隐居生活。

⑧晏如：安然。

⑨胡杲：曾任怀州司马，后弃官归隐，吟诗参禅，称"胡隐士"。吉旼：
　　元和间官河南登封县令，后以卫尉卿致仕，居洛阳。郑据：曾任右
　　龙武军长史，晚年居洛阳。刘真：曾任慈州刺史，晚居洛阳。卢贞：
　　曾任侍御史、内供奉官，晚年居洛阳。张浑：曾任永州刺史，晚年
　　居洛阳。李元爽：洛中遗老，据云九老会时年已一百三十六。以
　　上诸人，详见白居易《胡吉郑刘卢张等六贤……传好事者》诗序。

【译文】

　　白居易多次因为忠贞鲠直遭到弃用，就在写诗喝酒中放纵自己。再
次被起用后，事奉的又都是年幼的君王，做官的情怀顿时冷淡下来。卜
居住在履道里，跟香山和尚如满等一起组织佛事社团，疏通沼泽，种植树
木，建构石楼，开凿八节滩，作为游玩欣赏的好去处，煎茶的釜和舀酒的
勺时刻相伴。曾头上不戴帽子张开腿随意坐着，谈论禅理歌咏古人，安
然自若。称自己为"醉吟先生"，并写有《醉吟先生传》。特别喜好佛法，
也几个月不吃荤菜，称自己为"香山居士"。跟胡杲、吉旼、郑据、刘真、卢
贞、张浑、如满、李元爽宴会聚集，他们都是年纪高迈不用做官的人，每天
互相招来相聚，当时人们羡慕他们，把他们的事迹描绘为《九老图》。

公诗以六义为主①，不尚艰难，每成篇，必令其家老妪读之②，问解则录，后人评白诗如山东父老课农桑③，言言皆实者也④。鸡林国行贾售于其国相⑤，率篇百金，伪者即能辨之。与元稹极善胶漆⑥，音韵亦同⑦，天下曰"元白"。元卒，与刘宾客齐名⑧，曰"刘白"云。公好神仙，自制飞云履⑨，焚香振足，如拨烟雾，冉冉生云，初来九江⑩，居庐阜峰下⑪，作草堂烧丹，今尚存。有《白氏长庆集》七十五卷，及所撰古今事实为《六帖》⑫，及述作诗格法，欲自除其病，名《白氏金针集》⑬，三卷，并行于世。

【注释】

①六义：亦即六诗，《毛诗序》："故诗有六义焉：一曰风，二曰赋，三曰比，四曰兴，五曰雅，六曰颂。"其内涵诸家解释不同，一般认为风、雅、颂是诗体，《毛诗序》云："是以一国之事，系一人之本，谓之风；言天下之事，形四方之风，谓之雅。雅者，正也，言王政之所由废兴也。政有大小，故有小雅焉，有大雅焉。颂者，美盛德之形容，以其成功，告于神明者也。"赋、比、兴为艺术手法，赋是铺叙其事，比是以物譬喻，兴是借物起兴。

②老妪（yù）：老妇人。

③课：考察。

④实：既指农人以果实（即结果）考察农桑之好坏，也指他们的评判标准在于实用。

⑤鸡林国：即新罗，在今朝鲜境。东汉时，新罗之始林有鸡怪，更名鸡林，因以鸡林为国号。行贾（gǔ）：贩货的商人。国相：即宰相，原作"人相"，据《新唐书》本传改。

⑥元稹：字微之，宪宗时任左拾遗，批评时政，迁河南尉，元和五年

（801）任监察御史，弹劾权贵，与宦官仇士良冲突，贬为江陵士曹参军，后依附宦官，穆宗时出任同中书门下平章事。传见本卷后文。早年和白居易唱和，人称"元白"，他们的诗被称为"元和体"，倡导新乐府运动，主张"讽兴当时之事"，肯定杜甫"即事名篇，无复依傍"（《乐府古题序》）的创作方法，有长篇叙事诗《连昌宫词》，悼亡诗《遣悲怀》三首等。胶漆：比喻友情极深，像胶漆相投，亲密无间。白居易《和〈寄乐天〉》："贤愚类相交，人情之大率。然自古今来，几人号胶漆？"

⑦音韵亦同：指元稹和白居易的次韵诗，音节和押韵都要一样。

⑧刘宾客：即刘禹锡，晚年以太子宾客分司东都，故称"刘宾客"。传见本书卷四。

⑨飞云履：相传为白居易居庐山草堂时所做的鞋。冯贽《云仙杂记》卷一引《樵人直说·飞云履》："白乐天烧丹于庐山草堂，作飞云履，玄绫为质，四面以素绡作云朵，染以四选香，振履则如烟雾。"可知是黑底绣着白云的鞋，熏染香气，一抬脚，香气缭绕，绣着的白云如在烟雾中飘动。

⑩九江：郡名，治所在今江西九江。

⑪庐阜：即庐山。

⑫事实：事件典实。《六帖》：即《白氏六帖》。

⑬《白氏金针集》：《四库全书》收入《金针诗格》一卷，又名《金针集》，旧题《白居易》撰，但认为此书为伪托。后代亦有学者认为不能径断此书的伪托，待考。

【译文】

白居易的诗以《诗经》六义为主，不崇尚艰难，每次写完诗篇，必让他家的老妇人读一遍，问她，如果能理解的就录下来，后人评价白居易的诗歌像山东的父老乡亲们考核农桑，说的每句话都是实用的啊。鸡林国商人把他的作品卖给宰相，每一篇都是一百黄金，不是白居易写的诗歌马上就能辨认出来。白居易跟元稹是极好的朋友,他们的次韵诗音节和押韵都相同,天下人称为"元白"。元稹去世后,又跟太子宾客刘禹锡齐名,称为"刘白"。白居易喜好神仙之说,自己制作飞云履,烧香抬脚,就像拨动烟雾,慢慢地显现出烟雾后面的云朵,刚到九江,居住在庐山山峰之下,建造茅草屋烧制金丹,遗迹现在还保存着。创作有《白氏长庆集》七十五卷,和他所撰写的古往今来的事件典实合成的《白氏六帖》,以及他所写的阐述作诗格律方法想要自除其诗病,取名为《白氏金针集》,有三卷,都流行在世。

元稹

稹,字微之①,河南人②。九岁工属文,十五擢明经③,书判入等④,补校书郎。元和初,对策第一⑤,拜左拾遗。数上书言利害,当路恶之,出为河南尉⑥。后拜监察御史⑦,按狱东川⑧。还次敷水驿⑨,中人仇士良夜至⑩,稹不让邸⑪,仇怒,击稹败面⑫。宰相以稹年少轻威⑬,失宪臣体⑭,贬江陵士曹参军⑮,李绛等论其枉⑯。元和末,召拜膳部员外郎⑰。稹诗变体⑱,往往宫中乐色皆诵之⑲,呼为才子。然缀属虽广⑳,乐府专其警策也。初,在江陵,与监军崔潭峻善㉑。长庆中㉒,崔进其歌诗数十百篇,帝大悦,问今安在,曰:"为南宫散郎㉓。"擢祠部郎中、知制诰㉔,俄迁中书舍人、翰林承旨㉕,后拜同中书门下平章事㉖。初以瑕衅㉗,举动浮薄,朝野杂笑,未几罢。然素无检㉘,望轻,不为公议所右㉙,除武昌节度使㉚,卒。在越时㉛,辟窦巩㉜。巩工诗,日酬和,故镜湖、秦望之奇益传㉝,时号"兰亭绝唱"。微之与白乐天最密,虽骨肉未至,爱慕之情,可欺金石,千里神交,若合符契^㉞，唱和之多，无逾二公者。有《元氏长庆集》一百卷及《小集》十卷，今传。

【注释】

①微之：一字威明。

②河南：府名，治所在今河南洛阳。

③明经：科举考试的常设科目，先帖经、墨义，然后口试，经问大义十条，答时务策三道。

④书判：即书判拔萃，选拔人才的一种方法，就书法和文章的优劣选拔人才。此事在贞元十九年（803），元稹考中第四等。

⑤对策：科举试士，以经义政事等设问，使士子逐条对答。

⑥河南尉：即河南（今河南洛阳）县尉。

⑦监察御史：中央御史台察院官员，常奉敕出使，分察巡按州县、馆驿，监督屯田、铸钱、岭南考选等事宜。

⑧按狱：审理狱讼。东川：方镇名，即剑南东川的简称。至德二载（757）分剑南节度使东部地区置，治所在今四川三台。

⑨次：留宿。敷水驿：今陕西华阴西敷水镇，为唐代长安与洛阳间陆路交通重要驿站。

⑩中人：指宦官。仇士良：字匡美，顺宗时入侍东宫。宪宗继位，先后任平卢、凤翔等节度监军，数任内外五坊使，贪暴阴狠。文宗时，擢左神策军中尉，兼左街功德使。文宗依朝臣李训等发动"甘露之变"，谋诛宦官，仇士良与鱼弘志大杀朝臣。开成五年（840）文宗死，矫诏立颍王李瀍（后更名李炎，即唐武宗），迁骠骑大将军，封楚国公，擅权二十余年，杀二王、一妃、四宰相，劝其他宦官以球猎声色乱皇帝心，使不读书，不亲儒臣，以长期揽权，得保富贵。

⑪邸：即驿站中较好的上厅。

⑫击痤败面：此为随同仇士良而来的宦官刘士元所为，以马鞭击伤

元稹的脸颊。

⑬轻威:即威轻。

⑭宪臣:御史台官的别称。

⑮江陵:府名,治所在今湖北荆州。士曹参军:官名,掌土功、公廨、
津梁、舟车、工艺等事。

⑯李绛:字深之,早年与韩愈等游学于梁肃门下,贞元末年拜监察御
史;元和二年(807),以本官充翰林学士;元和五年(810)迁本司
郎中、知制诰,授中书舍人,前后朝臣裴武、柳公绰、元稹、白居易
等遭贬黜时,都极力上疏申论;元和六年(811)为中书侍郎,同中
书门下平章事。

⑰膳部员外郎:官名,尚书省礼部膳部司副长官,协同膳部郎中掌牲
牢、酒醴、膳羞之事。

⑱变体:即变为元和体。元稹在《上令狐相公诗启》中的表述代表了
其对元和体的理解。狭义指元稹和白居易的诗作,故称"元和",后
又因诗作多作于"元和"时期而广其义,如白居易《余思未尽加为
六韵重寄微之》中"制从长庆辞高古,诗到元和体变新",后人乃更
宽泛到元和时期诗人所写或别人模仿元白唱和的诗作皆为元和体。

⑲乐色:犹"乐工"。

⑳缀属:谓撰著文辞。

㉑监军:官名,唐玄宗以后多为宦官,主要职掌监视刑赏,奏察违谬,
以及消弭兵乱、稳定军情等。崔潭峻:宦官,曾任监军,内常侍。据
学者考证,元稹的诗歌实乃自己应召进献,非崔潭峻之功。

㉒长庆:唐穆宗年号(821—824)。

㉓南宫散郎:官名,尚书省郎官别称,乃散官阶,不主本司事。

㉔祠部郎中:官名,尚书省礼部祠部司长官,与员外郎共掌祠祀、享
祭、天文、漏刻、国忌、庙讳、卜筮、医药、僧尼簿籍等。

㉕翰林承旨:官名,位在诸学士之上,凡大诰令、大废置、重要政事,

皆得专对。

㉖同中书门下平章事：唐代即宰相。

㉗瑕衅：指过失。

㉘无检：不检点，指不拘礼法，没有约束。

㉙公议：公众的议论。右：看重。

㉚武昌节度使：即鄂岳节度使，鄂岳治所在今湖北武昌，故称。

㉛在越时：即元稹担任越州刺史、浙东观察使期间。

㉜窦巩：字友封，元和二年（807）登进士第。元稹为浙东观察使时，奏窦巩为副使、检校秘书少监，兼御史中丞。大和四年（830）元稹任武昌节度使，窦巩又从之，仕终武昌观察副使，与元稹唱和尤多，长于七绝，当时称为"友封体"。传见本书卷四。

㉝镜湖：即鉴湖，在今浙江绍兴城区南至会稽山北麓。秦望：山名，在今浙江杭州南。

㉞符契：犹"符节"，形容两者完全相符吻合。

【译文】

　　元稹，字微之，河南人。九岁就工于写文章，十五岁明经及第，考中书判拔萃科，补任校书郎。元和初年，元稹考才识兼茂、明于体用科的策文获得第一名，拜任左拾遗。多次上奏书表谈论时政好坏，当权大臣厌恶他，让他出朝担任河南县尉。后来拜任监察御史，去剑南东川审核案件。回来住宿在敷水驿，宦官仇士良夜里到达，元稹不把好的邸馆让给他，仇士良发怒，打伤了元稹的脸颊。宰相因为元稹年纪小威望轻，有失御史的体面，把他贬为江陵士曹参军，李绛等人上书说他冤枉。到元和末年，才召回朝廷拜任膳部员外郎。元稹诗歌变化旧体，宫中的乐工常常传诵他的诗歌，称他为才子。然而元稹虽然写诗范围很广，最能体现他的诗歌精警动人的还是他的乐府诗。起初在江陵，跟监军崔潭峻关系好。长庆年间，崔潭峻进献他的乐府诗几十上百篇，唐穆宗极其高兴，询问元稹在哪里，回答说："在尚书省担任散官。"就提拔为祠部郎中、知制谙，不久迁任中书舍人、翰林承旨学士，后来拜任同中书门下平章事。元稹一开始因为有那样的过失，言行举止比较轻浮浅薄，朝廷和民间都杂谈取笑他，没多久就被免了职。然而他素来不检点，名望不高，不被公共的议论所看重，出任武昌节度使，去世。在浙江时，征辟窦巩。窦巩工于写诗，每天酬唱，因此有关镜湖、秦望山的奇诗妙句传扬开来，时人称为"兰亭绝唱"。元稹与白居易关系最亲密，即使是骨肉至亲也没他们关系好，互相倾慕的情感，比金石都要牢固，即使相隔千里之远，也能精神交流，就像符节那么契合，唱和的作品之多，没有超过他们的。撰有《元氏长庆集》一百卷和《小集》十卷，流传至今。

○夫松柏饱风霜，而后胜梁栋之任；人必劳饿空乏[1]，而后无充诎之态[2]。誉早必气锐，气锐则志骄，志骄则敛怨。先达者未足喜，晚成者或可贺。况庆吊相望于门闾[3]，不可测哉。人评元诗如李龟年说天宝遗事[4]，貌悴而神不伤。况尤物移人[5]，侈俗迁性，足见其举止斐薄丰茸[6]，仍且不容胜己。至登庸成忝[7]，贻笑于多士[8]，其来尚矣。不矜细行，终累大德[9]。岂不闻"言行君子之枢机、荣辱之主"邪[10]？古人不耻能治而无位，耻有位而不能治也。

【注释】

① 人必劳饿空乏：语本《孟子·告子下》："天将降大任于斯人也，必先苦其心志，劳其筋骨，饿其体肤，空乏其身，行拂乱其所为。"

② 充诎（qū）：得意忘形的样子。《礼记·儒行》："儒有不陨获于贫贱，不充诎于富贵。"郑玄注："充诎，欢喜失节之貌。"

③ 庆吊：庆贺和吊唁的事。门闾：门庭。

④ 李龟年：唐代宫廷乐师，安史乱前常出入宫廷，深得玄宗李隆基信

任，作有《渭州曲》等；安史乱后，流落江南，杜甫有《江南逢李龟
年》，李端有《赠李龟年》等。此句似错简，当归于论元稹诗歌部分。

⑤尤物：即特异之物，常指漂亮女子，也用以喻指珍奇的物品。

⑥斐薄：微薄浅陋。丰茸：茂盛美好。

⑦登庸：举用，一般指位登宰辅。乔：辱没。

⑧贻笑：犹见笑。多士：此指朝野众多士人。《诗经·大雅·文王》：
"济济多士，文王以宁。"

⑨"不矜细行"两句：语出《尚书·旅獒》，意谓不谨慎对待自己细小
的行为，终究会牵累自己的大节。大德，大节。

⑩言行君子之枢机、荣辱之主：语出《周易·系辞》。意谓言论和行
动对君子是至关重要的，是荣辱的主宰，枢机，事物运动的关键。

【译文】

　　○松树和柏树只有饱经风霜，而后才能担当栋梁之任；人也必须经
历劳累饥寒空乏其身的磨炼，而后才能避免得意忘形的失态。早有名誉
必然心气锐利，心气锐利就会神志骄傲，神志骄傲就会聚敛怨恨。早早
通达的人未必值得高兴，大器晚成的人或许可以庆贺。何况庆贺、吊慰
相接于门庭，无法预测啊。人们评价元稹的诗歌就像李龟年说起天宝年
间的旧事，容貌憔悴但心神没有损伤。况且美好的事物能够转移元稹的
心，奢侈的习俗可以迁移他的人性，这些足以看出他的行为举止是鄙陋
还是美好，尚且无法包容别人比自己厉害。等到举用为宰相却成为大辱，
被众多的士人嘲笑，其中的原因由来已久。不谨慎对待自己的细小行为，
终究会牵累自己的大节。难道没听过"言行是君子的关键，是获得荣耀
或耻辱的主要原因"吗？古代人不因为自己有治理的能力却没有施展的
职位而羞耻，而以有施展的职位却没有治理的能力为羞耻啊。

李绅

绅，字公垂，亳州人①。元和元年武翊黄榜进士②，与皇

甫湜同年③，补国子助教④。穆宗召为翰林学士⑤，累迁中书
舍人。武宗即位⑥，拜中书侍郎、平章事⑦。绅为人短小精悍，
于诗特有名，号"短李"。与李德裕、元稹同时⑧，称"三俊"。
集名《追昔游》，多纪行之作，又《批答》一卷，皆传。初，为
寿州刺史⑨，有秀才郁浑⑩，年甫弱冠，应百篇科⑪，绅命题试
之，未昏而就，警句佳意甚多。亦有集，今传。

【注释】

① 亳（bó）州：州名，治所在今安徽亳州。此乃其祖籍，李绅实为常
　　州无锡（今属江苏）人。

② 武翊（yì）黄：字坤舆，武元衡之子，河南缑氏（今河南偃师）人。府
　　送为解头，及第为状头，宏词为敕头，时称"武三头"，官至大理卿。

③ 皇甫湜：字持正，睦州新安（今浙江建德）人。元和中擢进士第，
　　官工部郎中。从韩愈学古文，流于僻奥。

④ 国子助教：学官名，属国子监，协助博士授业。

⑤ 穆宗：即唐穆宗李恒，宪宗第三子。初名宥，封建安郡王，进封遂
　　王。元和七年（812）立为太子，改名恒。宪宗死，宦官王守澄等
　　拥立为帝。在位期间，喜欢宴游，怠于国事，朝政日非。长庆四年
　　（824）正月，因服金丹致死。

⑥ 武宗：即唐武宗李炎，本名瀍唐穆宗第五子，始封颍王。开成五
　　年（840）文宗崩，宦官仇士良等矫诏拥立为帝。在位时任李德裕
　　为相，对宦官、藩镇稍加抑制，籍没仇士良家财，下令灭佛，拆毁寺
　　院，没收寺院田产，勒令僧尼还俗为民。迷信神仙方术，以服金丹
　　致死。

⑦ 中书侍郎：官名，为中书令之副，参议国家大政，常出任宰相职，参
　　预中枢决策。平章事：处理政事，此指任宰相。

⑧ 李德裕：字文饶，赵郡（今河北赵县）人，宰相李吉甫之子。唐武

宗时官拜太尉,封卫国公,世称"李卫公"。唐宣宗时贬为潮州司马,后再贬崖州司户参军,卒。元稹:传见本卷前文。下文"三俊"之称,为三人同在翰林时所起。

⑨寿州:州名,治所在今安徽寿县。

⑩郁浑:生平不详。

⑪百篇科:唐以诗赋取士,另设百篇科,有请求终场作百篇以表现捷才者,即命试。

【译文】

李绅,字公垂,亳州人。元和元年(806)武翊黄那一榜的进士,与皇甫湜是同年进士,补任国子助教。唐穆宗召入朝廷担任翰林学士,累迁为中书舍人。唐武宗登基,拜任中书侍郎、同平章事。李绅虽身材短小但行事精悍,在诗歌方面特有才名,人送外号"短李"。跟李德裕、元稹同在翰林院时,被人们称作"三俊"。文集名叫《追昔游》,多是记录行踪的作品,又有《批答》一卷,都流传在世。李绅起初担任寿州刺史时,有位秀才叫郁浑,年纪刚二十,应举来考百篇科,李绅出题考他,不到黄昏就写完了,其中警策的诗句和良好的诗意很多。郁浑也有集子,流传至今。

鲍溶

溶,字德源,元和四年韦瓘榜第进士①,在杨汝士一时②。与李端公益少同袍③,为尔汝交④。初,隐江南山中避地。家苦贫,劲气不扰,羁旅四方,登临怀昔,皆古今绝唱。过陇头古天山大阪⑤,泉水鸣咽,分流四下,赋诗曰:"陇头水,千古不堪闻。生归苏属国,死别李将军。细响风凋草,清哀雁入云⑥。"其警绝大概如此。古诗乐府,可称独步。盖其气力宏赡,博识清度,雅正高古,众才无不备具云。卒飘蓬薄宦⑦，客死三川⑧。有集五卷，今传。

【注释】

① 韦瓘（guàn）：字茂弘，京兆万年（今陕西西安）人。元和四年（809）
  登进士第，为状元，授左拾遗。

② 杨汝士：字慕巢，虢州弘农（今河南灵宝）人。元和四年（809）登
  进士第，又登博学宏词科，工诗，曾于致仕仆射杨於陵席上赋诗，
  传其自称"压倒元白"。

③ 李端公益：即李益，传见本书卷四。端公，即唐代侍御史，因其位
  居御史台之端，故称。同袍：好友。

④ 尔汝交：指不拘形迹、亲密无间的友谊。尔汝，即指称呼对方不用
  敬称，乃关系亲密之象征。

⑤ 陇头：即陇山，又名陇坂、陇坻，即六盘山南段，在陕西陇县西北，
  延伸于陕、甘边境，为渭河平原与陇西高原的分界线，也是古代赴
  河、陇的必经之地。天山：即祁连山。大阪：即长坡。

⑥ "陇头水"以下几句：引诗题为《陇头水》，为古乐府名，此诗即鲍
  溶古题乐府诗的代表作之一。诗意谓陇头的流水声，千古都不能
  听闻，那流水声中有苏武和李陵这样生离死别的使臣和将领的故
  事发生过或正在发生，陇头水本来已如此令人断肠，不听陇头水，
  那能听什么呢？只有北风吹落衰草的细微声响，和鸿雁南飞的清
  脆哀鸣响入云霄，这些都暗示着秋天到来，使原本令人断肠的陇
  头水，越发不能听，不敢听。苏属国，原指苏武，苏武曾做过典属
  国的官，故称，后借指蒙难守节的使臣。李将军，原指李陵，字少
  卿，陇西成纪（今甘肃秦安）人，李广之孙。天汉二年（前99）率
  兵出击匈奴，矢尽无救兵，遂降匈奴。有《与苏武诗》三首。后代
  指出征在外的将领。

⑦ 薄宦：卑微的职官。

⑧三川：唐中叶后以剑南东川、剑南西川及山南西道三镇，合称三川。

【译文】

鲍溶，字德源，元和四年（809）韦瓘那一榜考中进士，跟杨汝士同时。与侍御史李益少时相友爱，互相是亲密无间的朋友。起初隐居在江南的山中来躲避战乱。家里艰苦贫寒，刚劲之气却不受干扰，羁縻旅居在四方，登山临水怀念古昔，写下的诗歌都是古今绝唱。他路过陇头一带古天山长坡，那里泉水呜咽流淌，分朝四个方向流下去，于是赋诗道："陇头水，千古不堪闻。生归苏属国，死别李将军。细响风凋草，清哀雁入云。"他的诗歌精警妙绝大致如此。古题乐府诗，可以称得上是独一无二。因为他的气势魄力宏大丰赡，有广博的学识和清朗的气度，诗歌典雅端正高妙简古，众多的才能无不具备。最终却如飘荡的蓬草一样挣扎在微小的官位上，客死在三川。有集子五卷，流传至今。

张又新

又新，字孔昭，深州人也①。初应宏辞第一②，又为京兆解头③。元和九年礼部侍郎韦贯之下状元及第④，时号为"张三头"。应辟为广陵从事⑤，历补阙⑥。为性倾邪⑦，诌事宰相李逢吉⑧，为之鹰犬⑨，名在"八关十六子"之目⑩。逢吉领山南节度⑪，表为司马⑫，坐田伾事贬官⑬。李训专政⑭，又新复见用，后竟坐事谪远州刺史⑮，仕终左司郎中⑯。善为诗，恃才多辘藉⑰，其淫荡之行，卒见于篇。尝曰："我少年擅美名，意不欲仕宦，惟得美妻，平生足矣。"娶杨虔州女⑱，有德无色，殊怏怏⑲。后过淮南，李绅筵上得一歌姬，与之偕老，其狂斐类此⑳。喜嗜茶，恨在陆羽后㉑，自著《煎茶水记》一卷㉒，及诗文等行于世。

【注释】

①深州：州名，治所在今河北深州。

②宏辞：即博学宏词科。张又新考中时间在元和十二年（817），此处辛文房没注意先后次序。

③京兆：府名，治所在今陕西西安。解头：唐代各州中送举子赴京应举称解，乡贡第一名，称为解头。

④礼部侍郎：官名，礼部副长官，掌朝廷礼仪、祭祀、贡举等。韦贯之：本名纯，字贯之，避宪宗讳以字行，京兆万年（今陕西西安）人。元和八年（813）权知贡举，正拜礼部侍郎，九年（814）复知贡举，选士抑浮华，趋竞者稍息，十二月以本官同中书门下平章事，寻迁中书侍郎。

⑤广陵：郡名，治所在今江苏扬州。从事：官名，为州府佐吏。

⑥补阙：官名，分为左右，左补阙隶于门下省，右补阙隶于中书省，职掌规谏讽谕，大事可以廷议，小事则上封奏。

⑦倾邪：指为人行为不正。

⑧李逢吉：字虚舟，陇西（今甘肃临洮）人。元和十一年（816）拜门下侍郎同平章事，次年罢相，长庆二年（822）复相，宝历二年（826）出为山南东道节度使。

⑨鹰犬：打猎用的鹰和狗，比喻受驱使、当爪牙的人。

⑩八关十六子：敬宗朝时李逢吉任宰相，网罗张又新、李续、张权舆、刘栖楚、李虞、程昔范、姜洽及同族子李训八人为党羽，而这八人又各有亲附，亦合计八人。人有所请求，先贿赂他们，再转给李逢吉，无不如意，朝野为之侧目，称为"八关十六子"。

⑪山南节度：此即山南东道节度使，治所在今湖北襄阳。

⑫司马：官名，节度使属官，协助处理府州公务。

⑬田伾（pī）事：田伾为李逢吉担任宰相时的门下主事，犯赃逃命，李逢吉暗保在外。李逢吉罢相后，裴度告发此事，李逢吉罚俸禄，张

又新被贬为汀州刺史。

⑭李训：初名仲言，字子训，后改名李训，字子垂，李逢吉从子。大和八年（834）赂郑注，攀附王守澄，为文宗讲《周易》，授翰林侍讲学士。次年进翰林学士，迁礼部侍郎、同平章事，鸩杀王守澄，贬逐李宗闵、李德裕等大臣。后又谋诛宦官仇士良，事泄被杀，是为"甘露之变"。

⑮远州：边远州郡。张又新后任申州（今河南信阳）、温州（今属浙江）、江州（今江西九江）等地刺史，越来越边远。

⑯左司郎中：官名，为尚书左丞副贰，协掌尚书都省事务，监管吏、户、礼部诸司政务。

⑰辅（lìn）藉：欺凌践踏。

⑱杨虔州：即杨虞卿，字师皋，虢州弘农（今河南灵宝）人。大和九年（835）贬为虔州（今江西赣州）司户参军，故称杨虔州。为人柔佞，善依附权贵，有"党魁"之称。孟棨《本事诗·情感第一》载杨虞卿为张又新寻女为妻，非谓所寻之女必杨虞卿之女。

⑲怏怏：郁郁不乐。

⑳狂斐：犹放浪无知。

㉑陆羽：字鸿渐，自称"桑苎翁"，性诙谐，不愿为官，以嗜茶著名，被尊为"茶圣"。撰有《茶经》三卷。传见本书卷三。

㉒《煎茶水记》：唐代关于评品水质的茶书，记述茶汤品质与泡水有关，山水、江水、河水、井水的性质不同，会影响茶汤的色香味。

【译文】

张又新，字孔昭，深州人。起初，考博学宏词科获得头名，本来又是京兆府的解头，元和九年（814）曾在礼部侍郎韦贯之主持的考试中考中进士，成为状元，当时称他为"张三头"。响应征辟，担任广陵从事，做过补阙。张又新为人奸邪不正，谄媚侍奉宰相李逢吉，做他的爪牙，名列"八关十六子"之中。李逢吉担任山南东道节度使，上表请他担任司马，因为田伾的事被贬官。李训担任宰相专权时，张又新又被启用，后来他因犯事被贬谪为边远州郡的刺史，最后做到左司郎中。张又新擅长写诗，凭恃着才华多欺凌人，他淫乱放荡的行为，最后形诸诗篇。曾经说："我少年时代就独占美好的名声，本意不想做官，只愿获得一个美貌的妻子，一生足够了。"娶虔州司户参军杨虞卿介绍的女子，有美德却没有美色，特别郁闷。后来路过淮南，在李绅的筵席上得到一个歌女，跟她一起白头偕老，他轻率狂浪的行为大都像这样。张又新酷爱喝茶，遗憾自己生在陆羽之后，自己撰写《煎茶水记》一卷，和诗歌文章等都流传在世。

殷尧藩

　　尧藩，秀州人[①]。为性简静，眉目如画。工诗文，耽丘壑之趣，尝曰："吾一日不见山水，与俗人谈，便觉胸次尘土堆积[②]，急呼浊醪浇之[③]，聊解秽耳[④]！"元和九年韦贯之放榜，尧藩落第，杨尚书大为称屈料理[⑤]，因擢进士。数年，为永乐县令[⑥]，一舸之官[⑦]，弹琴不下堂[⑧]，而人不忍欺。雍陶寄诗曰[⑨]："古县萧条秋景晚，昔时陶令亦如君[⑩]。头巾漉酒临黄菊[⑪]，手板支颐向白云[⑫]。百里岂能容骥足[⑬]，九霄终自别鸡群[⑭]。相思不恨书来少，佳句多从阙下闻[⑮]。"及与沈亚之、马戴为诗友[⑯]，赠答甚多。后仕终侍御史[⑰]。尧藩初游韦应物门墙[⑱]，分契莫逆[⑲]。及来长沙，尚书李翱席上有舞柘枝者[⑳]，容语凄恻，因感而赋诗以赠曰："姑苏太守青娥女，流落长沙舞柘枝。满座绣衣皆不识，可怜红粉泪双垂[㉑]。"众客惊问之，果韦公爱姬所生女也，相与吁叹。翱即命削丹书[㉒]，于宾馆中择士嫁之。今有集一卷传世，皆铿锵蕴藉之作也。

【注释】

① 秀州：当为苏州嘉兴，即今浙江嘉兴，秀州乃宋时州名。

② 胸次：心间，胸中。

③ 浊醪（láo）：浊酒。

④ 解秽（huì）：解除秽恶。

⑤ 杨尚书：即杨汉公，字用乂，杨虞卿之弟。后坐杨虞卿事出任舒州刺史，又迁湖、亳、苏三州刺史，升任桂管、浙东观察使，入为工部尚书，故称。料理：安排。

⑥ 永乐：县名，治所在今山西芮城。

⑦ 一舸（gě）：一只小船。之官：到任。

⑧ 弹琴不下堂：典出《吕氏春秋·察贤》："宓子贱治单父，弹鸣琴，身不下堂而单父治。"后用为称颂地方官简政清刑，无为而治。

⑨ 雍陶：字国钧，成都人。大和进士，历任侍御史、国子《毛诗》博士、简州刺史，与张籍、王建、贾岛、姚合、殷尧藩等过从甚密。传见本书卷七。

⑩ 陶令：指陶渊明，曾为彭泽县令，故称。

⑪ 漉酒：即滤酒，用纱布将酒糟与酒汁分开。萧统《陶渊明传》载其"葛巾漉酒"之事。黄菊：陶渊明爱菊。《饮酒》其五："采菊东篱下，悠然见南山。"

⑫ 手板：即"笏"，古代大臣朝见时，用以指画或记事的狭长板子。李嘉祐《登溢城浦望庐山初晴》："伤心公府内，手板日相亲。"支颐：以手托下巴。

⑬ 百里岂能容骥足：此用三国时期庞统故事。刘备初任庞统为耒阳县令，庞统不好好干，被免官，鲁肃写信给刘备说："庞士元非百里才，使处治中、别驾之任，始当展其骥足耳。"骥，千里马。

⑭ 九霄终自别鸡群：此以鹤喻殷尧藩，称其如鹤立鸡群，不同凡响。《诗经·小雅·鹤鸣》："鹤鸣于九皋，声闻于天。"

⑮阙下：宫阙之下，借指朝廷。

　　"古县萧条秋景晚"一诗，原题《寄永乐殷尧藩明府》，诗意谓永乐古县秋色渐晚冷落萧条，以前陶渊明担任彭泽县令时跟您差不多。都是对着黄菊用头上的方巾过滤酒，面朝白云用写满公文的版牍托着下巴。百里的小县岂能容纳您这样的千里马撒腿奔跑，声名传到九霄您最终还是跟鸡群一般的俗人不同。我虽思念您但不怪您的书信稀少，因为您把大量时间花在写好诗上了，以至于我们多次从朝廷听到您的佳作。

⑯沈亚之：字下贤，吴兴（今浙江湖州）人。元和十年（815）举进士，历殿中侍御史、内供奉，官终郢州掾。师从韩愈，工诗能文，善作传奇小说，如《湘中怨解》《异梦录》《秦梦记》等，幽缈顽艳，富于神话色彩和诗的意境。传见本卷后文。马戴：字虞臣，曲阳（今江苏东海）人。曾隐居华山，后官至太学博士。与姚合、贾岛、无可为诗友，严羽《沧浪诗话》谓其诗"在晚唐诸人之上"，名作有《楚江怀古》《落日怅望》等。传见本书卷七。

⑰侍御史：官名，御史中最高级别，职掌纠举百官、推鞫狱讼等。

⑱韦应物：京兆长安（今陕西西安）人。少任玄宗三卫郎，后历任滁州、江州、苏州刺史，世称"韦苏州"。其诗以描写景物和隐逸生活著称，恬淡高远。传见本书卷四。门墙：比喻师门。

⑲分契：情分契合。据学者考证，韦应物与殷尧藩时代不同，交往之说不可信。

⑳李翱：字习之，贞元十四年（798）进士，授校书郎，大和三年（829）拜中书舍人，后出为郑、桂、潭等州刺史、湖南观察使，官终检校户部尚书、襄州刺史，山南东道节度使。为韩愈弟子，古文运动骨干，师承韩愈，并有发展。传见本书卷五。殷尧藩从事长沙，当在大和七、八年（833、834）李翱任湖南观察使时。柘枝：唐代西域舞乐，舞罢半袒其衣，以目注人。

㉑"姑苏太守青娥女"以下几句：此事出《云溪友议》，诗题作《潭州席上赠舞柘枝妓》。诗意谓苏州太守韦应物的爱姬所生的女儿，流落在长沙跳柘枝舞。满座都是号称明察秋毫的御史却都不知道，让可怜的舞女泪下双行。姑苏太守，即苏州太守韦应物。青娥，指年少美女，这里指韦应物的爱姬。绣衣，绣花的官服，汉时为御史所服，借指御史。

㉒丹书：古代用朱笔书写罪行的名册，语出《左传·襄公二十三年》："初，斐豹，隶也，著于丹书。"这里指舞女的奴婢名册。

【译文】

　　殷尧藩，秀州人。为人性格简朴宁静，眉清目秀。工于诗歌文章，沉迷于游山玩水的幽趣，曾说："我一天不看见山水，跟俗人聊天，就觉得胸中堆满尘土，急切地叫来浊酒浇灌它，姑且解除污秽罢了。"元和九年（814）韦贯之发布录取的进士榜，殷尧藩落榜，工部尚书杨汉公极力为他喊冤，并帮他安排，因此提拔补选为进士。多年以后，担任永乐县令，乘着一叶扁舟来上任，像宓子贱那样只弹着琴不下厅堂，无为而治，而当地百姓也不忍心欺诈殷尧藩。雍陶寄给他的诗中说："古县萧条秋景晚，昔时陶令亦如君。头巾漉酒临黄菊，手板支颐向白云。百里岂能容骥足，九霄终自别鸡群。相思不恨书来少，佳句多从阙下闻。"还与沈亚之、马戴为诗友，赠送酬答的作品特别多。殷尧藩官终侍御史。殷尧藩起初游学在韦应物门下，情分契合没有忤逆。等到来长沙，检校户部尚书李翱筵席上有舞女在跳柘枝舞，容貌语言凄凉惨恻，因此有感而写诗送给她说："姑苏太守青娥女，流落长沙舞柘枝。满座绣衣皆不识，可怜红粉泪双垂。"众宾客惊讶地询问舞女，她果然是韦应物宠爱的姬妾生下来的姑娘啊，相互长吁短叹不已。李翱当即命人削去她的奴婢名册，在宾客、馆客中选拔优秀才士嫁给他。如今有集子一卷流传在世，都是音韵铿锵、意蕴含蓄的作品。

清塞

　　清塞，字南卿，居庐岳为浮屠①，客南徐亦久②，后来少室、终南间③。俗姓周，名贺。工为近体诗，格调清雅，与贾岛、无可齐名④。宝历中⑤，姚合守钱塘⑥，因携书投刺以丐品第⑦，合延待甚异，见其哭僧诗云⑧："冻须亡夜剃，遗偈病中书⑨。"大爱之，因加以冠巾，使复姓字。时夏腊已高⑩，荣望落落⑪，竟往依名山诸尊宿自终⑫。诗一卷，今存。

【注释】

①庐岳：即庐山。浮屠：指僧人。

②南徐：州名，南徐州，治所在今江苏镇江。

③少室：即少室山，在今河南登封西北。终南：即终南山。

④贾岛：传见本书卷五。其诗荒凉凄苦，刻意求工，与孟郊齐名，有"郊寒岛瘦"之称。无可：贾岛从弟，诗与贾岛齐名，多为五言，律调谨严，属兴清越，比物以意，为"象外句"。传见本卷后文。

⑤宝历：当为大和八年（834）或九年（835）。

⑥姚合：姚崇之曾侄孙，元和十一年（816）登进士第，授校书郎，调武功主簿，大和八年（834）前后出守杭州。与贾岛齐名，世称"姚贾"。擅长五律，以《武功县中作三十首》为代表，时号"武功体"。传见本卷后文。

⑦投刺：递名帖求见，刺即名帖。丐：求。品第：评定高低。

⑧哭僧诗：所哭之僧，或云乃柏岩禅师，或云乃闲霄上人，待考。

⑨"冻须亡夜剃"两句：意谓冻住的胡须在圆寂的夜晚剃掉，留下来的偈语是在病中所写的。

⑩夏腊：僧人出家的年数。

⑪荣望：出仕求荣的愿望。

⑫尊宿：对德高望重的禅师的敬称。

【译文】

　　清塞，字南卿，在庐山做和尚，客居南徐也很长时间，后来往来于少室山、终南山之间。他出家前俗姓周，名贺。工于创作格律诗，格律声调清新娴雅，与贾岛、无可齐名。宝历年间，姚合担任杭州刺史，清塞带着书信投递名帖给姚合，来请求他评定高低，姚合用与众不同的礼数延揽招待他，看到他的哭吊僧人的诗歌说："冻须亡夜剃，遗偈病中书。"特别喜爱此诗，因此给他加披儒冠和头巾，让他恢复原来的姓名。当时清塞的年纪已经高迈，做官的愿望不大，最终跑去投奔名山大川中德高望重的禅师，终其一生。诗歌一卷，如今还在。

无可

　　无可，长安人，高僧也。工诗，多为五言。初，贾岛弃俗时，同居青龙寺①，呼岛为从兄。与马戴、姚合、厉玄多有酬唱②，律调谨严，属兴清越，比物以意，谓之"象外句"。如曰："听雨寒更尽，开门落叶深③。"又曰："微阳下乔木，远烧入秋山④。"凡此等新奇，当时翕然称尚⑤，妙在言用而不失其名耳。今集一卷相传。

【注释】

①青龙寺：在今陕西西安东南郊铁炉庙村之北，原名灵感寺，景云二年（711）改名青龙寺，当时著名的寺院之一，日本佛教密宗的祖庭。

②厉玄：大和二年（828）登进士第，大中六年（852）官睦州刺史，与姚合、无可、刘得仁等结友酬唱。

③"听雨寒更尽"两句：引诗题为《秋寄从兄贾岛》，意谓听着窗外的雨声直到寒夜的更声打完，开门只深深的落叶。原来夜里不是落

雨,而是落叶,这是用雨声比喻落叶声。寒更,寒夜的更声。

④"微阳下乔木"两句:意谓远看着像是微弱的阳光从乔木上渐渐
　西下,仔细看时却是远处的野火慢慢烧进秋天的山野。这是用夕
　阳比喻野火。这些比喻注重物象功用的相似而又不点名,却又与
　其名暗中相合,即"妙在言用而不失其名耳"。远烧,指远处的野火。

⑤翕(xī)然:一致的样子。

【译文】

　　无可,长安人,高僧。他工于写诗,多创作五言诗。起初,贾岛抛弃
世俗做和尚的时候,跟他一起住在青龙寺,称呼贾岛为堂兄。无可跟马
戴、姚合、厉玄有很多酬答唱和的作品,格律声调谨密严整,构思起兴清
朗激越,用意象比喻事物,称它们为"象外句"。如诗中说:"听雨寒更尽,
开门落叶深。"又说:"微阳下乔木,远烧入秋山。"举凡这类新奇的诗句,
当时一致被人们称赞推崇,妙就妙在只说物象的功用而不说它的名字,
却又符合它的名字。如今无可有集子一卷流传下来。

熊孺登

　　孺登,钟陵人①。有诗名。元和中,为西川从事②,与白
舍人、刘宾客善③,多赠答。亦祗役湘中数年④。凡下笔,言
语妙天下。如:"江流如箭月如弓,行尽三湘数夜中。无奈
子规知向蜀,一声声似怨春风⑤。"又《经古墓》云:"碑折松
枯山火烧,夜台曾闭不曾朝。那将逝者比流水,流水东流逢
上潮⑥。"类此极多。有集今传。

【注释】

①钟陵:县名,治所在今江西南昌。

②西川从事:即剑南西川节度使府从事。

③白舍人：即白居易，曾官中书舍人，故称。传见本卷前文。刘宾客：
　即刘禹锡，曾官太子宾客，故称。传见本书卷五。

④祗（zhī）役：犹言敬奉差遣。湘中：指湖南。据学者考证，元和
　十一年（816）左右，熊孺登曾任湖南观察使府判官。

⑤"江流如箭月如弓"以下几句：引诗题为《湘江夜泛》，意谓水中
　的月影如一张弯弓，射出奔流不息的江水如箭，三湘都走完也不
　过是几夜的时间。蜀帝杜宇化作的子规鸟真拿它没办法，仍然朝
　着蜀国所在的四川，一声声啼叫着仿佛在埋怨春风。言外之意，
　本来以为自己泛舟江上跟随江水奔腾就能躲避时间的流逝，而子
　规鸟却在不停地用蜀帝的死亡提醒着舟上的诗人，死亡并没有走
　远，你并没有跳出时间的洪流。三湘，指湖南湘江流域及洞庭湖
　周边地区，具体则有多种合称，如漓湘、潇湘、蒸湘；潇湘、资湘、沅
　湘等等。子规，即杜鹃，传说为蜀帝杜宇的魂魄所化，在暮春时节
　鸣叫。

⑥"碑折松枯山火烧"以下几句：意谓墓碑折断，墓边的青松也已枯
　萎，被山上的野火烧掉，坟墓曾经关闭之后就再也没有打开过，不
　会再有新一天的清晨了。哪能把流逝的一切人和物比作流水呢？
　流水东流，遇到潮水还会返流，可是死去的人却永远不会回来了。
　夜台，指坟墓。

【译文】

　　熊孺登，钟陵人。他写诗有名气。元和年间担任剑南西川节度使府
从事，跟白居易、刘禹锡关系很好，相互之间多有赠送酬答的作品。熊孺
登也在湖南观察使府中敬奉差遣过好几年。凡是下笔写诗，诗歌语言妙
绝天下。比如："江流如箭月如弓，行尽三湘数夜中。无奈子规知向蜀，
一声声似怨春风。"又比如《经古墓》诗中说："碑折松枯山火烧，夜台曾
闭不曾朝。那将逝者比流水，流水东流逢上潮。"像这样的绝妙诗句在他
的作品中很多。有集子流传至今。

李约

约，字存博，汧公李勉之子也①。元和中，仕为兵部员外郎②，与主客员外张谂极相知③。每单枕静言，达旦不寐。尝赠韦况曰④："我有心中事，不向韦郎说。秋夜洛阳城，明月照张八⑤。"性清洁寡欲，一生不近粉黛，博古探奇。初，汧公海内名臣，多蓄古今玩器⑥，约愈好之。所居轩屏几案⑦，必置古铜怪石、法书名画，皆历代所宝。坐间悉雅士，清谈终日，弹琴煮茗，心略不及尘事也。尝使江南，于海门山得双峰石及绿石琴荐⑧，并为好事者传阅⑨。然亦寓意⑩，未尝戛然寡情⑪，豪夺吝与。复嗜茶，与陆羽、张又新论水品特详。曾授客煎茶法，曰："茶须缓火炙，活火煎，当使汤无妄沸。始则鱼目散布⑫，微微有声；中则四畔泉涌，累累然；终则腾波鼓浪，水气全消。此老汤之法，固须活火，香味俱真矣。"时知音者赏之。有诗集。后弃官终隐。又著《东杓引谱》一卷⑬，今传。

【注释】

① 汧（qiān）公李勉：字玄卿，一字贞简，郑惠王元懿曾孙。代宗时，进工部尚书，封汧国公，德宗加同中书门下平章事。

② 兵部员外郎：官名，尚书省兵部兵部司副长官，协掌武官贡举、考课等事务。

③ 主客员外：官名，即主客员外郎，尚书省礼部主客司副长官，协同主客郎中掌礼乐、学校、衣冠、符印、表疏、图书、册命、祥瑞、铺设，及百官、官人丧葬赠赙之数等。张谂（shěn）：唐德宗时的宰相张延赏之子，行八，历官主客员外郎。曾作《吴画说》，论述吴道

子之画，已佚。

④韦况：祖父韦安石，少隐王屋山，以起居郎召，半岁弃官去，除司封
员外郎，称疾固辞，授谏议大夫，到职数月，以太子左庶子致仕，
卒。不为声利所迁，当时重其风操。

⑤"我有心中事"以下几句：意谓我有心中事，不向韦况说，只在洛
阳城的秋夜，明月照着张谂的时候，告诉他。韦郎，即韦况。张八，
即张谂。

⑥玩器：供赏玩的东西。

⑦轩屏：堂阶旁的墙壁。几案：泛指案桌、桌子。

⑧海门山：指浙江杭州钱塘江入海口一带的山，因钱塘江夹岸有山，
南面为龛，北面为赭，两山相对，故称海门。琴荐：安放琴的器具。

⑨传闷（bì）：传为密谈。

⑩寓意：指通过器物寄寓意趣，而非必须占有器物。

⑪戚然：形容面有难色。

⑫鱼目：煮茶时水中泛起的气泡。

⑬《东杓引谱》：乃琴曲《东杓引》的谱子。

【译文】

李约，字存博，汧国公李勉的儿子。元和年间，做官担任兵部员外郎，跟主客员外郎张谂特别知心。经常枕在一个枕头上安静聊天，到天亮也不睡觉。李约曾写诗赠送给韦况说："我有心中事，不向韦郎说。秋夜洛阳城，明月照张八。"李约生性清心寡欲，一生都不亲近女色，博学于古，探索奇物。起初，汧国公是海内名臣，积蓄的古今玩赏器物很多，李约更加喜好这个。所居住的地方，窗台、屏风、茶几、案桌，一定摆放些古老的铜器和奇怪的石头、传世的有名书法作品和绘画作品，都是各个朝代所珍宝的。在座的都是优雅人士，整天清谈，弹着琴，煮着茶，心中一点也不关心尘世的事情。李约曾经出使江南，在海门山获得双峰石和绿色石头做成的古琴垫席，都被喜好热闹的人传为密谈。然而也是用器物寄托

自己的意趣,未曾断然无情,巧取豪夺,吝惜出价。又酷爱喝茶,跟陆羽、张又新一样特别详细地评论水的品味。曾经传授给门客煎茶的方法,说:"茶叶必须要慢火烤,用木炭上的活火煎茶,应当让茶汤不贸然沸腾。刚开始的水泡要像鱼眼珠一样分布散开,微微地发出声响;中途要让四周的水像泉眼那样涌动,重重叠叠的样子;最终要让水鼓动腾起波浪,水汽全部消退。这是熟老的茶汤的做法,一定要用活火,茶香和茶味就能都真实不虚了。"当时懂得欣赏的人都对这个方法赞赏有加。李约著有诗歌集子。后来辞官隐居而终。又写有《东杓引谱》一卷,流传至今。

沈亚之

　　亚之,字下贤,吴兴人①。初至长安,与李贺结交②。举进士不第,为歌以送归③。元和十年侍郎崔群下进士④,泾原李汇辟为掌书记⑤,为秘书省正字⑥。长庆中,补栎阳令⑦。四年,迁福建团练副使⑧,事徐晦⑨。后累迁殿中丞御史内供奉⑩。大和三年,柏耆宣慰德州⑪,取为判官⑫。耆罢,亚之贬南康尉⑬,后终郢州掾⑭。亚之以文辞得名,然狂躁贪冒,辅耆为恶,颇凭陵晚达,故及于谪。尝游韩吏部门⑮。杜牧、李商隐俱有拟沈下贤诗⑯,盖甚为当时名辈器重云。有集九卷传世。

【注释】

①吴兴:郡名,治所在今浙江湖州。

②李贺:传见本书卷五。

③"举进士不第"两句:沈亚之之落第,李贺写有《送沈亚之歌》。

④侍郎:即礼部侍郎,礼部副长官,掌朝廷礼仪、祭祀、贡举等。崔群:

字敦诗，元和七年（812）迁礼部侍郎，十年（815）知贡举，转户部侍郎，十二年（817）七月拜相，任中书侍郎、同中书门下平章事。为人公正，敢于直谏，时人赞为贤相，与韩愈、柳宗元、白居易、刘禹锡、张籍等交游。

⑤泾原：即泾原节度使，治所在今甘肃泾川。李汇：李光弼子，有志操，元和时拜宿州刺史，后迁泾原节度使，罢军中杂徭，出俸钱赎将士质卖子。掌书记：官名，掌表奏书檄，凡文辞之事皆出于掌书记之手。

⑥秘书省正字：官名，与校书郎同掌校正书籍。

⑦栎阳令：当为栎阳尉。栎阳，县名，治所在今陕西临潼东北。

⑧福建：方镇名，治所在今福建福州。团练副使：武官名，掌所属州军事。

⑨徐晦：字大章，贞元十八年（802）壬午科状元，初授栎阳（今陕西临潼东北）尉，宝历元年（825）出任福建观察使。

⑩殿中丞御史：疑为"殿中侍御史"之误，主掌纠弹百僚殿庭失仪，以及巡察京城等事。内供奉：官名，一种加衔，御史之资浅者，其衔内加"内供奉"字样，有侍御史内供奉、殿中侍御史内供奉。

⑪柏耆（qí）：名将柏良器之子，宪宗时王承宗叛，奉使游说承宗归朝。文宗立，迁谏议大夫，李同捷叛而力屈请降，以数百骑入沧州取李同捷赴京，中途杀之，诸将奏其邀功，贬循州司户，后赐死。据《两浙名贤录》云，沈亚之劝阻柏耆杀李同捷，不听，故其被贬实乃冤屈，辛氏不察，故有"狂躁贪冒"评价。宣慰：即宣慰使，官名，为朝廷所派宣谕敕命，安抚民众之使臣。德州：郡名，治所在今山东陵县。

⑫判官：官名，此为宣慰使的佐吏，协理政事，或备差遣。

⑬南康：郡名，治所在今江西赣州。

⑭郢州：州名，治所在今湖北钟祥。掾：属吏，具体为司户参军。

⑮韩吏部：指韩愈，曾任吏部侍郎，故称。传见本书卷五。

⑯杜牧：字牧之，京兆万年（今陕西省西安市）人，宰相杜佑之孙。大
和二年（829）进士，官终中书舍人。后人称为"小杜"，以别杜甫。
杜牧有《沈下贤》诗。传见本卷后文。李商隐：字义山，号玉谿生。
开成二年（837）进士，受排挤，穷愁潦倒，曾任县尉、秘书郎和节
度使判官等职。与杜牧合称"小李杜"。李商隐有《拟沈下贤》诗。
传见本书卷七。

【译文】

　　沈亚之，字下贤，吴兴人。刚到长安，跟李贺结为好友，考进士没考
中，李贺写《送沈亚之歌》送他返乡。元和十年（815）礼部侍郎崔群主
持考试时考中进士，泾原节度使李汇征辟他担任掌书记，后担任秘书省
正字。长庆年间，补任栎阳县尉。长庆四年（824）迁任福建团练副使，
侍奉福建观察使徐晦，后来累积升迁为殿中侍御史内供奉。大和三年
（829）柏耆担任德州宣慰使，任用他为判官。柏耆被罢免，沈亚之也被
贬为南康县尉，后来官位做到郢州司户参军。沈亚之靠文章获得名声，
但是狂暴急躁贪婪冒进，辅助柏耆作恶，很欺凌晚进之人，因此贬谪之祸
及身。曾经游学在吏部侍郎韩愈门下。杜牧、李商隐都有模仿沈下贤诗
体的诗歌作品，大概被当时有名的诗人们十分看重。有集子九卷传世。

徐凝

　　凝，睦州人①。元和间有诗名，方干师事之②。与施肩
吾同里闬③，日亲声调。无进取之意，交眷悉激勉，始游长
安，不忍自炫鬻④，竟不成名。将归，以诗辞韩吏部云⑤："一
生所遇惟元白，天下无人重布衣。欲别朱门泪先尽，白头游
子白身归⑥。"知者怜之。遂归旧隐，潜心诗酒。人间荣耀，
徐山人不复贮齿颊中也。老病且贫，意泊无恼，优悠自终。

集一卷，今传。

【注释】

①睦州：州名，治所在今浙江桐庐一带。

②方干：字雄飞，门人私谥"玄英先生"。隐居会稽镜湖以终，以诗名于江南，有"官无一寸禄，名传千万里"（《笑玄英方先生》）之称，早年为徐凝器重。传见本书卷七。

③施肩吾：字希圣，号东斋，睦州分水（今浙江桐庐西北）人。元和进士，后隐居洪州西山，世称"华阳真人"。其诗奇丽华美。传见本卷后文。里闬（hàn）：里门，代指乡里。

④炫鬻（xuàn yù）：夸耀卖弄。

⑤韩吏部：当为刑部侍郎白居易。

⑥"一生所遇惟元白"以下几句：引诗题为《自鄂渚至河南将归江外留辞侍郎》，意谓一生所遇的知己只有元稹、白居易，普天之下没有人像元稹、白居易这样看重我这个布衣百姓。我想要告别您的大门，却先把眼泪流干了，因为我是一个白发的衰老的游子，如今又要没有功名地返乡去。妙在诗中以三"白"重复而文气贯通，表现跟白居易之间的真挚情感。白身，指无功名官职。

【译文】

徐凝，睦州人。元和年间有诗名，方干把他当作老师侍奉。跟施肩吾是同乡，两人每日都爱切磋诗律。没有进取的意愿，朋友亲眷都激发勉励他，才来游历长安，不愿自己炫耀卖弄，最终没有获得功名。将要回去，用诗歌辞别韩吏部说："一生所遇惟元白，天下无人重布衣。欲别朱门泪先尽，白头游子白身归。"知道他的人都很怜惜他。徐凝便回到旧时隐居的地方，沉下心来写诗饮酒。人世间的荣华光耀，徐山人不再提起。徐凝衰老多病，并且贫寒，意绪淡泊没有苦恼，优哉游哉终此一生。集子一卷，流传至今。

○余昔经桐庐古邑，山水苍翠，严先生钓石^①，居然无恙。忽自星沉，千载寥邈，后之学者，往往继踵芳尘。文华伟杰，义逼云天，产秀毓奇^②，此时为冠。至今有长吟高蹈之风，古碑、石刻、题名等，相传不废。揽辔彷徨，不忍去之。胜地以一人兴，先贤为来者重，固当相勉而无倦也。

【注释】

①严先生：指严光，本姓庄，避汉明帝刘庄讳改其姓，一名遵，字子陵，浙江余姚人，与刘秀同学，后刘秀即位为光武帝，授谏议大夫，不从，归隐富春山（今桐庐境内）耕读垂钓，八十余岁卒于家，桐庐县有严子陵钓台等遗迹、纪念物。

②毓（yù）：孕育。

【译文】

○我过去经过桐庐的古城邑旧址，山青水绿，当年严光先生钓鱼的石块，安然而立，没有缺损。自从严光忽然如流星沉入夜幕，千年以来寥廓邈远，后来学习他的人，常常是接续他的足迹，传承他的芳踪。文章才华雄伟杰出，道义直逼云天之上，出产秀丽人才，孕育奇特之士，徐凝所在的时代是最多的。到现在这里还有吟诵诗歌、隐居高蹈的风气，记载此类人物的古碑、刻石、题名等等，代代相传从未中断。我抓着马缰徘徊不已，不忍心离开这里。美好的地方因为一个名人而兴盛，以前的贤人被后来的人所尊重，人们必当相互劝勉，永不懈怠啊。

裴夷直

夷直，字礼卿，吴人^①。元和十年礼部侍郎崔群下进士，仕为中书舍人。武宗立，以罪贬骧州司户^②。宣宗初^③，为江、华二州刺史④，终尚书左司员外郎、散骑常侍⑤。工诗，有盛名。集一卷，今传于世。

【注释】

①吴：今江苏一带。

②驩（huān）州：州名，治所在今越南荣市。司户：官名，掌户中账籍等事。

③宣宗：即唐宣宗李忱，初名怡，唐宪宗第十三子。会昌六年（846）立为皇太叔，唐武宗去世，即皇帝位。爱好诗歌，常于宴会时与学士唱和，公卿出镇，多赋诗饯行。

④江：即江州，治所在今江西九江。华：即华州，治所在今陕西渭南华州区。

⑤尚书左司员外郎：官名，协助郎中处理都司政务。散骑常侍：左散骑常侍隶门下省，右散骑常侍隶中书省，掌规讽过失，侍从顾问，虽无实际职权，仍为尊贵之官，多用作将相大臣的兼职。

【译文】

裴夷直，字礼卿，吴地人。元和十年（815）礼部侍郎崔群主持考试时考中进士，做官担任中书舍人。唐武宗登基，因为犯罪被贬谪为驩州司户参军。唐宣宗初年，担任江州、华州两州刺史，官终尚书左司员外郎、散骑常侍。裴夷直工于写诗，有盛大的诗名。集子一卷，如今流传在世。

薛涛

涛，字洪度，成都乐妓也①。性辨慧，调翰墨②。居浣花里③，种菖蒲满门④，傍即东北走长安道也，往来车马留连。元和中，元微之使蜀⑤，密意求访，府公严司空知之⑥，遣涛往侍。微之登翰林⑦，以诗寄之曰："锦江滑腻峨嵋秀⑧，幻出文君与薛涛⑨。言语巧偷鹦鹉舌，文章分得凤皇毛。纷纷词客皆停笔，个个公侯欲梦刀⑩。别后相思隔烟水，菖蒲花发五云高⑪。"及武元衡入相⑫，奏授校书郎，蜀人呼妓为"校书"，自涛始也。后胡曾赠诗曰⑬："万里桥边女校书，枇杷树下闭门居。扫眉才子知多少，管领春风总不如⑭。"

【注释】

①乐妓：歌舞女艺人。

②翰墨：指书法。薛涛擅长行书。

③浣花里：唐成都县坊里，在今四川成都市西南五里杜甫草堂一带。

④菖蒲：多年生草本植物，生在水边，地下有根茎，花穗像棍棒，根茎可做香料，也可入药，据古人言，服用可长生。

⑤元微之：即元稹，传见本卷前文。以监察御史的身份充任剑南东川详覆使，曾弹奏剑南东川节度使严砺。此时西川节度使为武元衡，非严绶。故此处所叙，盖虚构。

⑥府公：唐时下属称节度使、观察使为府公，也泛称州、府长官。严司空：即严绶，宪宗元和元年（806）以平杨惠琳、刘辟之功登相位，加检校尚书左仆射，拜司空，故称。

⑦登翰林：指元稹元和十四年（819）担任翰林承旨学士。

⑧锦江：在四川成都平原，为岷江分支之一。传说蜀人织锦濯于此水中则锦色鲜艳，濯于他水中则锦色暗淡，故名锦江。

⑨文君：指卓文君，四川人。卓王孙之女，夫亡守寡，爱慕司马相如才情，私奔结为夫妻，传说曾写《白头吟》诗。

⑩梦刀：指想去四川做官。《晋书·王濬传》："濬夜梦悬三刀于卧屋梁上，须臾又益一刀，濬惊觉，意甚恶之。主簿李毅再拜贺曰：'三

刀为州字，又益一者，明府其临益州乎？'及贼张弘杀益州刺史皇甫晏，果迁濬为益州刺史。"后人附会元稹出使四川与薛涛交往，恐亦因此诗而起。

⑪五云：指仙人所乘祥云，又指隐士。薛涛晚年为女道士，这里借用来形容薛涛的品格，可见元稹所赞薛涛者，以其文采和品格，非为女色，"密意求访"云云，小说家言耳，不足信矣。即便相会，也是正大光明。

　　"锦江滑腻峨嵋秀"一诗，题为《寄赠薛涛》，意谓锦江江水光滑细腻，峨眉山润秀特出，山灵水异，故能幻化出卓文君和您这样的才艺女子。您的巧妙言语仿佛是把鹦鹉的舌头偷来了，您写的文章就像得到凤凰的羽毛般光彩绚烂。众多的文士都在您面前搁笔不敢创作，每个公侯都想像王濬那样梦见刀，从而来四川做官，以便跟您相识。自从我们离别后，隔着烟水茫茫互相思念，想必您门前的菖蒲已开花，如五彩云越来越高，您的修道想必也日渐高妙吧。

⑫武元衡：字伯苍，元和二年（807）拜相，后出任剑南西川节度使，元和八年（813年）再度入朝为相。传见本书卷四。

⑬胡曾：号秋田，邵州邵阳（今属湖南）人，晚唐诗人。曾入蜀为剑南西川节度使府掌书记。工诗，尤擅咏史。传见本书卷八。此处当为王建，所赠诗题为《寄蜀中薛涛校书》。

⑭"万里桥边女校书"以下几句：诗意谓万里桥边有位女校书郎，她住在琵琶花包围的居室中，总是关着门，与世相违。即便这样，有那么多才女，引领文坛风气总比不上她。言外之意当然是因为薛涛作品写得好，不必抛头露面，声名自可不胫而走，这当是薛涛晚年修道境况，早年还不得不应酬宾客之间。万里桥，在今四川成都城南锦江上。枇杷树下，王建原诗作"琵琶花里"，可从。扫眉才子，即女才子。扫眉，即女子画眉，代指女性。管领春风，指引领文坛风气。

【译文】

　　薛涛,字洪度,是成都的歌舞艺人。天性善辨聪慧,擅长书法。居住在浣花里,门前种满菖蒲,门旁边就是从东北方向前往长安的大道,来来往往的车马在她这里流连忘返。元和年间,元稹出使四川,偷偷寻访她,节度使、司空严绶知道这件事,派遣薛涛去元稹处侍奉他。元稹后来成为翰林承旨学士,写诗寄给薛涛说:"锦江滑腻峨眉秀,幻出文君与薛涛。言语巧偷鹦鹉舌,文章分得凤皇毛。纷纷词客皆停笔,个个公侯欲梦刀。别后相思隔烟水,菖蒲花发五云高。"等到武元衡入朝为宰相,上奏授任她担任校书郎,四川人称呼妓女为"校书郎",就是从薛涛开始的。后来胡曾赠诗给她说:"万里桥边女校书,枇杷树下闭门居。扫眉才子知多少,管领春风总不如。"

　　涛工为小诗,惜成都笺幅大,遂皆制狭之,人以为便,名曰"薛涛笺"。且机警闲捷,座间谈笑风生。高骈镇蜀门日[1],命之佐酒,改一字惬音令[2],且得形象,曰:"口似没梁斗[3]。"答曰:"川似三条椽[4]。"公曰:"奈一条曲何?"曰:"相公为西川节度,尚用一破斗,况穷酒佐杂一曲椽,何足怪哉!"其敏捷类此特多,座客赏叹。其所作诗,稍欺良匠,词意不苟,情尽笔墨,翰苑崇高[5],辄能攀附,殊不意裙裾之下[6],出此异物[7],岂得匿其人而弃其学哉[8]!大和中卒[9]。有《锦江集》五卷,今传,中多名公赠答云。

【注释】

　　①高骈:字千里,幽州(今北京)人。家世仕禁军,历任安南都护,成
　　　都尹、剑南西川节度使等。传见本书卷九。据学者考证,此处当
　　　为高崇文。元和元年(806)统军讨伐刘辟叛军,封南平郡王、剑

南西川节度使,以不识字,且厌案牍之繁,在蜀无所事,表请捍边
效力,加邠宁庆三州节度使,尽载蜀都库藏而去。

②令:即酒令,饮酒时一种助兴取乐的游戏。或轮流说诗词,或做其
他游戏,违令或输者罚饮酒,自唐以来,盛行于士大夫间。

③梁:提梁,指壶、篮等器物的提手。斗:量粮食的器具。

④椽:即椽子,放在檩上架着屋面板和瓦的木条。

⑤翰苑:文翰荟萃的地方,多指翰林院,这里指与翰林承旨学士元稹
交往。

⑥裙裾:裙子,借指妇女。

⑦异物:指优异之人物。

⑧匪其人:指人的身份不好,即薛涛曾为乐妓。

⑨大和:唐文宗年号(827—835)。

【译文】

薛涛善于创作绝句小诗,可惜成都笺纸篇幅太大,于是就都裁小一
些,人们觉得很便利,称呼这种纸为"薛涛笺"。且薛涛机灵精警,娴熟
敏捷,在酒宴上谈笑风生。高骈镇守四川的时候,令她来劝酒,行酒令,
要把一个字改动为押韵的其他字,而且还要从形状上来看相像,他说:
"'口'字就像没提手的斗。"薛涛回答说:"'川'字就像屋梁上的三条椽
子。"高骈说:"怎么有一条是弯的?"薛涛说:"您贵为西川节度使,尚且
使用一个没提手的破斗,何况穷苦的佐酒之人,其屋梁上有一根弯曲的
椽子,哪里值得奇怪呢!"薛涛敏捷应对的才能像这样的特别多,座中宾
客都赞赏惊叹。她所创作的诗歌,稍稍超过优秀的诗人,用词一丝不苟,
其情感能在笔墨字句中完全表达出来,连崇高的翰林院才子,也能与她
攀援附会、诗歌唱和,实在没想到女子之中竟然会出现这样的优异人物,
难道能因为她身份低下就嫌弃她的才学吗! 薛涛在大和年间去世。创
作有《锦江集》五卷,如今流传在世,集子中有很多著名诗人赠送酬答的
作品。

姚合

合，陕州人①，宰相崇之曾孙也②，以诗闻。元和十一年，李逢吉知贡举，有夙好③，因拔泥涂④，郑解榜及第⑤，历武功主簿⑥，富平、万年尉⑦。宝历中，除监察御史，迁户部员外郎⑧，出为金、杭二州刺史⑨。后召入，拜刑户二部郎中、谏议大夫、给事中⑩。开成间⑪，李商隐尉弘农⑫，以活囚忤观察使孙简⑬，将罢去，会合来代简，一见大喜，以风雅之契，即谕使还官，人雅服其义。后仕终秘书监⑭。与贾岛同时，号"姚、贾"，自成一法。岛难吟，有清洌之风；合易作，皆平澹之气。兴趣俱到，格调少殊，所谓方拙之奥，至巧存焉。盖多历下邑⑮，官况萧条⑯，山县荒凉、风景凋弊之间，最工模写也。性嗜酒，爱花，颓然自放，人事生理，略不介意，有达人之大观。所为诗十卷，及选集王维、祖咏等一十八人诗为《极玄集》一卷⑰，《序》称维等皆"诗家射雕手"也⑱。又摭古人诗联⑲，叙其措意，各有体要，撰《诗例》一卷，今并传焉。

【注释】

①陕州：州名，治所在今河南三门峡市西。此处疑误，姚合实为吴兴（今浙江湖州）人。

②宰相崇：即姚崇，本名元崇，改名元之，后避开元年号，又改名崇，陕州硖石（今河南三门峡市陕州区）人。唐代著名宰相，睿宗时奏请太平公主出居东都，以削其权，开元初奏请禁止宦官、贵戚等干预朝政，禁绝佛寺道观的营造等十事，开元四年（716）引宋璟自代，与宋璟并称贤相，史称"姚宋"。曾孙：当为曾侄孙。

③凤好：旧好,指老交情。

④泥涂：犹言草野,比喻卑下的地位。

⑤郑解：当为郑澥,字蕴士,元和十一年以第一名登进士第,后为山南东道节度使李愬判官,又为掌书记,亲历平定蔡州之役,著有《凉国公平蔡录》一卷,记李愬平蔡州始末。

⑥武功：县名,治所在陕西武功。主簿：官名,管理文书簿籍,参议本署政事,为官署中重要佐官。

⑦富平：县名,治所在今陕西富平。万年：县名,治所在今陕西西安。

⑧户部员外郎：官名,尚书省户部户部司副长官,与户部郎中共掌户口、土田、赋役等事。

⑨金：即金州,治所在今陕西安康。杭：即杭州,治所在今浙江杭州。

⑩刑户二部郎中：指刑部郎中、户部郎中。刑部郎中为尚书省刑部刑部司长官,掌司法及审覆大理寺及州府刑狱。户部郎中为尚书省户部户部司长官,掌户口、土田、赋役、贡献、优复、婚姻、继嗣等事。谏议大夫：官名,分左右谏议大夫,分属门下省和中书省,掌谏谕得失,侍从赞相。给事中：官名,门下省重要官员,掌诏令章奏驳正稽失。

⑪开成：唐文宗年号(836—840)。

⑫弘农：县名,治所在今河南灵宝东北。

⑬观察使：即陕虢观察使,陕虢居长安、洛阳之间交通要冲。孙简：元和初年进士,历官同州刺史、陕虢观察使,与李商隐不合。

⑭秘书监：官名,秘书省长官,掌图书秘记等。

⑮下邑：指小县。

⑯官况：居官的景况。

⑰王维：传见本书卷二。祖咏：传见本书卷一。一十八人：当为二十一人。

⑱射雕手：北齐斛律光善射,曾射落云中大雕,时人赞为“射雕手”,

后用为赞人技艺高超。

⑲摭：摘取。

【译文】

姚合，陕州人，宰相姚崇的曾孙，靠诗歌闻名。元和十一年（816），李逢吉掌管贡举考试，两人有旧交情，因此把他从卑下的草野选拔上，在郑解那一榜考中进士，做过武功县主簿，富平和万年县尉。宝历年间，除授监察御史，迁任户部员外郎，出任金州、杭州二州的刺史。后来召见入朝，拜任刑部郎中和户部郎中、谏议大夫、给事中。开成年间，李商隐担任弘农县尉，因为搭救囚犯而违背陕虢观察使孙简的意愿，将要被罢免离去，适逢姚合来代替孙简担任陕虢观察使，一见到李商隐大为高兴，因为两人在诗歌风雅上的契分，当即吩咐让他回去继续做弘农县尉，人们很佩服姚合的道义。后来官终秘书监。跟贾岛同一时代，被人们称为"姚贾"，自成一派诗法。贾岛苦吟，诗歌有清澈寒凉的风范；姚合作诗平易，诗中都是平静淡泊的气度。他们诗中的雅兴意趣面面俱到，格律声调稍有不同，达到所谓的"方正朴拙的玄奥中，存有最大的巧妙"的境界。大概是因为他们曾经多次做过小县的官员，做官的时候情况萧条，山野小县气象荒冷寒凉，在那些凋零衰弊的风光景物中间，最适合模拟描写啊。姚合生性喜欢喝酒，喜爱花朵，颓废放纵，人间杂事、生计营生，一点也不放在心上，富有通达之士的洞达透彻的观念。所创作的诗歌有十卷，和他挑选搜集王维、祖咏等十八人的诗歌作品编成《极玄集》一卷，在序中称赞王维他们"都是诗人中的射雕高手"啊。又选取古代诗人的诗歌联句，叙述他们的构思用意，各类都有其体式要领，撰成《诗例》一卷，如今都流传着。

李廓

廓，宰相程之子也①。少有志勋业，揽辔慨然②，而未肯屑就③,遂困场屋中④。作《下第》诗曰:"榜前潜制泪,众里独嫌身。气味如中酒,情怀似别人⑤。"时流皆称赏,且怜之,因共推挽。元和十三年独孤樟榜进士⑥,调司经局正字⑦,出为鄠县令⑧。累历显宦⑨,仕终武宁节度使⑩,政有奇绩。工诗,极绮致。与贾岛相友善。集今传世。

【注释】

①宰相程:即李程,字表臣。贞元十二年(796)中进士,累辟使府,为监察御史,充翰林学士。学士入署常视日影为候,程性懒,日过八砖乃至,时号"八砖学士"。元和中,知制诰,拜礼部侍郎。敬宗即位,以吏部侍郎同平章事。

②揽辔慨然:指胸怀天下的志向。语出《后汉书·范滂传》:"时冀州饥荒,盗贼群起,乃以滂为清诏使,按察之。滂登年揽辔,慨然有澄清天下之志。"

③未肯屑就:即不屑就,认为不值得花太多时间和精力去仅仅为考试而考试。

④场屋:科举考试的地方,又称科场。

⑤"榜前潜制泪"以下几句:又题《落第》。诗意谓在发放的榜前偷偷地忍住眼泪,热闹的人群中感觉只有自己是被大家嫌弃而无地缝可钻的人。落榜的气味就像人喝醉了酒,落榜人的心情胸怀就像与人离别般低沉。

⑥独孤樟:元和十三年(818)戊戌科状元。

⑦司经局正字:官名,掌典校书籍。

⑧鄠(hù)县:县名,治所在今陕西西安鄠邑区。

⑨显宦:即达官。

⑩武宁:即武宁军,治所在江苏徐州。后来李廓还担任刑部侍郎、夏绥节度使等,辛文房误。

【译文】

李廓，是宰相李程的儿子。年少时有志于建功立业，揽着马缰绳慨然有天下之志，但不屑于通过科举之路获得，于是就困在科举场中。创作《下第》诗说："榜前潜制泪，众里独嫌身。气味如中酒，情怀似别人。"当时名流都称赞欣赏，并且怜爱他，因此共同提携他。元和十三年（818）独孤樟那一榜考中进士，调任司经局正字，出任鄠县县令。多次做过显赫官职，最终做到武宁军节度使，为政上有突出政绩。工于写诗，所作之诗特别绮丽有情致。他跟贾岛是好朋友。集子如今流传在世。

章孝标

孝标，字道正，钱塘人①。李绅镇淮东时②，春雪，孝标参座席，有诗名，绅命札请赋，唯然，索笔一挥云："六出花飞处处飘，粘窗拂砌上寒条。朱门到晚难盈尺，尽是三军喜气消③。"李大称赏，荐于主文④。元和十四年礼部侍郎庾承宣下进士及第⑤，授校书郎⑥。于长安将归嘉庆，先寄友人曰："及第全胜十改官，金汤镀了出长安。马头渐入扬州郭，为报时人洗眼看⑦。"绅适见，亟以一绝箴之曰⑧："假金方用真金镀，若是真金不镀金。十载长安方一第，何须空腹用高心⑨！"孝标惭谢。伤其气宇窄急，终不大用。大和中，尝为山南道从事⑩，试大理评事⑪，仕终秘书正字⑫。有集一卷，传世。

【注释】

①钱塘人：当为浙江桐庐人。

②李绅：传见本卷前文。淮东：当为淮南。李绅在开成、会昌年间两

度出任淮南节度使。

③"六出花飞处处飘"以下几句：诗意谓雪花到处飘飞，粘在窗上拂过阶砌飞上寒冷的枝条。朱门大户到晚上也难以堆积成一尺深的积雪，都是因为军人看到雪花想到丰收，因此产生的喜悦之气把雪花给融化了。六出花，即雪花。

④主文：主持考试的考官。这里有误，据学者考证，李绅镇守淮南时，章孝标早已考中进士。

⑤礼部侍郎：当为中书舍人。庾承宣：元和初，为殿中侍御史，十三、四年（818、819），以中书舍人权礼部侍郎知贡举。

⑥校书郎：当为秘书省正字。

⑦"及第全胜十改官"以下几句：诗意谓考中进士完全胜过十次升官，因为考中进士仿佛镀金，镀金后离开长安。马头渐渐进入扬州村郭，替我告诉同时的人们，当对我刮目相看。改官，凡选人经磨勘升官，称改官。

⑧箴（zhēn）：告诫。

⑨"假金方用真金镀"以下几句：诗意谓只有假金子才需要用真金子来镀金，如果是真金子就不必镀金。你流浪长安十年才考中一个进士，何必腹中空空却装着一颗高傲之心？

⑩山南道：道名，治所在今湖北襄阳。从事：官名，州府佐吏。

⑪大理评事：官名，掌出使推覆。

⑫秘书正字：据学者考证，秘书正字为章孝标及第后初授之官。

【译文】

　　章孝标，字道正，钱塘人。李绅镇守淮南的时候，春天下雪，章孝标参加宴会坐在席上，因他有诗名，李绅命人准备好纸札请他赋诗，章孝标轻声允诺，拿起笔一挥而就，写的是："六出花飞处处飘，粘窗拂砌上寒条。朱门到晚难盈尺，尽是三军喜气消。"李绅大为称赞欣赏，把他推荐给主考官。元和十四年（819）在代理礼部侍郎庾承宣主持考试时考中进士,授任校书郎。在长安将回家乡欢庆,先写诗寄给朋友说:"及第全胜十改官,金汤镀了出长安。马头渐入扬州郭,为报时人洗眼看。"李绅刚好读到这首诗,赶紧用一首绝句告诫他说:"假金方用真金镀,若是真金不镀金。十载长安方一第,何须空腹用高心!"章孝标惭愧地道歉。伤叹他的气度窘迫急躁,最终也没有得到重用。大和年间,曾担任山南道节度使府从事,试用为大理评事,最终做到秘书省正字。有集子一卷,流传在世。

施肩吾

肩吾,字希圣,睦州人①。元和十五年卢储榜进士第后②,谢礼部陈侍郎云③:"九重城里无亲识,八百人中独姓施④。"不待除授,即东归,张籍群公吟饯⑤,人皆知有仙风道骨,宁恋人间升斗耶⑥?而少存箕颍之情⑦,拍浮诗酒⑧,搴擘烟霞⑨。初读书五行俱下,至是授真筌于仙长⑩,遂知逆顺颠倒之法⑪,与上中下精气神三田返覆之义⑫。以洪州西山十二真君羽化之地⑬,慕其真风,高蹈于此,题诗曰:"重重道气结成神,玉阙金堂逐日新。若数西山得道者,兼余即是十三人⑭。"早尝赋《闲居遣兴诗》一百韵,颇述初心,大行于世。著《辨疑论》一卷、《西山传道》《会真》等记各一卷。述气住则神住,神住则形住,为《三住铭》一卷,及所为诗十卷,自为之序,今传。

【注释】

①睦州人:实为湖州乌程(今浙江湖州)人。

②卢储：元和十五年（820）庚子科状元，向李翱行卷而得礼待，后
　　为李翱女婿。

③谢礼部陈侍郎：据《唐诗纪事》卷四十一，原诗题为《上礼部侍郎
　　陈情》，意谓写诗进献给礼部侍郎陈述心中之情，辛文房误读为给
　　礼部侍郎名叫陈情的那个人献诗。此礼部侍郎实为施肩吾的主
　　考官李建，放榜后由太常少卿提拔为礼部侍郎。

④"九重城里无亲识"两句：诗意谓偌大的京城里没有一个亲人相
　　识，八百多个考生中也只有我姓施。表达出施肩吾考中之艰难，
　　和对主考官不以关系录用的感激，隐约透露出施肩吾"朝中无人
　　莫做官"的隐退之念。九重城，天子所居有门九重，喻称帝京。
　　八百人，指参加进士考试的考生人数。

⑤张籍：字文昌，贞元十四年（798）进士，历官水部员外郎、国子司
　　业，世称张水部或张司业，和王建齐名，号称"张王乐府"。传见本
　　书卷五。

⑥升斗：比喻微薄的俸禄。

⑦箕颍：箕山、颍水的合称，相传为尧时隐士许由隐居之地，后因谓
　　隐士居住之地为箕颍，亦指隐士。

⑧拍浮：浮游。语出《世说新语·任诞》："毕茂世云：'一手持蟹螯，
　　一手持酒杯，拍浮酒池中，便足了一生。'"

⑨搴擘（qiān bò）：拔取分开。

⑩真筌：犹真谛、真义，对经典的正确解释。仙长：对道士的尊称。

⑪逆顺颠倒之法：指金木水火土五行相生相克、颠倒抽添的方法，据
　　施肩吾《西山群仙会真记序》所云，知道这些才能入道。

⑫上中下精气神三田：施肩吾《锺吕传道集》卷十三《论还丹》云：
　　"丹田有三：上田神舍，中田气府，下田精区。精中生气，气在中丹。
　　气中生神，神在上丹。真水真气，合而成精，精在下丹。奉道之士，
　　莫不有三丹。"返覆：上下交换位置，往回。据施肩吾《西山群仙

会真记序》所云,知道这个才能成道。

⑬洪州:州名,治所在今江西南昌。西山:一名南昌山,在今江西南昌新建区西,道家称为第十二洞天。真君:道教对神仙的尊称。羽化:化为有羽翼能飞升的人,指成仙。如《太平广记》卷十四引《十二真君传》所记载的许逊:“真君以东晋孝武帝太康二年八月一日,于洪州西山,举家四十二口,拔宅上升而去。”

⑭“重重道气结成神”以下几句:此诗原题《西山静中吟》,诗意谓我在修炼中重重元气凝结成神,眼看着仙人所居的宝殿在我眼前每天都更清晰一点,新奇一些。如果去数西山这里有多少人得道成仙,十二真君加上我就是十三个。玉阙金堂,仙人所居的宫阙宝殿。

【译文】

施肩吾,字希圣,睦州人。元和十五年(820)卢储那一榜考中进士后,写诗感谢礼部侍郎说:“九重城里无亲识,八百人中独姓施。”不等朝廷除官授任,就往东归去,张籍等众多诗人写诗饯别,人们都知道他有仙风道骨,怎么可能留恋人世间这点微薄的俸禄呢?而施肩吾年少即存有隐居的念头,浮游在诗酒之中,取烟散霞。起初读书,五行俱在心下,到这时从道士那里学到真谛,于是知道了五行相生相克颠倒变化的方法,和上田神舍、中田气府、下田精区往来返覆的奥义。因为洪州西山是十二真君飞天成仙的宝地,仰慕这里的修道风气,就隐居在这里,写诗说:“重重道气结成神,玉阙金堂逐日新。若数西山得道者,兼余即是十三人。”早年曾写过《闲居遣兴诗》一百句,颇能叙述自己的初心,风行一世。撰著《辨疑论》一卷、《西山传道》《会真》等道士的传记各一卷。陈述凝住元气就凝住元神,凝住元神就能使形体永驻、长生不老的观念,写有《三住铭》一卷,和他所创作的诗歌十卷,自己为集子作序,流传至今。

袁不约

不约,字还朴,长庆三年郑冠榜进士①。大和中,以平判入等调官②。有诗传世。

【注释】

①郑冠:长庆三年(823)癸卯科状元,大和二年(828)又应制举军谋宏远堪任将帅科及第,官至户部郎中。

②平判:即平选试判,指参加吏部常选试判成绩达到"入等"的标准。试判是唐时吏部考试官吏方法,始于高宗时,初取州县案牍疑议,令应试者断割,观其断决能力,判语皆须四六骈文,试卷糊名。后因选人较多,不足为难,乃采经籍古义,假设甲乙,令其判断,既而来者益众,又不足以难之,乃征僻书曲学隐晦之义问之,试判登科者称入第,拙弱者称蓝缕。

【译文】

袁不约,字还朴,长庆三年(823)郑冠那一榜的进士。大和年间,因为参加吏部常选试判成绩"入等"而调任官员。有诗歌流传在世。

韩湘

湘,字清夫①,愈之侄孙也②,长庆三年礼部侍郎王起下进士③。落魄不羁,见趣高远,尤耽苦吟④。公勉以经学⑤,曰:"湘所学,公不知耶?"因赋诗以述志云:"青山云水窟,此地是吾家。后夜流琼液,凌晨咀绛霞。琴弹碧玉调⑥,炉炼白朱沙⑦。宝鼎存金虎⑧,元田养白鸦⑨。一瓢藏世界,三尺斩妖邪⑩。解造逡巡酒⑪,能开顷刻花⑫。有人能学我,同去看仙葩^⑬。"公笑曰："子能夺造化乎^⑭？"湘曰："此事甚易！"
公为开樽，湘聚土，以盆覆之，噀水^⑮。良久，开碧花二朵，
花片上有诗一联，云："云横秦岭家何在^⑯，雪拥蓝关马不
前^⑰。"公甚异怪，未谕其意。曰："他日验之。"告违去。

【注释】

①清夫：辛文房误以民间传说中的韩湘子为韩湘，故错误甚多，实则
《青琐高议·韩湘子》乃小说家言，不可信，读者以小说家言读之
可也。据学者考证，韩湘字北渚，又字爽，登第后官至大理丞。

②愈：指韩愈。传见本书卷五。

③王起：字举之，长庆元年（821）十月，迁礼部侍郎，连掌贡举两年，
得士甚精，然建言"以所试送宰相阅可否，然后付有司"，议者以为
避是非，失贡职。会昌四年（844），出为兴元尹，兼同中书门下平
章事，充山南西道节度使。

④苦吟：反复吟诵，雕琢诗句。

⑤经学：解释和阐述儒家经典之学。后文所记，出《青琐高议·韩
湘子》。

⑥碧玉调：一种琴曲名。

⑦白朱沙：即白朱砂，或云人乳汁，或云古白瓷研粉所制。

⑧金虎：即金火，外丹家以龙喻水，以虎喻火。

⑨白鸦：传说春秋时晋文公焚林以逼介子推出山，有白鸦绕烟而噪，
并集子推身旁，火不能焚。

⑩三尺：亦称"三尺水"，剑的代称。

⑪逡巡酒：指用方术在短时间内酿成的美酒。

⑫顷刻花：指忽然开放的神奇花朵。

⑬仙葩：仙界奇花异卉，指仙人之地。

　　"青山云水窟"一诗，原题为《言志》，意谓青山中云绕水行的

洞窟,那个地方就是我的家。后半夜流动的都是琼浆玉液,早晨则吞吐着红色的霞光。我弹着碧玉调的古琴曲,炉子里炼着白朱砂。宝鼎里面存有金火炼着金丹,我的元气田中滋养着火烧不灭的白鸦。一个葫芦瓢里藏着另一个世界,三尺之剑用来斩妖除魔。知道怎么快速酿造美酒,能够在瞬间让鲜花盛开。如果有人能够学我,就可以跟我一起成仙。

⑭造化:指大自然,造物主。

⑮噀(xùn)水:含在口里喷出水。亦是一种道术。

⑯秦岭:广义而言,秦岭为横贯中国中部的东西向山脉,重要自然地理界线,这里取其狭义,即陕西那一段,借来遮挡韩愈在长安的家。

⑰蓝关:即蓝田关,在陕西蓝田东南。韩愈被贬谪为潮州刺史,路过蓝关。

【译文】

韩湘,字清夫,韩愈的侄孙,长庆三年(823)在礼部侍郎王起主持考试时考中进士。潇倒豪荡,无拘无束,见识和趣味都很高妙,尤爱雕琢诗句。韩愈劝他多研习儒家经典之学,他说:"我韩湘所学的,您不知道吗?"因此写诗来表达自己的志向说:"青山云水窟,此地是吾家。后夜流琼液,凌晨咀绛霞。琴弹碧玉调,炉炼白朱沙。宝鼎存金虎,元田养白鸦。一瓢藏世界,三尺斩妖邪。解造逡巡酒,能开顷刻花。有人能学我,同去看仙葩。"韩愈笑着说:"你真能如诗中所言夺走造物主吗?"韩湘说:"这种事特别容易。"韩愈为他开宴设酒,韩湘聚集土堆,用盆把它盖着,口中含水一喷,过了一会儿,开出两朵绿色的花朵,每个花瓣上都写着一句诗,写道:"云横秦岭家何在,雪拥蓝关马不前。"韩愈非常诧异,不明白诗句的意思。韩湘说:"有朝一日会应验的。"就告辞离他而去。

未几,公以谏佛骨事谪潮州刺史①,一日途中见有人冒风雪从林岭间来,视乃湘也,再拜马前,曰:"公忆花上之句乎?"因询其地,即蓝关,嗟叹久之,解鞍酒垆②,命酌,足成诗曰:"一封朝奏九重天,夕贬潮阳路八千。本为圣朝除弊事,岂期衰朽送残年。云横秦岭家何在,雪拥蓝关马不前。知汝远来应有意,好收吾骨瘴江边③。"又赠诗曰:"人才为世古来多,如子雄文孰可过。好待功名成就日,却抽身去上烟萝④。"湘笑而不答,献诗别公曰:"举世都为名利醉,惟吾来向道中醒。他时定是飞升去,冲破秋空一点青⑤。"遂别,竟不知所终。

【注释】

①谏佛骨事:唐宪宗欲迎佛骨舍利入宫,韩愈献《谏迎佛骨表》,中有句意谓爱好佛教的皇帝都早死,触怒唐宪宗,欲杀韩愈,得大臣开解,远谪潮州。潮州:州名,治所在今广东潮州。

②酒垆:即酒馆,喝酒的地方。

③"一封朝奏九重天"以下几句:即韩愈《左迁至蓝关示侄孙湘》,诗意谓早上向九重官里的帝王献上一封奏章(即《谏迎佛骨表》),晚上就被下令贬谪到八千里远的潮州。本意是想为圣明朝代革除弊端之事,哪里能料到衰朽之年还要去边远之地度过余生。秦岭上云雾横遮看不见长安的家,蓝田关上大雪拥积我的征马都不愿前行。我知道你从远处赶来见我是有原因的,好在瘴气熏天的江边收敛我的尸骨。

④"人才为世古来多"以下几句:此诗韩愈集不收,品其诗风,与韩愈诗不类,盖小说家所伪造。诗意谓世上人才从古至今很多,像你这样能写雄杰文章的人才谁能超过? 等你功名成就的那一天,你却反而抽身离开、跑去山野隐居修仙! 可见此诗意在让韩湘入

仕为官。烟萝,指山野,林野。

⑤"举世都为名利醉"以下几句:该诗题作《答从叔愈》,诗意谓整个
世代的人都醉心于功名利禄,只有我来向修道中保持清醒。有朝
一日肯定是飞升成仙离开,化作冲破秋日晴空的一缕青烟。韩湘
答诗表明自己修仙隐居的志向。飞升,指成仙。

【译文】

　　不多久,韩愈因为谏诤佛骨舍利的事情被贬谪为潮州刺史,一天在
路上看见有一个人冒着风雪从树林山岭之间走过来,仔细一看原来是韩
湘,韩湘在韩愈马前拜了两拜,说:"您还记得绿色花瓣上的诗句吗?"韩
愈就问这是哪里,回答说就是蓝关,嗟叹很久,在酒馆解掉马鞍休息,命
人酌酒,把那两句诗补充成完整的诗道:"一封朝奏九重天,夕贬潮阳路
八千。本为圣朝除弊事,岂期衰朽送残年。云横秦岭家何在,雪拥蓝关
马不前。知汝远来应有意,好收吾骨瘴江边。"又赠送诗给韩湘说:"人才
为世古来多,如子雄文孰可过。好待功名成就日,却抽身去上烟萝。"韩
湘笑而不答,献上一首诗告别韩愈说:"举世都为名利醉,惟吾来向道中
醒。他时定是飞升去,冲破秋空一点青。"于是两人告别,最终不知道韩
湘怎么样了。

韩琮

　　琮,字成封,长庆四年李群榜进士及第①。大中中②,仕
至湖南观察使③。有诗名,多清新之制,锦不如也。《浐水送
别》云④:"绿暗红稀出凤城,暮云楼阁古今情。行人莫听宫
前水,流尽年光是此声⑤。"《骆口晚望》云⑥:"秦川如画渭
如丝,去国还家一望时。公子王孙莫来好,岭花多是断肠
枝⑦。"如此等皆喧满人口,余极多,皆称是。集一卷,今传。

【注释】

①李群：一作李郡，长庆四年（824）甲辰科状元。

②大中：唐宣宗年号（847—859），唐懿宗沿用不改（859—860）。

③湖南观察使：湖南都团练守捉观察处置使的简称，治所在今湖南长沙。

④《浐（chǎn）水送别》：一作《暮春浐水送别》。

⑤"绿暗红稀出凤城"以下几句：诗意谓红花稀少、绿叶茂盛，那幽暗的暮春，远行的人要离开京城，在亭台楼阁上饮酒饯行，直到傍晚云掩，而送别之情古往今来都有，远行的人不要听那宫殿前流出的水声，因为正是它们把我们的年华都带走了。离别而兼衰老，他日相会未可预期，故感动人心。浐水，为关中八川之一，源出今陕西蓝田西南秦岭山中，西北流至西安东汇入灞水。

⑥《骆口晚望》：一作《骆谷晚望》。

⑦"秦川如画渭如丝"以下几句：诗意谓渭水平原就像一幅漂亮的风景画，渭水则像画上的一条丝带，离开国都准备回家的人能够看上一眼美景。至于爱好游玩的王公贵族的子孙们还是不要来玩的好，因为岭上的很多花枝看多了人间的离别都已成断肠，无法供给贵公子玩赏。这当然是拟人写法，展现离别之苦。秦川，泛指秦岭以北的渭水平原，是春秋战国时期秦国的领域，又是一片平川，故名。

【译文】

　　韩琮，字成封，长庆四年（824）李群那一榜考中进士。大中年间，官做到湖南观察使。有诗歌名声，常有清新的作品，锦缎都比不上他的诗。《浐水送别》这首诗说："绿暗红稀出凤城，暮云楼阁古今情。行人莫听宫前水，流尽年光是此声。"《骆口晚望》这首诗说："秦川如画渭如丝，去国还家一望时。公子王孙莫来好，岭花多是断肠枝。"像这样的作品都是人们所传诵不休的，其余类似这样的作品还很多，都被人们称赞。有集子一卷，流传至今。

韦楚老

楚老①，长庆四年中书舍人李宗闵下进士②，仕终国子祭酒③。工诗，气既淳雄，语亦豪健，众作古乐府居多。《祖龙行》曰④："黑云兵气射天裂，壮士朝眠梦冤结。祖龙一夜死沙丘，胡亥空随鲍鱼辙。腐肉偷生二千里，伪书先赐扶苏死。墓接骊山土未干，瑞光已向芒砀起。陈胜城中鼓三下，秦家天地如崩瓦。龙蛇撩乱入咸阳，少帝空随汉家马⑤。"杰制颇多，俱当刮目。今并传。

【注释】

①楚老：名寿朋，以字行。

②李宗闵：字损之，穆宗立，为中书舍人。长庆元年（821）以私托干扰贡举，贬剑州刺史。后再为中书舍人，权知礼部侍郎，掌贡举，所取多名士。与牛僧孺等人结为朋党，与李吉甫之子李德裕势同水火，史称"牛李党争"。后李训当政，尽逐牛、李两党。武宗即位，用李德裕为相，李宗闵被贬为郴州司马，死于贬所。

③国子祭酒：官名，国子监长官，掌全国教育事务。

④祖龙：指秦始皇。

⑤"黑云兵气射天裂"以下几句：诗中所叙乃秦始皇驾崩后，李斯、赵高以鲍鱼混乱尸臭，伪造诏令让太子扶苏自杀，从而使胡亥登基为秦二世，不久陈胜吴广起义，楚汉争霸，秦朝灭亡，刘邦建立汉朝。诗意谓如乌云一般的兵戈战斗之气冲破天空，壮烈的将士们早上做梦梦见冤案将要发生。秦始皇一天夜里在沙丘驾崩，胡亥用鲍鱼装满车驾来掩盖尸臭，腐烂的秦始皇尸体又像是苟活了两千里，先用伪造的诏书把太子扶苏赐死，连接着骊山的秦始皇坟

墓上的泥土还没干，芒山和砀山已经升起了帝王的祥瑞之气，陈胜在城中敲了三声战鼓，秦家的大一统王朝就土崩瓦解了。后来刘邦、项羽相继趁着纷乱进入咸阳城，秦家最小的皇帝徒劳地跟随着汉朝的车马。芒砀(dàng)，芒山、砀山的合称，在今河南永城市东北，《史记·高祖本纪》记载刘邦"隐于芒、砀山泽岩石之间"。

【译文】

韦楚老，长庆四年(824)中书舍人李宗闵主持考试时考中进士，官终国子祭酒。他工于写诗，诗中气势已很淳厚雄健，诗歌语言也是豪迈健朗，众多的作品中古乐府诗比较多。他的《祖龙行》写道："黑云兵气射天裂，壮士朝眠梦冤结。祖龙一夜死沙丘，胡亥空随鲍鱼辙。腐肉偷生二千里，伪书先赐扶苏死。墓接骊山土未干，瑞光已向芒砀起。陈胜城中鼓三下，秦家天地如崩瓦。龙蛇撩乱入咸阳，少帝空随汉家马。"韦楚老杰出的作品很多，都令人刮目相看。如今都流传着。

张祜

祜，字承吉，南阳人①，来寓姑苏②。乐高尚，称处士。骚情雅思，凡知己者悉当时英杰。然不业程文③。元和、长庆间④，深为令狐文公器许⑤，镇天平日⑥，自草表荐，以诗三百首献于朝，辞略曰："凡制五言，苞含六义⑦，近多放诞，靡有宗师。祜久在江湖，早工篇什，研几甚苦⑧，搜象颇深，辈流所推，风格罕及。谨令缮录⑨，诣光顺门进献⑩，望宣付中书门下⑪。"祜至京师，属元稹号有城府⑫，偃仰内庭⑬，上因召问祜之词藻上下⑭，稹曰："张祜雕虫小巧，壮夫不为⑮，若奖激大过，恐变陛下风教。"上颔之⑯。由是寂寞而归，为诗自悼云："贺知章口徒劳说，孟浩然身更不疑⑰。"遂客淮南,杜牧时为度支使^⑱,极相善待,有赠云:"何人得似张公子,千首诗轻万户侯^⑲。"祜苦吟,妻孥每唤之,皆不应,曰:"吾方口吻生花^⑳,岂恤汝辈乎^㉑!"性爱山水,多游名寺,如杭之灵隐、天竺^㉒,苏之灵岩、楞伽^㉓,常之惠山、善权^㉔,润之甘露、招隐^㉕,往往题咏唱绝。

【注释】

①南阳:郡名,治所在今河南邓州,当为张祜郡望。

②姑苏:州名,治所在今江苏苏州。

③程文:科举考试时作为示范的文章样式。因应试的人必须依照这个程式作文,所以称之为程文。据学者考证,张祜学过程文,辛文房误。

④元和:唐宪宗年号(806—820)。

⑤令狐文公:即令狐楚,传见本书卷五。

⑥天平:据学者考证,令狐楚推荐张祜当在元和十五年(820)令狐楚担任宣歙观察使期间。天平即天平军,方镇名,治所在今山东东平,令狐楚大和三年(829)到任。

⑦苞含:即包含。

⑧研几:研探细微的征兆及事理。

⑨缮录:缮写誊录。

⑩光顺门:唐长安城大明宫内紫宸殿西门,故址在今陕西西安北龙首原上。

⑪中书门下:唐玄宗开元十一年(723)改政事堂名为中书门下,为宰相办公的地方。

⑫城府:城池和府库,比喻令人难于揣测的深远用心。

⑬偃仰:俯仰,比喻随俗应付。内庭:也写作内廷,指皇宫内。

⑭上：指唐穆宗，当时元稹甚受宠幸，而元稹与令狐楚有矛盾，故有贬低张祜之举。

⑮"雕虫小巧"两句：扬雄《法言·吾子》称辞赋为"童子雕虫篆刻"，"壮夫不为也"。

⑯颔：点头。

⑰"贺知章口徒劳说"两句：出自《寓怀寄苏州刘郎中》，诗句意谓像贺知章称赞李白一样称赞我的令狐公白称赞了，看来我此身是孟浩然那样的处士命越发不必怀疑了。

⑱度支使：此亦误，杜牧在淮南担任节度推官等职，非度支使。

⑲"何人得似张公子"两句：出自杜牧《登池州九峰楼寄张祜》，时在会昌五年（845），杜牧担任池州刺史。所选诗句意谓谁能像张祜一样，靠着一千多首好诗歌可以轻视高官厚爵？张公子，即张祜。

⑳口吻生花：嘴唇上像是开出花朵，形容灵感涌来，诗语妙句不断。吻，嘴唇。

㉑恤：顾念。

㉒杭：即杭州，治所在今浙江杭州。灵隐：即灵隐寺。天竺：即天竺寺，在今浙江杭州灵隐寺南山中。

㉓苏：即苏州，治所在今江苏苏州。灵岩：即灵岩寺，又名崇报寺，在今江苏苏州西南灵岩山上，为中国佛教净土宗著名道场之一，在东南亚一带颇有声望。楞伽：即楞伽寺，在今江苏苏州西南六公里的石湖上方山。

㉔常：即常州，治所在今江苏常州。惠山：即惠山寺，在今江苏无锡西郊的惠山东麓。善权：即善权寺，在今江苏宜兴西南部。

㉕润：即润州，治所在今江苏镇江。甘露：即甘露寺，在今江苏镇江北固山后峰上。招隐：即招隐寺，在今江苏镇江南郊招隐山东麓。

【译文】

张祜，字承吉，南阳人，来到姑苏寓居。喜爱高蹈风尚，自称为处士。

诗情风骚,情思雅正,举凡与他知心的朋友都是当时的英雄豪杰。然而却不学习考场的文章。元和、长庆年间,尤其被令狐楚器重赞许,令狐楚在任天平军节度使的时候,亲自起草上表推荐,拿三百首他的诗歌进献给朝廷,推荐语大概说:"凡是创作五言诗,都应该包含六义,近来人们的诗歌创作却多有放纵荒诞,没有可以学习的造诣精深的宗师。张祜多年漂泊民间,早年就工于写诗,非常辛苦地研究诗歌的精微肌理,很深地搜寻物象入诗,被他的同辈人所推服,他们的诗歌很少能赶上他的风格。我恭谨地让人缮写誊录张祜的诗歌作品,把它们带到光顺门进献给朝廷,希望陛下宣旨拿给政事堂的宰相们办理。"张祜到达京师,正值元稹号称有心机,在朝廷内权势很大,唐穆宗因此召见他,问他张祜的辞藻水平高低,元稹说:"张祜是雕虫小技,大丈夫不作这些诗歌,如果您奖赏激励过了头,恐怕会改变您的风俗教化。"唐穆宗点头同意元稹的意见。因此张祜无所收获落寞地回去,作诗悼念自己说:"贺知章口徒劳说,孟浩然身更不疑。"于是客居淮南,杜牧当时担任度支使,对他特别好,有诗歌送给他说:"何人得似张公子,千首诗轻万户侯。"张祜勤苦作诗,妻子女儿每次叫他,他都不回应,说:"我正吟诗吟得嘴上都开出灵感之花了,哪里会顾念到你们呢!"张祜天性喜爱游山玩水,常游览著名寺庙,比如杭州的灵隐寺、天竺寺,苏州的灵岩寺、楞伽寺,常州的惠山寺、善权寺,润州的甘露寺、招隐寺,常常题诗吟咏堪称绝唱。

同时崔涯亦工诗,与祜齐名,颇自放行乐,或乘兴北里[①],每题诗倡肆[②],誉之则声价顿增,毁之则车马扫迹。涯尚义,有《侠士》诗云:"太行岭上三尺雪,崔涯袖中三尺铁。一朝若遇有心人,出门便与妻儿别[③]。"尝共谒淮南李相[④],祜称"钓鳌客"[⑤],李怪之曰:"钓鳌以何为竿?"曰:"以虹。""以何为钩?"曰:"新月。""以何为饵?"曰:"以'短李'相也[⑥]。"绅壮之,厚赠而去。晚与白乐天日相聚宴谑[⑦],乐天讥以"足下新作《忆柘枝》云'鸳鸯钿带抛何处,孔雀罗衫付阿谁'乃一问头耳⑧。"祜曰:"鄙薄之诮是也⑨。明公《长恨歌》曰⑩:'上穷碧落下黄泉,两处茫茫都不见。'又非目连寻母邪⑪?"一座大笑。初过广陵曰⑫:"十里长街市井连,月明桥上看神仙。人生只合扬州死,禅智山光好墓田⑬。"大中中,果卒于丹阳隐居⑭,人以为谶云。诗一卷,今传。

【注释】

① 北里:唐长安城平康坊东北处的三条曲巷,因在都城之北和本坊北门之内,故称"北里",此处为妓女聚居之地,后亦指妓院。

② 倡肆:即倡馆,妓院。

③ "太行岭上三尺雪"以下几句:意谓人世间的艰难就像太行山岭上三尺厚的积雪一样多,我崔涯怀袖中有一把三尺宝剑。一旦能遇到知心的知己,马上就会跟他一起出门,与妻子儿女诀别。意谓愿意为知己献出生命,不以家庭为拖累。太行岭,即太行山,在山西高原和河北平原之间的大山脉,太行高峻险恶,多用以比喻世道艰难,如李白《行路难》"将登太行雪满山"。三尺铁,指宝剑。

④ 淮南李相:指李绅,曾任淮南节度使,也做过宰相,故称。传见本卷前文。据学者考证,此事不可尽信。

⑤ 钓鳌(áo):喻抱负远大或举止豪迈。鳌,传说中指海里的大鳌或大龟。

⑥ 短李:指李绅,因为身材短小精悍,故称。

⑦ 白乐天:即白居易。传见本书前文。

⑧ "足下新作《忆柘枝》云"以下几句:《忆柘枝》,即张祜《感王将军柘枝妓殁》。所选诗句意谓绣着鸳鸯图案的衣带抛弃在哪里?绣着孔雀的单衫又交付给了谁?乃询问逝去妓女的主人是否还记得她。钿(diàn)带,镶金为饰的衣带。罗衫,用丝、绢、绫、罗等质

料制成的深衣形制的单衫。问头，即款头，官府讯问罪人时写在纸上的问题。

⑨鄙薄：浅陋微薄，多用作谦辞。诮（qiào）：讥诮。

⑩明公：旧时对有名位者的尊称。

⑪目连：又称目犍连，是摩诃目犍连的简称，释迦牟尼十大弟子之一。其母死后堕入饿鬼道（佛教所说的六道之一，堕入饿鬼道后不得饮食，常受饥渴）中，目连亲用十方威神之力，寻母并使母脱离饿鬼道的苦难。目连寻母是民间流传最广的佛教故事之一。

⑫广陵：郡名，治所在今江苏扬州。

⑬"十里长街市井连"以下几句：引诗原题《纵游淮南》，诗意谓扬州这里十里长街街市和民居相连不断，在月明之夜走到桥上仿佛能看到神仙。人的一生只应该死在扬州，禅智山这一带风光优美是死后作墓田的好地方。禅智山，在今江苏扬州北蜀冈，附近多唐墓。只合，只应该。

⑭丹阳：州名，治所在今江苏镇江，与扬州相邻。

【译文】

　　跟张祜同时的崔涯也工于写诗，跟他齐名，很放纵自己及时行乐，有时乘着兴致来到妓院，总是在倡馆为妓女们题诗，被崔涯赞誉过的妓院就会名声价格顿时增加，被他诋毁的就会车马绝迹无人光顾。崔涯崇尚道义，写有《侠士》诗说："太行岭上三尺雪，崔涯袖中三尺铁。一朝若遇有心人，出门便与妻儿别。"张祜曾与崔涯一起拜谒时在淮南任职的宰相李绅，张祜自称是"钓鳌客"，李绅奇怪地问他："要钓起巨大的龟鳖，你用什么做鱼竿？"张祜说："用彩虹做鱼竿。"李绅又问："用什么做鱼钩？"张祜说："用新月做鱼钩。"李绅继续问："用什么做鱼饵？"张祜说："用外号'短李'的宰相来做鱼饵啊！"李绅认为他的胸怀很壮大，给他丰厚的馈赠让他离开。晚年跟白居易每天相聚，宴会开玩笑，白居易讥诮他才写的《忆柘枝》说"鸳鸯钿带抛何处，孔雀罗衫付阿谁"，是审讯犯人时所提的问题罢了。张祜说:"您对拙作的讥诮是对的啊。您写的《长恨歌》,其中有两句叫'上穷碧落下黄泉,两处茫茫都不见',又难道不是目连上天入地去救母吗?"整个筵席的宾客都开怀大笑。起初路过广陵,张祜写诗说:"十里长街市井连,月明桥上看神仙。人生只合扬州死,禅智山光好墓田。"大中年间,果然死在离扬州不远的润州隐居之地,人们认为张祜那首诗是诗谶啊。张祜有诗歌一卷,流传至今。

○卫蘧伯玉耻独为君子①,令狐公其庶几,元稹则不然矣。十誉不足,一毁有余②,其事业浅深,于此可以观人也。"尔所不知,人其舍诸③。"稹谓祜雕虫琐琐④,而稹所为,有不若是耶?忌贤嫉能,迎户而噬⑤,略己而过人者,穿窬之行也⑥。祜能以处士自终其身,声华不借钟鼎⑦,而高视当代,至今称之。不遇者,天也;不泯者,亦天也。岂若彼取容阿附,遗臭之不已者哉!

【注释】

①蘧(qú)伯玉:春秋卫国贤大夫,名瑗,字伯玉,谥成子,曾推荐公子皙。

②"十誉不足"两句:多次赞誉抵不上一次诽谤,意谓要想诋毁一个人是很容易的。

③"尔所不知"两句:语出《论语·子路》,意谓你所不知道的人才,别人会舍弃他们吗?

④琐琐:琐细。

⑤噬(shì):咬。

⑥穿窬(yú):凿穿或爬越墙壁进行盗窃,常以指小人。

⑦钟鼎:古铜器总称,铜器常作为国家权力的象征,故"钟鼎"也喻

指从政为官。

【译文】

〇春秋卫国的蘧伯玉以唯独自己能做君子为耻辱，令狐楚大概是跟他差不多，元稹就不一样了。十次赞誉抵不上一次诋毁，人的成就大小不同，从这里面就可以看出人品啊。"你所不了解的人才，别人就会舍弃他。"元稹说张祜的诗歌是琐细的雕虫小技，而元稹的所作所为，有不像雕虫小技的吗？妒忌贤才，像狗一样迎着门口咬人，忽略自己而指责别人，这是穿墙偷窃般沽名钓誉的卑劣行为啊。张祜能够凭着处士的身份过完一生，他的名声才华不借助官位，却能在当时的时代俯瞰众人，到今天还称赞他。是老天没有让他遇到施展的机会，也是老天让他因此声名不泯灭啊！张祜这样的结局，哪里像那个靠阿谀附会博取权贵欢心，却遗臭万年、永不休止的人呢？

刘得仁

得仁，公主之子也①，长庆间以诗名。五言清莹②，独步文场③。自开成后至大中三朝④，昆弟以贵戚皆擢显仕⑤，得仁独苦工文。尝立志必不获科第，不愿儳人之爵也⑥。出入举场二十年，竟无所成，投迹幽隐，未尝耿耿。有寄所知诗云："外族帝王是，中朝亲故稀。翻令浮议者，不许九霄蜚⑦。"忧而不困，怨而不怒，哀而不伤，铿锵金玉，难合同流，而不厌于磨淬。端能确守格律，揣治声病⑧，甘心穷苦，不汲汲于富贵。王孙公子中，千载求一人不可得也。及卒，僧栖白吊之曰⑨："思苦为诗身到此，冰魂雪魄已难招。直教桂子落坟上，生得一枝冤始销⑩。"有诗一卷，行于世。

【注释】

①公主:具体是唐朝哪位公主,已不可考。

②清莹:清澈澄莹。

③文场:指文坛。

④开成:唐文宗年号(836—840)。大中:唐宣宗年号(847—859),唐懿宗沿用不改(859—860)。三朝:除以上两个,还有会昌,唐武宗年号(841—846)。

⑤昆弟:指兄弟。

⑥儋人之爵:接受官爵。语出扬雄《解嘲》:"析人之珪,儋人之爵。"儋,同"担",担当。

⑦"外族帝王是"以下几句:引诗题为《上翰林丁学士》其二(又题《下第吟绝句》),诗意谓我的外族是大唐帝王,但是朝中的亲友故交日渐稀少。反令那些非议科举制度的流言,不飞到九重天上。言外之意,我贵为公主的儿子尚且考不上,可见科举制度多么公平。外族,母家或妻家的亲族。浮议,没有事实根据的议论。蜚,同"飞"。

⑧揣治:揣摩研究。

⑨栖白:诗僧,大中中,居长安荐福寺,为内供奉,历事宣宗、懿宗、僖宗三朝,为诗尚琢句苦吟,为流辈所推。

⑩"思苦为诗身到此"以下几句:引诗题为《哭刘得仁》,诗意谓如何能够忍心因为作诗而身处这样贫寒的境地,如今斯人已逝,那冰雪般洁白的魂魄已无法招回。直到桂花落在他的坟头上,得到一枝桂枝才能让他的冤情消失。桂子,即桂花,古人以折桂暗喻考中进士。

【译文】

刘得仁,某位公主的儿子,长庆年间因为诗歌出名。五言诗清澈澄莹,在文坛上独一无二。从开成后期到大中年间共经三朝皇帝,他的兄弟们都因为是皇亲国戚的身份而被选拔为重要官员,唯独刘得仁苦学文章诗赋。曾经立下志向,如果没有考中科举,就不愿意接受官爵。刘得仁进出考场二十年,最终没有考中,前往幽静隐秘之地,未曾耿耿于怀。有寄送给知心朋友的诗说:"外族帝王是,中朝亲故稀。翻令浮议者,不许九霄蜚。"忧虑而不困窘,怨恨而不愤怒,悲哀而不伤感,诗句铿锵如金玉之音,难以跟当时的潮流苟合,且不满足于打磨淬炼诗句。真正能准确地坚守诗歌格调声律,揣摩整治声律中的弊病,甘心过穷苦的诗歌生活,不急切地去追求荣华富贵。在王孙贵族子弟中,千年中也找不出一位像刘得仁这样的贤士啊。等他去世,僧人栖白写诗凭吊他说:"思苦为诗身到此,冰魂雪魄已难招。直教桂子落坟上,生得一枝冤始销。"有诗歌作品一卷,流行在世。

朱庆馀

庆馀,名可久①,以字行,闽中人②。宝历二年裴俅榜进士及第③,授秘省校书④。得张水部诗旨⑤,气平意绝,社中哲匠也⑥。有名当时。集一卷,今传。

【注释】

①名可久:原作"字可久",据《新唐书·艺文志》改。

②闽中人:实为浙江绍兴人。

③裴俅:宝历二年(826)丙午科状元,字冠识,又作冠仪,少与兄裴俦、弟裴休同学于济源别墅,家境贫寒,然兄弟三人苦学互助,皆登进士第,曾任谏议大夫。

④秘省校书:即秘书省校书郎,官名,校正文字。

⑤张水部:即张籍,曾任水部员外郎,故称。传见本书卷五。

⑥哲匠:泛指有高超才艺的文人、画家等。

【译文】

朱庆馀，名可久，以字行于世，闽中人。宝历二年（826）裴俅那一榜考中进士，授任秘书省校书郎。习得水部员外郎张籍的诗歌旨趣，气势平淡而诗意绝伦，是诗坛中才艺出众的诗人。在当时很有名气。朱庆馀有集子一卷，如今流传。

杜牧

牧，字牧之，京兆人也①。善属文。大和二年韦筹榜进士②，与厉玄同年。初未第，来东都，时主司侍郎崔郾③，太学博士吴武陵策蹇进谒曰④："侍郎以峻德伟望，为明君选才，仆敢不薄施尘露⑤。向偶见文士十数辈，扬眉抵掌，共读一卷文书，览之，乃进士杜牧《阿房宫赋》⑥。其人，王佐才也。"因出卷，摺笏朗诵之，郾大加赏。曰："请公与状头⑦！"郾曰："已得人矣。"曰："不得，即请第五人。更否，则请以赋见还！"辞容激厉。郾曰："诸生多言牧疏旷，不拘细行，然敬依所教，不敢易也。"后又举贤良方正科⑧，沈传师表为江西团练府巡官⑨。又为牛僧孺淮南节度府掌书记⑩，拜侍御史，累迁左补阙⑪，历黄、池、睦三州刺史⑫，以考功郎中知制诰⑬，迁中书舍人。牧刚直有奇节，不为龊龊小谨⑭，敢论列大事，指陈利病尤切，兵法戎机，平昔尽意⑮。尝以从兄悰更历将相⑯，而己困踬不振⑰，怏怏难平。卒年五十。临死自写墓志，多焚所为文章。诗情豪迈，语率惊人，识者以拟杜甫，故称"大杜""小杜"以别之。后人评牧诗，如铜丸走坂，骏马注坡，谓圆快奋急也。

【注释】

①京兆：具体为京兆万年，治所在今陕西西安。

②韦筹：大和二年（828）戊申科状元。

③侍郎崔郾（yǎn）：字广略，贝州武城（今属河北）人。长庆四年（824）以给事中充翰林侍讲学士，十二月改中书舍人。宝历二年（826）出守本官，十月进礼部侍郎，大和元年至二年（827—828）两知贡举，擢杜牧等登第。

④太学博士：官名，掌教文武官五品以上及郡县公子孙、从三品曾孙为太学生者。吴武陵：原名侃，信州贵溪（今属江西）人。唐宪宗元和二年（807）举进士，唐穆宗长庆初年，主管北边盐务，入朝为太学博士，曾推荐杜牧以第五名登进士第，当时有"知人"之誉。与韩愈、柳宗元等人交往。策蹇：鞭策驽钝之马。

⑤尘露：尘埃和露水，喻指微不足道的贡献。

⑥《阿房宫赋》：阿房宫为秦始皇所建宫殿群，后被项羽焚毁，杜牧以夸张手法描绘当年阿房宫宏大华丽，意在讽刺唐敬宗大建宫室。搢笏（jìn hù）：把笏板插在腰带上。

⑦状头：即状元，古代科举考试殿试一甲第一名。

⑧贤良方正科：科举制科之一。

⑨沈传师：字子言，沈既济之子，宝历二年（826）拜尚书右丞，复出为江西观察使。工诗能文，其诗多为赠和题咏之作。团练府巡官：即团练使府巡官，为团练使的属官，掌巡察事务，地位在判官、推官之次。

⑩牛僧孺：字思黯，安定鹑觚（今甘肃灵台）人。长庆三年（823）任宰相，宝历元年（825）出任武昌军节度使，大和四年（830）再次升任宰相，后又历任淮南节度使、尚书左仆射等职，与李宗闵交结，同为"牛党"首领。淮南节度：方镇名，治所在今江苏扬州。

⑪左补阙：官名，隶于门下省，职掌规谏讽谕，大事可以廷议，小事则

上封奏。

⑫黄：即黄州，治所在今湖北黄州。池：即池州，治所在今安徽贵池。
睦：即睦州，治所在今浙江桐庐一带。

⑬考功郎中：官名，尚书省吏部考功司长官，总掌百官功过善恶之考
法及其行状，并详加簿录。

⑭龊龊（chuò）小谨：在细小的事情上过分谨慎。

⑮平昔：平时。

⑯悰：即杜悰，杜佑之孙，尚宪宗女岐阳公主，为银青光禄大夫、殿中
少监、驸马都尉，历迁至司农卿，会昌中任中书侍郎、同中书门下
平章事，大中初出镇西川，官至太傅，封邠国公。

⑰困踬（zhì）：困厄，受挫。

【译文】

杜牧，字牧之，京兆人。善于写文章。大和二年（828）韦筹那一榜
的进士，跟厉玄是同学。起初没有考中进士，来东都洛阳，当时的主考
官是礼部侍郎崔郾，太学博士吴武陵骑着他的驽钝的马来进见拜谒说：
"礼部侍郎大人，您凭着丰茂的德行和宏伟的声望，来给圣明的君王挑选
才士，我怎敢不略微用力帮点小忙。以前偶然见到文学士子十几个人，
眉毛飞扬，拍着手掌，一起阅读一卷文书，我看了它，是来考进士的杜牧
写的《阿房宫赋》。这个人，真是王佐之才啊。"于是拿出书卷，把笏板插
在腰带上大声朗诵这篇赋，崔郾特别欣赏。吴武陵说："请大人让他当状
元！"崔郾说："状元已经有别人了。"吴武陵说："得不到状元的话，就请
给他第五名。如果还不行，就请你把他的赋还给我！"言辞激烈，脸色严
肃。崔郾说："诸位考生常说杜牧疏朗旷荡，不拘小节，但我敬奉你的教
诲，让他以第五名考中，不敢再变了。"后来又考中贤良方正科，沈传师
上表推荐他担任江西团练府巡官。又担任过淮南节度使牛僧孺使府上
的掌书记，拜任侍御史，累积升迁左补阙，做过黄州、池州、睦州三个州的
刺史，以考功郎中的身份担任知制诰，升为中书舍人。杜牧刚烈正直有

出众的气节,不在细小的事情上小心翼翼,敢于评论军国大事,尤其在指陈国家的利弊上深中肯綮,兵法军事,都是他平时留心的方面。曾因为从兄杜悰多次做过宰相和将帅,而自己却困顿不振,心里郁闷难以平静,去世的时候才五十岁。临终之际自己给自己写墓志铭,焚烧了很多他所撰写的文章。杜牧诗歌情感豪放俊迈,诗歌语句都很震惊人,有识之士将他比作杜甫,因此称他们为"大杜""小杜"来加以区别。后人评价杜牧的诗歌,说是像铜质弹丸跑下长坂,骏马从长坡上奔腾而下,意在说他的诗歌圆融痛快振奋迅疾啊。

　　牧美容姿,好歌舞,风情颇张,不能自遏。时淮南称繁盛,不减京华,且多名姬绝色,牧恣心赏,牛相收街吏报"杜书记平安"帖子至盈箧。后以御史分司洛阳①,时李司徒闲居②,家妓为当时第一,宴朝士,以牧风宪③,不敢邀。牧因遣讽李使召己。既至,曰:"闻有紫云者妙歌舞,孰是?"即赠诗曰:"华堂今日绮筵开,谁唤分司御史来。忽发狂言惊四座,两行红袖一时回④。"意气闲逸,傍若无人,座客莫不称异。大和末,往湖州,目成一女子⑤,方十余岁,约以"十年后吾来典郡,当纳之",结以金币。洎周墀入相⑥,上笺乞守湖州,比至,已十四年,前女子从人,两抱雏矣。赋诗曰:"自恨寻芳去较迟,不须惆怅怨芳时。如今风摆花狼藉,绿叶成阴子满枝⑦。"此其大概一二,凡所牵系,情见于辞。别业樊川⑧,有《樊川集》二十卷,及注《孙子》,并传。同时有严恽,字子重,工诗,与牧友善,以《问春》诗得名⑨。昔闻有集,今无之矣。

【注释】

①御史：指分司东都留台御史，官名，属御史台台院，由侍御史一人充任，主管东都留台事务。分司：唐以洛阳为东郡，分设在东都在中央官员称分司。

②李司徒：指李愿，李晟子，历任刑部尚书、凤翔节度使，穆宗时，任宣武军节度使，性奢侈，又峻威刑，于军乱中逃出，贬为隋州刺史，不久复任河中、晋、绛等节度使，卒赠司徒，故称。

③风宪：指御史观民风，正吏治之举。

④"华堂今日绮筵开"以下几句：诗意谓华美的堂中今日举行丰盛的筵席，是谁叫来了分司东都御史杜牧过来？他忽然口出狂言震惊四周的宾客，只为了那个舞着两截红袖的舞女一时回头望他一眼。据学者考证，此事不足信。绮筵，丰盛精美的筵席。

⑤目成：两心相悦，以目传情。

⑥洎（jì）：等到。周墀（chí）：字德升，汝南（今河南上蔡）人，宣宗大中二年（848）拜相，以兵部侍郎召判度支，进同中书门下平章事，迁中书侍郎、加银青光禄大夫。

⑦"自恨寻芳去较迟"以下几句：诗意谓遗憾自己因寻找芳香的花朵而离开得比较晚，不必心怀惆怅怨恨花开的时候那么美好。如今风吹着花朵凋零一片凌乱，绿叶成阴，枝头挂满果子。据学者考证，这也是小说家言，根据诗意中的花落结果子，来比喻女子结婚生子。狼藉，凌乱。

⑧樊川：水名，在陕西长安南。汉樊哙食邑于此，故名。

⑨《问春》：原诗题为《落花》，诗为："春光冉冉归何处，更向花前把一杯。尽日问花花不语，为谁零落为谁开。"

【译文】

杜牧容貌姿态很美，喜欢唱歌跳舞，风月之情很放纵，不能自己。当时淮南史称繁荣昌盛，跟京都相比也不减色，而且常有绝色的著名歌姬，杜牧纵心游赏，宰相牛僧孺所收到的街上小吏报告"掌书记杜牧平安无事"的小帖子，甚至装满箱子。后来杜牧担任御史分司东都洛阳，当时司徒李愿闲居在家，他家的歌姬在当时号称第一，他宴会款待朝中官员，因为杜牧是御史，不敢邀请。杜牧便派人暗中讽喻李愿，让他邀请自己。杜牧到了宴会后，就说："听说有个叫紫云的歌姬歌舞曼妙，哪个是她？"当下就写诗赠送给她说："华堂今日绮筵开，谁唤分司御史来。忽发狂言惊四座，两行红袖一时回。"杜牧意态气度悠闲飘逸，好像旁边没有人似的，在座的宾客没有不惊异的。大和末年，前往湖州，跟一位女子眉目传情，她才十来岁，杜牧跟她相约"十年以后来做湖州太守，到时当会纳她为妾"，用黄金钱币结下誓约。等到周墀入朝担任宰相，杜牧上书乞求做湖州太守，等他到湖州，已过去十四年，以前那个女子嫁给别人，已经生过两个孩子了。杜牧写诗说："自恨寻芳去较迟，不须惆怅怨芳时。如今风摆花狼藉，绿叶成阴子满枝。"这些大概只是他风流韵事中的一两个，凡是他所牵挂联系的，其中的情感都呈现在诗中。有山庄在樊川，写有《樊川集》二十卷，和注释《孙子》，都流传下来。跟杜牧同时的有一位叫严恽，字子重，工于写诗，跟杜牧关系很好，凭着《问春》诗获得名声。过去听说有集子，如今已经没有了。

卷七

卷七所传诗人已入晚唐，有杨发、李远、李敬方、许浑、雍陶、贾驰、伍乔、陈上美、李商隐、喻凫（附薛莹）、薛逢、赵嘏、薛能、李宣古（附李宣远）、姚鹄、项斯、马戴、孟迟、任蕃、顾非熊、曹邺、郑嵎、刘驾、方干、李频和李群玉等二十八人。晚唐出现很多专业诗人，比如"专尚声调"的任蕃，每天写一章当作功课的薛能，终身隐居的兔唇诗人方干等。因为专业诗人渐多，他们的功业不显著，辛氏在记载的时候就更多地介绍他们的诗歌作品，对生平事迹的记载相对前几卷来说则少很多，辛氏给出的理由是"以一咏争长岁月者亦多，岂曰小道而忽之"，与他为诗人们立传的写作宗旨契合，所以他在给这些诗人立传的时候，往往注重他们的诗学传统和影响，比如指出李群玉的诗歌与屈原的关联、李商隐的诗歌对后世"西昆体"的影响等。由于宋人以来对晚唐诗风批评得厉害，辛氏也不能不受影响，表现在两方面：一方面他以时代审美趋向来为某些诗人开脱，比如薛逢诗有时浅俗，辛氏就以"亦当时所尚"来为他辩护；另一方面则着重表扬那些能够跳出当时审美风尚的独特诗人，比如诗歌壮丽而居于晚唐诸公之上的马戴、虽出晚唐而诗歌体制能跟刘长卿抗衡的李频等。辛氏的这些做法，无疑在如何处理时代风尚与个人选择等问题上，给我们以启发。

杨发

发，大和四年礼部侍郎郑澣下第二人及第^①。工诗，亦当时声韵之伟者。略举一篇，《宿黄花馆》云^②："孤馆萧条槐叶稀，暮蝉声隔水声微。年年为客路长在，日日送人身未归。何处离鸿迷浦月，谁家愁妇捣寒衣。夜深不卧帘犹卷，数点残萤入户飞^③。"俱浏亮清新，颇惊凡听。恨其出处事迹不得而知也^④。有诗传世尚多。

【注释】

① 郑澣（huàn）：本名涵，避文宗讳改，荥阳（今属河南）人，郑馀庆子。贞元十年（794）登进士第，大和初自中书舍人擢充翰林侍讲学士，迁礼部侍郎，典贡举二年，时号得人。博通经史，亦能诗。

② 黄花馆：驿馆，在今安徽东至县西北东流镇。

③ "孤馆萧条槐叶稀"以下几句：此诗正文与《全唐诗》所录略有区别，盖辛文房别有所据。诗意谓孤零零的驿馆一片萧条，槐树叶越落越少，傍晚隔着水声传来的蝉鸣日渐微弱。我年年在路上漂泊，客居他乡，唯有这漫漫长路久在我身边，天天送人回家自己却不能回去。落单的孤鸿迷路在水浦的月光中，它的哀鸣传自何处？忧愁的妇人制作御寒的衣服，那捣衣声又传自谁家？我听着这孤馆传来的众多声响，感觉自己就像那落单的鸿雁，而那捣衣的妇人，又何其像盼我归来的妻子……想着这一切，深夜我还没上床休息，卷着窗帘望月思念，只有几点残余的萤火虫由窗户飞进来，伴我不眠。

④ 出处事迹：杨发的事迹收在两《唐书》其弟杨收传下，辛文房盖不知其弟杨收，且以诗意判断，恐其仕途不顺，故未能翻检，实则杨发后来官至苏州刺史、福建观察使、岭南东道节度观察处置等使。

【译文】

　　杨发,大和四年(830)礼部侍郎郑澣主持考试时以第二名的成绩考中进士。他工于诗歌创作,也是当时声调韵律杰出的诗人。略微举出一篇,如《宿黄花馆》诗说:"孤馆萧条槐叶稀,暮蝉声隔水声微。年年为客路长在,日日送人身未归。何处离鸿迷浦月,谁家愁妇捣寒衣。夜深不卧帘犹卷,数点残萤入户飞。"全诗通体声韵浏亮,诗意清新,颇能使常人惊异。遗憾的是他的出处事迹无法查获、知晓啊。杨发传世的诗歌作品还有很多。

李远

　　远,字求古,大和五年杜陟榜进士及第①,蜀人也②。少有大志,夸迈流俗③,为诗多逸气,五彩成文。早历下邑,词名卓然。宣宗时,宰相令狐绹进奏,拟远杭州刺史④,上曰:"朕闻远诗有'青山不厌千杯酒,白日惟销一局棋'⑤,是疏放如此,岂可临郡理人?"绹曰:"诗人托此以写高兴耳,未必实然。"上曰:"且令往观之。"至,果有治声。性简俭,嗜啖凫鸭⑥,贵客经过,无他赠,厚者绿头一双而已⑦。后历忠、建、江三州刺史⑧,仕终御史中丞⑨。初牧溢城⑩,求天宝遗物,得秦僧收杨妃袜一祸⑪,珍袭⑫,呈诸好事者。会李群玉校书自湖湘来⑬,过九江,远厚遇之,谈笑永日。群玉话及向赋《黄陵庙》诗⑭,动朝云暮雨之兴⑮,殊亦可怪,远曰:"仆自获凌波片玉⑯,软轻香窄,每一见,未尝不在马嵬下也⑰。"遂更相戏笑,各有赋诗,后来颇为法家所短⑱。盖多情少束,亦徒以微辞相感动耳。有诗集一卷,今传。

【注释】

① 杜陟（zhì）：大和五年（831）辛亥科状元，曾任水部员外郎，又任度支郎中。

② 蜀人：实为夔州云阳县（今属重庆）人。

③ 夸迈流俗：远离流俗之事。语出石崇《思归引序》："余少有大志，夸迈流俗。"夸迈，超越。

④ 令狐绹（táo）：字子直，令狐楚子，大和进士，武宗时，任湖州刺史，宣宗时，为吴兴太守，旋升宰相，辅政十年。

⑤ "青山不厌千杯酒"两句：意谓眼前的青山妩媚，对着它喝一千杯酒也不满足，长长的白昼，下一局棋就能度过。不是下棋就是喝酒，难怪唐宣宗对他能否治理好杭州表示怀疑。

⑥ 啖（dàn）：吃。凫（fú）鸭：俗称"野鸭"，似鸭，雄的头部绿色，背部黑褐色，雌的全身黑褐色，常群游湖泊中。

⑦ 绿头：即绿头雄鸭，头和颈呈暗绿色，故名。

⑧ 忠：即忠州，治所在今四川忠县。建：即建州，治所在今福建建瓯。江：即江州，治所在今江西九江。

⑨ 御史中丞：官名，为御史台副长官，掌监察司法。

⑩ 湓城：县名，一名湓口城、湓口关城，治所在今江西九江。

⑪ 杨妃：指杨贵妃。裲（liǎng）：量词，双。

⑫ 珍袭：珍藏。

⑬ 李群玉：字文山，澧州（今湖南澧县）人。善吹笙，工书法，举进士不第，后以布衣游长安，进诗于宣宗，授宏文馆校书郎，不久去职。其诗善写羁旅之情。传见本卷后文。校书：即弘文馆校书郎。湖湘：指洞庭湖和湘江地区，今湖南一带。

⑭ 黄陵庙：在今湖南湘阴北，即舜二妃庙，二妃死后传说成为湘水女神，即湘灵。

⑮ 朝云暮雨：早上是云，晚上是雨，原指巫山神女兴云降雨，比喻男

女的情爱欢会。

⑯凌波：曹植《洛神赋》："凌波微步，罗袜生尘。"比喻美人步履轻逸
　　有如凌波上行，借指罗袜。片玉：形容玉足，这里指玉足所穿之袜。

⑰马嵬：地名，在今陕西兴平西马嵬镇。天宝十四载（755）安禄山
　　叛乱，唐玄宗携杨贵妃西逃，到马嵬驿时，被迫赐杨贵妃死，葬于
　　马嵬坡下。

⑱法家：指守法度的大臣。《孟子·告子下》："入则无法家拂士，出
　　则无敌国外患者，国恒亡。"

【译文】

　　李远，字求古，大和五年（831）杜陟那一榜考中进士，蜀人。他少时
有远大志向，跨越超过世俗之人，作诗多有飘逸的气势，写成的诗文五彩
斑斓。早年在小地方做官，诗歌名声却很卓越。唐宣宗时，宰相令狐绹
进献奏疏打算任命李远为杭州刺史，唐宣宗说："我听说李远有'青山不
厌千杯酒，白日惟销一局棋'，这样的诗句他疏阔放浪到这个地步，怎么
能够派去州郡治理百姓呢？"令狐绹说："这是诗人依托酒和棋来表达他
的高远的兴致罢了，未必就真是这样。"唐宣宗说："姑且派他去，看他表
现。"李远到了杭州，果然有政绩。李远天性简朴节俭，喜欢吃野鸭，贵
重的客人经过，没有别的馈赠，相处比较好的就送他一对绿头雄鸭而已。
后来做过忠州、建州和江州的刺史，官终御史中丞。起初，来守江州，寻
求天宝年间的遗物，得到陕西那边的僧人收藏的杨贵妃的袜子一双，珍
藏起来，呈给诸位喜欢热闹的朋友看。适逢校书郎李群玉从湖南过来，
经过江州，李远对他很好，两人整日聊天说笑，李群玉说到他以前写《黄
陵庙》诗，引发了男女欢会的兴致，感到十分奇怪，李远说："我自从获得
杨贵妃的一双袜子，她的袜子柔软轻盈，芬芳窄小，每看见一次，未曾不
像是回到她那断魂的马嵬坡下啊。"于是两人互相嬉戏谈笑，各自写了诗
歌，后来颇受谨守法度的大臣非议。大概是他们情感丰富又缺少约束，
也不过是用微妙的诗辞互相感动罢了。有诗歌集子一卷，流传至今。

李敬方

敬方，字中虔，长庆三年郑冠榜进士①。大和中仕为歙州刺史②。后坐事左迁台州刺史③。有诗一卷，传世。

【注释】

①郑冠：长庆三年（823）癸卯科状元，官至户部郎中。

②大和中：当为大中，据学者考证，李敬方于大中四年至六年（850—852）任歙州刺史。歙（shè）州：州名，治所在今安徽歙县。

③台州刺史：据学者考证，当为台州司马。台州，治所在今浙江台州。

【译文】

李敬方，字中虔，长庆三年（823）郑冠那一榜的进士。大中年间担任歙州刺史。后来因为犯事被贬谪为台州刺史。有诗歌作品一卷，流传在世。

许浑

浑，字仲晦①，润州丹阳人②，圉师之后也③。大和六年李珪榜进士④，为当涂、太平二县令⑤。少苦学劳心，有清羸之疾⑥，至是以伏枕免⑦。久之，起为润州司马⑧。大中三年，拜监察御史⑨，历虞部员外郎⑩，睦、郢二州刺史⑪。尝分司朱方⑫，买田筑室，后抱病退居丁卯涧桥村舍⑬，暇日缀录所作，因以名集。浑乐林泉，亦慷慨悲歌之士。登高怀古，已见壮心，故为格调豪丽，犹强弩初张，牙浅弦急⑭，俱无留意耳。至今慕者极多，家家自谓得骊龙之照夜也⑮。

【注释】

① 仲晦：当为"用晦"。

② 润州：州名，治所在今江苏镇江。丹阳：县名，治所在今江苏镇江。

③ 圉（yǔ）师：即许圉师，唐高宗显庆三年（658）累迁黄门侍郎、同中书门下三品，兼修国史。龙朔年间为左相，开元年间，李白游安陆，娶其孙女。

④ 李珪：大和六年（832）壬子科状元。

⑤ 当涂：县名，治所在今安徽。太平：县名，治所在今安徽仙源镇。

⑥ 清赢：消瘦。

⑦ 伏枕：伏卧在枕上，指生病。

⑧ 司马：州府的佐官。

⑨ 监察御史：官名，隶御史台察院，掌分察百僚、巡按州县、纠视刑狱、整肃朝仪等。

⑩ 虞部员外郎：官名，尚书省工部虞部司副长官，掌山泽苑圃、场冶薪炭等事。

⑪ 睦：即睦州，治所在今浙江桐庐一带。郢：即郢州，治所在今湖北钟祥。

⑫ 分司朱方：或云即担任润州司马。或云润州司马无"分司"之名，不可称"分司朱方"，疑辛文房误。

⑬ 丁卯涧桥村舍：在今江苏镇江市内。

⑭ 牙：即弩牙，弩之钩弦具，以其形似牙齿，故称。

⑮ 骊龙之照夜：即骊龙珠，郑处诲《明皇杂录》："明皇赐虢国照夜玑，盖希代之宝也。"骊龙珠，典出《庄子·列御寇》："夫千金之珠，必在九重之渊，而骊龙颔下，子能得珠者，必遭其睡也。"后用来比喻探求精蕴等。照夜，夜明珠。

【译文】

许浑，字仲晦，润州丹阳人，许圉师的后代。大和六年（832）李珪那一榜的进士，担任过当涂县和太平县的县令。年少时勤苦学习劳费心力，患下瘦弱的病症，到这时因为疾病而罢免官职。过了很久，被起用担任润州司马。大中三年（849）拜任监察御史，做过虞部员外郎，睦州和郢州的刺史。曾担任润州司马，购买田地，建筑房屋，后来抱病隐退居住在丁卯涧桥的村舍中，空暇时间联缀编录自己的作品，于是就以丁卯涧桥的地名来命名自己的集子为《丁卯集》。许浑喜欢山林泉水，也是慷慨地高声歌咏的壮士，登上高山，怀想千古，已能够看见他的壮怀之心，所以作诗的格调也豪放俊丽，就像强弓刚打开，弩牙浅快弓弦急出，都不注意罢了。到现在仰慕他的人还特别多，每个人都说自己获得了许浑诗歌的精蕴和奥秘啊。

　　早岁尝游天台①，仰看瀑布，旁眺赤城②，辨方广于非烟③，蹑石桥于悬壁，登陟兼晨，穷览幽胜。朗诵孙绰古赋④，傲然有思归之想，志存不朽，再三信宿，彷徨不能去。以王事不果，有负初心。后昼梦登山，有宫阙凌虚，问，曰："此昆仑也。"少顷，远见数人方饮，招浑就坐，暮而罢，一佳人出笺求诗，未成，梦破。后吟曰："晓入瑶台露气清，庭中惟见许飞琼。尘心未断俗缘在，十里下山空月明⑤。"他日复梦至山中，佳人曰："子何题余姓名于人间？"遂改为"天风吹下步虚声"⑥，曰："善矣。"浑才思翩翩，仙子所爱，梦寐求之，一至于此。昔子建赋洛神⑦，人以徒闻虚语，以是谓迂诞不信矣。未几遂卒。有诗二卷，今传。

【注释】

　　①天台：即天台山，在今浙江天台。

　　②赤城：即赤城山，在今浙江天台。

③方广：原指"十二部经"中的第十类"方广经"类，后亦泛指大乘经典，这里指方广寺，在今浙江天台县北天台山中。非烟：指彩色的瑞云。

④孙绰古赋：指东晋孙绰的《游天台山赋》。

⑤"晚入瑶台露气清"以下几句：诗意谓早上进入美玉修成的仙台露气清爽，庭中只看见让人心许的仙女飞琼。可惜我的尘世之心未断绝世俗之缘还在，下山离开仙境，明月多情而徒劳地照着十里长路。许飞琼，女仙。

⑥天风吹下步虚声：即替换"庭中惟见许飞琼"句。步虚指道教礼仪音乐中的一种特有的曲调，意谓天风吹拂，飘下来一阵阵升天的道教音乐声。

⑦子建：即曹植，字子建，曹操第三子，建安时代最杰出的诗人。黄初四年（223），曹植入朝京师后返回封地，途经洛水，"感于宋玉对楚王说神女之事"，写了《洛神赋》，描写作者与洛神相见、离别的愁绪。

【译文】

许浑早年曾游览天台山，仰头观看瀑布，朝旁边眺望赤城山，在瑞云中辨认方广寺，在悬崖峭壁上小心地走过石桥，好多个早晨攀登天台山，尽览山上的幽深胜景。朗诵着孙绰的《游天台山赋》，傲然挺立，产生想要归隐天台山的念想，这个志向存在心里没有改变，长时间地停留住宿于此，徘徊着不愿离去。因为要为王事奔波而没有实现，辜负了隐居于此的初心。后来白天梦见登山，有凌空的宫阙，问这是哪里，回答说"这是昆仑山啊。"不久，远远地看见几个人正在喝酒，招手让许浑过来坐下一起畅饮，到傍晚才停，有一个绝色的仙女拿出纸笺求他题诗，没有写好，就梦醒了。后来他自己吟诗说："晚入瑶台露气清，庭中惟见许飞琼。尘心未断俗缘在，十里下山空月明。"有一天又做梦来到山中，那位叫"飞琼"的仙女说："您为什么把我的姓名题写在诗句中流传人世间？"于是把含有仙女名字的诗句"庭中惟见许飞琼"改为"天风吹下步虚声",飞琼说:"这样就好了。"许浑才华情思翩翩不绝,能让仙女飞琼喜爱,趁他做梦的时候求他的诗歌,都到了这个地步。以前曹子建作《洛神赋》,人们以为是徒然地听他说一些不实的言语,认为这说的是迂曲荒诞、不足取信的。不久后许浑就去世了。有诗歌作品两卷,流传至今。

雍陶

陶,字国钧,成都人。工于词赋。少贫,遭蜀中乱后①,播越羁旅,有诗云:"贫当多病日,闲过少年时②。"大和八年陈宽榜进士及第③,一时名辈,咸伟其作。然恃才傲睨④,薄于亲党⑤,其舅云安刘钦之下第⑥,归三峡,却寄陶诗云:"山近衡阳虽少雁,水连巴蜀岂无鱼⑦。"得诗颇愧赧⑧,遂通问不绝⑨。大中六年,授国子《毛诗》博士⑩。与贾岛、殷尧藩、无可、徐凝、章孝标友善⑪,以琴樽诗翰相娱,留长安中。大中末,出刺简州⑫,时名益重,自比谢宣城、柳吴兴⑬,国初诸人,书奴耳⑭。宾至,必伴伴挫辱⑮,投贽者少得通⑯。秀才冯道明,时称机捷,因罢举请谒,绐阍者曰⑰:"与太守有故。"陶倒屣⑱,及见,呵责曰:"与足下素昧平生⑲,何故之有?"冯曰:"诵公诗文,室迩人远⑳,何隔平生?"吟陶诗数联,如"立当青草人先见,行近白莲鱼未知"㉑,又"闭门客到常如病,满院花开未是贫"㉒,又"江声秋入峡,雨色夜侵楼"等句㉓。陶多其慕己,厚赠遣之。自负如此。

【注释】

①蜀中乱:指唐文宗大和三年(829)南诏入寇成都事。播越:流离

失所。

②"贫当多病日"两句：引诗题为《自述》（一作《下第》），意谓贫寒又遇上多病的日子，在最美好的少年时代却空闲地度过。当，遇上。

③陈宽：大和八年（834）甲寅科状元，大中时任阳翟县令。

④傲睨（nì）：高傲旁视，目空一切。

⑤亲党：这里指亲人。

⑥云安：县名，治所在今四川云阳。

⑦"山近衡阳虽少雁"两句：诗句意谓我所居住的山野靠近衡阳，虽然缺少飞来的大雁，但我住处附近的江水却连接着巴山蜀地，怎么会没有游鱼？鱼雁皆代指书信，这是在暗指雍陶不给刘钦之寄书信。衡阳，即衡州，治所在今湖南衡阳。又名雁城，城内有著名的回雁峰，传说大雁飞到此处为止，不再朝南，故名。

⑧愧赧（nǎn）：因惭愧而面红耳赤。

⑨通问：互通音信。绝：断绝。

⑩国子《毛诗》博士：国子监国子学掌教《毛诗》的博士。

⑪贾岛：传见本书卷五。殷尧藩、无可、徐凝、章孝标：传并见本书卷六。

⑫简州：州名，治所在今重庆简阳。

⑬谢宣城：指谢朓，曾为宣城太守，故称。柳吴兴：指柳恽，曾为吴兴太守，故称。

⑭书奴：指墨守成规、学书法不善变化者，这里指学诗没有变化。

⑮伴伴：故意做作的样子。

⑯投贽：进呈诗文或礼物求见。

⑰绐（dài）：欺骗。阍（hūn）者：守门人。

⑱倒屣：为了接待穿倒了鞋子，形容十分热情地接待。

⑲素昧平生：从来不了解，指素不相识。

⑳室迩人远：其室很近，其人很远，比喻思念不得相见。《诗经·郑风·东门之墠》："其室则迩，其人则远。"

㉑"立当青草人先见"两句：引诗题为《咏双白鹭》，意谓对着青草站立的白鹭，人很快就能看见，而当白鹭靠近白莲行走，鱼儿就很难发现。

㉒"闭门客到常如病"两句：意谓关着门如果来了宾客，我就垂头丧气，常像生病了一样，等到满院的鲜花开放，我就感觉自己富有全世界了，哪里算贫穷呢。

㉓"江声秋入峡"两句：意谓在江涛之声的映衬下，仿佛连秋意也钻入三峡，而在雨中景色的铺垫下，好像夜色渐渐入侵楼阁。

【译文】

雍陶，字国钧，成都人。工于创作诗赋。年少贫寒，遭遇四川寇乱后，流离失所，长久地旅居在外，有诗句说："贫当多病日，闲过少年时。"大和八年（834）陈宽那一榜考中进士，一时间的著名诗人，都认为他的作品很雄伟。然而雍陶倚靠才华傲视睥睨，对于亲人很薄情，他的舅舅云安县人刘钦之落榜回到三峡，却寄给雍陶诗说："山近衡阳虽少雁，水连巴蜀岂无鱼。"雍陶得到这首诗很惭愧，于是跟舅舅互通音信不止。大中六年（852），授任国子监《毛诗》博士。跟贾岛、殷尧藩、无可、徐凝、章孝标关系很好，用弹琴喝酒、写诗论文的方式互相欢娱，留在长安城中。大中末年，出任简州刺史，当时名声更大了，自己把自己比作宣城太守谢朓、吴兴太守柳恽，而把唐初的诸位诗人比作写诗不会变化的奴仆罢了。宾客到来，一定做作地加以侮辱，投递诗文或礼物的人很少得到通报。秀才冯道明，当时称为机灵敏捷，因为停止贡举所以请求拜见，骗守门的人说："我跟雍陶太守有旧交情。"雍陶颠倒着鞋子热情地过来欢迎，等到见面，呵斥责备他说："我跟你素不相识，哪里有什么旧交情？"冯道明说："我朗诵您的诗文，您的住处很近您却很远，怎么能说是平生相隔而不认识？"吟诵雍陶的诗歌好几联，比如"立当青草人先见，行近白莲鱼未知"，又比如"闭门客到常如病，满院花开未是贫"，又如"江声秋入峡，雨色夜侵楼"等句，雍陶称赞他如此仰慕自己，馈赠给他丰厚的东西后打发他离开。雍陶自以为了不起到这样。

　　后为雅州刺史①，郭外有情尽桥②，乃分衿祖别之所③。因送客，陶怪之，遂于上立候馆④，改名折柳桥，取古乐府《折杨柳》之义⑤，题诗曰："从来只有情难尽，何事呼为情尽桥？自此改名为折柳，任它离恨一条条⑥。"甚脍炙当时。竟辞荣，闲居庐岳⑦，养疴傲世⑧，与尘事日冥矣⑨。有《唐志集》五卷⑩，今传。

【注释】

①雅州：当为简州。

②郭外：村郭之外。

③分衿：别离。祖别：祖伐送别。

④候馆：接待行旅、宾客食宿的馆舍。

⑤《折杨柳》：汉乐府《横吹曲辞》名，多为伤离叹别之辞，而尤多怀念征人之作。

⑥"从来只有情难尽"以下几句：诗意谓从来只有离别之情难以穷尽，为什么这里却把这座桥叫作情尽之桥？从此以后改名叫折柳桥，任由离别之恨如柳条一般多。情尽桥的原意，大概是故意设置，以方便送别之人到此止步，而雍陶从离别之情的角度来看，认为离别之情永无止境，如杨柳一样生命力顽强，故改其名。

⑦庐岳：即庐山。

⑧疴（kē）：病。

⑨冥：昏冥，指相隔。

⑩《唐志集》：此处辛氏理解有误，《唐志》指《新唐书·艺文志》的简称，意谓《新唐书·艺文志》记载雍陶的集子。

【译文】

后来担任雅州刺史，村郭外面有一座"情尽桥"，是大家祖饯离别的地方。因为送别宾客，雍陶责怪桥名不好，就在桥上建立馆舍，改名叫作"折柳桥"，取自古乐府《折杨柳》的含义，题写诗歌说："从来只有情难尽，何事呼为情尽桥？自此改名为折柳，任它离恨一条条。"当时特别脍炙人口。雍陶最终辞去官职，悠闲地隐居在庐山养病，傲视尘世，跟尘世间的琐事日渐冥隔了。有集子五卷，流传至今。

贾驰

驰，大和九年郑确榜进士①。初负才质，蹭蹬名场②。来往公卿间，担簦蹑屩③，莫伸其志。尝入关赋诗云："河上微风来，关头树初湿。今朝关城吏，又见孤客入。上国谁与期，西来徒自急④。"主司得闻，有怜才之意，遂放第。不甚显宦。诗文俱得美声。后来文士集中，多称贾先辈⑤，其名誉为时所重云。有集传世。

【注释】

①郑确：又名郑瓘，大和九年（835）乙卯科状元。

②蹭蹬：比喻失意潦倒。

③担簦（dēng）蹑屩（juē）：背着斗笠，穿着草鞋，指远行、跋涉。

④"河上微风来"以下几句：引诗题为《秋入关》，意谓秋天的微风从河上吹来，潼关的树木刚开始被秋雨打湿。今天早上守护潼关的官吏，又一次看见我这个孤独的旅客进城，长安有谁跟你相约

　　吗？看你往西边急忙忙地赶路，不过是徒劳而已。关，潼关。

　　⑤贾先辈：即贾前辈之意，如曹邺《寄贾驰先辈》。

【译文】

　　贾驰，大和九年（835）郑确那一榜的进士。起初负有才名资质，却在考场上潦倒失意。往来公卿权贵之间，辛劳远行，难以伸展他的志向。曾在进入潼关时写诗说："河上微风来，关头树初湿。今朝关城吏，又见孤客入。上国谁与期，西来徒自急。"主考官听到这首诗，产生怜悯才子的心意，于是放他入第。贾驰官位不是很显达。他的诗歌和文章都获得美好的名声。后来文士的集子中多称呼他为"贾先辈"，他的名声称誉被当时的人所看重。有集子流传在世。

伍乔

　　乔，少隐居庐山读书①，工为诗，与杜牧之同时擢第②。初，乔与张泊少友善③，泊仕为翰林学士④，眷宠优异，乔时任歙州司马，自伤不调，作诗寄泊，戒去仆曰："俟张游宴，即投之。"泊得缄云⑤："不知何处好销忧，公退携樽即上楼。职事久参侯伯幕⑥，梦魂长达帝王州⑦。黄山向晚盈轩翠⑧，黟水含春绕郡流⑨。遥想玉堂多暇日，花时谁伴出城游⑩？"泊动容久之，为言于上，召还为考功员外郎⑪，卒官。今有诗二十余篇，传于世。

【注释】

　　①隐居庐山：据《南唐书·伍乔传》，当为入"庐山国学"，即白鹿洞。

　　②杜牧之：即杜牧，盖因伍乔有《闻杜牧赴阙》诗，故辛文房误以为伍乔与杜牧同时，实则伍乔乃五代南唐时人，与杜牧有百年之隔，

伍乔诗中的杜牧或为同名之另一人。

③张洎(jì)：字师黯，改字偕仁，南唐时登进士第，历任礼部员外郎、中书舍人、清辉殿学士，参预机密，颇受恩宠。

④翰林学士：据学者考证，当为清辉殿学士。

⑤缄(jiān)：书函。

⑥职事：任职，这里指伍乔自己。

⑦帝王州：指南京，南唐首都。

⑧黄山：古称黟山，在安徽南部，经过伍乔当时任职的歙县。

⑨黟(yī)水：今安徽黟县之漳河。

⑩"不知何处好销忧"以下几句：诗意谓不知哪里好消去忧愁，您携带着酒樽就登上高楼。我长久地在节度使幕府里任职，我的魂魄却在梦中经常飞到您所在的帝王州南京。我这边向晚时分，透过窗户能看见黄山好像把整个窗轩都填满了绿意，含着春意的黟水绕着郡府流淌。远远地想着清辉殿里的您常有空闲的时候，百花盛开之际有谁能陪着您出城游玩呢？

⑪考功员外郎：官名，为考功郎中的副职。

【译文】

伍乔，年少时在庐山白鹿洞读书，工于诗歌创作，跟杜牧之同时考中进士。起初，伍乔与张洎小时候关系很好，张洎担任翰林学士，深受李后主的眷念宠幸，伍乔当时担任歙州司马，感伤自己久不调任，写诗寄给张洎，告诫去送诗的仆人说："等张公游玩宴会，就把这首诗投递给他。"张洎收到书信，里面写道："不知何处好销忧，公退携樽即上楼。职事久参侯伯幕，梦魂长达帝王州。黄山向晚盈轩翠，黟水含春绕郡流。遥想玉堂多暇日，花时谁伴出城游？"张洎为之动容很久，替伍乔在李后主面前说好话，召他回朝廷担任考功员外郎，伍乔死在任上。如今有诗歌作品二十多篇，流传在世。

陈上美

上美,开成元年礼部侍郎高锴放榜①,第二人登科②。以诗鸣当时,间作悉佳制,论其骨格本峭,但少气耳。有集今传。

【注释】

①高锴:元和进士,多年掌选进士,抑豪华,擢孤进,时论誉之。

②第二人登科:郝天挺《唐诗鼓吹注》称"第一人登第",待考。

【译文】

陈上美,开成元年(836)礼部侍郎高锴放榜,他以第二名的成绩考中进士。以善诗有名于当时,偶尔写的诗都是好作品,论到他的诗歌骨气品格原本是峭拔的,但缺少气势罢了。有集子流传至今。

○夫矻矻穷经①,志在死而不亡者,天道良难,无固必也。或称硕儒,而名偶身丧;或乃颓然②,而青编不削③。又若以位高金多,心广体胖,而富贵骄人,文称功业黯黯,则未若腐草之有萤也。今群居论古终日,其人既远,骨已朽矣,幸而焴灼简牍④,未必皆扬雄、班、马之流耳⑤。于兹传中,族匪闻望,官不隆重,俱以一咏争长岁月者亦多,岂曰小道而忽之⑥!设有白璧,入地不满尺,出土无肤寸⑦,虽卞和懂懂往来其间⑧,不失者亦鲜矣。幸不幸之谓也。

【注释】

①矻矻(kū):勤勉不懈貌。

②颓然:指衰老之年。

③青编:原指古代记事之书,此处代指史书。

④焟灼(zhào zhuó)：照耀。

⑤扬雄：曾任郎官，西汉著名辞赋家。班：即班固，东汉著名史学家、辞赋家。马：即司马迁，西汉著名史学家、文学家。

⑥小道：儒家对宣扬礼教以外学说、技艺的贬称。此处说扬雄、班、马等史学家以辞章为小道。

⑦肤寸：古代长度单位。一指宽为寸，四指宽为肤，比喻微小。

⑧卞和：和氏璧的发现者。憧憧(chōng)：往来不绝的样子。

【译文】

○那些勤勉不懈地研究经典，志在身死而名声不消亡的人，天道难以窥测，结局不定也是必然。有的人被称作学识渊博的儒士，有了名声却丢了性命；有的人脱发垂老，史书却没有削去他的名字。又如果因为职位高贵、黄金很多，心宽体胖，财富权贵足以在人们面前引以为傲，可是文章称誉、功绩事业都很黯淡，那就还不如腐烂的草里尚且有萤火虫的微光。如今我们聚集在一起整天讨论古人，这些古人其实离我们很遥远，他们的尸骨都已腐朽了，幸亏他们的名字照耀在简牍书籍上，但未必都是扬雄、班固和司马迁那样的名人罢了。在这本《唐才子传》中，那些家族并没有名望，官位并不显达，都因为一首诗而名垂后世的人也很多，怎么能说这是小道就忽略它？假设有一枚洁白的玉璧，埋入地下不满一尺，露出泥土的部分很小，即使是卞和在它面前来回不停走，不错过这枚玉璧也是很少的了。这就是我说的有幸有不幸啊。

李商隐

商隐，字义山，怀州人也①。令狐楚奇其才②，使游门下，授以文法，遇之甚厚。开成二年，高锴知贡举，楚善于锴，奖誉甚力，遂擢进士。又中拔萃，楚又奏为集贤校理③。楚出，王茂元镇河阳④，素爱其才，表掌书记，以子妻之，除侍御史。茂元为牛李党⑤，士流嗤谪商隐，以为诡薄无行，共排摈之。来京都，久不调。更依桂林总管郑亚府为判官⑥，后随亚谪循州⑦，三年始回。归穷于宰相绹⑧，绹恶其忘家恩，放利偷合，从小人之辟，谢绝殊不展分⑨。重阳日，因诣厅事留题云⑩："十年泉下无消息，九日樽前有所思⑪。"又云："郎君官重施行马，东阁无因许再窥⑫。"绹见之恻然，乃补太学博士⑬。柳仲郢节度中州⑭，辟为判官，商隐廉介可畏，出为广州都督⑮，人或袖金以赠，商隐曰："吾自性分不可易，非畏人知也。"未几，入拜检校吏部员外郎⑯。罢，客荥阳，卒⑰。

【注释】

①怀州：州名，治所在今河南沁阳。

②令狐楚：字壳士，贞元七年（791）登进士第，元和十四年（819）拜中书侍郎、同平章事，文宗时，累官尚书左仆射，卒于山南西道节度使任所，谥文。才思俊丽，能文工诗，与刘禹锡、白居易等唱和甚多，尤擅骈文，李商隐四六文即其所授。传见本书卷五。

③"又中拔萃"两句：据学者考证，李商隐中拔萃科在会昌二年（842）。李商隐初为官时，令狐楚已经去世。其释褐之官为秘书省校书郎，调补弘农尉。

④王茂元：早年从父王栖曜征伐，宪宗时为右神策将军，文宗时历广州刺史、岭南节度使，于安南招怀蛮落，颇立政能，聚敛家财巨万计，以财结交郑注等显贵，大和九年（835）得以出任泾原节度使。郑注被杀后，广献家资饷军，未被治罪，后以将作监领忠武军节度使，转为河阳节度使。武宗时为河阳节度使，会昌三年（843）率部助讨刘稹，病卒于军中。

⑤茂元为牛李党：此处疑有脱文，《旧唐书》本传云："茂元虽读书为

儒，然本将家子，李德裕素遇之，时德裕秉政，用为河阳帅，德裕与李宗闵、杨嗣复、令狐楚大相仇怨。"时令狐楚已死，其子令狐绹仇视李商隐。据学者考证，李商隐丁母忧时，令狐绹担任左司郎中，曾关怀李商隐，并致书问候，李商隐亦有《寄令狐郎中》《酬令狐郎中见寄》等诗，二人关系融洽，似无令狐绹仇恨李商隐之事。且李商隐其时官位底下，令狐绹有何仇视的必要？唯后人心中李商隐因诗歌而地位颇高，官位不显，故欲为之找原因，而归罪于党争等事，实乃无稽之谈。

⑥桂林总管：即桂管观察使，掌察桂州、梧州一带诸州县官吏善恶，政治得失。郑亚：字子佐，元和进士。因文章俊秀，得李德裕亲重，辟为从事。会昌时拜给事中，廉察桂林。大中时德裕遭贬，亚亦贬循州刺史，卒于任。判官：当为支使，兼掌书记。

⑦循州：州名，治所在今广东惠州。据学者考证，李商隐未曾同贬循州，而是担任盩厔县尉，后又担任京兆府代参军。

⑧宰相绹：即令狐绹，令狐楚之子，宣宗时为吴兴太守，旋升宰相，辅政十年。

⑨展分：顾念情分。

⑩厅事：官府办公处。

⑪"十年泉下无消息"两句：引诗题为《九日》，乃怀念令狐楚、与令狐绹难以相见、盼望令狐绹施以援手的诗，非必埋怨。诗句意谓令狐楚去世已十年，已经去世，黄泉之下当然再没有消息，重阳节这天端起酒杯思念起他。九日，即重阳节。

⑫"郎君官重施行马"两句：意谓令狐楚的贵公子令狐绹如今官职显重，官署前摆着拦阻人马通行的路障，既然摆着路障，如果不是令狐绹主动邀请我来拜见，恐怕再无由相见吧。郎君，即贵公子。行马，官署前摆着拦阻人马的路障。东阁，汉武帝时，公孙弘任宰相，起客馆，开东阁，以招贤人，后遂成为宰相招贤客馆之代称。

⑬太学博士：官名，掌教五品以上及郡县公子孙、从三品曾孙为生者。

⑭柳仲郢：字谕蒙，元和进士，后入鄂州节度使牛僧孺幕府，复被李
　　德裕奏为京兆尹。宣宗朝，德裕罢相，出为郑州刺史、河南尹，皆
　　有政声，擢剑南东川节度使，绳治奸吏，部内肃然，入为兵部侍郎，
　　领盐铁转运使。中州：当为东川。

⑮广州都督：不受金之事，乃李尚隐，辛文房误为李商隐事。

⑯检校吏部员外郎：李商隐、李尚隐皆无此官职。

⑰"罢"以下几句：柳仲郢领盐铁转运使，李商隐任盐铁推官，死于
　　任上。

【译文】

李商隐，字义山，怀州人。令狐楚惊叹于他的才华，让他游学自己门
下，传授给他写文章的方法，给他以优厚的待遇。开成二年（837），高锴
主持贡举考试，令狐楚跟高锴关系很好，在高锴面前不遗余力地夸奖称
誉李商隐，于是考中进士。后来又考中拔萃科，令狐楚又上奏推荐他担
任集贤校理。令狐楚被贬出朝廷，王茂元担任河阳节度使，他向来喜爱
李商隐的才华，上表推荐他担任掌书记，把自己的女儿许配给他做妻子，
除授为侍御史。王茂元是牛李党争中的李党，文士之流嗤笑贬低李商隐，
认为他诡诈轻薄没有品行，一起排挤他。李商隐来到京师，很长时间没
有调任。转而去依靠桂管观察使郑亚，在他的使府里担任支使兼掌书记，
后来随从郑亚贬谪到循州，过了三年才回来。归朝后受到令狐绹的追究，
令狐绹厌恶他忘记令狐家的恩情，因小利而放纵苟合，顺从小人的征辟，
谢绝李商隐的请求，毫不顾念情分。重阳节那天，李商隐到令狐绹办公
的地方，在上面留下一首诗说："十年泉下无消息，九日樽前有所思。"又
说："郎君官重施行马，东阁无因许再窥。"令狐绹看见诗歌很难过，才帮
他补任太学博士。柳仲郢担任剑南东川节度使，征辟他来担任判官，李
商隐清廉刚介让人敬畏，出任广州都督，有人在衣袖里藏着黄金来贿赂
他，李商隐说："我自是不受贿赂的天性不能为你改变，而不是害怕别人
知道。"不久，入朝拜任检校吏部员外郎。罢官后，客居荥阳，去世。

　　商隐工诗，为文瑰迈奇古，辞难事隐。及从楚学，俪偶长短①，而繁缛过之②，每属缀，多检阅书册，左右鳞次③，号"獭祭鱼"④。而旨能感人，人谓其横绝前后。时温庭筠、段成式各以秾致相夸⑤，号"三十六体"⑥。后评者谓其诗"如百宝流苏⑦，千丝铁网，绮密瑰妍，要非适用之具"⑧。斯言信哉！初得大名，薄游长安，尚希识面，因投宿逆旅，有众客方酣饮，赋《木兰花》诗，就呼与坐，不知为商隐也，后成一篇云："洞庭波冷晓侵云，日日征帆送远人。几度木兰船上望，不知元是此花身⑨。"客问姓名，大惊称罪。时白乐天老退⑩，极喜商隐文章，曰："我死后，得为尔儿足矣。"白死数年，生子，遂以"白老"名之。既长，殊鄙钝，温飞卿戏曰⑪："以尔为侍郎后身⑫，不亦忝乎⑬？"后更生子，名衮师，聪俊。商隐诗云："衮师我娇儿，英秀乃无匹。"此或其后身也。商隐文自成一格，后学者重之⑭，谓"西昆体"也⑮。有《樊南甲集》二十卷，《乙集》二十卷，《玉溪生诗》三卷。初自号"玉溪子"⑯。又赋一卷，文一卷，并传于世。

【注释】

①俪偶：对偶。

②繁缛：指文辞繁冗华茂。

③鳞次：像鱼鳞一样依次排列。

④獭（tǎ）祭鱼：獭捕得鱼后将鱼陈列水边，好似祭祀一般。典出《礼记·月令·孟春之月》："鱼上冰，獭祭鱼，鸿雁来。"后形容作文时堆积词藻，罗列故实。

⑤温庭筠：本名岐，字飞卿，太原祁（今山西祁县）人，官止国子助教。

才思艳丽敏捷，每入试，押官韵作赋，凡八叉手而八韵成，时号"温八叉"，其诗与李商隐齐名，时称"温李"，辞藻瑰丽，亦是"花间派"词的先导。传见本书卷八。段成式：字柯古，宰相段文昌之子，撰有《酉阳杂俎》。

⑥三十六体：三人皆行第十六，又皆擅长骈体文，故称"三十六体"。

⑦百宝：各种宝石。流苏：五彩羽毛或丝线制成的垂饰。

⑧适用：适合使用。

⑨"洞庭波冷晓侵云"以下几句：引诗题为《木兰花》，意谓清晨的洞庭波带着寒意被风吹动，远远望去像侵入天上的云，每天这里都有远行的帆船运送着远行的游子。这些游子们多少回站在木兰船上眺望岸边的木兰花，却不知道这船原来就是木兰花树本身制成。此诗指出人们当时虽然略闻李商隐之名而不知其人，一如站在木兰船上望木兰花而不知木兰花树就在身边。

⑩白乐天：即白居易，字乐天。传见本书卷六。

⑪温飞卿：即温庭筠，字飞卿。传见本书卷八。

⑫侍郎：指白居易，曾任刑部侍郎，故称。后身：迷信称来世所生之身。

⑬忝（tiǎn）：辱没。

⑭西昆体：名称源于诗集《西昆酬唱集》，宋真宗景德二年（1005），杨亿、刘筠、钱惟演等人供职于内廷藏书的秘阁，暇时互相以诗歌唱和，形式上模拟唐代诗人李商隐，讲求对仗工整，用典精巧和美词丽句，而题材狭窄，思想贫乏。西昆，是指神话中的西方昆仑群玉之山，相传该山为古帝王藏书之所，故比之于"秘府"。

⑮玉溪子：当为玉溪生。

【译文】

李商隐工于写诗，创作诗文瑰丽超迈，奇特简古，文辞难懂，本事隐晦。等到跟从令狐楚学习，对偶不相上下，但繁琐细密超过他，每次创作诗文，多要翻检查阅各种书籍册子，把要使用的资料像鱼鳞一样整整齐齐地摆在左右,人们称他这样写作叫"獭祭鱼"。但是他的文章旨意能够感动人心,人们说他是空前绝后。当时的温庭筠、段成式(和李商隐)各自都以纤秾精致相互夸耀,他们写的文章号称为"三十六体"。后来评论他的人说他的诗"就像百种宝线织成的流苏,千种丝线勾成的铁网,绮丽严密,瑰玮鲜妍,总结来说虽然繁丽但不是适合实用的诗体"。这个评价一点不假啊。起初获得盛大的名声,轻装游历长安,尚未有很多人认识他,就投宿在一家旅店,当时有很多客人正在酣畅地喝酒,写作《木兰花》诗,就招呼他来一起坐,不知道他是李商隐,后来李商隐写完一首诗说:"洞庭波冷晓侵云,日日征帆送远人。几度木兰船上望,不知元是此花身。"众人问他的姓名,都大惊失色,直言罪过。当时白乐天衰老退居,特别喜欢李商隐的诗文,说:"我死后,如能转世成你的儿子就心满意足了。"白居易去世几年后,李商隐有一个儿子出生,就以"白老"作为他的名字。等到长大,特别鄙陋迟钝,温飞卿嘲笑白老说:"把你当作刑部侍郎白居易转世的后人,不是在辱没他吗?"后来李商隐家又生一个儿子,取名叫衮师,聪明俊俏,李商隐写诗说:"衮师我娇儿,英秀乃无匹。"衮师或许是白居易的转世之身。李商隐诗文自成一家风格,后来的学者很重视他的诗文,称为"西昆体"。著有《樊南甲集》二十卷、《乙集》二十卷和《玉溪生诗》三卷,起初自号"玉溪子",又有赋作一卷,文章一卷,都流传在世。

喻凫

　　凫,毗陵人①,开成五年李从实榜进士②,仕为乌程县令③。有诗名。晚岁变雅④,凫亦风靡⑤,专工小巧,高古之气扫地,所畏者务陈言之是去耳。后来才子皆称"喻先辈"⑥,向慕之情足见也。同时薛莹亦工诗⑦。凫诗一卷,莹诗《洞庭集》一卷,今并传。

【注释】

①毗（pí）陵：郡名，治所在今江苏常州。

②李从实：开成五年（840）庚申科状元，唐宗室，官至咸阳（今属陕西）县尉、史馆修撰。

③乌程：县名，治所在今浙江湖州。

④晚岁：指唐朝晚期，即晚唐。变雅：《诗经》中大、小雅有正雅、变雅之分。《毛诗序》："至于王道衰，礼义废，政教失，国异政，家殊俗，而变风、变雅作矣。"此指改变盛唐以来的雅正诗风。

⑤风靡：闻风相从。

⑥先辈：前辈。

⑦薛莹：活动于唐文宗、唐武宗时期，擅长五言律、绝，写景抒情，情韵悠长。

【译文】

喻凫，毗陵人，开成五年（840）李从实那一榜的进士，出任乌程县令。有诗歌名声。晚唐改变原来的雅正诗风，喻凫也折服风从，专门工写短小精巧的诗歌，高昂古朴的诗歌风气荡然无存，所让人敬畏的地方在于诗歌语言上务必把陈腐之言删去罢了。后来的才子们都称他为"喻先辈"，对他的崇往羡慕的心情足以看见了。同时代的薛莹也工于诗歌。喻凫诗歌一卷，薛莹诗歌集子《洞庭集》一卷，如今都流传着。

薛逢

逢，字陶臣，蒲州人①。会昌元年，崔岘榜第三人进士②，调万年尉③，未几，佐河中幕府④。崔铉入相⑤，引直弘文馆⑥，历侍御史、尚书郎⑦，持论鲠切，以谋略高自显布衣中。与刘瑑交⑧，而文辞出逢下，常易瑑。及当国，有荐逢知制诰者，璩猥言先朝以两省官给事、舍人治州县乃得除⑨，逢未试州，不可，乃出为巴州刺史⑩。初及第，与杨收、王铎同年⑪，而逢文艺最优。收辅政，逢有诗云："谁知金印朝天客，同是沙堤避路人⑫。"收衔之，斥为蓬、绵二州刺史⑬。及铎相，逢又赋诗云："昨日鸿毛万钧重，今朝山岳一毫轻⑭。"铎怒。中外亦鄙逢褊傲⑮，迁秘书监，卒。逢晚年岨峿宦途⑯，尝策羸赴朝，值新进士榜下，缀行而出⑰，呵殿整然⑱，见逢行李萧条，前导曰："回避新郎君！"逢辗然⑲，因遣一介语之曰⑳："报道莫贫相㉑，阿婆三五少年时㉒，也曾东涂西抹来。"其人辟易㉓。

【注释】

①蒲州：州名，治所在今山西永济。

②崔岘（xiàn）：会昌元年（841）辛酉科状元。

③万年：县名，治所在今陕西西安。

④河中：方镇名，治所在今山西永济。

⑤崔铉：字台硕，会昌三年（843）为相，以与李德裕不协罢，宣宗初复相，后累更淮南、山南东道诸镇，卒于荆南。少有诗名，《咏架上鹰》诗为人所称。

⑥弘文馆：隶属门下省，置学士，掌刊正图籍、教授生徒，并参议朝廷礼仪制度。

⑦尚书郎：尚书省各曹的侍郎、郎中等官，综理职务，皆通称尚书郎。

⑧刘瑑（zhuàn）：字子全，彭城（今江苏徐州）人。大中十一年（857）加检校礼部尚书、太原尹、北都留守、河东节度观察等使，同年十二月入朝拜相，任户部侍郎、判度支、同中书门下平章事。

⑨猥（wěi）言：卑劣地说。两省：指门下省和中书省。给事：即给事中，

门下省重要职官,职责为若政令有失当,除授非其人,则论奏而驳
正之等。舍人:即中书舍人。

⑩ 巴州:州名,治所在今四川巴中。

⑪ 杨收:字藏之,唐宣宗时进士,历任渭南县尉、侍御史、长安县令等
职,唐懿宗时以中书侍郎同中书门下平章事。王铎:字昭范,会昌
元年(841)进士及第。咸通十二年(871),由礼部尚书升同中书
门下平章事。乾符五年(878),授江陵、荆南节度使,诸道行营兵
马都统。次年,自请督军镇压北上的黄巢起义军。后随僖宗入蜀,
复为宰相,任诸道行营都统,权知义成节度使。

⑫ "谁知金印朝天客"两句:引诗题为《贺杨收作相》,意谓谁能知道
那个带着金印朝见皇帝的宰相杨收,是那个当年跟我一起为别的
宰相就任而让开道路的人呢? 意谓杨收虽做宰相,跟我也没什么
区别,他不过是赶上时机罢了,而我的时机却没有。据学者考证,
杨收和王铎当时在刘瑑阻碍薛逢的文牒上都签字同意,故薛逢写
诗讥讽。金印,指宰相所带黄金玺印。沙堤,唐天宝以来,宰相初
拜,府县必使人铺设专用的沙面道路。

⑬ 蓬:即蓬州,治所在今四川仪陇南。绵:即绵州,治所在今四川
绵阳。

⑭ "昨日鸿毛万钧重"两句:意谓昨日没有做宰相,连鸿雁的羽毛都
有万钧之重,今日做了宰相后,连高大的山岳也像一根毫毛那么
轻盈。此诗句含义颇丰,即可理解为王铎没做宰相前慎重到连一
根鸿毛也视若万钧之重,做了宰相后连山岳都轻视,表现王铎对
薛逢前恭后倨的转变;也可理解为昨日王铎这根微不足道的鸿毛
做了宰相后就有万钧之重,而原在他眼中如山岳一般的薛逢,今
日如一根毫毛般微不足道。总之,讽刺辛辣。

⑮ 中外:朝廷内外。褊傲:褊狭傲慢。

⑯ 岨峿(jǔ wǔ):山交错不平貌,这里指不顺当。

⑰缀行：紧跟着行走。

⑱呵殿：古代官员出行，仪卫前呵后殿，喝令行人让道。

⑲觍（chǎn）然：面含笑容的样子。

⑳一介：一个人。

㉑贫相：谓虽然暴发暴富，却仍不能脱其贫贱寒伧之色。

㉒阿婆：对老年妇人的敬称。

㉓辟易：惊退。《史记·项羽本纪》：“项王嗔目叱之，赤泉侯人马俱惊，辟易数里。”

【译文】

薛逢，字陶臣，蒲州人。会昌元年（841），崔岘那一榜以第三名的成绩考中进士，调任万年县尉，没多久，去河中节度使府担任僚佐。崔铉入朝为宰相，引荐薛逢在弘文馆值班，担任过侍御史、尚书郎，每次论奏都耿直恳切，以高超的谋略自在平民中显扬名声。跟刘瑑交往，而刘瑑文采词藻不及薛逢，薛逢常常轻视他。等他当宰相，有人推荐薛逢担任知制诰，刘瑑鄙视地说前朝任命门下省给事中、中书省舍人都需要他们先治理过州县，才能担任，但薛逢还没试任过州郡，不行，于是出任巴州刺史。起初，刚中进士，薛逢跟杨收、王铎同榜进士及第，而薛逢文藻才艺是最优秀的。杨收担任宰相，薛逢有诗送给他说：“谁知金印朝天客，同是沙堤避路人。”杨收对他怀恨在心，贬斥他担任蓬州、绵州两州的刺史。等到王铎担任宰相，薛逢又写诗送给他说：“昨日鸿毛万钧重，今朝山岳一毫轻。”王铎读完大怒。朝廷内外也都鄙薄薛逢编急傲诞，后来升迁为秘书监，就去世了。薛逢晚年在仕途上很不顺利，曾经驾着驽马赶赴朝廷，适逢新一年的进士放榜，新进士们紧跟着出来，前呼后拥的随行人员阵容整齐，见到薛逢出行所带的物品、仆人很萧条，就上前指示他说：“给新进士们让下路！”薛逢哈哈大笑，就派遣一个仆人告诉他说：“开路的人别露穷相，即使是老婆婆，十五岁年轻的时候，也曾经在脸上东涂西抹过。”那个随从人员惊退让开。

○逢天资本高，学力亦赡，故不甚苦思，而自有豪逸之态，第长短皆率然而成，未免失浅露俗，盖亦当时所尚，非离群绝俗之诐也。夫道家三宝^①，其一不敢为天下先，前人者孰肯后之，加人者孰能受之^②？观逢恃才怠傲，耻在喧卑^③，而喋喋唇齿，亦犹恶醉而强酒也^④。累摈远方^⑤，寸进尺退，至龙钟而自愤不已^⑥，盖祸福无不自己求者焉^⑦。有诗集十卷，又别纸十三卷^⑧，赋集十四卷，今并行。

【注释】

①道家三宝：《老子》六十七章："我有三宝，持而保之：一曰慈，二曰俭，三曰不敢为天下先。慈，故能勇；俭，故能广；不敢为天下先，故能为器长。"

②加人：驾凌、凌辱别人。

③喧卑：喧闹卑微。

④恶（wù）醉而强（qiǎng）酒：害怕喝醉却偏要勉强喝酒。语出《孟子·离娄上》："今恶死亡而乐不仁，是犹恶醉而强酒。"比喻行为和目的截然相反。

⑤摈：摈弃。

⑥龙钟：衰老貌。

⑦盖祸福无不自己求者焉：语出《孟子·公孙丑上》："祸福无不自己求之者。"

⑧别纸：即书札的别称。

【译文】

○薛逢天资本来就高，学识才力也很丰赡，所以不须特别辛苦思索，写的诗自是豪放飘逸的姿态，无论长篇短篇都是突然之间就写完了，难免会有失于肤浅直白庸俗的地方，这也是当时所推尚的，不是超群绝俗达到的境界。道家讲究三宝,其中之一就是不敢争做天下最前面的那个人,在别人前面的人,谁愿意在你后面?侮辱别人的人,谁能够忍受被你侮辱?看薛逢倚仗才华懈怠傲慢,本耻于官位低下,却唇齿间喋喋不休,也就像口上说讨厌喝醉却勉强着要喝酒的人一样啊。他多次被摈弃在远方,进一寸退一尺,到老了自己还在不停地愤慨,大概人的灾祸或幸福没有不是自己招来吧。有诗集十卷,又有书札集子十三卷,赋集十四卷,如今都流传着。

赵嘏

　　嘏①,字承祐,山阳人②。会昌二年郑言榜进士③。大中中,仕为渭南尉④。一时名士大夫极称道之。卑宦颇不如意。宣宗雅知其名,因问宰相:"赵嘏诗人,曾为好官否?可取其诗进来。"读其卷首题秦诗云:"徒知六国随斤斧,莫有群儒定是非⑤。"上不悦,事寝⑥。嘏尝早秋赋诗曰:"残星数点雁横塞,长笛一声人倚楼⑦。"杜牧之呼为"赵倚楼",赏叹之也。又初有诗,落句云⑧:"早晚粗酬身事了,水边归去一闲人⑨。"仕途屹兀⑩,岂其谶也?嘏豪迈爽达,多陪接卿相,出入馆阁,如亲属。然能以书生令远近知重,所谓"一日名动京师,三日传满天下",有自来矣。命沾仙尉⑪,追踪梅市⑫,亦不恶耳。

【注释】

①嘏(gǔ):字承祐,一作承祜,误。

②山阳:县名,治所在今江苏淮安。

③会昌二年:当为会昌四年(844)。郑言:会昌四年(844)甲子科

状元，及第后供职于浙西观察使郑朗幕府，再迁左拾遗，大中七年（853）十月，为修撰官，修成《续会要》四十卷。

④渭南：县名，治所在今陕西渭南。

⑤"徒知六国随斤斧"两句：据《唐诗纪事》卷五十六，此诗为《题秦皇》。诗意谓秦始皇只知以暴力手段制伏六国，却没有成群的儒士来帮他确定治国的对错。唐宣宗时期对吐蕃用武并获胜，此诗有厌战倾向，恐为唐宣宗不喜之因。

⑥寝：停止。

⑦"残星数点雁横塞"两句：据《韵语阳秋》，此诗又作《长安秋望》。诗意谓鸿雁横渡边塞，朝南飞过残留着几颗星星的天空，有人倚靠着楼台吹出一声悠长的笛声。雁南翔而人不归，不说人不归而只说吹笛，含蓄蕴藉，深得杜牧之喜。

⑧落句：结尾。

⑨"早晚粗酬身事了"两句：引诗题为《寄归》，意谓早晚粗略地把身上的事情应付完，归隐到水边做一个悠闲的人。

⑩屹兀：险峻。

⑪仙尉：汉成帝朝，梅福任豫章郡南昌县尉，后因不满王莽专政，弃妻子隐遁成仙，后常用"仙尉"作为县尉的美誉。

⑫梅市：即梅福，传说梅福曾为会稽吴市门卒，故称。

【译文】

赵嘏，字承祐，山阳人。会昌四年（844）郑言那一榜的进士。大中年间，担任渭南县尉。一时间名流士大夫都极力称赞他。赵嘏官职卑弱很不如意。唐宣宗平素知道他的诗名，就问宰相："诗人赵嘏，曾担任好官职没？可把他的诗歌取来给我看看。"读到赵嘏诗集开卷第一首题写秦始皇的诗说："徒知六国随斤斧，莫有群儒定是非。"唐宣宗不高兴，给他升官的事儿也就停止了。赵嘏曾在秋天的早上作诗说："残星数点雁横塞，长笛一声人倚楼。"杜牧因此称赵嘏为"赵倚楼"，欣赏、赞叹他啊。

又起初写过一首诗,结尾写道:"早晚粗酬身事了,水边归去一闲人。"赵嘏仕途坎坷,这句诗难道就是诗谶吗?赵嘏性格豪放俊迈,爽朗豁达,常陪伴接待达官权贵,进出馆阁之间,就像他们的亲人一般。然而能够靠着一介书生的身份让远近之人都知道尊重他,所说的"一日名动京师,三日传满天下"之类话,是自有原因的。命中注定要担任渭南县尉,追踪成仙归隐的道路,也不差了。

　　先嘏家浙西,有美姬溺爱,及计偕①,留侍母。会中元游鹤林寺②,浙帅窥见悦之③,夺归。明年嘏及第,自伤赋诗曰:"寂寞堂前日又曛,阳台去作不归云。当时闻说沙吒利,今日青娥属使君④。"帅闻之,殊惨惨,遣介送姬入长安⑤。时嘏方出关,途次横水驿⑥,于马上相遇,姬因抱嘏痛哭,信宿而卒⑦,遂葬于横水之阳⑧。嘏思慕不已,临终目有所见,时方四十余。今有《渭南集》及编年诗二卷。悉取十三代史事迹⑨,自始生至百岁,岁赋一首、二首,总得一百一十章。今并行于世。

【注释】

①计偕:本谓应征召之人偕计吏同往京师,后举人去参加考试也叫作计偕。

②中元:即中元节,农历七月十五日,是我国的"鬼节",寺院要举行盛大的"盂兰盆会",以追荐祖先的亡灵,故又称"盂兰盆节"。鹤林寺:在今江苏镇江黄鹤山下,当时浙西节度使治所在润州(今江苏镇江)。

③浙帅:即浙西节度使,或云元稹,或云卢简辞。此事盖小说家言,不足信。

④"寂寞堂前日又曛"以下几句：意谓寂寞的厅堂前又到黄昏，与我
　幽会的女子像不回来的流云一般离开我。当时我们一起听说沙吒
　利夺人妻妾的事情，如今我的心上人归属于浙西节度使。用沙
　吒利跟使君对比，暗示浙西节度使夺走其妻，但又不敢明言。曛
　（xūn），昏暗，日暮。阳台，为巫山神女所在之处，比喻幽会之女。
　沙吒（zhà）利，据许尧佐《柳氏传》载，唐肃宗时，蕃将沙吒利劫
　走韩翃美姬柳氏，后以沙吒利代指劫夺人妻的达官显贵。
⑤介：副官，《左传·成公二年》有"及郑，使介反币，以夏姬行"之语。
⑥横水：在今陕西凤翔县东，源出凤翔县东北界，东南流经岐山县
　南，又东南流入雍水。
⑦信宿：连住两夜。
⑧阳：水的北面。
⑨十三代史：指《史记》、西汉、东汉、三国、晋、宋、齐、梁、陈、北魏、
　北齐、北周、隋十三家史书。

【译文】

　　起初，赵嘏家住浙西，家中有俊美的姬妾，非常宠爱，等到进京赶考，
留下她来侍奉母亲。适逢中元节游览鹤林寺，浙西节度使偷偷看见她，
心中很喜欢，就把她抢回家。第二年赵嘏考中进士，为自己伤感，写诗
说："寂寞堂前日又曛，阳台去作不归云。当时闻说沙吒利，今日青娥属
使君。"浙西节度使听说这首诗，心里感到特别惨闷，派遣属下护送那个
姬妾去往长安。当时赵嘏刚出潼关，在横水驿馆歇息，在马上遇到姬妾，
姬妾因此抱着赵嘏失声痛哭，住了两个晚上妾就去世了，赵嘏便把她埋
葬在横水的北岸。赵嘏思念爱慕她没有停止的时候，临终之际还看见她，
去世的时候才四十多岁。如今有《渭南集》和编年诗两卷。赵嘏详尽地
搜集十三代史书中的事迹，在他有生之年，每年写一两首诗歌，总共写成
一百一十首。以上的作品如今都流行在世。

薛能

能,字太拙,汾州人①。会昌六年狄慎思榜登第②。大中末,书判入等中选③,补盩厔尉④,辟太原、陕虢、河阳从事⑤。李福镇滑台⑥,表置观察判官⑦,历御史、都官、刑部员外郎⑧,福徙帅西蜀,奏以自副。咸通中⑨,摄嘉州刺史⑩。造朝,迁主客、度支、刑部郎中⑪,俄为同州刺史、京兆大尹⑫,出帅感化⑬,入授工部尚书⑭。复节度徐州,徙镇忠武⑮。广明元年⑯,徐军戍溵水⑰,经许,能以军多怀旧惠,馆待于城中。许军惧见袭,大将周岌乘众疑怒⑱,因为乱,逐能据城,自称留后⑲,数日,杀能并屠其家⑳。能治政严察,绝请谒。耽癖于诗,日赋一章为课。性喜凌人,格律卑卑,且亦无甚高论,尝以第一流自居,罕所拔拂㉑。时刘得仁擅雅称,持诗卷造能,能以句谢云:"千首如一首,卷初如卷终。"盖讥其无变体也。量人如此,非厚德君子。晚节尚浮屠,奉法唯谨。资性傲忽,又多佻轻忤世。及为藩镇,每易武吏。尝命其子属囊鞬㉒,雅拜新进士,或问其故,曰:"渠消弭灾咎耳㉓。"今有集十卷,及《繁城集》一卷传焉。

【注释】

①汾州:州名,治所在今山西汾阳。

②狄慎思:会昌六年(846)丙寅科状元,官至补阙或拾遗。

③书判入等:唐代考取官吏,考试书、判合格者,叫入等。

④盩厔(zhōu zhì):县名,治所在今陕西周至。

⑤陕虢:方镇名,治所在今河南三门峡。河阳:方镇名,治所在今河

南孟州。从事：此指节度使佐吏。

⑥李福：字能之，宰相李石弟，累迁尚书郎，出为商、郑、汝、颍四州刺史，滑州刺史、义成军节度，累迁户部尚书，授剑南西川节度使，与南诏战败绩，被贬。滑台：城名，在今河南滑县。

⑦观察判官：全称为观察使判官，与本府诸幕职官分治案事、佐理府政。

⑧都官：官名，即都官员外郎，尚书省刑部都官司副长官，佐都官郎中掌囚徒衣食药疗、理冤申诉之事。刑部员外郎：官名，尚书省刑部刑部司员外郎省称，为刑部郎中的副职，掌刑法及按覆刑狱等事。

⑨咸通：唐懿宗年号（860—874）。

⑩嘉州：州名，治所在今四川乐山。

⑪主客：此指主客郎中，为尚书省礼部主客司长官，掌二王后代子孙和诸藩朝见等事。度支：此指度支郎中，尚书省户部度支司长官，掌判天下租赋、财利收入支出等。刑部郎中：尚书省刑部刑部司长官，负责依法复核有关案件，纠正轻重不当的处理。

⑫同州：州名，治所在今陕西大荔。京兆大尹：为京兆长官，掌治京畿。

⑬感化：方镇名，治所在江苏徐州。

⑭工部尚书：官名，尚书省工部长官，掌国家各项工程及工匠、屯田、水利、交通等事务。

⑮忠武：方镇名，即忠武军，治所在今河南许昌。

⑯广明：唐僖宗年号（880—881）。

⑰溵（yīn）水：县名，治所在今河南商水。

⑱周岌（jí）：初为许州牙将，后投靠黄巢，广明元年（880）驱逐忠武军节度使薛能，中和四年（884）鹿晏弘陷许州，被杀。

⑲留后：官名，代行节度使职务者为留后。

⑳杀能并屠其家：据学者考证，此说不确，薛能并未被杀。

㉑拔拂：提拔照拂。

㉒櫜鞬（gāo jiān）：箭囊和弓袋。

㉓渠：他。消弭：消除。

【译文】

薛能，字太拙，汾州人。会昌六年（846）狄慎思那一榜考中进士。大中末年，考试书法、判文合格被选中任官，补任盩厔县尉，征辟担任太原、陕虢和河阳节度使从事。李福镇守滑州，上表让他担任观察使判官，历任御史、都官员外郎、刑部员外郎，李福迁任剑南西川节度使，上奏让他担任自己的节度副使。咸通年间，薛能代理嘉州刺史。入朝，迁任主客郎中、度支郎中和刑部郎中，不久担任同州刺史、京兆大尹，出任感化军节度，入朝授任工部尚书。又去担任徐州节度使，迁任忠武军节度使。广明元年（880）徐军出征戍守溵水，经过许州，薛能因为徐军中多是自己的旧部下，就施惠让他们住在许州城馆中。许军害怕被徐军偷袭，大将周岌乘着众人怀疑愤怒，趁机叛乱，驱逐薛能，自己占据许州城，自称为代理节度使，几天后，叛军屠杀薛能和他的家人。薛能治军理政严格洞察，杜绝请谒之风。耽爱写诗成癖，每天写一首当作功课。他老想压倒别人，写的格律诗平凡无奇，也没有什么高论，曾自己认为自己处在第一流，很少提拔照顾别人。当时刘得仁擅有雅名，拿着诗卷造访薛能，薛能用诗句辞谢说："千首如一首，卷初如卷终。"大概是讥讽刘得仁的诗歌没有变化吧。这样衡量别人，不是德行忠厚的君子。晚年崇尚佛教，奉守佛法特别严谨。薛能天资落于傲慢诞忽，又常轻佻地忤逆世俗。等到镇守藩镇，每每轻视武官。曾经命令他的儿子佩带弓箭袋，郑重地拜见新考中的进士，有人问他原因，薛能说："他在消除灾祸罪咎啊。"如今有集子十卷和《繁城集》一卷流传在世。

李宣古

宣古，字垂后，澧阳人①。会昌三年卢肇榜进士②，又试中宏辞③。工文，极俊，有诗名。性谑浪，多所讥诮。时杜悰尚主④，出守澧阳，宣古在馆下，数陪宴赏，谐慢既深，悰不能忍，忿其戏己，辱之使卧于泥中，衣冠颠倒。长林公主素惜其才⑤，劝曰："尚书独不念诸郎学文⑥，待士如此，那得平阳之誉乎⑦？"遣人扶起，更以新服，赴中座，使宣古赋诗，谢曰："红灯初上月轮高，照见堂前万朵桃。觱栗调清银字管⑧，琵琶声亮紫檀槽。能歌姹女颜如玉⑨，解饮萧郎眼似刀⑩。争奈夜深抛耍令⑪，舞来揎去使人劳⑫。"杜公赏之。后悰二子裔休、儒休皆中第⑬，人曰："非母贤待师，不足成其子。"今诸集中往往载其作，有英气，调颇清丽，惜不多见。竟薄命，无印绶之誉⑭，落莫自终。弟宣远亦以诗鸣⑮，今传者可数也。

【注释】

①澧阳：县名，治所在今湖南澧县东南。

②卢肇：字子发，会昌三年（843）以状元登进士第，咸通时，先后任歙、宣、池、吉四州刺史，时称奇才。诗、文、赋俱佳，其《甘露寺》诗为张祜激赏，历二十年方成之《海潮赋》为时所称。

③宏辞：即博学宏词科，科举考试科目之一，属制科。

④杜悰：字永裕，杜佑孙，元和九年（814）妻岐阳公主，为驸马都尉。文宗时，历澧州刺史，转京兆尹，出为忠武节度使。武宗会昌四年（844）拜相，授尚书右仆射兼中书侍郎、同中书门下平章事，咸通年间再次入相。

⑤长林公主：当为岐阳公主，唐宪宗女，出嫁杜悰。长林公主乃唐代宗之女，下嫁卫尉少卿沈明。

⑥尚书：指杜悰，曾任尚书右仆射，故称。

⑦平阳：即平阳公主，唐高祖李渊女，下嫁柴绍。隋炀帝大业十三年（617）柴绍往太原随李渊起兵反隋，她在鄠县（今陕西西安）散家财招募壮丁，众至七万人，威震关中，时称娘子军。

⑧觱栗（bì lì）：即觱篥，吹奏乐器，起源于西域龟兹（今新疆库车一带），汉代时传入中原，以竹管为之，管上端插有芦苇制成的簧片，竖吹，音调低沉悲咽。

⑨姹女：少女。张九龄《剪彩》："姹女矜容色，为花不让春。"

⑩萧郎：泛指女子所中意的男子、情人。

⑪抛耍令：指酒席中抛物为令。

⑫捼（ruó）：揉搓。

　　"红灯初上月轮高"一诗，意谓明月高悬，刚刚点上红灯笼，照亮厅堂前面的万朵桃花。装饰着银字的觱篥管吹出清泠的音调，安装着紫檀木槽的琵琶声音嘹亮。能唱歌的少女容貌如玉，善饮酒的男子眼明如刀。无奈夜色已深还在抛物喝酒，舞来揉去让人疲劳。这是在委婉地讽喻杜悰。

⑬儒休：据《云溪友议》，当为"孺休"。

⑭印绶：官员的印信和系印信的绶带，代指官职。

⑮宣远：《唐诗纪事》卷四十三云"宣远，贞元进士登第"，如《唐诗纪事》所记准确，且与此宣远为同一人，则非宣古之弟，待考。

【译文】

　　李宣古，字垂后，澧阳人。会昌三年（843）卢肇那一榜的进士，又考中博学宏辞科。工于写诗文，极为俊朗，有诗歌名声。他生性戏谑放浪，常讥讽别人。当时杜悰娶岐阳公主，出任澧州刺史，李宣古在其幕府中，多次陪伴杜悰宴会赏玩，诙谐怠慢渐渐变深，杜悰无法忍受，恨他戏弄自己，让他卧在泥水中侮辱他，衣服、帽子都颠倒了，岐阳公主向来爱惜李宣古的才华，劝慰杜悰说："尚书郎，你就独不念我们学习写诗文的几个儿郎吗？这样对待文士，我哪里有机会获得平阳公主那样的赞誉呢？"

派人扶李宣古起来,拿新衣服给他更换,回到座位中,让李宣古写诗,惭谢地说:"红灯初上月轮高,照见堂前万朵桃。觱栗调清银字管,琵琶声亮紫檀槽。能歌姹女颜如玉,解饮萧郎眼似刀。争奈夜深抛耍令,舞来接去使人劳。"杜悰很欣赏这首诗。后来杜悰的两个儿子杜裔休和杜儒休都考中进士,人们说:"如果不是母亲贤惠地对待老师,不足以成就她的两个儿子。"如今不少诗集中都选载了李宣古的作品,有英豪之气,格调很清新俊丽,可惜能看到的作品不多。李宣古最终命运不好,没有机会通过做官获得赞誉,落寞地度过一生。他的弟弟李宣远也以诗歌有名于当时,如今传下来的诗篇寥寥可数。

姚鹄

　　鹄,字居云,会昌三年礼部尚书王起下进士①。多出入当时好士公卿席幕,然吏才文价②,俱不甚超,一名仅尔流播,亦多幸矣。诗一卷,今传。

【注释】

①礼部尚书:当为吏部侍郎,官名,掌选举和祠祀事。王起:字举之,累迁中书舍人,拜礼部侍郎、河南尹、吏部侍郎、改兵部,进尚书左仆射,擢山南西道节度使、同中书门下平章事。武宗时,四典贡举,所举皆知名士。

②吏才:为政的才能。

【译文】

　　姚鹄字居云,会昌三年(843)礼部尚书王起主持考试时考中进士。常进出当时喜好文士的达官显贵的宴会或幕府中间,然而他为政的才能和诗文的价值,都不是特别超拔,仅仅靠着一点名声这样流传下来,也是多么幸运啊。诗歌一卷,流传至今。

项斯

　　斯,字子迁,江东人也①。会昌四年王起下第二人进士。始命润州丹徒县尉,卒于任所。开成之际,声价藉甚,特为张水部所知赏②,故其诗格颇与水部相类,清妙奇绝。郑少师薰赠诗云③:"项斯逢水部,谁道不关情④。"斯性疏旷,温饱非其本心。初筑草庐于朝阳峰前⑤,交结净者⑥,槃礴宇宙⑦,戴薜花冠⑧,披鹤氅⑨,就松阴,枕白石,饮清泉,长哦细酌,凡如此三十余年。晚污一名,殊屈清致。其警联如"病尝山药遍,贫起草堂低"⑩,如"客来因月宿,床势向山移"⑪。《下第》云:"独存过江马,强拂看花衣⑫。"《病僧》云:"不言身后事,犹坐病中禅⑬。"又"湖山万叠翠,门树一行春"⑭,又"一灯愁里梦,九陌病中春"⑮,如"月明古寺客初到,风度闲门僧未归"⑯。《宫人入道》云"将敲碧落新斋磬,却进昭阳旧赐筝"之类⑰,不一而足,当时称盛。杨敬之祭酒赠诗云⑱:"几度见君诗总好,及观标格过于诗。平生不解藏人善,到处逢人说项斯⑲。"其名以此益彰矣。集一卷,今行。

【注释】

①江东:具体在今浙江临海。

②张水部:即张籍,曾任水部员外郎,故称。传见本书卷五。

③郑少师薰:即郑薰,字子溥,大和二年(828)登进士第,后以太子少师致仕,故称。大和八年(834)为礼部侍郎知贡举,奖拔寒俊,颇为时人所称。

④"项斯逢水部"两句:诗意谓项斯遇到张籍,谁说他没动情? 项斯

本以方外平淡处世，少动情感，而见到张籍却无法忍住，可见二人相知之深。关情，牵动感情，关心。

⑤朝阳峰：在今浙江杭州径山上。

⑥净者：即静者，指隐者，隐居不仕的人。

⑦槃礴（bó）：箕踞，伸开两腿坐，示不拘形迹。

⑧藓花：即苔藓，项斯《山友赠藓花冠》："尘污出华发，惭君青藓冠。"

⑨鹤氅（chǎng）：鸟羽制作的外套。

⑩"病尝山药遍"两句：引诗题为《题令狐处士溪居》，意谓因为生病把山上的草药尝了个遍，因为贫寒没钱所以建起来的草堂很低矮。

⑪"客来因月宿"两句：引诗题为《宿胡氏溪亭》，意谓来访的客人因为月亮升起夜晚到来而留宿，所睡的床朝着山势而倾斜移动。

⑫"独存过江马"两句：引诗一题为《落第后寄江南亲友》，意谓落榜后归来，唯独还有一匹可以渡江的瘦马，我在马上勉强打起精神弹拂着跟我一起看过长安花的旧衣。

⑬"不言身后事"两句：引诗一题为《日本病僧》，意谓这位日本来的高僧，生病了也不交代身后事，在病中还在坐禅。

⑭"湖山万叠翠"两句：引诗题为《闻友人会裴明府县楼》，意谓眼前的湖光山色像是万道层叠不休的翡翠，门边的树木则一排排地用绿叶显示着春意。

⑮"一灯愁里梦"两句：引诗题为《长安书怀呈知己》，意谓一盏孤灯下，忧愁地做着返乡的梦，长安的街道在我病中披上春色。

⑯"月明古寺客初到"两句：引诗题为《宿山寺》，意谓访客刚到古寺的时候已经明月高照，闲掩的门扉夜风来去，僧人还没有回来。

⑰"将敲碧落新斋磬"两句：引诗一题为《送宫人入道》，意谓刚准备让她敲响道观里对她来说全新的斋戒钟磬，她却进献以前在宫殿里赐给她的古筝。意指入道观容易，弃旧习很难，故该诗末尾说

"旦暮焚香绕坛上,步虚犹作按歌声"。碧落,原指天空,这里指道观。昭阳,指昭阳殿,这里指宫人曾待过的宫殿。

⑱杨敬之:字茂孝,文宗时,为国子祭酒。祭酒:官名,即国子祭酒,国子监长官,掌全国教育事务。

⑲"几度见君诗总好"以下几句:引诗题为《赠项斯》,意谓几次见到您的诗都是佳作,等见到您,觉得您的风范又比您的诗好。我一生不懂隐藏别人的好,到哪里遇到人就说项斯真奈斯。标格。人的风貌。解,懂得,知晓。

【译文】

项斯,字子迁,江东人。会昌四年(844)王起主持考试时以第二名的成绩考中进士。起初任命为润州丹徒县尉,死在任职的地方。开成年间,名声身价都特别盛大,尤其被水部员外郎张籍所熟识欣赏,因此他的诗歌格调跟张籍很相近,清朗高妙,奇特绝伦。太子少师郑薰送给项斯的诗中说:"项斯逢水部,谁道不关情。"项斯生性疏放旷荡,吃饱穿暖不是他最关心的。起初在朝阳峰前建筑茅草房,跟隐士们交朋友,又开腿盘踞在宇宙之间,戴着苔藓做成的帽子,披着羽毛做成的外套,靠在松树阴下休息,把洁白的石头当作枕头,喝清澈的泉水,长久地吟诗,仔细地斟酌,像这样生活了三十多年。晚年被一个世俗的功名给玷污了,把他清高的志趣极大地破坏掉。他写的精警诗句如"病尝山药遍,贫起草堂低",又比如"客来因月宿,床势向山移"。《下第》写:"独存过江马,强拂看花衣。"《病僧》说:"不言身后事,犹坐病中禅。"又比如"湖山万叠翠,门树一行春",又比如"一灯愁里梦,九陌病中春",再比如"月明古寺客初到,风度闲门僧未归"。《宫人入道》写"将敲碧落新斋磬,却进昭阳旧赐筝"之类的诗句,不一而足,当时得到人们的盛赞。国子祭酒杨敬之送给他的诗中说:"几度见君诗总好,及观标格过于诗。平生不解藏人善,到处逢人说项斯。"他的名声因为这首诗而越发得到彰显了。项斯著有集子一卷,如今流传。

马戴

　　戴，字虞臣，华州人①。会昌四年左仆射王起下进士②，与项斯、赵嘏同榜，俱有盛名。初应辟佐大同军幕府③，与贾岛、许棠唱答④。苦家贫，为禄代耕，岁廪殊薄⑤，然终日吟事，清虚自如。《秋思》一绝曰："万木秋霖后，孤山夕照余。田园无岁计，寒近忆樵渔⑥。"调率如此。后迁国子博士⑦，卒。

【注释】

①华州：州名，治所在今陕西渭南华州区。有学者考证，马戴籍贯为曲阳。

②左仆射：尚书左仆射的简称，掌统理六官，纲纪庶务，御史纠劾不当，兼得弹之。

③大同军：方镇名，治所在今山西大同。

④许棠：字文化，宣州泾县（今属安徽）人，咸通进士，授泾县尉，又曾为江宁丞，工诗文。传见本书卷九。

⑤廪（lǐn）：指粮食。

⑥"万木秋霖后"以下几句：诗意谓淋过连绵秋雨之后的万千树木，站在孤零零的山上，被残余的夕阳照着。田园里没有什么收成，寒冷迫近我却想去砍柴、打鱼，为冬天做准备。秋霖，秋雨，多指连绵的秋雨。

⑦国子博士：学官名，属国子监，分别掌教《周礼》《仪礼》《礼记》《毛诗》《春秋左氏传》五经。

【译文】

　　马戴，字虞臣，华州人。会昌四年（844）尚书左仆射王起主持考试时，跟项斯、赵嘏一起考中进士，都有盛大的诗名。起初应征担任大同军幕府佐吏，跟贾岛、许棠唱和酬答。苦于家里贫寒，拿做官的俸禄来代替耕种，每年官府发放的粮食特别少，但他整天忙于吟诗之事；清静无忧来往自如。《秋思》这首绝句说："万木秋霖后，孤山夕照余。田园无岁计，寒近忆樵渔。"他的诗歌格调大概是这样。后来迁任国子博士，去世。

○戴诗壮丽，居晚唐诸公之上，优游不迫，沉著痛快，两不相伤，佳作也。早耽幽趣，既乡里当名山①，秦川一望②，黄埃赤日，增起凌云之操③。结茅堂玉女洗头盆下④，轩窗甚僻，对悬瀑三十仞，往还多隐人。谁谓白头从宦，俸不医贫，徒兴猿鹤之诮⑤，不能无也。有诗一卷，今传。

【注释】

①既乡里当名山：此处或有脱文，此名山或指华山，然据学者考证，马戴未必住在华山，然辛文房或乃此意。

②秦川：泛指今秦岭以北的渭水平原。

③凌云：直上云霄。

④玉女洗头盆：传说西岳华山中峰有玉女祠，祠前有石臼，称为"玉女洗头盆"。

⑤猿鹤之诮：受到山中猿鹤的嘲笑。典出孔稚圭《北山移文》。

【译文】

○马戴诗歌壮伟雄丽，处在晚唐诸位诗人之上，既从容闲适不慌不忙，又深沉冷静酣畅流利，两种截然不同的风格互不妨碍，好诗啊。他早年耽于幽兴野趣，既而家乡正对着著名的华山，在山上远望秦川，黄色的尘埃掩盖着红色的太阳，胸中涌起他那直上云霄的情怀。在玉女洗头盆山峰下结盖茅草堂，门窗幽僻，对着那悬挂着的三十仞高的瀑布，交往的大多是隐士。谁说他头白的时候出去做官，所得的俸禄还不够补贴贫困的生活,徒劳地兴起山中猿鹤对他的讥诮,这不是没有啊。马戴著有诗歌作品一卷,如今流传。

孟迟

迟,字迟之,平昌人①。会昌五年易重榜进士②。有诗名,尤工绝句,风流妩媚,皆宫商金石之声。情与顾非熊甚相得③,且同年。有诗一卷,行于世。

【注释】

①平昌:县名,治所在今山东德州。

②易重:字鼎臣,会昌五年(845)乙丑科状元,官至大理评事。

③顾非熊:顾况之子,少年俊悟,读书过目成诵,参加科考三十年,会昌五年(845)又应进士举,唐武宗久闻其诗名,亲自调阅试卷,追令及第。传见本卷后文。相得:互相投合。

【译文】

孟迟,字迟之,平昌人。会昌五年(845)易重那一榜的进士。他有诗歌名声,尤其善于创作绝句,风度才华妩媚动人,都是谐和宫商音律、像金石钟磬般清脆的声韵。孟迟与顾非熊性情特别相投,并且是同年进士及第。有诗歌作品一卷,流传在世。

任蕃

蕃①,会昌间人,家江东②,多游会稽苕、雪间③。初亦举进士之京,不第,榜罢,进谒主司曰④:“仆本寒乡之人,不远万里,手遮赤日,步来长安,取一第荣父母不得。侍郎岂不闻江东一任蕃，家贫吟苦，忍令其去如来日也？敢从此辞，弹琴自娱，学道自乐耳。"主司惭，欲留不可得。归江湖，专尚声调。去游天台巾子峰⑤，题寺壁间云："绝顶新秋生夜凉，鹤翻松露滴衣裳。前峰月照一江水，僧在翠微开竹房⑥。"既去百余里，欲回改作"半江水"，行到题处，他人已改矣。后复有题诗者，亡其姓名，曰："任蕃题后无人继，寂寞空山二百年⑦。"才名类是。凡作必使人改视易听，如《洛阳道》云："憧憧洛阳道，尘下生春草。行者岂无家，无人在家老。鸡鸣前结束，争去恐不早。百年路傍尽，白日车中晓。求富江海狭，取贵山岳小。二端立在途，奔走何由了⑧。"想蕃风度，此不足举其梗概。有诗七十七首，为一卷，今传非全文矣。

【注释】

①蕃：一作翻，或作藩。

②江东：即江南。

③会稽：郡名，治所在今浙江绍兴。苕、霅（tiáo zhà）：即苕溪和霅溪，在今浙江湖州一带。

④主司：主考官，据文意，官职当为侍郎，具体不详。

⑤天台巾子峰：在今浙江庆元县，二山相连，两峰如巾帽。

⑥"绝顶新秋生夜凉"以下几句：引诗题为《宿巾子山禅寺》，意谓新秋在绝顶之上感到夜里微凉，白鹤碰翻松叶上的露珠滴落在衣裳上。前面山峰挂着一轮明月，照亮一江江水，僧人在山峰的翠微之处打开竹子建造的禅房。后文云改"一江水"为"半江水"，甚好，盖月出山峰，自有遮挡，不能照亮整个江面，除非月亮的光线直射江面，但在崇山之中，这毕竟是时间较短的时候，且意境不

美，故改为"半江"更好。

⑦"任蕃题后无人继"两句：意谓任蕃题诗过后没有人再来继续题
　诗，让这优美的山水寂寞地等待了两百年。言外之意，自从任蕃题
　诗过后，由于写得太好，太贴切，两百年都无人敢于再题诗。

⑧"憧憧洛阳道"以下几句：诗意谓车马往来络绎不绝的洛阳大路
　上，春草也生长在扬起的尘土下。路上的行人们难道没有家吗？
　不是的，只是没有人愿意待在家里等老。他们在鸡叫之前就开始
　装束行李，争先恐后地跨上洛阳大道生怕晚了。短短百年的人生
　就奔波在路边过完，每天破晓升起白日他们都已经坐在车中了，
　寻求富裕的时候连江海般的富裕都觉得狭窄不够，获取权贵的时
　候连山岳般的权贵都觉得不足。为了富和贵这两样站在路上，那
　奔跑起来什么时候能结束？

【译文】

任蕃，会昌年间的诗人，家住在江南，常常在会稽的苕溪、霅溪一带
游玩。起初也到长安考进士，没考中，放榜之后，他进去拜见主考官，说：
"我本是贫寒之乡的人，不远万里，用手遮挡着炎炎烈日，步行来到长安，
想考取一个进士来荣耀父母也无法实现。侍郎大人难道没有听说过江
东有个人叫任蕃，家里贫寒却苦心吟诗，怎么忍心让他离开长安的时候
跟来到长安的时候一样两手空空吗？冒昧从此辞别您，弹奏古琴愉悦自
己，学习修道来使自己快乐！"主考官惭愧，想要留下他也没能留下。任
蕃回到江湖上，专门研习诗歌。离家游览天台巾子峰，在寺庙的墙壁间
题诗说："绝顶新秋生夜凉，鹤翻松露滴衣裳。前峰月照一江水，僧在翠
微开竹房。"已经离开寺庙一百多里路，想要回去把"一江水"改为"半
江水"，走到题诗的地方，别人已经改过来了。后来又有在这里题诗的人，
姓名已经丢失，写道："任蕃题后无人继，寂寞空山二百年。"他的才华名
声都像这样。凡有创作一定让人耳目一新，比如他的《洛阳道》诗说："憧
憧洛阳道，尘下生春草。行者岂无家，无人在家老。鸡鸣前结束，争去恐

不早。百年路傍尽，白日车中晓。求富江海狭，取贵山岳小。二端立在途，奔走何由了。"遥想任蕃的风姿气度，这首诗不足以完全显示他的气概。任蕃有诗歌七十七首，编为一卷，如今所传的已不是他的全部作品了。

顾非熊

非熊，姑苏人①，况之子也②。少俊悟，一览辄能成诵。工吟，扬誉远近。性滑稽好辩，颇杂笑言。凌轹气焰子弟③，既犯众怒，挤排者纷然。在举场角艺三十年④，屈声破人耳。会昌五年，谏议大夫陈商放榜⑤。初，上洽闻非熊诗价⑥，至是怪其不第，敕有司进所试文章，追榜放令及第。刘得仁贺以诗曰⑦："愚为童稚时，已解念君诗。及得高科早，须逢圣主知⑧。"授盱眙主簿⑨，不乐拜迎，更厌鞭挞，因弃官归隐。王司马建送诗云⑩："江城柳色海门烟，欲到茅山始下船。知道君家当瀑布，菖蒲潭在草堂前⑪。"一时饯别吟赠俱名流。不知所终，或传住茅山十余年，一旦遇异人，相随入深谷，不复出矣。有诗一卷，今行于世。

【注释】

①姑苏：地名，治所在今江苏苏州。

②况：即顾况。

③凌轹：欺压。气焰：火刚燃烧的热气和火花，比喻人的威风气势。

④角艺：比较技艺，这里指竞争考试。

⑤谏议大夫：官名，简称谏议，掌侍从规谏讽谕。陈商：字述圣，吴兴（今浙江湖州）人，早年与韩愈游，会昌元年（841）任司门郎中、史馆修撰，三年（843）任刑部郎中，旋迁谏议大夫，权知四年、五年

（844—845）贡举,迁礼部侍郎。

⑥上:指唐武宗。

⑦刘得仁:传见本书卷六。

⑧"愚为童稚时"以下几句:意谓我还是孩子的时候,就知道念诵您的诗歌。等您晚来高中进士,却还是需要圣明的君主知道。言外之意,考试本身的水平不足以成为考中的原因,这当然是为顾非熊抱不平,同时也是为自己不靠权势、全凭本事考试而考不上的一种牢骚。

⑨盱眙（xū yí）主簿:当为盱眙县尉。盱眙,县名,治所在今江苏。

⑩王司马建:即王建,曾任陕州司马,故称。传见本书卷四。王建所送顾非熊诗,题作《送顾非熊秀才归丹阳》,从"秀才"可知,并非是在顾非熊考中进士以后所送,辛文房误。

⑪"江城柳色海门烟"以下几句:意谓在江边的小城柳树下赠送你,一片柳色到入海处化为模糊的烟景,你想到茅山那里才开始下船。我知道你家正对着瀑布,你家草堂前面有一个长满让人长生的九节菖蒲的水潭。海门,指长江入海处。茅山,即三茅山,在江苏句容境内,为道教名山之一,号称第八洞天。菖蒲潭,在今江苏句容县茅山之南,潭上多生九节菖蒲,据说服之可以长生。

【译文】

顾非熊,姑苏人,顾况的儿子。年少时俊丽聪慧,文章看过一遍就能诵读出来。工于吟诗,声誉远近传扬。他生性滑稽,喜欢辩论,常夹杂着一些诙谐的笑话。欺压气势威风的子弟,既而惹怒众人,排挤他的人众多。在考场竞争才艺三十年,叫屈喊冤的声音多到都能捅破人们的耳朵。会昌五年（845）谏议大夫陈商放榜,起初唐武宗广博地听到顾非熊的诗歌声价,到这时为他考不上感到奇怪,下令让相关考官把他应试的诗赋进献上来,追上将放的金榜,命陈商让他榜上有名。刘得仁用诗歌祝贺他说:"愚为童稚时,已解念君诗。及得高科早,须逢圣主知。"授任盱眙县尉，不喜欢拜见迎送官长，更厌恶鞭挞犯人，因此抛弃官职回去隐居。陕州司马王建送诗给他说："江城柳色海门烟，欲到茅山始下船。知道君家当瀑布，菖蒲潭在草堂前。"一时之间，祖饯送别、吟诗酬赠给他的都是当时的有名文士。不知最后在哪里去世，有人传说他住在茅山十多年，有一天遇到仙人，跟随着他进入幽深的山谷，不再出来了。顾非熊有诗歌一卷，如今流行在世。

曹邺

　　邺，字邺之，桂林人①。累举不第，为四怨三愁五情诗②，雅道甚古。时为舍人韦悫所知③，力荐于礼部侍郎裴休④。大中四年张温琪榜中第⑤，看榜日，上主司诗云："一辞桂岩猿，九泣都门月。年年孟春至，看花如看雪⑥。"杏园宴间呈同年云⑦："岐路不在天，十年行不至。一旦公道开，青云在平地⑧。"又云："匆匆出九衢，童仆颜色异。故衣未及换，尚有去年泪⑨。"又云："永持共济心，莫起胡越意⑩。"佳句类此甚多，志特勤苦。仕至洋州刺史⑪。有集一卷，今传。

【注释】

①桂林：具体为桂林阳朔（今属广西）。

②四怨三愁五情诗：全称为《四怨三愁五情十二首》。

③舍人：即中书舍人，韦悫任中书舍人时间不知，或在任礼部侍郎前。韦悫（què）：字端士，大和初登第，大中四年（850）拜礼部侍郎，五年（851）选士，颇得名人。

④裴休：字公美，长庆进士，又登贤良方正甲科，大中初，累迁至户、礼、兵部侍郎，充诸道盐铁转运使，兼御史大夫，宣宗时同中书门

下平章事。

⑤张温琪：大中四年（850）庚午科状元。

⑥"一辞桂岩猿"以下几句：引诗题为《成名后献恩门》，意谓自从辞别岩桂上的猿猴，九次都对着长安的月色哭泣。每年到了孟春时节看到别人考中，我看花的心情就像看雪一样，冰冰凉。

⑦杏园宴：唐代科举考试后，由皇帝赏赐新科进士的宴席，最初是新科进士自发集资举办的宴席，设于曲江池畔之杏园，故名，也称曲江宴，后由皇帝赐钱设宴。

⑧"岐路不在天"以下几句：引诗题为《杏园即席上同年》，意谓岐路无法通往九天，所以走了十年也没走到。一旦大道打开，我这样在平地奋斗的平民，也能平步青云。这是回顾过去考试失败的原因，并赞美圣上之恩德，辛文房属意此类落第或中举诗，盖撰写此书时其尚未中举。

⑨"匆匆出九衢"以下几句：意谓考中进士后匆匆忙忙地走出通衢大街，童仆脸色也变了。过去的旧衣服没来得及换掉，上面还有去年落第时流下的眼泪。

⑩"永持共济心"两句：意谓让我们长久地保持共济国家于危难之中的初心，不要疏远。胡越，比喻双方疏远、隔绝，胡地在北，越国居南，相隔遥远，故称。

⑪洋州：州名，治所在今陕西洋县。

【译文】

曹邺，字邺之，桂林人。多次考进士都没考上，创作《四怨三愁五情十二首》诗，风雅之道特别简古。当时被中书舍人韦悫所知道，把他极力推荐给礼部侍郎裴休。大中四年（850）张温琪那一榜考中进士，看榜那天，他写诗进献给主考官说："一辞桂岩猿，九泣都门月。年年孟春至，看花如看雪。"跟新科进士们在曲江杏园宴会期间写诗呈给他们说："岐路不在天，十年行不至。一旦公道开，青云在平地。"又说："匆匆出九衢，童仆颜色异。故衣未及换,尚有去年泪。"最后说:"永持共济心,莫起胡越意。"这样的好诗句很多,他作诗特别辛勤艰苦。后来官至洋州刺史。曹邺著有诗集一卷,流传至今。

郑嵎

嵎,字宾光,大中五年李郜榜进士①。有集一卷,名《津阳门诗》②。津阳,即华清宫之外阙③。询求父老,为诗百韵,皆纪明皇时事者也④。

【注释】

①李郜:大中五年(851)辛未科状元。

②《津阳门诗》:七言古诗,凡一千四百字,一百韵(即两百句),诗中写华清宫的变迁史,也是唐由盛而衰的反映。

③华清宫:位于陕西临潼以南骊山北麓,唐太宗在此建温泉宫,至玄宗扩建殿宇,更名为"华清宫",以骊山风景秀丽和温泉著称。外阙:皇宫门外两边供瞭望的楼。

④明皇:即唐玄宗,谥号"至道大圣大明孝皇帝",故称。

【译文】

郑嵎,字宾光,大中五年(851)李郜那一榜的进士。有集子一卷,名叫《津阳门诗》。津阳门就是华清宫殿外供瞭望的楼。询问当地父老,创作诗歌一百韵,所记都是唐明皇当年的旧事啊。

刘驾

驾,字司南,大中六年礼部侍郎崔峿下进士①。初与曹邺为友,深相结,俱工古风诗。邺既擢第,不忍先归,待长安中,驾成名,乃同归范蠡故山②。时国家复河湟故地③,有归马放牛之象④,驾献乐府十章⑤,《序》曰:"驾生唐二十八年,获见明天子以德归河湟,臣得与天下夫妇复为太平人。恨愚且贱,不得拜舞上前,作诗十篇,虽不足贡声宗庙,形容盛德,愿与耕稼陶渔者,歌江湖田野间,亦足自快。"诗奏,上甚悦,累历达官⑥。驾诗多比兴含蓄,体无定规,意尽即止,为时所宗。今集一卷,行于世。

【注释】

① 崔峙:当为崔玙,字朗士,崔珙弟,长庆进士,始为礼部员外郎,会昌初,以考功郎中知制诰,拜中书舍人,大中五年(851)迁礼部侍郎,终兵部侍郎。

② 范蠡:疑当为彭蠡,即鄱阳湖。

③ 河湟:黄河与湟水汇流地区,今青海东部黄河支流湟水流域一带,唐朝与吐蕃的边境地带。安史之乱后,吐蕃乘机侵占,唐虽多次想收复失地,屡败而归。唐宣宗大中五年(851),张义潮趁吐蕃内乱收复河湟。

④ 归马放牛:把战时所用的牛马放牧到田野上。比喻战争结束,不再用兵。语出《尚书·武成》:"乃偃武修文,归马于华山之阳,放牛于桃林之野,示天下弗服。"

⑤ 乐府十章:题作《唐乐府十首》。

⑥ 累历达官:与刘驾经历不符合,盖辛文房臆测。据聂夷中《哭刘驾博士》,刘驾最终官至国子博士,不算显耀的官职。

【译文】

刘驾,字司南,大中六年(852)礼部侍郎崔玙主持考试时考中进士。起初跟曹邺是朋友,相交深厚,都善于创作古风诗。曹邺已经考中进士,不忍心先回去，等在长安城中，刘驾考中功名，于是一同回到鄱阳湖边的故乡。当时国家收复河湟失地，有把战时所用的牛马放归山野的太平景象，刘驾进献乐府诗十首，诗序中说："我刘驾出生在大唐已二十八年，得见圣明的天子靠德行收复河湟失地，我得与天下男女们一起再次成为太平时代的百姓。遗憾的是我愚蠢又低贱，不能在圣明天子面前跪拜起舞祝贺，创作乐府诗十首，虽然不足以在天子宗庙前献声，去图写描绘您的盛大德行，但是想跟耕种、制作陶器和渔民这些百姓一起，歌唱于江河湖海、田园乡野之间，也足以让自己快乐。"诗歌奏献，唐宣宗非常开心，后来刘驾历任高官。刘驾诗歌多用比兴手法，非常含蓄，诗体没有固定的规格，意思抒发完了就停笔，受到当时人的推崇。如今集子一卷，流行在世。

方干

干，字雄飞，桐庐人①。幼有清才，散拙无营务。大中中，举进士不第，隐居镜湖中。湖北有茅斋，湖西有松岛，每风清月明，携稚子邻叟，轻棹往返，甚惬素心。所住水木幽闳②，一草一花，俱能留客。家贫，蓄古琴，行吟醉卧以自娱。徐凝初有诗名③，一见干，器之，遂相师友，因授格律，干有赠凝诗云："把得新诗草里论④。"时谓反语为"村里老"⑤，疑干讥诮，非也。干貌陋兔缺⑥，性喜凌侮。王大夫廉问浙东⑦，礼邀干至，误三拜⑧，人号为"方三拜"。王公嘉其操，将荐于朝，托吴融草表，行有日，王公以疾逝去，事不果成。干早岁偕计⑨，往来两京，公卿好事者争延纳，名竟不入手，遂归，无复荣辱之念。浙间凡有园林名胜，辄造主人，留题几遍。初李频学干为诗⑩，频及第，诗僧清越贺云⑪："弟子已折桂，先生犹灌园⑫。"咸通末卒⑬，门人相与论德谋迹，谥曰"玄英先生"^⑭。乐安孙郃等缀其遗诗三百七十余篇^⑮，为十卷。王赞论之曰^⑯："镂肌涤骨^⑰，冰莹霞绚。嘉肴自将，不吮余隽^⑱。丽不葩芬，苦不癯棘^⑲。当其得志，倏与神会。词若未至，意已独往。"郃亦论曰："其秀也，仙蕊于常花；其鸣也，灵鼍于众响^⑳。"观其所述论，不过矣。

【注释】

①桐庐：实为睦州清溪（今浙江淳安），桐庐乃其所居过之地。

②幽閟（bì）：犹幽深。

③徐凝：元和间有诗名，方干师事之，归隐不出。传见本书卷六。

④把得新诗草里论：诗句意谓取得刚写的诗歌坐在草地上讨论。

⑤反语：即"反切"，颜之推《颜氏家训·音辞》："孙叔然创《尔雅音义》，是汉末人独知反语。"具体方法为取第一字的声母，第二字的韵母（含声调），顺序拼成另一字音。"草里论"拼音为"cǎo lǐ lún"，反过来，则中间的"里"字不动，把"草"字的声母"c"跟"论"字的韵母和声调"ún"合在一起，就是"cún"，古代音韵中第一声、第二声都是平声，故"cún"即"cūn"，汉字表示为"村"；同理，把"论"字的声母"l"和"草"字的韵母和声调"ǎo"合在一起，就是"lǎo"，汉字表示为"老"，因此连在一起变为"村里老"，来讽刺徐凝老于村中，功名不显，此乃音韵游戏，不足信。

⑥兔缺：指生而唇缺，状似兔唇的病证。据《鉴诫录》，方干诗名盛大而考不中进士，就因为兔唇，不符合唐代科举中"身言书判"的"身"的要求。

⑦王大夫：指王龟，字大年，王起子，性不乐进，与山人道士游，后征为右补阙，咸通后期改太常少卿，旋检校右散骑常侍、同州刺史，咸通十四年（873）转御史大夫、迁浙东观察使，与诗人姚合、赵嘏友善。浙东：方镇名，治所在今浙江绍兴。

⑧三拜：再拜即可，但方干以"礼数有三"之故，每次都拜三次。吴融：字子华，越州山阴（今浙江绍兴）人，龙纪进士，历任侍御史、左补阙，拜中书舍人、户部侍郎，后召还翰林承旨。

⑨偕计：即计偕。

⑩李频：字德新，大中八年（854）进士，历官秘书郎、建州刺史等。其诗多为五、七言律。传见本卷后文。

⑪清越：诗僧，生平不详。

⑫"弟子已折桂"两句：意谓作为学生的李频已经考中进士了，作为老师的方干还在隐居着灌溉田园。折桂，晋朝人郤诜举贤良对策，中第一名，自喻为"桂林之一枝"，后用"折桂"喻指考取功名。灌园，灌溉田园，指隐居不仕，战国时齐人陈仲子迁到楚国於（wū）陵居住，自号於陵子仲，楚王听说他贤能，聘为宰相，与妻子一起逃到乡间替人灌园。

⑬咸通末卒：据学者考证，不确，方干当卒于光启元年（885）前后。

⑭玄英：即"玄英君"，道教神名，后以喻隐者。

⑮乐安：今浙江仙居一带。孙郃：字希韩，唐昭宗乾宁四年（897）登进士第，学韩愈文章，为左拾遗。朱全忠篡唐，孙郃著《春秋无贤臣论》，归隐奉化山中，凡著书纪年均用甲子，以表示对朱氏政权的不臣之义。与方干交谊深厚，方干殁后，编《玄英先生诗集》十卷，并撰《方玄英先生传》。

⑯王赞：唐哀帝时兵部侍郎、同中书门下平章事，唐哀帝天祐二年（905），与裴枢等七人被朱全忠杀于白马驿。

⑰镘：涂抹。

⑱余隽：原指剩余的鸟肉，这里指别人吃剩的美味。后来黄庭坚夺胎换骨，用来形容滋味甜美，见其《奉和王世弼》："吟哦口垂涎，嚼味有余隽。"

⑲癯（qú）：瘦。棘：通"亟"，急迫。

⑳灵鼍（tuó）：即鼍龙，鸣声如桴鼓。

【译文】

方干，字雄飞，桐庐人。幼年有清俊的才华，散漫朴拙无所钻营谋求。大中年间，参加进士考试没考上，隐居在镜湖一带。镜湖北边有茅草斋房，镜湖西边有松树生长的小岛，每到风清月明的时候，就带着孩子和邻家老人，驾着扁舟往返于斋房和小岛之间，非常满足、符合他的初心。他居住的地方山水草木幽深，一棵草一朵花都能让客人留连忘返。家里贫寒，备着一具古琴，边走边吟诗，醉了就躺下，以此来使自己快乐。徐凝起初有诗歌名声，一见到方干就器重他，于是互相成为师友，因此传授给他作诗的格律，方干有诗赠送给徐凝说："把得新诗草里论。"当时有人说"草里论"反切过来就是"村里老"，怀疑是方干讥诮徐凝，这种说法是不对的。方干容貌丑陋，是兔唇，生性喜欢欺压侮辱人。谏议大夫王龟担任浙东观察使，按照礼节邀请方干过来，方干误拜了三次，人们称他为"方三拜"。王龟嘉赏他的节操，将要推荐给朝廷，拜托吴融草写奏表，过了一段时间，王龟因为生病去世，推荐方干的事情就没有最终办成。方干早年进京赶考，来往于长安和洛阳之间，公卿权贵中喜好诗歌的人争相延请接纳他，功名最终却没有到手，于是回乡，不再有官场进退荣辱的念头。浙江之间凡有园林名胜，方干就造访园林主人，留诗题写几乎都写遍了。起初，李频跟方干学习写诗，李频考中进士，诗僧清越写诗祝贺说："弟子已折桂，先生犹灌园。"方干在咸通末年去世，门人弟子相互聚在一起讨论他的德行和事迹，给他取谥号叫"玄英先生"。乐安孙郃等人汇集编撰他留下来的诗歌作品三百七十多首，编成十卷。王赞评论他的诗歌说："涤除、洗涤人的肌骨，使人读后如冰雪一般澄莹，如霞光一般绚烂。就像自己创造出来的美味食物，而不是吮吸别人吃剩的美味。清丽但不像花朵那么芬芳外显，清苦但不瘦弱急促。当他志向得到满足，突然与灵感相逢，诗歌语言像是还没写到，诗意却已经独自地传达出来。"孙郃也评论说："方干诗的秀丽，如仙花超于常花；方干诗的鸣声，如灵鼍压倒凡响。"看这些论述,评价是不过分的。

　　〇古黔娄先生死①,曾参与门人来吊②,问曰:"先生终,何以谥?"妻曰:"以'康'③。"参曰:"先生存时,食不充虚④,衣不盖形,死则手足不敛⑤,傍无酒肉。生不美,死不荣,何乐而谥为'康'哉?"妻曰:"昔先生国君用为相,辞不受,是有余贵也。君馈粟三千钟⑥,辞不纳,是有余富也。先生甘天下之淡味,安天下之卑位,不戚戚于贫贱⑦,不遑遑于富贵⑧,求仁得仁⑨,求义得义,谥之以'康',不亦宜乎!"方干,韦布之士⑩,生称高尚,死谥玄英,其梗概大节,庶几乎黔娄者耶!

【注释】

①黔娄先生:战国时安贫乐道的隐士,事见刘向《列女传·鲁黔娄妻》。

②曾参:字子舆,孔子弟子,以孝著称,述《大学》,作《孝经》,以其学说授子思,后世儒家尊为"宗圣"。

③康:安乐,安宁。

④虚(quàn):鬲属,一种炊具。

⑤敛:装殓。

⑥钟:古量器,六石四斗为一钟。

⑦戚戚:忧惧的样子。

⑧遑遑:匆忙不安的样子。

⑨求仁得仁:语出《论语·述而》:"求仁而得仁,又何怨?"

⑩韦布:韦带布衣,贫贱者所服。

【译文】

　　〇古时黔娄先生去世,曾参跟弟子来凭吊,问他的妻子说:"黔娄

先生死后，用什么来做他的谥号？"黔娄妻子说："就给他取谥号叫作
'康'。"曾参说："黔娄先生活着时，食物装不满饭锅，衣服无法遮盖身
体，死的时候都没有衣服可以敛尸，旁边也没有酒肉供享。生时不美好，
死后不荣耀，一生有什么安乐却给他取谥号叫'康'呢？"黔娄妻子说：
"以前先生被国君任用为宰相，辞谢不接受，这是尊贵有余啊。国君馈赠
给他三十钟粟米，辞谢不接纳，这是财富有余啊。先生对天下平淡的饮
食滋味心满意足，对自己处于天下卑贱的位置心安理得，不为自己贫寒
低贱而忧伤害怕，也没有像追求富贵的人那样匆忙惶恐，他想要追求仁
就获得仁，想要追求义就获得义，用'康'来做他的谥号，不也是适合的
吗？"方干，韦带布衣的寒士，活的时候人们称赞他高尚，死后人们用"玄
英"做他的谥号，其大略事迹，差不多就是黔娄这样的吧！

李频

　　频，字德新，睦州寿昌人①。少秀悟，长，庐西山。多记
览，于诗特工，与同里方干为师友。给事中姚合时称诗颖②，
频不惮走千里丐其品第，合见，大加奖挹③，且爱其标格④，
即以女妻之。大中八年，颜标榜擢进士⑤，调秘书郎⑥，为南
陵主簿⑦，试判入等，迁武功令⑧。频性耿介，难干以非理，
赈饥民，戢豪右⑨，于是京畿多赖⑩，事事可传。懿宗嘉之⑪，
赐绯银鱼⑫，擢侍御史，守法不阿，迁都官员外郎⑬。表乞建
州刺史，至则布条教⑭，以礼治下。时盗所在冲突⑮，惟建赖
频以安，未几卒官下。榇随家归⑯，父老相与扶柩哀悼，葬永
乐州⑰，为立庙于梨山，岁时祭祠，有灾沴必祷⑱，垂福逮今。
频诗虽出晚年，体制多与刘随州相抗⑲，骚严风谨，惨惨逼
人。有诗一卷，今行世。

【注释】

①睦州寿昌人：实为睦州清溪（今浙江淳安）人。

②诗颖：才能杰出的诗人。

③奖挹（yì）：奖掖。

④标格：风度，风范。

⑤颜标：大中八年（854）癸酉科状元，历饶州刺史，乾符五年（878）王仙芝部将攻饶州，守城而死。

⑥秘书郎：官名，掌四部图籍，凡课写功程皆判之。

⑦南陵：县名，治所在今安徽南陵。主簿：官名，管理文书簿籍，参议本署政事，为官署中重要佐官。

⑧武功：县名，治所在今陕西武功。

⑨戢（jí）：抑制。豪右：指豪门大族。

⑩京畿：国都所在地及其附近地区。

⑪懿宗：即唐懿宗李漼，初名温，宣宗长子，在位怠于政事，笃信佛教，死后不久即爆发王仙芝、黄巢农民起义。

⑫赐绯银鱼：阶官品未及赐绯章服，特许改换绯服、佩银鱼袋，称赐绯银鱼袋。

⑬都官员外郎：官名，尚书省刑部都官司副长官，佐都官郎中掌囚徒衣食药疗、理冤申诉之事。

⑭条教：法规，教令。

⑮时盗所在冲突：指王郢起义事，乾符二年（875）节度使赵隐有功不赏，王郢率众作乱，众至万人，攻陷苏、常，转掠浙江，南及福建，次年攻陷郢州（今湖北钟祥）、复州（今湖北沔阳），乾符四年（877）兵败被杀。

⑯榇（chèn）：棺材。

⑰永乐州：据学者考证，当为将乐县（今属福建）永洛洲之误。

⑱灾沴（lì）：旧指阴阳之气不合而造成危害。

⑲刘随州：即刘长卿，曾任随州刺史，故称。传见本书卷二。

【译文】

　　李频，字德新，睦州寿昌人也。年少聪秀颖悟，长大后，在西山结庐而居。李频作文多记他看到的景物，在作诗方面造诣尤高，跟同乡的方干既是师生也是朋友。给事中姚合当时被称作诗中俊杰，李频不辞辛苦奔走千里去请求他为自己的诗点评高低，姚合一见，大为赞赏提拔，而且喜爱他的风度，就把女儿许配给他为妻。大中八年（854）颜标那一榜的进士，调任秘书郎，担任南陵主簿，考试判文合格，迁任武功县令。李频性格耿直刚介，难以用不合理的方式干谒，救济饥饿的百姓，抑制豪门大族，在当时京都一带的治安多靠他而无事，李频的事迹也都可以流传后世。唐懿宗嘉奖他，赐给他绯服和银鱼袋，提拔为侍御史，坚守法律刚正不阿，迁任都官员外郎。上表祈求担任建州刺史，到建州就宣布法规，通过礼节治理属下，当时天下到处都有盗贼作乱，只有建州靠着李频的治理平安无事。不多久，李频死在任上。他的灵柩随家人回乡，乡亲父老结伴来扶灵柩表示哀悼，埋葬在永乐州，在梨山上为他建庙，逢年过节都祭祀他，有灾害不祥之事就来祈祷，该庙直到今天仍在降福于民。李频诗歌虽然出于晚唐，诗歌体式却多能跟刘长卿相抗衡，风骚严谨，忧愁逼人。李频著有诗歌作品一卷，如今流传在世。

李群玉

　　群玉，字文山，澧州人也①。清才旷逸，不乐仕进，专以吟咏自适，诗笔遒丽，文体丰妍。好吹笙，善翰墨，如王、谢子弟②，别有一种风流。亲友强之赴举，一上即止。裴相公休观察湖南③，厚礼延致之郡中，尝勉之曰："处士被褐怀玉，浮云富贵，名高而身不知，神宝宁久弃荒途，子其行矣。"大中八年，以草泽臣来京，诣阙上表，自进诗三百篇。休适入相，复论荐，上悦之，敕授弘文馆校书郎④。李频使君，呼为从兄。归湘中⑤，题诗二妃庙⑥，是暮宿山舍，梦二女子来曰："儿娥皇、女英也⑦，承君佳句，徽佩将游于汗漫⑧，愿相从也。"俄而影灭。群玉自是郁郁，岁余而卒。段成式为诗哭曰："曾话黄陵事，今为白日催。老无男女累，谁哭到泉台⑨？"今有诗三卷，后集五卷，行世。

【注释】

① 澧州：州名，治所在今湖南澧县。

② 王、谢子弟：王、谢二氏为六朝望族，两族中出了不少著名人物，如王导、谢安等。王谢子弟即指带有名士风度的世家子弟。

③ 裴相公休：指宰相裴休。

④ 弘文馆校书郎：官名，在弘文馆校勘文字等。

⑤ 归湘中：据学者考证，李群玉或被贬谪归湖南，事疑与令狐绹被贬有关。

⑥ 题诗二妃庙：李群玉有《黄陵庙》诗，盖小说家因诗附会，不足信。

⑦ 娥皇、女英：相传为唐尧二女，同嫁舜为妃，舜南巡死于苍梧之野，二人奔丧，至洞庭哭舜，泪下染竹成斑，世称斑竹或湘妃竹，投湘水死，成湘水神，事见张华《博物志》。

⑧ 徽佩：美好的玉佩，这里指把李群玉的佳句放在玉佩上。汗漫：浩渺无际，孟浩然《送元公之鄂渚寻观主》："应是神仙子，相期汗漫游。"

⑨ "曾话黄陵事"以下几句：引诗题为《哭李群玉》，意谓我们曾经一起说黄陵庙的事，如今都被时光催促衰老。你老来没有儿女之累，死后谁到墓前为你洒泪？言外之意，唯有我这老朋友为君一洒老

泪,深沉感人。黄陵,指黄陵庙,即二妃庙,在今湖南湖阴北洞庭
湖畔。泉台,指阴间。

【译文】

　　李群玉,字文山,澧州人。他才华清秀,逸气旷达,不喜欢考进士做
官,专门通过吟咏诗歌让自己舒适,诗歌笔力遒劲秀丽,文采体式丰茂妍
美。李群玉喜好吹笙箫,擅长书法,像王谢子弟一样,别有一种世家子弟
的名士风范。亲朋好友强迫他进京赶考,上京一回就不去了。宰相裴休
来担任湖南观察使,用厚重的礼节延请他来府郡中,曾勉励他说:"你虽
穿着布衣却怀抱美玉,把富贵当作浮云,名声很高而自身却不知道,就像
神灵护持的宝物,怎么会长久地遗弃在荒凉的路上呢?你还是动身去考
试吧。"大中八年(854)以布衣之臣的身份来到京都,到宫殿前进献奏
表,自己进献诗歌三百首。裴休刚入朝为宰相,又说起并荐举他,唐宣宗
很喜欢他,下令授任为弘文馆校书郎。李频太守,呼李群玉为堂兄。李
群玉回湘中,为娥皇女英二妃的祠庙题诗,这天夜里住在山上的旅舍,梦
见两个女子来说:"我们是娥皇、女英啊,承蒙先生以妙诗佳句相赠,先生
将作汗漫之游,我们愿一同跟随。"不久踪影消失。李群玉从此以后都郁
寡欢,一年左右就去世了。段成式写诗哭他说:"曾话黄陵事,今为白日
催。老无男女累,谁哭到泉台?"如今有诗歌三卷,后集五卷,流传在世。

　　○夫澧浦①,古骚人之国②,屈平仕遭谮毁③,不知所诉,
心烦意乱,赋为《离骚》④。骚,愁也。"已矣哉,国无人知我
兮,又何怀乎故都⑤?"委身鱼腹,魂招不来。芳草萎苶⑥,
萧艾参天⑦,奚独一时而然也。群玉继禀修能,翱翔大化⑧,
人不知而不愠⑨,禄不及而不言⑩。望浔阳之亡极⑪,挹杜
兰之绪馨⑫,款君门以披怀⑬,沾一命而潜退⑭,风景满目,
宁无愧于古人。故其格调清越,而多登山临水、怀人送归

之制,如"远客坐长夜,雨声孤寺秋。请量东海水,看取浅深愁⑮"等句,已曲尽羁旅坎壈之情⑯。壮心千里,于方寸不扰,亦大难矣。

【注释】

①澧浦:澧水岸边。

②古骚人之国:指屈原的故国。骚人,诗人。因屈原作《离骚》,后人称诗人为骚人。

③屈平:即屈原,战国时代伟大诗人,名平,字原,曾辅佐楚怀王,后遭谗去职,长期被流放,当楚国危亡无法挽救时,投汨罗江而死。谮(zèn)毁:用谗言毁谤。

④《离骚》:中国古典诗歌中最著名的长篇政治抒情诗之一,其中饱含着作者屈原的血泪情感与治国主张,成为真名士们"痛饮酒"之后必熟读的经典篇章。

⑤"已矣哉"以下几句:即《离骚》"乱曰"后的结尾,辛文房引用的时候略有出入。

⑥芳草:指君子。萎苶(wěi ěr):枯萎。

⑦萧艾:野蒿,喻不肖之小人。

⑧大化:造化,世界。

⑨人不知而不愠:人们不知道也不感到忧虑。语出《论语·学而》:"人不知而不愠,不亦君子乎?"

⑩禄不及而不言:俸禄拿不到也不说。语出《左传·僖公二十四年》:"介之推不言禄,禄亦弗及。"

⑪涔(cén)阳:战国楚地,在今湖南澧县东北,《九歌·湘君》有"望涔阳兮极浦"。

⑫挹(yì):舀。杜兰:杜衡与兰草,指屈原之类君子。绪馨:馨香的绪余,即遗风。

⑬款君门以披怀：指李群玉叩宫阙献诗。

⑭沾一命而潜退：指担任弘文馆校书郎便隐退。

⑮"远客坐长夜"以下几句：引诗题为《雨夜呈长官》，所选诗句是开头四句，意谓远道而来的客子坐守着漫漫长夜，窗外雨落不停，孤独的寺中传来秋的寒意。请您量一量东海的海水有多深，看它跟我的忧愁相比是多是少。

⑯坎壈：窘迫，不得志。

【译文】

　　○澧水岸边，是古时骚人屈原的旧国，屈原做官遭遇谗言诽谤，不知去哪里倾诉，心情烦闷意绪紊乱，创作出《离骚》。骚，是愁的意思啊。"算了吧，国都没有人了解我啊，我又何必怀念旧都？"葬身鱼腹，后人招他的魂魄啊都不愿意回来。像芳草一样的君子凋零，像野蒿一样的小人得势，哪里只是屈原的时代这样呢？李群玉继承楚地的禀赋，培养才能，在造化中翱翔，别人不知道也不感到忧虑，俸禄拿不到也不说。眺望无边无际的浔阳，舀把芳草们的遗香，叩君王的宫门献诗来抒发怀抱，被任命为弘文馆校书郎后就潜居隐退，望着满眼故乡风景，宁可无愧于屈原这样贤能的古人。因此他的诗歌格律声调清澈激越，且多是登上高山面对流水、怀念友人送别归去的作品，比如"远客坐长夜，雨声孤寺秋。请量东海水，看取浅深愁"等诗句，已经婉转地写尽长久漂泊在外、失意不得志的情感。雄壮之心意在奔驰千里，于方寸之间不受环境侵扰，也是特别难的了。

卷八

卷八所传诗人有李郢、储嗣宗、刘沧、陈陶、郑巢、于武陵、来鹏、温庭筠(附纪唐夫)、鱼玄机、邵谒、于濆、李昌符、翁绶、汪遵、沈光、赵牧(附刘光远)、罗邺、胡曾、李山甫、曹唐、皮日休、陆龟蒙、司空图、僧虚中(附顾栖蟾,此处辛氏误将尚颜、栖蟾并为一人)、周繇(附张演)等三十人。唐末政局混乱,很多诗人勇敢地批评朝廷,辛氏也都忠实地加以记录,比如写出"中原不是无麟凤,自是皇家结网疏"的陈陶、"多寓意讥讪"的来鹏、"多讥切谬政"的皮日休等。他们的批评从科举制度到时政,深度加深的同时,也揭示出唐末矛盾的加剧。果然不久就爆发黄巢起义,军阀割据愈演愈烈,以陆龟蒙、司空图为代表的诗人以不与军阀合作的消极方式,维系着对朝廷的忠贞,虽然令人感叹,却不知朝廷早已形同虚设。与诗人最密切的科举制度是诗人批评最集中的领域,温庭筠以代别人考试的方式强烈表达对不公平的科举制度的不满,所以等他主持考试的时候,努力维持公正,选拔寒苦的邵谒,但个人的坚持终究抵不过时代的动乱。在科举制度崩坏的同时,一批吏员反而加入到考生队伍中来,比如曾是县厅吏的邵谒、幼为小吏的汪遵和父亲为盐铁吏的罗邺等,这都说明科举制度本身还有吸引力,只不过在实施的过程中因遭受太多权力的干预而混乱起来。辛氏在《汪遵传》中表达了对科举制度的支持,因为它促使人们读书，有利于"丈夫自修"。尤其是汪遵在那样动乱的时代仍借书苦读，更加难能可贵。

李郢

　　郢，字楚望，大中十年崔铏榜进士及第①。初居余杭②，出有山水之兴，入有琴书之娱，疏于驰竞。历为藩镇从事，后拜侍御史③。郢工诗，理密辞闲，个个珠玉。其清丽极能写景状怀，每使人竟日不能释卷。与清塞、贾岛最相善④。时塞还俗⑤，闻岛寻卒⑥，郢重来钱塘，俱绝音响，感而赋诗曰："却到城中事事伤，惠休还俗贾生亡⑦。谁人收得章句箧，独我重经苔藓房。一命未沾为逐客，万缘初尽别空王⑧。萧萧竹坞残阳在，叶覆闲阶雪拥墙⑨。"其它警策率类此。有集一卷，今传。

【注释】

①崔铏（xíng）：大中十年（856）丙子科状元，博陵（今河北定州）人，及第后辟诸侯府。

②余杭：郡名，治所在今浙江杭州。

③侍御史：中央御史台台院官员，职掌纠举百官犯法及推鞫刑狱等事。

④清塞：即周贺，东洛（河南洛阳）人。早年为僧，法名清塞，后杭州刺史姚合爱其诗，令还俗。擅长近体诗，格调清雅，与贾岛、无可齐名。传见本书卷六。

⑤时塞还俗：清塞还俗在大和八年（834）。

⑥闻岛寻卒：贾岛卒于会昌三年（843）。二人之事时间跨度有点大，而云"寻"，故有学者质疑当为无可，然未有定论，辛文房所云似更

妥当，一则"闻"，乃传闻，未必属实，二则无可未有还俗事，诗中
不当以"惠休"比喻之。

⑦惠休：俗姓汤，字茂远，南朝宋诗人。宋孝武帝命其还俗入仕，官
至扬州从事史，常从鲍照游，以诗赠答，时人称为"休鲍"。

⑧空王：佛的尊称，佛说世界一切皆空，故称"空王"。

⑨"却到城中事事伤"以下几句：此诗《全唐诗》题作《伤贾岛无可》，
疑误。诗意谓我回到钱塘城中事事都让人伤感，拥有惠休一样才
华的清塞跟惠休一样还俗做官了，而那个才同贾谊的贾岛也已去
世。什么人把贾岛还俗以后装满章句著述的箱子收藏起来，只有
我再次经过清塞曾经坐禅的长满苔藓的僧房。可怜的清塞一次
官也没有做过却到处漂泊像逐客一般，贾岛的万千缘起才刚刚消
尽又要告别释尊死去。萧萧瑟瑟的竹坞挂着一轮残阳，竹叶覆盖
着无人的庭阶，积雪覆盖着院墙。末句意谓寒冷没有止境，因积
雪深厚，而残阳将落，无力融化也。此寒冷非仅指环境寒冷，亦兼
心境而云。

【译文】

李郢，字楚望，大中十年（856）崔铏那一榜考中进士。起初居住在
余杭，出门有游山玩水的雅兴，入门有弹琴看书的娱乐，不擅长在官场奔
走钻营。做过藩镇的佐吏，后来拜任侍御史。李郢工于诗歌创作，诗歌
纹理细密、辞藻娴雅，字字珠玑。他的清幽秀丽的语言特别能描写景物，
抒发情怀，每每让人整天都不愿放下他的诗集。李郢跟清塞、贾岛关系
最好。当时清塞还俗，听说贾岛不久就过世了，李郢重新来到杭州，两人
的音信都消失了，心有所感就写诗说："却到城中事事伤，惠休还俗贾生
亡。谁人收得章句篋，独我重经苔藓房。一命未沾为逐客，万缘初尽别
空王。萧萧竹坞残阳在，叶覆闲阶雪拥墙。"其他精警的诗篇大多像这样。
著有诗集一卷，如今流传。

储嗣宗

　　嗣宗，大中十三年孔纬榜及第①。与顾非熊先生相结好，大得诗名。苦思梦索，所谓逐句留心，每字著意，悠然皆尘外之想。览其所作，及见其人。警联如"绿毛辞世女，白发入壶翁"②，又"片水明在野，万花深见人"③，又"黄鹤有归语，白云无忌心"④，又"蝉鸣月中树，风落客前花"⑤，又"池亭千里月，烟水一封书"⑥，又"鹤语松上月，花明云里春"⑦，又"一酌水边酒，数声花下琴"⑧，又"宿草风悲夜，荒村月吊人"⑨，《哭彭先生》云"空阶鹤恋丹青影，秋雨苔封白石床"⑩，《题闲居》云"鸟啼碧树闲临水，花满青山静掩门"等句⑪，皆区区所当避舍者也⑫。有集一卷，今传。

【注释】

①孔纬：大中十三年（859）己卯科状元，字化文，孔子后代，历官至户部侍郎。僖宗朝黄巢攻破长安，随僖宗逃往成都，后官至宰相。

②"绿毛辞世女"两句：引诗题为《宿玉箫宫》，意谓玉箫宫中有玉姜那样的与世相辞的女道士，而白发的我来到玉箫宫就像费长房跳入壶中世界一样。一方面指玉箫宫如仙境，另一方面也在为自己白发始入仙境悲喜交加。传说秦朝宫人玉姜入华阴山得道，身体生绿毛，即"绿毛女"，后世借以咏女道士。又传说东汉壶公常悬一空壶于市肆中卖药，市罢辄跳入壶中，市人莫能见，只有费长房随之而入，入后唯见仙官世界，楼观重门阁道。这里用费长房入壶来比喻诗人自己进入玉箫宫。

③"片水明在野"两句：引诗题为《晚眺徐州延福寺》，意谓一片水面在整个绿色的原野中显得特别明亮，一直走到万花深处，才看到

有人。说明花朵何其繁密，已能把赏花人完全遮挡。

④"黄鹤有归语"两句：引诗题为《送道士》，意谓载送道士的黄鹤有说出归去的话，这里指道士要离开，去哪里呢？去没有猜忌之心的白云之乡。连起来的意思就是道士要骑着黄鹤离开这里，去往没有尘杂的白云山中。

⑤"蝉鸣月中树"两句：引诗题为《宿山寺》，意谓月光照在树上，树上的蝉以为是白天，叫个不停，花开在寓客前，被微风吹落，像在欢迎寓客。

⑥"池亭千里月"两句：引诗题为《得越中书》，意谓照耀着越中水池与亭台的明月隔着千里也照耀着我，就在这想念的时候，一封书信穿过烟云水汽递到我的手中。言外之意指彼此互相挂念。

⑦"鹤语松上月"两句：引诗题为《赠隐者》，意谓仙鹤轻鸣，仿佛在跟挂在松树上的月亮对话，鲜花开了，使云山之上的春意显得更为分明。

⑧"一酌水边酒"两句：引诗题为《送友人游吴》，意谓在水边酌一杯酒，听几声坐在花下弹出的琴音。

⑨"宿草风悲夜"两句：引诗题为《经故人旧居》，意谓逝去的故友坟上的草已经年，风吹过发出声响，像在为今夜悲号，荒凉的村落中，除了我，只有高悬的明月还记得你，还把月光洒落下来，像在凭吊你的逝去。

⑩"空阶鹤恋丹青影"两句：意谓空荡荡的庭阶上，白鹤不忍离去，还在依恋着你的画像，淅淅沥沥的秋雨之中，青苔因为你久不经过，而把你以前采制丹砂的白石床封死了。丹青，原作"丹霄"，据《全唐诗》改。

⑪"《题闲居》云"以下几句：引诗一题为《和顾非熊先生题茅山处士闲居》，意谓当碧绿的树上鸟儿啼叫，悠闲地对着水面，当鲜花开满青山，安静地掩着门扉。

⑫区区：自得貌。避舍：即退避三舍，比喻退让，有自愧不如之意。
意谓写不到这么好，不敢争胜。

【译文】

储嗣宗，大中十三年（859）孔纬那一榜考中进士。跟顾非熊先生关系很好，获得盛大的诗歌名声。他作诗苦苦构思，甚至梦中还在探索，是所说的那种每一句都要留心、每一个字都要注意的诗人，诗中表达的都是悠长舒缓的尘世以外的情思。看他所创作的作品，如见他本人。精警的诗句像"绿毛辞世女，白发入壶翁"，又像"片水明在野，万花深见人"，又像"黄鹤有归语，白云无忌心"，又像"蝉鸣月中树，风落客前花"，又像"池亭千里月，烟水一封书"，又像"鹤语松上月，花明云里春"，又像"一酌水边酒，数声花下琴"，又像"宿草风悲夜，荒村月吊人"，《哭彭先生》诗中说的"空阶鹤恋丹青影，秋雨苔封白石床"，《题闲居》诗中说的"鸟啼碧树闲临水，花满青山静掩门"等诗句，都是使那些自以为是的人应当退避三舍的啊。储嗣宗著有诗集一卷，如今流传。

刘沧

沧，字蕴灵，鲁国人也①。体貌魁梧，尚气节，善饮酒，谈古今令人终日喜听。慷慨怀古，率见于篇。大中八年礼部侍郎郑薰下进士②，榜后进谒谢，薰曰："初谓刘君锐志③，一第不足取。故人别来三十载，不相知闻，谁谓今白头纷纷矣。"调华原尉④。与李频同年⑤。诗极清丽，句法绝同赵嘏、许浑，若出一绚综然⑥。诗一卷，今传。

【注释】

①鲁国人：据学者考证，具体为今山东临朐人。

②郑薰：字子溥，大和二年（828）登进士第，八年（834）为礼部侍郎

知贡举，奖拔寒俊，颇为时人所称，后以太子少师致仕。

③锐志：意志坚决，愿望迫切。

④华原：县名，治所在今陕西铜川耀州区。

⑤李频：传见本书卷七。

⑥絇（qú）：网罟的别名。综（zèng）：原指织布机上使经线交错着上下分开以便梭子通过的装置，这里指综线，即织布机的综上的线，用来织布的。

【译文】

刘沧，字蕴灵，鲁国人。体格魁梧，崇尚气度节操，酒量很大，谈论古今之事让人整天都听不厌。他的慷慨悲壮的怀古之情，大多能在他的诗篇中看到。大中八年（834）礼部侍郎郑薰主持考试时考中进士，放榜后进见拜谢主考，郑薰说："一开始我以为刘君志向坚定、愿望迫切，考一个进士完全不在话下。跟你分别三十年，没有互通音讯，谁知道如今我们都已纷纷白头了啊。"刘沧调任华原县尉。跟李频同年考中。刘沧的诗歌特别清秀明丽，诗歌造句之法跟赵嘏、许浑特别相近，经纬结构如同出自同一机杼。刘沧著有诗集一卷，如今流传。

陈陶

陶，字嵩伯，鄱阳剑浦人①。尝举进士辄下，为诗云："中原不是无麟凤，自是皇家结网疏②。"颇负壮怀，志远心旷，遂高居不求进达，恣游名山，自称"三教布衣"③。大中中④，避乱入洪州西山⑤，学神仙咽气有得⑥，出入无间⑦。时严尚书宇牧豫章⑧，慕其清操，尝备斋供，俯就山中，挥麈谈终日⑨，而欲试之，遣小妓莲花往侍，陶笑不答。莲花赋诗求去曰："莲花为号玉为腮，珍重尚书送妾来。处士不生巫峡梦，虚劳云雨下阳台⑩。"陶赋诗赠之云:"近来诗思清于水,老去风情薄似云。已向升天得门户,锦衾深愧卓文君⑪。"宇见诗益嘉贞节。陶金骨已坚⑫,戒行通体⑬,夜必鹤氅,焚香巨石上,鸣金步虚⑭,礼星月,少寐。所止茅屋,风雷汹汹不绝。忽一日不见,惟鼎灶杵臼依然⑮。开宝间⑯,有樵者入深谷,犹见无恙,后不知所终。陶工赋诗,无一点尘气。于晚唐诸人中,最得平淡,要非时流所能企及者。有《文录》十卷,今传于世。

【注释】

①鄱阳:疑为衍文。剑浦:县名,治所在今福建南平。

②"中原不是无麟凤"两句:引诗题为《闲居杂兴》,意谓不是中原没有突出的人才,而是朝廷的捕网太疏略,所以人才都被遗漏了。指科举考试不够公平。麟、凤,是传说中的珍奇动物,比喻突出的人才。

③三教布衣:指儒、释、道三教都未入门。

④大中:唐宣宗年号(847—859)。

⑤洪州:州名,治所在今江西南昌。

⑥咽气:又称"服气",道家修养之法。

⑦无间:指事物的至微处。《淮南子·原道训》:"出于无有,入于无间。"

⑧严尚书宇:尚书严宇,生平不详,盖小说家虚构之人物。豫章:郡名,治所在今江西南昌。

⑨挥麈(zhǔ)谈终日:挥麈尾整天清淡。麈,即麈尾,古人用驼麈尾所制的拂尘工具。

⑩"莲花为号玉为腮"以下几句:引诗题为《献陈陶处士》,意谓莲花

是我的名号，我的香腮如玉，我就是爱惜您的尚书大人送来的小妾。可是您没有楚怀王巫峡那样的男女之梦，让我来到您的身边，没有云雨之情，没有男女幽会，只有一趟白来。阳台，指男女幽会之所。宋玉《高唐赋序》："妾在巫山之阳，高丘之阻。旦为朝云，暮为行雨，朝朝暮暮，阳台之下。"

⑪ "近来诗思清于水"以下几句：引诗题为《答莲花妓》，诗意谓近年来我的诗歌构思比水还要清澈，人老后对男女风情看得跟天上的行云一样淡薄。已经在神仙飞升上天方面获得门道，对于香被窝里跟卓文君一样漂亮的你深表愧意。卓文君，代指小妓莲花。

⑫ 金骨：道教谓服药以炼骨。

⑬ 戒行：指恪守戒律的操行。通体：即遍体。

⑭ 鸣金：敲击钲、铙等金属乐器。步虚：道教追求长生、成仙的一种修炼术。

⑮ 鼎灶：锅灶。杵臼（chǔ jiù）：棒槌和石臼，舂粮或捣药的工具。

⑯ 开宝：宋太祖年号（968—976）。据学者考证，陈陶卒于乾符初年（874）。

【译文】

陈陶，字嵩伯，剑浦人。他曾经考进士，总是落榜，写诗说："中原不是无麟凤，自是皇家结网疏。"很有壮大的怀抱，志向高远，心灵旷荡，于是隐居不再追求仕途通达，恣意游览名山大川，自称"三教布衣"。大中年间，陈陶躲避战乱隐居到洪州西山，学习神仙服气的方法并有所收获，出入于至微处。当时尚书大人严宇担任南昌太守，仰慕他的清高操守，曾准备好送给他的素食，降低身份来到山中拜访他，挥着麈尾谈了一整天，还想试试他，就派年轻的妓女莲花来侍奉，陈陶微笑着没有回话。莲花写诗希望离开，诗中说："莲花为号玉为腮，珍重尚书送妾来。处士不生巫峡梦，虚劳云雨下阳台。"陈陶写诗送她离开，说："近来诗思清于水，老去风情薄似云。已向升天得门户，锦衾深愧卓文君。"严宇见到诗歌越发嘉赏他忠贞的品节。陈陶修炼服食金丹骨骼已经坚硬，各种戒律带来的操行也都充满全身，每夜必会穿着羽毛外套，在巨大的石块上烧香，敲锣念经，朝着天上的星星和月亮礼拜，很少睡觉。他所居住的茅草屋，刮风打雷汹涌不停。忽然有一天陈陶不见了，只有锅灶、棒槌和石臼还是老样子。开宝年间，有一位砍柴的人进入幽深的山谷，还见到他完好无恙。后来不知道去了哪里。陈陶工于诗歌创作，没有一点儿尘世的俗气。在晚唐众多的诗人中，最得到平淡的精髓，总之不是当时的同辈所能够望其项背的。陈陶著有《文录》十卷，如今流传在世。

郑巢

巢，钱塘人，大中间举进士。时姚合号诗宗[1]，为杭州刺史，巢献所业，日游门馆，累陪登览燕集，大得奖重，如门生礼然。体效格法，能伏膺无致[2]，句意且清新。巢性疏野，两浙湖山寺宇幽胜[3]，多名僧，外学高妙[4]，相与往还酬酢，竟亦不仕而终。有诗一卷，今传。

【注释】

① 姚合：传见本书卷六。诗宗：诗人中的宗匠。

② 伏膺：谓从学，师事。无致（yì）：不厌倦。

③ 两浙：浙江东道、浙江西道的合称，浙江东道治所在越州（今浙江绍兴），相当今浙江省衢江流域、浦阳江流域以东地区，浙江西道治所先后定在昇州（今江苏南京）、苏州（今江苏苏州）、宣州（今安徽宣州）、润州（今江苏镇江）、杭州（今浙江杭州），相当于今江苏长江以南、茅山以东及浙江省新安江以北地区。

④ 外学：佛教学者对佛学以外的学问的通称，此处主要指诗歌。

【译文】

郑巢，钱塘人，大中年间考中进士。当时姚合被称为诗坛宗师，担任杭州刺史，郑巢向他进献所写的诗歌，每天在他的门下馆舍中游学，多次陪姚合登山游览和参加宴会，很得姚合的奖赏和器重，姚合待他如门生一般。郑巢诗歌体式效法姚合的诗歌格律和句法，能不厌倦地加以学习，诗意且都清朗新奇。郑巢性格疏放爱好自然，两浙之间湖光山色寺庙楼宇幽深出色，有很多著名的高僧，在外学上都造诣高妙，郑巢就跟他们用诗往还酬唱，竟然一辈子都没有做官。有诗歌一卷，如今流传。

于武陵

武陵，名邺，以字行，杜曲人也①。大中时，尝举进士，不称意，携书与琴，往来商洛、巴蜀间②，或隐于卜中③，存独醒之意④。避地嘿嘿⑤，语不及荣贵，少与时辈交游。尝南来至潇、湘⑥，爱汀洲芳草⑦，况是古骚人旧国，风景不殊。欲卜居未果，归老嵩阳别墅⑧。诗多五言，兴趣飘逸多感，每终篇一意，策名当时。集一卷，今传。

【注释】

①杜曲：在今陕西西安长安区东南。唐时为望族杜氏聚居之地。

②商洛：县名，治所在今陕西商洛。巴蜀：泛指四川地区。

③隐于卜：指严君平，名遵，字君平，西汉蜀郡（今四川成都）人，成帝时卜筮于成都市，日阅数人，得百钱足自养，即闭门下帘而读《老子》。这里指像严君平一样隐居在卖卜筮的生活中。

④独醒：比喻与世俗不同。

⑤嘿嘿（mò）：同"默默"，不说话，沉默。

⑥潇、湘：潇水和湘江。

⑦汀洲：水中小洲。

⑧嵩阳别墅：据学者考证，此说不确。

【译文】

　　于武陵，名邺，武陵是他的字，以字行于人间，杜曲人。大中年间，曾去考进士，未能如愿，带着书籍和古琴，来往于商、洛、巴、蜀之间，有时以占卜选择隐居之地，保存着众人皆醉我独醒的意蕴。他躲避战乱沉默不语，谈话不涉及荣华富贵，很少跟当时的同辈交谈来往。曾往南到达潇、湘，喜爱那里的水中小岛上芬芳的花草，何况又是古时诗人屈原的旧乡，风光景色没有变化。想要凭占卜择地居住，没有成功，回到嵩山南面的别墅养老。于武陵所作诗歌多是五言，兴致趣味飘逸，多有感慨，每首诗到结尾都是同一个意思，在当时名声策扬。集子一卷，如今流传。

来鹏

　　鹏，豫章人，家徐孺子亭边①，林园自乐。师韩、柳为文，大中、咸通间才名藉甚②。鹏工诗，蓄锐既久③，自伤年长，家贫不达，颇亦怏怏，故多寓意讥讪。当路虽赏清丽，不免忤情，每为所忌。如《金钱花》云④："青帝若教花里用，牡丹应是得钱人⑤。"《夏云》云："无限旱苗枯欲尽，悠悠闲处作奇峰⑥。"《偶题》云："可惜青天好雷电，只能惊起懒蛟龙⑦。"坐是凡十上不得第。韦岫尚书独赏其才⑧，延待幕中，携以游蜀⑨。又欲纳为婿，不果。是年力荐，夏课卷中献诗有云⑩："一夜绿荷风剪破，嫌它秋雨不成珠⑪。"岫以为不祥，果失志。时遭广明庚子之乱，鹏避地游荆、襄，艰难险阻，南返。中和，客死于维扬逆旅，主人贤，收葬之⑫。有诗一卷，今传于世。

【注释】

①徐孺子亭:又称高士亭,在今江西南昌西湖南岸。徐孺子,即徐稚,
南昌人,为东汉时高士。

②"师韩、柳为文"两句:据学者考证,此两句所述当属另一人来鹄
的事迹。

③蓄锐:等待锐进。

④金钱花:又名旋覆花,夏秋开花,花色金黄,形如铜钱,故名金钱花。

⑤"青帝若教花里用"两句:意谓春神如果把金钱花当作钱币在花
的世界里使用,获得钱币的应该是像牡丹这样富贵的花朵。言外
之意是,富贵的越富贵,贫穷的越贫穷,讽刺春神不公平,而春神
则象征着皇帝。青帝,东方司春之神。

⑥"无限旱苗枯欲尽"两句:意谓无边的旱地里的禾苗干枯得快要
死完了,夏天的云朵却依旧悠闲地在无关紧要的地方变幻着奇峰
的样子。用夏天的云朵不下及时雨,比喻当时的官府不体恤百姓
死活。

⑦"可惜青天好雷电"两句:意谓可惜了青天上的大好雷电,只能把
偷懒的蛟龙惊醒。以蛟龙比喻无所作为的皇帝。

⑧韦岫:字伯起,宙弟,始为泗州刺史,终官福建观察使。

⑨携以游蜀:实为来鹏自己游蜀。

⑩夏课:科举考试用语,唐代落第举子利用夏季复习功课,作新诗
文,准备秋天投献行卷,以获取主考官的青睐,称"夏课"。

⑪"一夜绿荷风剪破"两句:引诗题为《偶题》,诗意谓一夜之间风像
剪刀一般把绿色的荷叶吹破,我因为嫌这些荷叶等到秋雨到来的
时候没办法再接住雨水成雨珠而感到遗憾。绿荷遭遇风折,暗中
含有来鹏将在秋天死去的附会之意,故《唐诗纪事》说他"随秋赋
而卒",此即不祥之处。

⑫"时遭广明庚子之乱"以下几句:此段学者考证认为是来鹄的经

历。广明庚子之乱,指唐僖宗广明元年(880)黄巢起义军攻进长安,建大齐国,年号金统,唐僖宗逃往成都,因此年乃庚子年,故称广明庚子之乱。中和,唐僖宗年号(881—885)。维扬,扬州的别称。

【译文】

　　来鹏,豫章人,家住在徐孺子亭旁边,游玩园林自得其乐。学习韩愈、柳宗元写散文,大中、咸通年间才华名声盛大。来鹏工于写诗,已经积蓄努力很久,感伤自己年纪变大,家里贫寒又没有考上,也就很是忿恨,因此诗中多含有讥讽的意思。当权者虽然欣赏他诗中的清朗秀丽,心情难免感到抵触,所以来鹏常被忌恨。比如他的《金钱花》诗说:"青帝若教花里用,牡丹应是得钱人。"《夏云》诗说:"无限旱苗枯欲尽,悠悠闲处作奇峰。"《偶题》其一说:"可惜青天好雷电,只能惊起懒蛟龙。"因为这些诗句,总共考了十次都没有考中。唯独尚书大人韦岫欣赏他的才华,延请招待他来到自己的幕府中,带着他一起游览蜀地。还想把他招纳为女婿,没有成功。这一年极力推荐他,来鹏在夏课诗卷中有两句说:"一夜绿荷风剪破,嫌它秋雨不成珠。"韦岫认为诗句不吉利,来鹏果然又没考上。当时遭遇广明庚子之乱,来鹏躲避战乱漂游到荆州、襄州一带,一路上生活艰难,道路险阻,回到江南。中和年间,以客子的身份死在扬州的旅舍里,旅舍主人贤惠,把他收敛埋葬了。有诗歌作品一卷,如今流传在世。

温庭筠

　　庭筠,字飞卿,旧名岐,并州人①,宰相彦博之孙也②。少敏悟,天才雄赡,能走笔成万言。善鼓琴吹笛,云:"有弦即弹,有孔即吹,何必爨桐与柯亭也③。"侧词艳曲④,与李商隐齐名,时号"温、李"。才情绮丽,尤工律赋⑤,每试押官韵⑥,烛下未尝起草,但笼袖凭几,每一韵一吟而已,场中曰"温八吟"。又谓八叉手成八韵,名"温八叉",多为邻铺假手⑦。然薄行无检幅⑧,与贵胄裴诚、令狐滈等饮博⑨。后夜尝醉诟狭邪间⑩,为逻卒折齿⑪,诉不得理。举进士,数上又不第。出入令狐相国书馆中⑫,待遇甚优。时宣宗喜歌《菩萨蛮》⑬,绹假其新撰进之,戒令勿泄,而遽言于人⑭。绹又尝问玉条脱事⑮,对以出《南华经》⑯,且曰:"非僻书,相公燮理之暇⑰,亦宜览古。"又有言曰:"中书省内坐将军⑱。"讥绹无学,由是渐疏之。自伤云:"因知此恨人多积,悔读《南华》第二篇⑲。"徐商镇襄阳⑳,辟巡官,不得志,游江东。

【注释】

①并州:州名,治所在今山西太原,乃温庭筠郡望。

②宰相彦博:即温彦博,武德八年(625)从张瑾攻突厥,任行军长史,兵败被俘,守口如瓶,囚于阴山苦寒之地。太宗即位后回朝,贞观四年(630)任中书令,将突厥降众迁置河套以内,以卫边疆。

③爨(cuàn)桐:东汉蔡邕见有人烧桐为爨,闻火烈之声,知为良木,因请裁为琴,果有美音,其尾犹焦,称焦尾琴。柯亭:传说东汉蔡邕曾取会稽柯亭椽竹为笛,声音独特,名柯亭笛。

④侧词艳曲:指文辞轻佻艳丽,不庄重严肃。

⑤律赋:文体名,由六朝俳赋演化而来,为唐宋科举考试时所采用,韵数多寡,平仄次序原无定格,自大和以后,始以八韵为常,平仄以四平四仄为准。

⑥官韵:指科举时代官定韵书中所定之韵,以此作为考试诗赋押韵的标准。

⑦假手:科举考试中代他人作文答卷者。

⑧检幅：检修边幅。

⑨贵胄：指贵族后代。裴诚：盖宰相裴度之后，"诚"疑作"诚"。令狐滈（hào）：令狐绹子，依仗其父辅政之势，骄纵不法，日事游宴，货贿盈门，懿宗时举进士及第，官至詹事府司直。

⑩狭邪：小街曲巷。此指妓院。

⑪逻卒：指巡逻之兵士。

⑫令狐相国：指令狐绹，字子直，令狐楚子。大和进士，武宗时，任湖州刺史。宣宗时，为吴兴太守，旋升宰相，辅政十年。

⑬《菩萨蛮》：本唐教坊曲，后用为词牌。

⑭遽（jù）：匆忙。

⑮玉条脱：玉镯，孙光宪《北梦琐言》卷四："宣宗尝赋诗，上句有'金步摇'，未能对。遣未第进士对之。庭筠乃以'玉条脱'续也。"此盖小说家言，不足信。

⑯《南华经》：亦称《南华真经》，即《庄子》。然"玉条脱"典故，据王楙《野客丛书》所云，乃出自陶弘景《华阳隐居真诰》，非《庄子》。益可知为小说家言。

⑰燮（xiè）理：特指大臣辅助天子治理国事。《尚书·周官》谓三公"论道经邦，燮理阴阳"。

⑱中书省内坐将军：中书省为全国政务中枢，与尚书省、门下省鼎足而立，主掌撰作诏令文书，形成政令由中书起草，门下审核，尚书执行的制度，因此中书省的官员需要文采学识俱佳方可，而将军乃武将，故以之比喻无所学。

⑲"因知此恨人多积"两句：出自温庭筠《李羽处士故里》，原句作"终知此恨销难尽，辜负《南华》第一篇"，诗意谓诗人路过李羽故里，对李羽的悼念之情难以消尽，辜负了《庄子》第一篇《逍遥游》的宗旨，没有做到与世情相忘。而此处略改数字，变为自伤，小说家言，不足信。

⑳徐商：字义声，大中十三年（859）进士及第，历任秘书省校书郎、礼部员外郎、翰林学士，出为襄州刺史、山南东道节度使等，不久擢为御史大夫，咸通四年（863）同中书门下平章事，六年（865）出为荆南节度使。

【译文】

温庭筠，字飞卿，原来名叫岐，并州人，宰相温彦博的子孙。他年少机敏聪悟，富有天才，能够快速动笔写成万字长文。善于弹琴吹笛，说："有琴弦的琴就可以弹奏，有孔洞的笛子就可以吹奏，何必一定要像蔡邕的焦尾琴和柯亭笛那样不可呢？"他的诗辞采艳丽而流于轻佻，跟李商隐齐名，当时称为"温李"。温庭筠才华情思绮奕秀丽，尤其擅长写律诗，每次考试押考场规定的韵脚，在灯烛下不曾起草构思，只是笼着袖口靠着几案，每一个韵一次就成了，考场中人称他"温八吟"，又说他叉手八次就能写完八个韵脚的赋文，号称"温八叉"，常常代替邻座的考生答卷。然而品行轻薄不检点，跟贵族子弟裴诚、令狐滈等饮酒赌博。后来一次夜里曾在妓院醉后大骂，被巡逻的卫士打折了牙齿，诉讼没有得理。参加进士考试，好几次都没有考中。进出宰相令狐绹的文馆之中，受到的待遇很好，当时唐宣宗喜欢听《菩萨蛮》，令狐绹借着他新作的《菩萨蛮》歌词进献给唐宣宗，告诫他不要泄露这个消息，可他却匆忙地跟别人说了。令狐绹又曾问他"玉条脱"的典故出自哪里，回答说出自《南华经》，并且说："这不是什么偏僻的书，相公您治理国家之余，也应该多看看古书。"又说过这样的话："中书省内坐将军。"讥讽令狐绹没有学识，因为这些令狐绹渐渐疏远温庭筠。温庭筠自我感伤说："因知此恨人多积，悔读《南华》第二篇。"徐商担任襄州刺史，征辟他担任巡官，情志不得，就游历江东。

大中末，山北沈侍郎主文①，特召庭筠试于帘下，恐其潜救。是日不乐，逼暮先请出，仍献启千余言②，询之，已占授八人矣③。执政鄙其为，留长安中待除④。宣宗微行，遇于传舍⑤，庭筠不识，傲然诘之曰："公非司马、长史流乎⑥？"又曰："得非六参、簿、尉之类⑦？"帝曰："非也。"后谪方城尉⑧，中书舍人裴坦当制⑨，忸怩含毫久之⑩，词曰⑪："孔门以德行居先，文章为末。尔既早随计吏⑫，宿负雄名，徒夸不羁之才，罕有适时之用。放骚人于湘浦⑬，移贾谊于长沙⑭，尚有前席之期⑮，未爽抽毫之思⑯。"庭筠之官，文士诗人争赋诗祖饯，惟纪唐夫擅场⑰，曰："凤凰诏下虽沾命，鹦鹉才高却累身⑱。"唐夫举进士，有词名。庭筠仕终国子助教，竟流落而死。

【注释】

①沈侍郎：指沈询，字诚之，吏部侍郎沈传师子，大中九年（855）知礼部贡举，迁礼部侍郎，咸通四年（863）出为昭义节度使，为家奴勾结叛将所杀。

②启：文体名，介于表、书之间，其形式多为骈体。

③占授：口授，指考试中向别人口头提示答案。

④待除：等待授职。

⑤传舍：古代官府设立的供行旅食宿之所。

⑥司马、长史：皆为州郡佐吏。

⑦六参：唐制，凡武官五品以上及折冲当审者五天一次朝见皇帝，一月计六次，故称六参。簿、尉：指主簿、县尉。

⑧方城：县名，治所在今河南西南部，南阳市东北，因境内方城山得名。

⑨裴坦：字知进，宣宗大中十一年（857）四月，由职方郎中、知制诰，擢中书舍人，僖宗乾符元年（874）拜相，擢中书侍郎、同中书门下平章事。

⑩忸怩（niǔ ní）：羞愧。

⑪词：此制词题为《贬温庭筠敕》，无"孔门以德行居先，文章为末"句，乃贬斥温庭筠担任随县尉所作，辛文房裁剪失当。

⑫计吏：考察官吏的官员。

⑬骚人：指屈原。

⑭贾谊：西汉著名的政论家和辞赋家，青年时以文才著名，被汉文帝召为博士，因遭到当政大臣的反对，被贬为长沙王太傅，作有《吊屈原赋》《鵩鸟赋》等，哀悼屈原之贬，亦以自悼。

⑮前席：在坐席上向前移动。《史记·屈原贾生列传》载，汉文帝倾听贾谊的议论，不觉前席，后用作才臣受皇帝宠遇的典故。

⑯爽：伤败。抽毫：抽笔出套，指写作。据学者考证，此时温庭筠尚未入仕，授官乃其步入仕途，而裴坦将之写成"责辞"，文体不类，故受时人嘲笑。

⑰纪唐夫：大中时，应进士举，十年（856），温庭筠贬随县尉，文士争为诗饯行。擅场：压倒全场。

⑱"凤凰诏下虽沾命"两句：意谓诏书下达，您虽获得任命，却像鹦鹉那样因为才华高妙而受到连累。凤凰诏，指诏书，天子诏书由中书省拟定，中书省为禁苑中凤凰池所在地，故称。此即裴坦所作制词。沾命，任职。鹦鹉，见祢衡《鹦鹉赋》，祢衡咏鹦鹉因才而被关囚笼，祢衡本人也因才华见杀，故云"累身"。

【译文】

大中末年，山北人礼部侍郎沈询主持考试，特别命令温庭筠在他的卷帘下考试，怕他暗中帮人考试。这天温庭筠很不开心，快到傍晚时先请求出考场，仍旧献上启文一千多字，问他，已经口头帮助八个人了。朝廷当权者鄙薄他的行为，把他留在长安等待任命。唐宣宗便服出行，在旅舍遇到温庭筠，温庭筠不认识唐宣宗，傲慢地诘问他说："您不是司马、长史之类的官员吗？"又问："莫非是六参、主簿、县尉之类的官员？"唐宣宗说："不是的啊。"后来被贬谪担任方城县尉，轮到中书舍人裴坦写制词，羞愧地拿着毛笔很久，才下笔写道："孔门弟子把品德操行放在首位，把舞文弄墨放在末端。你本已早就跟随计吏入京赶考，久负盛名，却徒劳地夸耀你那不受约束的才华，少有适合时代实用的东西。把你如同诗人屈原那样流放到湘江岸边，如同贾谊那样贬谪到长沙，你今后尚有受陛下恩宠的机会，不要因此埋没你的文采情思。"温庭筠赴任，文士诗人争前恐后地写诗践行送别，只有纪唐夫压倒全场，他写的是："凤凰诏下虽沾命，鹦鹉才高却累身。"纪唐夫考中过进士，有辞藻之名。温庭筠最终做到国子助教，最后被贬流落而死。

今有《汉南真稿》十卷，《握兰集》三卷，《金筌集》十卷诗集五卷，及《学海》三十卷。又《采茶录》一卷。及著《乾臈子》一卷，《序》云"不爵不觯①，非炰非炙②，能悦诸心，庶乎乾臈之义"等，并传于世。

【注释】

①爵、觯：都是喝酒的器具，代指饮酒。

②炰（páo）、炙：烧烤。

【译文】

如今有《汉南真稿》十卷，《握兰集》三卷，《金筌集》十卷，诗集五卷和《学海》三十卷。又有《采茶录》一卷，和他所撰写的《乾臈子》一卷，这本书的序中说"不需要喝酒，不需要吃烧烤，就能让心灵获得愉悦，就差不多是乾臈的含义了"等，这些著作都流传在世。

鱼玄机

玄机，长安人，女道士也。性聪慧，好读书，尤工韵调，情致繁缛。咸通中及笄①，为李亿补阙侍宠②，夫人妒，不能容,亿遣隶咸宜观披戴③,有怨李诗云:"易求无价宝,难得有心郎④。"与李郢端公同巷⑤,居止接近⑥,诗筒往反⑦。复与温庭筠交游,有相寄篇什。尝登崇真观南楼⑧,睹新进士题名,赋诗曰:"云峰满目放春情,历历银钩指下生。自恨罗衣掩诗句,举头空羡榜中名⑨。"观其意激切,使为一男子,必有用之才,作者颇赏怜之。时京师诸宫宇女郎,皆清俊济楚⑩,簪星曳月⑪,惟以吟咏自遣,玄机杰出,多见酬酢云。有诗集一卷,今传。

【注释】

①及笄(jī):指女子年达十五岁之谓,即"成年",亦指女子已到出嫁年龄,笄谓结发而用笄贯之。

②李亿:大中十二年(858)戊寅科状元,咸通中为补阙,娶才女鱼玄机为妾。

③咸宜观:道观名,位于唐长安城亲仁坊西南隅,肃宗宝应元年(762),玄宗女咸宜公主入道,立为咸宜女冠观。披戴:谓披戴帔为女道士。胡继宗《书言故事·道教》:"初为道士,披氅衣,戴星冠,曰披戴。"

④"易求无价宝"两句:引诗题为《寄李亿员外》(一作《赠邻女》),意谓求得无价之宝容易,获得有心的情郎很难。

⑤李郢:传见本卷前文。端公:即唐代侍御史,因其位居御史台之端,故称。

⑥居止:居住,栖息。

⑦诗筒:装诗以供传递的竹筒。

⑧崇真观:道观名,位于唐长安城新昌坊,原为李齐古宅第,唐玄宗开元初年立为观。

⑨"云峰满目放春情"以下几句：引诗题为《游崇真观南楼睹新及第题名处》，意谓南楼眺望，满目云绕峰立，一片草木萌发的春意，铁画银钩般的书法历历在目地从新考中进士们的手中笔下写出来。我恨我自己只是用罗衫女衣掩盖着自己的诗句，抬起头徒劳地羡慕榜上考中的进士的题名。展现出鱼玄机虽为女子而不逊色于男子的才情和学识。银钩，形容书法笔姿遒劲。罗衣，此代指女子身份。

⑩济楚：美好、雅洁。

⑪簪星曳月：在头上插戴星辰一样的簪子，在裙摆拖拉佩带明月一般的装饰物，形容首饰佩带光彩耀眼。

【译文】

鱼玄机，长安人，是一位女道士。她生性聪明敏慧，喜好读书，尤其擅长诗歌写作，情感兴致繁多细密。咸通年间十五岁时，成为补阙官李亿宠爱的侍妾，他的夫人妒忌，不能容忍，李亿就打发她去咸宜观做女道士。她写有埋怨李亿的诗歌说："易求无价宝，难得有心郎。"跟侍御史李郢住在一条街巷，居住休息比较接近，两人诗歌往返酬唱。又跟温庭筠交往游玩，有互相寄酬的诗歌作品。她曾登上崇真观的南楼，望见新考中的进士们题名之处，写诗说："云峰满目放春情，历历银钩指下生。自恨罗衣掩诗句，举头空羡榜中名。"看她的诗意激动恳切，假若让她成为一个男子，一定有可用的才华，诗人们都很欣赏怜惜她。当时京都诸多宫殿庙宇里的女道士，大都是清爽俊朗美好洁净，穿戴耀眼夺目，只是以吟咏诗歌自我排遣，鱼玄机超出众人，常有跟她们酬唱的作品。鱼玄机著有诗集一卷，如今流传。

邵谒

谒，韶州翁源县人①。少为县厅吏，客至仓卒，令怒其不揩床迎侍②，逐去。遂截髻著县门上③，发愤读书。书堂距县十余里，隐起水心④。谒平居如里中儿未着冠者，发鬅鬙⑤，野服。苦吟，工古调。咸通七年抵京师，隶国子⑥。时温庭筠主试⑦，悯擢寒苦，乃榜谒诗三十余篇，以振公道，曰："前件进士⑧，识略精微，堪裨教化，声词激切，曲备风谣⑨，标题命篇，时所难著，灯烛之下，雄辞卓然。诚宜榜示众人，不敢独专华藻，仍请申堂，并榜礼部。"已而释褐⑩。后赴官，不知所终。它日，县民祠神者，持幡舞铃⑪，忽自称"邵先辈降"，乡里前辈皆至作礼，问曰："今者辱来，能强为我赋诗乎？"巫即书一绝云："青山山下少年郎，失意当时别故乡。惆怅不堪回首望，隔溪遥见旧书堂⑫。"词咏凄苦，虽椽笔不逮⑬，乡老中晓声病者，至为感泣咨嗟。今有诗一卷，传于世。

【注释】

①韶州：州名，治所在今广东韶关。翁源：县名，治所在今广东翁源。

②搘（zhī）床：即支起卧具。

③髻（jì）：盘结在头顶或脑后的头发。

④水心：水中央。

⑤鬅鬙（péng sēng）：头发散乱貌。

⑥国子：即国子监，为封建国家的中央教育机构，辖国子、太学、四门、律学、书学、算学等六学，各按不同等级招收官僚及庶民子弟，其长官为祭酒，副职为司业，并置博士、助教等为教授之职。温庭筠即为国子博士，主持秋试。

⑦时温庭筠主试：温庭筠所公布的文章题为《榜国子监文》，据学者考证，温庭筠或因邵谒诗中批评时政，使当时的执政者杨收厌恶他，而加以贬谪。

⑧前件：前已述及的人或事物。

⑨风谣：反映风土民情的歌谣。古代常以此考察政治情况。

⑩已而释褐：此处有误，考中国子监秋试不能取得做官的资历。释褐，指脱去平民服装入仕。

⑪帻（zé）：也称巾帻，古代男子包裹鬓发、遮掩发髻的巾帕。

⑫"青山山下少年郎"以下几句：引诗题为《降巫诗》，意谓我是青山山下的少年时，当时因为不得意而离开故乡。如今我再次回首来到这里却惆怅着不敢望，因为隔着溪水仍能远远地看见旧日的读书堂。

⑬椽（chuán）笔：谓大手笔。

【译文】

　　邵谒，韶州翁源县人。年少的时候在县衙门当差，客人来得仓促，县令责怪他不支起卧具迎接侍奉，驱逐他离开，于是就截断发髻挂在县庭门上，发愤读书。读书堂距离县城十多里路，隐约出没在溪水中央。邵谒平时就像乡里中那些没有成年的儿童一样，头发蓬松，穿着村野的衣服。他勤苦地写诗，工于古体诗。咸通七年（866）来到京都，在国子监参加考试。当时温庭筠主考秋试，怜悯提拔贫寒刻苦的学生，于是把邵谒的三十多首诗歌公示出来，以便振起公正大道，榜文说："前面说到的进士考生，学识方略精警微妙，足以补益政教风俗，诗歌声韵辞藻激扬恳切，完全具备反映风土民情的歌谣的特点，所标出的题目命名的篇章，都是当时人难以达到的，在灯烛之下，雄伟的辞藻卓然挺立。确实应该公示给众人，我不敢单独专享这华美的辞藻，仍请申报给朝堂，并且公示在礼部。"不久后就释谒做官。后来去当官的地方赴任，不知最后怎么样。有一天，县里百姓中祭祀鬼神的巫师，拿着头巾挥舞铃铛，忽然称自己是"邵先辈神灵降身"，乡里的老前辈都到来行礼，问道："今天您屈尊降临乡里，可以勉强为我们写首诗吗？"那个邵谒神灵附体的巫师立即写下一首绝句说："青山山下少年郎，失意当时别故乡。惆怅不堪回首望，隔溪遥见旧书堂。"这首诗吟咏起来凄凉痛苦,即使是大手笔也难以达到,乡里父老中懂得诗歌格律的人,被感动到哭泣叹息。邵谒如今有诗歌一卷,流传在世。

于渍

渍,字子漪,咸通二年裴延鲁榜进士①。患当时作诗者拘束声律而入轻浮,故作古风三十篇以矫弊俗,自号"逸诗"②。今一卷,传于世。

【注释】

①裴延鲁:字东礼,河内济源(今属河南)人,咸通二年(861)辛巳科状元,官至浙东观察使。

②逸诗:据学者考证,或为于渍行卷之名。

【译文】

于渍,字子漪,咸通二年(861)裴延鲁那一榜的进士。忧虑当时写作诗歌的人拘泥于声韵格律而使诗歌创作误入轻薄浮艳,因此创作古风诗歌三十首来矫正弊坏的习俗,自称为"逸诗"。如今一卷,流传在世。

〇观唐诗至此间,弊亦极矣,独奈何国运将弛,士气日丧,文不能不如之。嘲云戏月,刻翠粘红,不见补于采风,无少裨于化育,徒务巧于一联,或伐善于只字①,悦心快口,何异秋蝉乱鸣也。于渍、邵谒、刘驾、曹邺等,能反棹下流②,更唱暗俗③,置声禄于度外,患大雅之凌迟④。使耳厌郑、卫⑤,而忽洗云和⑥;心醉醇酽⑦,而乍爽玄酒⑧。所谓清清泠泠,愈病析酲⑨,逃空虚者,闻人足音,不亦快哉。晋处士戴颙春日携斗酒⑩,往树下听黄鹂,曰"此俗耳针砭,诗肠鼓吹"者⑪,岂徒然哉! 于数子亦云。

【注释】

①伐善:夸耀自己的长处。

②反棹:掉转船头。下流:下游。

③喑(yīn)俗:喑默质朴的习俗、风气。

④大雅:原指《诗经·大雅》,后指有现实主义传统的诗歌之道,即风雅之道。凌迟:衰败,败俗。

⑤厌:满足。郑、卫:指郑卫之音,浮艳奢靡。

⑥云和:古取云和山所产之材以制作琴瑟,这里指琴瑟之类的雅音。

⑦醇酽(nóng):指酒味浓厚甘美。

⑧玄酒:古时祭礼用于代替酒的清水。

⑨析酲(chéng):指解酒。

⑩戴颙(yóng):字仲若,谯郡铚县(今安徽濉溪)人,著名琴家。文中所引事迹见《云仙杂记》,未必可信。

⑪鼓吹:原指仪仗乐队,这里指有诗歌心肠者(即诗人)的音乐。

【译文】

○看唐诗到这时候,弊端也已到极点了,只是无奈国家的运数将要废弛,文士的气度日渐凋衰,诗文不能不像这样。在诗歌中玩风弄月,描画脂粉,对采择各地风俗没有补益,对教化育民没有一点帮助,徒劳地致力于在一对诗联中展现新巧,或者只是在一两个字中夸耀自己的厉害,来愉悦心胸,快意口齿,跟秋天的知了乱叫有什么区别啊。于濆、邵谒、刘驾和曹邺等人,能够逆流直上,开始更改为质朴的诗风,把声名俸禄置之度外,只是担忧雅正之道日渐衰弊,让那些满足于用耳朵听郑卫靡靡之音的人,忽然被高雅的琴瑟之音洗耳;让那些醉心于畅饮浓厚甘美酒水的人,突然在清水中获得舒服。常说清清淡淡的白水,可以治病醒酒;

逃避在虚空之处的人，听到人的脚步声，不也是很快乐的嘛！晋朝隐士戴颙在春天带着一斗酒，前往树下听黄鹂鸣叫，说"此俗耳针砭，诗肠鼓吹"，这种说法哪里是徒劳无根的啊！对于渍等几位诗人来说，这番评价也是合适的。

李昌符

昌符，字岩梦，咸通四年礼部侍郎萧仿下进士①。工诗，在长安与郑谷酬赠②。仕终膳部员外郎。尝作《奴婢诗》五十首，有云"不论秋菊与春花，个个能噇空肚茶。无事莫教频入库，每般闲物要些些"③等句。后为御史劾奏，以为轻薄为文，多妨政务，亏严重之德④，唱诽戏之风⑤。谪去，匏系终身⑥。有诗集一卷，行于世。

【注释】

①咸通四年：疑为"咸通十四年"。礼部侍郎：官名，礼部的副长官，掌朝廷礼仪、祭祀、贡举。萧仿：大和进士，曾谏阻懿宗佞佛，历任义成军节度使等，官至兵部尚书、同平章事。

②郑谷：字守愚，光启三年（887）考中进士，授任鄠县县尉，迁任右拾遗和补阙。乾宁四年（897）担任都官郎中，人称"郑都官"。其诗多写景咏物之作。传见本书卷九。

③"不论秋菊与春花"以下几句：意谓不管奴婢叫秋菊还是春花，个个都能空着肚子猛喝茶。没有事的时候不要叫她们频繁地出入仓库，因为每一样放置在那里的多余事物她们总要拿一些。据《北梦琐言》，李昌符因奴婢诗而考中进士，后文云因此被贬，不知辛文房依据为何，待考。噇（chuáng），吃、喝。些些，少许。

④严重：庄严稳重。

⑤诽戏：诽谤戏谑。

⑥匏系：喻求官不得而闲置。《论语·阳货》："吾岂匏瓜也哉！焉能系而不食？"

【译文】

李昌符，字岩梦，咸通四年（863）礼部侍郎萧仿主持考试时考中进士。工于诗歌，在长安跟郑谷酬答赠送。官做到膳部员外郎。曾经写《奴婢诗》五十首，其中有"不论秋菊与春花，个个能噇空肚茶。无事莫教频入库，每般闲物要些些"这类诗句。后被御史弹劾上奏，认为他轻薄地写诗歌，多妨碍政务，损害了庄严稳重的德行，倡导诽谤戏谑的风气。李昌符被贬谪离开，终身不再授职。李昌符有诗集一卷，流传在世。

翁绶

绶，咸通六年中书舍人李蔚下进士①。工诗，多近体，变古乐府②，音韵虽响，风骨憔悴，真晚唐之移习也。后亦间关③，名不甚显。固知"闾巷之人，欲砥行立名者，非附青云之士，恶能施于后世哉！④"有诗今传。

【注释】

①李蔚：字茂林，文宗开成末进士。宣宗大中七年（853）以员外郎知台事，寻知制诰，转郎中，拜中书舍人。咸通五年（864）权知礼部贡举次年，拜礼部侍郎，转尚书右丞。乾符二年（875）拜相，以本官同中书门下平章事，加中书侍郎。

②变古乐府：指虽用乐府古题，写法却是七律。

③间关：道路崎岖难行，比喻做官道路崎岖艰险。

④"闾巷之人"以下几句：语出《史记·伯夷列传》。闾巷，小的街巷，

泛指民间。

【译文】

翁绶，咸通六年（865）中书舍人李蔚主持考试时考中进士。他工于诗歌，多写近体诗，改变古题乐府的作法，音韵虽然响亮，风度骨气憔悴不振，真是晚唐时期风雅之道被改变后的不良风习。后来他的做官之路也很坎坷，声名不是特别显要。本就知道"民间的百姓，想要砥砺行为树立声名，不是依附达官贵人，怎么能有效地传到后世呢！"翁绶有诗歌作品流传至今。

汪遵

遵，宣州泾县人①。幼为小吏，昼夜读书良苦，人皆不觉。咸通七年韩衮榜进士②。遵初与乡人许棠友善③，工为绝句诗，而深自晦密。以家贫难得书，必借于人，彻夜强记，棠实不知。一旦辞役就贡，棠时先在京师，偶送客至灞、浐间④，忽遇遵于途，行李索然，棠讯之曰："汪都何事来⑤？"遵曰："此来就贡⑥。"棠怒曰："小吏不忖，而欲与棠同研席乎⑦？"甚侮慢之。后遵成名五年，棠始及第。洛中有李相德裕平泉庄⑧，佳景殊胜，李未几坐事贬朱崖⑨，遵过，题诗曰："平泉风景好高眠，水色岚光满目前。刚欲平它不平事，至今惆怅满南边⑩。"又《过杨相宅》诗云⑪："倚伏从来事不遥，无何平地起青霄。才到青霄却平地，门对古槐空寂寥⑫。"俱为时人称赏。其余警策称是。有集今传。

【注释】

①宣州泾县：当为宣州宣城，治所在今安徽宣城。

②韩衮（gǔn）：咸通七年（866）丙戌科状元，韩愈之孙。

③许棠：字文化，宣州泾县（今属安徽）人。咸通进士，授泾县尉，又
　曾为江宁丞，工诗文。传见本书卷九。

④灞、浐：灞水和浐水的合称。灞水，关中八川之一，即今灞河，在陕
　西中部，为渭河支流。浐水，关中八川之一，源出今陕西蓝田西南
　北流至西安，东入灞水。

⑤都：都头，对吏员的称呼。

⑥就贡：指应举。

⑦研席：砚台与几席，指读书的地方。

⑧李相德裕：即宰相李德裕。平泉庄：唐宰相李德裕别墅，位于东都
　洛阳南部，内有台榭水泉之胜，四方奇花异草毕备。

⑨朱崖：即"珠崖"，因崖边出珍珠得名，唐时称崖州，治所在今海南
　海口琼山区。

⑩"平泉风景好高眠"以下几句：引诗题为《题李太尉平泉庄》，意谓
　平泉山庄的风景适合闲居，满目都是美好的湖光山色，罗列眼前。
　刚想面对着这些美景，平复心中不能平复的事情，却不想被贬谪
　到崖州，到今天他的惆怅之情还弥漫在南边。

⑪杨相：指宰相杨收。

⑫"倚伏从来事不遥"以下几句：意谓祸福相互倚伏的道理从来就
　不远，比如杨收就没多久平步青云成为宰相。刚到青云转眼又跌
　落平地，从宰相被贬谪，赐死，竟还不如平地了，只有故宅大门寂
　寞地对着空空如也的古槐树。倚伏，谓祸福互相转化。语出《老
　子》："祸兮，福之所倚；福兮，祸之所伏。"

【译文】

　　汪遵，宣州泾县人。年幼担任小吏员，白天黑夜勤奋刻苦地读书，人
们都没察觉。咸通七年（866）韩衮那一榜的进士。汪遵起初跟乡里人
许棠关系很好，工于绝句诗的创作，却深自韬晦，密不告人。因为家里贫

寒难有书读，必须从别人那里借书，就通宵强记，而许棠对此一点儿也不知道。一天汪遵辞去吏役去应举，许棠当时已先在京都，偶然送客到灞水、浐水之间，忽然在路上遇到汪遵，行装、仆人都很少，许棠问他说："汪都头因为什么事来京都？"汪遵说："这次来应举。"许棠生气地说："你个小吏员一点不思量，却想跟我许棠一同读书应考吗？"很是侮辱怠慢他。后来汪遵考中功名五年之后，许棠才刚刚考中进士。洛阳城中有宰相李德裕的平泉庄，风景特别优美，李德裕不久就因事被贬谪到崖州，汪遵经过此地题诗说："平泉风景好高眠，水色岚光满目前。刚欲平它不平事，至今惆怅满南边。"还有一首《过杨相宅》说："倚伏从来事不遥，无何平地起青霄。才到青霄却平地，门对古槐空寂寥。"都被当时人们称赞欣赏。其他的诗歌跟这些诗歌一样精警。有集子如今流传着。

〇汪遵，泾之一走耳。拔身卑污，夺誉文苑。家贫借书，以夜继日，古人阅市偷光[1]，殆不过此。昔沟中之断[2]，今席上之珍。丈夫自修，不当如是耶？与夫朱门富家，积书万卷，束在高阁，尘暗签轴[3]，蠹落帙帷[4]，网好学之名，欺盲聋之俗，非三变之败[5]，无一展之期，谚曰："金玉有余，买镇宅书。"呜呼哀哉！

【注释】

①阅市偷光：指贫士勤奋好学。阅市，指东汉王充家贫无书，常游洛阳市肆，阅所卖书，一见辄能诵忆。偷光，指凿壁借光的故事，西汉匡衡学习勤奋，家贫，苦于夜晚无烛照明读书，便凿穿隔墙，使邻家烛光透过孔洞，就着这点光亮而读书。

②沟中之断：借指被弃置不用的人。语出《庄子·天地》："百年之木，破为牺尊，青黄而文之，其断在沟中，比牺尊于沟中之断，则美恶

有间矣，其于失性一也。"

③签轴：加有标签便于检取的卷轴，常用以泛称书籍。

④蠹（dù）：虫子。帙帷：包书的布套。

⑤三变之败：语出宋孙光宪《北梦琐言》卷三："不肖子有三变：第一变为蝗虫，谓鬻庄而食也；第二变为蠹鱼，谓鬻书而食也；第三变为大虫，谓卖奴婢而食也。"

【译文】

　　○汪遵，不过是泾县的一个吏员罢了，却从卑微污浊之地挺身而出，在文坛获得声誉。家里贫寒，借书来看，夜以继日，古人闭市偷光的故事，大概也不过如此。过去是沟中被遗弃的断木头一样无用的人，如今成为宴席上美味佳珍一般的珍贵之人，大丈夫自我修身，不应当像汪遵这样吗？跟那些朱门大户的富贵之家相比，他们集藏万卷之多的书籍，却束之高阁，任灰尘黯淡书签和卷轴，任虫子落满包书的函套，网罗喜好学习的名声，用来欺骗盲聋的世俗之人，即使还没有"三变"败家，为期也不会很远，谚语说："金玉有余，买镇宅书。"哀痛啊哀痛！

沈光

　　光，吴兴人。咸通七年礼部侍郎赵骘下进士①。工文章古诗，标致翘楚②，大得美称。尝作《洞庭乐赋》，韦岫见之曰："此乃一片宫商也③。"又如《太白酒楼记》等文，皆仪表于世。有诗集及《云梦子》五卷④，并传世。光风鉴澄爽⑤，神情俊迈。后仕终侍御史云。

【注释】

①赵骘（zhì）：进士，咸通初，以兵部员外郎知制诰，拜中书舍人，权知贡举，七年（866）拜礼部侍郎，官至潼关防御、镇国军等使。

②翘楚：高出众薪的荆木，比喻杰出的人才。

③宫商：音乐声，此处谓音韵谐美。

④《云梦子》五卷：即《新唐书·艺文志》所云"《沈光集》五卷，题曰《云梦子》"，盖即同一书，辛文房误读。

⑤风鉴：指人的风度和见识。

【译文】

沈光，吴兴人。咸通七年（866）礼部侍郎赵骘主持考试时考中进士。工于文章和古体诗歌的创作，标格兴致都很杰出，获得极大的赞誉。他曾创作《洞庭乐赋》，韦岫看了这篇赋文说："这篇赋就是一片符合宫商音律的音乐啊。"又像《太白酒楼记》等文章，都是世上的范文。沈光著有诗歌集子和《云梦子》五卷，都流传在世。沈光风度识见澄澈爽朗，神态表情英俊豪迈。据说他后来官至侍御史。

赵牧

牧，不知何处人。大中、咸通中累举进士不第。有俊才，负奇节，遂舍场屋，放浪人间。效李长吉为歌诗①，颇涉狂怪，耸动当时。蹙金结绣②，而无痕迹装染。其余轻巧之词甚多。同时有刘光远，亦慕长吉，凡作体效犹③，能埋没意绪。竟不知所终。俱有诗传世。

【注释】

①李长吉：即李贺，传见本书卷五。

②蹙金结绣：本指用金丝银线联结、刺绣成皱纹状的织品，形容文章精美，结构严密。

③效犹：即"效尤"，蹈袭他人的错误，这里指多学李贺诗中的缺点，比如意脉不畅之类。

【译文】

赵牧,不知是哪里的人。大中、咸通年间多次考进士都没有考中。赵牧有俊伟的才华,负有奇特的节操,于是放弃科举,在人世间放纵浪游。学习李贺写歌诗,语言多涉及狂乱鬼怪,在当时引起轰动。诗文精美,结构严密,却没有装饰渲染的痕迹。其他的像轻秀小巧的作品很多。同时代有一位诗人叫刘光远,也仰慕李贺,凡是写诗体式效仿李贺奇怪的地方,能够掩盖斧凿之痕。最后不知道怎么样了。他们都有诗歌流传在世。

罗邺

邺,余杭人也①。家赀巨万②,父则,为盐铁吏,子二人,俱以文学干进。邺尤长律诗,时宗人隐、虬③,俱以声格著称,遂齐名,号"三罗"。隐雄丽而坦率,邺清致而联绵④,虬则区区而已⑤。咸通中,数下第,有诗云:"故乡依旧空归去,帝里如同不到来⑥。"崔安潜侍郎廉问江西⑦,邺适飘蓬湘浦间,崔素赏其作,志在弓旌⑧,竟为幕吏所沮。既而俯就督邮⑨,不得志,踉跄北征,赴职单于牙帐⑩。邺去家愈远,万里沙漠,满目谁亲,因兹举事阑珊无成⑪,於邑而卒⑫。

【注释】

①余杭:据学者考证,当为江苏苏州。

②家赀:即家庭资产。

③宗人:同族之人。隐、虬:即罗隐和罗虬。罗隐,字昭谏,本名横,因十举进士不第,遂改名隐。光启中入镇海军节度使幕,后迁节度判官、给事中等职。其散文小品,笔锋犀利,诗多讽刺现实之作,擅用口语。传见本书卷九。罗虬,唐末"芳林十哲"之一,累试不第,

交通中贵,后官至台州刺史,中和元年(881)为娄文、杜雄杀害。
传见本书卷九。

④联绵:连续不断。

⑤区区:微不足道。

⑥"故乡依旧空归去"两句:引诗题为《下第》,意谓依旧空空如也地
　回到故乡去,京城就像不曾来过一样。言外之意是没有获得功名,
　也没有留下名声,徒劳无功。帝里,指京城。

⑦崔安潜:字进之,大中三年(849)登进士第。咸通十三年(872)
　出为江西观察使,徙许州刺史、忠武军节度观察等使,后迁成都
　尹、剑南西川节度使。后随僖宗避乱剑南,召为太子少师,收复两
　京,以功累加至检校侍中。

⑧弓旌:古时征聘之礼,君主用弓招士,用旌招大夫。后指征聘官员。

⑨督邮:官名,汉朝设此官,为郡守的重要佐吏,掌监督属县,并代表太
　守巡察官吏,传宣教令,兼司狱讼捕亡等事,相当于唐代的司功参军。

⑩单于:匈奴首领的称号。牙帐:指主将或主帅的营帐。有学者考证,
　认为出塞是罗隐早年之事。

⑪举事:办事,行事。阑珊:衰落。

⑫於邑:忧悒郁结。《楚辞·九章·悲回风》:"气於邑而不可止。"

【译文】

　罗邺,余杭人。家里财产巨万,父亲罗则,担任盐铁吏员,生子二人,
都靠文学干谒进取。罗邺尤其擅长律诗,当时同族子弟罗隐、罗虬,都
靠着声韵格律获得显著的名称,于是齐名,被称作"三罗"。罗隐的诗雄
杰秀丽坦诚直率,罗邺的诗清激韵致连绵不断,罗虬的诗就微不足道了。
咸通年间,多次考进士没考上,写有诗句说:"故乡依旧空归去,帝里如同
不到来。"崔安潜侍郎担任江西观察使,罗邺刚好像孤蓬一样漂泊在湘浦
之间,崔安潜向来欣赏他的作品,本意想礼聘他来担任官员,最后被幕僚
中的佐吏所阻碍。不久,罗邺降低身份主动来担任督邮之类的官,很不

得志，踉踉跄跄地朝北进发，在匈奴单于的营帐里担任官职。罗邺离开家乡越来越远，来到隔着万里的沙漠，满眼没有亲友，因此做事消沉没有建功立业，心情郁闷地去世了。

○邺素有英资，笔端超绝，其气宇亦不在诸人下。初无箕裘之训①，顿改门风②，崛兴音韵，驰誉当时，非易事也。而跋前疐后③，绝域无聊，独奈其命薄何！孔子曰："才难④。"信然。有诗集一卷，今传。

【注释】

①箕裘之训：指子承父业。《礼记·学记》："良冶之子，必学为裘；良弓之子，必学为箕；始驾马者，反之，车在马前。君子察此三者，可以有志于学矣。"

②门风：指一家或一族世代相传的道德准则和处世方法。

③跋前疐（zhì）后：比喻处境困难，进退维艰。《诗经·豳风·狼跋》："狼跋其胡，载疐其尾。"跋，踩、踏。疐，跌倒。

④才难：语出《论语·泰伯》："才难，不其然乎？"

【译文】

○罗邺向来有英伟的天资，笔头所写超迈绝伦，他的气度器宇也不在诸多诗人之下。起初没有子承父业，一下子改变家门的风气，靠着诗歌声韵崛起，在当时声誉飞升，不是容易的事啊。然而他却进退两难，在遥远的沙漠没有依靠，只能无奈于他的命运怎会这么微薄！孔子说："人才难得。"确实这样。罗邺著有诗集一卷，如今流传。

胡曾

曾，长沙人也①。咸通中进士②。初，再三下第，有诗云：

"翰苑几时休嫁女，文章早晚罢生儿。上林新桂年年发，不许闲人折一枝③。"曾天分高爽，意度不凡，视人间富贵亦悠悠。遨历四方，马迹穷岁月，所在必公卿馆谷。上交不谄，下交不渎④，奇士也。尝为汉南节度从事⑤。作咏史诗，皆题古君臣争战、废兴尘迹，经览形胜，关山亭障，江海深阻，一一可赏。人事虽非，风景犹昨，每感辄赋，俱能使人奋飞，至今庸夫孺子，亦知传诵。后有拟效者，不逮矣。至于近体律绝等，哀怨清楚，曲尽幽情，擢居中品，不过也。惜其才茂而身未颖脱，痛哉！今《咏史诗》一卷，有咸通中人陈盖注，及《安定集》十卷，行世。

【注释】

①长沙：当为邵州邵阳（今属湖南）。

②进士：据学者考证，胡曾似未曾中举。

③"翰苑几时休嫁女"以下几句：引诗题为《下第》，意谓翰林院的大佬们什么时候不再嫁女儿，尚书省的达官们多早晚能不再生孩子？皇家园林里每年都会有新生的桂枝生长开花，却不允许没有权势的子弟们折到一枝。言外之意是达官贵族子女霸占进士名额，导致平民百姓很难考上。翰苑，翰林院的别称。文章，据《唐诗纪事》，应为"文昌"，唐武后改尚书省为文昌台，因以文昌为尚书省的别称。上林，即汉代上林苑，后泛指帝王家的园林。新桂，晋郤诜举贤良对策列最优，自谓"犹桂林之一枝"。后世遂称登科为折桂。

④渎：轻慢。

⑤汉南节度：即山南东道节度使，治所在今湖北襄阳。

【译文】

　　胡曾，长沙人。咸通年间考进士。起初，他多次考不中，写诗说："翰苑几时休嫁女，文章早晚罢生儿。上林新桂年年发，不许闲人折一枝。"胡曾天分高超爽俊，意态气度不同凡响，视人世间的富贵如悠悠流水。他遨游经历四方，骑马的足迹穷历岁月，所到之处必有公卿权贵食宿接待。与上层交往不谄媚，与下层交往不轻慢，是一位少见的文士啊。曾担任山南东道节度使的佐史。写作吟咏历史的诗歌，题写的都是古来君臣争斗打仗、国家兴废等留下来的遗迹，胡曾经过并饱览它们的地形胜景，关隘山岳，边塞堡垒，江河湖海组成的阻隔地带，一个个都值得欣赏。人事虽然已经不同，风景还跟昨天一样，每有感触他便挥笔赋诗，所作都能让人读后情绪振奋飞舞，到今天平庸的人和小孩子，也知道传诵。后来有模拟效仿的诗人，都比不上他啊。至于他的律诗和绝句等作品，哀伤怨恨清楚分明，曲折地表达心中的幽隐情绪，把他列入中品，也不过分啊。可惜他的才华茂盛但未脱颖而出，真是令人悲痛啊！如今《咏史诗》一卷，有咸通年间陈盖的注本，和《安定集》十卷，流传在世。

李山甫

　　山甫，咸通中累举进士不第，落魄有不羁才。须髯如戟①，能为青白眼②。生憎俗子，尚豪。虽箪食豆羹③，自甘不厌。为诗托讽，不得志，每狂歌痛饮，拔剑斫地，少摅郁郁之气耳④。后流寓河、朔间，依乐彦祯为魏博从事⑤，不得众情，以陵傲之，故无所遇。尝有《老将》诗曰："校猎燕山经几春，雕弓白羽不离身。年来马上浑无力，望见飞鸿指似人⑥。"此伤其蹇薄无成⑦，时人怜之。后不知所终。山甫诗文激切，耿耿有齐气⑧，多感时怀古之作。今集一卷，赋二卷,并传。

【注释】

①须髯(rán):两腮的胡子。戟(jǐ):古代兵器,长柄头上有金属枪尖,旁边有月牙状利刃。

②青白眼:据载阮籍对自己不喜欢的人以白眼对之,对自己敬重的人则见青眼,后比喻人的喜爱和厌恶。

③箪食:放在竹器里的饭食,指条件艰苦。豆羹:一豆羹汤。豆,一种食器。

④摅(shū):抒发。

⑤乐彦祯:本名行达,为韩简部将,曾任博州刺史。中和三年(883)韩简为部下所杀,将士拥之为帅,人怨其残,子从训尤凶悖,将士离心,遂逼之为僧,旋又杀之。魏博:河北三镇之一,治所在魏州(今河北大名东北)。

⑥"校猎燕山经几春"以下几句:引诗一题为《赠宿将》,意谓老将曾经在燕山打猎,后经历几个春天,时光荏苒,但他都不让弓箭离开身边。近年来骑马没有什么力气,看见飞雁指给别人,让别人来涉猎。言外之意是虽然壮心犹在,可惜壮时已过。

⑦蹇(jiǎn)薄:命运不顺利。

⑧耿耿:明貌。齐气:文章风格舒缓。《汉书·地理志》称齐人"舒缓阔达而足智",故其文气舒缓。曹丕《典论·论文》:"徐幹时有齐气,然粲之匹也。"

【译文】

李山甫,咸通年间多次考进士都没考上,潦倒失意却才志高远,不受拘束。他的络腮胡子就像剑戟一样,能翻青白眼。生来憎恶庸俗之人,崇尚豪侠,即使用竹器吃着豆粥,自己也甘之如饴不觉厌烦。李山甫作诗借物讽喻,无法获得伸展志向的机会,每次狂放地唱歌、痛快地饮酒,拔出宝剑砍在地上，才稍微抒发一些心中郁闷不平之气罢了。后来流落寓居在黄河以北地区，依附魏博节度使乐彦祯担任他的佐吏，无法获得众将士的衷情，对他们颇为欺凌、傲慢，因此没有遇到合适的机会。曾写有《老将》诗说："校猎燕山经几春，雕弓白羽不离身。年来马上浑无力，望见飞鸿指似人。"这是感伤自己命运不好一事无成，当时的人怜惜他。后来不知道怎么样了。李山甫诗歌文字激昂恳切，光明磊落有舒缓之气，多是感慨时事怀念古人的作品。如今李山甫有集子一卷，赋作两卷，都流传着。

曹唐

唐，字尧宾，桂州人。初为道士，工文赋诗。大中间，举进士。咸通中①，为诸府从事。唐与罗隐同时②，才情不异。唐始起清流③，志趣澹然，有凌云之骨，追慕古仙子高情，往往奇遇，而己才思不减前人，遂作《大游仙诗》五十篇，又《小游仙诗》等，纪其悲欢离合之要，大播于时。唐尝会隐，各论近作。隐曰："闻兄《游仙》之制甚佳，但中联云'洞里有天春寂寂，人间无路月茫茫'④，乃是鬼耳。"唐笑曰："足下《牡丹》诗一联，乃咏女子障⑤：'若教解语应倾国，任是无情也动人'⑥。"于是座客大笑。唐平生之志激昂，至是薄宦，颇自郁悒，为《病马》诗以自况⑦，警联如："尾盘夜雨红丝脆，头搏秋风白练低⑧。"又云："风吹病骨无骄气，土蚀骢花见卧痕⑨。"又云："饮惊白露泉花冷，吃怕清秋豆叶寒⑩。"皆脍炙人口。忽一日昼梦仙女，鸾服花冠⑪，衣如烟雾，倚树吟唐咏天台刘、阮诗，欲相招而去者，唐惊觉，颇怪之。明日暴病卒，亦感忆之所致也。有诗集二卷，今传于世。

【注释】

①咸通：据学者考证，咸通中曹唐已垂垂老矣，当在长庆至大中年间。

②罗隐：传见本书卷九。

③清流：负有名望的士大夫。

④"洞里有天春寂寂"两句：引诗题为《仙子洞中有怀刘阮》，刘阮指刘晨、阮肇，传说他们入天台山采药，遇仙女，结为情侣。诗句意谓别有洞天的仙境虽然常春，但是春意寂寥，人世间没有道路通往这样的仙境，只有一片茫茫的月光。诗意展现仙凡之隔，却因月茫茫的引入，而颇有鬼气。

⑤女子障：画着歌女的屏障。

⑥"若教解语应倾国"两句：引诗题为《牡丹花》，意谓若教牡丹花能说话应该会是倾国美人，就算是没有情感也能感动人。牡丹花当然不会有情感，屏障上画的歌女也不会有情感，故有此答。

⑦《病马》诗：诗题全称为《病马五首呈郑校书章三吴十五先辈》。

⑧"尾盘夜雨红丝脆"两句：意谓病马的马尾在夜雨中盘绕蜷缩起来，马尾上的毛如红色的丝线响脆易碎，没有血气和生命力，连夜雨也无法润泽回来，马首则在秋风的吹揪之下，垂得很低，泛白的马鬃如白色的布匹，因为无力而被秋风吹动，比马首更低。捽（zuó），揪。白练，指马鬃。

⑨"风吹病骨无骄气"两句：诗句亦引自《病马五首呈郑校书章三吴十五先辈》，诗句意谓冷风吹得生病的马匹毫无以前的骄傲气势，泥土侵蚀着马匹上的花纹，呈现出这匹病马卧倒时的痕迹。骢花，马身上的花纹。

⑩"饮惊白露泉花冷"两句：诗句亦引自《病马五首呈郑校书章三吴十五先辈》，诗句意谓病马喝水的时候才惊讶地发现白露时节以后，槽里的泉水冰冷，吃草叶的时候才发现，已经病到害怕吃清秋之际的豆叶了，因为这时候连豆叶都显得寒凉。

⑪莺服：莺鸟羽毛所制的衣服。

【译文】

曹唐，字尧宾，桂州人。起初是个道士，工于文章、诗赋的创作。大中年间考进士，咸通时期担任诸多幕府的佐史。曹唐跟罗隐同一时代，才华情怀没有太多差异。曹唐起初就从道士而来，志向兴趣平淡，有直飞云霄的仙骨，追求仰慕古代仙人的隐遁之情，常常有奇特的经历，而他自己的才华情思并不低于古人，于是创作《大游仙诗》五十首，又有《小游仙诗》等，记录他遭遇的悲欢离合的主要情节，在当时广为传播。曹唐曾跟罗隐相会，各自讨论近来的作品。罗隐说："我听闻老兄写游仙的作品特别好，但其中有一对诗联说'洞里有天春寂寂，人间无路月茫茫'，这写的却是鬼啊。"曹唐笑着说："您写的牡丹诗，也有一对诗联是在歌咏画有歌女的屏障，是这句：'若教解语应倾国，任是无情也动人。'"于是在座的宾客都大笑。曹唐一生的志向激切昂扬，到这时仕途不顺，做的都是小官，自己很郁闷，写《病马》诗来比况自己，警策的诗联如："尾盘夜雨红丝脆，头掉秋风白练低。"又比如："风吹病骨无骄气，土蚀骢花见卧痕。"又比如："饮惊白露泉花冷，吃怕清秋豆叶寒。"都是脍炙人口的佳句。忽然有一天白天梦见仙女，穿着莺鸟羽毛做的衣服，戴着花朵折成的帽子，衣服轻盈得像烟雾一般，靠着一棵树吟诵曹唐写刘、阮进天台山遇见仙女的诗歌，想要招徕他离开，曹唐惊讶地醒来，很感到奇怪。第二天暴病去世，也是诗歌感染、追忆所导致的吧。有诗歌集子二卷，如今流传在世。

○人云：有德者或无文，有文者或无德。文德兼备，古今所难。《典论》谓"文人相轻，从古而然"，"各以所长，相轻所短"。矛盾之极，则是非锋起，隙始于毫末，祸大于丘山，前后类此多矣。夫以口舌常谈，无益无损，每至丧清德，负良友,承轻薄子之名①,乏藏疾匿瑕之量。如此,功业未见其超者矣。君子所慎也。

【注释】

①轻薄子:即轻薄儿。

【译文】

○人们常说:有德行的人或许没有文采,有文采的人或许没有德行。想文采和德行都有,古往今来都很难。曹丕《典论》说"文人互相轻视,从古以来是这样","各自用自己所擅长的,来轻视对方的短处"。矛盾激化,就引发众多的是是非非,嫌隙起始于微不足道的小事,带来的祸害却比山丘还要巨大,前前后后像这样的事情太多了啊。用口舌常相谈论,没有好处也没有坏处,却每每搞到丢失清澈的品德,辜负良好的朋友,承担轻薄之人的罪名,缺乏替别人隐藏不足、瑕疵的雅量。像这样的人,没见过他的功名事业还能高超的啊。君子在这方面该谨慎对待啊。

皮日休

日休,字袭美,一字逸少,襄阳人也①。隐居鹿门山②,性嗜酒,癖诗,号"醉吟先生",又自称"醉士";且傲诞,又号"间气布衣",言己天地之间气也。以文章自负,尤善箴铭③。咸通八年礼部侍郎郑愚下及第④,为著作郎⑤,迁太常博士⑥。时值末年,虎狼放纵,百姓手足无措,上下所行,皆大乱之道,遂作《鹿门隐书》六十篇,多讥切谬政。有云"毁人者自毁之,誉人者自誉之",又曰:"不思而立言,不知而定交,吾其惮也。"又曰:"古之杀人也怒,今之杀人也笑。"又曰"古之置吏也将以逐盗,今之置吏也将以为盗"

等,皆有所指云尔。

【注释】

①襄阳:郡名,治所在今湖北襄阳。具体为复州竟陵(今湖北天门)人。

②鹿门山:原名苏岭山,在湖北襄阳东南,东汉建苏岭山神祠于山上,门前刻二石鹿,人称鹿门庙,故山亦随庙名,唐代诗人孟浩然隐居在此。

③箴(zhēn)铭:一种用作规劝、褒赞的散文体裁,多用韵语撰写。箴纯用于规劝,铭兼作褒赞,并常刻于器物或碑石上。因二者性质相近,故连称。

④郑愚:唐文宗开成二年(837)举进士,曾任秘书省校书郎、尚书郎、西川节度判官,唐懿宗咸通年间累官监察御史、商州刺史、桂管观察使,入朝为礼部侍郎,咸通八年(867)主持科举考试,将诗赋试题由古句改为时事,受到时论赞赏,后任宰相。

⑤著作郎:秘书省著作局长官,掌修撰碑志祝文祭文等。

⑥太常博士:官名,太常寺属官,掌祭祀礼乐之事。

【译文】

皮日休,字袭美,一字逸少,襄阳人。隐居在鹿门山,生性喜欢喝酒,酷爱作诗,自号为"醉吟先生",又自称为"醉士";并且傲慢荒诞,又号称"间气布衣",说自己是天地之间的正气。靠着文章才华自负,尤其擅长箴铭写作。咸通八年(867)礼部侍郎郑愚主持考试时考中进士。担任著作郎,迁任太常博士。当时适逢唐朝末年,虎狼之类的盗贼狂放纵浪,老百姓们手足无措,从朝廷到地方,所推行的都是让天下大乱的方法,于是写作《鹿门隐书》六十篇,很多都是讥讽切中当时错误的政务。文中有的说"诋毁别人的人,也是在诋毁自己,赞誉别人的人,也是在赞誉自己",又说:"不通过思考就确立言论,不知道对方根底就决定结交,是我所害怕的啊。"又说:"古代杀人是通过愤怒,如今杀人靠的是微笑。"又说"古代设置官吏是为了要让他们驱逐盗贼，如今设置官吏是为了要让他们变成盗贼"等，都是有所指向的话啊。

日休性冲泊无营，临难不惧。乾符丧乱①，东出关，为毗陵副使②，陷巢贼中③。巢惜其才，授以翰林学士。日休惶恐踢踣④，欲死未能，劫令作谶文以惑众⑤，曰："欲知圣人姓，田八二十一；欲知圣人名，果头三屈律⑥。"贼疑其裹恨，必讥己⑦，遂杀之。临刑神色自若，无知不知皆痛惋也。日休在乡里⑧，与陆龟蒙交拟金兰⑨，日相赠和。自集所为文十卷，名《文薮》，及诗集一卷，《滑台集》七卷，又著《皮氏鹿门家钞》九十卷，并传。

【注释】

①乾符：唐僖宗年号（874—879）。

②毗（pí）陵：郡名，治所在今江苏常州，当时属于镇海军节度使管辖。

③巢：即黄巢，曹州冤句（今山东菏泽）人。出身盐商家庭，屡应进士不第，乾符二年（875）率众起义。广明元年（880）攻克长安，即皇帝位，国号大齐。后因叛徒朱温和沙陀贵族李克用围攻，撤出长安，中和四年（884）兵败自杀。工诗，多佚。

④踢踣（jú cù）：不安貌。

⑤谶文：预言吉凶得失的文字。

⑥"欲知圣人姓"以下几句：即把"黄巢"二字用拆字法嵌入诗文中。

⑦讥己：据《南部新书》记载，黄巢头发蜷曲，故疑"三曲律"是讽刺自己。

⑧乡里：据学者考证，当为苏州。

⑨陆龟蒙：传见本卷下篇。

【译文】

皮日休性格冲淡，没有营求，面对灾难无所畏惧。乾符年间天下大乱，朝东出潼关，担任毗陵副使，沦陷后被抓到黄巢叛军中。黄巢爱惜他的才华，让他担任翰林学士。皮日休内心惶恐不安，想自杀没成功，被劫持着让他写谶文来迷惑民众，他写道："欲知圣人姓，田八二十一；欲知圣人名，果头三屈律。"黄巢怀疑他心中有恨，一定是在用"果头三屈律"讥讽自己，于是就杀了他。面对刑罚他神态自若，无论是认识还是不认识他的人都为他痛心惋惜。皮日休在苏州时，跟陆龟蒙的交情如兄弟，每天互相赠答唱和。搜集自己所写的文章十卷，取名为《文薮》，和诗歌集子一卷，《滑台集》七卷，又撰写《皮氏鹿门家钞》九十卷，都流传着。

○夫次韵唱酬，其法不古，元和以前，未之见也。暨令狐楚、薛能、元稹、白乐天集中，稍稍开端。以意相和之法，渐废间作。逮日休、龟蒙，则飙流顿盛，犹空谷有声，随响即答。韩偓、吴融以后①，守之愈笃，汗漫而无禁也②。于是天下翕然，顺下风而趋，至数十反而不已，莫知非焉。夫才情敛之不盈握，散之弥八纮③，遣意于时间④，寄兴于物表，或上下出入，纵横流散，游刃所及，孰非我有，本无拘缚淟涊之忌也⑤。今则限以韵声，莫违次第，得佳韵则杳不相干，岨峿难入；有当事则韵不能强，进退双违。必至窘束长才，牵接非类，求无瑕片玉，千不遇焉，诗家之大弊也。更以言巧称工，夸多斗丽，足见其少雍容之度。然前修有恨其迷途既远，无法以救之矣。

【注释】

①韩偓（wò）：字致尧，龙纪元年（889）进士，官至翰林承旨，甚得唐

昭宗信任，后因不附朱温遭贬斥，唐亡，依闽王王审知而卒，著有
《香奁集》。传见本书卷九。吴融：字子华，龙纪进士，历任侍御史、
左补阙，拜中书舍人、户部侍郎，后召还翰林承旨，与贯休、尚颜、
韩偓、方平等交往唱和。传见本书卷九。

②汗漫：广泛，不着边际。

③八纮（hóng）：天地的极限，犹言八极。纮，通"宏"，广大。

④时间：或云"词间"之误，录以备考。

⑤沾滞（zhān chì）：声音不和谐。《史记·乐书》："二宫为君，商为臣，
角为民，徵为事，羽为物，五者不乱，则无沾滞之音矣。"

【译文】

　　○按照韵脚顺序唱和酬答，这种写法并不古老，元和之前，没有见过
这样的。等到令狐楚、薛能、元稹和白居易的集子中，渐渐开始了。用别
人的诗意来作诗酬答的方法，逐渐废止，但偶见有作。到了皮日休、陆龟
蒙，就像急速的风暴顿时兴盛起来，就像空谷里面的回声，随着声响来回
应。韩偓、吴融以后，遵守这个写法越发严格，以至于声势浩大而无法禁
止。于是天下诗人一致地顺着下风而趋倒，甚至反复唱和几十遍还不停
止，而不知道这是不对的啊。才华情思聚敛起来还不满手掌一握，散开
来则弥漫在四面八方，在词语之间遣发意绪，把兴致寄托在物外，有时进
出古今周览上下，流动聚散纵横四海，游刃有余地写到的地方，哪个不是
为我所用，本来就没有被声律拘束、违和的顾忌啊。如今却用韵脚声律
加以限制，不能违背原来诗歌的韵脚顺序，有时获得好的韵脚却跟诗意
一点也不相干，相互抵触着很难融入；有时词句切合事理却无法勉强使
韵脚契合，进用也不是，退弃也不对。一定会使具有才华的人窘迫拘束，
使他们的诗句率连相接的都不相像，想要求得没有瑕疵的像一片美玉般
的诗文，一千篇中都难以遇到啊，这真是诗家的重大弊端。更有甚者用
巧妙之言称誉工整，夸耀自己写得多，比较谁写得华丽，足以看出他们缺
少雍容华贵的气度。然而，前贤中虽已有人为他们的迷途越来越远而遗
憾，却没有办法来挽救其弊端了。

陆龟蒙

　　龟蒙,字鲁望,姑苏人^①。幼而聪悟,有高致,明《春秋》,善属文,尤能谈笑。诗体江、谢^②,名振全吴。家藏书万卷,无少声色之娱。举进士一不中。尝从张抟游^③,历湖、苏二州,将辟以自佐^④。又尝至饶州^⑤,三日无所诣,刺史率官属就见,龟蒙不乐,拂衣去。居松江甫里^⑥,多所撰论。有田数百亩,屋三十楹^⑦。田苦下,雨潦则与江通,故常患饥。身自畚锸^⑧,茠刺无休时^⑨,或讥其劳,曰:"尧、舜霉瘠^⑩,禹胼胝^⑪。彼圣人也,吾一褐衣^⑫,敢不勤乎?"

【注释】

①姑苏:苏州的别称,具体居住地为江苏苏州临顿里。

②江、谢:指江淹和谢朓。江淹,字文通,历仕宋、齐、梁三代,官至金紫光禄大夫,封醴陵侯。今存诗百余首,代表作《杂体诗三十首》等,长于抒情小赋,以《别赋》《恨赋》最为著名。谢朓,字玄晖,与谢灵运前后齐名,世称"小谢",受诬陷,下狱死。其诗清逸秀丽,山水诗成就很高。

③张抟(tuán):唐僖宗时,曾担任湖州、庐州、苏州刺史。

④将:据陆龟蒙《甫里先生传》,"将"字疑为衍文。

⑤饶州:州名,治所在今江西鄱阳,时任饶州刺史为蔡京。

⑥松江:即今吴淞江,古称笠泽,太湖最大的支流,会合黄浦江入海。
　甫里:今江苏苏州东南用(lù)直镇。

⑦楹(yíng):原指堂屋前部的柱子,房屋一间为一楹。

⑧畚锸(běn chā):挖运泥土的用具。

⑨茠(hāo)刺:除去田中杂草。茠,同"薅"。

⑩霉（méi）瘠：黑瘦。

⑪胼胝（pián zhī）：皮肤上的老茧。

⑫褐衣：粗陋的衣服，指平民。

【译文】

陆龟蒙，字鲁望，姑苏人。幼时聪明，有高尚的情致，明白《春秋》的精义，擅长写文章，特别善于聊天说笑。他的诗歌体式学习江淹和谢朓，声名振起于整个吴地。家里藏书有万卷，没有一点儿声色犬马的娱乐。参加进士考试一次，没考中，曾跟随张抟游历，张抟担任湖州、苏州刺史，征辟他来担任自己的佐史。陆龟蒙又曾到过饶州，三天都不去拜访人，饶州刺史率领他的属官们来拜见，陆龟蒙不高兴，拂衣离开。陆龟蒙居住在吴淞江甫里，撰写、论述的著作很多。有田地几百亩，房屋三十间。田地苦于地势低洼，下雨洪涝就跟江水连成一片，因此经常闹饥荒。他亲自挖土耕种，在田地里除草，没有停止的时候，有人讥讽他辛苦劳累，他说："尧舜因劳动晒得又黑又瘦，大禹有老茧。他们都是圣人啊，我是一介平民，怎么敢不勤苦呢？"

龟蒙嗜饮茶，置小园顾渚山下①，岁入茶租，薄为瓯蚁之费②。著书一编，继《茶经》《茶诀》之后③，又判品张又新《水说》为七种④。好事者虽慧山、虎丘、松江⑤，不远百里为致之。又不喜与流俗交，虽造门亦罕纳。不乘马，每寒暑得中⑥，体无事时，放扁舟，挂蓬席⑦，赍束书、茶灶、笔床、钓具⑧，鼓棹鸣榔⑨，太湖三万六千顷⑩，水天一色，直入空明⑪。或往来别浦⑫，所诣小不会意，径往不留，自称"江湖散人"，又号"天随子""甫里先生"。汉涪翁、渔父、江上丈人⑬，尝谓即己。后以高士征，不至。苦吟，极清丽，与皮日休为耐久交。中和初，遘疾卒。吴融诔文曰⑭："霏漠漠，淡涓涓，春融冶，秋鲜妍。触即碎，潭下月，拭不灭，玉上烟。"今有《笠泽丛书》三卷，诗编十卷，赋六卷，并传。

【注释】

①顾渚山：山名，在今浙江长兴西北顾渚村。

②瓯蚁：原指浮在盏面的茶沫，后亦喻指茶。

③《茶经》：陆羽撰，中国乃至世界历史上第一部茶书，被誉为"茶业百科全书"，是中国茶学的奠基之作。《茶诀》：释皎然撰，已佚。

④张又新《水说》：即张又新所著录《煎茶水记》。

⑤慧山：即惠山，在今江苏无锡西郊。虎丘：山名，在今江苏苏州市西北。

⑥得中：得居于中。《周易·同人》："柔得位、得中，而应乎乾，曰同人。"引申为合适，恰当到好处。

⑦蓬席：草席做成的帆布。

⑧赍（jī）：怀着，带着。笔床：卧置毛笔的器具。

⑨鼓棹：鼓动船桨。榔：同"桹"，渔人系在船舷上敲击以驱鱼入网的长木棒。

⑩太湖：湖名，在今江苏南部，为长江和钱塘江下游泥沙堰塞古海湾而成，为我国第三大淡水湖。顷：一顷等于一百亩。

⑪空明：指空旷澄碧的地方。

⑫别浦：借指送别之地。

⑬涪（fú）翁：因晚年常于涪水垂钓，故曰涪翁，善针灸，遇有疾者，则以针治之，应时而效。渔父：屈原于流放中遇到渔父，渔父劝他与世推移，隐退自全，后指隐士。江上丈人：春秋末楚国渔民，伍子胥奔吴途中，赖江上一丈人操舟得以渡江，子胥以剑相赠，丈人不受，待子胥登岸后，丈人覆舟自沉于江。涪翁、渔父、江上丈人三者皆与水有关，与陆龟蒙爱水、居于水滨相合，且志趣相投，故

谓即已。

⑭吴融诔文：即吴融《奠陆龟蒙文》。诔文，哀悼死者之文。

【译文】

陆龟蒙喜欢喝茶，在顾渚山下备置一个小茶园，每年收些茶租，不多，但可以充为喝茶的费用。撰写茶书一本，接续陆羽的《茶经》和皎然的《茶诀》，又评判张又新《煎茶水记》中所讨论的七种水，喜欢凑热闹的人即使是惠山、虎丘和松江的泉水，也都不远千里帮他带来。陆龟蒙又不喜欢跟世俗之人接触，即使他们来到门口也很少接待。他不乘马，每到寒暑刚刚好、身体没有不适的时候，就乘着一叶扁舟，挂着草席帆布，带着一卷书、煮茶的锅灶、卷毛笔的器具和钓鱼的装备，鼓动船桨，敲响榔木，太湖有三万六千顷之大，湖水与天空同一颜色，一直驶进水天相接的空旷澄澈之地。有时在送别的水滨之地来往，所遇到的人有一点点不合心意，就直接离开不停留，自称为"江湖散人"，又号为"天随子""甫里先生"。汉代的涪翁、渔父和江上老人，陆龟蒙曾说他们就是自己。后来以隐士的身份被征辟，不去。苦于吟诗，特别清秀明丽，跟皮日休是经久的好友。中和初年，陆龟蒙染上疾病去世。吴融给他写的悼念文章说："甫里先生就像天上的云霏一样广漠沉寂，地上的淡水一样涓涓流淌，像春天一样和煦舒服，像秋天一样鲜艳美丽。一有抵触就会破碎，像水潭上的月亮；怎么擦拭都不会灭去，像玉上升起的烟气。"陆龟蒙如今有《笠泽丛书》三卷，诗歌编为十卷，赋作六卷，都流传在世。

司空图

图，字表圣，河中人也①。父舆②，大中时为商州刺史③。图，咸通十年归仁绍榜进士④。主司王凝初典绛州⑤，图时方应举，自别墅到郡上谒，去，阍吏遽申："司空秀才出郭门⑥。"后入郭访亲知，即不造郡斋⑦。公谓其尊敬⑧，愈重之。及知贡，图第四人捷，同年鄙薄者谤曰："此司空图得一名也⑨。"公颇闻，因宴全榜，宣言曰："凝叨忝文柄⑩，今年榜帖，专为司空先辈一人而已。"由是名益振。未几⑪，凝为宣歙观察使⑫，辟置幕府，召拜殿中侍御史⑬，不忍去凝府⑭，台劾，左迁主簿⑮。卢相携还朝⑯，过陕虢⑰，访图，深爱重，留诗曰："氏族司空贵，官班御史雄。老夫如且在，未可叹途穷⑱。"就属于观察使卢渥曰⑲："司空御史，高士也。"渥遂表为僚佐，携执政，召拜礼部员外郎⑳，寻迁郎中。丁黄巢乱㉑，间关至河中，僖宗次凤翔㉒，知制诰、中书舍人。景福中㉓，拜谏议大夫㉔，不赴。昭宗在华州㉕，召为兵部侍郎㉖，以足疾自乞，听还。

【注释】

①河中：府名，治所在今山西永济。

②父舆：即司空舆，曾任安邑、两池税盐使，检校司封郎中，后入朝为司门员外郎，迁户部郎中等职。旁及医学，著《发焰录》，已佚。

③商州：州名，治所在今陕西商洛商州区。

④归仁绍：咸通十年（869）己丑科状元。

⑤王凝：字致平，历任中书舍人、湖南团练观察使、盐铁转运使诸职，曾率部打退黄巢起义军。绛州：州名，治所在今山西新绛。

⑥阍吏：守门人。遽：匆忙。

⑦郡斋：郡守的府第。

⑧尊敬：据《北梦琐言》，当为"专敬"，专心敬慎。

⑨司空图：《北梦琐言》一作"司徒空"，盖"图""徒"有别，作"图得一名"，即讥讽其用心图得进士功名，作"空得一名"，则讥讽他名不副实，俱可也。

⑩叨忝(tiǎn)：忝列。文柄：指考选士子之权柄。

⑪未几：据学者考证，从司空图考中进士到王凝担任宣歙观察使，中间已八年，不得云"未几"。

⑫宣歙(shè)：方镇名，治所在今安徽宣城。

⑬殿中侍御史：官名，属殿院，掌纠察殿廷各种仪节并分知京城内外的左右巡。

⑭不忍去凝府：据学者考证，时王凝病重。

⑮主簿：具体为光禄寺主簿分司东都，掌管皇室祭品、膳食及招待酒宴等，办公地点在东都洛阳。

⑯卢相携：即宰相卢携，字子升。乾符元年(874)拜中书舍人，迁户部侍郎同平章事，五年罢为太子宾客、分司东都。次年，复入为兵部尚书，进门下侍郎同平章事。广明元年(880)黄巢入潼关，朝廷震惧，归罪于携，罢为太子宾客，旋服毒自尽。卢携与司空图交往，当在乾符五年(878)前后，非还朝之后，辛文房误。

⑰陕虢：方镇名，治所在今河南三门峡市陕州区。

⑱"氏族司空贵"以下几句：引诗题为《题司空图壁》，意谓司空图的姓氏很贵重，官位中御史也很雄伟。老夫如果还在朝廷，就不许司空图这样的人才感叹自己穷途末路。

⑲卢渥：字子章，大中年间举进士，任中书舍人，乾符初守丧期满，授陕府观察使，官终检校司徒。司空图称其文"实一时之典则"(《卢公神道碑》)。

⑳礼部员外郎：官名，为礼部郎中佐官，掌礼乐、学校、衣冠、符节、表疏等。

㉑丁：遭遇。

㉒凤翔：县名，治所在今陕西凤翔。

㉓景福：唐昭宗年号(892—893)。

㉔谏议大夫：官名，分左右谏议大夫，分属门下省和中书省，掌谏谕

得失，侍从赞相。

㉕华州：州名，治所在今陕西渭南华州区。

㉖兵部侍郎：官名，尚书省兵部副长官，掌武官选授及地图、甲仗等事。

【译文】

司空图，字表圣，河中人。父亲司空舆，大中年间担任商州刺史。司空图咸通十年（869）归仁绍那一榜的进士。主考官王凝初次担任绛州刺史，司空图当时正要考进士，从自己山庄到州郡去拜见王凝，离开后，守门的官吏匆忙来报告说："司空图秀才走出城郭的外门。"后来司空图又进城探访亲人朋友，就不再去拜访州郡官府。王凝认为他专心敬慎，更加器重他。等到王凝主持进士考试，司空图以第四名的成绩告捷，同时鄙薄司空图的进士说："这是司空图图谋策划而获得的一个功名啊。"王凝听到不少这样的话，因此宴请榜上的所有进士，宣布说："我王凝忝列考官，今年张贴的进士榜，专门为录取司空图前辈一个人而已。"从此司空图名声更加振起。不多久，王凝担任宣歙观察使，把司空图征辟到幕府中任职，朝廷下诏拜任他为殿中侍御史，不忍心离开王凝府第，御史台弹劾他，把他降职为光禄寺主簿。宰相卢携回到朝廷，经过陕虢，寻访司空图，特别喜爱器重他，离开时留下一首诗说："氏族司空贵，官班御史雄。老夫如且在，未可叹途穷。"并嘱托陕虢观察使卢渥说："殿中侍御史司空图，是高尚之士啊。"卢渥于是上表奏任司空图为自己的僚佐，卢携再次执掌朝政，征召拜任司空图为礼部员外郎，不久升任礼部郎中。遇到黄巢叛乱，坎坷流离到山西永济，唐僖宗驻扎在凤翔，司空图担任知制诰、中书舍人。景福年间，拜任谏议大夫，不赴任，唐昭宗在华州召他担任兵部侍郎，因为脚有病乞求归隐，听任他回去。

图家本中条山王官谷①，有先人田庐，遂隐不出，作亭榭素室②，悉画唐兴节士文人像。尝曰："某宦情萧索，百事无能。量才，一宜休；揣分，二宜休；耄而聩③，三宜休。"遂名其亭曰"三休"④。作文以伸志，自号"知非子""耐辱居士"。言涉诡激不常，欲免当时之祸。初以风雨夜得古宝剑，惨淡精灵，尝佩出入。

【注释】

①中条山：山名，在山西永济东南，山狭而长，因西为华岳，东为太行，此山居中，故名。王官谷：又名横岭，即今山西永济东南王官峪。

②素室：不加装饰的房屋。

③耄（mào）：古称八、九十岁，泛指老年。聩（kuì）：耳聋。

④三休：据司空图《题休休亭》，当为"休休"。

【译文】

司空图老家本来在中条山王官谷，那里有祖先留下的田地和草屋，于是隐居不出去，建造亭台和素室，画满振兴大唐的节操之士和著名文人的画像。曾说："我做官的情怀消沉索然，很多事都无能为力。打量我的才能，是第一个应该退休的原因；揣测天命本分，是我第二个应该退休的原因；又老又耳聋，是我第三个应该退休的原因。"于是给他的亭台取名叫作"三休亭"。写作文章来表达志向，称自己为"知非子""耐辱居士"。言辞颇涉奇异偏激，不合常理，这是想避免当时的灾祸。起初在风雨之夜获得古代的宝剑，宝剑黯淡无光，仿佛有精灵护持，曾佩戴着进出。

性苦吟，举笔缘兴，几千万篇。自致于绳检之外①，豫置冢棺，遇胜日，引客坐圹中②，赋诗酌酒，沾醉高歌③。客有难者，曰："君何不广耶？生死一致，吾宁暂游此中哉。"岁时祠祷，与闾里父老鼓舞相乐。时寇盗所过麃粉，独不入谷中,知图贤,如古王蠋也④。士民依以避难。后闻哀帝遇弑⑤,不食扼腕,呕血数升而卒,年七十有二。先撰自为文于濯缨亭一鸣窗⑥,今有《一鸣集》三十卷⑦,行于世。

【注释】

①绳检:约束。多指世俗礼法。

②圹(kuàng):墓穴。

③沾醉:大醉。

④王蠋(zhú):战国时齐国画邑(今山东淄博)人,布衣有贤声。齐湣王十七年(前284),燕军攻入齐国,闻其贤,令军卒勿入画邑。已而燕军强迫他为将军,如不从命,将屠画邑,遂自杀。

⑤哀帝:即李柷,初名祚,昭宗第九子。乾宁四年(897)封辉王,朱温杀昭宗,矫诏立为太子,俄即帝位。天祐四年(907)禅位于朱温,徙居曹州,封济阴王。次年为朱温所杀,谥哀帝。

⑥濯缨:《孟子·离娄上》:"沧浪之水清兮,可以濯我缨。"后以"濯缨"喻超脱世俗,操守高洁。

⑦一鸣:战国时齐威王用"大鸟""一鸣惊人"比喻自己将有作为,唐诗常以"一鸣"喻指中第或擢升。

【译文】

司空图天性写诗勤苦,缘于兴致提笔写诗,几乎有成千上万首。把自己放在世俗规矩之外,预先准备好坟冢棺材,遇到天气很好的日子,带着宾客坐在墓穴中,写诗喝酒,大醉放歌,宾客中有难以尽兴的人,就对他说:"您何不开怀呢?活着跟死去没有不同,何不在墓穴中暂时游玩一番呢?"司空图过年时到祠堂里祭祀祈祷,跟乡里的父老乡亲们敲鼓舞蹈,互相取乐。当时乱寇盗贼所经过的地方都化为齑粉,唯独不进入王官谷中抢掠,知道司空图贤达,就像古代的王蠋一样啊。士人百姓都投靠他躲避战乱。后来司空图听说唐哀帝被朱温杀害,吃不下饭,扼腕叹息,吐血好几升去世,享年七十二岁。之前已在濯缨亭一鸣窗下把自己创作的诗文编撰成册,如今有《一鸣集》三十卷,流传在世。

僧虚中

虚中,袁州人①。少脱俗从佛,虽然,读书工吟不缀。居玉笥山二十寒暑②,后来游潇、湘,与齐己、顾栖蟾为诗友③,住湘西宗城寺④。长沙马侍中希振敬爱之⑤,每其来,延纳于书阁中。虚中好炙柴火,烧豆煮茶,烟熏彩翠尘暗⑥,去必复饰,初不介意。尝题阁中曰:"嘉鱼在深处,幽鸟立多时⑦。"益见赏重。时司空图悬车告老⑧,却扫闭门,天下怀仰。虚中欲造见论交,未果,因归华山人寄诗曰⑨:"门径放莎垂,往来投刺稀。有时开御札,特地挂朝衣。岳信僧传去,天香鹤带归。他时周召化,无复更衰微。"图得诗大喜,言怀云:"十年华岳山前住,只得虚中一首诗⑩。"其见重如此。今有《碧云集》一卷,传于世。顾栖蟾者⑪,亦洞庭人,以声律闻,今不见其作也。

【注释】

①袁州:州名,治所在今江西宜春。
②玉笥(sì)山:今江西峡江西南复箱峰,道教第十七洞天,或云为湖南汨罗的玉笥山,恐非,因后文云"后来游潇湘",则前居盖为江西附近之玉笥山。
③齐己:俗姓胡,名得生,湖南人。作诗时有佳句,栖衡岳东林,号"衡岳沙门",与郑谷、曹松为诗友。其诗清润简淡,尤以写景有名,郑谷将其"昨夜数枝开"改为"昨夜一枝开",齐己呼为"一字师"。

传见本书卷九。顾栖蟾：据《唐诗纪事》卷七十五，当为尚颜、栖蟾
二人，辛文房误。尚颜，俗姓薛，字茂圣，乾符中受知于徐州节度
使薛能，光化中以文章供奉内廷，赐紫，曾居于庐山、潭州、峡州等
地，卒年九十余。好苦吟，工五言诗。栖蟾，俗姓胡，曾游汉阳、润州、
岭南等地，又曾居庐山屏风岩及南岳，与齐己、虚中等友善唱和。

④湘西：湖南西部地区的通称。宗城寺：据学者考证，疑在岳麓山上。

⑤马侍中希振：即马希振，五代楚武穆王马殷的嫡长子，官至武顺节
度使、侍中。工于诗，喜吟咏，常与僧虚中互相唱和。马希声为希
振庶弟，因其母袁德妃有宠，故得立为楚王，希振遂弃官为道士。

⑥彩翠：鲜艳翠绿的颜色，指书阁中的装饰。

⑦"嘉鱼在深处"两句：意谓经过烟熏之后的书阁墙壁上画的嘉鱼，
现在看起来更像是隐藏在深处了，而被熏黑的幽黑的鸟儿，依旧
长久地站立在画面上。

⑧悬车：指挂车，古人年七十告老辞官，居家而废车不用，后指官员
年老退休。

⑨"门径放莎垂"以下几句：引诗题为《寄华山司空图二首》其一，
意谓院门里的小路放任莎草垂盖，来往投递名片的人很少。司空
图有时候打开御赐的书札，特地在房中挂起朝见皇帝的衣冠。我
寄往华山的诗信让去华山的和尚捎去，而您那里点起的礼佛的香
气则让野鹤帮我带回来。他日如果能再像周公召公治理得那样
化及天下，请您不要再这样衰退卑微地隐居。虚中虽是和尚，不
关心时事，却也能明白司空图隐居是不想与各路军阀反唐，其
心中是忠于大唐的，故此诗深获司空图喜爱。

⑩"十年华岳山前住"两句：诗句意谓我在西岳华山前面居住了十
年，真正懂得我心的，只有虚中写的这首诗。

⑪顾栖蟾：据前文，当为尚颜、栖蟾二人，辛文房误合二为一，自然无
法找到其作品。

【译文】

虚中,袁州人。年少脱离世俗皈依佛法,虽然不图仕途进取,但仍读书作诗从不间断。居住在玉笥山二十多个寒暑,后来游历潇水、湘水一带,跟齐己、尚颜、栖蟾成为诗友,住在湖南西部的宗城寺里。长沙侍中马希振尊敬爱护他,每次他来,延请接待在书阁之中,虚中喜欢烤柴火,用柴火烧饭菜煮茶水,柴火发出的烟气熏得书阁墙壁上的鲜艳的壁画像蒙尘般黯淡,等他离开后一定重新修饰,可马希振一点也不介意。虚中曾在书阁墙壁上题诗说:"嘉鱼在深处,幽鸟立多时。"越发被马希振赞赏器重。当时司空图告老还乡,关上门不再扫地迎客,天下人却都怀念仰慕。虚中想去拜访他并结交,没有成功,就趁机让返回华山的人给他带去一首诗,诗中说:"门径放莎垂,往来投刺稀。有时开御札,特地挂朝衣。岳信僧传去,天香鹤带归。他时周召化,无复更衰微。"司空图收到这首诗后特别喜欢,用诗句抒发情怀说:"十年华岳山前住,只得虚中一首诗。"虚中被司空图重视到这样的程度。虚中如今有《碧云集》一卷,流传在世。顾栖蟾也是洞庭湖那边的人,靠着诗歌声律闻名,如今已不见他的作品了。

周繇

繇,江南人①,咸通十三年郑昌图榜进士②,调福昌县尉③。家贫,生理索寞,只苦篇韵,俯有思,仰有咏,深造阃域④,时号为"诗禅"。警联如《送人尉黔中》云"公庭飞白鸟,官俸请丹砂"⑤,《望海》云"岛间应有国,波外恐无天"⑥,《甘露寺》云"殿锁南朝像,龛禅外国僧"⑦,又"山从平地有,水到远天无"⑧,又"白云连晋阁,碧树尽芜城"⑨,《江州上薛能尚书》云"树翳楼台月,帆飞鼓角风"⑩,又"郡斋多岳客,

乡户半渔翁"⑪等句甚多,读之使人竦⑫,诚好手也。落拓杯
酒,无荣辱之累,所交游悉一时名公。集今传世。同登第有
张演者⑬,工诗,间见一二篇,亦佳作也。

【注释】

①江南人:《唐诗纪事》卷五十四:"繇,字为宪,池州人。"池州,州名,
　治所在今安徽东至。

②郑昌图:咸通十三年(872)壬辰科状元。广明元年(880)黄巢入
　关后,他以兵部尚书守潞州(今山西潞城),中和元年(881)知昭
　义军留后事,四年(884)四月以兵部侍郎、判度支,拜同平章事,
　后被王重荣逮捕入狱,与萧遘、裴彻等俱被杀。

③福昌:县名,治所在今河南洛宁。

④阃(kǔn)域:境地,境界,此指诗家精妙的境界。

⑤"公庭飞白鸟"两句:意谓官府庭院中飞翔着白色的鸟儿,做官的
　俸禄拿来请求换取丹砂。言外之意是这位去黔中做县尉的人不
　恋于富贵。

⑥"岛间应有国"两句:意谓海中群岛上应有国家,大海波涛之外恐
　怕没有天空了。意谓海面辽阔无边。

⑦"殿锁南朝像"两句:引诗一题为《登甘露寺》,意谓甘露寺的大殿
　里锁着南朝时候的佛像,佛龛旁边有外国和尚在坐禅。

⑧"山从平地有"两句:引诗题为《甘露寺东轩》,意谓从甘露寺的东
　轩望出去,能看到远山随着平地慢慢凸现出来,水到遥远的地方
　就看不见天了。

⑨"白云连晋阁"两句:引诗题为《甘露寺北轩》,意谓白云接着晋朝
　的阁楼,绿树种满整个芜城。芜城,汉广陵城的别称,治所在今江
　苏扬州,晋以后因竟陵王诞之乱,城邑荒芜,故曰芜城。

⑩"树霭楼台月"两句:引诗一题为《送江州薛尚书》,意谓楼台上的

月亮被树木遮蔽，船帆在鼓角般鸣响的风的吹拂下飞一般离去。

⑪"郡斋多岳客"两句：亦出自《送江州薛尚书》，意谓州郡官府中多是登山的隐士，州郡里的百姓户籍大半是渔民。岳客，山中隐士。

⑫悚（sǒng）：肃然起敬。

⑬张演：咸通十三年（872）进士。

【译文】

周繇，江南人，咸通十三年（872）郑昌图那一榜的进士，调任福昌县的县尉。家里贫寒，生计萧条，却只是苦心学诗，俯仰之间，都在思考、吟诗，深刻地抵达高妙的境界，当时被称为"诗禅"。警策的诗联如《送人尉黔中》说"公庭飞白鸟，官俸请丹砂"，《望海》诗中说"岛间应有国，波外恐无天"，《甘露寺》诗中说"殿锁南朝像，龛禅外国僧"，又有"山从平地有，水到远天无"，又有"白云连晋阁，碧树尽芜城"，《江州上薛能尚书》诗中说"树翳楼台月，帆飞鼓角风"，又有"郡斋多岳客，乡户半渔翁"等诗句很多，读这些诗句让人肃然起敬，确实是写诗的好手啊。纵情饮酒，没有荣辱的拖累，所结交游玩的都是当时有名的诗人。集子如今流传在世。同时考中进士的人中有一位叫张演的诗人，工于诗歌，间或能看到一两篇他的作品，也是好诗啊。

〇尝谓禅家者流，论有大小乘①，有邪正法，要能具正法眼②，方为第一义③，出有无间。若声闻、辟支、四果，已非正也④，况又堕野狐外道鬼窟中乎⑤！言诗亦然。宗派或殊，风义必合⑥。品则有神妙，体则有古今，才则有圣凡，时则有取舍。自魏晋以降，递至盛唐，大历、元和以下，逮晚年，考其时变，商其格制，其邪正了然在目，不能隐也。经云："过而不改，是谓过矣⑦。"悟门洞开⑧，慧灯深照，顿渐之境⑨，各天所赋。观于时以诗禅许周繇，为不入于邪见，能致思于妙品，固知其衣冠于裸人之国⑩。昔谓"学诗如学仙⑪"，此之类欤。

【注释】

①大小乘：佛学分大乘、小乘，其说之深广者为大乘，浅小者为小乘。

②正法眼：禅者观察事物、认识真理的智慧眼光。佛教禅宗用以指禅法。

③第一义：佛家语，指无上至深的妙理。

④声闻：意为听闻佛陀言教的觉悟者，为小乘佛法。辟支：指无师乃能自觉自悟之圣者，为小乘佛法。四果：小乘佛教声闻乘修行达到的四种果位。

⑤野狐：即"野狐禅"，佛家称因不能妙悟禅道而堕入异端者。外道：佛教用语，指异端邪说或未得真义的知识学问等。鬼窟：指情识意想、虚妄不实之处。

⑥风义：风操。

⑦"过而不改"两句：有过错却不改正，这是真的过错。语出《论语·卫灵公》。

⑧悟门：佛教以觉悟为入门径，故曰悟门。

⑨顿渐之境：佛教禅宗有顿悟、渐悟两种层次的修行方法。

⑩裸人之国：一般以为在今印度孟加拉湾东之尼科巴群岛。为古代自马六甲海峡至印度、斯里兰卡海道之重要泊所，唐僧人义净于咸亨三年（672）赴印度，曾经此。

⑪学诗如学仙：语出《王直方诗话》："潘邠老云：'陈三所谓学诗如学仙，时至骨自换，此语为得之。'"

【译文】

　　〇曾说学禅的这一类人，佛法有大乘小乘，有邪有正，要能具备智慧的眼光，才能修成无上至深的妙理，出入于有和无之间。像声闻辟支这类小乘佛法的四种果位,已经不是正法了,何况又掉进邪魔外道之中啊!评论诗歌也是这样。诗歌宗派或许不同,但诗人的风操必须符合。诗歌等级有神品妙品,诗歌体式有古体近体,诗歌才华有高妙平凡,写诗时机有适时和背时。从魏晋以来,传递到盛唐、大历、元和以后,直到晚唐,考察诗歌时代变化,商讨诗歌格律规制,它是邪是正一目了然,不能隐藏啊。经文说:"有过错却不改正,这是真的过错啊。"醒悟的法门大大地打开着,智慧的灯光深深地照耀着,顿悟和渐悟的境界,各自都由上天赋予。看当时用"诗禅"来赞许周繇,是因为他没有进入邪见,能使诗歌达到妙品,本就知道他在晚唐诗人中就如衣冠楚楚而入裸人之国。过去说"学诗如学仙",说的就是这类吧?

卷九

【题解】

　　卷九所传诗人以"芳林十哲"为主，有崔道融、聂夷中、许棠、公乘亿、章碣、唐彦谦、林嵩、高蟾、高骈、牛峤、钱珝、赵光远（附孙启、崔珏、卢弼）、周朴、罗隐、罗虬、崔鲁、秦韬玉、郑谷（附李栖远）、齐己、崔涂、喻坦之、任涛、温宪、李洞、吴融、韩偓、唐备（附于渍）、王驾、戴思颜、杜荀鹤（附张曙）等三十六人。在唐末的动乱中，仍有郑谷、齐己、李洞这样不问世事、专心写诗的诗人，跟他们蹈扬晚唐诗风不同的是，有些诗人却能从诗风角度跳出晚唐泥潭，足以让辛氏眼前一亮，感叹"谁谓晚唐间忽有此作"！如当时为数不多的学习杜甫的唐彦谦、写出《边庭四时怨》的卢弼、写出"颇干教化，非浮艳轻斐之作"的唐备等。总体而言，有些诗人已经显露出较为严重的脱离时事的倾向，所以唐彦谦之类的诗人才得到辛氏的激赏。之所以如此，是在乱世之中，生命尚且难以苟全，遑论建树，甚至有些人畜无害的隐士，比如隐居写诗的周朴，都被黄巢叛军抓住杀害，诗人们噤若寒蝉也就不能过分苛责了。但越是如此，我们越发体会到唐备这类诗人的可贵，怎能不对面前带血的诗句肃然起敬？

崔道融

　　道融，荆人也①，自号"东瓯散人"②，与司空图为诗友。

出为永嘉宰③。工绝句,语意妙甚,如《铜雀妓》云"歌咽新翻曲,香销旧赐衣。陵园风雨暗,不见六龙归"④,《春闺》云"寒食月明雨,落花香满泥。佳人持锦字,无雁寄征西"⑤,《寄人》云"澹澹长江水,悠悠远客情。落花相与恨,到地一无声"⑥,《寒食夜》云"满地梨花白,风吹碎月明。大家寒食夜,独贮远乡情"⑦等尚众。谁谓晚唐间忽有此作,使古人复生,亦不多让,可谓出乎其类,拔乎其萃者矣。人悉推服其风情雅度⑧,犹恨出处未能梗概之也。有《申唐集》十卷⑨,自序云:"乾宁乙卯夏⑩,寓永嘉山斋,收拾草稿,得五百余篇。"今存于世。

【注释】

①荆:即荆州,治所在今湖北荆州。

②东瓯(ōu):即今温州及浙江部沿海地区。

③永嘉:郡名,治所在今浙江永嘉。

④"如《铜雀妓》云"以下几句:引诗为《铜雀妓二首》其二,意谓铜雀台上所演唱的歌曲已经是新作的曲调,连那些原来跟随曹操的歌姬也都裹着以前赐下的衣服香消玉殒。这两句是说早先的歌曲、歌人都已不在,暗示时间过去之久。但是曹操的陵园依旧风雨黯淡,没有看见他的魂灵乘着六匹龙马归来。此诗既有一般的怀古之感,亦有现实意义,盖曹操乃汉末"挟天子以令诸侯"者,作者以曹操之凄凉后事来警醒当时之割据军阀。铜雀妓,南朝乐府古曲名,铜雀台在邺城(今河北临漳),曹操筑,台高十丈,有殿屋百二十间,楼顶铸大铜雀,故名。据《邺都故事》,曹操临终遗命诸子,死后葬邺之西岗,置诸妾、伎人于铜雀台,台上设六尺灵帐,早晚供奉酒食,每到月初、十五,命妾等于灵帐前演唱歌舞,诸子

于是时登台，瞻望西陵墓田。

⑤"寒食月明雨"以下几句：意谓寒食节夜里月光照着细雨，飘落的花朵，香味沾满土壤。闺中的佳人拿着锦书，却没有鸿雁可以帮她寄到征西之处。寒食，节令名，因节日期间，只能吃凉东西，故又称"冷节""禁烟节"。

⑥"澹澹长江水"以下几句：意谓摇荡的长江水，上面满是远行客子的悠长离情。落花跟流水一起恨别，可是等它落到地上，却没有吭出一声。澹澹，水波动荡的样子。

⑦"满地梨花白"以下几句：意谓梨花飘落满地，使地面都发白，夜风一吹，这些梨花碎片在明月的照耀下发光。大家族在此时度过他们的寒食夜，远在家外的我独自储存着心中的离情。大家，泛指大地主、豪商、世家、大族。

⑧推服：推许，佩服。

⑨《申唐集》：当为《东浮集》，崔道融另有《申唐诗》三卷。

⑩乾宁乙卯：即乾宁二年（895），是年为乙卯年。乾宁，原作"乾符"，据孙映逵《校注》本改。

【译文】

崔道融，荆州人，自称"东瓯散人"，跟司空图是诗友。出任永嘉县令。工于绝句创作，诗歌语言和意蕴特别精妙，如《铜雀妓》诗中说"歌咽新翻曲，香销旧赐衣。陵园风雨暗，不见六龙归"，《春闺》诗中说"寒食月明雨，落花香满泥。佳人持锦字，无雁寄征西"，《寄人》诗中说"澹澹长江水，悠悠远客情。落花相与恨，到地一无声"，《寒食夜》诗中说"满地梨花白，风吹碎月明。大家寒食夜，独贮远乡情"等，这类诗句还有很多。谁知晚唐时期忽然有这样的作品，假使晚唐以前的诗人重新活过来，崔道融跟他们相比也不逊色，可以说是出乎其类，拔乎其萃了。人们都很推重敬服他的风雅情怀和气度，令人遗憾的是他的一生经历还不能大概地知道个轮廓啊。崔道融著有《东浮集》十卷，自己作序说："乾宁二年（895）夏天，我寓居在永嘉县山中的斋房，收集整理草稿，获得五百多篇作品。"如今保存在世。

聂夷中

夷中，字坦之，河南人也①。咸通十二年礼部侍郎高湜下进士②，与许棠、公乘亿同袍③。时兵革多务，不暇铨注④，夷中滞长安久，皂裘已弊⑤，黄粮如珠⑥，始得调华阴县尉⑦，之官惟琴书而已。性俭，盖奋身草泽⑧，备尝辛楚，率多伤俗闵时之举，哀稼穑之艰难⑨。适值险阻，进退维谷，才足而命屯⑩，有志卒爽，含蓄讽刺，亦有谓焉。古乐府尤得体，皆警省之辞，裨补政治，乐而不淫，哀而不伤⑪，正国风之义也。其诗一卷，今传。

【注释】

①河南人：具体为河南中都（今河南沁阳）人。

②高湜（shí）：字澄之，咸通十一年（870）以中书舍人知礼部贡举，次年（871），为礼部侍郎，官至右谏议大夫。

③许棠、公乘亿：传并见本卷后文。

④铨注：对官吏的考选登录。

⑤皂裘：黑色的皮衣。

⑥黄粮：即黄粱。

⑦华阴：县名，治所在今陕西华阴。

⑧草泽：荒野，此指社会下层。

⑨稼穑（sè）：耕种收获。

⑩屯（zhūn）：困难。

⑪"乐而不淫"两句：快乐而不放荡，悲哀而不痛苦。语出《论语·八佾》，是孔子评论《诗经·关雎》的话。

【译文】

聂夷中，字坦之，河南人。咸通十二年（871）礼部侍郎高湜主持考试时考中进士,跟许棠、公乘亿同在一榜。当时战争期间事务繁多,朝廷没有空暇考核登录官吏,聂夷中在长安滞留很久,黑色的裘衣已经破损,黄粱米贵如珍珠,才得以调任华阴县尉,赴任的时候只剩古琴和书籍而已。聂夷中生性节俭,大概是因为出身民间,很多辛苦酸楚都经历过,有很多感伤风俗、怜悯时政的举措,哀叹耕种的艰难。恰逢唐末时世艰难,聂夷中进退两难,才华充足但命运艰险,虽有志向却最终无成,所作之诗含蓄讽刺,也是有感而发的啊。古题乐府尤其得当,都是精警、发人深省的词句,有助于补益政治的不足,能做到"乐而不淫,哀而不伤",正是《诗经·国风》的大义啊。他的诗歌一卷,如今流传着。

许棠

棠,字文化,宣州泾人也①。苦于诗文,性僻少合。既久困名场,时马戴佐大同军幕②,为词宗,棠往谒之,一见如旧交,留连累月,但从事诗酒而已,未尝问所欲。一旦,大会宾客,命使以棠家书授之,棠惊愕,不喻其来,启缄③,即知戴潜遣一介恤其家矣。古人温良泛爱,振穷周急,谦退不伐,亦皆绝异之姿也④。咸通十二年李筠榜进士及第⑤,时及知命⑥,尝曰:"自得一第,稍觉筋骨轻健,愈于少年,则知一名乃孤进之还丹也⑦。"调泾县尉,之官,郑谷送诗曰:"白头新作尉,县在故山中。高第能卑宦,前贤尚此风⑧。"后潦倒辞荣⑨。初作《洞庭》诗⑩,脍炙时口⑪,号"许洞庭"云。今集一卷,传世。

【注释】

①泾:县名,治所在今安徽泾县。

②大同：据学者考证，疑为太原之误。

③缄（jiān）：书信。

④"古人温良泛爱"以下几句：引自《汉书·游侠传序》，乃班固评游
　　侠之语。

⑤李筠：咸通十二年（871）辛卯科状元。

⑥知命：五十岁。《论语·为政》："吾十有五而志于学，三十而立，
　　四十而不惑，五十而知天命。"

⑦孤进：孤寒而屡屡落第的举子。

⑧"白头新作尉"以下几句：引诗题为《送许棠先辈之官泾县》，意谓
　　头发都白了才刚做县尉，担任县尉的泾县就在自己的故乡中。高
　　中进士却能担任低微的官职，以前的贤人都崇尚这样的风度。故
　　山，即故乡。

⑨辞荣：逃避富贵荣华的生活，谓辞官退隐。荣，荣禄，指官位和
　　俸禄。

⑩《洞庭》诗：许棠有《过洞庭》《洞庭湖》等诗。

【译文】

　　许棠，字文化，宣州泾县人。在写作诗文方面很勤苦，性格孤僻与世俗很少合得来。已长久地困在考场中，当时马戴担任太原幕府中的僚佐，是诗坛宗师，许棠就前往拜见他，两人一见如故，成为好朋友，许棠在那里留连好几个月，只是饮酒作诗，马戴未曾询问许棠想要什么。一天，众多宾客来盛宴，让使者把许棠的家信拿给他，许棠一时惊愕，不知道有家信寄来，打开信封，就知道马戴暗地里已派遣一个仆人赈济他的家人了。古人温纯善良博爱，救济穷困，周人之急，谦退而不夸耀，也都是用与众不同的姿态啊。咸通十二年（871）李筠那一榜考中进士，当时已到了五十岁，曾说："自从获得一个功名，渐渐觉得我的筋骨轻盈健康，过于少年之时，由此知道一个功名就是我这样孤独无援的仕进之人的灵丹妙药啊。"调任泾县县尉，赴任，郑谷写诗送他说："白头新作尉，县在故山中。

高第能卑官，前贤尚此风。"许棠后来潦倒失意，辞官隐退。起初，许棠创作《洞庭》诗，当时脍炙人口，人们称他"许洞庭"。如今集子一卷，流传在世。

公乘亿

亿，字寿山①，咸通十二年进士。善作赋，擅名场屋间②，时取进者法之，命中。有赋集十二卷，诗集一卷，今传。

【注释】

①寿山：一作寿仙。

②擅名：享有名声。场屋：也称科场，特指科举时代考试举子的试场。

【译文】

公乘亿，字寿山，咸通十二年（871）进士。擅长写赋，在考场中间很有名声，当时考进士的人效法他，就能考中进士。公乘亿著有赋作集子十二卷，诗歌集子一卷，如今流传着。

章碣

碣，钱塘人，孝标之子也。累上著不第，咸通末以篇什称①。乾符中，高湘侍郎自长沙携邵安石来京及第②，碣恨湘不知己，赋《东都望幸》诗曰："懒修珠翠上高台，眉月连妍恨不开。纵使东巡也无益，君王自领美人来③。"后竟流落，不知所终。碣有异才，尝草创诗律，于八句中足字平侧④，各从本韵⑤，如："东南路尽吴江畔，正是穷愁薄暮天。鸥鹭不嫌斜雨岸，波涛欺得逆风船。偶逢岛寺停帆看，深羡渔翁下钓眠。今古若论英达算，鸱夷高兴固无边^⑥。"自称变体，当时趋风者亦纷纷而起也。今有诗一卷，传于世。

【注释】

①篇什：《诗经》的"雅"和"颂"以十篇为一什，所以诗章又称"篇什"。

②高湘：字濬之，与从兄高湜少不相睦，咸通十一年（870）贬为高州司马，乾符三年（876）迁礼部侍郎，知礼部贡举，选士称得人，后出为江西观察使。侍郎：指礼部侍郎。长沙：疑为连州。邵安石：连州（今属广东）人，高湘南迁还朝，路过连州，投文拜谒，获其赏识，并中进士。

③"懒修珠翠上高台"以下几句：意谓东都佳人懒得修饰珠玉翡翠登上高台盼望君王到来，只有如弯月一般的眉毛细长美好却遗憾地眉头紧皱。因为东都佳人明白了，就算君王巡视东都看见她也没用，因为君王自己随身带领着美人可以宠幸。全诗以东都洛阳的美女盼望帝王宠幸为题，暗喻自己渴望主考官赏识。连妍，《唐摭言》作"连娟"，弯曲细长貌。

④足字平侧：指每句句脚都要符合平仄交替的规律。

⑤各从本韵：每句都押韵。一般律诗只要第二、四、六、八句押韵，章碣把第一、三、五、七句也都押韵，看似变体，实际上如严羽《沧浪诗话·诗体》所云"不足为法"。

⑥"东南路尽吴江畔"以下几句：引诗题为《变律诗》，意谓走遍东南的道路来到吴江边，正好是穷寒愁人的傍晚天气。白鸥和鹭鸶不嫌弃下着斜雨的岸边，江上的波涛却来欺负我所乘坐的逆风的船。偶尔遇到岛上的寺庙就停船看看，非常羡慕那些下完钓钩的渔翁入眠。从古至今如果要讨论英豪豁达的谋算，像鸱（chī）夷子皮范蠡那样功成身退浪迹江湖，固然会兴致高昂没有尽头。据莫师砺锋《晚唐诗风的微观考察》云，此诗除对句押平声"先"韵

唐才子传

外，出句亦押去声"翰"韵。

【译文】

章碣，钱塘人，章孝标的儿子。他多次上京应进士举而落榜，咸通末年以善作诗著称。乾符年间，礼部侍郎高湘从长沙还朝，带着邵安石来到京都并考中进士，章碣恨高湘不知道自己，写《东都望幸》诗说："懒修珠翠上高台，眉月连妍恨不开。纵使东巡也无益，君王自领美人来。"后来流落终身，不知最后怎么样。章碣有奇特的才华，曾开创新的诗歌格律，在律诗的八句诗句中，每句韵脚平仄，各个诗句都要押原来的韵，比如"东南路尽吴江畔，正是穷愁薄暮天。鸥鹭不嫌斜雨岸，波涛欺得逆风船。偶逢岛寺停帆看，深美渔翁下钓眠。今古若论英达算，鸱夷高兴固无边"。自称这类诗是变体诗，当时跟风的人也都纷纷写这类诗歌。章碣如今有诗歌一卷，流传在世。

唐彦谦

彦谦，字茂业，并州人也①。咸通末举进士及第②。中和，王重荣表为河中从事③，历节度副使，晋、绛二州刺史④。重荣遇害，彦谦贬汉中掾⑤。兴元节度使杨守亮留署判官⑥，寻迁副使，为阆州刺史⑦，卒⑧。彦谦才高负气，毫发逆意，大恒禁⑨。博学足艺，尤长于诗，亦其道古心雄，发言不苟，极能用事，如自己出。初师温庭筠，调度逼似，伤多纤丽之词，后变淳雅，尊崇工部⑩。唐人效甫者，惟彦谦一人而已。自号"鹿门先生"。有诗集传于世，薛廷珪序云⑪。

【注释】

①并州：州名，治所在今山西太原。

②咸通末举进士及第：据学者考证，唐彦谦或未曾中举，辛文房误。

③王重荣：以父荫补军校，广明时降黄巢，旋反戈，拜河中节度使，助李克用等收复京师，以功检校太尉、同平章事，光启时为部将所杀。

④晋：即晋州，治所在今山西临汾。绛：即绛州，治所在今山西新绛。

⑤汉中：郡名，治所在今陕西汉中。掾：州郡长官的属员。

⑥兴元：府名，治所在今陕西汉中东。杨守亮：本姓訾，名亮，初与弟俱从王仙芝起义，杨复光收养为假子，改现名，拜山南西道节度使，后被杀。

⑦阆州：州名，治所在今四川阆中。

⑧卒：据学者考证，卒时唐彦谦担任壁州刺史。

⑨叵（pǒ）：不可。

⑩工部：即杜甫，曾任检校工部员外郎，故称。传见本书卷二。

⑪薛廷珪：昭宗大顺中拜中书舍人。光化中，迁刑部、吏部二侍郎，权知礼部贡举，拜尚书左丞、入梁，官至礼部尚书。据《鹿门诗集叙》，撰序者为郑贻，疑薛廷珪或别有序，已佚，待考。

【译文】

唐彦谦，字茂业，并州人。咸通末年考中进士。中和年间，王重荣推荐担任河中节度使佐吏，历任河中节度副使，晋州、绛州刺史。王重荣遇害后，唐彦谦被贬为汉中郡属官。兴元节度使杨守亮留他担任府中判官，不久迁任兴元节度副使，担任阆州刺史，去世。唐彦谦才华高超恃其意气，有一点点忤逆他的心意，就很不能忍。他学识渊博，才艺富足，尤其擅长写诗，也是因为他古道雄心，发为诗语一丝不苟，特别擅长用典，像他自己创造出来似的。起初学习温庭筠，风调气度极其相似，因纤细秀丽的辞藻过多而有损于其诗，后来诗风变为纯朴雅正，尊敬推崇杜工部。唐代诗人效法杜甫的，只有唐彦谦一个人而已。唐彦谦自号"鹿门先生"。有诗歌集子，流传在世，据说是薛廷珪为他作的序。

林嵩

嵩，字降臣①，长乐人也②。乾符二年礼部侍郎崔沆下进士③，官至秘书省正字④。工诗善赋，才誉与公乘亿相高，功名之士，翕然而慕之⑤。有诗一卷，赋一卷，传于世。

【注释】

①降臣：一作降神。

②长乐：郡名，治所在今福建福州。具体为长溪（今福建霞浦）。

③崔沆（hàng）：字内融，进士及第。僖宗乾符元年（874）九月，复拜中书舍人，寻迁中书侍郎。乾符二年（875）五月，转礼部侍郎，乾符五年（878）三月迁吏部侍郎。同中书门下平章事。广明元年（880）黄巢攻占长安时被杀。

④秘书省正字：与校书同掌校正典籍。林嵩后来还担任过刺史等官。

⑤翕然：一致貌。

【译文】

林嵩，字降臣，长乐人。乾符二年（875）礼部侍郎崔沆主持考试时考中进士，官至秘书省正字。工于诗歌，擅长写赋，才华声誉跟公乘亿互有高下，获取功名的考生们，一致地仰慕他们。林嵩著有诗歌一卷，赋作一卷，流传在世。

高蟾

蟾，河朔间人①。乾符三年孔缄榜及第②。与郑郎中谷为友③，酬赠称"高先辈"。初，累举不上，题省墙间曰④："冰柱数条捎白日，天门几扇锁明时。阳春发处无根蒂，凭仗东风次第吹⑤。"怨而切。是年人论不公,又《下第上马侍郎》云:"天上碧桃和露种,日边红杏倚云栽。芙蓉生在秋江上,莫向春风怨未开⑥。"意亦指直,马怜之⑦。又有"颜色如花命如叶"之句⑧,自况时运蹇窒,马因力荐⑨。明年⑩,李昭知贡⑪,遂擢桂。官至御史中丞⑫。蟾本寒士,遑遑于一名,十年始就。性倜傥离群,稍尚气节。人与千金,无故,即身死亦不受。其胸次磊块⑬,诗酒能为消破耳。诗体则气势雄伟,态度谐远,如狂风猛雨之来,物物竦动,深造理窟⑭,亦一奇逢掖也⑮。诗集一卷,今传。

【注释】

①河朔:泛指黄河以北地区。

②乾符三年孔缄榜:据学者考证,当为"咸通十四年孔缄榜及第",当时主考官为李昭,状元孔缄。

③郑郎中谷:即郑谷,字守愚,官都官郎中,故称。其诗多写景咏物之作。传见本卷后文。

④省墙:省试的墙壁上。

⑤"冰柱数条撑(zhī)白日"以下几句:此诗原题作《春》,诗意谓很多冰柱支着白天的太阳,好几扇天门都在天亮的时候锁着。温暖的春天还是到来了,但我就像无根的花草,任凭春风怎么吹拂,就是无法盛开。此诗形容落第的心情却没责怪朝廷,与后一首诗同样展示出温柔敦厚的力量。"冰柱数条撑白日"是比喻的说法,实际是因落第心寒,所以看见照射在他身在的阳光就像冰柱,而原来从太阳折射出来的阳光被他冰冷的心情凝结,好像这些化成冰柱的阳光也使太阳被支着,凝结不动了。撑,古同"支",支撑。明时,指政治清明的时代,此用称颂本朝。

⑥"天上碧桃和露种"以下几句：引诗原题为《下第后上永崇高侍郎》，高侍郎即高湜。诗意谓天上的碧桃和着露水播种，太阳边的红杏倚靠着云霞栽培。而自己就像生长在秋江上的荷花，将要枯萎了，却仍不对着春风抱怨自己没有盛开。次第，顷刻。

⑦马怜之：当为高湜怜之。

⑧颜色如花命如叶：诗句意谓我的容貌像花朵，可是命运却像绿叶。即看起来有花的姿态，却一辈子没有盛开的命。比喻自己难以考中进士。

⑨马因力荐：当为高湜力荐。

⑩明年：当为后年。

⑪李昭：曾任礼部侍郎，咸通十四年（873）知贡举。

⑫御史中丞：官名，为御史台副长官，掌监察司法。

⑬磊块：石块，喻心中郁积的不平之气。

⑭理窟：深奥的义理。

⑮逢掖：亦称缝掖，一种宽袖之衣，古代儒者常服，后用作士人的代称。《礼记·儒行》："丘少居鲁，衣逢掖之衣。"

【译文】

高蟾，河朔人。咸通十四年（873）孔缄那一榜的进士，跟都官郎中郑谷是好朋友，郑谷酬答赠送给他的诗歌里称呼他为"高前辈"。起初多次考进士都没考上，在省试墙壁上题诗说："冰柱数条搘白日，天门几扇锁明时。阳春发处无根蒂，凭仗东风次第吹。"诗句哀怨而贴切。这一年的考试，人们议论着觉得不公平，还有一首《下第上马侍郎》诗云："天上碧桃和露种，日边红杏倚云栽。芙蓉生在秋江上，莫向春风怨未开。"诗歌的意指也是很直率，马侍郎怜悯他。又写有"颜色如花命如叶"的诗句，来描述自己当时命运不顺遂，马侍郎因此极力推荐，后年李昭主持科举考试，于是考中进士。官做到御史中丞。高蟾本来是贫寒之士，战战兢兢地为了获得一个功名，花了十年时间才功成名就。他生性潇洒不拘，超群离俗，十分看重气节。别人给他千金，如果没有原由，即使把他杀了也不接受。他的胸怀中有磊落不平之气，只有饮酒写诗可以消除。诗歌体制则气势雄伟，意态气度却和谐悠远，就像狂风暴雨到来，天下万物都被风雨吹动一样，深刻地达到奥秘的义理，也算是一个奇士。高蟾著有诗歌集子一卷，如今流传着。

高骈

骈，字千里，幽州人也①。崇文之孙②。少闲鞍马弓刀，善射，有膂力③，更剉锐为文学④，与诸儒交，硁硁谈治道⑤。初事朱叔明，为府司马⑥，迁侍御史。一日校猎围合，有双雕并飞，骈曰："我后大富贵，当贯之。"遂一发联翩而坠，众大惊，号"落雕御史"。骈为西川节度，筑成都城四十里，朝廷疑之。以宴间咏风筝云："依稀似曲才堪听，又被风吹别调中⑦。"明日诏下，移镇渚宫⑧，亦谶之类也。仕至平章事，封渤海郡王。初骈以战讨之勋，累拜节度，手握王爵，口含天宪⑨，国家倚之。时巢贼日日甚，两京亦陷，大驾蒙尘⑩，遂无勤王之意⑪，包藏祸心，欲便徼幸。帝知之，以王铎代为都统⑫，加侍中⑬。

【注释】

①幽州：州名，治所在今北京西南。

②崇文：即高崇文，少入平卢军，元和初拜左神策行营节度使，率军征讨西川，活捉割据者刘辟，封南平郡王。

③膂（lǚ）力：力气。

④剉（cuò）锐：挫伤锐气。

⑤硜硜（kēng）：理直气壮，从容不迫。

⑥朱叔明：曾任灵武节度使，后任右武卫大将军。

⑦"依稀似曲才堪听"两句：引诗题为《风筝》，意谓依稀像是曲调刚刚可以听，又被风吹跑，变成别的曲调了。这里以"声调"的"调"，暗指"调任"的"调"。

⑧渚宫：春秋楚国别宫，为成王所建，在今湖北荆州西南隅，此代指荆南。然据学者考证，高骈移镇荆南，非朝廷疑之，而是荆南有乱，朝廷倚重高骈，故派其平乱而已。

⑨天宪：指朝廷的法度、政令。

⑩蒙尘：蒙被尘土，比喻帝王流亡。

⑪勤王：语出《左传·僖公二五年》："狐偃言于晋侯曰：'求诸侯莫如勤王。'"后指出兵救援王朝。

⑫王铎：字昭范，乾符六年（879）充荆南节度使、南面行营招讨都统，守江陵（今湖北荆州），战败被免职。广明二年（881），黄巢占长安，出为诸道行营都统、义成节度使，用四方藩镇及李克用沙陀兵击败黄巢，后为藩将乐从训所杀。

⑬侍中：门下省长官，掌出纳帝命，唐代前期为真宰相，中叶以后成为授予勋臣节将的荣誉职称，渐成虚衔。

【译文】

高骈，字千里，幽州人。他是高崇文的孙子。年少时娴熟骑马弓刀，擅长射箭，有力气，后来收敛锐气，学文学，跟诸位儒士交流，从容不迫地谈论治理国家的大道。起初侍奉朱叔明，担任其府中的司马，又迁任侍御史。一天打猎合围，有两只大雕并排飞翔，高骈说："我以后如果有大富贵，当会射穿它们。"于是射出一支箭，两只大雕却联翩坠落，众人大为震惊，称他为"落雕御史"。高骈担任剑南西川节度使，在成都周围筑城四十多里，朝廷怀疑他有异心，高骈就在宴会间写下一首吟咏风筝的诗说："依稀似曲才堪听，又被风吹别调中。"第二天诏令下达，迁他去镇守

荆南，这诗句也是诗谶之类的东西啊。后来高骈官至宰相，被封为渤海
郡王。起初，高骈因为打仗讨伐有功劳，多次拜任节度使，手里握着皇帝
封赐的王爵，嘴巴说的话都有朝廷法令的效力，整个国家都倚重他。当
时黄巢叛军一天比一天强盛，长安和洛阳也都相继沦陷，皇上流亡在外，
于是高骈没有了发兵效忠朝廷的心意，包藏着害人之心，想要趁便以图
侥幸。唐僖宗知道他的想法，就用王铎来代他担任都统，给他加上侍中
的虚衔。

　　骈失兵柄，攘袂大诟①。一旦离势，威望顿尽，方且弃
人间事，绝女色，属意神仙。鄱阳商侩吕用之会妖术②，役
鬼神，及狂人诸葛殷、张守一等相引而进，多为谬悠长年飞
化之说③，羽衣鹤氅，诡辩风生，骈事之若神。造迎仙楼④，
高八十尺，日同方士登眺，计鸾笙在云表而下。用之等叱咤
风雷，或望空揖拜，言睹仙过，骈辄随之，用之曰："玉皇欲
补公真官⑤，吾谪限亦满，必当陪幢节同归上清耳⑥。"其造
怪不可胜纪。至以用之、守一、殷等为将，分掌兵符，皆称
将军，开府置官属，礼与骈均。卒至叛逆首乱，磔尸道途⑦，
死且不悟。裹骈以破毡，与子弟七人，一坎而瘗⑧，名书于唐
史《叛臣传》，亦何足道矣。有诗一卷，今传。大顺中⑨，谢
蟠隐为之序⑩。

【注释】

①攘袂：挽袖捋臂。

②商侩：旧时为买卖双方撮合从中获取佣金的居间人。吕用之：鄱
　　阳（今属江西）人，方士。其父为茶商。中和二年（882）以好谈神
　　仙、公私利病为淮南节度使高骈赏识，同张守一、诸葛殷共蛊惑高

骈,离间其旧将,遂专军权,不久为高骈部将毕师铎起兵征讨,光
启三年(887)为杨行密擒杀。

③谬悠:虚空悠远,荒诞无稽。

④迎仙楼:据《广陵妖乱志》记载,高骈未曾登上迎仙楼,只是登上
延和阁。

⑤玉皇:道教称天帝为玉皇大帝。真官:道家仙官。

⑥幢节:旌旗仪仗,此借指节度使高骈。上清:道教指修仙所居的仙
境"三清"之一。

⑦磔(zhé)尸:陈尸。

⑧瘗(yì):埋葬。

⑨大顺:唐昭宗年号(890—891)。

⑩谢蟠隐:自云谢灵运远孙,有清才,知天下将乱,作《杂感诗》二卷。

【译文】

高骈失去兵权,撸起衣袖破口大骂。他一旦失去权势,威望顿时消
尽,就打算抛弃人间的事情,杜绝女色,把心思放在修仙上面。鄱阳商
人吕用之懂得妖术,能奴役鬼神,和狂悖之徒诸葛殷、张守一等互相引荐
而进用,多谈论荒诞无稽的长生不老、白日飞升化为神仙的事情,穿着羽
毛制成的外衣,谈论没有逻辑的修仙等事议论风生,高骈像侍奉神仙那
样侍奉他们。建造迎仙楼,高达八十尺,每天跟这些方士登楼远望,想象
着仙境吹起的箫声从云外落下。吕用之等人则叱咤着呼风唤雷,或者望
着天空作揖礼拜,说看到神仙飞过,高骈就随着他们也来作揖礼拜,吕用
之说:"玉皇大帝想要给您补任仙官,我被贬谪到人间的期限也快满了,
一定当会陪着迎接您担任仙官的旗子符节一同回到上清仙境啊。"他们
做的怪事写都写不完。甚至到了让吕用之、张守一、诸葛殷等人担任将
领,分别掌管兵符,把他们都称为将军,开建将军府,置办官员属吏,礼节
跟高骈一样。高骈最终成为叛逆朝廷的祸首,被陈尸于道路上,至死都
没有醒悟。用一个破败的毡布把高骈包裹着,跟他家的子孙七个人,一

起埋在一个小沟里,高骈的名字写在《新唐书·叛臣传》中,就不值得人们提起了。高骈有诗歌一卷,如今流传。大顺年间,谢蟠隐为他的诗歌集子作了序。

牛峤

峤,字延峰①,陇西人②,宰相僧孺之后③。博学有文,以歌诗著名。乾符五年孙偓榜第四人进士④,仕历拾遗、补阙、尚书郎⑤。王建镇西川⑥,辟为判官。及伪蜀开国,拜给事中⑦,卒。有集,本三十卷,自序云:"窃慕李长吉所为歌诗⑧,辄效之。"今传于世。

【注释】

①延峰:一字松卿。

②陇西人:具体为临州狄道(今甘肃临洮)人。

③宰相僧孺:即牛僧孺,字思黯,长庆三年(823)任宰相,宝历元年(825)出任武昌军节度使,大和四年(830)再次升任宰相,后又历任淮南节度使,尚书左仆射等职,与李宗闵交结,同为"牛党"首领。

④孙偓:字龙光,乾符五年(878)状元及第,累官至京兆尹,乾宁二年(895)迁户部侍郎同平章事,四年(897)罢相,贬衡州司马。

⑤拾遗:左拾遗隶门下省,右拾遗隶中书省,与左右补阙共掌讽谏,大事延议,小事则上封事。补阙:左补阙隶门下省,右补阙隶中书省,职掌规谏讽谕,大事可以延议,小事则上封奏。尚书郎:尚书省各曹的侍郎、郎中等官,综理职务,皆通称尚书郎。

⑥王建:五代时前蜀国建立者,字光图。唐末,从杜审权击黄巢起义

军,后为壁州刺史,逐西川节度使韦昭度,擢永平军节度使。大顺二年(891)攻取成都,杀陈敬瑄、田令孜,又攻取东川,据有今四川全境。天复三年(903)封为蜀王,后梁开平元年(907)在成都自立为帝,国号蜀,史称前蜀。

⑦给事中:门下省重要职官,职责为若政令有失当,除授非其人,则论奏而驳正之等。

⑧李长吉:即李贺,字长吉,故称。传见本书卷五。

【译文】

　　牛峤,字延峰,陇西人,他是宰相牛僧孺的后代。牛峤学识渊博有文采,以擅长诗词著名。乾符五年(878)孙偓那一榜以第四名考中进士,做过拾遗、补阙和尚书郎。王建镇守西川时,征辟牛峤担任判官,等到前蜀开国,拜任给事中,后来去世。牛峤有集子,本来是三十卷,自己写的序中说:"我私下里仰慕李贺所创作的歌行体诗歌,就效仿他。"如今流传在世。

钱珝

　　珝,吴兴人,起之孙也①。乾宁六年郑蔼榜及第②。昭宗时,仕为中书舍人。工诗,有集传于世。

【注释】

　　①起之孙:应为钱起的曾孙。钱起,传见本书卷四。

　　②乾宁六年:"乾宁"无六年,当为"乾符"之讹。

【译文】

　　钱珝,吴兴人,钱起的孙子。乾宁六年郑蔼那一榜的进士。唐昭宗的时候,官做到中书舍人。钱珝工于诗歌,有集子流传在世。

赵光远

光远，丞相隐之犹子也①。幼而聪悟。咸通、乾符中称气焰②。善为诗。温庭筠、李商隐辈梯媒之③。恃才不拘小节，皆金鞍骏马，尝将子弟恣游狭邪④。著《北里志》⑤，颇述青楼红粉之事。及有诗等传于世。

【注释】

①丞相隐：即赵隐，字大隐，少孤贫，与兄骘同操耕作，闲时读书。宣宗大中三年（849）登进士第，懿宗咸通十三年（872）拜相，由户部侍郎进同中书门下平章事，加中书侍郎，兼礼部尚书，封天水县伯，食邑七百户。隐与兄骘同为省阁大臣，侍母至孝，身居宰辅，不以权位骄人，退朝居家，常穿布衣，不忘旧时贫贱。犹子：指兄弟之子，即侄子。

②气焰：火刚燃烧的热气和火花，比喻人的威风气势。

③梯媒：引荐，介绍。

④狭邪：狭街曲巷，常以指娼妓所居处。

⑤《北里志》：作者非赵光远，乃孙棨撰写成于中和四年（884），记载中和以前长安城北平康里歌妓与文士狎客往来之事。

【译文】

赵光远，是丞相赵隐的侄子。幼时聪慧颖悟，咸通和乾符年间可谓声势显赫。他善于写诗。温庭筠、李商隐之类人引荐他。倚靠才华不拘泥于小节，出入所用都是黄金马鞍、骏壮好马，曾带领贵族子弟放纵地游玩烟花巷。撰写《北里志》，记述了很多妓院妓女的事情，这本书和他的一些诗歌等流传在世。

○光远等千金之子①，厌饫膏粱②，仰荫承荣，视若谈

笑,骄侈不期而至矣。况年少多才,京邑繁盛,耳目所荡,
素少闲邪之虑者哉。故辞意多裙裾妖艳之态,无足怪矣。
有孙启、崔珏同时恣心狂狎③,相为唱和,颇陷轻薄,无退让
之风。惟卢弼气象稍严④,不迁狐惑,如《边庭四时怨》等
作⑤,赏音大播,信不偶然。区区凉德⑥,徒曰贵介⑦,不暇录
尚多云。

【注释】

①千金之子:指富贵人家的子弟。

②厌饫:饱足。膏粱:肥肉和细粮,泛指精美的食物。

③孙启:应作孙棨,字文威,自号"无为子"。唐懿宗、唐僖宗时,久
　　寓长安,与赵光远、崔珏恣意狂狎,相为唱和。唐昭宗乾宁年间与
　　郑谷同为谏官,后任侍御史。崔珏(jué):字梦之,唐宣宗大中年
　　间进士,任淇县令,入朝为校书郎,官至侍御史。与李商隐友善。

④卢弼:即卢汝弼,字子谐,卢纶之孙。唐昭宗景福年间中进士,累
　　迁祠部员外郎、知制诰,后至太原,李克用奏为节度副使,累官户
　　部侍郎,后唐建国之前,卒于晋阳。其诗皆为近体,作有七绝《和
　　李秀才边庭四时怨》四首,为唐末优秀边塞诗。

⑤《边庭四时怨》:即《和李秀才边庭四时怨》。

⑥凉德:薄德。

⑦贵介:指尊贵之人。

【译文】

○赵光远等人都是千金之子,饱享精美的食物,仰靠祖庇继
承荣华富贵,却把这些视作谈笑的儿戏,骄傲奢侈等习惯就毫无预料地
到来了。何况他们这些年纪不大,才华很多,京城繁华鼎盛不断摇荡着
他们的耳目,平时又缺少防范邪恶、有所顾虑的人呢?因此诗歌语句和
情意中常有裙服裾摆之类的妖冶娇艳的姿态,也不足为怪了。还有孙启、

崔珏等同时放纵心意疯狂狎妓，互相写诗唱和，诗意多陷于轻薄的名声，没有谦退避让的风度。只有卢弼气象稍微严整，不被狐媚、诱惑所迁移，像他的《边庭四时怨》等诗，懂诗的知音大为传播，确实不是偶然的。至于那些无德的区区小人空有贵族公子之后，我也就没时间去多记载他们了。

周朴

　　朴，字见素①，长乐人②，嵩山隐君也③。工为诗，抒思尤艰。每有所得，必极雕琢，时诗家称为月锻年炼。未及成篇，已播人口，取重当时如此。贯休尤与往还④，深为怜才。而朴本无夺名竞利之心，特以道尊德贵，美价益超耳。乾符中，为巢贼所得，以不屈，竟及于祸。远近闻之，莫不流涕。林嵩得其诗百余篇为二卷，僧栖浩序首⑤，今传于世。

【注释】

①见素：一字太朴。

②长乐：据学者考证，当为睦州桐庐，治所在今浙江桐庐。

③嵩山：亦误，当在福建一带隐居。

④贯休：俗姓姜，字德隐，七岁出家，云游四方，后入蜀定居，蜀主王建赐号"禅月大师"。有诗名，"超出晚唐"（杨慎《升庵诗话》）。传见本书卷十。

⑤"林嵩得其诗百余篇为二卷"两句：据林嵩《周朴诗集序》，为周朴搜集百余篇诗者为栖浩，而作序者乃林嵩，疑辛文房将二人姓名颠倒致误。

【译文】

　　周朴，字见素，长乐人，是嵩山的隐士。他工于诗歌，抒情、构思尤其艰苦。每次有所收获，一定极力雕琢，当时的诗人称他是月锻年炼。诗歌还没写成篇章，就已在人们口中传播，被当时人重视到这样的程度。贯休尤其喜欢跟他来往，深深地爱惜他的才华。而周朴本来也没有争夺功名利禄的心思，只是凭着道德尊贵，声价美名越来越高。乾符年间，被乱贼黄巢抓住，因为不屈从，竟然招来杀身之祸。远近的人们听说这件事，没有不流泪的。林嵩搜到他的诗歌一百多首，编为两卷，僧栖浩为他作序放在诗集开头，如今流传在世。

　　○周朴山林之癯^①，槁衣粝食^②，以为黔娄、原宪不殄天物^③，庶足保身而长年。今则血染缊袍^④，魂散茅宇，盗跖不仁^⑤，竟嚼虎口。天道福善祸淫^⑥，果何如哉！古称饰变诈为奸轨者，自足乎一世之间；守道循理者，不免于饥寒之患。杀戮无辜，乱世之道。每读至此，未尝不废书抚髀欷歔也^⑦。

【注释】

①癯（qú）：瘦。

②槁衣：白色的衣服，即没有染过色的衣服。

③黔娄：战国时安贫乐道的隐士。原宪：字子思，蓬户褐衣蔬食，不减其乐，曾为孔子家宰，孔子卒后，退隐于卫。不殄（tiǎn）：不消除。

④缊（yùn）袍：古代贫士无力具丝絮，仅能乱麻著于衣中，称缊袍。《论语·子罕》："衣敝缊袍，与衣狐貉者立，而不耻者，其由也与。"

⑤盗跖：这里指黄巢。

⑥天道福善祸淫：语出《尚书·商书·汤诰》，意谓上天的法则是降福给善人，降祸给恶人。

⑦抚髀（bì）：手拍大腿。欷歔（xī xū）：叹息抽泣。

【译文】

　　○周朴是隐居在山林之间瘦弱的隐士，穿着没有染色的衣服，吃着粗粝的食物，原以为就像黔娄、原宪那样不暴殄天物，差不多足够保护生命并长寿。如今却鲜血染遍破败的衣袍,在茅草房中魂飞魄散,黄巢没有仁爱之心,竟然把周朴这样的人嚼进虎口。上天之道赐福给善良的人,降祸给淫乱的人,结果却怎么样呢?古人说修饰自己的善变和欺诈来违法作乱的人,他自己能够在一个时代过得心满意足,而遵守道德遵循义理的人,却无法避免饥饿和寒冷的灾患。把周朴这样无辜的人杀害,就是搅乱社会的不正之道。我每次读到这里,未尝不放下书本拍着大腿叹息哀泣啊。

罗隐

隐①,字昭谏,钱塘人也②。少英敏,善属文,诗笔尤俊拔,养浩然之气③。乾符初举进士,累不第。广明中,遇乱归乡里④。时钱尚父镇东南⑤,节钺崇重⑥,隐欲依焉,进谒,投素作,卷首《过夏口》云⑦:"一个祢衡容不得,思量黄祖谩英雄⑧。"镠得之大喜,以书辟曰:"仲宣远托刘荆州⑨,盖因乱世;夫子乐为鲁司寇⑩,只为故乡。"隐曰:"是不可去矣。"遂为掌书记⑪。性简傲,高谈阔论,满座风生。好谐谑,感遇辄发。镠爱其才,前后赐予无数,陪从不顷刻相背。表迁节度判官、盐铁发运使⑫。未几,奏授著作郎。镠初授镇,命沈崧草表谢⑬,盛言浙西富庶,隐曰:"今浙西焚荡之余,朝臣方切贿赂,表奏,将鹰犬我矣⑭。"镠请隐更之,有云:"天寒而麋鹿曾游,日暮而牛羊不下。"又为贺昭宗改名表云⑮:"左则姬昌之半字,右为虞舜之全文。"作者称赏。转司勋郎中⑯。自号"江东生"。魏博节度罗绍威慕其名⑰,推宗人之分,拜为叔父,时亦老矣,尝表荐之。隐恃才忽睨,众颇憎忌。自以当得大用，而一第落落，传食诸侯^⑱，因人成事^⑲，深怨唐室。

【注释】

①隐：原名横，因科举不中，改名隐。

②钱塘人：据学者考证，当为新城（今浙江富阳西南）人。

③浩然之气：正大刚直之气。语出《孟子·公孙丑上》："我善养吾浩然之气。"

④遇乱：指广明庚子之乱。

⑤钱尚父：指钱镠（liú），字具美（一作巨美），五代时吴越国的建立者。少以贩私盐为业，唐末镇压黄巢起义军，任镇海节度使。乾宁三年（896）击败董昌，在苏南、两浙一带形成割据势力。朱温建梁，受封吴越王，兼淮南节度使。

⑥节钺（yuè）：符节和斧钺，是拜将时授予将领之物。

⑦夏口：地名，即今湖北武汉。黄祖曾任江夏太守，后纳名士祢衡为书记，建安三年（198）以衡言语不逊，杀之于宴会间。

⑧"一个祢衡容不得"两句：意谓连一个祢衡都无法容纳，想想黄祖真是也不是什么英雄。祢衡，字正平，平原般（今山东临邑）人，性刚傲物，曹操曾召为鼓史，当众辱操，后转送江夏太守黄祖，被杀，时年二十六岁。

⑨仲宣：指王粲，字仲宣。西京扰乱，避难荆州，依刘表。后归曹操，为丞相掾、军谋祭酒、侍中、赐爵关内侯。诗赋情调悲凉，在"建安七子"中成就最高。刘荆州：即刘表，字景升。初平元年（190）任荆州刺史，后为荆州牧。病死后，其子刘琮以荆州投降曹操。

⑩夫子乐为鲁司寇：指孔子曾任鲁国大司寇事。

⑪掌书记：官名，节度、观察等使所属均有掌书记，位在副使、判官之下，掌表奏书檄。

⑫盐铁发运使：唐末，江淮节度副大使高骈兼任盐铁转运使时有扬子院留后，以盐铁转运副使充任，广明中高骈奏改为发运使，发运使之名始见于此。

⑬沈崧：字吉甫，乾宁二年（895）登进士第。归闽，途经淮甸，淮帅聘之不就，遂经杭州，镇海军节度使钱镠留沈崧为掌书记，除浙西营田副使，奏授秘书监、检校兵部尚书、右仆射。凡书檄表奏，多出沈崧之手。后晋天福二年（937）钱元瓘为吴越国王，拜为丞相。

⑭鹰犬：打猎中追逐捕捉猎物的鹰和猎犬，这里作动词，指派出猎鹰和猎犬那样的人来剥削。

⑮昭宗：原名李敏，改为李晔，罗隐将"晔"拆为"日"和"华"，姬昌名中取"昌"字一半为"日"，虞舜的名字叫重华，合在一起恰为"晔"。姬昌即周文王，和虞舜都是历史上的明君，罗隐以此期待李晔。

⑯司勋郎中：官名，尚书省吏部司勋司长官，掌有功官吏的勋级政令。

⑰罗绍威：字端己，父弘信为魏博节度使，乾宁五年（898）弘信卒，继任，光化二年（899）附朱温。喜延揽士人，开学馆，聚书万卷，邺都文学盛于一时。

⑱传食诸侯：辗转受诸侯供养。《孟子·滕文公下》："传食于诸侯，不以泰乎？"此处借用成语，诸侯乃指唐末割据一方的地方军阀。

⑲因人成事：指门客依赖主人的关照而成事。语出《史记·平原君虞卿列传》："公等录录，所谓因人成事者也。"

【译文】

罗隐，字昭谏，钱塘人。他年少时英豪聪敏，善于写文章，诗笔尤其俊俏挺拔，蓄养浩然正气。乾符初年考进士，多次都没考上。广明年间，遭遇战乱回到家乡。当时钱镠镇守东南，势力极大，罗隐想去投靠他，进见拜谒，投递自己以前的作品，诗卷第一首《过夏口》说："一个祢衡容不得，思量黄祖谩英雄。"钱镠获得他的作品非常喜悦，用书信征辟他说：

"王粲远远地投奔荆州牧刘表,大概是因为身处乱世;孔夫子乐意担任鲁国的司寇,只是因为鲁国是他的故乡。"罗隐说:"这样就不能离开钱镠了啊。"于是担任他的掌书记。罗隐性格简慢傲诞,高谈阔论,在宾客满堂时谈笑风生。他喜好开玩笑,遇到事物有感触就表达出来。钱镠喜爱他的才华,前前后后赏赐给他无数东西,陪从人员没有一刻离开罗隐。上表升迁他为节度使判官、盐铁发运使。不久,又上奏授任他著作郎。钱镠刚担任节度使,命令沈崧草写谢表,大力夸赞浙西多么富庶,罗隐说:"如今浙西焚烧荡毁之后,朝廷的大臣还在迫切地贪污受贿,这样的谢表奏上去,将要派他们的爪牙来剥削我们了。"钱镠请罗隐把谢表修改一遍,其中有句子说:"天寒而麋鹿曾游,日暮而牛羊不下。"又写祝贺唐昭宗修改名字的表说:"左边是周文王姬昌的'昌'字的一半,右边是虞舜重华的'华'字的全字。"文人都称赞欣赏。转任司勋郎中,自称"江东生"。魏博节度使罗绍威仰慕他的名声,推求都是罗姓同宗的名义,拜他为叔父,当时罗隐已经老了,还是曾上表推荐他。罗隐恃才傲物,轻视别人,众人很是憎恨嫉妒。罗隐自以为当会被朝廷重用,却一个功名也没考上,在诸侯之间辗转谋生,依靠他们完成事业,因此深深地怨恨唐朝王室。

诗文凡以讥刺为主,虽荒祠木偶①,莫能免者。且介僻寡合,不喜军旅。献酬俎豆间②,绰绰有余也。隐初贫,来赴举,过钟陵③,见营妓云英有才思④,后一纪,下第过之,英曰:"罗秀才尚未脱白⑤。"隐赠诗云:"钟陵醉别十余春,重见云英掌上身。我未成名英未嫁,可能俱是不如人⑥。"与顾云同谒淮南高骈⑦,骈不礼,骈后为毕将军所杀⑧,隐有延和阁之讥⑨。又以诗投相国郑畋⑩。畋有女殊丽,喜诗咏,读隐作至"张华谩出如丹语,不及刘侯一纸书"⑪,由是切慕之,精爽飞越^⑫,莫知所从。隐忽来谒,女从帘后窥见迂寝之状,不复念矣。隐精法书,喜笔工茊凤^⑬,谓曰:"笔,文章货也。今助子取高价。"即以雁头笺百幅为赠^⑭,士大夫踵门问价,一致千金。率多借重如此。所著《谗书》《谗本》《淮海寓言》《湘南应用集》《甲乙集》《外集》《启事》等,并行于世。

【注释】

①荒祠:罗隐有《后土庙》诗。木偶:罗隐有《木偶人》文。

②俎(zǔ)豆:俎与豆是古代礼器,用于行祭礼时盛肉食,孔子曾以俎豆之事用来同军旅之事相对举,后世代指礼仪。

③钟陵:县名,治所在今江西南昌。

④营妓:古代军中官妓。

⑤脱白:脱去白衣,指考中进士。

⑥"钟陵醉别十余春"以下几句:引诗题为《偶题》(一作《嘲钟陵妓云英》),意谓自从钟陵跟你喝酒告别已十多个春秋,再次见到你还是体态轻盈。我没有考上功名你也没有嫁人,可能是我们都不如别人吧。掌上身,指女子轻盈善舞的体态。

⑦顾云:字垂象,与杜荀鹤、殷文圭同肆业于九华。咸通十五年(874)中进士,授淮南从事。避毕师铎之乱退居霅川,杜门著述。后被荐与司空图等分修宣、懿、僖三朝实录,书成,加虞部员外郎。

⑧毕将军:指毕师铎,乾符元年(874)从王仙芝起义,后隶黄巢。六年(879)降于唐镇海节度使高骈为牙将,以不得信用而自危。光启三年(887)杀高骈,推秦彦为节度使,受署为行军司马。后为杨行密所破,投秦宗衡,被宗衡部将孙儒所杀。

⑨延和阁之讥:罗隐《广陵妖乱志》中之诗云:"延和高阁上干云,小

语犹疑太乙闻。烧尽降真无一事,开门迎得毕将军。"

⑩ 相国郑畋(tián):字台文,僖宗时任中书舍人、兵部侍郎、吏部侍郎、同平章事等职。

⑪ "张华谩出如丹语"两句:张华白白地说出忠诚于王室的话,还比不上刘弘写的一张纸有效果。据记载,刘弘每次下令都自己写,后来天下方乱,弘专督江汉,识人善任,多行惠政。言外之意是当时的臣子,与其像张华那样忠心地护卫大唐王室而被杀,还不如像刘弘那样割据一方,保一方百姓有效。

⑫ 精爽:犹言人之精神或魂魄。

⑬ 苌凤:唐代制作毛笔的工匠。

⑭ 雁头笺:唐代纸名,是以雁皮(即山棉皮)纤维为原料制造的一种纸张。

【译文】

罗隐的诗文总是以讥刺为主,即使是荒凉的祠堂和木偶,也没有能够幸免的。而且耿介孤僻跟人合不来,不喜欢军队生活。在礼仪献酬方面的才华,则是绰绰有余的啊。罗隐起初贫寒,来京城参加考试,路过钟陵,看当地的官妓云英有才华情思,后来十二年过去,没有考中,又路过这里,云英说:"罗秀才还没考中功名。"罗隐写诗赠送给她说:"钟陵醉别十余春,重见云英掌上身。我未成名英未嫁,可能俱是不如人。"跟顾云一起拜谒淮南节度使高骈,高骈没有礼待他们,高骈后来被属下毕师铎所杀害,罗隐用延和阁的诗歌来讥讽他。又拿诗歌投递给宰相郑畋,郑畋有个女儿特别美丽,喜欢吟咏诗歌,读罗隐的作品读到"张华谩出如丹语,不及刘侯一纸书",因为这个特别仰慕他,魂魄飞翔翻越,不知去了哪里。一天罗隐忽然来拜见,女儿从帘幕后面偷偷看见他那迂腐丑陋的样子,不再想念了。罗隐精通书法,喜欢制笔的工匠苌凤,对他说:"毛笔,是写文章的重要货品啊,如今我帮你卖个好价钱。"就送给苌凤雁头笺纸一百幅,士大夫们到他门前询问笔价,苌凤一下子获得千金财富。大体上罗隐的名声就这样被人们倚重。所撰写的《谗书》《谗本》《淮海寓言》《湘南应用集》《甲乙集》《外集》《启事》等书，一起流行在世。

〇《易》戒毋以小善为无益而弗为，小恶为无伤而弗去也[1]。罗隐以褊急性成，动必嘲讪，率成谩作，顷刻相传。以其事业非不五鼎也[2]，学术非不经史也，夫何齐东野人[3]，猥巷小子[4]，语及讥诮，必以隐为称首。凋丧淳才，揄扬秽德，白日能蔽于浮翳[5]，美玉曾玷于青蝇[6]，虽亦未必尽然，是皆阙慎微之豫[7]。阮嗣宗臧否不挂口[8]，欲免其身。如滑稽玩世东方朔之流[9]，又不相类也。

【注释】

①"《易》戒毋以小善为无益而弗为"两句：语出《周易·系辞下》："小人以小善为无益而弗为也，以小恶为无伤而弗去也，故恶积而不可掩，罪大而不可解。"

②五鼎：古代祭礼，大夫以五鼎盛祭品。常以五鼎指借贵官。《史记·平津侯主父偃列传》："且丈夫生不五鼎食，死即五鼎烹耳！"

③齐东野人：齐国东部乡讲粗野话的下人。《孟子·万章下》："此非君子之言，齐东野人之语也。"

④猥巷小子：曲巷里的小孩子。

⑤浮翳(yì)：浮动的遮蔽物，指浮云。

⑥青蝇：《诗经·小雅·青蝇》以"青蝇"比喻谗人，这里指谗言。

⑦阙：即"缺"。慎微：重视细微的或始发的事情。

⑧阮嗣宗：即阮籍，字嗣宗，与嵇康齐名，"竹林七贤"之一。魏晋之际，司马氏专政，士人少有自全者，为生存计，阮籍口不臧否人物，常常醉酒，采取消极抵抗的态度，有《咏怀诗》八十二首。臧否

（zāng pǐ）：褒贬，批评。

⑨滑稽：指古代优人活动的用语，司马贞《史记索隐》："滑，乱也，
　　稽，同也，言辨捷之人，言非若是，说是若非，言能乱异同也。"东
　　方朔：字曼倩，西汉人，武帝时上书自荐，后任常侍郎，官至太中大
　　夫、给事中，性诙谐滑稽，善讽刺，亦能直言切谏。

【译文】

〇《周易》告诫人们不要因为小小的善举没有用处而不去做，也不
要因为小小的恶举没有伤害而不改掉啊。罗隐因为器量狭小而急躁的
性情已经养成，动不动就嘲讽讥讪，轻率地写成辱谩别人的作品，转眼就
相互传遍。从他的事业来看并非不是高官厚禄啊，从他的学术来看也并
非不是经史之学啊，为什么乡下的粗野之人和里巷里的毛小子，一说到
讥讽嘲谑，一定把罗隐放在首位呢？凋零丧失醇厚的才华，宣扬污秽的
德行，就算是白日也能被浮云所遮蔽，美玉也曾被黑苍蝇玷污，虽然也未
必都会这样，但这些都是缺乏对细微之事也保持谨慎而造成的。阮籍嘴
上从来不褒贬别人，以避免给自己带来灾祸。如果说罗隐是诙谐玩世不
恭的东方朔一类人，他又跟东方朔不相似啊。

罗虬

　　虬，词藻富赡，与族人隐、邺齐名，咸通间称"三罗"，气
宇终不逮①。广明庚子乱后，去从鄜州李孝恭为从事②。虬
狂宕无检束，时雕阴籍中有妓杜红儿③，善歌舞，姿色殊绝，
尝为副戎属意④。会副戎聘邻道，虬久慕之，至是请红儿歌，
赠以缯彩⑤。孝恭以为副戎所贮⑥，从事则非礼，勿令受赆⑦。
虬不称意，怒，拂衣起，诘旦，手刃杀之。孝恭以虬激己，坐
之，顷会赦。虬追其冤，于是取古之美女有姿艳才德者，作

绝句一百首,以比红儿,当时盛传。此外不见有他作。体固凡庸,无大可采。《序》曰:"红儿美貌年少,机智慧悟,不与群妓等。余知红者,择古灼然美色⑧,优劣于章句间⑨。"其卒章云⑩:"花落尘中玉堕泥,香魂应上窈娘堤。欲知此恨无穷处,长倩城乌夜夜啼⑪。"情极哀切。初以白刃相加,今曰"余知红者",虬实一狂夫也。且拘律之道大爽,姑录为笑谈耳。

【注释】

①气宇:气概,器宇。

②鄜(fū)州:州名,治所在今陕西富县。李孝恭:唐僖宗中和、光启年间担任鄜坊节度使。

③雕阴:郡名,治所在今陕西绥德。

④副戎:指节度副使。

⑤缯(zēng)彩:五彩的缯帛。

⑥贮:通"伫",等待之义。

⑦贶(kuàng):赐予。

⑧灼然:形容明显的样子。

⑨章句:指诗歌篇章和语句。

⑩卒章:指罗虬《比红儿诗》的最后一首。

⑪"花落尘中玉堕泥"以下几句:意谓杜红儿之死就像鲜花陨落尘土、美玉坠入泥污,尽管如此,她的芳香魂魄应会登上窈娘堤。要想知道这种悔恨无穷到什么程度,就请让城头的乌鸦每夜都长久地啼叫不已吧。考罗虬之诗,盖与杜红儿许为知己,然行为过激,后始悔恨,已无可及,故以诗忏悔,皆不幸者也。考"久慕之",则罗虬与杜红儿之相识,或在副节度使之前亦未可知,辛文房以

为"笑谈",实贬之太过。窈娘堤,天津桥北岸的河堤,孟棨《本事
诗·情感》:"唐武后时,左司郎中乔知之有婢名窈娘,艺色为当时
第一。知之宠爱,为之不婚。武延嗣闻之,求一见,势不可抑。既
见即留,无复还理。知之愤痛成疾,因为诗,写以缣素,厚赂阍守
以达。窈娘得诗悲惋,结于裙带,赴井而死。延嗣见诗,遣酷吏诬
陷知之,破其家。"后传说洛神同情窈娘,河水暴涨,冲毁坚固的
天津桥,漫到、淤填窈娘投井处,等天津桥北岸重修河堤,称之为
"窈娘堤"。倩(qìng),请别人代自己做事。

【译文】

　　罗虬,诗歌才华丰富赡足,跟同宗诗人罗隐、罗邺齐名,咸通年间人
称"三罗",但是气度、器宇都比不上罗隐和罗邺。广明元年(880)黄巢
攻进长安之后,罗虬前往投奔鄜州节度使李孝恭,担任佐吏。罗虬狂浪
放纵没有约束,当时雕阴官籍中有妓女杜红儿,擅长歌舞,姿态容貌都很
卓绝,曾被节度副使看上,适逢节度副使出使旁边的方镇,罗虬仰慕她很
久,到这时邀请杜红儿唱歌,把彩色缯帛送给她。节度使李孝恭认为杜
红儿是节度副使所中意的,罗虬作为节度使的佐吏这样做是不符合礼节
的,就下令让杜红儿不要接受罗虬的馈赠。罗虬不称心,生气地拂衣起
来。第二天早晨,亲手用剑杀死杜红儿。李孝恭用罗虬刺激自己为罪名
把他抓起来问罪,不久遇到大赦。罗虬追忆杜红儿的冤屈,于是选取古
代的美女中姿色和才德兼备的人,写作一百首绝句,来比拟杜红儿,当时
盛行,除此之外没看见有其他好的作品。罗虬的诗格本来就很平凡庸俗,
没有太多可以采录的作品。《比红儿诗序》说:"杜红儿容貌美丽年纪青
春,机智聪慧有悟性,不跟众多的歌妓一样。我是深知杜红儿的人,选择
古代光彩显然的美女,在诗歌篇章和字句之间来跟杜红儿比较高下。"最
后一首写道:"花落尘中玉堕泥,香魂应上窈娘堤。欲知此恨无穷处,长
倩城乌夜夜啼。"诗歌情感极其悲哀恳切。当初用锋利的刀刃来加害她,
现在又说"我是深知杜红儿的人",罗虬实在是一个疯狂的人啊。而且《比

红儿诗》跟裨益教化的风雅之道相差太远，姑且把他的事迹和诗歌记录下来当作笑谈罢了。

崔鲁

鲁^①，广明间举进士。工为杂文，才丽而荡。诗慕杜紫微风范^②，警句绝多^②。如《梅花》云"强半瘦因前夜雪，数枝愁向晚来天"^③，又"初开已入雕梁画，未落先愁玉笛吹"^④，《莲花》云"何人解把无尘袖，盛取清香尽日怜"^⑤，《山鹊》云"一番春雨吹巢冷，半朵山花咽嘴香"^⑥，又《别题》云"云生柱础降龙地，露洗林峦放鹤天"等^⑦，皆绮制精深，脍炙人口。颇嗜酒，无德，尝醉辱陆肱郎中^⑧，旦日惭甚，为诗谢曰："醉时颠蹶醒时羞，曲蘖催人不自由。叵耐一双穷相眼，不堪花卉在前头^⑨。"陆亦谅之。悠悠乱世，竟无所成。鲁诗善于状景咏物，读之如咽冰雪，心爽神怡，能远声病，气象清楚，格调且高，中间别有一种风情，佳作也！诗三百余篇，名《无机集》，今传。

【注释】

①鲁：一作橹。

②杜紫微：指杜牧，杜牧曾官中书舍人，唐时的中书省又称紫微省，故名。传见本书卷六。

③"强半瘦因前夜雪"两句：意谓梅花消瘦的大半原因是前夜下过一场雪，如今只剩数枝梅花向着薄暮的天空忧愁地开放。强半，多半。

④"初开已入雕梁画"两句：引诗题为《岸梅》，意谓岸上的梅花刚开

放，就已美丽到可以画进彩绘装饰的栋梁上了，还没凋落就预先
担心玉笛会被吹落。笛曲有《梅花落》，故联想到梅花之落是因玉
笛声，所以梅花会担忧自己被玉笛吹落。

⑤"何人解把无尘袖"两句：引诗题为《残莲花》，意谓哪个人懂得用
没有沾染过风尘的衣袖，来装满荷花的清香整日地怜惜它？解，
懂得。

⑥"一番春雨吹巢冷"两句：意谓一番春雨吹得鸟巢里很寒冷，吃下
半朵山中的花朵整个鸟喙都含香。

⑦"云生柱础降龙地"两句：《唐摭言》称为"山寺诗"，意谓木柱下
所垫的石墩上刻着龙，山寺里的云朵就在刻龙的地方降落，清露
把长满森林的山峦一洗，正是放飞仙鹤的好天气。

⑧陆肱：大中九年（855）登进士第，乾符时，历虔州、湖州刺史。能
诗，与诗人李频、郑谷、许棠等人友善。其为虔州刺史时，特辟许
棠为郡从事，崔鲁亦在府中，曾因醉失礼于肱，醒后遂作诗道歉。
郎中：官名，设于尚书都省左右司和六部二十四司，为诸司的长
官，分掌六部事务。

⑨"醉时颠蹶（jué）醒时羞"以下几句：引诗题为《有酒失于虔州陆
郎中肱以诗谢之》（一作《酒后谢陆虔州》），意谓喝醉的时候摇摇
晃晃，酒醒后感到羞愧，美酒催促人不由自主。可恨我这双穷酸
样的眼睛，眼前看不得您这样富贵的花卉。言外之意请您不要
跟我这穷酸的人一般见识，原谅我吧。颠蹶，颠扑，摇摇晃晃。
曲蘖（qū niè），酒曲，代指酒。叵耐，不可耐，意谓可恨。穷相，穷
乏寒酸之态。

【译文】

崔鲁，广明间参加进士考试。他擅长各种文体，才华流丽且放荡。
诗歌创作倾慕杜牧的诗歌风范，精警的诗句特别多。比如《梅花》诗道"强
半瘦因前夜雪，数枝愁向晚来天"，又说"初开已入雕梁画，未落先愁玉笛

吹"，《莲花》诗道"何人解把无尘袖，盛取清香尽日怜"，《山鹊》诗道"一番春雨吹巢冷，半朵山花咽嘴香"，又《别题》诗道"云生柱础降龙地，露洗林峦放鹤天"等诗句，都是制作绮丽精深，脍炙人口。崔鲁很喜欢喝酒，酒品不好，曾经喝醉了侮辱陆肱郎中，第二天酒醒后非常惭愧，写诗道歉说："醉时颠蹶醒时羞，麴糵催人不自由。叵耐一双穷相眼，不堪花卉在前头。"陆肱也原谅了他。崔鲁在这乱世漂浮不定，最终一事无成。崔鲁的诗善于刻画景色歌咏物体，读他的诗就像咽下冰雪，让人心里爽快精神愉悦，能远离声律的弊病，气势物象清清楚楚，格调又高，诗歌中间别有一种奇特的风味情怀，真是佳作啊！崔鲁有诗歌三百多首，诗集名叫《无机集》，如今流传。

秦韬玉

韬玉，字中明，京兆人。父为左军军将①。韬玉少有词藻，工歌吟，恬和浏亮②。慕柏耆为人③，然险而好进，谄事大阉田令孜④，巧宦，未期年，官至丞郎⑤，判盐铁，保大军节度判官⑥。僖宗幸蜀，从驾。中和二年，礼部侍郎归仁绍放榜⑦，特敕赐进士及第，令于二十四人内安排，编入春榜⑧，令孜引擢工部侍郎⑨。韬玉歌诗，每作，人必传诵。《贵公子行》云："阶前莎毯绿未卷⑩，银龟喷香挽不断⑪。乱花织锦柳捻线⑫，妆点池台画屏展。主人功业传国初，六亲联络驰朝车⑬。斗鸡走狗家世事⑭，抱来皆佩黄金鱼⑮。却笑书生把书卷，学得颜回忍饥面⑯。"又，潇水出道州九疑山中⑰，湘水出桂林海阳山中⑱，经灵渠⑲，至零陵与潇水合⑳，谓之"潇湘"，为永州二水也㉑。清沚一色㉒，高秋八九月，才丈余，浅碧见底。过衡阳㉓，抵长沙，入洞庭。韬玉赋诗云："女娲罗裙长百尺,搭在湘江作山色^㉔。"又云:"岚光楚岫和空碧,秋染湘江到底清^㉕。"由是大知名,号为绝唱。今有《投知小录》三卷,行于世。

【注释】

①左军军将:唐宫廷十二卫各分左右,为首都警卫部队。每军各有大将军、将军、郎将等职。此处不知秦韬玉父亲具体是何军军将。

②浏亮:清脆明朗。

③柏耆(qí):名将柏良器之子。宪宗时王承宗叛,奉使游说承宗归朝。文宗立,迁谏议大夫,李同捷叛而力屈请降,以数百骑入沧州取李同捷赴京,中途杀之。诸将奏其邀功,贬循州司户,后赐死。

④田令孜:字仲则,本姓陈,宦官,深受僖宗宠信。黄巢攻入长安,他拥僖宗奔蜀,被封为晋国公。僖宗还京,请收安邑、解县两池盐利,河中节度使王重荣不奉诏,与李克用联合进军长安,令孜挟僖宗逃往汉中,后为割据四川的王建所杀。

⑤丞郎:唐朝尚书省的左右丞和六部侍郎的统称。

⑥保大军:僖宗中和二年(883)将渭北节度使赐号保大军节度使,治所在今陕西富县。

⑦归仁绍:广明间,从僖宗奔蜀,中和二年(882)任礼部侍郎,掌贡举,奉敕特赐诗人秦韬玉及第,编入春榜。

⑧春榜:科举春试及第的布告榜。

⑨工部侍郎:尚书省工部的副长官,协助尚书掌管百工山泽水土之政令,考其功以诏赏罚,总所同各司之事。

⑩莎毯:香附子的别称。

⑪银龟:官印,古代官员的印鉴上有龟纽,故称。

⑫捻(niǎn):用手指搓。

⑬六亲:古代指六种亲族或亲属,后泛指众多亲属。

⑭斗鸡走狗：让鸡互相争斗，纵狗奔跑打猎，贵族的游乐活动。后泛指游手好闲，不务正业。

⑮黄金鱼：高官佩戴的黄金鱼符。

⑯颜回：字子渊，亦称颜渊，孔子弟子，安贫乐道，敏惠好学，在孔门中以德行著称，被后世儒家尊为"复圣"。

　　"阶前莎毯绿未卷"一诗，意谓台阶前的香附子刚泛绿还没长到卷曲，银色官印散发出的香气挽也挽不断。杂乱的花朵像织出的锦缎，柳条如捻成的线条，展开画屏来装扮点缀池塘亭台。里面的主人的功劳业绩从建国之初就传下来，他的众多亲戚络绎不绝地奔驰着马车去上朝。斗鸡走狗是他们家世代相传的事业，从他们刚出生还被抱着的时候就佩带着黄金鱼符，成为高官。却嘲笑那些拿着书卷的书生，学来学去只是学得像颜回那样面黄肌瘦。

⑰道州：州名，治所在今湖南道县。九嶷山：一作九疑山，又名苍梧山，在湖南宁远县南六十里。山有九峰，形状相似，"行者望之有疑"，因名"九疑山"。相传虞舜南巡，病死苍梧，葬于此山。

⑱海阳山：又名阳朔山，今广西东北部兴安、灌阳、灵川、恭城等县境内之海洋山，为湘江上源海洋河及支流灌江发源处。

⑲灵渠：秦始皇时修筑，中国古代最早的著名水利工程之一，是沟通湘江和漓江的运河，在今广西兴安县境内。

⑳零陵：县名，治所在今湖南永州零陵区。

㉑永州：州名，治所在今湖南永州。

㉒清泚（cǐ）：清澈澄净。

㉓衡阳：县名，治所在今湖南衡阳。

㉔"女娲罗裙长百尺"两句：意谓女娲的丝罗裙有百尺那么长，搭在湘江中，使湘江的江水跟碧绿的青山同一颜色。实际上湘江江水清澈，故能倒映山色，然此倒映之山色比较轻虚，比作女娲罗裙沉入湘江，便获得质感。

㉕"岚光楚岫和空碧"两句：引诗题为《长安书怀》，意谓山岚光影升
　起在楚地的山脉上跟天空一样碧蓝，秋高气爽感染湘江一直清澈
　见底。岫，山峰。

【译文】

　　秦韬玉，字中明，京兆人。父亲担任左军将军。秦韬玉年少有文采，
工于诗歌，他的诗恬静和谐清脆明朗。仰慕柏耆的为人，但他却心藏邪
恶很想往上爬，谄媚侍奉大宦官田令孜，巧于做官，没有满一年，就做到
丞郎，判管盐铁，又任保大军节度使判官。唐僖宗逃到四川，秦韬玉随从
护驾。中和二年（882）礼部侍郎归仁绍发放考中的进士榜单，唐僖宗特
意下诏赐秦韬玉考中进士，让礼部在考中的二十四个名额中安排，编进
春试的榜单中，田令孜引荐提拔秦韬玉为工部侍郎。秦韬玉的歌行体诗，
每作一首，必定被人传诵。他的《贵公子行》写道："阶前莎毯绿未卷，银
龟喷香挽不断。乱花织锦柳捻线，妆点池台画屏展。主人功业传国初，
六亲联络驰朝车。斗鸡走狗家世事，抱来皆佩黄金鱼。却笑书生把书卷，
学得颜回忍饥面。"又潇水源出湖南道州九疑山中，湘水源出广西桂林海
阳山中，经过灵渠，到零陵之后跟潇水汇合，称作"潇湘"，是湖南永州的
两条河流啊。江水清澈澄净没有杂色，秋高气爽的八九月，深度才一丈
多，江水浅缩，清碧见底，经过衡阳，到达长沙，流进洞庭湖。秦韬玉写诗
说："女娲罗裙长百尺，搭在湘江作山色。"又写道："岚光楚岫和空碧，秋
染湘江到底清。"因此名气大增，这些诗句被称作绝唱。秦韬玉如今有《投
知小录》三卷，流行在世。

郑谷

　　谷，字守愚，袁州宜春人①。父史②，开成中为永州刺史③。
谷幼颖悟绝伦，七岁能诗。司空侍郎图与史同院，见而奇之，
问曰："予诗有病否？"曰："大夫《曲江晚望》云：'村南斜日

闲回首，一对鸳鸯落渡头④。'此意深矣。"图拊谷背曰："当为一代风骚主也⑤！"光启三年⑥，右丞柳玭下第进士⑦，授京兆鄠县尉⑧，迁右拾遗、补阙⑨。乾宁四年，为都官郎中⑩，诗家称"郑都官"，又尝赋《鹧鸪》警绝⑪，复称"郑鹧鸪"云。未几告归，退隐仰山书堂，卒于北岩别墅。

【注释】

①宜春：县名，治所在今江西宜春。

②父史：郑史，字惟直，诗人郑谷父。开成元年（836）登进士第，任国子博士，大中十一年（857），任永州刺史。

③开成中：据学者考证，当为大中中。

④"村南斜日闲回首"两句：引诗出自《华上二首》其二，意谓在村南落日下悠闲地回头，看见一对鸳鸯落在渡头中。这里用鸳鸯比喻唐玄宗和杨贵妃，用斜日比喻大唐走下坡路，因此颇有深意。

⑤风骚：国风和《离骚》，代指诗歌。

⑥光启：唐僖宗年号（855—888）。

⑦右丞柳玭（pín）：明经及第，补秘书正字，乾符中为岭南节度副使。黄巢占广州后，逃归长安，中和初至成都行在，历中书舍人、御史中丞。光启三年、四年（887、888），以尚书右丞权知礼部贡举，擢郑谷、崔涂等及第，后坐事贬泸州刺史，寻卒。有文学，工楷书。

⑧京兆鄠（hù）县：县名，治所在今陕西西安鄠邑区。

⑨右拾遗：官名，唐代门下省所属的谏官，掌规谏，荐举人才。补阙：左补阙隶于门下省，右补阙隶于中书省，职掌规谏讽谕，大事可以廷议，小事则上封奏。

⑩都官郎中：官名，尚书省刑部都官司长官，掌配役隶，簿录俘囚，以给衣粮药疗等。

⑪赋《鹧鸪》警绝：指郑谷《鹧鸪》诗中的"雨昏青草湖边过，花落黄

陵庙里啼",此句妙在通过转换主语使"青草湖""黄陵庙"从地名具体变为诗歌环境。诗句意谓落雨使青草湖昏暗,鹧鸪这时从湖边飞过,花朵在黄陵庙凋落,鹧鸪在庙里啼叫。

【译文】

郑谷字守愚,袁州宜春人。他的父亲郑史,开成年间担任永州刺史。郑谷幼小时聪颖有悟性超出同辈,七岁就能写诗。侍郎司空图跟郑史为同事,看到郑谷感到不同寻常,问他说:"我的诗歌有弊病吗?"郑谷说:"您在《曲江晚望》诗中说'村南斜日闲回首,一对鸳鸯落渡头',这里面的用意很深啊。"司空图拍着郑谷的背说:"你应当会成为一代诗坛盟主啊。"光启三年(887)尚书右丞柳玭主持考试时考中进士,授任京兆府下的鄠县县尉,迁任右拾遗和补阙。乾宁四年(897)担任都官郎中,诗人们称他为"郑都官",又曾经写《鹧鸪诗》精警绝伦,人们又称他为"郑鹧鸪"。不久后告老回乡,退居隐住在仰山书堂,在北岩山庄里去世。

谷诗清婉明白,不俚而切,为薛能、李频所赏①。与许棠、任涛、张蠙、李栖远、张乔、喻坦之、周繇、温宪、李昌符唱答往还②,号"芳林十哲"③。谷多结契山僧,曰:"蜀茶似僧,未必皆美,不能舍之。"齐己携诗卷来袁谒谷,《早梅》云:"前村深雪里,昨夜数枝开④。"谷曰:"数枝非早也,未若一枝佳。"己不觉投拜,曰:"我一字师也。"尝从僖宗登三峰⑤,朝谒之暇,寓于云台道舍⑥,编所作为《云台编》三卷,归编《宜阳集》三卷。及撰《国风正诀》一卷,分六门,摭诗联,注其比象君臣贤否、国家治乱之意。今并传焉。

【注释】

①薛能、李频:传均见本书卷七。

②许棠、任涛：传均见本卷。张蠙：字象文，昭宗乾宁二年（895）举
　进士，王建立国，入蜀任膳部员外郎，诗以五、七律最多。传见本
　书卷十。李栖远：咸通末与许棠等同时并称十哲，余未详。张乔：
　咸通初年曾参加京兆府试，赋《月中桂》诗，有"根非生下土，叶不
　坠秋风"句，被主考官李频推为第一，黄巢乱起，隐九华山。传见本
　书卷十。喻坦之：咸通中，累举进士不第，久困长安，曾北游代北，
　后归故山。传见本卷后文。温宪：温庭筠之子，龙纪元年（889）进
　士及第，后迁至郎中而卒。传见本卷后文。李昌符：传见本书卷八。
③芳林十哲：当为"咸通十哲"，指唐懿宗咸通（860—873）时期十
　多个著名诗人，王定保《唐摭言》云："咸通末，京兆府解，李建州
　时为京兆参军主试，同时有许棠与（张）乔，及俞（喻）坦之、剧
　燕、任涛、吴罕、张蠙、周繇、郑谷、李栖远、温宪、李昌符，谓之'十
　哲'。"明胡震亨《唐音癸签》遂称之为"咸通十哲"。"芳林十哲"
　则指唐懿宗咸通（860—873）时期出入宫禁，结交权贵的十个诗
　人、文士，王定保《唐摭言》云："咸通中，自云翔辈凡十人，今所
　记者有八，皆交通中贵，号'芳林十哲'。芳林，门名，由此入内故
　也。"所记八人为秦韬玉、沈云翔、林绚、郑玘、刘业、唐珣、吴商
　叟、郭薰，其余两人待考。
④"前村深雪里"两句：意谓村前的深雪中，有几枝不畏严寒的梅花昨
　夜冒着大雪开放。后齐己听从郑谷的意见，改为有一枝梅花盛开。
⑤僖宗：当为昭宗。三峰：指华山三峰，乾宁三年（896）唐昭宗奔投
　华州，依附韩建。
⑥云台：后汉洛阳南宫中的台阁，为朝廷议事之所，后借指朝廷。道
　舍：道观。

【译文】

　　郑谷的诗歌清俊婉约，明白晓畅，不俚俗却很贴切，被薛能、李频所
欣赏。跟许棠、任涛、张蠙、李栖远、张乔、喻坦之、周繇、温宪、李昌符等

人唱和酬答，用诗歌互相来往交流，人称"芳林十哲"。郑谷多结交山中的高僧，他说："四川的茶叶跟和尚一样，不是都很好，但不能舍弃它。"齐己带着自己的诗卷来袁州拜访郑谷，其中有一首《早梅》写道："前村深雪里，昨夜数枝开。"郑谷说："都开了好几枝不算早了，不如改为'一枝'更好。"齐己佩服得不由自主地行礼，说："您是我的一字之师啊。"郑谷曾经随从唐僖宗登上华山三峰，朝见拜谒的空暇里，寓居在朝廷临时所在地旁边的道观，把自己所创作的诗歌编成《云台编》三卷，回到袁州后又编成《宜阳集》三卷。还有他撰写的《国风正诀》一卷，这本书内容分为六类，摘取《诗经》的句子，注释这些句子中比拟君臣好坏和国家治乱等深意。如今这些诗集和著作都流传下来了。

齐己

　　齐己，长沙人，姓胡氏，早失怙恃①。七岁颖悟，为大沩山寺司牧②，往往抒思，取竹枝画牛背为小诗。耆夙异之③，遂共推挽入戒④。风度日改，声价益隆。游江海名山，登岳阳⑤，望洞庭，时秋高水落，君山如黛⑥，唯湘川一条而已⑦，欲吟杳不可得，徘徊久之。来长安数载，遍览终南、条、华之胜⑧。归过豫章⑨，时陈陶近仙去⑩，己留题有云："夜过修竹寺，醉打老僧门⑪。"至宜春，投诗郑都官云⑫："自封修药院，别下著僧床⑬。"谷曰："善则善矣，一字未安。"经数日，来曰："别扫如何？"谷嘉赏，结为诗友。曹松、方干皆己良契⑭。性放逸不滞，土木形骸⑮，颇任琴樽之好。尝撰《玄机分别要览》一卷，摭古人诗联，以类分次，仍别风、赋、比、兴、雅、颂，又撰《诗格》一卷。又与郑谷、黄损等共定用韵为葫芦、辘轳、进退等格⑯，并其诗《白莲集》十卷，今传。

【注释】

① 怙恃(shì)：《诗经·小雅·蓼莪》："无父何怙，无母何恃。"后因怙恃为父母的代称。

② 大沩(wéi)山寺：在今湖南宁乡西。沩山为衡山山脉分支，是沩水发源地，沩仰宗之祖灵祐居此弘扬禅风，世称"沩山灵祐"。

③ 耆夙(qí sù)：亦作"耆宿"，年高而有道德学问的人，这里指高僧。

④ 推挽：在前面拉车叫挽，在后面送叫推，比喻推荐、引进。

⑤ 岳阳：古名巴陵，又称岳州，因在天岳山之阳而得名，位于湖南东北部的洞庭湖与长江汇合处，这里指岳阳楼。

⑥ 君山：又名湘山、洞庭山，在湖南省洞庭湖中。黛：古代女子用来画眉的青黑色颜料。

⑦ 湘川：即湖南湘江。

⑧ 终南、条、华：即终南山、中条山和华山。中条山在山西永济东南，西起雷首，迤逦而东，直接太行，因西为华岳，东为太行，此山居中，故名。

⑨ 豫章：郡名，治所在今江西南昌。

⑩ 陈陶：字嵩伯，大中时游学长安，后隐居南昌西山。

⑪ "夜过修竹寺"两句：引诗题为《过陈陶处士旧居》，意谓夜晚经过长满修竹的寺庙，醉中拍打着老和尚的门。

⑫ 郑都官：即郑谷，曾任都官郎中，故称。传见本卷前文。

⑬ "自封修药院"两句：引诗题为《寄郑谷郎中》（一作《往襄州谒郑谷献诗》），意谓自己亲手封土修理种药的院子栅栏，在其他地方摆下僧人的床铺。这里"封修"虽同为动词，却各有所指，而"下著"却指向同一个事物，故郑谷说未安，而齐己改为"扫著"，则各有所指，即扫地安放僧床。

⑭ 曹松：字梦徵，曾官秘书正字，工于铸字炼句，颇似贾岛。传见本书卷十。方干：传见本书卷七。良契：指好友。

⑮土木形骸：形体像土木一样自然。比喻人的本来面目，不加修饰，后喻指旷放自然的举止。《世说新语·容止》："刘伶身长六尺，貌甚丑悴，而悠悠忽忽，土木形骸。"

⑯黄损：字益之，后梁初，应进士举，龙德二年（922）登第，依南汉高祖，累进尚书、左仆射。刘龑（yǎn）建南薰殿，极谏忤旨，退居永州，病卒。工诗赋，曾与郑谷、齐己定近体诗诸格。葫芦：六韵排律中邻韵通押，先二后四的一种变体，如"冬""东"通押，先二韵用"东"，后二韵用"冬"，十四寒与十五删通押，先二韵用"寒"，后四韵用"删"，先二后四，上小下大，有如葫芦，故名。辘轳：近体诗用韵的一种变格，又称"辘轳韵"，其特点是双出双入，即律诗第二句、第四句用甲韵，第六句、第八句用与甲韵可通的乙韵，此起彼落，有如辘轳，故名。进退：近体诗用韵的一种变格，又称"进退韵"，其特点是相邻可通的两韵相间而用，一进一退，故名。

【译文】

齐己，长沙人，原来姓胡，早年失去父母。七岁聪颖有悟性，到大沩山寺庙当牧童，常常抒写构思，截取竹枝在牛背上比划着创作诗歌。德高望重的高僧们觉得他很不一般，于是一同推荐他受戒做和尚。齐己风范气度每天都在改进，名声身价也日渐隆盛。他游历江海之间的名山大川，登上岳阳楼，眺望洞庭湖，当时秋高气爽湖水降落，洞庭湖上的君山就像眉黛，只剩一条湘江而已，齐己想要写诗但很久没有获得灵感，长时间地在那里徘徊。来到长安多年，游遍了终南山、中条山和华山的风景名胜，回去的时候路过豫章，当时陈陶刚过世，齐己留下一首题诗，其中有诗句说："夜过修竹寺，醉打老僧门。"到了宜春，写诗投递给都官郎中郑谷说："自封修药院，别下著僧床。"郑谷说："写得好是很好啊，但有一个字不够妥当。"经过几天，齐己来拜访郑谷说："把'别下'改为'别扫'怎么样？"郑谷嘉叹欣赏，跟齐己结为诗友。曹松、方干也都是齐己的好朋友。齐己性格放浪飘逸，不滞于物，把形骸当作土木，很放任地活在弹琴饮酒的喜好上。曾撰写《玄机分别要览》一卷,摘取古代诗人的诗联,根据类别区分编排,也分出风、赋、比、兴、雅、颂六类,又撰写《诗格》一卷。又跟郑谷、黄损等共同制定用韵形式为葫芦、辘轳、进退等格式,和他的诗歌集子《白莲集》十卷,如今流传。

崔涂

涂,字礼山。光启四年郑贻矩榜进士及第①。工诗,深造理窟②,端能竦动人意,写景状怀,往往宣陶肺腑。亦穷年羁旅,壮岁上巴蜀③,老大游陇山④。家寄江南,每多离怨之作。警策如"流年川暗度,往事月空明"⑤,《巫娥》云"江山非旧主,云雨是前身"⑥,如"病知新事少,老别故交难"⑦,《孤雁》云"渚云低暗度,关月冷相随"⑧,《山寺》云"夕阳高鸟过,疏雨一钟残"⑨,又"谷树云埋老,僧窗瀑照寒"⑩,《鹦鹉洲》云"曹瞒尚不能容物,黄祖何因解爱才"⑪,《春夕》云"胡蝶梦中家万里,杜鹃枝上月三更"⑫,《陇上》云"三声戍角边城暮,万里归心塞草春"⑬,《过峡》云"五千里外三年客,十二峰前一望秋"⑭等联,作者于此敛衽⑮。意味俱远,大名不虚。有诗一卷,今传。

【注释】

①郑贻矩:文德元年(888)戊申科状元。

②理窟:深奥的义理。语出《世说新语·文学》:"张凭既前,抚军与之话言,咨嗟称善,曰:'张凭勃窣为理窟。'即用为太常博士。"

③巴蜀:四川的别称,秦、汉设巴蜀二郡,皆在今四川,故名。

④陇山:古称陇坂、陇坻、陇首,指六盘山南段,在今陕西陇县西北,

延伸于陕甘宁边境。

⑤"流年川暗度"两句:引诗题为《夕次洛阳道中》,意谓流逝的年华像川流暗中度过,过往的事情就像月亮徒劳地明亮着。

⑥"江山非旧主"两句:引诗一题为《巫山庙》,意谓眼前的江山已不再属于原来的旧主,但下落的云雨还是前世的云雨转化而来。

⑦"病知新事少"两句:引诗题为《南山旅舍与故人别》(一作《商山道中》),意谓因为生病而很少知道新事,因为年老而跟旧友很难离别。

⑧"渚云低暗度"两句:引自《孤雁》其二,意谓水中小洲上的云朵很低,孤雁暗自经过,关山上的月光寒冷,却像在跟随着它。

⑨"夕阳高鸟过"两句:引诗一题为《题绝岛山寺》,意谓夕阳上有一只高飞的鸟儿度过,疏雨湿润,使钟声听起来有些残阃。

⑩"谷树云埋老"两句:引诗题为《宿庐山绝顶山舍》,意谓山谷中的树木在云朵中掩埋、衰老,僧房窗口折射着瀑布反射来的寒光。

⑪"曹瞒尚不能容物"两句:引诗一题为《鹦鹉洲即事》,意谓曹阿瞒尚且不能容忍祢衡,区区黄祖又怎么会懂得爱惜人才呢?

⑫"胡蝶梦中家万里"两句:引诗一题为《春夕旅游》,意谓在我做的蝴蝶梦中,回到万里之外的家中,鸣叫着子规声的树枝上,挂着三更的月亮。

⑬"三声戍角边城暮"两句:引诗一题为《陇上逢江南故人》,意谓吹过三声驻军号角的边塞守城夜幕降临,我想要回到万里之外的家里的心情就像边塞的草返春一样。

⑭"五千里外三年客"两句:引诗一题为《巫山旅别》,意谓我是流浪到离家五千里之外的、羁留三年的客子,在巫山十二峰前眺望,一眼看去,每座山峰都已入秋。

⑮敛衽(rèn):提起衣襟夹于带间,表示恭敬。

【译文】

崔涂,字礼山。光启四年(888)郑贻矩那一榜考中进士。他工于诗歌,深深地达到奥妙的义理,果真能打动人心,写景述怀,常常是抒发陶写肺腑之言,也是多年漂泊在外,壮年去四川流浪,老年在陇山游荡。家人寄居在江南,每每有很多离恨愁怨的作品。精警的诗句如"流年川暗度,往事月空明",《巫娥》诗中说"江山非旧主,云雨是前身",又如"病知新事少,老别故交难",《孤雁》诗中说的"渚云低暗度,关月冷相随",《山寺》诗中说的"夕阳高鸟过,疏雨一钟残",又比如"谷树云埋老,僧窗瀑照寒",《鹦鹉洲》诗中说的"曹瞒尚不能容物,黄祖何因解爱才",《春夕》诗中说的"胡蝶梦中家万里,杜鹃枝上月三更",《陇上》诗中说的"三声戍角边城暮,万里归心塞草春",《过峡》诗中说的"五千里外三年客,十二峰前一望秋"等诗联,作诗的人在这些诗句面前都要肃然起敬。崔涂的诗意趣和兴味都很悠远,盛大的名声不是虚得的。有诗歌一卷,如今流传。

喻坦之

坦之,睦州人①。咸通中举进士不第,久寓长安,囊罄,忆渔樵,还居旧山。与李建州频为友②,频以诗送归云③:"从容心自切,饮水胜衔杯。共在山中住,相随阙下来。修身空有道,取事各无媒。不信升平代,终遗草泽才④。"又"彼此无依倚,东西又别离"⑤。盖困于穷蹇,情见于辞矣。同时严维、徐凝、章八元⑥,枌榆相望⑦,前后唱和亦多。诗集今传。

【注释】

①睦州:州名,治所在今浙江桐庐一带。

②李建州频:即李频,字德新,曾任建州刺史,故称。传见本书卷七。

③频以诗送归：据学者考证，送诗安慰喻坦之落第者为薛能，李频之
　诗乃未中举时所写。

④"从容心自切"以下几句：此诗原题作《贻友人喻坦之》，诗意谓安
　逸舒缓的时候心意自然贴切，喝水胜过喝酒应酬。我们一起住在
　山中，又相随着来到京城。修身徒劳地有方法，用到事上却都各
　自没有推荐的人。我不相信升平的时代，最终会遗弃我们这些民
　间的人才。此诗是李频未中举之前，写诗跟喻坦之共勉。草泽，
　草野山泽，指民间。

⑤"彼此无依倚"两句：原题作《送友人喻坦之归睦州》，诗句意谓我
　们彼此都没有可以依靠的人，如今我们两个互相依靠的人又要东
　西离别了。

⑥同时：疑为"同乡"之误，严维等都是或居住过睦州桐庐。严维：
　传见本书卷三。徐凝：传见本书卷六。章八元：传见本书卷四。

⑦枌榆：乡名，治所在今江苏丰县东北，本为汉高祖刘邦的故里，常
　借以泛指故乡。

【译文】

　喻坦之，睦州人。咸通年间考进士没有考中，长久地窝居在长安，囊
中费用花完，回忆起打渔砍柴的乡居生活，返回住在以前的山中。跟建
州刺史李频是好朋友，李频写诗送他回乡说："从容心自切，饮水胜衔杯。
共在山中住，相随阙下来。修身空有道，取事各无媒。不信升平代，终遗
草泽才。"还说"彼此无依倚，东西又别离"。大概是因为被穷苦艰难所
困乏，情感就呈现在诗中了。同时还有严维、徐凝和章八元，与喻坦之都
是同乡，前后写的唱和诗歌也很多。喻坦之诗歌集子如今流传。

任涛

　涛，筠州人也①。章句之名早擅。乾符中②，应数举，每

败垂成。李常侍骘廉察江西③，素闻涛名，取其诗览之，见云："露抟沙鹤起，人卧钓船流④。"大加赏叹曰："任涛奇才也，何故不成名？会当荐之。"特与放乡里杂役，仍令本贯优礼⑤。时盲俗互有论列⑥，骘判曰："江西境内，凡为诗得及涛者，即与放役，岂止一任涛而已哉！"未几，涛逝去。有才无命，大可怜也。诗集今传。

【注释】

①筠州：州名，治所在今江西高安，以地产筠篁得名。

②乾符中：据学者考证，当为咸通中。

③李常侍骘：即李骘，大和中寓居无锡惠山寺读书，开成中为荆南李石从事，入朝历祠部员外郎、翰林学士、中书舍人，咸通九年（868）出为江西观察使，卒于任。

④"露抟（tuán）沙鹤起"两句：意谓沙地上露水成团惊得鹤鸟飞起，钓鱼的人躺下任船随波漂流。

⑤本贯：原籍。

⑥盲俗：无知俗人。

【译文】

任涛，筠州人。早就擅有篇章诗句的名声。乾符年间，多次参加科举考试，每次都是快要成功了却落第。常侍李骘担任江西观察使，以前听过任涛，拿他的诗歌阅读，看到一句说："露抟沙鹤起，人卧钓船流。"特别欣赏赞叹，说："任涛真是一个奇才啊，为什么没有获得功名？有机会我要推荐他。"特意给他放免乡里的杂役，还让当地官员给他优厚的礼遇。当时一些无知的俗人互相讨论非议，李骘就下断语说："整个江西境内，凡是写诗能够比得上任涛的人，立即给他免去杂役，岂止一个任涛而已呢！"不多久，任涛就去世了。有才华却没有好运，太可怜了。诗歌集子如今流传。

温宪

　　宪,庭筠之子也。龙纪元年李瀚榜进士及第①,去为山南节度府从事②。大著诗名。词人李巨川草荐表③,盛述宪先人之屈,辞略曰:"蛾眉先妒,明妃为去国之人④;猿臂自伤⑤,李广乃不侯之将⑥。"上读表恻然称美⑦,时宰臣亦有知者⑧,曰:"父以窜死,今孽子宜稍振之⑨,以厌公议,庶几少雪忌才之恨。"上颔之。后迁至郎中,卒。有集文赋等,传于世。

【注释】

①李瀚:龙纪元年(889)己酉科状元。

②山南:即山南西道,治所在今陕西汉中。据学者考证,温宪考中进士之前已任职此处。

③李巨川:字下己,中和间为河中节度使王重荣掌书记,王重荣被杀,贬为汉中掾。后被山南西道节度使杨守亮聘为掌书记,杨守亮败灭,复为华州节度使韩建掌书记。受韩建之托,入朱全忠军纳款,因敬翔所谮而被杀。善文翰,所作书记文告,当时颇负盛名。

④明妃:指王昭君。

⑤猿臂:臂长如猿,善射。《史记·李将军列传》:"广为人长,猿臂,其善射亦天性也。"

⑥李广:西汉名将,一生与匈奴七十余战,虽勇闻匈奴,但终不封侯。

⑦上:指唐昭宗。恻然:哀怜貌,悲伤貌。恻,忧伤。

⑧宰臣:即宰相,据《唐摭言》,时任宰相为郑延昌。

⑨孽子:庶子,非正妻所生之子。

【译文】

温宪,是温庭筠的儿子。龙纪元年(889)李瀚那一榜考中进士,担任山南西道节度使府的佐吏。诗名大显。诗人李巨川草写推荐他的表奏，极力称述温宪父亲温庭筠遭受的委屈，文辞大概说："蛾眉先妒，明妃为去国之人；猿臂自伤，李广乃不侯之将。"唐昭宗读完表奏，心里恻然怜悯，称赞文章写得好，当时的宰相也有知道温宪的人，说："他的父亲因为流放而死，如今他的儿子应该稍稍提拔一下，来平息舆论，希望可以稍微为朝廷洗刷妒忌人才的遗憾。"唐昭宗点头同意他的意见。温宪后来升迁至郎中，去世。温宪著有诗集、文赋等，流传在世。

李洞

洞，字才江①，雍州人②，诸王之孙也。家贫，吟极苦，至废寝食。酷慕贾长江③，遂铜写岛像，戴之巾中，常持数珠念贾岛佛，一日千遍。人有喜岛者，洞必手录岛诗赠之，叮咛再四曰："此无异佛经，归焚香拜之。"其仰慕一何如此之切也。然洞诗逼真于岛，新奇或过之。时人多诮僻涩，不贵其卓峭，唯吴融赏异。融以大才，八面受敌，新律著称，游刃颇攻《骚》《雅》。尝以百篇示洞，洞曰："大兄所示中一联'暖漾鱼遗子，晴游鹿引麛'④，绝妙也。"融不怨所鄙，而善其许。洞诗大略，如《终南山》云⑤："残阳高照蜀，败叶远浮泾。劚竹烟岚冻，偷湫雨雹腥⑥。……远平丹凤阙，冷射五侯厅⑦。"《赠司空图》云⑧："马饥餐落叶，鹤病晒残阳⑨。"又曰："卷箔清溪月，敲松紫阁书⑩。"《送僧》云⑪："越讲迎骑象，蕃斋忏射雕⑫。"《归日本》云⑬："岛屿分诸国，星河共一天⑭。"《夜》云⑮："药杵声中捣残梦，茶铛影里煮孤灯⑯。"皆伟拔时流者。

【注释】

①才江：一作子江，疑形近而讹。

②雍州：州名，治所在今陕西西安。

③贾长江：即贾岛，曾任长江主簿，故称。传见本书卷五。

④"暖漾鱼遗子"两句：据《唐摭言》，引诗题为《西昌新亭》，意谓温暖的水波中游鱼产下鱼子，晴朗的游场上大鹿带着小鹿。此诗妙在观察细致，又符合情理，盖陆上更暖，故产子更早，等水中暖到可以产子的时候，陆上已成幼麑矣。麑（mí），幼鹿。

⑤《终南山》：原题作《终南山二十韵》。

⑥"残阳高照蜀"以下几句：意谓西落的残日高高照耀着蜀地，落下的枯败树叶远远地漂浮到泾水。砍伐竹子才发现被山岚烟雾冻住一样，偷偷地舀来池水还带着下来的冰雹的腥气。泾，即泾水，渭水最大的支流。劚（zhú），掘去，砍伐。湫（qiū），水池，这里指池水。

⑦"远平丹凤阙"两句：诗句意谓远远地，皇宫也跟着一起变平，冷冷地，哪怕是权贵之家也无法避免。丹凤阙，即皇宫。五侯，指王侯权贵。

⑧《赠司空图》：诗题一作《郑补阙山居》。

⑨"马饥餐落叶"两句：意谓羸马饿得吃起落叶，仙鹤因为生病在晒着余晖。

⑩"卷箔清溪月"两句：引诗题为《送从叔书记山阴隐居》，诗句意谓卷起的帘子上照着清溪上空的明月，风吹动着松树像在敲打隐士的书籍。卷箔，指卷起来的帘子。紫阁，神仙或隐士居住的地方。

⑪《送僧》：诗题一作《题维摩畅上人房》。

⑫"越讲迎骑象"两句：意谓在高僧在南方越地讲解佛法，他们都来欢迎骑着大象的他，北方的少数民族，开始斋戒，忏悔不该去射杀大雕。

⑬《归日本》：原题作《送云卿上人游安南》。

⑭"岛屿分诸国"两句：意谓不同的岛屿区分不同的国度，但漫天的银河却是我们共同仰望的天空。

⑮《夜》：一作《赠曹郎中崇贤所居》。

⑯"药杵声中捣残梦"两句：意谓捣着药杵，实际上也在捣着残留的梦，在煎茶的锅釜阴影下，一盏孤灯在努力地煮着茶锅。

【译文】

李洞，字才江，雍州人，是李唐王室的后人。家里贫寒，吟诗特别刻苦，以至于废寝忘食。李洞特别仰慕长江主簿贾岛，于是用铜铸成贾岛的铜像，放在巾帕中，常常手里拿着佛珠，口里念着贾岛佛，每天念一千遍。人们有喜欢贾岛诗歌的，李洞一定亲手誊录贾岛的诗歌赠送给他，反复叮嘱说："这跟佛经一样，回去后要烧香跪拜它。"他为何仰慕贾岛到这样恳切的程度啊。然而李洞的诗歌虽特别接近贾岛的诗歌，新鲜奇特有时超过贾岛。当时人们讥诮他的诗偏僻晦涩，而不看重他的诗卓绝挺拔，只有吴融赏识他的异才。吴融凭着广大的才华，八面受敌一样，靠着新奇的律诗获得盛誉，以游刃有余之力深研《离骚》和《诗经》。曾经拿一百首古诗给李洞看，李洞说："大哥给我看的诗中有一对诗联，叫作'暖漾鱼遗子，晴游鹿引麛'，特别奇妙啊。"吴融不埋怨他轻视自己绝大部分的作品，而对他称许自己的一联诗而感到高兴。李洞诗歌大概的轮廓，像《终南山》诗中说："残阳高照蜀，败叶远浮泾。剔竹烟岚冻，偷湫雨雹腥。……远平丹凤阙，冷射五侯厅。"《赠司空图》诗中说："马饥餐落叶，鹤病晒残阳。"又有诗歌说："卷箔清溪月，敲松紫阁书。"在《送僧》诗中说："越讲迎骑象，蕃斋忏射雕。"在《归日本》诗中说："岛屿分诸国，星河共一天。"在《夜》诗中说："药杵声中捣残梦，茶铛影里煮孤灯。"都是在当时诗歌潮流中俊伟拔萃的作品。

昭宗时①，凡三上不第。裴公第二榜②，帝前献诗云："公道此时如不得，昭陵恸哭一生休③。"果失意流落，往来寓蜀而卒。初，岛任长江，乃东蜀，冢在其处，郑谷哭洞诗云^④：
"得近长江死，想君胜在生^⑤。"言死生不相远也。洞尝集岛
警句五十联，及唐诸人警句五十联为《诗句图》，自为之序。
及所为诗一卷，并传。

【注释】

①昭宗时：当为僖宗、昭宗时。

②裴公：即裴贽，字敬臣，曾经三次知贡举，其中第二次知贡举在大
　顺二年（891）。

③"公道此时如不得"两句：意谓如果这一次我还得不到公道，我就
　只能在唐太宗陵墓前痛哭一场，一辈子也就完了。

④郑谷哭洞诗：即《哭进士李洞二首》。

⑤"得近长江死"两句：意谓能够获得死在贾岛附近的机会，想必比
　您活在不公道的世上还开心一些。

【译文】

昭宗时期，共有三次考进士，都没有考上。裴贽第二次掌管进士考
试时，李洞在裴贽门前献上诗歌说："公道此时如不得，昭陵恸哭一生
休。"果然没有考中，流落异地，来往寓居在四川，并过世。起初，贾岛担
任长江县主簿，属于东蜀，他的坟墓也在那里，郑谷就在哭吊李洞的诗中
说："得近长江死，想君胜在生。"说李洞无论生死都和贾岛隔得不远啊。
李洞曾经搜集贾岛的精警诗句五十联，和唐代诸位诗人的精警诗句五十
联，编成《诗句图》，自己作序。和他所创作的诗歌一卷，都流传在世。

吴融

融，字子华，山阴人^①。初力学，富辞，调工捷。龙纪元
年李瀚榜及进士第^②。韦昭度讨蜀^③，表掌书记。坐累去官，

流浪荆南,依成汭④。久之,召为左补阙,以礼部郎中为翰林学士,拜中书舍人。天复元年元旦⑤,东内反正⑥。既御楼,融最先至,上命于前座跪草十数诏,简备精当,曾不顷刻,皆中旨。大加赏激,进户部侍郎。帝幸凤翔⑦,融不及从,去客阌乡⑧,俄召为翰林承旨,卒。为诗靡丽有余,而雅重不足。集四卷,及《制诰》一卷,并行。

【注释】

①山阴:县名,治所在今浙江绍兴。

②李瀚:龙纪元年(889)己酉科状元。

③韦昭度:字正纪,咸通进士,后任宰相,昭宗即位,拜西川节度使,讨伐陈敬瑄,未果。

④成汭(ruì):蔡州将秦宗权假子,更姓名郭禹,后为荆南节度使陈儒牙将。淮南将张环逐陈儒,欲杀之,乃袭归州(今湖北秭归),自称刺史,文德元年(888)取荆南。时荆南兵荒之后,居民仅十七家,郭禹励精图治,招抚流亡,通商务农,发展近万户。与华州刺史韩建皆善养护百姓,并称"北韩南郭"。

⑤天复:唐昭宗年号(901—904)。

⑥东内:唐高宗移居大明宫,因在太极宫之东,习称东内,此后诸帝以居此为常。反正:指唐昭宗被宦官刘季述等废,后又杀刘季述重登帝位之事。

⑦帝幸凤翔:此事盖指唐昭宗被迫前往凤翔,以躲避朱全忠。

⑧阌(wén)乡:县名,治所在今河南灵宝西。

【译文】

吴融,字子华,山阴人。起初努力学习,文辞丰富,诗歌创作工稳敏捷。龙纪元年(889)李瀚那一榜考中进士。韦昭度奉命讨伐四川,上表推荐他担任掌书记。因为受连累被迫辞去官职,在荆州一带流浪,投奔荆南节度使成汭。很久以后，被召回朝廷担任左补阙，从礼部郎中升任翰林学士，拜任中书舍人。天复元年（901）元旦，唐昭宗再次登基。唐昭宗登上城楼之后，吴融最先到，唐昭宗让他在御座前跪着草写十多篇诏令，简练详备精确适当，不一会儿就全部完成，篇篇都让唐昭宗称心。极大地赞赏激励他，升任户部侍郎。唐昭宗逃往凤翔，吴融没来得及随从，离开前往阌乡客居，不久召他担任翰林承旨学士，后来去世。创作诗歌华丽有余而雅正稳重不够。集子四卷和《制诰》一卷，都流传着。

韩偓

偓，字致尧①，京兆人。龙纪元年礼部侍郎赵崇下擢第②。天复中③，王溥荐为翰林学士④，迁中书舍人。从昭宗幸凤翔，进兵部侍郎、翰林承旨⑤。尝与崔胤定策诛刘季述⑥。昭宗反正，论为功臣。帝疾宦人骄横，欲去之。偓画策称旨，帝前膝曰："此一事终始以属卿。"偓因荐座主御史大夫赵崇，时称能让。李彦弼倨甚⑦，因谮偓漏禁省语，帝怒曰："卿有官属，日夕议事，奈何不欲我见韩学士邪？"帝励精政事，偓处可机密，率与上意合。欲相者三四，让不敢当。偓喜侵侮有位，朱全忠亦恶之⑧，乃构祸贬濮州司马⑨，帝流涕曰："我左右无人矣！"天祐二年⑩，复召为学士，偓不敢入朝，挈其族南依王审知而卒⑪。偓自号"玉山樵人"。工诗，有集一卷。又作《香奁集》一卷，词多侧艳新巧⑫，又作《金銮密记》五卷，今并传。

【注释】

①致尧：一字致光。

②赵崇：唐昭宗时御史大夫、同中书门下平章事，后被朱温杀害。

③天复中：据学者考证，当为天复（901—904）前，辛文房此后叙述
　多有紊乱。

④王溥：字德润，天复元年（901）拜为翰林学士、中书侍郎、同中书
　门下平章事，后为朱温所逼，贬淄州司户参军，投河自尽。

⑤兵部侍郎：官名，尚书省兵部副长官，掌天下武将选授及地图、甲
　仗等。

⑥崔胤（yìn）：字垂休，宰相崔慎由之子。唐昭宗时任职宰相，结交
　宣武节度使朱全忠，诛杀宦官，后欲握兵自固，被朱全忠派兵杀于
　京师开化坊第宅。刘季述：唐末宦官，累升神策军左中尉，光化三
　年（900）与右中尉王仲先幽禁昭宗，立太子李裕为帝，次年，都将
　孙德昭等受崔胤指使，支持昭宗复位，被杀。

⑦李彦弼：原名董从实，与孙德昭等诛杀刘季述，以功拜容管节度
　使、同中书门下平章事，赐此名。

⑧朱全忠：即朱温，唐乾符四年（877）与次兄朱存参加黄巢起义，后
　叛巢降唐，破巢军，唐昭宗赐名为“全忠”。天复元年（901）晋封
　为梁王，唐昭宗赐号“回天再造竭忠守正功臣”。天祐四年（907）
　杀唐朝末帝李柷，代唐称帝，改名晃，建都汴，国号梁，为后梁太
　祖。乾化二年（912）被其子朱友珪惨杀。

⑨濮州：州名，治所在今山东鄄城。

⑩天祐：唐哀帝年号（904—907）。

⑪王审知：五代时闽国建立者，字信通。唐末与其兄王潮从王绪起兵，
　后任威武军节度使，尽有今福建之地，后梁开平三年（909）封为闽王。

⑫新：原作“情”，据《四库》本改。

【译文】

　　韩偓，字致尧，京兆人。龙纪元年（889）礼部侍郎赵崇主持考试时
考中进士。天复年间，王溥推荐担任翰林学士，升任中书舍人。随从唐

昭宗前往凤翔,升任兵部侍郎、翰林承旨学士。他曾跟崔胤一起制定策略诛杀刘季述。昭宗复位后,把他论为功臣。唐昭宗嫉恨宦官骄傲专横,想要除他们。韩偓策划谋略符合唐昭宗的心意,他往前移动着说:"这件事前前后后都由你做主。"韩偓因此推荐他的恩师就是当时的御史大夫赵崇,当时的人们称赞他能够谦让。李彦弼非常傲慢,于是进谗言说韩偓泄露宫廷里的秘密,唐昭宗愤怒地说:"你有很多属员,白天黑夜都在议论事务,为什么不想让我看见韩偓学士呢?"唐昭宗励精图治,韩偓能够商量机密之事,大多都符合唐昭宗的意见。好几次想要让他做宰相,都谦让不敢担当。韩偓喜欢侮辱权臣,朱全忠也讨厌他,于是构造祸患贬谪他去做濮州司马,唐昭宗流着眼泪说:"我的左右再没有可用的人才了啊!"天祐二年,又被召到朝廷担任翰林承旨学士,韩偓不敢进入朝廷,带领他的族人往南依靠王审知,并在那里去世。韩偓称自己为"玉山樵人"。他工于诗歌,有集子一卷。又创作《香奁集》一卷,文词多狭隘艳丽新奇巧妙,又创作《金銮密记》五卷,如今都流传着。

唐备

　　备,龙纪元年进士。工古诗,多涵讽刺①,颇干教化,非浮艳轻斐之作。同时于濆者②,共一机轴,大为时流所许。备诗有"天若无雪霜,青松不如草;地若无山川,何人重平道③?"又"狂风拔倒树,树倒根已露;上有数枝藤,青青犹未悟"④,又"一日天无风,四溟波自息。人心风不吹,波浪高百尺"⑤,又《别家》云:"兄弟惜分离,拣日皆言恶⑥。"于濆《对花》云"花开蝶满枝,花谢蝶来稀。惟有旧巢燕,主人贫亦归"等诗⑦,发为浇俗⑧,至今人话间,必举以为警戒,足见之矣。余诗多传。

【注释】

①多涵讽刺：大多含有讽刺的意味。

②于渍：据学者考证，当为于濆。于濆，传见本书卷八。

③"天若无雪霜"以下几句：引诗题为《失题二首》，意谓如果天下没有霜雪，就无法显示出青松耐寒的本性，还不如草；如果地上没有山河，就不会有人看重平坦的大道。平道，平坦之道。

④"狂风拔倒树"以下几句：引诗题为《道旁木》，意谓狂风把大树连根拔起，大树倒下，连树根都露出来了；但是树干上的几枝藤蔓，仍然一片青葱没有醒悟。

⑤"一日天无风"以下几句：引诗题为《失题二首》，意谓有一天没有刮风，四海的风波自然停息。人心里的波浪虽然没有风吹，却依然高达百尺。四溟，四海。

⑥"兄弟惜分离"两句：意谓兄弟们不想别离，所以挑选的离别的日子都说不吉利。这样就可以再多待一天；另外，日子也因离别而变不好。拣日，选择分手的日子。

⑦"花开蝶满枝"以下几句：意谓鲜花盛开的时候蝴蝶飞满枝头，鲜花凋谢后蝴蝶来得就稀少了。只有旧鸟巢里的燕子，哪怕主人贫寒也不嫌弃。于渍，据学者考证，当为武瓘。

⑧浇俗：浮薄的风俗。

【译文】

唐备，龙纪元年（889）考中进士。他工于古体诗创作，多带有极强的讽刺意味，内容多有关道德教化，不是那些轻浮艳丽的作品。同一时代的于渍这个人，跟他是同样的诗歌格局，很被当时的人们所赞许。唐备诗中有："天若无雪霜，青松不如草；地若无山川，何人重平道。"又说"狂风拔倒树，树倒根已露。上有数枝藤，青青犹未悟"，又有"一日天无风，四溟波自息。人心风不吹，波浪高百尺"，又在《别家》诗中说："兄弟惜分离，拣日皆言恶。"于渍《对花》诗中说"花开蝶满枝，花谢蝶来稀。

惟有旧巢燕,主人贫亦归"等诗句,都是为浮薄的风俗所发,到现在人们说话之间,一定还会举出他们的诗句来警戒人心,足以看见诗人的特点了啊。唐备其他的诗歌也有很多传世。

王驾

驾,字大用,蒲中人①,自号"守素先生"。大顺元年杨赞禹榜登第②,授校书郎③,仕至礼部员外郎④。弃官嘉遁于别业,与郑谷、司空图为诗友⑤,才名籍甚。图尝与驾书评诗曰⑥:"国初雅风特盛,沈、宋始兴之后⑦,杰出江宁⑧,宏思至李、杜⑨,极矣。右丞、苏州⑩,趣味澄夐⑪,若清流之贯远。大历十数公⑫,抑又其次。元、白力勍而气孱⑬,乃都市豪估耳⑭。刘梦得、杨巨源亦各有胜会⑮。浪仙、无可、刘得仁辈⑯,时得佳致,亦足涤烦。厥后所闻,徒褊浅矣。河汾蟠郁之气⑰,宜继有人。今王生寓居其间,沉渍益久,五言所得,长于思与境偕,乃诗家之所尚者。则前所谓必推于其类,岂止神跃色扬而已哉!"驾得书,自以誉不虚己。当时价重,乃如此也。今集六卷,行于世。

【注释】

①蒲中:县名,治所在今山西永济。

②大顺:唐昭宗年号(890—891)。杨赞禹:大顺元年(890)庚戌科状元,字昭谟,历官长安县尉、直弘文馆、左拾遗,累官至左司郎中、集贤院学士。

③校书郎:官名掌雠校典籍,刊正文章。

④礼部员外郎:官名,为礼部郎中的佐官,掌礼乐、学校等。

⑤郑谷:传见本卷前文。司空图:传见本书卷八。

⑥与驾书:即《与王驾评诗书》。

⑦沈、宋:沈佺期、宋之问,传并见本书卷一。

⑧江宁:指王昌龄,曾任江宁丞,故称。传见本书卷二。

⑨李、杜:李白、杜甫,传并见本书卷二。

⑩右丞:指王维,曾任尚书右丞,故称。传见本书卷二。苏州:指韦应物,曾任苏州刺史,故称。传见本书卷四。

⑪澄敻(xiòng):清远。

⑫大历十数公:指"大历十才子"等大历诗人,传见本书卷三、卷四。

⑬元、白:元稹、白居易,传见本书卷六。勍(qíng):强,有力。孱(chán):懦弱。

⑭豪估:大商人。

⑮刘梦得:即刘禹锡,字梦得。传见本书卷五。杨巨源:传见本书卷五。

⑯浪仙:即贾岛,字浪仙。传见本书卷五。无可:传见本书卷六。刘得仁:传见本书卷六。

⑰河汾:黄河与汾水的并称,指山西西南部地区。蟠郁:盘曲郁结。

【译文】

王驾,字大用,蒲中人,自称为"守素先生"。大顺元年(890)杨赞禹那一榜的进士,授任校书郎,后来官至礼部员外郎。放弃官位隐居在自己的山庄中,跟郑谷、司空图是诗友,才华名声极盛。司空图曾给他写信评论诗歌说:"唐朝开国之初,沈佺期、宋之问开始兴起诗歌之后,王昌龄出类拔萃,宏大的构思到李白和杜甫已经到达极致了。王维、韦应物,诗歌趣味清远,就像清澈的河流连贯悠远。大历十才子等人,抑或又在王维他们后面。元稹和白居易诗歌才力足与前人匹敌但气势羸弱,像是城市里面的大商人罢了。刘禹锡、杨巨源也都各自有自己擅长的地方。贾岛、僧人无可、刘得仁等人,诗中偶有好的兴致,也足以洗涤烦恼。这以后所听说的诗人,只不过是褊急肤浅之徒罢了。山西那边盘曲郁结的灵气,应该后继有人。如今你寓居在那里,在这种灵气中沉沦浸润越久,五言诗就越有所得,在诗思跟诗境和谐方面很擅长,也是诗人们所推崇的啊。就像前面所说的一定会被同类之人所推许,又哪里会仅仅神情飞跃、脸色上扬那样而已啊!"王驾得到书信,自己觉得这样的赞誉是符合自己的实际的。他当时的声价之重,竟像这样。如今集子六卷,流行在世。

戴思颜

思颜,大顺元年杨赞禹榜进士及第,与王驾同袍①。有诗名,气宇盘礴②,每有过人,遂得名家,岂泛然矣。有集今传。

【注释】

①同袍:同榜。

②盘礴:犹"磅礴",广大貌。

【译文】

戴思颜,大顺元年(890)杨赞禹那一榜考中进士,跟王驾是同年进士。有诗歌名声,器宇磅礴,每每有超过常人的地方,于是能够被称为名家,并非泛泛之论。有集子如今流传。

杜荀鹤

荀鹤,字彦之,牧之微子也①。牧会昌末自齐安移守秋浦时②,妾有妊,出嫁长林乡正杜筠③,生荀鹤。早得诗名。尝谒梁王朱全忠,与之坐,忽无云而雨④,王以为天泣不祥,命作诗,称意,王喜之。荀鹤寒畯⑤,连败文场,甚苦,至是遣送名春官⑥。大顺二年裴贽侍郎下第八人登科⑦，正月十日放榜，正荀鹤生朝也⑧，王希羽献诗曰⑨："金榜晓悬生世日，玉书潜记上升时。九华山色高千尺，未必高于第八枝⑩。"荀鹤居九华，号"九华山人"。张曙拾遗亦工诗⑪，又同年，尝醉谑曰："杜十五大荣，而得与曙同年。"荀鹤曰："是公荣。天下只知有荀鹤，若个知有张五十郎邪？"各大笑而罢。宣州田頵甚重之⑫，常致笺问，梁王立，荐为翰林学士，迁主客员外郎。颇恃势悔慢缙绅⑬，为文多主箴刺，众怒欲杀之，未得。天祐元年卒。

【注释】

①牧：即杜牧，杜荀鹤为杜牧之子的说法，目前难以确信。微子：非正妻所生，寄奉于外之子。

②齐安：郡名，治所在今湖北新洲。秋浦：县名，治所在今安徽贵池。

③长林：县名，治所在今湖北荆门。乡正：乡村的民政长官，隋唐时以五百户为一乡，设乡正一人，管理民间诉讼。

④无云而雨：即太阳雨。

⑤寒畯：指出身寒微而才能杰出的人。

⑥春官：唐光宅年间曾改礼部为春官，后遂以"春官"为礼部的别称。

⑦大顺：唐昭宗年号（890—891）。

⑧生朝：生日。

⑨王希羽：天复元年（901）礼部侍郎杜德祥知贡举，特放其与刘象、曹松、柯崇、郑希颜等五人进士及第，时号"五老榜"，为秘书省正字，后与杨夔、康骈、杜荀鹤等为宣州田頵客。

⑩"金榜晓悬生世日"以下几句：引诗题为《赠杜荀鹤》，意谓黄金进士榜在您生日这天早上悬挂出来，天帝降下的道书上也暗暗记着

您得道飞升的日子。九华山峰虽然高达千尺，却不一定比桂树上的第八枝还要高。言外之意是考进士比成仙还难。

⑪张曙：尚书张祎从子，与杜荀鹤交往，官至右补阙。

⑫田頵（jūn）：字德臣，与杨行密同里，约为兄弟，从行密转战江淮，名冠军中。后求池、歙为属州，行密不许，怨而募兵，兵败为乱军所杀。

⑬侮慢：据《郡斋读书志》，当为"侮慢"。

【译文】

　　杜荀鹤，字彦之，杜牧的微子。杜牧会昌末年从齐安转到秋浦任职，他的妾怀孕了，出嫁给长林的乡长杜筠，生下杜荀鹤。杜荀鹤很早就获得诗歌名声。曾拜见梁王朱全忠，跟他宴坐，忽然天上没有乌云却下起雨来，梁王认为这是老天哭泣，不吉利，让杜荀鹤写诗，符合心意，梁王很高兴。杜荀鹤是寒士，多次在考场上失败，苦不堪言，到这时才被发遣，把他的名字送到礼部。大顺二年（891）在侍郎裴赞支持下，以第八名的成绩考中进士，正月十日公布榜单，正是杜荀鹤的生日，王希羽进献诗歌说："金榜晓悬生世日，玉书潜记上升时。九华山色高千尺，未必高于第八枝。"杜荀鹤居住在九华山，自号"九华山人"。拾遗官张曙也工于诗歌创作，又是同一年考中进士，曾喝醉时跟他开玩笑说："杜十五很荣幸啊，能够跟我同年考中进士。"杜荀鹤说："是你荣幸，天下只知道有个杜荀鹤，哪里有人知道有个叫张五十郎的呢？"各自大笑而已。宁国军节度使田頵特别器重他，常常写信问候他，梁王受封，推荐他担任翰林学士，迁任主客员外郎，很依靠权势侮辱怠慢士大夫，写文章多以谏诤讽刺为主，众人愤怒地想要杀掉他，没有得到机会。天祐元年（904）杜荀鹤去世。

　　荀鹤苦吟，平生所志不遂，晚始成名，况丁乱世，殊多忧悗思虑之语，于一觞一咏，变俗为雅，极事物之情，足丘壑之趣，非易能及者也。与太常博士顾云初隐一山①，登第之明年，宁亲相会，云撰集其诗三百余篇，为《唐风集》三卷，且序以为"壮语大言,则决起逸发,可以左揽工部袂^②,右拍翰林肩^③,吞贾、喻八九于胸中^④,曾不芥蒂。或情发乎中,则极思冥搜,神游希夷^⑤,形兀枯木,五声劳于呼吸^⑥,万象贪于抉剔,信诗家之雄杰者矣"。荀鹤嗜酒,善弹琴,风情雅度,千载犹可想望也。

【注释】

①顾云:字垂象,少时与杜荀鹤、殷文圭友善,同在九华山读书。咸通十五年(874)登进士第,大顺年间受诏与卢知猷、陆希声、钱翊、羊昭业、司空图等分修宣宗、懿宗、僖宗《三朝实录》,书成加虞部员外郎。与杜荀鹤交谊最深,曾为杜荀鹤《唐风集》作序,杜荀鹤有《寄顾云》等诗多首。

②工部:指杜甫,曾任工部员外郎,故称。传见本书卷二。

③翰林:指李白,曾任供奉翰林学士,故称。传见本书卷二。

④贾、喻:即贾岛、喻凫。传见本书卷五、卷七。

⑤希夷:形容虚寂微妙。《老子》第十四章:"视之不见名曰夷,听之不闻名曰希。"

⑥五声:指与人的精神活动有关而发出的呼、笑、歌、哭、呻等五类声音,据说肝主呼、心主笑、脾主歌、肺主哭、肾主呻。

【译文】

杜荀鹤写诗勤苦,一生的志向没有实现,晚年才获得功名,何况又遇到乱世,诗中叹惋忧愁的语言特别多,在一杯酒一句诗中,把俗事转化为雅句,极尽事物的情形,富有山林丘壑的乐趣,不是轻易能够达到的啊。他跟太常博士顾云一开始隐居在同一座山中,考上进士的第二年,回家探亲时相逢,顾云编撰搜集的杜荀鹤的诗歌三百多篇,编为《唐风集》三卷,并且作序,在序中把这些诗比作"豪壮阔大的语言,腾起迅疾,发散飘逸,可以在左边揽着杜甫的衣袂,右边拍着李白的肩膀,在胸中可以吞下八九个贾岛、喻凫这样的诗人，毫不在意。有的诗情从心中发出，就极尽构思、极力搜索，精神游荡在虚寂微妙的境界，形体枯槁如枯萎的树木，宫商五声使呼吸操劳，贪婪地抉择、别除众多的物象，确实是诗人中雄奇杰出的诗人啊"。杜荀鹤酷爱喝酒，善于弹琴，其风采情怀和雅正气度，千年之后也是能够想象出来的。

卷十

【题解】

　　卷十所传诗人已由唐末进入五代，以"咸通十哲"为主，有王涣、徐寅、张乔（附剧燕、吴罕）、郑良士、张鼎（附赵抟、韦霭、谢蟠隐、张为）、韦庄、王贞白、张蠙、翁承赞、王毂、殷文圭（附王周、刘兼、司马札、苏拯、许琳、李咸用）、李建勋、褚载、吕岩、卢延让、曹松（附王希羽、刘象）、裴说（附裴谐）、贯休、张瀛、沈彬（附沈廷瑞）、唐求（附杨夔）、孙鲂、李中、廖图（附郑准）、孟宾于、孟贯、江为、熊皎、陈抟等四十七人和鬼诗。这些诗人有的入南唐，如李建勋、沈彬等，有的入伪蜀，如张蠙、韦庄等，显示出唐末到五代，诗人依附各地割据势力的情况，直到陈抟预言天下将定于大宋为止。辛氏对此时"浇漓"的诗风深表不满，认为这类诗歌水平达不到盛唐时的万分之一。而对于真正有水平的诗歌，比如托名仙道或鬼神的作品，只要"铿锵振作""哀调深情"，辛氏也并不忽略，只不过《唐才子传》为才子立传，那些无名的仙道或鬼神，已超出记录的范围，故略论及而已。至此，辛氏完整展现出唐诗由盛到衰、才子由人及鬼的过程，读罢掩卷，不能不令人深思个中缘由。

王涣

　　涣①，大顺二年礼部侍郎裴贽下进士及第②。俄自左史

拜考功员外郎③，同年皆得美除，涣首唱感恩长句，上谢座主
裴公，当时甚荣之。后以礼部侍郎致仕，年九十，见《睢阳
五老图》④。涣工诗，情极婉丽。尝为《惆怅诗》十三首⑤，
悉古佳人才子深怀感怨者，以崔氏莺莺、汉武李夫人、陈乐
昌主、绿珠、张丽华、王明君及苏武、刘、阮辈事成篇⑥，哀伤
媚妩⑦。如"谢家池馆花笼月，萧寺房廊竹飐风。夜半酒醒
凭槛立，所思多在别离中"⑧，又"梦里分明入汉宫，觉来灯
背锦屏空。紫台月落关山晓，肠断君王信画工"等⑨，皆绝唱，
喧炙士林。在晚唐诸人中，霄壤不侔矣。有集今传。

【注释】

①涣：原作"焕"，据卷首传目、《唐诗纪事》等改。

②裴赟：字敬臣，进士出身，曾经三次知贡举。

③左史：即起居郎，唐代始置于门下省，与中书省起居舍人同记皇
　帝言行。考功员外郎：官名，尚书省吏部考功司副长官，掌外官
　之考课。

④"后以礼部侍郎致仕"以下几句：据学者考证，此乃北宋王涣之事，
　非唐末王涣，辛文房误。唐末王涣终于南海，年四十三。

⑤十三首：据《才调集》，当为十二首。

⑥崔氏莺莺：元稹《莺莺传》中的女主角。汉武李夫人：为李延年之
　妹，色绝美，善歌舞。入宫后倍受宠幸，因病早卒。武帝思念不已，
　曾命人画其像于甘泉宫。陈乐昌主：南北朝时南朝陈后主叔宝之
　妹，封乐昌公主，嫁与舍人徐德言为妻。后陈亡，乐昌与德言各持
　一半铜镜，失散后历经艰险，再次相见，即破镜重圆之典。绿珠：
　西晋石崇妾，赵王司马伦专权时，伦党孙秀曾指名向崇索取，为崇
　所拒。后崇为孙秀所逮，欲将她夺取，她遂坠楼自杀。张丽华：南

朝陈后主妃，因姿色为后主所宠，隋军破建康后，被杀。王明君：即王嫱，字昭君，后人又称为明君或明妃。元帝时被选入宫，数岁不得见帝，自请嫁匈奴。苏武：字子卿，奉命出使匈奴被扣，威武不屈，坚持十九年。后昭帝与匈奴通使，被释回朝，官至典属国。刘、阮：传说东汉时刘晨、阮肇入天台山采药，被桃树吸引，于溪边遇仙女，结为眷属。

⑦ 媚妩：即妩媚。

⑧ "谢家池馆花笼月"以下几句：引诗为《惆怅诗》第三首，写的是李德裕的姬妾谢秋娘。诗句意谓月光笼罩在谢家的池馆上，佛寺里的房廊下微风吹动竹子。半夜酒醒，靠着栏杆静立，所思念的她大多数时候都跟我处在离别状态中。飐（zhǎn），风吹使物体颤动。

⑨ "梦里分明入汉宫"以下几句：引诗为《惆怅诗》最后一首，写王昭君。诗句意谓梦里很清晰地又进入大汉宫殿，醒来背对着灯光，锦绣的屏风里空无一人。想象着此刻汉宫刚刚月亮落下，而边关却将要破晓，为当时君王相信画工毛延寿而不相信自己，肠断不已。紫台，即紫宫，指帝王的宫殿。

【译文】

王涣，大顺二年（891）礼部侍郎裴贽主持考试时考中进士。不久就从起居郎升任为考功员外郎，同时考中的同学都得到美官，王涣第一个倡议写感恩的七言律诗，献上来表达对主持考试的老师裴公的感谢，当时人们都认为他很荣耀。后来王涣以礼部侍郎退休，活到九十岁，具体情况见《睢阳五老图》。王涣工于诗歌创作，情感特别婉转秀丽。他曾经创作《惆怅诗》十三首，所写的都是古代深怀感怨的人物，把崔莺莺、汉武帝的李夫人、陈国的乐昌公主、绿珠、张丽华、王昭君和苏武、刘晨、阮肇等人的事迹写成七绝诗篇，情感哀伤，语句妩媚。像"谢家池馆花笼月，萧寺房廊竹飐风。夜半酒醒凭槛立，所思多在别离中"，又比如"梦里分明入汉宫，觉来灯背锦屏空。紫台月落关山晓，肠断君王信画工"等诗句，都是千古绝唱,在文士群中脍炙人口。王涣身处晚唐众多诗人中,别人与他如同地和天一样不能相比。有集子,如今流传着。

徐寅

寅^①,莆田人也^②。大顺三年蒋咏下进士及第^③。工诗,尝赋《路傍草》云:"楚甸秦川万里平,谁教根向路傍生。轻蹄绣毂长相蹋,合是荣时不得荣^④。"时人知其蹭蹬,后果须鬓交白,始得秘书正字^⑤,竟蓬转客途,不知所终云。有《探龙集》五卷,谓登科射策,如探睡龙之珠也^⑥。

【注释】

①寅:一作夤。

②莆田:县名,治所在今福建莆田。

③大顺三年:据考证,当为乾宁元年(894)。大顺,唐昭宗年号(890—891)。蒋咏:生平不详。

④"楚甸秦川万里平"以下几句:意谓楚地和秦川都是万里平坦,谁让草根生在路边。轻腾的马匹和锦绣装饰的车子长久地践踏着,活该是在开花的时候不能开花。绣毂,指饰有锦绣的车。合,应当。荣,繁茂、盛多。

⑤秘书正字:官名,即秘书省正字,掌校雠文字。

⑥如探睡龙之珠也:能否获得骊龙珠,在于能否刚好遇到骊龙睡着,是凭运气的事情,故有批评科举不公平之意。睡龙,即指睡着的骊龙。

【译文】

徐寅,是莆田人。乾宁元年(894)蒋咏主持考试时考中进士。他工于诗歌创作,曾写《路旁草》诗说:"楚甸秦川万里平,谁教根向路傍生。轻蹄绣毂长相蹋,合是荣时不得荣。"当时的人知道他仕途不顺利,后来果然他胡须和鬓发都白了，才获得秘书省正字的小官，最终像蓬草一样辗转在路途上，不知最后结局如何。徐寅有《探龙集》五卷，意谓考中进士答好策问，就像在睡着的骊龙颔下探走龙珠一样。

张乔

　　乔，隐居九华山①，池州人也②。有高致，十年不窥园以苦学。诗句清雅，迥少其伦。当时东南多才子，如许棠、喻坦之、剧燕、吴罕、任涛、周繇、张蠙、郑谷、李栖远与乔③，亦称"十哲"④，俱以韵律驰声。大顺中⑤，京兆府解试⑥，李参军频时主文⑦，试《月中桂》诗，乔云："根非生下土，叶不坠秋风⑧。"遂擅场。其年频以许棠久困场屋，以为首荐。乔与喻坦之复受许下薛尚书知⑨，欲表于朝，以他，不果。竟岨峿名途，徒得一进耳。有诗集二卷，传世。

【注释】

①九华山：山名，在今安徽青阳西南，西接贵池，南接石台。

②池州：州名，治所在今安徽贵池。

③许棠、喻坦之：传见本书卷九。剧燕：工诗。僖宗时，王重荣镇河中（今山西永济），燕以诗赠重荣，重荣礼遇之。为人纵肆，凌轹同侪，终遭杀身之祸。吴罕："咸通十哲"之一，登进士科。余未详。任涛：传见本书卷九。周繇：传见本书卷八。张蠙：传见本卷后文。郑谷：传见本书卷九。李栖远："咸通十哲"之一，余未详。

④"十哲"：指"咸通十哲"，实为十二人，据《唐摭言》《唐诗纪事》，还有"李昌符、温宪"二人，辛文房删为十人，不妥。

⑤大顺：据学者考证，当为咸通之误。

⑥京兆府:府名,治所在今陕西西安。解试:唐制士人应县试合格后,
　再由州府进行考试,合格者即可发解,称为解试,即可参加省试。

⑦李参军频:即李频,曾任京兆参军,故称。传见本书卷七。主文:
　主考。

⑧"根非生下土"两句:原题作《试月中桂》,意谓月中的桂树它的根
　不是生长在国土上的,它的叶子也不会在秋风中坠落。

⑨薛尚书:指薛能,曾任工部尚书,故称。传见本书卷七。

【译文】

　　张乔,隐居在九华山,池州人。有高尚的情致,十年不出去看园林,
勤苦学习。诗句清丽雅正,很少有人能比得上他。当时东南一带有很多
才子,像许棠、喻坦之、剧燕、吴罕、任涛、周繇、张蠙、郑谷、李栖远与张
乔,也称为"咸通十哲",都是靠着诗歌驰名的。大顺年间,参加京兆府的
解试,京兆参军李频当时主持考试,考《月中桂》的诗,张乔写道:"根非
生下土,叶不坠秋风。"于是压倒全场。那一年李频因为许棠长久地困
顿在考场上,把他推为解元。张乔和喻坦之也深受许州工部尚书薛能的
赏知,薛能想把他们推荐给朝廷,因为别的事没有成功。张乔最终在获
取功名的路上备受坎坷,只是徒劳地考中解士而已。有诗歌集子两卷,
流传在世。

郑良士

　　良士,字君梦,咸通中累举进士不第①。昭宗时,自表献
诗五百余篇,敕授补阙而终②。以布衣一旦俯拾青紫③,易若
反掌,浮俗莫不骇羡,难其比也。今有《白岩集》十卷,传世。

【注释】

①咸通:唐懿宗年号(860—874)。

②敕授补阙而终：据学者考证，此或有误。据《仙溪志》云，郑良士
　　献诗后担任国子四门博士，后为康州、恩州刺史，兼御史中丞。

③青紫：指古时高官印绶、服饰的颜色，比喻高官显爵。

【译文】

　　郑良士，字君梦，咸通年间多次考进士都没考中。唐昭宗时期，自己上书献上诗歌五百多首，下诏授任他为补阙而去世。郑良士用平民身份却一下子轻易地获得高官，易如反掌，轻浮庸俗的人没有不惊骇、羡慕的，是因为难以与他相比。如今有《白岩集》十卷流传在世。

　　〇旧言："诗或穷人，或达人。"达者，良士是矣。亦命之所为，诗何能与？过诗则不揣其本也。

【译文】

　　〇老话说："诗歌有时能让人贫穷，有时能让人显达。"让人显达的，就是郑良士啊。困顿失意，也是命运造成的，怎能说是诗带来的呢？埋怨诗就是没有揣摩穷困的根本原因啊。

张鼎

　　鼎，字台业，景福二年崔胶榜进士①。工诗，集一卷，今行。同时赵抟，有爽迈之度，工歌诗。韦霭，亦进而无遇，退而有守者。诗各一卷。及谢蟠隐，云是灵运之远孙②，有清才，知天下之将乱，作《杂感诗》一卷。张为，闽中人③，离群拔类，工诗，存一卷，及著《唐诗主客图》等④，并传于世。

【注释】

　　①崔胶：景福二年（893）癸丑科状元。

②灵运：即谢灵运，小名客儿，陈郡阳夏（今河南太康）人，东晋名将谢玄之孙，袭封康乐公，后被杀。一生创作了大量山水诗，在中国山水诗的形成发展史上具有重要地位。

③闽中：地区名，即唐时福建观察使管辖地区，主要是今福建一带。

④《唐诗主客图》：即《诗人主客图》，以"主""客"区分唐代诗人，分广大教化主、高古奥逸主、清奇雅正主、清奇僻古主、博解宏拔主、瑰奇美丽主等六类，为主者分别为白居易、孟云卿、李益、鲍溶、孟郊、武元衡，各"主"下分列升堂、入室、及门者各若干人为"客"，实为唐代诗人创作风格的各流派。

【译文】

张鼎，字台业，景福二年（893）崔胶那一榜的进士。他工于诗歌创作，有集子一卷，如今流传。跟他同一时代的还有赵抟，有俊爽豪迈的气度，工于诗歌。韦霭也是仕进上没有遇到机会，隐居而又有操守的人。他们的诗歌各自流传下来都有一卷。还有谢蟠隐，说是谢灵运遥远的裔孙，有清丽的才华，预知天下将要战乱，创作《杂感诗》一卷。张为，闽中人，不同流俗，出类拔萃，工于诗歌，存诗一卷，和他所创作的《唐诗主客图》等，都流传在世。

韦庄

庄，字端己，京兆杜陵人也。少孤贫，力学，才敏过人。庄应举，正黄巢犯阙，兵火交作，遂著《秦妇吟》，有云："内库烧为锦绣灰，天街踏尽却重回①。"乱定，公卿多讶之，号为"秦妇吟秀才"。乾宁元年苏检榜进士②，释褐校书郎③。李询宣谕西川④，举庄为判官。后王建辟掌书记⑤，寻征起居郎⑥，建表留之。及建开伪蜀，庄托在腹心，首预谋画，其郊庙之礼、册书赦令，皆出庄手，以功臣授吏部侍郎同平章事⑦。

【注释】

①"内库烧为锦绣灰"两句：当为"内库烧为锦绣灰，天街踏尽公卿骨"，意谓皇帝私人库房中的锦绣被烧为灰烬，京城的街道上都是被践踏的公卿高官们留下的尸骨。

②乾宁：唐昭宗年号（894—898）。苏检：乾宁元年（894）甲寅科状元，后为工部侍郎、同中书门下平章事。

③释褐：脱下粗布衣，指做官。校书郎：官名，掌雠校典籍，刊正文章。

④李询：宰相李蔚子，曾任两川宣谕使。

⑤王建：五代时前蜀国建立者，字光图，唐末割据四川，后称帝。

⑥起居郎：当为起居舍人，官名，属中书省，记录皇帝言语、命令和修起居注等。

⑦吏部侍郎：官名，尚书省吏部副长官，掌选举和祠祀事。

【译文】

韦庄，字端己，京兆杜陵人。他年少孤寒贫穷，努力求学，才华机敏超过常人。韦庄参加科举考试时，正遇到黄巢攻占长安，战火纷飞，于是撰写《秦妇吟》，诗中写道："内库烧为锦绣灰，天街踏尽却重回。"黄巢叛乱被平定，公卿权贵对此诗都很惊叹，称他为"秦妇吟秀才"。乾宁元年（894）考中苏检那一榜的进士，释褐后担任校书郎。李询担任两川宣谕使，推荐韦庄担任判官。后来王建征辟他来担任掌书记，不久朝廷征召他担任起居舍人，王建上表把他留在身边。等到王建建立蜀国，韦庄是他的心腹大臣，首先参预蜀国成立的谋略策划，蜀国祭祀郊庙的礼仪、册封诏书、大赦敕令，都出自韦庄的手笔，韦庄因是功臣而被授任为吏部侍郎同中书门下平章事。

庄早尝寇乱，间关顿踬①，携家来越中，弟妹散居诸郡。西江、湖南，所在曾游，举目有山河之异，故于流离漂泛，寓目缘情，子期怀旧之辞②，王粲伤时之制③，或离群轸虑④，或反袂兴悲⑤，《四愁》《九怨》之文⑥，一咏一觞之作，俱能感动人也。庄自来成都，寻得杜少陵所居浣花溪故址⑦，虽芜没已久，而柱砥犹存，遂诛茅重作草堂而居焉。性俭，秤薪而爨⑧，数米而炊，达人鄙之。弟蔼⑨，撰庄诗为《浣花集》六卷，及庄尝选杜甫、王维等五十二人诗为《又玄集》⑩，以续姚合之《极玄》，今并传世。

【注释】

①间关：形容道路崎岖。顿踬：困顿颠踬。

②子期：即西晋向秀，字子期，"竹林七贤"之一。和嵇康友谊深厚，嵇康遇害后，写《思旧赋》加以纪念。

③王粲：字仲宣，"建安七子"之一。初避乱荆州，后归曹操，写有《七哀诗》等。

④轸（zhěn）虑：深念，深虑。

⑤反袂：用衣袖拭泪。

⑥《四愁》：指东汉张衡《四愁诗》。《九怨》：或出自王逸《九思》之类的赋作，指怨尤。

⑦杜少陵：即杜甫，自称少陵野老，故称。传见本书卷二。

⑧爨（cuàn）：烧火煮饭。

⑨蔼：韦庄弟，黄巢陷长安，与韦庄乱中相失，次年在兵乱中相遇，曾旅食江南，后随兄入蜀。编次韦庄诗，题曰《浣花集》，并为之作序。

⑩五十二人：《又玄集》分上中下三卷，共一百四十二人，辛文房只选上卷，因此致误。

【译文】

韦庄早年曾经历寇盗叛乱，所经历的道路十分艰险，困顿颠踬，带领家人逃到越中，他的弟弟妹妹散居住在各地江西、湖南一带，到处都曾游荡过，抬眼就能看到江山已不再是原来大唐的江山，因此在漂泊乱离、流浪泛游中，寄托眼前之景，表达心中情感，写出向秀那样的怀旧之作，王粲那样的伤时之作，有时离群索居，深思忧虑，有时举起衣袖揩泪，兴起悲伤之情，各种充满愁绪怨尤的文章，一觞一咏的作品，都能够感染打动人心啊。韦庄自从来到成都，找到少陵野老杜甫所居住过的浣花溪旧址，虽然荒芜没落已很久，但是柱子、基石还留存着，于是砍去茅草重新建造草堂，并居住在那里。韦庄生性节俭，称着柴火来烧灶台，数着米粒来做饭，通达之人很鄙视他。弟弟韦蔼，把韦庄的诗歌编撰成《浣花集》六卷，和韦庄曾经所选的杜甫、王维等五十二人的诗歌作品编成的《又玄集》，接续姚合编撰的《极玄集》，如今都流传在世。

王贞白

贞白，字有道，信州永丰人也①。乾宁二年登第，时榜下，物议纷纷②，诏翰林学士陆扆于内殿复试③，中选。授校书郎，时登科后七年矣。郑谷以诗赠曰："殿前新进士，阙下校书郎④。"初，兰溪僧贯休得雅名⑤，与贞白居去不远而未会，尝寄《御沟诗》⑥，有云："此波涵帝泽，无处濯尘缨⑦。"后会，语及此，休曰："剩一字。"贞白拂袂而去。休曰："此公思敏，当即来。"休书字于掌心，逡巡，贞白还曰："'此中涵帝泽'如何？"休以掌示之，无异所改，遂订深契。后值天王狩于岐⑧，乃退居著书，不复干禄，当时大获芳誉。性恬和，明《易》象。手编所为诗三百篇及赋、文等，为《灵溪集》

七卷，传于世。卒葬家山。

【注释】

①永丰：县名，治所在今江西广丰。

②物议：众人的批评、非议。

③陆扆（yǐ）：初名允迪，字祥文，光启二年（886）登进士第，大顺二年（891），召充翰林学士。

④"殿前新进士"两句：意谓殿前不断有新的进士考中，而王贞白还不过是宫殿里的一个小小的校书郎。

⑤兰溪：州名，治所在今浙江兰溪。贯休：俗姓姜，字德隐、德远，善画罗汉，工篆隶草书，时人谓之"姜体"，蜀主王建赠他"禅月大师"称号。能诗，多警句，脍炙人口。传见本卷后文。

⑥《御沟诗》：一作《御沟水》。

⑦"此波涵帝泽"两句：意谓御沟里的水波蕴涵着帝王的恩泽，没有地方可以用来洗涤布满灰尘的带子。后王贞白改"波"为"中"，妙处有二，一是避免原来的"波"与后文"涵""泽"重复，二是把范围扩大，照应后面的"无处"，也显示出二人对唐代帝王恩泽广大的赞颂，表明二人的政治态度，故有此举之后，二人交心，成为挚友。

⑧天王狩于岐：指天复元年宦官韩全晦劫持唐昭宗去凤翔之事。

【译文】

王贞白，字有道，信州永丰人。乾宁二年（895）考中进士，当时放榜，人们纷纷批评，下诏让翰林学士陆扆在大殿内再次考试，王贞白再次考中，授任校书郎，当时距离考中进士已经七年了啊。郑谷赠诗给他说："殿前新进士，阙下校书郎。"起初，兰溪的和尚贯休有风雅之名，跟王贞白居住之地相去不远，但没有相会过，曾经寄给他《御沟诗》，其中有诗句说："此波涵帝泽，无处濯尘缨。"后来两人相会，说到这首诗，贯休说："尚有字不妥。"王贞白拂起衣袖就离开,贯休说:"这个人思维敏捷,应该很快就会回来。"贯休在手掌心上写下一个字,不一会儿,王贞白回来说:"改为'此中涵帝泽'怎么样?"贯休打开手掌给他看,两人所改动的字没有不同,于是结下深厚的友情。后来遇到唐昭宗被韩全晦劫持到凤翔的事,王贞白就退居写书,不再想要入仕做官,在当时获得很大的好名声。他性格恬淡冲和,通晓《周易》卦象。亲手汇编自己所创作的诗歌三百首和赋、文等作品,编为《灵溪集》七卷,流传在世。王贞白去世后埋葬在家乡。

〇贞白学力精赡,笃志于诗,清润典雅,呼吸间两获科甲,自致于青云之上,文价可知矣。深惟存亡取舍之义,进而就禄,退而保身,君子也。梁陶弘景弃官隐居三茅①,国事必咨请,称"山中宰相",号贞白,今王公慕其为人而云尔。

【注释】

①陶弘景:字通明,仕齐,拜左卫殿中将军,入梁后隐居茅山修道,梁武帝凡有吉凶征讨大事,常遣使咨询,时人称为"山中宰相",死后谥"贞白先生"。三茅:指茅山,相传汉茅盈、茅固、茅衷兄弟三人得道后居于此山而得名,在今江苏西南部。

【译文】

〇王贞白学识才力丰赡精良,坚定志向地创作诗歌,清丽温润,典重雅正,在短暂的时间里两次登科,靠自己走到青云之上,文章声价由此可知。深深地想着国家兴亡而自己舍弃官职,获取操守的道义,仕进就能获得俸禄,隐退就能保全性命,是君子啊。梁朝陶弘景放弃官职隐居在茅山,梁武帝每次有国家大事都要向他请教,他被人们称为"山中宰相",谥号为贞白先生,如今王贞白也是美慕他的为人而取这个名字的吧。

张蠙

蠙,字象文,清河人也①。乾宁二年赵观文榜进士及第②。释褐为校书郎,调栎阳尉③,迁犀浦令④。伪蜀王建开国,拜膳部员外郎,后为金堂令⑤。王衍与徐后游大慈寺⑥,见壁间题:“墙头细雨垂纤草,水面回风聚落花⑦。”爱赏久之,问谁作,左右以蠙对。因给笺,令以诗进,蠙上二百篇,衍尤待重,将召掌制诰,宋光嗣以其轻傲驸马⑧,宜疏之,止赐白金千两而已。蠙生而秀颖,幼能为诗,《登单于台》有“白日地中出,黄河天上来”句⑨,由是知名。初以家贫累下第,留滞长安,赋诗云:“月里路从何处上,江边身合几时归。十年九陌寒风夜,梦扫芦花絮客衣⑩。”主司知为非滥成名。余诗皆佳,各有意度,过人远矣。诗集二卷,今传。

【注释】

①清河:郡名,治所在今河北清河。据学者考证,清河盖其郡望,实际籍贯在今安徽贵池。

②赵观文:乾宁二年(895)乙卯科状元。

③栎阳:县名,治所在今陕西临潼北。

④犀浦:县名,治所在今四川成都郫都区东南。

⑤金堂:县名,治所在今四川金堂。

⑥王衍:字化源,原名宗衍,王建幼子。继位后荒淫无度,穷奢极欲,世称后主。徐后:即王衍之母徐氏,为皇太后。大慈寺:亦名大圣慈寺,唐至德二载(757)建,在今四川成都市东城北糠市街北口。

⑦“墙头细雨垂纤草”两句:引诗题为《夏日题老将林亭》,意谓细雨

滋润着墙头的细草,让它微微下垂,回旋的风使落花吹落到水面

上,仍聚在一团。

⑧宋光嗣:宦官,王建临终时,让他担任枢密使,辅佐王衍,后王衍降

后唐,被杀。

⑨"白日地中出"两句:意谓白日从地上喷薄而出,黄河像从天上奔

腾而来。后句化用李白"黄河之水天上来"句。

⑩"月里路从何处上"以下几句:引诗题为《叙怀》,意谓从哪里才能

够登上前往月宫折取桂枝的道路,在曲江边上的我又该什么时候

衣锦还乡呢? 在长安的大街上度过十年的冷风吹拂的寒夜,梦里

都在想着把满地的芦花扫起来添进我这单薄的游子衣中。月里,

唐人将进士登科喻为到月宫折桂树枝。合,应。九陌,汉代长安

城中有八街、九陌,后泛指城中的道路。

【译文】

张蠙,字象文,清河人。乾宁二年(895)赵观文那一榜考中进士。
释褐后担任校书郎,调任栎阳县尉,迁任犀浦县令。王建建立伪蜀国时,
拜任膳部员外郎,后来担任金堂县令。王衍跟母亲徐后游览大慈寺,看
见寺壁之间题着诗:"墙头细雨垂纤草,水面回风聚落花。"两人喜爱欣赏
了很久,问是谁创作的,左右的近臣回答说是张蠙。因此后主派人送去
纸笺,让他把诗歌进献上来,张蠙献上两百首,王衍待他尤其器重,想要
召他来掌管朝廷诰令,宋光嗣认为张蠙轻慢过驸马,应该疏远他,只是赏
赐给他一千两白金罢了。张蠙生下来就很秀丽聪颖,年幼就能写诗,《登
单于台》诗中有"白日地中出,黄河天上来"的诗句,因此而出名。起初
因为家境贫寒,又多次没考中,滞留在长安,写诗说:"月里路从何处上,
江边身合几时归。十年九陌寒风夜,梦扫芦花絮客衣。"主考官以此知道
他因诗成名的确不假。张蠙其余的诗歌都很好,各首都有蕴意、气度,远
远超过别人。诗歌集子两卷,如今流传着。

翁承赞

　　承赞，字文尧，乾宁三年礼部侍郎独孤损下第四人进士①，又中宏词敕头②。承赞工诗，体貌甚伟，且诙谐，名动公侯。唐人应试，每在八月，谚曰："槐花黄，举士忙③。"承赞《咏槐花》云："雨中妆点望中黄，勾引蝉声送夕阳。忆得当年随计吏，马蹄终日为君忙④。"甚为当时传诵。尝奉使来福州，见友僧亚齐⑤，赠诗云："萧萧风雨建阳溪⑥，溪畔维舟见亚齐。一轴新诗剑潭北⑦，十年旧识华山西。吟魂昔向江村老，空性元知世路迷。应笑乘轺青琐客⑧，此时无暇听猿啼⑨。"他诗高妙称是。仕王审知⑩，终谏议大夫⑪。有诗，以兵火散失，尚存百二十余篇，为一卷，秘书郎孙郃为序云⑫。

【注释】

①独孤损：字又损，历官礼部尚书，昭宗天复三年（903）十二月拜相，哀帝天祐元年（904）六月，与裴枢、崔远、陆扆等七人同被朱温杀于白马驿。

②宏词：即博学宏词科。敕头：指制科博学宏词之首名。

③"槐花黄"两句：或云此谚语乃指举子献行卷，但总体而言，皆与考进士有关。

④"雨中妆点望中黄"以下几句：引诗题为《咏槐》，意谓黄槐花被雨水妆点，到十五的时候开得一片金黄，鸣蝉就被引诱得叫得特别响亮，像在跟夕阳告别。我回忆起当年跟随着计吏一起进京赶考的往事，当时的马蹄整天都在为黄槐花而奔忙。

⑤亚齐：诗僧，与翁承赞交游，《全唐诗》未收其诗，盖已佚。

⑥建阳溪：今福建闽江上源支流建溪。

⑦剑潭：在今江西丰城西南，又称剑池。

⑧轺：使节用的车。青琐：官门上镂刻的青色图纹，亦借指官门。

⑨"萧萧风雨建阳溪"以下几句：引诗题为《访建阳马驿僧亚齐》，诗意谓建阳溪上风雨潇潇，在溪边停舟看见亚齐。他取出一轴在剑池北部所写的新诗，让我想起十年前我们在华山西边结识的场景。亚齐那颗吟诗的心魂早就打算在江边的村落里老去，他那空无的天性本就知道世上的道路不过是让人迷失。他应该会笑我这个乘着使节车辆的朝廷的使者，在这样美好的时候都没有空暇倾听清猿的啼叫。

⑩王审知：五代时闽国建立者，字信通，唐末与其兄王潮从王绪起兵，后任威武军节度使，尽有今福建之地，后梁开平三年（909）封为闽王。

⑪谏议大夫：官名，掌谏谕得失，侍从赞相。

⑫秘书郎：据学者考证，当为校书郎。孙郃：字希韩，唐昭宗乾宁四年（897）登进士第，任校书郎、河南府文学。

【译文】

翁承赞，字文尧，乾宁三年（896）礼部侍郎独孤损主持考试时以第四名的成绩考中进士，又考中博学宏词科的第一名。翁承赞工于诗歌创作，身材魁梧，相貌堂堂，并且性格幽默，声名在公侯权贵之间耸动。唐代人参加考试，每年都在八月，谚语说："槐花黄，举士忙。"翁承赞写诗《咏槐花》说："雨中妆点望中黄，勾引蝉声送夕阳。忆得当年随计吏，马蹄终日为君忙。"在当时广为传诵。曾经奉命出使到福州，见到老友亚齐和尚，写诗送给他说："萧萧风雨建阳溪，溪畔维舟见亚齐。一轴新诗剑潭北，十年旧识华山西。吟魂昔向江村老，空性元知世路迷。应笑乘轺青琐客，此时无暇听猿啼。"其他的诗歌高华巧妙都像这样。后来在闽王王审知那里做官，最终做到谏议大夫。翁承赞有很多诗，因为兵乱战火而散失不少,还存有一百二十多首,编成一卷,秘书郎孙邰为诗集作的序言是这样说的。

王毂

　　毂,字虚中,宜春人①,自号"临沂子"。以歌诗擅名,长于乐府。未第时,尝为《玉树曲》云②:"璧月夜,琼树春,莺舌泠泠词调新。当时狎客尽丰禄,直谏犯颜无一人。歌未阕,晋王剑上粘腥血。君臣犹在醉乡中,一面已无陈日月③。"大播人口。适有同人为无赖辈殴,毂前救之,曰:"莫无礼,我便是道'君臣犹在醉乡中'者。"无赖闻之,惭谢而退。毂亦大节士,轻财重义,为乡里所誉。颇不平久困,适生离难间,辞多寄寓比兴之作,无不知名。乾宁五年羊绍素榜进士④,历国子博士⑤,后以郎官致仕⑥。有诗三卷。于时宦进,俱素餐尸位、卖降恐后之徒,毂因撰《前代忠臣临老不变图》一卷,及《观光集》一卷,并传。

【注释】

①宜春:县名,治所在今江西宜春。

②《玉树曲》:南朝陈后主嗜声乐,于清乐中造《玉树后庭花》等曲,与幸臣等制其歌词,歌词绮艳,男女唱和,其音甚哀。王毂此诗即咏此事。

③"璧月夜"以下几句:此诗意谓明月之夜,玉树迎春,歌妓歌喉泠泠如黄莺唱着新的词调。当时一起欣赏的贵客都是俸禄丰厚的高官,敢于耿直进谏触犯龙颜的没有一个。歌还没唱完,晋王杨广就带着战士杀进陈国,他的宝剑上还残留着腥臭的浓血。陈国

的君王臣子还在醉乡中昏昏沉睡,照在他们一边脸上的日月光已经不再属于陈国。璧月,即圆月。晋王,指杨广,隋文帝次子,开皇元年(581)立为晋王,开皇九年(589)以行军元帅统兵南下,突破长江天险,攻克建康(今江苏南京),灭陈。

④羊绍素:乾宁五年(898)戊午科状元。

⑤国子博士:即国子监博士。

⑥郎官:据《唐诗纪事》卷七十,为尚书郎中。

【译文】

　　王毂,字虚中,宜春人,自称为"临沂子"。他靠着歌行体诗获得名声,擅长写乐府诗。王毂没有考中进士的时候,曾创作《玉树曲》,诗中说:"璧月夜,琼树春,莺舌泠泠词调新。当时狎客尽丰禄,直谏犯颜无一人。歌未阕,晋王剑上粘腥血。君臣犹在醉乡中,一面已无陈日月。"在民间广为流传,刚好有同仁被市井无赖之人殴打,王毂上前救他,对无赖们说:"不要无礼,我就是那个写出'君臣犹在醉乡中'的诗人。"无赖们听说了,惭愧地道歉后离开。王毂也是大有节义的人士,轻视钱财,看重义气,被家乡的人所称赞。他对于久困考场心里很不平,又刚好生在生离死别的战乱中间,所创作的诗歌常寄托含有比兴的内涵,没有不知名的。乾宁五年(898)羊绍素那一榜的进士,做过国子博士,后来以尚书郎中的身份退休。王毂有诗集三卷。在当时做官的,都是占据着官职不办实事、出卖投降瞻前怕后之徒,王毂因此撰《前代忠臣临老不变图》一卷,和《观光集》一卷,都流传在世。

殷文圭

　　文圭,字表儒,池州青阳人也①。乾宁五年礼部侍郎裴贽下进士。初未第时,道中尝逢一老叟,目文圭久之②,谓人曰:"向者布衣,绿眉方口,神仙中人也。如学道,可以冲虚③;

不尔,垂大名于天下。"未几,兵马振动,大驾幸三峰④,文圭携梁王表荐及第⑤。时杨令公行密镇淮阳⑥,奄有宣、浙、扬、汴之间⑦,榛梗既久⑧,文圭辞亲,间道至行在⑨。无何,随榜为吏部侍郎裴枢宣慰判官、记室参军⑩。至大梁,以身事叩梁王,王又上表荐之。文圭后饰非,遍投启事公卿间,曰:"於菟猎食⑪,非求尺璧之珍;爱居避风,不望洪钟之乐⑫。"俄为多言者所发,更由宋、汴驰过⑬,梁王大怒,亟遣追捕,已不及矣。为诗有《登龙集》《冥搜集》《笔耕词》《冰镂录》《从军稿》等集,传世。

【注释】

①青阳:县名,治所在今安徽青阳。

②目:用眼睛看,盯着。

③冲虚:冲上虚空,升天而去。

④大驾幸三峰:指唐昭宗逃往华山之事。

⑤梁王:即朱全忠。

⑥杨令公行密:即杨行密,五代时吴国的创建者,字化源,历官庐州刺史,淮南节度使,江南诸道行营都统,检校太尉兼侍中,封吴王。

⑦宣:宣州,治所在今安徽宣城。浙:地区名,今浙江一带。扬:即扬州,治所在今江苏扬州。汴:即汴州,治所在今河南开封。

⑧榛梗:阻隔不通。

⑨间道:小路。行在:本作行在所,封建帝王所在的地方,后专指皇帝行幸所至的地方。

⑩裴枢:字纪胜,曾任汴州宣谕使,户部侍郎、同中书门下平章事等,后因忤逆朱全忠被罢相,死于白马驿。记室参军:掌记录使府往来公务等事。

⑪於菟（wū tú）：虎的别称。《左传·宣公四年》载楚人"谓虎於菟"。

⑫"爱居避风"两句：据《国语·鲁语上》记载，有只叫爱居的海鸟，落在鲁国东门外，臧文仲派人祭祀它，展禽认为祭祀不妥，并推测海上有灾，果然当年"海多大风"，故爱居来鲁是为了避风，而非求钟鼓祭祀之乐。爱居，亦作"鹥鶋"，即秃鹙（qiū）。

⑬宋：即宋州，治所在今河南商丘。

【译文】

殷文圭，字表儒，池州青阳人。乾宁五年（898）礼部侍郎裴贽主持考试时考中进士。起初没有考中的时候，路上曾遇到一位老人，老人看了殷文圭很久，对别人说："刚才那个平民，浓黑眉毛口呈方形，是神仙一流的人啊。如果他学习道法，可以达到淡泊虚静的境界；如果他不学道，会在天下获得盛大的名声。"不久，战乱又起，皇上出巡华山，殷文圭携带着梁王朱全忠的推荐书考中进士。当时中书令杨行密镇守淮河一带，广占宣州、浙江、扬州、汴州之间的区域，道路阻碍已久，殷文圭告别亲人，走小路赶到唐昭宗所在的地方。没多久，就被公布为担任礼部侍郎裴枢的宣谕使府判官、记室参军。到大梁，亲身侍奉叩拜梁王朱全忠，梁王又献上奏表推荐他。殷文圭后来为了掩盖自己的过错，在公卿贵族之间投遍了声明启事，其中说："老虎猎取食物时，并不是想要珍贵的玉璧；爱居躲避大风，并不期待祭祀的钟鼓之乐。"很快被多事的人所揭发，殷文圭再次从宋州、汴州奔驰而过，梁王朱全忠很愤怒，急速派人去追赶抓捕，已经来不及了。所创作的诗歌有《登龙集》《冥搜集》《笔耕词》《冰镂录》《从军稿》等集子，流传在世。

○唐季，文体浇漓，才调荒秽。稍稍作者，强名曰诗，南郭之竽①，苟存于众响，非复盛时之万一也。如王周、刘兼、司马札、苏拯、许琳、李咸用等数人②，虽有集相传，皆气卑

格下,负鱼目唐突之惭③,窃碔砆韫袭之滥④,所谓"家有弊
帚,享之千金,不自见之患也"⑤。文圭稍入风度,间见奇崛,
其殆庶几乎。

【注释】

①南郭之竽:即滥竽充数。

②王周:五代诗人,余不详。刘兼:尝官荣州刺史,开宝六年(973),
诏修《五代史》,遂与卢多逊、扈蒙、李昉等同预其事,著有诗集一
卷。学者认为当入宋代诗人,不应列入《唐才子传》。司马札:约
宣宗大中年间在世,一生贫困,竟无功名,有诗集一卷。苏拯:唐
昭宗光化年间在世,长于五言古诗。许琳:与郑谷同时,存诗一卷。
李咸用:与来鹄同时,曾为推官,存诗三卷。

③鱼目唐突:指鱼目混同珠玉。语本任昉《到大司马记室笺》:"惟
此鱼目,唐突玙璠。"

④碔砆(wǔ fū):像玉的石。韫(yùn)袭:蕴藏。

⑤"家有弊帚"以下几句:家里的一把破扫帚,自己觉得值千金,这
是没有自知之明的毛病啊。语出曹丕《典论·论文》。

【译文】

　　〇唐末,诗歌文体浮华不实,才华声调荒芜秽下,稍微能写几句的
人,就竭力说他写的是诗,就像滥竽充数的南郭先生的竽,只是苟且保存
在众多的诗篇中,这时的诗坛不及盛唐时诗歌水平的万分之一。像王周、
刘兼、司马札、苏拯、许琳、李咸用等几个诗人,即使有诗歌传世,都是气
势卑弱格调不高,含有鱼目混珠、冒犯佳作的羞惭,有偷偷把像玉的石头
珍藏的泛滥之嫌,就像所说的"家里坏掉的扫帚也宝贝得像是千金般贵
重,这没有自知之明的毛病啊"。殷文圭的诗稍有风骨气度,不时能看见
一些奇特挺拔的作品,大概差不多算得上是诗吧?

李建勋

　　建勋，字致尧，广陵人①。仕南唐为宰相②，后罢，出镇临川③。未几，以司徒致仕④，赐号"钟山公"。年已八十，志尚散逸，多从仙侣，参究玄门⑤。时宋齐丘有道气⑥，在洪州西山⑦，建勋造谒致敬，欲授真果⑧，题诗赠云："春来涨水凉如活，晓出西山势似行。玉洞有人经劫在，携竿步步就长生⑨。"归高安别墅⑩，一夕，无病而逝。能文赋诗，琢炼颇工，调既平妥，终少惊人之句也。有《钟山集》二十卷，行于世。

【注释】

①广陵：郡名，治所在今江苏扬州。

②南唐：五代时十国之一，李昪（biàn）所建。吴天祚三年（937）徐知诰废吴帝，自称皇帝，国号大齐，年号升元。次年改姓名为李昪，改国号为唐，史称南唐。

③临川：郡名，治所在今江西抚州。

④司徒：官名，主管教化，为三公之一。

⑤仙侣：指道士。玄门：玄牝之门的略称，指道教道义。《老子》第一章："玄之又玄，众妙之门。"

⑥宋齐丘：初字超回，改字子嵩，初仕吴，事李昪，历官兵部侍郎，归隐九华山，起右仆射同平章事，后出镇洪州。

⑦洪州：州名，治所在今江西南昌。西山：在今江西南昌新建区，相传为许真君栖身修炼之所，是道教福地之一。

⑧真果：即真谛。

⑨"春来涨水凉如活"以下几句：引诗题为《题信果观壁》，意谓春天到来水势上涨清凉流淌恍恍如活过来，晓日升出西山，上升之势好

像在行走。道教洞天中有道士经历劫难还长存着,携带着竹竿一步步走向长生不老的境界。

⑩高安:县名,治所在今江西高安。有学者认为李建勋退居金陵,未到此处。

【译文】

李建勋,字致尧,广陵人。在南唐做官,担任宰相,后来罢相,出朝镇守临川。不多久,以司徒的身份退休,赐给他"钟山公"的称号。年纪已经八十岁,志向仍然崇尚散漫飘逸,常跟从道士,参悟寻究道教的奥义。当时宋齐丘很有得道的气度,住在洪州西山,李建勋前往拜访表达敬意,宋齐丘想要教给他道教真谛,李建勋题写诗歌赠送给他说:"春来涨水凉如活,晓出西山势似行。玉洞有人经劫在,携竿步步就长生。"回到高安县的山庄,一夜无疾而终。他能够写文章、赋作和诗歌,雕琢锻炼,颇为工整,声调既然平淡稳妥,诗中终究缺少惊动人心的诗句啊。李建勋著有《钟山集》二十卷,流行在世。

褚载

载,字厚之。家贫,客梁、宋间①,困甚。以诗投襄阳节度使邢君牙云②:"西风昨夜坠红兰,一宿邮亭事万般。无地可耕归不得,有恩堪报死何难。流年怕老看将老,百计求安未得安。一卷新诗满怀泪,频来门馆诉饥寒③。"君牙怜之,赠绢十匹,荐于郑滑节度使④,不行。乾宁五年,礼部侍郎裴贽知贡举,君牙又荐之,遂擢第。文德中⑤,刘子长出镇浙西⑥,行次江西,时陆威侍郎犹为郎吏⑦,亦寓于此。载缄二轴投谒,误以子长之卷面贽于威,威览之,连见数字触家讳,威瞿然⑧。载睥错⑨,白以大误。寻谢以长笺,略曰:"曹兴之图画虽精⑩，终惭误笔；殷浩之兢持太过⑪，翻达空函⑫。"威激赏而终不能引拔，竟流落而卒。集三卷，今传。

【注释】

①梁、宋间：今河南商丘一带。

②襄阳：郡名，治所在今湖北襄阳。邢君牙：少从军幽蓟，安禄山反，从侯希逸涉海入青州，吐蕃犯京师，代宗出陕，以扈从功，累封河间郡公。据学者考证，邢君牙与褚载相隔百年，此处有误。

③"西风昨夜坠红兰"以下几句：意谓昨夜秋风吹落兰花，我一夜睡在驿站想起万般事。家里没有耕地所以无法回去，如果您能给我恩惠，哪怕以死回报又有何难。年华流去害怕衰老，却眼看着要老了，千方百计想要获得安生却一直没有获得安生。拿着这一卷刚写的满含泪水的诗歌，多次来到您的门馆前诉说我的饥寒。邮亭，驿站。

④郑滑：方镇名，治所在滑州（今河南滑县）。

⑤文德：唐僖宗年号（888）。

⑥刘子长：即刘崇龟，字子长，宰相刘崇望兄。累迁至户部侍郎，检校户部尚书，后出为广州刺史、青海军节度使、岭南东道观察处置等使，卒。

⑦陆威：字岐，与陆扆、陆希声齐名，号为"三陆"，历迁户部员外郎，官至兵部侍郎。

⑧瞿（jù）：惊惧的样子。

⑨瞤错：即"错愕"，仓促间感到惊愕。瞤，同"愕"。

⑩曹兴：即三国吴画家曹不兴，工画人物，尤擅画龙。相传曾为孙权画屏风，误落墨点，随手画成一蝇，孙权以为真蝇。

⑪殷浩：字渊源，东晋人。弱冠有美名，尤善玄理，桓温欲官之尚书令，浩答书担心有错，反复查看，竟忘记把书信放在函套中，桓温与之遂绝。兢持：即矜持，小心翼翼。

⑫翻：同"反"。

【译文】

褚载，字厚之。家里贫寒。客游在大梁、宋州一带，非常穷困。用诗歌投献给襄阳节度使邢君牙说："西风昨夜坠红兰，一宿邮亭事万般。无地可耕归不得，有恩堪报死何难。流年怕老看将老，百计求安未得安。一卷新诗满怀泪，频来门馆诉饥寒。"邢君牙可怜他，赠送十匹绢布给他，把他推荐给郑滑节度使，没有前往。乾宁五年（898）礼部侍郎裴贽主持科举考试，邢君牙又推荐他，于是考中进士。文德年间，刘子长镇守浙西，出行到达江西，当时兵部侍郎陆威还是小郎官，也居住在这里。褚载封着两卷轴的诗歌来投递拜谒他们，却错把送给刘子长的诗卷当面送给了陆威，陆威阅读诗卷，连着看见好几个字都触犯了自家父祖的名讳，陆威大为吃惊。褚载则一脸错愕，解释说是自己犯了大错。不久就用长长的信笺道歉，其中有文句略云："曹不兴顺着滴下的墨汁画成的苍蝇图画，即使很精美，终究因为笔误而感到惭愧；就像殷浩太过小心翼翼，反而酿成没把书信放进信函的失误。"陆威特别欣赏，但始终未能引荐提拔，后来褚载最终流浪漂泊直到去世。他有诗集三卷，如今流传。

吕岩

岩，字洞宾，京兆人，礼部侍郎吕渭之孙也①。咸通初中第，两调县令。更值巢贼，浩然发栖隐之志，携家归终南，自放迹江湖。先是有锺离权②，字云房，不知何代何许人，以丧乱避地太白③，间入紫阁④，石壁上得金诰玉篆⑤，深造希夷之旨⑥，常鬖髽⑦，衣槲叶⑧，隐见于世。岩既笃志大道，游览名山，至太华，遇云房，知为异人，拜以诗曰："先生去后应须老，乞与贫儒换骨丹⑨。"云房许以法器⑩，因为著《灵宝毕法十二科》⑪，悉究性命之旨⑫。坐庐山中数十年，金丹始就⑬。逢苦竹真人⑭，乃能驱役神鬼。时及□世⑮，不复返也。与陈图南音响相接⑯，或访其室中。尝白襕角带⑰，卖墨于市，得者皆成黄金。往往遨游洞庭、潇湘、溢浦间⑱，自称"回道士"，时传已蝉蜕矣⑲。有术，佩剑，自笑曰："吾仙人，安用剑为？所以断嗔爱烦恼耳！"尝题寺壁曰："三千里外无家客，七百年前云水身⑳。"后书云："唐室进士，今时神仙。足蹑紫雾，却归洞天。"

【注释】

①吕渭：字君载，天宝中登进士第。大历中，曾参与鲍防、严维等越州联唱。贞元中累迁礼部侍郎，掌十一年至十三年（795—797）贡举。

②锺离权：唐五代道士，后演为八仙之一的汉锺离，道教全真派的北五祖之一。

③太白：也称太白山、太乙山，在今陕西武功县南，为秦岭主峰。

④紫阁：即紫阁峰，终南山峰名，在今陕西西安南。

⑤金诰玉箓：指道教的秘籍。

⑥希夷之旨：虚寂微妙的道教义理。《老子》第十四章："视之不见名曰夷，听之不闻名曰希。"

⑦鬌髻（zhuā jì）：挽发而结于头顶。

⑧槲（hú）叶：即槲树的叶子，较大。一本作"檞叶"。

⑨"先生去后应须老"两句：意谓先生您离开后我应该会老去，乞求您给我能够脱胎换骨的金丹。

⑩法器：佛教指具有学佛、弘法善根的人，此指传承道法的人选。

⑪《灵宝毕法十二科》：道教修炼之书。

⑫性命之旨：指容纳儒释性命之理的道教内丹修炼的方法。

⑬金丹：即圣胎，指精、气、神凝聚而成的内丹，又称"婴儿"，吕岩诗云："药返便为真道士，丹还本是圣胎仙。"

⑭苦竹真人：道士名，具体不详。

⑮时及□世：《四库》本作"时移世换"。由文气推，盖为"时及末世"，即指唐末。

⑯陈图南：陈抟，字图南，自号扶摇子。据《宋史》本传载，谓其落第后隐居武当山，服气、辟谷二十余年，宋太宗赐号"希夷先生"，著有《无极图》《先天图》，为宋代理学基础。传见本卷后文。

⑰白襕（lán）：泛指上衣与下裳相连的白色袍衫。角带：以角为饰的腰带，此为宋元时期平民的装扮。

⑱溢浦：今江西九江的龙开河。源出江西瑞昌清溢山，东流经九江城下，名溢浦港，北入长江。

⑲蝉蜕：道教称得道者死为尸解登仙，如蝉之蜕壳。

⑳"三千里外无家客"两句：引诗题为《答僧见》，意谓我是三千里外没有家的仙客，千百多年前游山玩水的游方道士就是我。

【译文】

　　吕岩，字洞宾，京兆人，礼部侍郎吕渭的子孙。咸通初年考中进士，两次调任县令。后来遇到黄巢叛乱，浩然兴叹，引发栖息隐居的志向，带领家人归隐终南山，自己则在江湖到处浪游。在他之前有锺离权，字云房，不知是哪个朝代哪里的人，因为战乱躲避到太白峰，不时来往于紫阁峰，在石头壁上获得道教秘籍，深深领悟虚寂微妙的道教义理，常常把头发挽在脑袋上，穿着槲树树叶衣服，在世上若隐若现。吕岩既然坚定志向要探究道教奥秘，就到处游览名山大川，到太华山，遇到锺离权，知道他不是常人，就用诗歌拜访他说："先生去后应须老，乞与贫儒换骨丹。"锺离权认为他是传承道法的人选，为他撰写《灵宝毕法十二科》，详细地探究道教性命修行的奥义。吕岩隐坐在庐山好几十年，才把金丹炼成。

遇到苦竹道人，才学会驱使鬼神。当时到了唐代末世，就不再返回家中了。吕岩跟陈抟也算同时代的人，有时到他的石室中寻访问候。曾穿着白色袍衫、系着腰带，在市场上卖墨，人们得到墨后都化作了黄金。常常在洞庭湖、潇湘二水、溢浦一带遨游，自称"回道士"，当时传说他已经像蝉蜕壳一样成仙了。吕岩有道术，佩带青蛇剑，自己笑着说："我是仙人，佩着剑有什么用处？不过是用来斩断世间的爱恨烦恼罢了！"曾在寺庙墙壁上题诗说："三千里外无家客，七百年前云水身。"后来自己写道："唐室进士，今时神仙。足蹑紫雾，却归洞天。"

又宿湖州沈东老家①，白酒满瓮，恣意拍浮②，临去，以石榴皮画壁间云："西邻已富忧不足，东老虽贫乐有余。白酒酿来因好客，黄金散尽为收书③。"又尝负局焭于市④，为贾尚书淬古镜⑤，归忽不见，留诗云："袖里青蛇凌白日，洞中仙果艳长春。须知物外餐霞客，不是尘中磨镜人⑥。"又醉饮岳阳楼，俯鉴洞庭，时八月，叶下水清，君山如黛螺⑦，秋风浩荡，遂按玉龙作一弄⑧，清音辽亮，金石可裂。久之，度古柳别去，留诗云："朝游南浦暮苍梧，袖里青蛇胆气粗。三入岳阳人不识，朗吟飞过洞庭湖⑨。"后往来人间，乘虚上下⑩，竟莫能测。至今四百余年，所在留题，不可胜纪。凡遇之者，每去后始觉，悔无及矣。盖其变化无穷，吟咏不已，此姑纪其大概云。

【注释】

①沈东老：姓沈，自谓东老，故称，即后诗中所说的"东老"。

②拍浮：原指在酒池中游泳，这里指纵情畅饮。

③"西邻已富忧不足"以下几句：引诗题为《熙宁元年八月十九日过

湖州东林沈山用石榴皮写绝句于壁自号回山人》,意谓西边的邻居已很富贵却仍在担忧不够,东老虽然贫穷却欢乐有余。酿出白酒是因为喜好客人,把钱财散尽是用来收藏书籍。

④局夆:装着磨镜工具的箱子。

⑤贾尚书:即贾师雄。

⑥"袖里青蛇凌白日"以下几句:引诗题为《为贾师雄发明古铁镜》,意谓我袖里的青蛇剑寒光胜过白日光,洞天里的仙人果实长久地鲜艳如春天。要知道我是游于物外的餐风饮霞的仙客,而不是尘世中磨亮镜子的凡人。

⑦君山:又名湘山、洞庭山,在洞庭湖中。黛螺:制成螺形的黛墨,用以画眉,引申为女子眉毛的代称。

⑧玉龙:这里指笛。一弄:一曲。

⑨"朝游南浦暮苍梧"以下几句:引诗题为《绝句》,意谓早上游玩南浦晚上游玩苍梧山,衣袖里的青蛇剑让人胆气粗豪。多次来到岳阳没有人认识我,朗诵着诗句飞过洞庭湖。

⑩乘虚:即凭虚。指在空中浮游。

【译文】

又有一次住在湖州沈东老的家里,白酒装满酒瓮,任由他自由饮用,快离别的时候,用石榴皮在他房间墙壁上写道:"西邻已富忧不足,东老虽贫乐有余。白酒酿来因好客,黄金散尽为收书。"还有一次曾在市场上背着工具箱,为贾尚书淬炼古老的铜镜,回来忽然不见踪影,留下一首诗说:"袖里青蛇凌白日,洞中仙果艳长春。须知物外餐霞客,不是尘中磨镜人。"又有一次在岳阳楼上喝得大醉,俯瞰着洞庭湖,当时刚好八月,木叶飘下,湖水清澈,湖中的君山就像螺形的眉黛,秋风吹来,碧波浩荡,于是拿着笛子吹一曲,清脆的笛音辽阔响亮,仿佛能把金石震裂。吕岩在那儿呆了很久之后,越过古柳,离别而去,留下诗歌说:"朝游南浦暮苍梧,袖里青蛇胆气粗。三入岳阳人不识,朗吟飞过洞庭湖。"后来在世间来往，乘着虚空上天入地，最终难以揣测。到现在四百多年，到处都有他留下来的题诗，数都数不过来。但凡遇到他的人，每每等他离开后才发觉，后悔已经来不及了。大概是因为他有无穷的变化，也没有停止过写诗，这里只是姑且记述他的大致情况罢了。

　　论曰：晋嵇康论神仙非积学所能致①，斯言信哉。原其本自天灵，有异凡品，仙风道骨，迥凌云表。历观传记所载，雾隐乎岩巅②，霞寓于尘外，崆峒、羡门以下③，清流相望，由来尚矣。虽解化一事④，似或玄微，正非假房中黄白之小端⑤，从而服食颐养，能尽其道者也。不损上药⑥，愈益下田⑦，熊经鸟伸，纳新吐故⑧，无七情以夺魂魄⑨，无百虑以煎肺肝，庶几指识玄户⑩，引身长年，然后一跃，顿乔、松之逸驭也⑪。今夫指青山首驾⑫，卧白云振衣，纷长往于斯世，遗高风于无穷，及见其人，吾亦愿从之游耳。韩湘控鹤于前⑬，吕岩骖鸾于后⑭，凡其题咏篇什，铿锵振作，皆天成云汉，不假安排。自非咀嚼冰玉，呼吸烟霏，孰能至此？宁好事者为之，多见其不知量也⑮。吴筠、张志和、施肩吾、刘商、陈陶、顾况等⑯，高躅可数⑰，皆颉颃于玄化中者欤⑱。

【注释】

①嵇康论神仙：见嵇康《养生论》："神仙……似特受异气，禀之自然，非积学所能致也。"

②雾隐：像雾一样隐于山林，借指隐居。后文"霞寓"意同。

③崆峒：指广成子，传为轩辕时人，隐居于崆峒山石室中，见于《庄子·在宥》。羡门：古代传说中的神仙，见于《史记·秦始皇本纪》。

④解化：指解脱肉身，飞升得仙。

⑤房中:即房中术,道教术语,指男女交合、节欲、养生、保气之术。黄白:指道家炼丹之术,外丹术指黄金与白银,内丹术指黄芽白雪,即元神元气。

⑥上药:上等药物。嵇康《养生论》:"上药养命,中药养性者。"

⑦下田:即下丹田。道家称人身脐下三寸处为下丹田。

⑧"熊经鸟伸"两句:古代导引养生之法,见于《庄子·刻意》。其法状如熊攀树而悬身,类鸟飞空而伸脚,口吐浊气,鼻引清气。经,悬吊。

⑨七情:人的七种感情。《礼记·礼运》:"何谓人情? 喜、怒、哀、惧、爱、恶、欲,七者弗学而能。"

⑩玄户:玄理的门户。《老子》第一章:"玄之又玄,众妙之门。"

⑪乔、松:指王子乔、赤松子,古仙人。

⑫首驾:指络着马首就驾乘,引申为不带过多尘外物品。

⑬韩湘:传见本书卷六。控鹤:道教谓仙人常骑鹤,故以控鹤喻升仙。

⑭骖(cān)鸾:以鸾鸟为驾车的骖马,即驾鸾飞升,羽化登仙。

⑮多见其不知量也:语出《论语·子张》。只是表示他不自量力罢了,此谓不能理解神仙之事。

⑯吴筠:传见本书卷一。张志和:传见本书卷三。施肩吾:传见本书卷六。刘商:传见本书卷四。陈陶:传见本书卷八。顾况:传见本书卷三。

⑰高躅(zhú):崇高的行迹。

⑱颉颃(xié háng):鸟上下飞,指不相上下。玄化:道家修炼的神妙变化。

【译文】

评论说:晋朝嵇康说过神仙不是靠着积累学习就能达到的,这话说得实诚啊。推断神仙的本原,来自天赋的灵气,跟凡人有差别,所以才有仙风道骨,飞腾在云霄之上。——考查历代传记所记载的内容,有的乘雾隐居在山岩之巅，有的餐霞寄寓在尘世之外，自崆峒、羡门等仙人以后，不断有类似的高士，也是由来已久啊。虽然尸解成仙这样的事情，看似有些玄乎微妙，正可以看出不是借房中术、炼丹术这些小伎俩，通过服食丹药、六气，颐养天年，就能穷尽仙人们的奥义的啊。不损耗上等药物，越发地增益下丹田，像熊攀树一样悬吊，像鸟一样伸脚，吐出浊气，吸收清气，没有七情六欲来夺走魂魄，没有百般忧虑来煎熬肝肺，差不多算是了解了通往道教奥义的途径，强健体魄延长寿命，然后一跃而起，顿时就像王子乔、赤松子那样驾驭虚空而飞升。如今有些人遥指着青山络上马首就出发，卧在白云乡中振涤衣冠，纷纷长久地离开这个浊世，驱遣风云游历在无穷的天地间，等到看见这些人，我也愿意跟从他们游历啊。韩湘子骑着仙鹤在前面开道，吕岩驾着鸢鸟在后面跟随，凡是他们题写歌咏的诗篇，铿锵有力，使人振奋，都像天空之上自然形成的银河，不需要通过人为的安排。如果不是咀嚼干净的冰块洁玉，呼吸着烟岚雨霏，谁能达到这样的仙人境界？怎么会是爱好热闹的人所创作的，那样说的人只表明他不自量力罢了。吴筠、张志和、施肩吾、刘商、陈陶、顾况等人，他们的高尚的足迹可以细数，都是在得道成仙的行列中可以比翼齐飞的神人啊。

卢延让

延让，字子善，范阳人也①。有卓绝之才。光化三年裴格榜进士②。朗陵雷满荐辟之③，满败，归伪蜀，授水部员外郎④，累迁给事中⑤，卒官刑部侍郎⑥。延让师许下薛尚书为诗⑦，词意入僻，不竞纤巧，且多健语，下士大笑之。初，吴融为侍御史⑧，出官峡中⑨，时延让布衣，薄游荆渚⑩，贫无卷轴，未遑贽谒⑪。会融弟得延让诗百余篇，融览其警联⑫，如《宿东林》云："两三条电欲为雨，七八个星犹在天⑬。"《旅舍言怀》云："名纸毛生五门下，家僮骨立六街中[14]。"《赠元上人》云："高僧解语牙无水，老鹤能飞骨有风[15]。"《蜀道》云："云间闹铎骡驮去，雪里残骸虎拽来[16]。"又云"树上谀咨批颊鸟，窗间逼驳扣头虫"等[17]，大惊曰："此去人远绝，自无蹈袭，非寻常耳。此子后必垂名。余昔在翰林召对，上曾举其'臂鹰健卒横毡帽，骑马佳人卷画衫'一联[18]，虽浅近，然自成一体名家。今则信然矣。"遂厚礼遇，赠给甚多。融雪中寄诗云："永日应无食，终宵必有诗[19]。"后夺科第，多融之力也。今诗一卷，传世。

【注释】

① 范阳：郡名，治所在今北京西南。

② 光化：唐昭宗年号（898—901）。裴格：光化三年（900）庚申科状元。

③ 朗陵：当为朗州武陵，治所在今湖南常德。雷满：字秉仁，初为朗州小校，后被高骈任为裨将，掌领蛮军，中和年间任澧朗节度使，其子统治期间，被湖南节度使马殷、荆南节度使高季昌所破。

④ 水部员外郎：官名，为水部郎中的副职，掌管天下河流、灌溉、水运等。

⑤ 给事中：官名，门下省重要官员，掌诏令章奏驳正稽失。

⑥ 刑部侍郎：官名，刑部的副长官，辅佐尚书掌天下刑名、法律、政令。

⑦ 许下薛尚书：即薛能，曾任许昌节度使和工部尚书，故称。传见本书卷七。

⑧ 吴融：传见本书卷九。

⑨ 峡中：今重庆巫山一带。

⑩ 荆渚：今湖北荆州一带江边。

⑪ 贽谒：带礼物拜见。

⑫融览其警联：按杨亿《杨文公谈苑》，所摘警句乃杨亿所摘，非吴融所为。

⑬"两三条电欲为雨"两句：引诗题为《松寺》，意谓天空上两三条闪电将要下雨，可是天上还能看见七八颗星星。

⑭"名纸毛生五门下"两句：意谓在京城投递的名帖无人理睬，已经变质长毛，我的家仆在闹市中形销骨立。名纸，即名片。五门，古传天子住处设五道门，指都城。六街，原指京城的六条主要街道，泛指大街闹市。

⑮"高僧解语牙无水"两句：引诗一题为《赠僧》，意谓高僧善于说话，一直说到牙齿都没有水，老迈的鹤鸟还能飞翔好像骨上自带清风。

⑯"云间闹铎骡驮去"两句：引诗一题为《蜀路》，意谓云中响着的铃声随着骡子而远去，雪地上的残骸是老虎拖拽而来。

⑰"树上諏咨批颊鸟"两句：引诗题为《冬夜》，意谓树上的批颊鸟鸣叫着像在商讨，窗户间的扣头虫逼驳地跳着。諏咨，询问，商议。这里比拟鸟鸣声。批颊鸟，一种鸟名，盖其鸣叫之声如打脸之音。逼驳，拟声词。扣头虫，即叩头虫，如果受到威胁，它们会仰面倒在地上，腿紧紧地贴在身体两侧，然后突然"咔"一声，将身体弹入空中。

⑱"臂鹰健卒横毡帽"两句：引诗题为《送周太保赴浙西》，意谓手臂上站着猎鹰的健壮的兵卒横戴着毡帽，骑在马上的佳人卷起有图案的衣衫。

⑲"永日应无食"两句：引诗题为《雪中寄卢延让秀才》，意谓漫长的白日您应该没有饭吃，但整个夜晚肯定写出了诗篇。

【译文】

卢延让，字子善，范阳人。有卓越超绝的才华。光化三年（900）裴格那一榜的进士。朗陵人雷满推荐征辟他，雷满败亡后，归顺王建的伪蜀政权,担任水部员外郎,多次升迁到给事中,最后做到刑部侍郎。卢延让学习许州薛尚书写诗,诗歌词汇和意思都比较偏僻,不过多地追求纤细精巧,而且有很多豪健的语言,见识卑下的人大声取笑他。起初,吴融担任侍御史,去峡中一带做官,当时卢延让还是平民,在荆州一带穷游,贫困到置办不起行卷的卷轴,没来得及带去拜谒他。恰巧吴融的弟弟获得卢延让的诗歌一百多首,吴融看到其中的警句,比如《宿东林》诗中说:"两三条电欲为雨,七八个星犹在天。"《旅舍言怀》诗中说:"名纸毛生五门下,家僮骨立六街中。"《赠元上人》诗中说:"高僧解语牙无水,老鹤能飞骨有风。"《蜀道》诗中说:"云间闹铎骡驮去,雪里残骸虎拽来。"又有"树上谍咨批颊鸟,窗间逼驳扣头虫"等诗句,大为惊叹,说:"这些诗跟普通人相比超出很远,自抒胸臆没有蹈袭别人,不是一般的诗句啊。这个诗人以后肯定会垂名后世。我过去在翰林院奉诏跟陛下对答,陛下曾举出他诗中的一联叫作'臂鹰健卒横毡帽,骑马佳人卷画衫',虽然语言比较浅显凡近,然而是自成一种诗体的名家,如今就相信确实如此啊。"于是厚重地礼待卢延让,送给他很多礼物。吴融在雪天寄诗给他说:"永日应无食,终宵必有诗。"后来获得科举功名,多是吴融极力推荐的结果。如今诗歌一卷,流传在世。

曹松

松,字梦徵,舒州人也[①]。学贾岛为诗,深入幽境,然无枯淡之癖。尤长启事[②],不减山公[③]。早未达,尝避乱来栖洪都西山[④]。初在建州依李频[⑤],频卒后,往来一无所遇。光化四年,礼部侍郎杜德祥下[⑥],与王希羽、刘象、柯崇、郑希颜同登第[⑦],年皆七十余矣,号为"五老榜"。时值新平内难[⑧],朝廷以放进士为喜,特授校书郎而卒。松野性方直,罕尝俗事,故拙于进宦,构身林泽,寓情虚无。苦极于诗,然别有一种风味,不沦乎怪也。集三卷,今传。

【注释】

①舒州:州名,治所在今安徽潜山。

②启事:陈述事情的书函。

③山公:即山涛,字巨源,为"竹林七贤"之一,擅长启事。

④避乱:躲避黄巢之乱。洪都:即洪州,治所在今江西南昌。

⑤建州:州名,治所在今福建建瓯。李频:传见本书卷七。

⑥杜德祥:杜牧子,历任考功员外郎、知制诰、礼部侍郎等。

⑦王希羽:天复元年(901)与曹松、刘象、柯崇、郑希颜等年逾古稀的老人同中进士第,时称"五老榜"。

⑧新平内难:昭宗光化三年(900),宦官刘季述等废昭宗,崔胤结指挥使孙德昭等杀刘季述,迎昭宗复位。

【译文】

曹松,字梦徵,舒州人。学习贾岛作诗的方法,深刻地抵达贾岛诗歌中的幽寂境界,然而没有贾岛诗中的干枯平淡的癖好。尤其擅长写启事,跟山涛不相上下。曹松早年不显达,曾经躲避黄巢的兵乱栖息在南昌西山。起初在建州依靠李频,李频去世后,到处来往没有遇到一次机会。光化四年(901),在礼部侍郎杜德祥主持考试时,跟王希羽、刘象、柯崇、郑希颜等人一起考中进士,他们年纪都七十多岁了,被称作"五老榜"。当时刚好碰到唐昭宗平定内乱、重新登基,朝廷以公布进士榜来欢庆,特意授任曹松校书郎,而后去世。曹松性格方正率直,不够驯顺,很少接触世俗事务,因此在升官方面很不擅长,就隐身于山林草泽之间,把情感寄托在虚无的义理上,极为辛苦地创作诗歌,然而别有一种特殊的风格滋味,不沉沦于怪癖。集子三卷,如今流传。

裴说

　　说,工诗,得盛名。天祐三年礼部侍郎薛廷珪下状元及第①。初年窘迫乱离,奔走道路,有诗曰:"避乱一身多②。"见者悲之。后仕为补阙,终礼部员外郎。为诗足奇思,非意表琢炼不举笔,有岛、洞之风也③。弟谐④,亦以诗名世。仕终桂岭假官宰⑤。今俱有集相传。

【注释】

①天祐:唐哀帝年号(904—907)。薛廷珪:父薛逢,唐懿宗咸通中为秘书监,以才名闻于当时。薛廷珪于唐僖宗中和年间在西川登进士第,唐昭宗大顺初年累迁司勋员外郎、知制诰,后昭宗迁洛阳,征为礼部侍郎。后梁时,为礼部尚书。后唐庄宗平定河南,灭后梁,以薛廷珪年老,除太子少师致仕。

②避乱一身多:诗句意谓躲避战乱的时候感觉到这一个身体还显得多,颇有"借车载家具,家具少于车"的悲酸。

③岛、洞:即贾岛、李洞。传见本书卷五、卷九。

④谐:一作诣。

⑤桂岭:县名,治所在今广西贺州东北。假官宰:代理县令。

【译文】

　　裴说,工于诗歌创作,享有盛名。天祐三年(906)礼部侍郎薛廷珪主持考试时以第一名的身份考中进士。早年在战乱流离中困窘促迫,在路上奔逃,写有诗句说:"避乱一身多。"读到的人为他感到悲伤。后来出来担任补阙,最终做到礼部员外郎。裴说写诗有足够的奇特构思,不是出人意外的雕琢锻炼就不拿起笔,有贾岛、李洞的风范。弟弟裴谐,也是因为诗歌有名于世,官做到桂岭县代理县令。兄弟二人如今都有集子传世。

贯休

　　休，字德隐，婺州兰溪人①，俗姓姜氏。风骚之外，尤精笔札。荆州成中令问以书法②，休勃然曰："此事须登坛可授③，安得草草而言！"中令衔之，乃递入黔中④，因为《病鹤》诗以见志云："见说气清邪不入，不知尔病自何来⑤。"初，昭宗以武肃钱镠平董昌功⑥，拜镇东军节度使，自称吴越王。休时居灵隐，往投诗贺，中联云："满堂花醉三千客，一剑霜寒十四州⑦。"武肃大喜，然僭侈之心始张，遣谕令改为"四十州"，乃可相见。休性躁急，答曰："州亦难添，诗亦难改。余孤云野鹤，何天不可飞！"即日裹衣钵，拂袖而去。至蜀，以诗投孟知祥云⑧："一瓶一钵垂垂老，万水千山特特来⑨。"知祥久慕，至是非常尊礼之。及王建僭位，一日游龙华寺⑩，召休坐，令口诵近诗，时诸王贵戚皆侍，休意在箴戒，因读《公子行》曰⑪："锦衣鲜华手擎鹘，闲行气貌多陵忽。稼穑艰难总不知，五帝三皇是何物。"建小忦⑫，然敬事不少息也。赐号"禅月大师"。后顺寂，敕塔葬丈人山青城峰下。有集三十卷，今传。

【注释】

①婺州：州名，治所在今浙江金华。兰溪：县名，治所在今浙江兰溪。

②荆州：州名，治所在今湖北荆州。成中令：即成汭，蔡州将秦宗权假子，更姓名郭禹。后为荆南节度使陈儒牙将，淮南将张环逐陈儒，欲杀之，乃袭归州（今湖北秭归），自称刺史。文德元年（888）取荆南，时荆南兵荒之后，居民仅十七家，励精图治，招抚流亡，通

商务农,发展近万户,与华州刺史韩建皆善养护百姓,并称"北韩
南郭"。昭宗光化三年(900)拜相,任检校太尉、中书令。

③登坛:原指将帅受任的隆重仪式,这里指拜师的礼节。

④黔中:州名,治所在今四川彭水。

⑤"见说气清邪不入"两句:意谓听说野鹤气性清澈邪气不能进入,
不知道你的病又是从哪里得来?此处若把病鹤比作成汭,则意在
指出成汭并非气性清澈;若把病鹤比作自己,则意在指出自己被贬
非自己错失,乃在于外界强加。

⑥武肃钱镠:五代时吴越国的建立者,乾宁三年(896)击败董昌,在
苏南、两浙一带形成割据势力,朱温建梁,受封吴越王,兼淮南节
度使。董昌:唐末任石镜镇将,后起兵自领杭州,乾宁二年(895)
称帝,国号大越罗平,次年为钱镠将顾全武败杀。

⑦"满堂花醉三千客"两句:引诗题为《献钱尚父》,意谓满堂春花醉
倒三千门客,一把宝剑寒白如霜雪,占据十四州郡。据学者考证,
此事未必属实。

⑧孟知祥:五代时后蜀国建立者,字保胤,李克用侄女婿。同光三年
(925)后唐灭前蜀,为成都尹,充西川节度使。长兴三年(932)
攻杀东川节度使董璋,据有两川之地,册封蜀王。应顺元年(934)
称帝,国号蜀,史称后蜀。据学者考证,后蜀时贯休已去世多年,
此处孟知祥当为"王建"。

⑨"一瓶一钵垂垂老"两句:引诗题为《陈情献蜀皇帝》,意谓我拿
着一瓶一钵垂垂老矣,却跨越万水千山特意来投奔蜀国。

⑩龙华寺:即王建为贯休所建造的龙华禅院。

⑪"锦衣鲜华手擎鹘"以下几句:引诗一题为《少年行》,意谓贵公子
们穿着鲜艳华丽的锦衣,手里擎着鹘鸟,闲庭信步时气势和样貌
也多含有轻慢之意。耕种的艰难总是不知道,还问三皇五帝是什
么意思!

⑫建小忏：据《蜀梼杌》，当为"建称善"，可从。

【译文】

贯休，字德隐，婺州兰溪人，出家前姓姜。除诗歌创作之外，尤其精通书法。荆州中书令成汭问他写书法的方法，贯休勃然愤怒地说："这种事需要在谨慎的拜师礼后才能传授，怎么能随随便便回答呢！"成汭内心怀恨他，就把他流放到黔中郡，贯休因此写作《病鹤》诗来表达自己的志向说："见说气清邪不入，不知尔病自何来。"起初，唐昭宗因为武肃王钱镠平定董昌的功劳，拜任他为东军节度使，自称为吴越王。贯休当时住在灵隐寺，前往投递诗歌祝贺，其中诗联说："满堂花醉三千客，一剑霜寒十四州。"武肃王非常喜欢，但是僭越、奢侈的心欲开始扩张，派遣使者传令让他把"十四州"改为"四十州"，才可以跟他见面。贯休生性急躁，回答使者说："州郡之数你们很难添加，这首诗也很难改。我是孤云中的野鹤，哪里的天空不能飞翔！"当天就裹着衣钵，拂着袖子离开吴越国。贯休到达蜀国，把诗投递给王建，诗中说："一瓶一钵垂垂老，万水千山特特来。"王建仰慕贯休已久，到这时以不寻常的礼节尊敬地礼待他。等到王建僭越登基蜀王之位，有一天游览龙华寺，召来贯休同坐，让他亲口朗诵最近的诗作，当时诸位王亲国戚都在蜀王身边侍奉，贯休想要有所针砭劝诫，因此就朗读《公子行》，诗中说："锦衣鲜华手擎鹘，闲行气貌多陵忽。稼穑艰难总不知，五帝三皇是何物。"王建略有不悦，然而尊敬地侍奉他，没有一点懈怠啊。赐给他法号"禅月大师"。后来圆寂，下令给他在丈人山青城峰下面建造寺塔。贯休有诗歌集子三十卷，如今流传。

〇休一条直气，海内无双，意度高疏，学问丛脞①，天赋敏速之才，笔吐猛锐之气，乐府古律，当时所宗。虽尚崛奇，每得神助，余人走下风者多矣。昔谓"龙象蹴蹋②"，非

驴所堪"，果僧中之一豪也。后少其比者，前以方支道林③，
不过矣。

【注释】

①丛脞（cuǒ）：烦琐，细碎。《尚书·益稷》："元首丛脞哉！"

②龙象：水行龙力最大，陆行象力最大，故以龙象为喻诸阿罗汉中，
修行勇猛有最大力者。

③支道林：俗姓关，名遁，以字行，东晋名僧。与谢安、王羲之等交游，
好谈玄理，作《即色游玄论》，宣扬"色即是空"，发挥般若学的"性
空"思想，为般若学六大家之一，也擅长写书法作诗歌。

【译文】

〇贯休心地耿介坦率，天下没有第二个人可比，意境气度高妙疏朗，
学问琐细繁密，上天赋予他敏捷快速的才华，下笔抒发勇猛锐利的气势，
乐府诗、古体诗、律诗，都被当时的人们所宗仰。他的诗虽然崇尚险绝奇
特，每每有如神助，其余的大多数诗人都甘拜下风。过去人们说："龙象
随便踩踏，都不是驴子所能承受的。"他果然是僧人中的一位豪杰啊。后
来的僧徒中很少有能跟他相提并论的，他与从前的高僧支道林相比也不
相上下。

张瀛

瀛，碧之子也①。仕广南刘氏②，官至曹郎③。尝为诗赠
琴棋僧云："我尝听师法一说，波上莲花水中月。不垢不净
是色空，无法无空亦无灭。我尝对师禅一观，浪溢鳌头蟾魄
满。河沙世界尽空空，一寸寒灰冷灯畔。我又闻师琴一抚，
长松唤住秋山雨。弦中雅弄若铿金，指下寒泉流太古。我

又看师棋一著,山顶坐沉红日脚。阿谁称是国手人,罗浮道士赌却鹤。输却药胡芦,斟下红霞丹,束手不敢争头角④。"同列见之曰:"非其父不生是子。"瀛为诗尚气而不怒号,语新意卓,人所不思者,辄能道之,绰绰然见乃父风也⑤。有诗集,今传于世。

【注释】

①碧:即张碧,传见本书卷五。

②广南刘氏:即南汉,五代时十国之一。天祐元年(904)刘隐为清海军(今广州)节度使,乾亨元年(917)其弟刘龑(yǎn)称帝,建国号大越。次年改国号汉,都广州,史称南汉。

③曹郎:泛指尚书诸郎。

④"我尝听师法一说"以下几句:引诗题为《赠琴棋僧歌》,意谓我曾听大师说过一次法,佛法如碧波上的莲花和水中的月亮。没有污垢没有干净就叫作万物都是因缘所生而非实有,没有佛法没有实有也就没有毁灭。我曾对着大师看过一次禅意,就像波浪溢过鳌头、月光圆满。恒河沙数般不可胜数的世界都是并非实有的,与守在熄灭的冷灯所留下的一寸寒冷的灰烬没有什么不同。我又听大师弹过一曲古琴,就像长长的松涛之声,把山里的秋雨都给喊停了。琴弦中优雅地演奏出金属般清脆的声音,手指下仿佛有从上古时期流下来的寒泉水声。我又看过大师的一盘棋,在山顶上枯坐到一轮红日西沉。谁才是棋中第一高手?跟你对弈的罗浮道士把自己的仙鹤输给你了。罗浮道士还把自己的药葫芦也给输掉了,从药葫芦里倒出红霞一般的金丹,束着双手不敢再跟大师争比棋艺。蟾魄,古人认为月中有蟾蜍,因称月为蟾魄。河沙,佛语"恒河沙数"的省称,指多到不可胜数。铿金,金属撞击声。

⑤绰绰:宽裕舒缓貌。

【译文】

　　张瀛，是张碧的儿子。在南汉做官，官做到尚书郎。曾写诗赠于弹琴和下棋的和尚说："我尝听师法一说，波上莲花水中月。不垢不净是色空，无法无空亦无灭。我尝对师禅一观，浪溢鳌头蟾魄满。河沙世界尽空空，一寸寒灰冷灯畔。我又闻师琴一抚，长松唤住秋山雨。弦中雅弄若铿金，指下寒泉流太古。我又看师棋一著，山顶坐沉红日脚。阿谁称是国手人，罗浮道士赌却鹤。输却药胡芦，斗下红霞丹，束手不敢争头角。"张瀛的同僚读了这首诗后说："不是张碧这样的父亲，生不出这样的儿子。"张瀛写诗推崇气势却并不愤怒地号叫，诗歌语言清新，意旨卓绝，人们所思考不到的地方，他都能表达出来，隐隐约约可以看到他父亲的风范。张瀛著有诗歌集子，如今流传在世。

沈彬

　　彬，字子文，筠州高安人。自幼苦学，属末岁离乱，随计不捷①，南游湖湘，隐云阳山数年②，归乡里。时南唐李昪镇金陵③，旁罗俊逸，名儒宿老，必命郡县起之。彬赴辟，知昪欲取杨氏④，因献《画山水诗》云："须知笔力安排定，不怕山河整顿难⑤。"昪览之大喜，授秘书郎⑥。保大中⑦，以尚书郎致仕归⑧，徙居宜春。初经板荡⑨，与韦庄、杜光庭、贯休俱避难在蜀⑩，多见酬酢。彬临终，指葬处示家人，及窆⑪，果掘得一空冢，有漆灯青荧，圹头立一铜版，篆文曰："佳城今已开，虽开不葬埋。漆灯终未灭，留待沈彬来⑫。"遂窀穸于此⑬。有诗集一卷，传世。彬第二子廷瑞，性坦率，豪于觞咏，举动异俗，盛夏附火，严冬单衣，或遇崇山野水，古洞幽坛，竟日不返，时人异之，呼为"沈道者"，士大夫多邀至门馆。一日,邑宰戏问⑭:"何日道成?"廷瑞即留诗曰:"何须问我道成时,紫府清都自有期。手握药苗人不识,体涵仙骨俗争知⑮。"宰惊谢。后浪游四方,或传仙去也。

【注释】

①随计:指士人赴科举考试。

②云阳山:在今湖南茶陵西。

③李昪(biàn):五代时南唐建立者,字正伦。战乱中为杨行密所收养,后为吴国丞相徐温养子,改名徐知诰。徐温死,专吴政,封齐王。天祚三年(937)即帝位于金陵,改年号为升元,国号大齐。升元三年(939)复姓李,改名昪,改国号为唐,史称南唐。

④取杨氏:指吴王杨行密死后,其子相继担任吴王,后李昪废除吴王,改国号为唐。

⑤"须知笔力安排定"两句:意谓要知道笔力已经安排妥定,就不怕山河难以整顿。

⑥秘书郎:一作校书郎。

⑦保大:五代南唐元宗年号(943—957)。

⑧尚书郎:据《郡阁雅谈》,具体为吏部郎中。

⑨板荡:《诗经·大雅》有《板》《荡》,刺周厉王无道,败坏国家。后因以板荡指政局变动或社会动荡不安。

⑩韦庄:传见本卷前文。杜光庭:懿宗时,应举不第,入五台山为道士。僖宗时召为麟德殿文章应制。后避乱入蜀,依王建父子,授左谏议大夫,擢户部侍郎。晚年隐青城山。贯休:传见本卷前文。

⑪窆(biǎn):埋葬。

⑫"佳城今已开"以下几句:意谓佳城如今已打开,虽然打开却没有埋葬人。燃着的漆灯终究未曾熄灭,是留着在这里等待沈彬到来。漆灯,燃漆为灯。青荧,泛指青光或白光。

⑬窀穸（zhūn xī）：埋葬。

⑭邑宰：县令。

⑮"何须问我道成时"以下几句：引诗题为《答高安宰》，意谓何不问
　我什么时候得道成仙，仙人居住的地方自有日期。我手里握着救
　济世人的药苗却没人认识，我来体会早悟仙人的风骨，你们这些
　俗人怎么会明白。紫府，道家称仙人所居处。清都，道家谓天帝
　所居官阙。

【译文】

　　沈彬，字子文，筠州高安人。他从年幼的时候就勤苦学习，遇到唐
朝末年战乱流离，科举考试落榜，朝南在洞庭湖、湘江一带游历，隐居在
云阳山上很多年，回到家乡。当时南唐李昪镇守金陵，四处网罗杰出的
人才，凡有名的儒士和老前辈，一定命令各郡县把他们征辟起用。沈彬
跑来应辟，知道李昪想要取代杨氏，因此就献上《画山水诗》说："须知笔
力安排定，不怕山河整顿难。"李昪看见这首诗非常高兴，授任他为秘书
郎。南唐中主保大年间，沈彬以尚书郎的身份退休归乡，迁徙定居到宜
春。起初沈彬经历国家动乱，跟韦庄、杜光庭和贯休都在蜀国躲避战乱，
有很多酬唱赠送的诗篇。沈彬临死的时候，自己指出埋葬的地点，示意
家人把他埋在那里，果然挖出一个空的坟冢，里面有漆灯闪着青白光芒，
墓穴头上竖立着一块铜做的版，上面用篆文写道："佳城今已开，虽开不
葬埋。漆灯终未灭，留待沈彬来。"于是就把他埋葬在这里。有诗歌集子
一卷，流传在世。沈彬第二个儿子叫沈廷瑞，性格坦率，在喝酒写诗方面
比较豪放，行动举止跟俗人不同，盛夏的时候烤火，严寒的冬天穿着单薄
的衣服，有时遇到高山野水，古老的洞穴和幽深的高台，整天都不回来，
当时人认为他很独特，把他称为"沈道者"，士大夫常把他邀请到招待门
客的馆舍里来。有一天，当地县令开玩笑地问他："什么时候修道成仙？"
沈廷瑞当即留下一首诗说："何须问我道成时，紫府清都自有期。手握药
苗人不识，体涵仙骨俗争知。"县令感到震惊并道歉。沈廷瑞后来浪迹天
涯，有人传言说他成仙而去了。

唐求

求,隐君也,成都人①。值三灵改卜②,绝念鼎钟③,放旷疏逸,出处悠然④,人多不识。方外物表,是所游心也。酷耽吟调,气韵清新,每动奇趣,工而不僻,皆达者之词。所行览不出二百里间⑤,无秋毫世虑之想。有所得,即将稿捻为丸,投大瓢中。或成联片语,不拘短长,数日后足成之。后卧病,投瓢于锦江,望而祝曰:"兹瓢倘不沦没,得之者始知吾苦心耳。"瓢泛至新渠⑥,有识者见曰:"此唐山人诗瓢也。"扁舟接之,得诗数十篇。求初未尝示人,至是方竞传,今行于世。后不知所终。江南处士杨夔⑦,亦工诗文,名称杰出如求,今章句多传。

【注释】

①成都:黄休复《茅亭客话》卷三"味江山人"条作:"唐末蜀州青城县味讲山人唐求。"(《诗话总龟》前集卷四六引)。此处疑误,应为蜀州青城,即今四川崇州。

②三灵改卜:指改朝换代。三灵,指天地人。

③鼎钟:指功名事业。《三国志·魏志·陈思王植传》:"功铭著于鼎钟,名称垂于竹帛。"

④出处(chǔ):进退。《周易·系辞上》:"君子之道,或出或处。"此处指人生的出仕和退隐。

⑤二百里间:据学者考证,唐求游踪颇广,辛氏误。

⑥新渠:镇名,治所在今四川崇州西北。

⑦杨夔:隐士,有俊才,工诗文,与杜荀鹤、康骈、郑谷、殷文圭友善。后为宁国军节度使田頵上客,知頵不足与杨行密抗衡,作《溺赋》

戒之，颇不纳而败亡。

【译文】

唐求，是一位隐士，蜀州青城人。遇到改朝换代，断绝做官的念头，放纵旷达，疏略飘逸，进退优游不迫，人们大多不认识他。他只留心世俗之外的事物。唐求特别沉溺于吟咏诗调，气度韵律清爽新异，每每动发奇特趣味，诗歌工整而不幽僻，都是达观之人的话。所行走游览的地方没有超出二百里范围之外，没有一丝一毫为时事担忧的想法。每当他想出一些好诗句，就把诗稿捻成纸丸，投放在大瓢之中，有的只是形成诗联或片段诗语，不拘泥于长短，几天后再补足、完成这首诗。后来生病卧床，把大瓢投到锦江，望着它祝愿说："这个大瓢如果不沉没，获得它的人才会知道我的良苦用心。"大瓢漂浮到新渠镇，有认识的人说："这是唐求隐士写诗的大瓢啊。"驾着小舟取来大瓢，获得诗歌几十首。唐求起初未曾把诗给别人看，到这时才竞相传诵，如今流传在世。唐求此后的结局没人知道。江南有一位叫杨夔的隐士，也工于诗歌、文章的创作，名望、称誉跟唐求一样杰出，如今诗歌篇章也多流传。

孙鲂

鲂，唐末处士也，乐安人①。与沈彬、李建勋同时②，唱和亦多。鲂有《夜坐》诗，为世称玩。建勋尤器待之，日与谈宴。尝匿鲂于斋幕中，待沈彬来，乃问曰："鲂《夜坐》诗如何？"彬曰："田舍翁火炉头之语③，何足道哉！"鲂从幕中出，诮彬曰④："何讥谤之甚？"彬曰："'画多灰渐冷，坐久席成痕⑤。'此非田舍翁炉上，谁有此况？"一座大笑。及《金山寺》诗云："天多剩得月，地少不生尘⑥。"当时谓骚情风韵，不减张祜云⑦。有诗五卷，今传。

【注释】

①乐安：县名，治所在今浙江仙居。按《唐诗纪事》卷一均载孙鲂为南昌人。

②沈彬：传见本卷前文。李建勋：传见本卷前文。

③田舍翁：犹"田父"，老农。

④诮（qiào）：责备。

⑤"画多灰渐冷"两句：意谓拨划炭火太多导致炭灰渐渐冷却，因为坐得太久导致席子上有了印痕。

⑥"天多剩得月"两句：引诗一题为《题金山寺》，意谓金山寺上空的天空很多，只剩下一轮明月略微遮挡，土地很少，因此不会产生风尘。

⑦张祜：传见本书卷六。

【译文】

孙鲂，唐朝末年的隐士，乐安人。跟沈彬、李建勋处在同一时期，唱和的诗歌也多。孙鲂有一首题为《夜坐》的诗，被世人们称赏、玩味。李建勋尤其器重、优待他，每天都跟他聊天、聚会。曾经把孙鲂藏在斋房幕后，等沈彬过来，才问他说："孙鲂《夜坐》这首诗怎么样？"沈彬说："不过是描写老农坐在火炉边的话，哪里值得一提啊！"孙鲂从幕后出来，责备沈彬说："怎么这么过分地讥讽、诽谤我？"沈彬说："'画多灰渐冷，坐久席成痕。'这不是老农在炉火边上，谁会有这样的境况？"满座的客人都大声欢笑。孙鲂还有一首《金山寺》诗中说："天多剩得月，地少不生尘。"当时人说他的风雅情韵，丝毫不亚于张祜。孙鲂著有诗歌五卷，如今流传在世。

李中

中，字有中，九江人也①。唐末，尝第进士，为新涂、淦阳、吉水三县令②,仕终水部郎中。孟宾于赏其工吟③,绝似方干、贾岛④,时复过之。如"暖风医病草,甘雨洗荒村"⑤,又"贫来卖书剑,病起忆江湖"⑥,又"闲花半落处,幽鸟未来时"⑦,又"千里梦随残月断,一声蝉送早秋来"⑧,又"残阳影里水东注,芳草烟中人独行"⑨,又"闲寻野寺听秋水,寄睡僧窗到夕阳"⑩,又"香入肌肤花洞酒,冷浸魂梦石床云"⑪,又"西园雨过好花尽,南陌人稀芳草深"等句⑫,惊人泣鬼之语也。有《碧云集》,今传。

【注释】

①九江:郡名,治所在今江西九江。

②新涂、淦阳:据学者考证,当为"新淦(gàn)"之误,即今江西新干。
吉水:县名,治所在今江西。

③孟宾于:字国仪,好学有诗才,后晋天福进士,初为楚文昭王(马希范)零陵从事,楚亡入南唐,后致仕隐玉笥山,自号"群玉峰叟"。传见本卷后文。

④方干:传见本书卷七。贾岛:传见本书卷五。

⑤暖风医病草"两句:引诗题为《春日野望怀故人》,意谓温暖的春风似乎把病中的野草治疗好了,甘霖把荒凉的村落洗得焕然一新。

⑥"贫来卖书剑"两句:引诗题为《书王秀才壁》,意谓穷的时候要通过卖掉书籍和宝剑来度日,才生病痊愈,起来就想漂泊江湖。

⑦"闲花半落处"两句:引诗题为《寄刘钧秀才》,意谓悠闲的花朵半开半落的地方,幽处的鸟儿还没有飞来的时候。

⑧"千里梦随残月断"两句:引诗题为《海上从事秋旦书怀》,意谓对千里之外的梦想,随着一轮残月而断裂,一声稀落落的蝉鸣把秋意早早地送来。

⑨"残阳影里水东注"两句：引诗题为《江边吟》，意谓流水在残阳的余晖照射下朝东流去，烟雾笼罩的芳草地上，有人在那里独自行走。

⑩"闲寻野寺听秋水"两句：引诗题为《赠永贞杜翱少府》，意谓悠闲地寻找着荒野寺庙，听着秋水的流淌声，在僧人房间里借睡片刻直到夕阳晒到窗边。

⑪"香入肌肤花洞酒"两句：引诗题为《赠钟尊师游茅山》，意谓繁华如春的洞天里，美酒之香能够浸润肌肤，石头床上的白云寒冷得都能透进睡眠中的魂灵了。这是在想象并描写茅山的仙境。

⑫"西园雨过好花尽"两句：引诗题为《暮春有感寄宋维员外》，意谓西园经过雨水冲刷后美好的花朵已经凋零，南边路上行人稀少，所以芳草越长越幽深。

【译文】

李中，字有中，九江人。唐朝末年，曾考中进士，担任新涂、淦阳吉水的县令，官做到水部郎中。孟宾于欣赏他的工整的诗歌，极像方干、贾岛，有时还能超过他们。比如"暖风医病草，甘雨洗荒村"，又如"贫来卖书剑，病起忆江湖"，又如"闲花半落处，幽鸟未来时"，又如"千里梦随残月断，一声蝉送早秋来"，又如"残阳影里水东注，芳草烟中人独行"，又如"闲寻野寺听秋水，寄睡僧窗到夕阳"，又如"香入肌肤花洞酒，冷浸魂梦石床云"，又如"西园雨过好花尽，南陌人稀芳草深"等诗句，都是震惊世人甚至使鬼神哭泣的语言啊。李中著有《碧云集》，如今流传。

廖图

图①，字赞禹，虔州虔化人②。文学博赡，为时辈所服。湖南马氏辟致幕下③，奏授天策府学士④。与同时刘昭禹、李宏皋、徐仲雅、蔡昆、韦鼎、释虚中⑤，俱以文藻知名，赓唱迭和。齐己时寓渚宫⑥，相去图千里，而每诗筒往来不绝，警策极多，必见高致。集二卷，今行于世。时有荆南从事郑准⑦，亦工诗，与僧尚颜多所酬赠⑧，诗亦传。

【注释】

①图：当为匡图，宋人为避宋太祖赵匡胤讳改。

②虔化：县名，治所在今江西宁都。按陶岳《五代史补》卷四"廖氏世胄条称其为"虔州赣县人"，即今江西赣州。

③湖南马氏：即马殷，五代时楚国建立者，字霸图。少随秦宗权部将孙儒入扬州，后从刘建峰攻取潭州（今湖南长沙），占有江西、湖南等地，臣服后梁，被封为楚王。辟致幕下：据《五代史补》，是廖图举族投奔而来。

④天策府学士：后梁开平四年（910）马殷上表后梁，请依唐太宗故事，授天策上将，太祖朱温诏加殷天策上将军，开府置学士，备顾问。

⑤刘昭禹：字休明，起家湖南县令，事马殷父子，为天策府十八学士之一，终官岩州刺史，好苦吟。李宏皋：楚王马殷时，为宏道令，迁都统掌书记，为天策府十八学士之首，授尚书左仆射兼御史大夫。徐仲雅：字东野，有俊才，长于诗文，十八学士之一。蔡昆：以文藻知名，曾入楚马殷幕下，与廖匡图、李宏皋、徐仲雅、韦鼎、齐己、虚中等更唱迭和。韦鼎：与湖南马氏幕僚廖图、刘昭禹、李宏皋等人同时，而俱以文藻知名，又与廖凝友善，有《赠廖凝》诗。释虚中：传见本书卷八。

⑥齐己：传见本书卷九。渚宫：春秋楚国别宫，为成王所建，在今湖北荆州。

⑦荆南：方镇名，治所在今湖北荆州。郑准：字不欺，登昭宗乾宁年间进士第。成汭镇荆南，任为推官。后为成汭杀害。

⑧尚颜：俗姓薛，字茂圣，享年近百岁。少工五言诗，与方干、陈陶、郑谷、吴融、李洞、司空图、陆龟蒙等均有交往，《全唐诗》录其诗

三十四首。

【译文】

　　廖图,字赞禹,虔州虔化人。文章学术博雅丰赡,被当时的同辈所推服。湖南马殷把他征辟招揽到幕府中,上奏授任为天策府学士。廖图跟同一时期的刘昭禹、李宏皋、徐仲雅、蔡昆、韦鼎、释虚中等,都以文章才华知名当世,互相写诗歌唱和。齐己当时寓居在江陵一带,跟廖图相距一千里路,但二人却每每用诗筒装着诗歌来往不停,警句特别多,定能见到高尚的兴致。廖图著有集子两卷,如今流传在世。当时有荆南从事郑准,也工于诗歌创作,跟僧人尚颜多有酬答赠送的作品,诗歌也流传下来。

孟宾于

　　宾于,字国仪,连州人①。聪敏特异,有乡曲之誉②。垂髫时③,书所作百篇,名《金鳌集》,献之李若虚侍郎④。若虚采猎佳句,记之尺书,使宾于驰诣洛阳,致诸朝达⑤,声誉蔼然⑥,留寓久之。晋天福九年,礼部侍郎符蒙知贡⑦,宾于帘下投诗云:"那堪雨后更闻蝉,溪隔重湖路七千。忆得故园杨柳岸,全家送上渡头船⑧。"蒙得诗,以为相见之晚,遂擢第,时已败六举矣⑨。与诗人李昉同年情厚⑩。后宾于来仕江南李主⑪,调淦阳令,因犯法抵罪当死,会昉拜翰林学士,闻在缧绁⑫,以诗寄之曰:"初携书剑别湘潭,金榜名标第十三。昔日声尘喧洛下,迩来诗价满江南。长为邑令情终屈,纵处曹郎志未甘。莫学冯唐便休去,明君晚事未为惭⑬。"后主偶见诗⑭,遂释之。迁水部郎中,又知丰城县⑮。兴国中致仕⑯,居玉笥山⑰,年七十余卒。自号"群玉峰叟"。有集今传。

【注释】

① 连州:州名,治所在今广东连州。

② 乡曲之誉:指在家乡中的好名声。

③ 垂髫(tiáo):头发下垂不束,指儿童。

④ 李若虚:天祐末年担任工部侍郎,廉察湖湘。

⑤ 朝达:朝廷中的达官贵人。

⑥ 蔼然:盛多貌。

⑦ 符蒙:字适之,后唐同光三年(925)登进士第,累迁镇州节度副使,后晋天福七年(942)徙为给事中,又擢为礼部侍郎,知贡举。

⑧ "那堪雨后更闻蝉"以下几句:诗题原为《献主司》,意谓无法承受雨后听到的蝉声,隔着溪流和重叠的湖泊,离家之路已有七千里。想起故乡的杨柳岸上,全家人一起把我送上渡头边的船上。

⑨ 六举:孟宾于实为五举高中。

⑩ 李昉:在南唐担任翰林学士,并非北宋时的李昉。

⑪ 李主:这里当指李璟。

⑫ 缧绁(léi xiè):古时捆绑犯人的绳索,引申为监狱。

⑬ "初携书剑别湘潭"以下几句:引诗题为《寄孟宾于》,诗句意谓起初带着书籍和宝剑在湘潭离别,你在黄金榜上以第十三名的成绩考中进士。过去你的声名在洛阳喧闹著名,如今诗歌声价又誉满江南。长久地担任县令让你情绪上难免委屈,纵然担任尚书郎也没有达到你的志向。请你不要学习冯唐因此就退休离去,虽然你年纪已老,却遇到圣明君主,努力侍奉他也不算羞愧。这首诗既为孟宾于开脱,又赞颂李璟,故得赦免。冯唐,以孝著名,武帝即位,举为贤良,时年九十余,不能为官。

⑭ 后主:当为李嗣主,即后主李煜的父亲李璟。

⑮ 丰城:县名,治所在今江西丰城。

⑯ 兴国:当为开宝,宋太祖年号(968—976)。

⑰玉笥(sì)山：在今江西永新，道教称为第十七洞天。

【译文】

　　孟宾于，字国仪，连州人。他聪慧敏捷，超出常人，在家乡有美誉。他在童年时，把自己所创作的百首诗歌写出来，编为《金鳌集》，把它献给工部侍郎李若虚。李若虚摘录其中的好句，记载在书信中，让孟宾于驰骋到洛阳，送给诸位朝中的达官贵人，于是孟宾于声誉盛大，留在洛阳寓居了很久。后晋天福九年（944）礼部侍郎符蒙掌管科举考试，孟宾于在他门下投递诗歌说："那堪雨后更闻蝉，溪隔重湖路七千。忆得故园杨柳岸，全家送上渡头船。"符蒙获得诗歌，认为跟他相见恨晚，于是让他考中进士，当时孟宾于已经落榜四次了。孟宾于跟诗人李昉同一年考中，情谊深厚。后来孟宾于来南唐李璟这里做官，调任淦阳县令，因为触犯法律、按照罪行应当被判为死刑，适逢李昉担任翰林学士，听说他被关在监狱，就把诗歌寄给他说："初携书剑别湘潭，金榜名标第十三。昔日声尘喧洛下，迩来诗价满江南。长为邑令情终屈，纵处曹郎志未甘。莫学冯唐便休去，明君晚事未为惭。"李嗣主偶然读到这首诗，于是把他释放。迁任水部郎中，又担任丰城县令。开宝年间退休，居住在玉笥山，年纪七十多岁去世。孟宾于自号为"群玉峰叟"。有集子，如今流传。

孟贯

　　贯，闽中人。为性疏野，不以荣宦为意，喜篇章。周世宗幸广陵①，贯时大有诗价，世宗亦闻之，因缮录一卷献上，首篇《书贻谭先生》云："不伐有巢树，多移无主花②。"世宗不悦曰："朕伐叛吊民③，何得'有巢''无主'之说！献朕则可，他人则卿必不免。"不复终卷，赐释褐进士④，虚名而已。不知其终。有诗集，今传。

【注释】

①周世宗：即柴荣，郭威养子，后周皇帝，大败北汉于高平（今属山西），伐后蜀，收秦、凤、成、阶四州，三次亲征南唐，取淮南十四州六十县，又北攻契丹，收复瀛、莫、易三州及瓦桥、益津、淤口三关，为北宋统一全国奠定基础。

②"不伐有巢树"两句：引诗题一作《赠栖隐洞谭先生》，意谓谭先生不去砍伐树干上有鸟巢的树，常常移栽没有主人的野花。这是形容谭先生有好生之德，本跟柴荣讨伐南唐无关，但既然是献诗，则应该考虑到读者的感受，将之放在第一首，确实容易引人联想。

③伐叛吊民：讨伐有罪，抚慰人民。

④释褐进士：据《江南野史》卷八，当为"释褐授官"。释褐，指士人及第后脱去布衣。

【译文】

孟贯，闽中人。为人性格疏旷野逸，不把仕途荣耀放在心上，喜欢写诗篇。周世宗驾临广陵，孟贯当时诗歌声价很大，周世宗也听说过他，因此孟贯就缮写抄录一卷诗歌献上，第一首是《书贻谭先生》，诗中有一句说："不伐有巢树，多移无主花。"周世宗不高兴地说："我讨伐叛贼，抚育百姓，你诗中怎么能有'有巢''无主'的说法？把这样的诗献给我还可以，献给别人，你肯定免不了获罪。"没有再看完诗卷，就赐他进士身份，只是一个虚设的名头而已。不知他最终去了哪里。有诗歌集子，如今流传。

〇孟子曰："予之不遇鲁侯①，天也。"至唐开元，孟浩然流落帝心②，和璧堕地。孟郊之出处梗概苦艰，生平薄宦而死。今孟贯坐此诗穷，转喉触讳，非意相干，竟尔埋没，与前贤俱亦相似，命也。孟氏之不遇，一何多耶！

【注释】

①予之不遇鲁侯：语出《孟子·梁惠王下》。予，应作吾。鲁侯，指鲁
　　平公。

②孟浩然流落帝心：指孟浩然吟"不才明主弃"诗给唐玄宗，被唐玄
　　宗认为是污蔑他，从而加以疏远之事。

【译文】

○孟子说："我没有遇到鲁国国君，这是天意啊。"到了唐朝开元年
间，孟浩然失去唐玄宗的宠爱之心，如珍贵的和氏璧被打碎在地。孟郊
的仕途概况也很艰苦，一生做着小官死去。如今孟贯因为这首诗而不得
志，张口就触碰到忌讳，本来诗意并不相关，最终却被埋没，跟先前姓孟
的几位贤人也都差不多，都是命啊。遇不到合适机会的孟姓贤人，怎么
会这么多啊！

江为

　　为，考城人①，宋江淹之裔②。少帝时③，出为建阳、吴兴
令④，因家，为郡人焉。为唐末尝举进士，辄不第。工于诗，
有"天形围泽国，秋色露人家""月寒花露重，江晚水烟微"
等⑤，脍炙人口。少游白鹿寺⑥，有句："吟登萧寺旃檀阁，醉
倚王家玳瑁筵⑦。"后主南迁见之曰⑧："此人大是富贵家。"
时刘洞、夏宝松就传诗法⑨，为益傲肆，自谓俯拾青紫，乃诣
金陵求举，屡黜于有司，怏怏不能已，欲束书亡越⑩，会同谋
者上变，按得其状，伏罪。今建阳县西靖安寺⑪，即处士故
居，后留题者甚众。有集一卷，今传。

【注释】

①考城：县名，治所在今河南兰考。

②江淹：字文通，历仕宋、齐、梁三代，官至金紫光禄大夫，封醴陵侯，以诗文名世。

③少帝：即宋少帝刘义符，小字车兵，武帝长子，在位游戏无度，不亲朝政，景平二年（424）为辅政大臣徐羡之、傅亮等废为营阳王，幽于吴郡，旋被杀。

④建阳：县名，治所在今福建建阳。吴兴：郡名，治所在今浙江湖州。

⑤"天形围泽国"两句：引诗题为《送客》，意谓天空笼罩着水泽大地，秋天落叶，山上露出树林间的人家。"月寒花露重"两句：引诗题为《江行》，诗句意谓月光寒冷，花上的露珠沉重，暮色的江上，烟波微渺。

⑥白鹿寺：在今江西庐山五老峰下。

⑦"吟登萧寺旃檀阁"两句：意谓吟着诗歌登上佛寺中的檀香木佛阁，醉着酒倚靠在贵族家的玳瑁装饰的筵席上。萧寺，指寺庙。相传梁武帝萧衍造佛寺，命萧子云飞白大书曰"萧寺"。旃（zhān）檀阁，即檀香木佛阁。王家，指贵族家。六朝王氏为望族。玳瑁筵，用玳瑁装饰坐具的筵席，指盛大豪华的筵席。

⑧后主：当为李嗣主，指李璟。

⑨刘洞：少游庐山，学诗于陈贶，后主即位，游金陵，献诗百篇，金陵被围时尚在城中，旋卒。其诗得贾岛遗法，自号"五言金城"。夏宝松：少隐居庐山，学诗于江为。江为尝卧病，宝松亲尝药饵，夜不解带以服侍之，故江为悉心以教之，相处数年而学成。与刘洞俱有诗名于当世，其《宿江城》诗尤为著名。

⑩亡越：指逃亡到吴越国。

⑪靖安寺：在今福建建阳。

【译文】

江为，考城人，南朝宋江淹的后代。宋少帝的时候，江淹出任建阳县吴兴县令，于是在那里居住，成为当地人了。江为唐朝末年曾参加进士考试，没考中，工于诗歌创作，写有"天形围泽国，秋色露人家""月寒花露重，江晚水烟微"等诗句，脍炙人口。他年少时游览白鹿寺，写有诗句说："吟登萧寺旃檀阁，醉倚王家玳瑁筵。"李嗣主往南迁国的时候看见这首诗，说："这个诗人大有富贵人家的气派。"当时的刘洞、夏宝松跑来跟江为学习作诗的方法，江为越发傲慢放肆，自己认为考中进士获得大官就像低身捡拾，于是到金陵参加考试，追求功名，多次被主考官黜落，心中郁闷烦恼不能自已，打算收拾书籍逃亡到吴越国，遇上一起计划的人中有人告发叛变，官府派人按查，获得事情的原委，把他判处死刑。如今建阳县西边的靖安寺，就是处士江为的旧居，后来在那里留下题诗的人很多。江为著有集子一卷，如今传世。

熊皎

皎①，九华山人。唐清泰二年进士②。刘景岩节度延安③，辟为从事。晋天福中④，说景岩归朝，以功擢右谏议⑤，竟坐累黜为上津令⑥。工古律诗，语意俱妙。尝赋《早梅》云："一夜开欲尽，百花犹未知⑦。"甚传赏士林，且知其必遇。今有《屠龙集》《南金集》合五卷传世，学士陶毅序之⑧。

【注释】

①皎：一作皦。

②清泰：后唐末帝年号（934—936）。

③刘景岩：出身富家，初为高万金部将，任丹州刺史。后唐末帝时，借征兵之机激成兵变，被推为延州留后。后晋建立，拜节度使，后移镇邠州、武胜等。延安：郡名，治所在今陕西延安。

④天福：后晋高祖年号（936—942），出帝沿用（943—944）。

⑤右谏议：右谏议大夫的省称，谏谕得失，侍从赞相。

⑥上津：县名，治所在今湖北郧西县西北。

⑦"一夜开欲尽"两句：意谓早梅一夜快要开完，可是百花还不知道春天的消息。

⑧陶穀：字秀实，本姓唐，后晋时避石敬瑭讳改，唐末诗人唐彦谦之孙。历任著作佐郎、集贤校理，后周时为右散骑常侍，世宗即位后，授户部侍郎，后任翰林学士。

【译文】

熊皎，九华山人。后唐清泰二年（935）考中进士。刘景岩担任延州节度使时，征辟他来担任从事。后晋天福年间，熊皎游说刘景岩归附朝廷，因为这个功劳被提拔为右谏议大夫，最后因为受到牵连被贬黜为上津县令。熊皎工于古体诗和律诗，诗歌语言和意境都很神妙。曾写《早梅》诗，诗中说："一夜开欲尽，百花犹未知。"士大夫们特别欣赏传诵，并且知道他一定会遇到施展才华的机会。如今有《屠龙集》《南金集》总共五卷流传在世，翰林学士陶穀为他的集子作序。

陈抟

抟，字图南，谯郡人①。少有奇才经纶，《易》象玄机②，尤所精究。高论骇俗，少食寡思。举进士不第，时戈革满地，遂隐名，辟谷炼气③，撰《指玄篇》，同道风偃④。僖宗召之⑤，封"清虚处士"。居华山云台观⑥，每闭门独卧，或兼旬不起。周世宗召入禁中，试之，扃户月余始启⑦，抟方熟寐鼾齁⑧，觉即辞去。赋诗云："十年踪迹走红尘，回首青山入梦频。紫陌纵荣争及睡，朱门虽贵不如贫。愁闻剑戟扶危主，闷听笙歌聒醉人。携取旧书归旧隐，野花啼鸟一般春⑨。"

【注释】

①谯郡:郡名,治所在今安徽亳州。据学者考证,陈抟盖为普州崇龛(今四川安岳)人。

②经纶:整理丝缕,理出丝绪为经,编丝成绳为纶,统称经纶。《周易·屯》:"云雷屯,君子以经纶。"引申为筹划治理国家大事。

③辟谷:故称引导行之术,不食五谷,可以长生。炼气:道家导引呼吸以求长生的一种方法。

④风偃:此指佩服、折服。语本《论语·颜渊》:"君子之德风,小人之德草。草上之风,必偃。"

⑤僖宗:此处疑有误,据学者考证,陈抟在唐僖宗时尚未出生。

⑥云台观:道观名,北周武帝时建,在今陕西华阴南华山下。

⑦扃(jiōng)户:关上门户。

⑧齁齁(hōu xiā):指鼾声。

⑨"十年踪迹走红尘"以下几句:引诗题为《归隐》,意谓用十年的时间在红尘中行走留下很多踪迹,回望青山,多次进入我的梦里。京城的道路纵使很荣耀哪里比得上酣睡,高门大族的生活虽然富贵却不如贫寒的人。听说要用武器来匡扶濒于危亡的君主我就很发愁,听到笙歌在醉倒的人们面前聒噪我就郁闷。所以想携带着我的旧书回到以前隐居的地方,山野的花朵和鸟鸣声也一样是春天。诗中既有对尘世的厌恶,也有对隐居生活的向往。紫陌,指京城郊野的道路,此代指朝廷。争及,怎及。

【译文】

陈抟,字图南,谯郡人。年少的时候就有奇特的才华,经纶满腹,《周易》卦象中的玄奥的机密,尤其是他所精通的。他高妙的议论惊世骇俗,吃得很少,也没有杂念。他曾考进士没有考上,当时到处都是兵戈战乱,于是隐姓埋名,辟谷炼气,撰写《指玄篇》,同道中人对他佩服得五体投地。唐僖宗召见他,封他为"清虚处士"。隐居在华山上的云台观中,常常关门独自躺卧,有时连续几十天不起来。周世宗把他召到皇宫里,试探他,把门关好,一个多月才打开,陈抟正熟睡,发出鼾声,醒来就告辞离开。写诗说:"十年踪迹走红尘,回首青山入梦频。紫陌纵荣争及睡,朱门虽贵不如贫。愁闻剑戟扶危主,闷听笙歌聒醉人。携取旧书归旧隐,野花啼鸟一般春。"

还山后,因乘驴游华阴市^①,见邮传甚急^②,问知宋祖登基^③,抟抵掌长笑曰^④:"天下自此定矣!"至太宗征赴^⑤,戴华阳巾^⑥,草屦垂绦^⑦,与万乘分庭抗礼^⑧,赐号"希夷先生"。时居云台四十年,仅及百岁^⑨,帝赠诗云:"曾向前朝出白云,后来消息杳无闻。如今已肯随征召,总把三峰乞与君^⑩。"真宗复诏^⑪,不起,为谢表,略曰:"明时闲客,唐室书生。尧道昌而优容许由^⑫,汉世盛而善从商皓^⑬。况性同猿鹤,心若土灰^⑭,败荷制服,脱箨裁冠^⑮,体有青毛,足无草屦,苟临轩陛^⑯,贻笑圣朝。数行丹诏^⑰,徒教彩凤衔来;一片野心,已被白云留住。咏嘲风月之清,笑傲烟霞之表,遂性所乐,得意何言。"后凿石室于莲华峰下^⑱,一旦坐其中,羽化而去。有诗集,今传。

【注释】

① 华阴:县名,治所在今陕西华阴。市:指街市。

② 邮传:邮递、传递。

③ 宋祖:指宋太祖赵匡胤。后周世宗时屡立军功,官至检校太尉,节度归德军,握有兵权。显德七年(960)出师御契丹,途经河南陈桥驿,发动兵变,即帝位,国号宋。

④ 抵(zhǐ)掌:击掌。

⑤太宗：即宋太宗赵匡义，宋太祖时为开封尹，封晋王，序班宰相上，即位后，迫漳泉陈洪进、吴越钱俶纳土，攻灭北汉，实现统一。

⑥华阳巾：士或隐士所戴的一种头巾，亦泛指士人头巾。相传唐代诗人顾况，号"华阳山人"，晚年隐居山林，常戴此巾，因以为名。

⑦縧（tāo）：带子。

⑧万乘：指皇帝。分庭抗礼：宾主相见，站在庭院的两边，相对行礼，比喻地位平等，互相对立。

⑨百岁：据学者考证，陈抟大概活了七十多岁，此处为传言。

⑩"曾向前朝出白云"以下几句：诗意谓你曾在前朝走出白云，后来一点也听不到你的消息。如今已经肯随着征召过来见我，总该把华山的三峰送给您。

⑪真宗：宋真宗赵恒，北宋第三位皇帝，宋太宗之子。

⑫许由：尧时的隐士。

⑬商皓：即商山四皓。汉初东园公、绮里季、夏黄公、甪里先生隐商山，须眉皆白，故称。

⑭土灰：指死后骸体入土化灰，此指已无出来做官的愿望。

⑮箨（tuò）：竹皮，笋壳。

⑯轩陛：宫殿的前沿和台阶，借指宫廷。

⑰丹诏：皇帝所发出的文书称"诏"，因用朱笔书写，故称丹诏。

⑱莲华峰：即莲花峰，是西岳华山奇峰之一，峰顶有翠云宫，前有大石，状如莲花，故称莲花峰。

【译文】

回到华山后，因为乘着驴子在华阴市集上游玩，看到传递消息的官员特别匆忙，询问后知道是宋太祖登上皇位，陈抟就拍着手掌长声笑道："天下从此以后就安定了啊！"到宋太宗的时候应征赴京，头上戴着华阳巾，穿着草鞋，垂着带子，跟宋太宗地位平等地互相答礼，宋太宗赐给他道号"希夷先生"。当时陈抟已隐居在云台观四十年，接近一百岁，宋太宗送诗给他说："曾向前朝出白云，后来消息杳无闻。如今已肯随征召，总把三峰乞与君。"宋真宗又下诏征召，陈抟不应征召，写了辞谢的奏表，大意说："我是圣明时代的悠闲寓客，前唐的书生。尧帝道德昌隆，优渥地容纳许由；汉代强盛，很好地听任商山四皓。何况我的性格像猿鹤，心思就像土灰，用枯败的荷叶制作衣服，用脱落的笋壳裁制帽子，身体上长着青色的体毛，脚上连草鞋也懒得穿，如果来到宫殿里，会给圣明的朝廷带来嘲笑。陛下多次送来诏书，徒劳地让彩色的凤凰把诏书辛苦衔来给我；我的一片野逸的心灵，已经被山中的白云挽留住了。只要让歌咏嘲弄清朗的风月，含笑地傲立在烟霞之外，就是我平生乐事，满意得无话可说了。"后来在莲花峰下开凿石头房屋，有一天坐在里面，飞升成仙而离开。陈抟著有诗歌集子，如今流传。

　　如洛阳潘阆逍遥、河南种放明逸、钱塘林逋君复、钜鹿魏野仲先、青州李之才挺之、天水穆修伯长①，皆从学先生②，一流高士，俱有诗名。大节详见之《宋史》云③。

【注释】

①潘阆：字逍遥，曾在京师卖药，宋太宗时，由于能作诗而被推荐，赐进士，试国子四门助教，未几，以狂妄追还诏命，因事被查，改名换姓，逃遁潜匿。种放：字明逸，不应科举，隐居终南山，讲学授徒。真宗咸平五年（1002）被召入京，授左司谏，后屡隐屡仕，官至工部侍郎。林逋：字君复，一生从未做官，隐居西湖孤山二十年，养鹤种梅，人称其"梅妻鹤子"，卒谥和靖先生。钜鹿：郡名，治所在今河北邢台。魏野：字仲先，号草堂居士，隐居山林，不求闻达，宋真宗西祀时曾遣使召之，闭户逾垣而遁。青州：州名，治所在今山东青州。李之才：字挺之，天圣八年（1030）进士，官至殿中丞。从河南穆修学《易》，得其图书象数变通之妙，又以其学传授于邵

雍。天水：郡名，治所在今甘肃天水。穆修：字伯长，大中祥符中赐
进士出身，曾任泰州司理参军，颍州、蔡州文学参军。主张作文应
阐扬仁义，学韩愈、柳宗元，反对宋初华靡文风。

②皆从学先生：据学者考证，以上诸人未必都曾直接跟从陈抟学习。

③《宋史》：元代官修的宋朝正史，共四百九十六卷，约五百万字，是
二十四史中篇幅最大的一部，因成书时间只两年半，元廷史官仅
将宋历朝所修国史稍加贯通、整理撰成，故繁芜杂乱，问题很多。

【译文】

比如洛阳潘阆逍遥、河南种放明逸、钱塘林逋君复、钜鹿魏野仲先、
青州李之才挺之、天水穆修伯长，他们都跟从希夷先生学习，也都是第一
流的高尚之士，都有诗歌名声。他们的气节事迹详见于《宋史》中的记载。

鬼

杂传记中多录鬼神灵怪之词①，哀调深情，不异畴昔②，
然影响所托③，理亦荒唐，故不能一一尽之。

【注释】

①杂传记：杂记人物神怪之事的传记，《太平广记》有"杂传记"一类。

②畴（chóu）昔：往日。

③影响：光影、回声，常以比喻不实、无根据的妄谈。《尚书·大禹
谟》："惠迪吉，从逆凶，惟影响。"

【译文】

杂传笔记中常常记录着鬼神灵怪的诗，声调悲哀，情感深沉，跟过去
的诗很不相同，然而假托因果报应，事理也很荒诞不经，所以不能一一详
细地把它们记载完。

附录:音序人名索引

编写说明:

1.本索引收录《唐才子传》传主人名与附传人名。附传人名加标星号(＊),以示区别。卷四《韦应物传》,目录中有附传人物丘丹,正文中没有记载,不列入本索引。道人灵一、僧虚中,径用"灵一""虚中"。

2.人名按汉语拼音字母顺序排列。第一字音节相同者,按声调的阴、阳、上、去为序。音节、声调相同者,以笔画多少为序。第二字、第三字类推。

3.人名之后列两个数码,用斜线(/)隔开,前为卷次,后为页码。

中华经典名著
全本全注全译丛书
（已出书目）

读通鉴论

宋论

文史通义

鬻子·计倪子·於陵子

老子

道德经

帛书老子

鹖冠子

黄帝四经·关尹子·尸子

孙子兵法

墨子

管子

孔子家语

曾子·子思子·孔丛子

吴子·司马法

商君书

慎子·太白阴经

列子

鬼谷子

庄子

公孙龙子（外三种）

荀子

六韬

吕氏春秋

韩非子

山海经

黄帝内经

素书

新书

淮南子

九章算术（附海岛算经）

新序

说苑

列仙传

盐铁论

法言

方言

白虎通义

论衡

潜夫论

政论·昌言

风俗通义

申鉴·中论

太平经

伤寒论

周易参同契

人物志

博物志

抱朴子内篇

抱朴子外篇

西京杂记

神仙传